鉴赏辞典

中华诗文鉴赏丛书

古文观止鉴赏辞典

主编 傅德岷 赖云琪

上海科学技术文献出版社
Shanghai Scientific and Technological Literature Press

主　编

傅德岷　赖云琪

撰稿者

（以“卷次”为序）

顾　瑛　唐德正　傅德岷　康清莲

王　翃　赖云琪　王文康　陈定远

钱国纲　林启柱

前 言

自清初以来,《古文观止》是流传最为广泛、影响最为巨大的一部古代散文选本,编者是清康熙年间的学者吴楚材、吴调侯。此书自康熙三十四年乙亥(1695)刊行以来,曾风行一时,成为初学文言文的必读课本;辛亥革命后,仍有很多学校将它作为国文教材;也是我国散文文学研究者的重要参考书。

据编者吴楚材之父、吴调侯之祖父吴兴祚介绍,清康熙十七年戊午(1678),他“奉天子命抚八闽(今福建省)”之时,曾请会稽(今浙江绍兴)章子、习子以古文教其子、孙于“三山(福州市的别称)之凌云处”,其时吴楚材与吴调侯均在左右,同堂学习。他说,“楚材天性孝友,潜心力学,工举业,尤好读经史,于寻常讲贯之外,别有会心”;“从孙调侯,日以古学相砥砺。调侯奇伟倜傥,敦尚气谊,本其家学,每思继序前人而光大之”。二人才气过人,下笔洋洋洒洒数千言“无懈漫,盖其得力于古者深矣”。对于当时的启蒙读物“古人书传”,认为“若乃析义理于精微之蕴,辨字句于毫发之间,此衷盖缺如也”。即是说,那些“读物”探义理不精不深,辨析字句不准不晰,深以为憾。康熙三十四年乙亥(1695)春,吴兴祚“统师云中(今内蒙古托克托东北),寄身绝塞,不胜今昔聚散之感”之时,收到其子(吴楚材)、孙(吴调侯)合编的《古文观止》书稿,经披阅数遍之后,于五月端阳日写的“序”中认为:“阅其选,简而赅,评注详而不繁,其审音辨字,无不精切而确当”,填补了他原引以为憾的“古文”选本之“缺如”者,是“正蒙养而裨后学,厥功岂浅鲜哉”的好读物。

这一评价是中肯精当的。《古文观止》上起周代,下至明末,共选文二百二十二篇,分为十二卷。此书相较于一般的古文选本,有几大特点。

其一,此书按时代先后顺序编排,选文多具代表性,以散文为主,兼收骈文。

其二,此书不仅对字、词、句加以评注,评注详而不繁,同时还对某些字加以注音,其审音辨字，无不精当确切。

其三，此书在每篇选文之后，都用一段文字加以点评，虽着墨不多，却准确巧妙，一篇之主旨及写作之妙处尽在其中，颇给人以启发。

其四，此书选材广泛，囊括了名家名作及多种体裁、多种风格的文章。

其具体选材内容如下：本书前三卷皆为周文，共五十六篇文章。卷一、卷二之文选自《左传》，其中有不少名篇，如《郑伯克段于鄢》《曹刿论战》《子产论尹何为邑》等。卷三之文选自《国语》《公羊传》《谷梁传》《礼记》，共二十二篇文章，其中名篇有《召公谏厉王止谤》《敬姜论劳逸》等。卷四之文乃秦文，主要选自《战国策》，另有李斯的《谏逐客书》《楚辞》的《卜居》及《宋玉对楚王问》，共十七篇文章，名篇有《苏秦以连横说秦》《邹忌讽齐王纳谏》等。卷五、卷六乃汉文，共三十一篇文章，其中包括《史记》的十四篇文章及司马迁的《报任安书》，另有西汉文、东汉文、后汉文十六篇，名篇有《史记》的《屈原列传》、贾谊的《过秦论（上）》、诸葛亮的《前出师表》等。卷七乃六朝文和唐文，包括李密、王羲之、陶渊明、孔稚珪、魏徵、骆宾王、王勃、李白、李华、刘禹锡、杜牧、韩愈等之十九篇文章，名篇有《陈情表》《归去来辞》《滕王阁序》《陋室铭》《杂说四》等。卷八乃唐文，全为韩愈之文十九篇，为人熟知的有《师说》《进学解》《祭十二郎文》等。卷九为唐宋文，包括柳宗元、王禹偁、李格非、范仲淹、司马光、钱公辅、李觏、欧阳修之文二十二篇，名篇有《捕蛇者说》《黄冈竹楼记》《岳阳楼记》等。卷十、卷十一为宋文，为欧阳修、苏洵、苏轼、苏辙、曾巩、王安石之文四十篇，名篇有《醉翁亭记》《前赤壁赋》《黄州快哉亭记》《游褒禅山记》等。卷十二为明文，包括宋濂、刘基、方孝孺、王鏊、王守仁、唐顺之、宗臣、归有光、茅坤、王世贞、袁宏道、张溥等之文十八篇，名篇有《卖柑者言》《报刘一丈书》《沧浪亭记》《五人墓碑记》等。

由于历史的局限，《古文观止》中也有一些带有封建时代烙印的文章，但绝大多数是人们熟知、脍炙人口的名篇佳作，故三百多年来一直是一部适合初学散文者诵读的启蒙选本。

今天，历史的车轮已经跨入崭新的21世纪，随着我国的和平崛起和知识经济的到来，我们正逐步迈入快速发展的现代社会。现代社会急需的是具有现代观念的高素质的复合型人才。但历史是不能割断的，“高素质”中自然包含了古代传统文化的素养。面对当前古代文学教育的衰落，许多专家、学者和有识之士大声疾呼弘扬民族文化传统，“培养具有‘民族文化之根’的现代文化人”。这是因为：任何国家的文化都是有根基的，而中国文化的底蕴始于古代文学，古文能使人宏观地触摸到中华民族的精神与气质。据《东方早报》2004年4月初报道，浙江大学进行了一次调查，其中一个被广泛关注的问题是：“你觉得大学中文课程中最有用的是哪一门？”结果高居第一的答案是：古代文学！他们认为：古代文学能提高广大青少年的情操和气质，甚至直接影响到今后的工作。一个有较深厚的古代文学修养的人，会显得充实，不浮躁，有涵养，在实际工作中有得体的表达和行动，更易接近事业的成功。诚哉斯言！而《古文观止》又是古代文学中最为普及的、简明扼要的选本，从中不仅可以窥见上自周代以来的历史变迁与先民的思想意识、伦理道德观念，更可了解我国古代散文发展的大体轮廓，其中的一些名言警句，诸如：“多行不义，必自毙”（《郑伯克段于鄢》）、“国家之败，由官邪也。官之失德，宠赂章也”（《臧哀伯谏纳郜鼎》)、“防民之口,甚于防川”(《召公谏厉王止谤》)、“居安思危,戒奢以俭”(魏徵《谏太宗十思疏》)、“先天下之忧而忧,后天下之乐而乐”(范仲淹《岳阳楼记》)等,已成为人们日常的口头语和座右铭,故《古文观止》即使在今天仍不失其重要的现实意义。

为了帮助广大青少年读者阅读、理解《古文观止》,本书与现行的版本比较,不仅将原文、注释、白话翻译融为一体,更增加了“鉴赏”,对每篇文章的写作背景、思想内容、写作特点进行分析,让读者更好地了解原文的精神实质和艺术情韵;书末还附录了“名句摘引”,以便让读者明白这些名句的出处,有利于写作时的引用和参考。

《唐诗三百首》的编者蘅塘退士孙洙在《序言》中说:“熟读唐诗三百首,不会吟诗也会吟。”借用此语,我们不妨也说:

古文二百二十篇,
熟读咀嚼任情看。
字词句义应知晓,
观止可过古文关。
忠孝仁爱德信在,
凛然正气注胸间。
根深蒂固文深厚,
现代新人永向前!

年轻的朋友们,让我们共同遨游于《古文观止》的文化海洋中,吸吮其精华,陶冶我情操,扬我民族文化之威,建我现代化的祖国吧!

傅德岷　赖云琪

目 录

卷四 秦文

卷五 汉文

卷六 汉文

卷七 六朝唐文

卷八 唐文

卷九 唐宋文

卷十 宋文

卷十一 宋文

卷十二 明文

左传 《左传》的作者，历来说法各异，较早的看法认为是春秋时期鲁国史官盲君子左丘明，持这种观点的包括司马迁和班固。《论语·公冶长》中曾论及左丘明其人，如某些文献所说，左丘明是鲁国一个颇有声望的史官，孔子尊重此人，故引其言以自重。而《左传》也屡称“仲尼”，可见《左传》作者也十分敬重孔子的学问和为人。孔子不语怪、力、乱、神，而《左传》多言之，也可推断在学术上他们不为一派。后来，关于《左传》的作者有了一些新的认识，有人认为是战国时期的卫国军事家吴起，有人认为是汉代学者刘歆，还有人认为是战国初期一位佚名之士。现在普遍的观点还是倾向于接受司马迁的意见，认为《左传》的作者是左丘明，后来该书又经过许多人增益而成。《左传》是《春秋左氏传》的简称，又名《左氏春秋》，它是我国现存的第一部编年体史书，其参照《春秋》体例，按春秋时鲁国十二个国君在位的年代，记载了自鲁隐公元年（前722）至鲁哀公二十七年（前468）春秋各国所发生的政治、经济、军事、外交、文化等方面的大小事件，在一定程度上真实地反映了那个时代的面貌，是研究我国先秦历史的重要文献。从文学角度看，《左传》以其详尽而灵活多变的叙事结构、生动简括的叙事语言、主观明确的叙事态度成为先秦历史文学的一部典范之作。《左传》的艺术成就主要体现在擅长描写战争以及人物的个性特征，行文辞令之美尤为历代文学家所激赏。《古文观止》选《左传》三十四篇，几乎占全书的六分之一。

郑伯克段于鄢（隐公元年）

初，郑武公娶于申，曰武姜①。生庄公及共叔段②。庄公寤生③，惊姜氏，故名曰“寤生”，遂恶之。爱共叔段，欲立之，亟请于武公④，公弗许。及庄公即位，为之请制⑤。公曰：“制，岩邑也，虢叔死焉⑥，他邑唯命。”请京，使居之，谓之京城大叔⑦。

祭仲曰⑧：“都城过百雉，国之害也⑨。先王之制：大都，不过参国之一⑩；中，五之一；小，九之一。今京不度，非制也⑪。君将不堪。”公曰：“姜氏欲之，焉辟害⑫？”对曰：“姜氏何厌之有？不如早为之所，无使滋蔓⑬。蔓，难图也⑭。蔓草犹不可除，况君之宠弟乎？”公曰：“多行不义必自毙⑮。子姑待之。”

既而大叔命西鄙、北鄙贰于己⑯。公子吕曰⑰：“国不堪贰，君将若之何？欲与大叔，臣请事之；若弗与，则请除之，无生民心。”公曰：“无庸，将自及。”大叔又收贰以为己邑，至于廪延⑱。子封曰：“可矣！厚将得众⑲。”公曰：“不义不昵⑳，厚将崩。”

大叔完聚，缮甲兵，具卒乘㉑，将袭郑。夫人将启之。公闻其期，曰：“可矣！”命子封帅车二百乘以伐京。京叛大叔段。段入于鄢，公伐诸鄢。五月辛丑㉒，大叔出奔共。

书曰㉓：“郑伯克段于鄢。”段不弟，故不言弟。如二君，故曰克。称郑伯，讥失教也。谓之郑志,不言出奔,难之也[24]。

遂寘姜氏于城颍,而誓之曰:“不及黄泉,无相见也!”既而悔之。颍考叔为颍谷封人[25],闻之。有献于公。公赐之食,食舍肉。公问之,对曰:“小人有母,皆尝小人之食矣,未尝君之羹,请以遗之。”公曰:“尔有母遗,繄我独无[26]!”颍考叔曰:“敢问何谓也?”公语之故,且告之悔。对曰:“君何患焉?若阙地及泉[27],隧而相见,其谁曰不然?”公从之。公入而赋:“大隧之中,其乐也融融。”姜出而赋:“大隧之外,其乐也泄泄[28]。”遂为母子如初。

君子曰:“颍考叔,纯孝也。爱其母,施及庄公[29]。《诗》曰:‘孝子不匮,永锡尔类[30]。’其是之谓乎!”

【注释】①申:国名,姜姓。武姜:表示其丈夫为武公,娘家姓姜。②共(gōng):国名,在今河南辉县。叔:指段是庄公之弟。段后出奔共,所以称为共叔段。③寤(wù)生:胎儿出生时脚先出来,即难产。寤,通“牾”,逆。④亟(qì):屡次。⑤制:地名,在今河南荥阳西北。⑥岩邑:险要的地方。虢叔:东虢国的国君。⑦京:郑邑名,在今河南荥阳东南。大:同“太”。⑧祭(zhài)仲:郑大夫。⑨雉:量词。古城墙长三丈、高一丈为一雉。⑩参:同“叁”,即三。都、国:相对而言,都指一般的都邑,国指国都。⑪度:法度。制:制度。⑫辟:同“避”。⑬为:安排。滋蔓:滋长蔓延。⑭图:图谋。⑮毙:跌跤,失败。⑯鄙:边邑。贰:两属,属二主。贰于己,一方面属于庄公,一方面属于自己。⑰公子吕:字子封,郑大夫。⑱廪延:郑邑名,在今河南延津北。⑲厚:指土地扩大,势力增强。⑳昵:亲近,此处指团结。㉑完:修葺。缮:修理,制造。具:准备。乘:兵车。㉒五月辛丑:古人以干支纪年,此即指隐公元年五月二十三日。㉓书:指《春秋》经文。㉔郑志:郑伯的意图。难:感到为难。因为言出奔有专罪叔段之嫌,实际上郑伯也有责任。㉕颍考叔:郑大夫。颍谷:郑边邑,在今河南登封西。封人:管理疆界的官。㉖繄(yī):句首发语词。㉗阙:通“掘”,挖掘。㉘泄泄(yìyì):和上文的“融融”,都是形容快乐舒畅的样子。㉙施(yì):延及,扩展。㉚匮:穷尽。锡:通“赐”。赐予,给予。

【译文】当初,郑武公在申国娶妻,名叫武姜,生了庄公和共叔段。庄公出生时难产,惊吓了姜氏,所以取名“寤生”,并因此厌恶他。姜氏喜欢共叔段,想立他做太子,屡次向武公请求,武公都不答应。等到庄公即位,姜氏替段请求制邑。庄公说:“制是地势险要的地方,虢叔曾死在那里,别的地方唯命是从。”于是请求京邑,让共叔段住在那里,称为京城太叔。

祭仲说:“凡是都邑的城墙边长超过三百丈,就是国家的祸害。先王规定的制度:大的都邑,不超过国都的三分之一;中等的,不超过五分之一;小的,不超过九分之一。现在京邑超过规定,不合先王的制度。您将会受不了的。”庄公说:“姜氏要这样,怎么能避免将来不生祸害呢?”祭仲回答说:“姜氏怎么能满足呢?不如及早加以安排,不要让她的势力滋长蔓延。一经蔓延就难以对付了。杂草蔓延开来都不容易除净,何况您那受宠的胞弟呢?”庄公说:“做多了不合理的事情,必然会自取灭亡。您姑且等着吧!”

不久,太叔命令西部和北部边境同时听命于自己。公子吕说:“国家不能忍受这种两面听命的状况,您打算怎么办?君王想把君位让给太叔,臣就请求去侍奉太叔；如果不给，那就请除掉他，不要使百姓有其他的想法。”庄公说：“用不着，他将会自取灭亡的。”

太叔进而又把两属地作为自己的封邑，并延伸到廪延。公子吕说：“可以下手了！他势力雄厚，将会得到更多的拥戴者。”庄公说：“没有正义就不能团结人，势力雄厚，反而会崩溃。”

太叔整治城郭，积聚粮食，修补盔甲武器，装备步兵和战车，准备袭击都城。姜氏则打算作为内应替他打开城门。庄公听到太叔起兵的日期，说：“可以行动了！”命令公子吕率领两百辆战车讨伐京城。京城人反叛太叔。太叔逃到鄢邑，庄公又讨伐鄢邑。五月二十三日，太叔又逃到共邑。

《春秋》写：“郑伯克段于鄢。”段不能敬爱兄长，所以不用“弟”字；兄弟相争，如同两个国君，所以用“克”字；称庄公为“郑伯”，讽刺他对胞弟有失教诲；也表明了庄公的本意，不说“出奔”，是史官下笔有为难之处。

于是，庄公将姜氏安置在城颍，并发誓说：“不到黄泉，不再相见！”不久又后悔了。

颍考叔当时在颍谷做管理疆界的官，听说了这件事，就特意向庄公进献礼品。庄公宴请他，吃饭时，他把带汁的肉放在一边不吃。庄公问他原因。他说：“小人有老母，小人的食物她都已尝过，但没有尝过君王的肉汤，请求您允许我带回去给她。”庄公说：“你有母亲可送，哎！我却偏偏没有。”颍考叔说：“请问这是什么意思？”庄公就对他说明原因，并且告诉他自己的悔意。颍考叔回答说：“君王有什么可担忧的？如果掘地见到泉水，在隧道里相见，谁又能说您违背了誓言呢？”庄公听从了这个建议。庄公进入隧道并赋诗说：“身在大隧中，乐如水乳融。”姜氏走出隧道，赋诗说：“走出大隧外，精神真爽快。”于是恢复了像从前那样的母子关系。

君子说：“颍考叔是真正的孝子，爱自己的母亲，进而影响了庄公。《诗经》说：‘孝子的孝心没有竭尽，永远可以感化你的同类。’大概说的就是这种情况吧。”

【鉴赏】本篇见《左传》隐公元年，记载了郑庄公图谋霸业之前的一段插曲。周平王东迁以后，周王室势力日下，郑庄公凭借他作为王室卿士的有利条件，首先崛起谋取霸主地位。此时，他的家族却发生内讧。本篇以大量笔墨细致刻画了郑庄公母子、兄弟之间矛盾发生发展的过程，将春秋时代统治阶级内部骨肉相残、矛盾斗争的一个侧面作了生动的揭示。作者善于通过人物的言行来体现其性格，文字简洁含蓄，人物性格却鲜明突出，姜氏的偏私任性，共叔段的骄横野心，颍考叔的忠孝智慧，都栩栩如生。尤其是通过郑庄公的言行，使一个老谋深算的政治家的形象跃然纸上。从表面上看，他似乎处于被动地位，而实际上主动权一直握在他手中。通过纵容共叔段的所作所为，诱其恶性膨胀，最后自我毁灭。“遂为母子如初”的结尾，更是一出心照不宣的滑稽戏，因为血腥的厮杀早已剥去了那层温情脉脉的孝悌面纱。本篇表现了相当高的艺术水平，被归有光称为“左氏笔力之最高者”。

周郑交质（隐公三年）

郑武公、庄公为平王卿士[①]。王贰于虢[②]，郑伯怨王。王曰："无之。"故周、郑交质[③]。王子狐为质于郑，郑公子忽为质于周。王崩，周人将畀虢公政[④]。四月，郑祭足帅师取温之麦；秋，又取成周之禾[⑤]。周、郑交恶。

君子曰："信不由中，质无益也[⑥]。明恕而行，要之以礼[⑦]，虽无有质，谁能间之？苟有明信，涧溪沼沚之毛，蘋蘩蕰藻之菜，筐筥锜釜之器，潢汙行潦之水，可荐于鬼神，可羞于王公[⑧]。而况君子结二国之信，行之以礼，又焉用质？《风》有《采蘩》《采蘋》，《雅》有《行苇》《泂酌》[⑨]，昭忠信也。"

【注释】①卿士：指周朝王卿中的执政大臣。②贰：两用。指周平王不专任郑伯，而分权于虢公。虢：指西虢公。③交质：指双方互相用亲子或贵臣作抵押取信。④畀（bì）：授予，给予。⑤祭足：即祭仲，郑大夫。温：周地名，今河南温县西南。成周：周地名，今河南洛阳东北。⑥中：同"衷"，内心。⑦明恕：彼此心地光明，互相谅解。要：约束。⑧沼：池塘。沚：小洲。蘋：池塘浅水中小草本植物。蘩：白蒿。蕰藻：一种聚生的藻类。筐筥（jǔ）：皆竹器，方形称筐，圆形称筥。锜（qí）釜：皆烹饪之器，有足者称锜，无足者称釜。潢汙（huángwū）：低洼积水处。行潦（hánglǎo）：积存于道路坑洼之处的雨水。荐、羞：皆进献之义。⑨《采蘩》《采蘋》：两诗均见《诗经·国风·召南》。《行苇》《泂（jiǒng）酌》：为《诗经·大雅·生民之什》中的两篇。

【译文】郑武公、庄公先后担任周平王的执政大臣，平王同时又兼用虢公。郑庄公为此怨恨平王。平王说："没有这回事。"所以周王室和郑国交换人质。王子狐在郑国作为人质，郑公子忽在周王室作为人质。平王死，周人打算让虢公主政。四月，郑国的祭足领兵割取了温地的麦子；秋天，又割取了成周的谷子。周王朝和郑国互相怨恨。

君子说：言语不发自衷心，交换人质也没有用。彼此以诚相待互相谅解而后行事，又用礼制加以约束，即使没有人质，又谁能离间？如果有诚心敬意，那么，即使是山沟、池塘、沙洲里生长的野草，蘋、蘩、蕰藻这一类的野菜，方筐、圆锜、鼎、釜这一类的竹器和炊具，停潴的死水、路旁的积水，都可以敬献鬼神，供奉王公。何况君子建立两国的信任，按照礼仪行事，又哪里用得着人质呢？《国风》中有《采蘩》《采蘋》，《大雅》中有《行苇》《泂酌》这些诗篇，就是为了表彰忠实和信义的。

【鉴赏】本文写周天子想和郑庄公通过交换人质来缓解彼此矛盾，但双方虽然交换了人质，最终依然隔阂重重、互相怨恨。文章既写出了周朝自平王东迁以后失去天下共主地位的虚弱处境，又显出了郑国野心勃勃的心机和专权强横的行为，从一定层面上反映了那个特定时代的政治面貌。文章末尾通过君子对此事的议论阐述了国与国之间应将心比心、彼此体谅、恪守礼仪，才能保持长久的友好的道理。从"信""礼"二字入手，宣扬其对维护周王室政权的重要性，并批评周郑之间靠人质来维系关系的做法是无益之举。文章言辞简洁，如一个"无之"就将周平王既想削弱郑庄公的实权又不敢承认的尴尬与无奈展现无遗。君子的议论有理有据，气势充沛，说服力强。

石碏谏宠州吁(隐公三年)

卫庄公娶于齐东宫得臣之妹[1],曰庄姜。美而无子。卫人所为赋《硕人》也[2]。又娶于陈,曰厉妫[3]。生孝伯,蚤死[4]。其娣戴妫[5],生桓公,庄姜以为己子。

公子州吁,嬖人之子也[6]。有宠而好兵,公弗禁。庄姜恶之。

石碏谏曰[7]:"臣闻爱子,教之以义方[8],弗纳于邪。骄、奢、淫、佚,所自邪也。四者之来,宠禄过也。将立州吁,乃定之矣;若犹未也,阶之为祸。夫宠而不骄,骄而能降,降而不憾,憾而能眕者[9],鲜矣。且夫贱妨贵,少陵长,远间亲,新间旧,小加大,淫破义,所谓六逆也。君义,臣行[10],父慈,子孝,兄爱,弟敬,所谓六顺也。去顺效逆,所以速祸也[11]。君人者,将祸是务去;而速之,无乃不可乎!"弗听。

其子厚与州吁游。禁之,不可。桓公立,乃老[12]。

【注释】①东宫:太子所居宫室,故太子也称东宫。②《硕人》:见《诗经·卫风》。③妫(guī):陈国为妫姓,"厉"和下文的"戴"都是谥号。④蚤:通"早"。⑤娣(dì):春秋时代,妹妹随姐姐而嫁,其妹叫娣。⑥嬖(bì)人:地位低下的宠妾。⑦石碏(què):卫大夫。⑧义方:犹道义,正道。⑨眕(zhěn):忍受,克制。⑩行:遵循,服从。⑪速:招致。⑫老:告老退休。

【译文】卫庄公娶了齐国太子得臣的妹妹,名叫庄姜。她容貌美丽却没有生儿子,卫国人为她创作了《硕人》这首诗。卫庄公又在陈国娶妻,名叫厉妫。生了孝伯,很小就死了。厉妫的随嫁妹妹戴妫,生了桓公,庄姜把他作为自己的儿子。

公子州吁,是庄公宠妾的儿子,深得庄公的宠爱且喜欢舞刀弄剑,庄公不禁止,庄姜很讨厌他。

石碏劝谏庄公说:"我听说爱自己的儿子,要教他循规蹈矩,不要使他走上邪路。骄傲、奢侈、放荡、逸乐,这是走上邪路的开端,这四种恶习之所以发生是由于宠爱和赏赐太过分。如果您打算立州吁为太子,就定下来;若还没有决定,那就会逐步导致祸乱。那种受到宠爱而不骄傲,骄傲而能安于地位下降,地位下降而不怨恨,怨恨而能克制自己的人,是极少的。再者,卑贱妨害高贵,年少者凌驾年长者之上,疏远离间亲近,新人离间旧人,弱小欺侮强大,淫乱破坏道义,这就是人们常说的六种违反义理的情况。君主行事合理,臣子服从命令,父亲慈祥,儿子孝顺,兄长友爱,弟弟恭敬,这就是六种所谓顺理的情况。放弃顺理的事去效法逆理的事,就会招致祸害的到来。做君主的应当致力于去掉祸害,现在这种情况反而促使祸害更早到来,恐怕不可以吧!"庄公不听。

石碏的儿子石厚和州吁交往,石碏禁止,没有用。到桓公即位,石碏告老退休。

【鉴赏】本文借卫国大夫石碏之口,说出了依礼法教子的重要。卫庄公溺爱自己的儿子州吁，一味放任其骄奢淫逸，没有按照正确的礼法去教育约束他，但石碏清醒而敏锐地认识到了潜在的危机，因此对卫庄公进谏，提出爱子之法为教子以“义方”，但卫庄公对这种逆耳忠言却听不进去。这件事的最终结果是卫公室的内讧，隐公四年州吁作乱，杀桓公自立。如何爱子女是经年不衰的话题，自古以来对子女宠爱骄纵都不会有什么好的结果，这则故事对今天做父母的人来说仍有借鉴意义。但文章中的“六逆”“六顺”也从侧面反映了当时的伦理秩序和等级观念。文章最后写石碏的儿子不听父命、不尊礼法而与州吁交好，也是文章中暗藏的一个讽刺，说明教育子女成材确非易事。

臧僖伯谏观鱼（隐公五年）

春，公将如棠观鱼者①。臧僖伯谏曰：“凡物不足以讲大事②，其材不足以备器用，则君不举焉。君将纳民于轨物者也③。故讲事以度轨量谓之轨，取材以章物采谓之物；不轨不物，谓之乱政。乱政亟行，所以败也。故春蒐、夏苗、秋狝、冬狩④，皆于农隙以讲事也。三年而治兵，入而振旅，归而饮至⑤，以数军实。昭文章⑥，明贵贱，辨等列，顺少长，习威仪也。鸟兽之肉，不登于俎⑦，皮革、齿牙、骨角、毛羽，不登于器，则君不射，古之制也。若夫山林川泽之实，器用之资，皂隶之事⑧，官司之守，非君所及也。”公曰：“吾将略地焉⑨。”遂往，陈鱼而观之。僖伯称疾不从。书曰：“公矢鱼于棠⑩。”非礼也，且言远地也。

【注释】①如：到，往。棠：鲁国地名，在今山东鱼台西北。鱼者：即捕鱼者，指捕鱼之事。②讲：讲习，演示。大事：指祭祀和兵戎。③轨物：指法度礼制。④蒐（sōu）、苗、狝（xiǎn）、狩：为古代四季田猎专名。蒐：搜索，春天打猎，搜寻未怀胎的禽兽。苗：夏天打猎，猎取危害庄稼的禽兽。狝：杀，秋天打猎，顺应秋天肃杀之气杀死禽兽。狩：围守，冬天打猎，各种禽兽都能猎取。⑤饮至：国君外出还朝后必报告于宗庙，并对从者有慰劳，叫作饮至。⑥文章：犹言文采，此指车服旌旗的颜色花纹。⑦俎（zǔ）：祭祀时用的礼器。⑧皂隶：古代的贱役。⑨略：巡行视察边境。⑩矢：陈列。

【译文】春天，鲁隐公打算到棠地观看捕鱼。臧僖伯劝阻说：“凡是物品不能用来讲习祭祀和兵戎等国家大事，它的材料不能用来制作礼器和兵器，国君就不会对它有所看重。国君是要把百姓纳入法制和礼仪中去的人。所以，讲习大事来衡量法度叫作轨，选取材料来显示等级文采叫作物；事情不合于轨、物，叫作乱政。乱政屡次实行，就是国家衰败的原因。所以，春夏秋冬打猎的仪式都是在农闲时演习武事。每三年出城大演习一次，回城时就整顿军队，然后到宗庙祭告，摆宴犒赏随从，清点田猎的擒获。要显示车服旌旗的文采，表明贵贱等级，辨别各类人员的等级，理顺长幼的次序，这是演习各种威仪。鸟兽的肉不能装入祭器，它的皮革、牙齿、骨角、毛羽不能用于礼器上的装饰，国君就不去射杀它们，这是自古以来的制度。至于山林河湖的物产，一般器具的材料，这是下等贱役的事，专职官员的职责，不是国君所应该参与的。"隐公说:"我准备巡察边境。"于是动身前往,让渔民陈列渔具捕鱼,供他观赏。僖伯推说有病没有随从。《春秋》说:"隐公陈设渔具于棠地。"这是批评隐公此举不合礼仪,而且棠地远离国都。

【鉴赏】臧僖伯是鲁国著名的贤臣,本文描述了他用礼制思想劝阻鲁隐公到棠地观鱼的事情。他认为国君应该按照礼法来行事,作为臣下和民众的表率,才能将百姓也纳入礼制与法度中去。在今天看来,一国之君,偶尔观看捕鱼本也不是什么大事。但臧僖伯却把此事提高到与社稷、政治攸关的高度来看,认为作为国君的一举一动都不可小视,绝不能把游玩享乐看作小节,否则,由不合法度到自乱其政最终将导致国家败亡。这反映了古代史家的看法,从中可以看到那个时代壁垒森严的礼仪制度和等级制度。文中臧僖伯的谏词以小见大,层层深入,条理清楚,具有很强的说服力,无奈最终鲁隐公还是一意孤行,但他却也不得不另找外出观鱼的借口。

郑庄公戒饬守臣(隐公十一年)

秋七月,公会齐侯、郑伯伐许。庚辰,傅于许①。颍考叔取郑伯之旗蝥弧以先登,子都自下射之,颠②。瑕叔盈又以蝥弧登,周麾而呼曰③:"君登矣!"郑师毕登。壬午④,遂入许。许庄公奔卫。齐侯以许让公。公曰:"君谓许不共⑤,故从君讨之。许既伏其罪矣,虽君有命,寡人弗敢与闻。"乃与郑人。

郑伯使许大夫百里奉许叔以居许东偏⑥。曰:"天祸许国,鬼神实不逞于许君⑦,而假手于我寡人。寡人唯是一二父兄不能共亿⑧,其敢以许自为功乎?寡人有弟⑨,不能和协,而使餬其口于四方,其况能久有许乎?吾子其奉许叔以抚柔此民也,吾将使获也佐吾子⑩。若寡人得没于地,天其以礼悔祸于许,无宁兹许公复奉其社稷。唯我郑国之有请谒焉,如旧昏媾⑪,其能降以相从也。无滋他族实偪处此,以与我郑国争此土也。吾子孙其覆亡之不暇,而况能禋祀许乎⑫?寡人之使吾子处此,不唯许国之为,亦聊以固吾圉也⑬。"乃使公孙获处许西偏,曰:"凡而器用财贿,无置于许。我死,乃亟去之⑭!吾先君新邑于此,王室而既卑矣,周之子孙日失其序⑮。夫许,大岳之胤也⑯。天而既厌周德矣,吾其能与许争乎?"

君子谓:郑庄公于是乎有礼。礼,经国家,定社稷,序人民,利后嗣者也。许无刑而伐之,服而舍之⑰,度德而处之,量力而行之,相时而动,无累后人,可谓知礼矣。

【注释】①庚辰:即七月一日。傅:同"附"。迫近,谓兵临城下。②蝥(máo)弧:旗帜名。子都:郑大夫。颠:从城墙上坠下(而死)。③瑕叔盈:郑大夫。周麾:挥动旗帜跑一圈。④壬午:即七月三日。⑤共:同"供"。供奉,供职。⑥许叔:许庄公的弟弟。⑦逞:快意,满意。⑧共亿:

犹言相安,和谐。⑨弟:指共叔段。⑩获:公孙获,郑大夫。吾子:对对方的敬称。⑪得没于地:谓正常死亡。无:发语词,无实义。昏媾:昏同"婚"。结亲。⑫禋(yīn)祀:古代祭天神之礼。⑬圉(yǔ):边境。⑭亟:急。⑮序:历代相承的功业。⑯大岳:即太岳,传说尧舜时的四方部落首领,掌四岳祭祀。胤:后代。⑰无刑:即不法,不守法度。服:服罪。

【译文】 秋季七月,鲁隐公会合齐僖公、郑庄公攻打许国。初一日,军队逼近许国城下。颍考叔拿着郑庄公的蝥弧旗抢先登上了城墙。子都从下面用箭射他,颍考叔跌了下来。瑕叔盈又拿着蝥弧旗登城,向四周挥动旗帜大喊道:"国君登城了!"于是郑国的军队全部登城。初三日,郑庄公军队就进入了许城。许庄公逃亡到卫国。齐僖公把许国让给鲁隐公。隐公说:"君侯认为许国没有履行进贡的职责,所以我们跟从君侯去讨伐它。许国既然已经服罪,虽然君侯有这样的命令,我也不敢听取。"于是就把许国送给郑庄公。

郑庄公让许国大夫百里辅佐许叔住在许都东部边邑,说:"上天降祸给许国,鬼神确实对许君不满,借我的手来进行惩罚。我连一两个父老兄弟都不能相安,难道敢把攻克许国作为自己的功绩?我有个弟弟,不能和睦相处,而使他四方奔走谋生,难道还能长久占有许国吗?您帮助许叔来安抚这里的百姓,我打算让公孙获来辅佐您。如果我得以善终,上天可能又依据礼而撤回加诸于许国的祸害,而让许庄公再来治理他的国家。那时候只要我郑国有所请求,像老亲家一样,大概会降格同意吧。不要让他国迫近这里居住,来与我郑国争夺这块土地。我的子孙挽救危亡都来不及,何况替许国祭祀祖先呢?我让您留在这里,不仅为了许国,也是借以巩固我的边境啊。"郑庄公于是派公孙获住在许都的西边,说:"凡是你的器用财物,不要放在许国。我死了,就赶紧离开这里。我的祖先在这里新建城邑不久,周王朝已经逐渐衰微,我们这些周朝的子孙也一天天丢掉了祖先的功业。许国,是四岳的后代,上天既然已经厌弃了周朝,我哪里还能和许国相争呢?"

君子认为,郑庄公在这件事情上是依礼而行的。礼,是治理国家、安定社稷,使百姓有次序,对后代有利的。许国不守法度就去讨伐它,服罪了就宽恕它,揣度德行而处理它,衡量力量而安置它,看准了时机而行动,不连累后代,可以说懂得礼了。

【鉴赏】 鲁隐公十一年(前712),郑、齐、鲁联合讨伐许国,反映了春秋时代诸侯国之间恃强凌弱的政治现实,弱小的许国很快被攻占。齐国先是主张将许国的土地让给鲁国,但鲁隐公没有接受,于是决定让给郑国,正中郑庄公下怀。他当即让许国大夫百里尊奉许庄公弟弟许叔主持许国国政,又另派郑大夫公孙获对他进行监督。郑庄公对百里和公孙获的戒饬之辞,表现了他不矜功,不贪婪,度德量力,深谋远虑,善于运用权术的政治家风范。虽然他其实是处处从本身利益出发,却说得委婉通融、灵活大雅。

臧哀伯谏纳郜鼎（桓公二年）

夏四月，取郜大鼎于宋[①]。纳于大庙，非礼也。

臧哀伯谏曰[②]："君人者，将昭德塞违，以临照百官，犹惧或失之，故昭令德以示子孙。是以清庙茅屋，大路越席，大羹不致，粢食不凿[③]，昭其俭也。衮、冕、黻、珽，带、裳、幅、舄，衡、紞、纮、綖[④]，昭其度也。藻率、鞞、鞛，鞶、厉、游、缨[⑤]，昭其数也。火、龙、黼、黻[⑥]，昭其文也。五色比象，昭其物也。钖、鸾、和、铃[⑦]，昭其声也。三辰旂旗[⑧]，昭其明也。夫德，俭而有度，登降有数[⑨]，文物以纪之，声明以发之，以临照百官。百官于是乎戒惧而不敢易纪律。今灭德立违，而寘其赂器于大庙，以明示百官。百官象之，其又何诛焉？国家之败，由官邪也。官之失德，宠赂章也。郜鼎在庙，章孰甚焉？武王克商，迁九鼎于雒邑[⑩]，义士犹或非之，而况将昭违乱之赂器于大庙，其若之何？"公不听。

周内史闻之[⑪]，曰："臧孙达其有后于鲁乎！君违，不忘谏之以德。"

【注释】①郜（gào）：国名，姬姓，在今山东成武东南。鼎：原为炊具，多用青铜铸成。古代常以鼎为立国重器。②臧哀伯：名达，鲁大夫。③清庙茅屋：清庙用茅草盖屋，以示节俭。清庙，即太庙。大路：路又作辂。天子祭祀所乘的车子。越席：用蒲草编结成的席子。大羹：不加任何调料的肉汁叫"大羹"。一般用于祭祀祖先。大与"太"通。不致：指不用五味调和，煮熟而已。粢（zī）食：黍稷等祭祀用的主食。凿：将糙米细舂加工。④衮（gǔn）：古代天子及上公所穿的礼服，祭祀时用之。冕：古代大夫以上所戴的礼帽。黻（fú）：用皮革制成的蔽膝，用以遮蔽腹膝之间，是礼服上的重要佩饰。珽（tǐng）：天子所持的玉笏，又称大圭。古代从天子到士，朝见时都要执笏。带：束腰的大带。裳：古人上衣下裳，裳犹裙子。幅（bì）：裹脚布，即绑腿。舄（xì）：一种双层底的鞋，与礼服相配。衡：固定冠冕用的横簪。紞（dǎn）：礼帽上用以系瑱的绳子。纮（hóng）：从颌下挽上系在簪子两端用以固定冠冕的绳带。綖（yán）：覆盖在冠上用黑布包的板子。以上十二物都是就祭服而言的。⑤藻率（lǜ）：放玉器的垫子，外包熟皮，上面绘有水藻花纹。鞞（bǐng）：刀鞘。鞛（běng）：佩刀刀把处的装饰物。鞶（pán）：革带。厉：革带上下垂的饰物。游：旌旗上的飘带。缨：马鞅，马颈上用来驾车的皮革。⑥火、龙、黼（fǔ）、黻（fú）：都是衣裳上绘绣的花纹。黑白相间的叫黼，黑青相间的叫黻。⑦钖（yáng）、鸾、和、铃：古代装饰在车马旌旗上的响铃。马额上的叫钖，马勒上的叫鸾，车前横木上的叫和，旌旗上的叫铃。⑧三辰：日、月、星。旂（qí）旗：总称一切旗帜。画龙并系有铃的叫旂，画熊虎的称旗。⑨登降：犹言增减。⑩九鼎：相传为夏禹所铸，代表九州。夏、商、周三代以为传授政权的国宝。⑪内史：周王室官名，执掌外交、策命、占卜等事。

【译文】夏四月，从宋国取得郜国的大鼎。初九，将大鼎放在太庙里，这是不合于礼的。

臧哀伯劝阻说："做人君的，应该遵道德远邪恶，用来监察百官，唯恐会有什么缺失，所以要彰显美德以示范于子孙。因此，太庙用茅草盖顶，大车用蒲席做垫子，肉汁不调五味，主食不用精米，这是为了昭示节俭。礼服、礼帽、蔽膝、大圭，大带、裙子、绑腿、鞋子，横簪、瑱绳、纽带、冕板，这是为了昭示制度。荐玉板、佩巾、刀鞘、刀饰，革带、带饰、飘带、马鞅，这是为了昭示礼数。绘火、绘龙、绣黼、绣黻，这是为了昭示文采。用青、黄、赤、白、黑五色来画山、龙、花、虫各种形象，这是为了昭示物色。车马旗帜上钖、鸾、和、铃等各种铃铛，这是为了昭示声音。画日、月、星在旌旗上，这是为了昭示光明。那美德，节俭而有制度，增减有一定的数量，用文采颜色来记录它，用声音光明来发扬它，以此向各级官吏作明显的表示。各级官吏因此戒慎畏惧，不敢违反纲纪法律。现在废除道德，树立坏榜样，把人家贿赂的器物摆放在太庙里，用来明白晓示各级官吏。百官也跟着这样做，又能惩罚谁呢？国家的衰败，是由于官吏的失德。官吏丧失道德，由于受宠而公然地接受贿赂。郜鼎放在太庙里，贿赂公行还有什么比这更显眼呢？周武王灭了商朝，把九鼎迁往洛阳，义士认为他做得不对，何况把表明违德招乱之贿赂器物放在太庙里，这又该怎么办呢？”桓公不听。

周朝的内史听到了这件事，说：“臧孙达将会在鲁国有长享禄位的后代吧！君主违背礼制，他没有忘记用道德来劝阻。”

【鉴赏】 宋国太宰华督杀死宋殇公，取得君位，这在当时是一种大逆不道的行为，很可能受到齐、鲁等诸侯国的干预讨伐，于是他便向这些诸侯国行贿。鲁桓公接受了宋华督贿赂的郜鼎并将其置于太庙，鲁国大夫臧哀伯就此劝谏桓公，认为此举非礼。“昭德塞违”是本文的主要思想，作为国君就应该发扬美德、堵塞邪恶，做百官和人民的表率。臧哀伯的谏词，用了大量篇幅来谈礼仪，保存了有关资料，并较好地说明了礼乐制度对维护统治的重要性。文中所倡扬的礼仪道德，虽然在阶级社会里有维护阶级统治的内容和局限，但臧哀伯能够劝谏国君、百官不接受贿赂，厉行节俭，以身作则，不但在当时赢得了史家的称赞，即使在今天也有极强的警示作用。文章言之有理，论之有物，语言畅达，具有很强的说服力。

季梁谏追楚师（桓公六年）

楚武王侵随，使薳章求成焉，军于瑕以待之[①]。随人使少师董成[②]。

斗伯比言于楚子曰[③]：“吾不得志于汉东也，我则使然。我张吾三军而被吾甲兵[④]，以武临之，彼则惧而协以谋我，故难间也。汉东之国，随为大。随张，必弃小国[⑤]。小国离，楚之利也。少师侈，请羸师以张之[⑥]。”熊率且比曰[⑦]：“季梁在[⑧]，何益？”斗伯比曰：“以为后图。少师得其君。”王毁军而纳少师。

少师归，请追楚师。随侯将许之。季梁止之曰：“天方授楚[⑨]，楚之羸，其诱我也，君何急焉？臣闻小之能敌大也，小道大淫。所谓道，忠于民而信于神也。上思利民，忠也；祝史正辞[⑩]，信也。今民馁而君逞欲，祝史矫举以祭[⑪]，臣不知其可也。”公曰：“吾牲牷肥腯，粢盛丰备[⑫]，何则不信？”对曰：“夫民，神之主也。是以圣王先成民而后致力于神。故奉牲以告曰‘博硕肥腯’，谓民力之普存也。

谓其畜之硕大蕃滋也，谓其不疾瘯蠡也[13]，谓其备腯咸有也。奉盛以告曰：'洁粢丰盛。'谓其三时不害，而民和年丰也。奉酒醴以告曰：'嘉栗旨酒[14]。'谓其上下皆有嘉德，而无违心也。所谓馨香，无谗慝也[15]。故务其三时，修其五教，亲其九族，以致其禋祀[16]。于是乎民和而神降之福，故动则有成。今民各有心，而鬼神乏主，君虽独丰，其何福之有？君姑修政而亲兄弟之国，庶免于难[17]。"

随侯惧而修政，楚不敢伐。

【注释】 ①楚武王：楚国第十七代国君。随：姬姓国，故城在今湖北随县南。薳（wěi）章：楚大夫。瑕：随县地名。②少师：官名。其人姓名不详。董：主持。③斗伯比：楚大夫。④张：扩张。⑤张：自高自大。弃：轻视。⑥侈：狂妄自大。羸师：故意隐藏实力使军队表现出疲弱的样子。下文"毁军"意思同此。⑦熊率（lǜ）且（jū）比：楚大夫。⑧季梁：随国贤臣。⑨授：赋予好运。⑩祝史：主持祭祀祈祷的官吏。正辞：说话正直无欺。⑪逞欲：放纵私欲以快己意。矫举：虚称功德以欺骗鬼神。⑫牷（quán）：毛色纯一的牲口。腯（tú）：肥壮。粢（zī）盛：盛在祭器中的粮食。⑬瘯（cù）蠡（luǒ）：家畜疫病，皮毛上生疥癣。⑭栗：通"洌"，清洁。⑮慝（tè）：邪恶。⑯三时：指春夏秋三季农事。五教：指父义、母慈、兄友、弟恭、子孝。九族：说法不一。一说指自身以上的父、祖、曾祖和以下的子、孙、曾孙、玄孙。另一说，指父族四代、母族三代、妻族二代，合为九族。禋（yīn）祀：古代祭天之礼。⑰庶：庶几，表希冀的副词。

【译文】 楚武王侵袭随国，派薳章去求和，在瑕地驻军等待着。随国派少师主持和谈。

斗伯比对楚武王说："我国在汉水东边不能得志，是由自己造成的。我们扩充军队，整顿装备，用武力凌驾别国，他们害怕而联合起来对付我们，所以就难以离间了。在汉水东边的国家中，随国是最大的。随国要是自高自大，就必然轻视小国。小国离心，对楚国是有利的。少师这个人狂妄自大，请君王把我们的军队装成疲弱的样子来助长他的骄气。"熊率且比说："有季梁在，这样做有什么用？"斗伯比说："这是为以后打算。少师将会得到他们国君的信任。"楚武王故意使军容不整而接待少师。

少师回去，请求追赶楚军。随侯将要允许他，季梁劝阻说："上天正在保佑楚国，楚军的疲弱，是要引诱我们，君侯何必急于此事呢？我听说小国所以能战胜大国，是由于小国有道而大国无度。所谓道，就是忠于人民而取信于神灵。国君想到对百姓有利，这就是忠；祝史真实不欺地祷告，这就是信。现在百姓挨饿而国君放纵私欲，祝史虚报功德来祭祀，我不知道这样怎么可能战胜大国。"随侯说："我祭祀用的牲口既无杂色又很肥壮，盛在祭器中的黍稷丰盛完备，为什么不能取信于鬼神？"季梁说："百姓，是神灵的主人，因此圣明的君主先安定百姓后致力于祭祀鬼神。所以奉献祭品时祷告说'牲口又大又肥'，这是说百姓普遍富裕，说牲口长得肥大而且繁殖很快，说没有生疥癣等疾病，说牲口全品种多，应有尽有。在奉献黍稷时祷告说'干净的粮食盛得满满的'，这是说春夏秋三季没有灾害，百姓和睦年成丰收。奉献甜酒的时候祷告说'又好又清的美酒'，这是说君臣上下都有美德而无背离之心。所说的祭品芳香，是说没有谗言邪恶，所以致力于三季农事，整治好五教，亲和九族，用这些来祭祀神灵，这样百姓和睦而神灵赐福，因此做任何事情都会获得成功。现在百姓各有异心，鬼神没有主人，君侯虽然独有丰盛的祭品，又能求到什么福呢？君侯姑且修明政事，亲近兄弟国家，这样或许可以幸免于难。”

随侯害怕，于是修明政事，楚国也就不敢来攻打了。

【鉴赏】楚国向汉水以东扩张势力屡不得志，于是楚武王与大臣谋划，制造假象，助长随国的骄气，使之放松戒备，随侯中计。但贤臣季梁劝谏随侯，说明应“忠于民，信于神”，有道是小国能胜淫暴大国的道理，从而引起随侯的警戒而修明政治，使楚国的计谋未能得逞。“民为神主，先民后神”是本文的中心思想，即明君必须先做对人民有利的事情，然后才致力于祭祀鬼神之事，这反映了春秋时代有远见的政治家对于民和神关系的一种新的进步主张，他们开始认识到，只有改善人民的物质生活，使他们安居乐业，才能加强政权力量战胜敌国。本文通过记叙双方言行，反映了整件事情的全貌。季梁的谏词步步深入，先是忠民敬神并举，然后从民着眼，论述民为主体，神为依附的道理，具有很强的说服力。

曹刿论战（庄公十年）

齐师伐我。公将战①。曹刿请见②。其乡人曰：“肉食者谋之③，又何间焉？”刿曰：“肉食者鄙④，未能远谋。”乃入见。

问：“何以战？”公曰：“衣食所安，弗敢专也，必以分人。”对曰：“小惠未遍，民弗从也。”公曰：“牺牲玉帛，弗敢加也⑤，必以信。”对曰：“小信未孚⑥，神弗福也。”公曰：“小大之狱，虽不能察，必以情。”对曰：“忠之属也，可以一战。战则请从。”

公与之乘，战于长勺⑦。公将鼓之，刿曰：“未可。”齐人三鼓，刿曰：“可矣！”齐师败绩。公将驰之⑧，刿曰：“未可。”下视其辙，登轼而望之⑨，曰：“可矣！”遂逐齐师。

既克，公问其故。对曰：“夫战，勇气也。一鼓作气⑩，再而衰，三而竭。彼竭我盈⑪，故克之。夫大国难测也，惧有伏焉。吾视其辙乱，望其旗靡⑫，故逐之。”

【注释】①公：指鲁庄公。②曹刿：鲁国一般士人。③肉食者：每天有肉吃的人，指大夫以上的官吏。④鄙：见识浅陋。⑤牺牲：祭祀用的牛羊猪。加：增加，虚夸。⑥孚：信服。⑦长勺：鲁地名，在今山东莱芜东北。⑧驰：驱车追赶。⑨轼：古代车厢前面扶手的横木。⑩作：振作。⑪盈：满，旺盛。⑫靡：倒下。

【译文】齐国的军队攻打我国，庄公准备迎战，曹刿请求拜见庄公。他的同乡人说：“当权的人在谋划这件事，你又去掺和什么？”曹刿说：“当权的人见识浅陋，不能作长远考虑。”于是入宫拜见庄公。

曹刿问:"凭什么来作战?"庄公说:"衣食这些用来安身的东西,我不敢独自享受,一定把它分给别人。"曹刿回答说:"小恩小惠不能周全,百姓不会跟从的。"庄公说:"祭祀用的牛羊玉帛,祷告时不敢虚夸,一定反映实情。"曹刿回答说:"小小的诚心未能获得神灵的信任,神不会赐福的。"庄公说:"大大小小的案件,虽然不能一一洞察,但一定根据情理处理。"曹刿回答说:"这是为百姓尽心办事的表现,可以打一下。打起来,请让我跟随前去。"

庄公和他同乘一辆兵车,在长勺作战。庄公将要击鼓进攻。曹刿说:"还不行。"齐军击了三通鼓。曹刿说:"可以了!"齐军大败。庄公准备追击。曹刿说:"还不行。"下车,细看齐军的车辙,然后登上车前横板远望,说:"可以了!"于是下令追击齐军。

战胜以后,庄公问他什么缘故。回答说:"作战,靠的就是勇气。第一通鼓振作士气,第二通鼓士气就衰退了,第三通鼓士气就衰竭了。他们的士气衰竭我们的士气旺盛,所以能战胜他们。大国难以捉摸,恐有埋伏。我细看他们的车辙已经混乱,远望他们的旗子已经倒下,所以追赶他们。"

【鉴赏】长勺之战是我国历史上著名的运用战略防御原则、以弱胜强的战例。它发生在鲁庄公十年(前684),因齐桓公(公子小白)和公子纠(鲁国曾予接纳)争夺君位的矛盾而起。齐、鲁两国交战于长勺,弱小的鲁国战胜了强大的齐国。本文以传神的笔法记载了曹刿自荐破敌的经过,略于对战争情形的再现,而详于对战争胜败因素的分析。政治上取信于民,战略战术上知己知彼、善于把握时机,即"未战考君德,方战养士气,既战察敌情",这正是战争中克敌制胜的基本规律。文章表现了曹刿深谋远虑、持重机警的杰出才干和后发制人的军事指挥艺术。写法上环环相扣,章法严密,语言生动,通过曹刿与鲁庄公的对比描写,以肉食者的"鄙"反衬出曹刿的"远谋"。

齐桓公伐楚盟屈完(僖公四年)

春,齐侯以诸侯之师侵蔡①。蔡溃,遂伐楚。楚子使与师言曰②:"君处北海,寡人处南海,唯是风马牛不相及也③。不虞君之涉吾地也,何故?"管仲对曰:"昔召康公命我先君太公曰:'五侯九伯④,女实征之,以夹辅周室。'赐我先君履,东至于海,西至于河,南至于穆陵,北至于无棣⑤。尔贡包茅不入,王祭不共,无以缩酒⑥,寡人是征。昭王南征而不复,寡人是问。"对曰:"贡之不入,寡君之罪也,敢不共给?昭王之不复,君其问诸水滨!"

师进,次于陉⑦。

夏,楚子使屈完如师⑧。师退,次于召陵。齐侯陈诸侯之师,与屈完乘而观之。齐侯曰:"岂不谷是为⑨?先君之好是继。与不谷同好,何如?"对曰:"君惠徼福于敝邑之社稷⑩,辱收寡君,寡君之愿也。"齐侯曰:"以此众战,谁能御之?

以此攻城，何城不克？”对曰：“君若以德绥诸侯⑪，谁敢不服？君若以力，楚国方城以为城，汉水以为池⑫，虽众，无所用之。”

屈完及诸侯盟。

【注释】①齐侯：齐桓公。②楚子：楚成王。③风：雌雄相诱。④管仲：齐国大夫，曾辅政于齐桓公，春秋时著名政治家。召康公：周文王庶子，食邑在召，康是谥号。太公：即姜太公吕望，齐国始祖。五侯：公侯伯子男五等爵位。九伯：九州之长。⑤履：践踏。这里指齐国的可征伐的范围。穆陵、无棣：皆齐地，前者在今山东临朐南，后者在今山东无棣一带。⑥包茅：包成捆的青茅。缩酒：祭祀时把酒倒在成捆的青茅上渗下去，就像神饮了酒一样。一说为滤酒。⑦次：部队在某地驻三日以上。陉（xíng）：山名，在今河南郾城东南。⑧屈完：楚大夫。⑨不谷：不善，诸侯谦称。⑩徼（xiāo）：求。⑪绥：安抚。⑫方城：楚地山名，在今河南叶县附近，为楚与中原国家的边境地带。城：城墙。池：护城河。

【译文】春天，齐桓公率领诸侯联军侵袭蔡国，蔡军溃败，联军接着攻打楚国。楚成王派人到诸侯联军中说：“君侯住在北方，寡人住在南方，就是牛马发情狂奔也不能到达彼此疆界。没料到您竟然会来到我们这里，这是什么缘故？”管仲回答说：“从前召康公命令我们的先祖太公说：‘五等诸侯，九州之长，你都可以征伐他们，以便辅佐周王室。’赐给我们先祖征伐的范围，东到大海，西到黄河，南到穆陵，北到无棣，你们该进贡的包茅不进献，使天子的祭祀缺乏供应，无法洒酒请神，寡人为此而来问罪。昭王南征没有回去，寡人为此而来责问。”使者回答说：“供品没有送来，这是我们国君的罪过，岂敢不供给？昭王没有回来，君侯还是去问问汉水吧。”

诸侯联军前进，驻扎在陉地。

夏天，楚成王派屈完到诸侯联军驻地，诸侯联军后退，驻扎在召陵。齐桓公把诸侯联军列成战阵，和屈完乘一辆战车观看。齐桓公说：“难道是为了我个人吗？是因为先祖建立的友好关系应该继续，与我建立友好关系如何？”屈完回答说：“君侯惠临鄙国求福，屈尊接纳寡君，这正是寡君的愿望啊。”齐桓公说：“用这样多的军队来作战，谁能够抵御他们？用这样的军队攻城，什么城池不能攻克？”屈完回答说：“君侯如果用德行来安抚诸侯，谁敢不服从您？君侯如果使用武力，楚国将方城山作为城墙，汉水作为护城河，您的军队虽然众多，也没有用得上的地方！”

屈完和诸侯联军订立了盟约。

【鉴赏】公元前656年，齐桓公为了称霸天下，亲率齐、鲁、宋、卫等八国军队去讨伐楚国，以巩固自己的盟主地位，但楚国当时也正处于强盛时期，所以毫不示弱，为了制止齐国的军事进攻，两度派遣使者到齐国军营中进行唇枪舌剑的外交斡旋。齐国终未达到目的，而不得不与楚国签订盟约。文中对双方人物的描写都生动传神，齐桓公自恃强大，霸气十足；管仲出于职守，牵强附会地寻找征讨理由；楚国使者屈完机智沉着，随机应变，不卑不亢，针锋相对。文章尺幅之中波澜起伏，节节显露机锋，笔法吞吐灵活，是绝妙的外交辞令。

宫之奇谏假道(僖公五年)

晋侯复假道于虞以伐虢[①]。宫之奇谏曰:“虢,虞之表也[②]。虢亡,虞必从之。晋不可启,寇不可翫[③],一之为甚,其可再乎?谚所谓‘辅车相依[④],唇亡齿寒’者,其虞、虢之谓也。”

公曰:“晋,吾宗也,岂害我哉?”对曰:“大伯、虞仲,大王之昭也。大伯不从,是以不嗣。虢仲、虢叔,王季之穆也;为文王卿士,勋在王室,藏于盟府[⑤]。将虢是灭,何爱于虞?且虞能亲于桓、庄乎?其爱之也,桓、庄之族何罪[⑥]?而以为戮,不唯逼乎[⑦]?亲以宠逼,犹尚害之,况以国乎?”

公曰:“吾享祀丰洁,神必据我[⑧]。”对曰:“臣闻之,鬼神非人实亲,惟德是依。故《周书》曰:‘皇天无亲,惟德是辅。’又曰:‘黍稷非馨,明德惟馨。’又曰:‘民不易物,惟德繄物[⑨]。’如是,则非德,民不和,神不享矣。神所冯依[⑩],将在德矣。若晋取虞,而明德以荐馨香,神其吐之乎?”

弗听,许晋使。宫之奇以其族行。曰:“虞不腊矣[⑪]。在此行也,晋不更举矣。”冬,晋灭虢。师还,馆于虞,遂袭虞,灭之。执虞公。

【注释】①晋侯:晋献公。虞:姬姓国,在今山西平陆东。虢:国名,在今山西平陆南。②宫之奇:虞大夫。表:外表,这里指屏障。③启:开启,指使晋国扩张其野心。翫(wán):轻视。④辅:加在车轮外的两根直木,以加强车辐的承受力。一说,辅喻面颊,车喻牙床。⑤昭、穆:古代宗庙中的神位,始祖居中,先祖之位以昭、穆为次,左昭右穆,以别辈次。周太王为穆,太伯、虞仲、王季是太王的儿子,则为昭;而虢仲、虢叔是王季的儿子,又为穆。盟府:主管盟誓典册的官府。⑥桓:桓叔,晋献公的曾祖。庄:庄伯,晋献公的祖父。⑦逼:施加压力,威胁。⑧据:依从。⑨繄(yī):语气词,无实义。⑩冯:通“凭”。⑪腊:年终合祭众神的一种祭祀典礼。

【译文】晋献公再次向虞国借道去攻打虢国,宫之奇劝阻道:“虢国,是虞国的屏障。虢国灭亡了,虞国必然跟着灭亡。晋国的野心不能开启,对待外国军队不可不谨慎,借道一次已经过分了,难道可以来第二次吗?俗话所说的‘面颊和牙床互相依靠,没有了嘴唇牙齿就会受寒’,这说的就是虞国和虢国的关系。”

虞公说:“晋国是我的同宗,难道会害我吗?”宫之奇回答说:“太伯、虞仲,都是大王的儿子,太伯没有跟随在侧,所以没能继承王位。虢仲、虢叔,都是王季的儿子;做过文王的卿士,功勋在于王室,记录还藏在盟府里。晋国将要灭掉虢国,对虞国又有什么可爱惜的?况且虞国能比晋国同宗的桓叔、庄伯更亲近吗?如果晋侯爱惜同宗,桓叔、庄伯这两个家族有什么过错,但是却把他们杀戮,不就是因为他们感到有了威胁吗?亲近的人由于受宠而使他感到有威胁,尚且杀害了他们,何况其他国家呢?”

虞公说:“我祭祀的祭品丰盛而且清洁,神灵一定会保佑我的。”宫之奇回答说:“下臣听说,鬼神不是亲近哪一个人,而只是依从道德。所以《周书》说:‘上天没有私亲，只辅佑有德行的人。'又说：'祭祀的黍稷并不芳香，只有美德才能使其芳香的。'又说：'百姓不能改变祭品，只有德行才能抵作祭物。'像这样，如果没有德行，百姓就不会和睦，神灵也不会来享用祭品了。神灵所凭借依从的，就在于德行了。如果晋国夺取了虞国，修明德行作为芳香的祭品奉献于神灵，神灵难道会吐出来吗？"

虞公不听，答应了晋国使者的要求。宫之奇带领了他的族人出走，说："虞国过不了今年的腊祭了。（灭掉虞国）就在这一次，晋国用不着再次发兵了。"冬天，晋国灭了虢国。晋军回师时，住在虞国，于是袭击虞国，灭了它，捉了虞公。

【鉴赏】公元前655年，晋国向虞国借路进攻虢国，在此之前三年，晋国已经向虞国借过道。因此在这第二次借道时，虞大夫宫之奇竭力劝阻，认为虢、虞两国是"辅车相依，唇亡齿寒"的关系，虢国一旦灭亡，虞国也很难自保。宫之奇对当时的政治形势以及晋、虞、虢三国的历史和相互关系十分清楚，而且看出了晋国贪得无厌的本性。但虞公却迷信于宗族关系和神权思想，昏庸固执，不听宫之奇对同宗相害的分析，也不听国家存亡在人不在神、应该修德重民的忠告。果然，晋灭虢以后，师不二出就顺便灭了虞国，虞公也沦为了阶下囚。宫之奇的谏词透彻深刻，层次井然，反映了一位政治家的深谋远虑、高瞻远瞩，也反映了春秋时代的民本思想。文章还有力地表现了虞公的昏聩糊涂，以及亲不可恃、世事奸恶等社会现实。"唇亡齿寒"的典故流传至今，仍有借鉴意义。

齐桓公下拜受胙（僖公九年）

夏，会于葵丘①。寻盟，且修好，礼也。

王使宰孔赐齐侯胙，曰："天子有事于文、武，使孔赐伯舅胙②。"齐侯将下拜。孔曰："且有后命。天子使孔曰：'以伯舅耋老，加劳，赐一级，无下拜③。'"对曰："天威不违颜咫尺④，小白余敢贪天子之命'无下拜'？恐陨越于下⑤，以遗天子羞，敢不下拜？"下，拜，登，受。

【注释】①葵丘：宋地名，今河南民权东北。②王：周襄王。宰孔：周王室太宰，名孔。齐侯：齐桓公。胙（zuò）：祭祀用的肉。有事：有祭事。文、武：周文王和周武王。伯舅：天子称同姓诸侯为伯父或叔父，称异姓诸侯为伯舅。③耋（dié）老：同义联绵词，七十岁称耋。无：通"勿"。④违：离。咫：八寸。咫尺，形容很近。⑤陨越：坠落。

【译文】夏天，在葵丘会盟。重温过去的盟约，并且调整发展友好关系，这是合乎礼的。

周天子派宰孔把祭肉赐给齐桓公，说："天子祭祀文王、武王，派遣我把祭肉赐给伯舅。"齐桓公将要下阶跪拜。宰孔说："还有后头的命令。天子叫我说：'因为伯舅年纪大了，加上功劳，赐给一等祭肉，不用下阶跪拜。'"齐桓公回答说："天子的威严不离开颜面咫尺之远，小白我岂敢贪得天子的宠命'无下拜'？那样，我恐怕会在下面摔倒,给天子带来羞辱,怎敢不下拜?”下阶,跪拜,登上台阶,接受祭肉。

【鉴赏】周朝自平王东迁以后,王室渐衰,周王形同虚设。齐桓公这时已成为天下霸主,且是春秋五霸中最有成就的人。本文写齐桓公会集鲁、宋、郑、卫等国君侯在葵丘重申昔日盟约,周襄王也派使臣送来祭庙之肉赏赐齐桓公,并对他加赐一级,免其下拜之礼。但齐桓公一再表现出对周天子的尊崇,坚持恭行下拜受胙之礼。通过齐桓公的言语行止,惟妙惟肖地刻画出其故作谦恭、矫揉造作的形象,文字简练却不失细腻生动,让人有身临其境之感。同时,也反映了当时仍普遍存有的尊周意识,春秋时代诸侯想要成为霸主的,还不得不打出尊重周王室的旗号。

阴饴甥对秦伯(僖公十五年)

十月,晋阴饴甥会秦伯,盟于王城①。

秦伯曰:“晋国和乎?”对曰:“不和。小人耻失其君而悼丧其亲②,不惮征缮以立圉也③,曰:‘必报仇,宁事戎狄。’君子爱其君而知其罪④,不惮征缮以待秦命,曰:‘必报德,有死无二。’以此不和。”秦伯曰:“国谓君何?”对曰:“小人慼,谓之不免;君子恕,以为必归。小人曰:‘我毒秦,秦岂归君?’君子曰:‘我知罪矣,秦必归君。贰而执之,服而舍之,德莫厚焉,刑莫威焉。服者怀德,贰者畏刑。此一役也,秦可以霸。纳而不定,废而不立,以德为怨,秦不其然。’”秦伯曰:“是吾心也。”改馆晋侯,馈七牢焉⑤。

【注释】①阴饴甥:复姓瑕吕,名饴甥,封于阴。晋大夫。秦伯:秦穆公。王城:秦地名,在今陕西大荔东。②小人:这里指缺乏远见的普通人。君:指晋惠公。③征缮:征收赋税,整顿甲兵。圉(yǔ):指晋惠公太子姬圉。④君子:这里指有远见卓识的贵族。⑤馈:馈赠,以食物送人。七牢:古代接待诸侯的礼节。牛羊猪各一为一牢。

【译文】十月,晋国阴饴甥会见秦穆公,在王城订立盟约。

秦穆公说:“晋国和睦吗?”阴饴甥回答说:“不和睦。小人以失掉国君为耻而哀悼亲属的战死,不怕征税整军来拥立圉作为国君,他们说:‘一定要报仇,宁可因此而侍奉戎狄。’君子爱护国君而知道他的罪过,不害怕征税整装来等待秦国的命令,他们说:‘一定要报答恩德,有必死之志而无二心。’因为这样所以不和睦。”秦穆公说:“晋国人认为国君会怎样?”阴饴甥回答说:“小人忧愁,认为他不会被赦免;君子宽心,认为他一定会回来。小人说:‘我们损害了秦国,秦国难道能让国君回来?’君子说:‘我们已经知道罪过了,秦国一定让国君回来。晋国如对秦国有二心就捉了他,服罪了就释放他,恩德没有比这更宽厚的了,刑罚也没有比这更威严的了。服罪的人怀念恩德,有二心的人害怕刑罚。通过这一次的事件,秦国就可以成就霸业了。当初容纳惠公做晋君又不使他稳定下来,现在他认罪了也不放他回去立为国君,把恩德变为怨恨,秦国不会这样做的。’”秦穆公说:“这是我的想法啊。"于是改请晋惠公住在国宾馆里,赠送他七套牛羊猪的食物。

【鉴赏】鲁僖公十五年(前645),秦穆公攻打晋国,在韩原一战中,晋国战败,晋惠公被俘。后因穆姬夫人和晋国诸大夫的努力,秦国权衡利害,已有放回晋惠公的打算。在秦国同意议和之后,晋国派阴饴甥到王城与秦穆公会盟。本篇记叙了订立盟约的经过。

阴饴甥虽是战败国的代表,但他凭恃晋国的武备为后盾,在秦穆公面前表现得不卑不亢,抓住回答问题的机会,假托国中"君子""小人"之言向秦穆公施加压力,引小人的话说人民要坚决报仇,使之畏惧,不敢妄为;引君子的话说群臣对秦国寄予厚望,使之快意,满足其自尊心和虚荣心。经过阴饴甥的一番周旋应对,终于迫使秦穆公决定送晋惠公归国,并对阴饴甥以上宾之礼相待。本篇正反开阖,是一篇出色的外交辞令。

子鱼论战(僖公二十二年)

楚人伐宋以救郑。宋公将战,大司马固谏曰:"天之弃商久矣[①],君将兴之,弗可赦也已。"弗听。

及楚人战于泓[②]。宋人既成列,楚人未既济。司马曰:"彼众我寡,及其未既济也,请击之。"公曰:"不可。"既济而未成列,又以告。公曰:"未可。"既陈而后击之[③],宋师败绩。公伤股,门官歼焉[④]。

国人皆咎公。公曰:"君子不重伤,不禽二毛[⑤]。古之为军也,不以阻隘也。寡人虽亡国之馀,不鼓不成列[⑥]。"

子鱼曰:"君未知战。勍敌之人[⑦],隘而不列,天赞我也。阻而鼓之,不亦可乎?犹有惧焉。且今之勍者,皆吾敌也。虽及胡耇,获则取之[⑧],何有于二毛?明耻教战,求杀敌也。伤未及死,如何勿重?若爱重伤,则如勿伤;爱其二毛,则如服焉[⑨]。三军以利用也[⑩],金鼓以声气也。利而用之,阻隘可也;声盛致志,鼓儳可也[⑪]。"

【注释】①宋公:宋襄公。大司马:官名,掌管军政。固:公孙固,字子鱼。天之弃商:宋国是商朝的后裔,所以子鱼这么说。②泓:水名,在今河南柘城西北。③陈:通"阵",这里用作动词,摆开阵势。④门官:保卫国君的近卫军队,平时守门,战时随君护卫。⑤重伤:对已经受伤的人再次伤害。禽:通"擒"。二毛:头发花白的人。⑥鼓:击鼓进攻。⑦勍(qíng):强劲有力。⑧胡耇(gǒu):老人。取:割下左耳,古代作战以获取左耳多少论功行赏。⑨爱:吝啬,舍不得。如:应当。下句"如"用法相同。⑩三军:古时有中军、左军、右军,这里泛指军队。⑪儳(chán):不整齐。这里指没有摆成阵势。

【译文】楚国人攻打宋国来救援郑国。宋襄公准备应战,大司马公孙固劝阻说:"上天抛弃商朝已经很久了,您想复兴它,这是违背上天的意思而不可赦免的。"宋襄公不听。

宋军和楚军在泓水边作战。宋军已经排成队列，楚军还没有全部渡河。司马子鱼说："他们人多，我们人少，趁他们还没有全部渡河，请君王下令攻击他们。"宋襄公说："不行。"楚军已经渡河还没有排好队列，子鱼又用刚才的意见报告。宋襄公说："还不行。"等到楚军已经排好阵势，再攻击他们，宋军大败。宋襄公伤了大腿，卫队被歼灭。

宋国人都责怪宋襄公。宋襄公说："君子不伤害伤员，不捉拿头发花白的人。古代的作战，不在险隘的地方阻击。寡人虽然是灭亡的殷商的后代，也不会攻击没有摆开阵势的敌人。"

子鱼说："国君不懂得作战。强大的敌人，在地势险隘处没有摆开阵势，这是上天在帮助我们。敌人遇到阻碍而攻击他们，不也是可以的吗？还害怕不能取胜？何况现在强大的国家，都是我们的敌人。虽然碰到老头子，俘虏了就不要放掉，对头发花白者有什么可怜惜的？说明耻辱，教导作战，这是为了杀死敌人。敌人受了伤而没有死掉，怎么不再给予打击呢？如果怜惜伤员而不再次伤害，那么应当一开始就不要伤害他；怜惜头发花白的人，那么就应当服从他们。军队就是要利用有利的时机行动，鸣金击鼓就是用声音来鼓舞士气。有利而使用，在险隘处阻击是可以的；鼓声大作鼓舞了士气，攻击没有摆开阵势的敌人也是可以的。"

【鉴赏】齐桓公死后，宋襄公图谋继续齐桓公的霸业。鲁僖公二十二年（前638），宋襄公为了与楚国争霸，不顾本身国力疲弱，出兵攻打依附于楚国的郑国，楚国为援救郑国，与宋国在泓水交战。宋襄公想用"仁义"笼络人心，在你死我活的战争中坐失敌人半渡和未成列的良机，以至于大败，自己也身负重伤。事后他还强词自解"君子不重伤，不禽二毛""不以阻隘""不鼓不成列"，不仅迂腐至极，而且极端虚伪。与之形成强烈反差的是大司马子鱼。楚强宋弱，子鱼本不主张同楚国交战，但在宋襄公决定作战之后，他则积极谋划，主张利用有利时机对楚国发动进攻。本篇最后一段记述了子鱼对宋襄公谬论的反驳，有理有据，层层深入，驳中立论，除连用反问语句外，两个"可也"还与战斗开始时宋襄公的"不可""未可"相照应。

寺人披见文公（僖公二十四年）

吕、郤畏逼，将焚公宫而弑晋侯[①]。寺人披请见[②]。公使让之，且辞焉，曰："蒲城之役，君命一宿[③]，女即至。其后余从狄君以田渭滨[④]，女为惠公来求杀余，命女三宿，女中宿至。虽有君命，何其速也？夫袪犹在[⑤]，女其行乎！"对曰："臣谓君之入也，其知之矣。若犹未也，又将及难。君命无二，古之制也。除君之恶，唯力是视。蒲人、狄人，余何有焉？今君即位，其无蒲、狄乎？齐桓公置射钩而使管仲相[⑥]，君若易之，何辱命焉？行者甚众，岂唯刑臣[⑦]！"公见之，以难告。

三月，晋侯潜会秦伯于王城[⑧]。己丑晦[⑨]，公宫火。瑕甥、郤芮不获公，乃如河上,秦伯诱而杀之。

【注释】①吕:吕饴甥,又称瑕甥,即前篇中出现过的阴饴甥。郤(xì):郤芮。二人均为晋大夫,是拥护晋惠公的旧臣。公宫:国君居住的宫室。晋侯:指晋文公。②寺人披:指名叫披的寺人。寺人是古代宫廷的内官,即后世所称的宦官。③蒲城之役:指鲁僖公五年,晋献公听信骊姬谗言,逼死太子申生,下令抓捕公子重耳(即晋文公)和夷吾(即晋惠公),而让寺人披攻打重耳居住地蒲城一事。宿:一晚为一宿。④狄:对北方少数民族的称呼。田:打猎。⑤祛(qū):衣袖。寺人披攻打蒲城时,几乎捉住重耳,将其衣袖割断。⑥钩:带钩,束腰革带上的金属钩。齐桓公和公子纠争夺君位,管仲当时拥护公子纠,曾放箭射中齐桓公带钩。后来齐桓公即位,不念旧恶,仍重用管仲。⑦刑臣:受过宫刑的人。⑧王城:秦地,在今陕西大荔东。⑨己丑晦:三月三十日。晦,阴历每月的最后一天。

【译文】吕饴甥、郤芮受到迫害,准备焚烧宫室而杀掉晋文公。寺人披请求面见晋文公。晋文公派人责备他,而且拒绝接见,说:"蒲城那一次,国君命令你过一个晚上到达,你立刻就到了。后来我跟从狄君在渭水边上打猎,你为了惠公设法来杀我。惠公命令你过三个晚上到达,你过两晚就到了。虽然有国君的命令,为什么这样迫不及待呢?那只袖子还在,你还是走吧!"寺人披回答说:"臣认为君侯回国以后,已经了解情况了。如果还没有了解情况,又将会遇到灾难。国君的命令必须毫无二心地去执行,这是自古以来的制度。除去国君的心头之患,只看自己有多大的力量。蒲人、狄人,对我来说有什么相干呢?现在您即位做了国君,难道就不会发生在蒲、狄时那样的祸患吗?齐桓公把射钩的事放在一边,而让管仲做了国相。您如果改变这种做法,哪用烦劳您下命令呢?走的人很多,难道只有我一个受过宫刑的小臣?"晋文公接见了他,他就把吕饴甥、郤芮欲祸乱的事情做了报告。

三月,晋文公暗地里和秦穆公在王城相见。三十日,晋文公的宫室被烧。吕饴甥、郤芮没有搜寻到晋文公,就到了黄河边上,秦穆公把他们诱骗过去杀掉了。

【鉴赏】晋惠公的旧臣吕饴甥、郤芮密谋策划杀害晋文公,寺人披得知此事,想密告晋文公。但文公不释前怨,拒绝接见仇人寺人披。寺人披掌握着有关晋文公命运的机密,又能说出一番道理来为自己开脱,并举齐桓公不念旧恶启用管仲的事例,不由得晋文公不接见他。被召见后,寺人披将吕饴甥、郤芮的密计报告了文公,文公得以采取相应措施,终于逢凶化吉。寺人披趋炎附势的品行本不值得称道,但他的能言善辩却给人留下了深刻印象。文中晋文公能尽释前嫌,虚心接受意见,表现了一个政治家的胸怀和胆略,这也是他能成就霸业的一个重要因素。

介之推不言禄(僖公二十四年)

晋侯赏从亡者,介之推不言禄①,禄亦弗及。推曰:"献公之子九人,唯君在矣。惠、怀无亲②,外内弃之。天未绝晋,必将有主。主晋祀者,非君而谁?天实置之,而二三子以为己力,不亦诬乎③?窃人之财,犹谓之盗,况贪天之功以为己力乎？下义其罪，上赏其奸；上下相蒙，难与处矣。”其母曰：“盍亦求之？以死谁怼[4]？”对曰：“尤而效之，罪又甚焉。且出怨言，不食其食。”其母曰：“亦使知之，若何？”对曰：“言，身之文也。身将隐，焉用文之？是求显也[5]。”其母曰：“能如是乎？与汝偕隐。”遂隐而死。

晋侯求之不获，以绵上为之田，曰：“以志吾过，且旌善人[6]。”

【注释】①晋侯：指晋文公。介之推：重耳逃亡时的从臣。又称介推，之是语助词。②惠、怀：指晋惠公与晋怀公。③二三子：相当于现在说的“那几位”。这里指跟随晋文公逃亡的大臣。诬：欺骗。④怼(duì)：怨恨。⑤显：显达。⑥绵上：介子推隐居的地方，在今山西介休市东南。志：记。旌：表彰。

【译文】晋文公赏赐跟随他一起逃亡的人，介之推没有提及应得的俸禄，因此晋文公也没把俸禄给他。介之推说：“献公的九个儿子，只有君侯在世了。惠公、怀公没有亲近的人，国内国外的人都抛弃他。上天不绝灭晋国，必定会有君主。主持晋国祭祀的人，不是君侯又是谁呢？这实在是上天要立他为君，但是他们几位却以为是自己的力量，这不是自欺欺人吗？偷别人的财物，尚且称作盗贼，何况贪取上天的功劳认为是自己的力量呢？下面的人把罪过当作正义，上面的人对他们的奸邪行为加以赏赐；上下互相欺蒙，这就难与他们相处了。”介之推的母亲说：“何不也去求赏？因为这样而死，又能怨谁？”介之推回答说：“明知是错的而又仿效他们，罪过就更大了。而且我口出怨言，就不应该再吃他赏赐的俸禄。”他的母亲说：“也让国君知道一下，怎么样？”介之推回答说：“说话，是身体的文饰。身体将要隐藏，哪里用得着文饰？这是去求显达了。”介之推的母亲说：“你能够这样吗？我与你一起隐居吧。”于是母子就隐居到死。

晋文公到处找寻他都没有找到，就把绵上作为他的封田，说：“用这来记下我的过失，并且表扬好人。”

【鉴赏】晋文公为公子时，曾被迫在外流亡十九年，晋惠公死后，在秦穆公帮助下，回国取得君位。在晋文公逃难过程中，介之推曾割股给他充饥，并追随他多年。但当随文公出亡的群臣都争名求禄之时，唯独介之推不居功邀赏，与母亲一起隐居于绵山，超脱于纷争之外。本篇记叙了介之推在决定归隐时与母亲的对话，深刻批判了争功请赏、猎取名利的不齿行径，颂扬了介之推母子不贪求名利福禄的高洁品行，这在当时是高出一般人之上的。但文中也反映了介之推对所谓天命的迷信，他将晋文公终能回国即位完全看作上天的安排，而忽视了人的主观努力。文中还用不多的笔墨刻画了介之推母亲这位大志大贤的非凡女性。她的三番设问，并不是指使儿子去追求名利，而意在考验儿子的意志是否坚决，新奇的笔法，值得玩味。

展喜犒师（僖公二十六年）

齐孝公伐我北鄙[①]。公使展喜犒师，使受命于展禽[②]。

齐侯未入竟，展喜从之，曰："寡君闻君亲举玉趾，将辱于敝邑，使下臣犒执事[③]。"齐侯曰："鲁人恐乎？"对曰："小人恐矣，君子则否。"齐侯曰："室如县罄[④]，野无青草，何恃而不恐？"对曰："恃先王之命。昔周公、大公股肱周室[⑤]，夹辅成王。成王劳之，而赐之盟，曰：'世世子孙，无相害也。'载在盟府，太师职之[⑥]。桓公是以纠合诸侯而谋其不协，弥缝其阙而匡救其灾，昭旧职也。及君即位，诸侯之望曰：'其率桓之功[⑦]。'我敝邑用不敢保聚[⑧]，曰：'岂其嗣世九年，而弃命废职，其若先君何？君必不然。'恃此以不恐。"齐侯乃还。

【注释】①鄙：边境。②展喜：鲁大夫，展禽的弟弟。犒：以酒食等物慰劳。展禽：字禽，名获，食邑在柳下，谥曰惠，故后来又叫柳下惠。③竟：通"境"。玉趾：对人行止的敬辞。执事：君主左右办事的人，这里是指齐孝公。古代不直说某人，而说他左右的人，以示尊敬。④县：通"悬"。罄（qìng）：通"磬"，一种中空的乐器。⑤周公：周文王的儿子，名旦，鲁国的始祖。大公：即吕望，通称姜太公，齐国的始祖。大，同"太"。股肱：辅佐。⑥载：盟约。古谓之载书，也省作载。太师：当作"太史"，负责国家典籍的官员。职：掌管。⑦率：遵循。⑧用：因此。保聚：保城聚众。

【译文】齐孝公攻打鲁国北部边境。僖公派展喜去慰劳齐军，并叫他到展禽那里接受犒劳齐军的外交辞令。

齐孝公还没有进入鲁国国境，展喜出境迎上去面见他，说："寡君听说您大驾光临敝邑，特派遣下臣来犒劳您的左右侍从。"齐孝公说："鲁国人害怕吗？"展喜回答说："小人害怕了，君子就没有。"齐孝公说："你们的府库空虚得就像悬挂起来的磬，四野里连青草都没有，仗着什么而不害怕？"展喜回答说："依仗先王的命令。从前周公、太公辅佐周室，在左右协助成王。成王慰问他们，赐给他们盟约，说：'世世代代的子孙，不要互相侵害。'这个盟约藏在盟府里，由太史掌管。桓公因此联合诸侯，而解决他们之间的不和谐，弥补他们的缺失，而救援他们的灾难，这都是显扬过去的职责啊。等到君侯登上君位，诸侯都给予厚望，说：'他会继承桓公的功业吧。'敝邑因此不敢保城聚众，说：'难道他即位九年，就丢弃王命，废掉职责，他怎么向先君交代？他一定不会这样的。'依仗这个才不害怕。"齐孝公于是收兵回国。

【鉴赏】本篇记述了一次出色的外交活动。鲁僖公二十六年（前634），齐孝公率军攻打鲁国，齐强鲁弱，又适逢鲁国发生饥荒，根本无力抵挡，形势十分危急。鲁僖公派遣展喜迎上前去犒劳齐军，展喜由于展禽面授机宜，在与齐孝公的对话中，援引先王遗命和齐国祖先辅佐周王室的遗德以及当时的道义来说服他，申明鲁国所恃者乃是以为齐国不会做出"弃命废职"的事情来。理直气壮，大义凛然，而又委婉动听，满足了齐孝公的虚荣心。由于展喜的机智善辩，从容应对，终于取得了外交上的胜利，使齐孝公无言以对，不得不收兵还师，从而解救了国家的危难。本篇结构谨严，语言机警，有理有据。

烛之武退秦师（僖公三十年）

晋侯、秦伯围郑，以其无礼于晋，且贰于楚也①。晋军函陵，秦军氾南②。

佚之狐言于郑伯曰："国危矣，若使烛之武见秦君③，师必退。"公从之。辞曰："臣之壮也，犹不如人，今老矣，无能为也已。"公曰："吾不能早用子，今急而求子，是寡人之过也。然郑亡，子亦有不利焉④。"许之。

夜缒而出⑤，见秦伯。曰："秦、晋围郑，郑既知亡矣。若亡郑而有益于君，敢以烦执事。越国以鄙远，君知其难也，焉用亡郑以陪邻⑥？邻之厚，君之薄也。若舍郑以为东道主，行李之往来，共其乏困⑦，君亦无所害。且君尝为晋君赐矣，许君焦、瑕，朝济而夕设版焉⑧，君之所知也。夫晋，何厌之有？既东封郑⑨，又欲肆其西封。若不阙秦⑩，将焉取之？阙秦以利晋，唯君图之。"秦伯说，与郑人盟，使杞子、逢孙、杨孙戍之⑪，乃还。

子犯请击之⑫。公曰："不可。微夫人之力不及此⑬。因人之力而敝之，不仁；失其所与，不知；以乱易整，不武⑭。吾其还也。"亦去之。

【注释】 ①晋侯：晋文公。秦伯：秦穆公。无礼于晋：指晋文公为公子逃亡在外时，途经郑国，郑文公没有按礼节接待他。贰：有二心，指晋楚城濮之战时，郑助楚攻晋一事。②函陵：郑地，在今河南新郑北。氾（fàn）南：氾水之南。③佚之狐：郑大夫。郑伯：郑文公。烛之武：郑大夫。④子：古代对男子的尊称。⑤缒（zhuì）：用绳子缚住身体，从城墙上放下去。⑥陪：增加。⑦东道主：东方道路上招待食宿的主人。因郑在秦东，故有此说。行李：外交使者。乏困：指食宿方面的不足。⑧焦、瑕：晋国二邑。版：指防御工事。⑨封：疆界。此指扩张自己的领土。⑩阙：损害。⑪杞子、逢孙、杨孙：都是秦国大夫。⑫子犯：晋大夫，即狐偃，晋文公舅。⑬微：非。⑭敝：损害。知：同"智"。乱：分裂。指秦晋两国同盟破裂，互相攻战。整：团结。指秦晋两国睦邻友好。

【译文】 晋文公、秦穆公包围郑国，因为郑国曾经对晋国无礼，而且有了二心，暗地里向着楚国。晋军驻扎在函陵，秦军驻扎在氾水之南。

佚之狐对郑文公说："国家危险了，如果派烛之武去觐见秦穆公，军队一定会退回去。"郑文公听从了他的话。烛之武推辞说："臣年轻力壮的时候，尚且不如别人。现在老了，无能为力了。"郑文公说："我没能早任用您，现在形势危急才来求您，这是寡人的过错。如果郑国灭亡了，您也不利啊。"烛之武答应了。

烛之武夜里用绳子从城墙上吊下来，面见秦穆公。他说："秦、晋两国包围郑国，郑国已经知道要灭亡了。如果郑国灭亡而对君侯有好处，那就烦劳君侯左右随从了。越过别国而把远方的土地作为边境，君侯知道这是难办的，为什么要灭亡郑国来增加邻国的土地？邻国的加强，就是对君侯的削弱。如果赦免郑国把它作为东方道路上的主人，外交使者往来时供应他们所缺少的物资，这对您也没有什么害处。何况君侯曾经把好处赐给晋国国君了，他答应给君侯焦、瑕两地，早晨渡河回国，晚上就筑城拒秦，这您是知道的。晋国哪里有满足的时候？已经东边向郑国开拓土地，又想肆意开拓它西边的土地。如果不损害秦国，到哪里去取得土地？损害秦国来使晋国得到好处，何去何从，只有请君侯考虑。”秦穆公很高兴，与郑人结盟，派遣杞子、逢孙、杨孙驻守郑国，就回去了。

子犯请求攻击秦军。晋文公说：“不行。如果没有秦国的力量，我到不了今天这个地位。靠了他人的力量反而去损害他，这是不仁义的；失掉同盟国家，这是不明智的；用动乱来代替团结，这是不勇武的。我们还是回去吧。”晋军也撤走了。

【鉴赏】这是《左传》记行人辞令的代表作品之一。鲁僖公三十年（前630），秦、晋两个大国联合起来攻打郑国，包围了郑国国都，形势十分危急。郑文公派遣烛之武去说服秦穆公退兵。烛之武对秦晋两国貌合神离的关系洞若观火，于是利用秦晋之间的矛盾，围绕“越国鄙远，亡郑陪邻”的中心，进行分化，说明护郑对秦国有利、而亡郑对秦国不利的道理。表面上处处为秦国着想，骨子里却是为了保全郑国。烛之武的说辞既有形势的分析，又有史事的引用，终以三寸不烂之舌说服了秦穆公，使秦不但放弃了灭郑的念头，而且还留下一部分军队助郑御晋。在这种情势下，晋文公只好罢兵回国，郑国得以保全。本篇展现了烛之武临危不惧、解除国难的精神以及能言善辩的杰出外交才能。全文不满三百字，却完整地记叙了一个复杂的历史事件，语言精练有力，说理透彻。

蹇叔哭师（僖公三十二年）

杞子自郑使告于秦曰①：“郑人使我掌其北门之管，若潜师以来②，国可得也。”穆公访诸蹇叔③。蹇叔曰：“劳师以袭远，非所闻也。师劳力竭，远主备之，无乃不可乎④？师之所为，郑必知之。勤而无所，必有悖心⑤。且行千里，其谁不知？”公辞焉。召孟明、西乞、白乙⑥，使出师于东门之外。蹇叔哭之，曰：“孟子，吾见师之出而不见其入也！”公使谓之曰：“尔何知？中寿，尔墓之木拱矣⑦！”

蹇叔之子与师⑧。哭而送之，曰：“晋人御师必于殽⑨。殽有二陵焉：其南陵，夏后皋之墓也⑩；其北陵，文王之所辟风雨也。必死是间，余收尔骨焉！”秦师遂东。

【注释】①杞子：僖公三十年秦国留戍郑国的大夫之一。②管：钥匙。潜师：秘密地派遣军队。③访：询问。蹇叔：秦国元老，曾为上大夫。④无乃：恐怕。⑤悖：背叛，违逆。⑥孟明、西乞、白乙：都是秦将。⑦中寿：活到六七十岁叫中寿。蹇叔当时已近八十，过了中寿。拱：两手合抱。⑧与：参加。⑨殽：通“崤”，山名。在今河南洛宁县西北，地势险要，是晋国要塞，为秦往郑必经之地。⑩夏后皋：夏朝帝王，夏桀的祖父。

【译文】 杞子从郑国派人回来告诉秦穆公说："郑国人叫我掌管他们北门的钥匙，如果偷偷地发兵前来，郑国是可以得到的。"秦穆公为此询问蹇叔。蹇叔说："使军队疲劳而去袭击远方的国家，我没有听说过。军队疲劳，力量衰竭，远地的主人早有防范，这恐怕不可以吧？我军的所作所为，郑国一定知道。费了力气而一无所得，必定有违逆背叛的情绪。并且行军千里，谁会不知道？"秦穆公不接受。他召见孟明、西乞、白乙，派他们从东门外出兵。蹇叔哭着说："孟明，我看到军队出去而看不到它回来了！"秦穆公派人对他说："你知道什么？如果你六七十岁就死了，你坟上的树木已经可以合抱了！"

蹇叔的儿子在军队里。蹇叔哭着送他，说："晋国人必定在崤山抵御。崤山有两座山陵，它的南陵，是夏后皋的坟墓；它的北陵，周文王在那里避过风雨。你必定死在两座山陵之间，我在那里收你的尸骨吧！"秦军于是出发东进。

【鉴赏】 鲁僖公三十年，烛之武说退秦军后，秦穆公派杞子等人驻守郑国。鲁僖公三十二年，霸主晋文公刚死，秦穆公便野心勃勃，认为自己称霸的时机到了，于是轻信杞子从郑国送来的情报，想灭郑攻晋。蹇叔是秦国富有经验的老臣，他预言劳师袭远必遭失败，一再劝阻，但秦穆公却利令智昏，不但不听从蹇叔的忠谏，反而加以责骂、嘲讽，一意孤行，坚持出兵袭郑。蹇叔只好一哭其师，二哭其子。结果正如蹇叔所料，秦军被晋军在崤山打得全军覆没。文中蹇叔的形象写得十分动人，可谓理明情深，他哭送秦军出师，不但说明他对形势分析得深透和对战局预测得准确，更体现了他拳拳爱国之心。本文在叙事上不枝不蔓，井然有序。

郑子家告赵宣子（文公十七年）

晋侯合诸侯于扈[①]，平宋也。于是晋侯不见郑伯[②]，以为贰于楚也。

郑子家使执讯而与之书，以告赵宣子[③]。曰："寡君即位三年，召蔡侯而与之事君[④]。九月，蔡侯入于敝邑以行，敝邑以侯宣多之难，寡君是以不得与蔡侯偕[⑤]。十一月，克减侯宣多而随蔡侯以朝于执事[⑥]。十二年六月，归生佐寡君之嫡夷[⑦]，以请陈侯于楚而朝诸君。十四年七月，寡君又朝，以蒇陈事[⑧]。十五年五月，陈侯自敝邑往朝于君[⑨]。往年正月[⑩]，烛之武往朝夷也。八月，寡君又往朝。以陈、蔡之密迩于楚而不敢贰焉，则敝邑之故也。虽敝邑之事君，何以不免？在位之中，一朝于襄，而再见于君，夷与孤之二三臣相及于绛[⑪]。虽我小国，则蔑以过之矣[⑫]。今大国曰：'尔未逞吾志。'敝邑有亡，无以加焉。古人有言曰：'畏首畏尾，身其馀几？'又曰：'鹿死不择音[⑬]。'小国之事大国也，德，则其人也；不德，则其鹿也。铤而走险，急何能择？命之罔极[⑭]，亦知亡矣。将悉敝赋以待于鯈[⑮]，唯执事命之。文公二年，朝于齐。四年，为齐侵蔡，亦获成于楚。居大国之间而从于强令，岂其罪也？大国若弗图，无所逃命。"

晋巩朔行成于郑，赵穿、公婿池为质焉[⑯]。

【注释】 ①晋侯：指晋灵公。扈：郑地名。②郑伯：指郑穆公。③子家：郑公子归生，字子家。执讯：掌通讯联络的官。赵宣子：即赵盾，晋国执政大臣。④蔡侯：指蔡庄公。君：指晋襄公。⑤侯宣多：郑大夫。寡君：人臣对别国称呼自己国君的谦辞。⑥克减：稍有控制。⑦嫡：正夫人所生的儿子，一般都立为太子。夷：指郑穆公的太子夷。⑧蒇（chǎn）：完成。⑨陈侯：陈共公。⑩往年：去年。⑪孤：子家称其君为孤。绛：晋国都。⑫蔑：无。⑬音：通"荫"，引申为庇护。⑭罔极：没有止境。⑮赋：古代按田赋出兵，所以称兵为赋。鯈（chóu）：地名，位于晋郑交界处。⑯巩朔：晋大夫。赵穿：晋国卿。公婿池：晋灵公的女婿。

【译文】 晋灵公在扈地会合诸侯，是为了平定宋国内乱。当时晋灵公不肯同郑穆公见面，以为他和楚国有勾结。

郑公子家派遣通讯联络官去晋国并且交给他一封信，以告诉赵宣子，说："寡君即位三年，召请蔡侯一起来侍奉贵国国君。九月，蔡侯经过敝邑前往贵国。敝邑由于侯宣多造成的祸乱，寡君因此不能同蔡侯一起前往。十一月，消灭了侯宣多，就随同蔡侯来向贵国国君朝觐。十二年六月，归生辅佐寡君的嫡子夷，到楚国请求陈侯一起朝见贵国国君。十四年七月，寡君又前往朝见，以完成关于陈国的事情。十五年五月，陈侯从敝邑出发前往朝见贵国国君。去年正月，烛之武辅佐夷前往朝见贵国国君。八月，寡君又前往朝见。以陈、蔡两国紧挨着楚国而不敢对晋国有二心，那就是由于敝邑的缘故。虽然敝邑这样侍奉贵国国君，为什么还不能免于祸患呢？寡君在位，一次朝见贵国先君襄公，两次朝见贵国国君。夷和寡君的几个臣下相继来到绛城。虽然我们是小国，这样的侍奉大国之礼也已经无以复加了。现在大国说:'你没有让我称心如意。'敝邑只有等待灭亡,没有什么可以再增加了。古人有话说:'怕头怕尾,那身子还剩下多少呢?'又说:'鹿在临死前顾不上选择庇护的地方。'小国侍奉大国,如果大国以德相待,那就会像人一样恭顺;如果不是以德相待,那就会像鹿一样死亡。铤而走险,紧急关头哪里还能选择?贵国的命令没有止境,我们也知道面临灭亡了,只好准备集中全国所有兵力在儵地等待,一切就听您的命令。文公二年,我们到齐国朝见。四年,替齐国攻打蔡国,也和楚国取得了媾和。处于齐楚两个大国之间,而屈从于强国的命令,难道是我们的罪过吗?大国如果不体谅,我们就没法逃避被讨伐的命运了。"

晋国大夫巩朔跟郑国达成了和议,赵穿、晋灵公的女婿池到那里作为人质。

【鉴赏】 郑国是夹在晋、楚两个对立大国之间的小国,对晋国要侍奉,对楚国也要周旋,外交关系非常难处。郑穆公时期,经常受到晋国的威逼,晋灵公还在外交场合对郑国施加压力,责怪其对晋有二心,不肯会见郑穆公。于是郑国执政大夫子家致函晋卿赵盾,一面陈述郑国国君先前如何屡次朝见晋君,逐年逐月罗列事实,暗示郑对于晋的恭顺已经无以复加,对晋国的指责针锋相对地进行回击。一面又严词申明,如果晋国恃强凌弱,欺人太甚,郑国可能铤而走险,联楚抗晋。在这篇外交辞令中,子家利用晋楚两个大国的矛盾,表明了自己的观点和态度,有理有据,得体的言语中隐含凌厉的词锋,最后使对方折服让步,派代表到郑国求和。

王孙满对楚子(宣公三年)

楚子伐陆浑之戎,遂至于雒,观兵于周疆①。定王使王孙满劳楚子②。楚子问鼎之大小轻重焉。对曰:"在德不在鼎。昔夏之方有德也,远方图物,贡金九牧③,铸鼎象物,百物而为之备,使民知神奸。故民入川泽山林,不逢不若④。螭魅罔两⑤,莫能逢之。用能协于上下,以承天休⑥。桀有昏德,鼎迁于商,载祀六百。商纣暴虐,鼎迁于周。德之休明⑦,虽小,重也;其奸回昏乱,虽大,轻也。天祚明德,有所厎止⑧。成王定鼎于郏鄏⑨,卜世三十,卜年七百,天所命也。周德虽衰,天命未改。鼎之轻重,未可问也。"

【注释】 ①楚子:楚庄王。陆浑之戎:我国古代西北少数民族的一支。雒:同"洛",即洛水。观兵:阅兵以示威。②王孙满:周大夫。③图物:描绘各地的奇异事物。贡金:进贡青铜。九牧:九州的首领。④不若:不利。⑤螭魅(chīmèi):山林之怪。罔两:木石之怪。⑥用:因。天休:天赐之福佑。⑦休明:美好光明。⑧天祚:同"天休"义。厎(dǐ)止:指最终的年限。⑨郏鄏(jiárǔ):东周王城,在今河南洛阳。

【译文】 楚庄王讨伐陆浑的戎族,于是到达洛水,在周朝境内陈兵示威。周定王派王孙满慰问楚庄王。楚庄王问起九鼎的大小轻重。王孙满回答说:"鼎的大小轻重在于德而不在于鼎的本身。从前夏朝正是有德的时候,远方的国家把物产画成各种图像进献,九州的首领进贡青铜,铸造九鼎并且把图像铸在鼎上,各种东西上面都齐备,使百姓认识神物、恶物的形状。所以百姓进入河湖、山林,就不会碰上对自己有害的事情,妖魔鬼怪都不会碰上。因此能够使上下和谐,来承受上天的福佑。夏桀昏乱,鼎迁到了商朝,开国后历经六百年。商纣暴虐,鼎又迁到了周朝。德行如果美善光明,鼎虽然小,也是重的;如果奸邪昏乱,鼎虽然大,也是轻的。上天赐福给那些有美好德行的人,也是有一定期限的。周成王把鼎安放在郏鄏的时候,占卜的结果是传世三十代,享国七百年,这是上天的旨意啊。周朝的德行虽然衰减了,上天的旨意并没有改变。九鼎的轻重,是不可以问的啊。"

【鉴赏】 春秋时期,周王朝日益衰落,楚庄王经过和中原诸侯的长期战争,终成霸主。鲁宣公三年,楚庄王在周之疆界陈兵炫耀武力,并向周大夫王孙满询问九鼎的大小轻重,因鼎在当时是王权的象征,所以暴露了其取代周王的意图。王孙满站在维护周王室的立场,讲了享有天下在德不在鼎的道理,同时也要顺应所谓的天命,巧妙地回答了楚庄王。文中重德轻鼎的观点反映了历史的进步性,而天命占卜的观点却反映了历史的局限性。文章夹叙夹议,刚柔兼济,句句针对楚国的意图,处处用到"德"和"天"字,有力地挫败了楚国的嚣张气焰。

齐国佐不辱命(成公二年)

晋师从齐师,入自丘舆,击马陉[①]。齐侯使宾媚人赂以纪甗、玉磬与地[②]。"不可,则听客之所为。"

宾媚人致赂,晋人不可,曰:"必以萧同叔子为质[③],而使齐之封内尽东其亩。"对曰:"萧同叔子非他,寡君之母也。若以匹敌,则亦晋君之母也。吾子布大命于诸侯,而曰必质其母以为信,其若王命何?且是以不孝令也。《诗》曰:'孝子不匮,永锡尔类。'若以不孝令于诸侯,其无乃非德类也乎?先王疆理天下[④],物土之宜而布其利,故《诗》曰:'我疆我理,南东其亩。'今吾子疆理诸侯,而曰'尽东其亩'而已,唯吾子戎车是利,无顾土宜,其无乃非先王之命也乎?反先王则不义,何以为盟主?其晋实有阙[⑤]。四王之王也[⑥],树德而济同欲焉。五伯之霸也[⑦],勤而抚之,以役王命。今吾子求合诸侯,以逞无疆之欲。《诗》曰:'敷政优优,百禄是遒[⑧]。'子实不优,而弃百禄,诸侯何害焉?不然,寡君之命使臣,则有辞矣。曰:'子以君师辱于敝邑,不腆敝赋[⑨],以犒从者。畏君之震,师徒挠败[⑩]。吾子惠徼齐国之福,不泯其社稷,使继旧好,唯是先君之敝器土地不敢爱[⑪]。子又不许,请收合馀烬[⑫],背城借一,'敝邑之幸,亦云从也;况其不幸,敢不唯命是听?"

【注释】 ①丘舆:齐邑名。马陉(xíng):齐邑名。②齐侯:齐顷公。宾媚人:即国佐。纪甗(yǎn):纪国的利器。玉磬:玉制乐器。③萧同叔子:即齐顷公母亲。萧,国名。同叔,萧国国君的名。子,女儿。④疆理:划分疆界,别其地理。⑤阙:缺点,过失。⑥四王:指夏禹、商汤、周文王、周武王。⑦五伯:一说指夏的昆吾,商的大彭、豕韦,周的齐桓、晋文。一说指春秋五霸:齐桓公、宋襄公、晋文公、秦穆公、楚庄公。⑧优优：宽恕和缓的样子。遒：积聚。⑨腆：丰厚。敝赋：对自己一方兵卒的谦称。⑩挠败：失败。⑪爱：吝惜。⑫馀烬：比喻残余兵力。

【译文】晋军追赶齐军，从丘舆进入齐国，攻打马陉。齐顷公派宾媚人献上纪甗、玉磬和土地。说："如果不答应媾和，就随他们怎么办吧。"

宾媚人赠送财物，晋人不同意，说："一定要让萧同叔子作为人质，并且要使齐国境内的田垄全部东向。"宾媚人回答说："萧同叔子不是别人，是寡君的母亲。如果从对等的地位来说，也就是晋君的母亲。您在诸侯中发布重大的命令，却说一定要拿人家的母亲作为人质以取信，您又打算怎么对待周天子的命令呢？并且这样做就是用不孝来号令诸侯。《诗经》说：'孝子的孝心没有竭尽，永远可以影响你的同类。'如果用不孝来号令诸侯，这恐怕不符合道德的要求吧？先王划定天下的土地疆界，考察土地适合种植哪类农作物，而使土地得到合理的安排，所以《诗经》说：'划分疆界，治理田垄，有的南向，有的东向。'现在您划定诸侯的疆界田亩，却宣布'田垄全部东向'，只图对您的兵车出行有利，不顾土地是否适宜，这恐怕不是先王的政令吧？违反先王就是不义之举，怎么能做盟主？晋国实在是有缺失的。四王统一天下，树立德行而满足诸侯的共同愿望。五伯之所以能够成就霸业，是因为都辛勤地安抚诸侯，使他们共同服从王命。现在您要求会合诸侯，却只图满足您那无止境的欲望。《诗经》说：'政事的推行宽大舒徐，各种福禄都将积聚。'您实在不能宽大而丢弃各种福禄，这对诸侯有什么害处呢？如果您不答应，寡君命令我使臣，就有话可说了。他说：'您带领贵国的军队光临敝邑，敝邑用一些单薄疲弱的军队来同您周旋，畏惧于晋君的威严，齐军失败了。您惠临而求齐国的福佑，不灭亡我们的国家，让我们和贵国继续过去的友好，那么先君的破旧器物和土地，我们是不敢吝惜的。您如果不肯允许，那就只有请求收拾残余兵力，背靠自己的城墙再决一死战。'敝邑有幸战胜，也还会跟从贵国的；何况不幸又打败了，哪还敢不听从您的命令？"

【鉴赏】公元前589年，齐、晋发生鞌之战，齐失利，战败逃归，晋军乘胜追击。齐国派出使臣国佐即宾媚人带着重宝赠送晋国请求讲和，盛气凌人的晋国却提出了苛刻的条件，一是要求以齐君之母作为人质，二是改变齐国田垄的方向，实际上等于拒绝议和。齐使国佐不辱使命，从容应对，指出晋国的两个要求是违背先王遗命的不义之举，并且婉转而严正地表达出齐国将"收合馀烬，背城借一"的决心。整个说辞刚柔适度，话外彬彬有礼，话里态度强硬，挫减了晋国的锐气，迫于维护表面上道义的需要，晋国答应议和，国佐出色地完成了外交使命。

楚归晋知罃（成公三年）

晋人归楚公子谷臣与连尹襄老之尸于楚，以求知罃[①]。于是荀首佐中军矣[②]，故楚人许之。

王送知罃[3]，曰："子其怨我乎？"对曰："二国治戎，臣不才，不胜其任，以为俘馘[4]。执事不以衅鼓[5]，使归即戮，君之惠也。臣实不才，又谁敢怨？"王曰："然则德我乎[6]？"对曰："二国图其社稷，而求纾其民，各惩其忿以相宥也，两释累囚以成其好[7]。二国有好，臣不与及，其谁敢德？"王曰："子归，何以报我？"对曰："臣不任受怨，君亦不任受德，无怨无德，不知所报。"王曰："虽然，必告不谷。"对曰："以君之灵，累臣得归骨于晋[8]，寡君之以为戮，死且不朽。若从君之惠而免之，以赐君之外臣首[9]。首其请于寡君，而以戮于宗，亦死且不朽。若不获命而使嗣宗职，次及于事，而帅偏师以修封疆，虽遇执事，其弗敢违[10]。其竭力致死，无有二心，以尽臣礼，所以报也。"王曰："晋未可与争。"重为之礼而归之。

【注释】 ①谷臣：楚庄王之子。连尹：官名。知罃（yīng）：晋大夫，荀首之子。晋楚邲之战被楚俘虏。②荀首：晋卿，又称知庄子。姓荀名首，知为其封邑，庄子为其谥号。③王：指楚共王。④俘馘（guó）：俘虏。割取俘虏的左耳为馘，此"馘"因"俘"连类而及，知罃并没有被馘。⑤衅鼓：杀牲将血涂在鼓上，古代的一种祭礼。⑥德：感激。⑦纾：缓和，解除。惩：抑止。宥：赦免。累囚：被拘禁的囚犯。⑧累臣：被囚禁的臣子，知罃自称。⑨外臣：卿大夫在别国国君面前的自称。首：指荀首。⑩宗职：家族世袭的官职。修封疆：指保卫边疆。违：躲避。

【译文】 晋人送还楚公子谷臣和连尹襄老的尸体给楚国，以此要求交换知罃。当时荀首已经是中军副帅，所以楚国答应了。

楚共王送别知罃，说："您大概怨恨我吧？"知罃回答说："两国交战，下臣缺乏才能，不能胜任自己的职责，以致当了俘虏。您的手下不把我杀掉来祭鼓，让我回去接受诛戮，这是君王的恩惠。我实在是没有才能，又敢怨恨谁呢？"楚共王说："那么感激我吗？"知罃回答说："两国都为自己的国家考虑，希望让百姓得到平安，各自抑制自己的怨愤来互相谅解，双方都释放俘虏来实现和好。两国和好，下臣不曾参与这件事，又敢感激谁呢？"楚共王说："您回去，用什么来报答我？"知罃回答说："下臣没有什么可怨恨的，君王也没有什么恩德可领受，没有怨恨，没有恩德，就不知道该报答什么。"楚共王说："尽管这样，也一定把您的想法告诉我。"知罃回答说："因为君王的福佑，被囚的下臣能够活着回到晋国，寡君如果加以诛戮，死而不朽。如果由于君王的恩惠而赦免下臣，把下臣赐给您的外臣荀首，荀首向寡君请求，而把下臣在自己的宗庙里诛戮，也死而不朽。如果得不到寡君诛戮的命令而让我继承宗族的世职，按次序承担晋国的政事，率领部分军队来治理边疆，即使遇上您的手下，我也不敢违背自己的使命，只有竭尽全力以至于死，没有别的念头，以尽到为臣的职责，这就是我用来报答君王的。"楚共王说："晋国是不能与之相斗争的。"于是就对他重加礼遇而放他回去。

【鉴赏】 公元前597年，晋楚邲之战时，楚国俘获了知罃，晋国却俘获了楚公子谷臣，射死了襄老，并将尸首运回了晋国。知罃的父亲荀首被提拔为中军副统帅后，要求赎回知罃。此战晋虽失败，但并未伤元气，楚共王为结交荀首，答应释放知罃。本文记载了楚共王在送知罃回国前的几段对话，楚共王的问话不离图报，问他“是否有怨、是否感德、何以为报”，句句紧逼，层层推进。知罃处处宕开，语带机锋，断然回答“无怨、无德、不知所报”，并且还表示出将为国效死的志向。本文表现了知罃忠君爱国的思想以及对楚不卑不亢的态度。结果，这种态度和志向反而博得楚共王的敬重，为他举行隆重的礼仪后，将他送归晋国。

吕相绝秦（成公十三年）

晋侯使吕相绝秦[①]，曰：“昔逮我献公及穆公相好，戮力同心[②]，申之以盟誓，重之以昏姻。天祸晋国，文公如齐，惠公如秦。无禄，献公即世[③]。穆公不忘旧德，俾我惠公用能奉祀于晋。又不能成大勋，而为韩之师。亦悔于厥心，用集我文公[④]，是穆之成也。”

文公躬擐甲胄[⑤]，跋履山川，逾越险阻，征东之诸侯，虞、夏、商、周之胤而朝诸秦[⑥]，则亦既报旧德矣。郑人怒君之疆埸[⑦]，我文公帅诸侯及秦围郑。秦大夫不询于我寡君，擅及郑盟。诸侯疾之，将致命于秦[⑧]。文公恐惧，绥静诸侯，秦师克还无害，则是我有大造于西也[⑨]。

无禄，文公即世，穆为不吊，蔑死我君，寡我襄公，迭我殽地，奸绝我好，伐我保城，殄灭我费滑[⑩]，散离我兄弟，挠乱我同盟，倾覆我国家。我襄公未忘君之旧勋，而惧社稷之陨，是以有殽之师。犹愿赦罪于穆公[⑪]。穆公弗听，而即楚谋我。天诱其衷，成王陨命，穆公是以不克逞志于我。

穆、襄即世，康、灵即位[⑫]。康公，我之自出，又欲阙翦我公室，倾覆我社稷，帅我蝥贼[⑬]，以来荡摇我边疆，我是以有令狐之役。康犹不悛，入我河曲，伐我涑川[⑭]，俘我王官，翦我羁马，我是以有河曲之战。东道之不通，则是康公绝我好也。

及君之嗣也[⑮]，我君景公引领西望曰：“庶抚我乎！”君亦不惠称盟，利吾有狄难，入我河县，焚我箕、郜，芟夷我农功，虔刘我边陲，我是以有辅氏之聚[⑯]。君亦悔祸之延，而欲徼福于先君献、穆，使伯车来命我景公曰[⑰]：“吾与女同好弃恶，复修旧德，以追念前勋。”言誓未就，景公即世，我寡君是以有令狐之会。君又不祥，背弃盟誓。白狄及君同州[⑱]，君之仇雠，而我之昏姻也。君来赐命曰：“吾与女伐狄。”寡君不敢顾昏姻，畏君之威，而受命于使。君有二心于狄，曰：“晋将伐女。”狄应且憎，是用告我。楚人恶君之二三其德也，亦来告我曰：“秦背令狐之盟，而来求盟于我，昭告昊天上帝、秦三公、楚三王曰[⑲]：余虽与晋出入，余唯利是视。不谷恶其无成德[⑳]，是用宣之，以惩不壹。”诸侯备闻此言，斯是用痛心疾首，暱就寡人[㉑]。寡人帅以听命，唯好是求。君若惠顾诸侯，矜哀寡人，而赐之盟，则寡人之愿也，其承宁诸侯以退[㉒]，岂敢徼乱？君若不施大惠，寡人不佞[㉓]，其不能以诸侯退矣。敢尽布之执事，俾执事实图利之！

【注释】①晋侯:晋厉公。吕相:晋大夫魏锜之子。②戮力:合力。③无禄:不幸。即世:去世。④集:成全,成就。⑤擐(huàn):穿。⑥胤(yìn):后代。⑦怒:侵犯。疆埸(yì):边境,疆界。⑧致命:拼死决战。⑨大造:大恩。西:指秦,因秦在晋的西方。⑩不吊:不来吊唁。寡:弱小,这里用作动词,欺侮的意思。迭:通"轶",侵犯。费滑:即滑国,费为滑国都城。⑪赦罪:释罪,求和解。⑫康、灵:指秦康公、晋灵公。⑬我之自出:秦康公为晋献公的女儿伯姬所生,实为晋的外甥。阙翦:损害。蟊贼:害虫,比喻内奸。此指晋国的公子雍。⑭悛(quān):悔改。河曲:晋地名。以下"王官""羁马"同。涑川:水名。⑮君:指秦桓公。⑯河县:指靠近黄河的县邑。箕、郜:均为晋邑。芟夷:收割。农功:庄稼。虔刘:杀戮。辅氏:晋地名。⑰献、穆:晋献公、秦穆公。伯车:秦桓公之子。⑱同州:同在雍州境内。⑲秦三公:指秦穆公、康公、共公。楚三王:指楚成王、穆王、庄王。⑳不谷:不善,古代王侯自称的谦辞。无成德:无定德,即反复无常。㉑暱就:亲近靠拢。㉒矜哀:怜悯。承宁:平息,止息。㉓不佞:不才,自谦之词。

【译文】晋厉公派遣吕相去断绝和秦国的外交关系,说:"过去我们献公和穆公互相友好,合力同心,用盟誓加以申明,再用婚姻来巩固它。上天降祸于晋国,文公到了齐国,惠公到了秦国。不幸,献公去世,穆公不忘记过去的恩德,使我们惠公因此能在晋国主持祭祀,但又没能完成这一重大功勋,而有了韩地的战役。他后来又后悔,因此成就了我们文公,这是穆公成全我们的结果。"

文公亲自身披甲胄,跋涉山川,逾越艰难险阻,征讨东方的诸侯,让虞、夏、商、周的后裔都来朝见秦国,这也就已经报答了过去的恩德了。郑国人侵犯君王的边境,我们文公率领诸侯和秦国一起包围郑国。秦国大夫没有征询我寡君的意见,擅自和郑国订立了盟约,诸侯憎恨这事,打算和秦国拼死一战。文公为此忧惧,安抚诸侯,秦军得以安然回国而没有受到损害,这也算是我们对秦国有重大贡献了。

不幸,文公去世,穆公不来吊唁,蔑视我们故去的国君,欺凌我们襄公软弱,侵犯我们的殽地,断绝与我们的友好关系,攻打我们的边境城堡,灭绝我们的滑国,离散我们的兄弟之邦,扰乱我们的同盟之国,颠覆我们的国家。我们襄公没有忘记君王过去对我们的功勋,而又害怕国家覆亡,所以就有了殽地这次战役。但还是愿意在穆公那里解释罪过。穆公不答应,反而有靠拢楚国打我们的主意。上天保佑我们,楚成王丧命,穆公的阴谋因此没能在我国得逞。

穆公、襄公去世,康公、灵公即位。康公,是我们晋国的外甥,但又想损害我们公室,颠覆我们的国家,率领我国的内奸,前来动摇我们的边疆,于是我国才有了令狐这一战役。康公还是不肯悔改,进入我国河曲,攻打我国涑川,掳掠我国王官,切断我国羁马,于是我国才有了河曲这一次战役。东边的道路不通,那是由于康公同我们断绝了友好关系的缘故。

等到君王继承君位,我们的国君景公,伸长脖子望着西方说:"大概要抚恤我们了吧!"但君王也不肯加恩和我们结盟,反而利用我国被狄人侵犯的机会,攻入我国的河县,焚烧我国的箕邑、郜邑,抢割我们的庄稼,屠杀我国边民,我国因此在辅氏聚众抵抗。君王也后悔战祸的蔓延,而想求福于先君献公和穆公,派遣伯车前来命令我们景公说:"我和你同心同德,丢弃怨恶,重新修制过去的情谊,来追念以前的功勋。”盟誓还没有完成,景公就去世了,我寡君因此而有令狐的会见。君王又居心不良,背弃了盟约。白狄与君王同在一州,是君王的仇敌,但又是我们的姻亲。君王派人前来命令说:“我和你一起攻打狄国。”寡君不敢顾惜婚姻关系,畏惧君王的威严而接受了来使的命令。君王却又两面三刀讨好狄国,说:“晋国将要攻打你们。”狄人表面上应付,心里却很憎恨你们,因此就告诉了我们。楚国人讨厌君王的反复无常,也来告诉我们说:“秦国背弃了令狐的盟约,而来向我国请求结盟,祝告皇天上帝、秦国的三位先公、楚国的三位先王说:我虽然与晋国有往来,但只不过是图谋利益而已。我们讨厌他没有固有的道德,因此把这件事公布出来,用来惩戒言行不一的人。”诸侯全都听到了这番话,因此痛心疾首,来亲近寡人。寡人率领诸侯来听取君王的命令,只是为了寻求友好。君王如果加恩于诸侯,怜悯寡人,而赐给我们盟约,那正是寡人的愿望,就可以安定诸侯而退军,怎么敢求取战乱?君王如果不肯施与大恩大惠,寡人不才,就不能率领诸侯退走了。谨把详情全部报告于您的左右,请您的左右仔细权衡一下利害吧!

【鉴赏】鲁成公十一年(前580),晋厉公原定与秦桓公在令狐会盟,结果晋君先至,秦君临时改变了主意,违反盟约。后来秦又召狄与楚,打算引导它们伐晋。于是,晋在成公十三年将统帅诸侯的军队进攻秦国,先派吕相为使去秦国绝交。文章从秦晋相好说起,历数秦穆公、康公、桓公时代,两国由交好到引发争端的种种情况,表明晋国在“殽之师”“令狐之役”“河曲之战”“辅氏之聚”等双方争端中每次都是因秦强势,我不得已而为之的。最后切入正题,说明这次“令狐会盟”秦的失约和不是,但狄、楚都已通报,晋国早有准备,是战是和由秦君定夺。这是一篇完整的外交辞令,结构严整,句法变化错综,行文步步紧逼,不容辩驳,虽然言语中真假掺杂甚至强词夺理,但深意曲笔,文字铮铮,开战国纵横家游说之辞和后世论辩书信的先河。

驹支不屈于晋(襄公十四年)

会于向,将执戎子驹支①。范宣子亲数诸朝②。曰:“来!姜戎氏。昔秦人迫逐乃祖吾离于瓜州,乃祖吾离被苫盖、蒙荆棘③,以来归我先君。我先君惠公有不腆之田,与女剖分而食之。今诸侯之事我寡君不如昔者,盖言语漏泄,则职女之由。诘朝之事,尔无与焉④!与,将执女。”

对曰:“昔秦人负恃其众,贪于土地,逐我诸戎。惠公蠲其大德,谓我诸戎是四岳之裔胄也,毋是翦弃⑤。赐我南鄙之田,狐狸所居,豺狼所嗥。我诸戎除翦其荆棘,驱其狐狸豺狼,以为先君不侵不叛之臣,至于今不贰。昔文公与秦伐郑,秦人窃与郑盟而舍戍焉,于是乎有殽之师⑥。晋御其上,戎亢其下,秦师不复,我诸戎实然。譬如捕鹿,晋人角之,诸戎掎之,与晋踣之⑦。戎何以不免?自是以来,晋之百役,与我诸戎相继于时,以从执政,犹殽志也,岂敢离逷⑧?今官之师旅无乃实有所阙，以携诸侯[9]，而罪我诸戎！我诸戎饮食衣服不与华同，贽币不通[10]，言语不达，何恶之能为？不与于会，亦无瞢焉[11]。"赋《青蝇》而退[12]。

宣子辞焉，使即事于会，成恺悌也[13]。

【注释】 ①戎子驹支：姜戎氏的国君驹支。此时姜戎氏已成为晋国的附庸。②范宣子：即范匄，又名士匄，晋执政大夫。数：列举罪状，此处为责备之义。③吾离：戎子驹支的祖父，最先逃奔晋国的姜戎氏国君。瓜州：即今甘肃敦煌。苫（shān）盖：此处指用茅草编成的遮身之物，犹如蓑衣。荆棘：此处指用荆棘条编成的帽子。④诘朝：明天早晨。与：参加。⑤蠲（juān）：显示，明示。四岳：尧、舜时四方部落的首领。翦弃：灭绝。⑥舍戍：留下戍守的军队。殽之师：秦晋殽之战，戎人出兵助晋。⑦角之：执其角，指当面迎击。掎（jǐ）之：从后面拖住其足。踣：通"仆"，仆倒。⑧逷（tì）：远，疏远，背离。⑨携：携贰，叛离。⑩贽（zhì）币：古人会面时赠送的财礼。⑪瞢（méng）：烦闷，不舒畅。⑫《青蝇》：《诗经·小雅》篇名，大意是说君子不应相信谗言。⑬恺悌（kǎitì）：指和气，平易近人。

【译文】 诸侯在向地会见，晋国人打算拘捕姜戎人首领驹支。范宣子亲自在朝廷上责备他，说："过来！姜戎氏。从前秦国人把你的先祖吾离从瓜州赶走，你的先祖吾离身披茅草衣，头戴荆条帽，前来归附我们先君。我们先君惠公只有并不丰厚的田土，却与你们平分而靠它吃饭。现在诸侯侍奉我们寡君不如以前，这是因为说话泄露机密，主要是由于你们的缘故。明天早晨的会议，你就不要参加了！如果你来参加，就把你抓起来。"

驹支回答说："从前秦国人仗着他们人多，贪求土地，驱逐我们各部戎人。惠公显示了他高尚的品德，说我们各部戎人都是四岳的后代，不应该加以灭绝。赐给我们南部边境的土地，狐狸在这里居住，豺狼在这里嚎叫。我各部戎人砍伐这里的荆棘，驱逐这里的狐狸豺狼，作为先君不侵犯不背叛的臣下，直到今天也没有二心。从前文公和秦国攻打郑国，秦国人私下里与郑国订立盟约而在那里安排了戍守的兵力，因此就有了殽地的战役。晋国在上边抵御，戎人在下边抗击，秦国的军队回不去，实在是我们戎人出了大力。譬如捕捉一只鹿，晋国人从正面抓住它的角，各部戎人从后面抓住它的腿，同晋国一起让它倒下，戎人为什么不能免受罪责呢？从那时以来，晋国的各次战役，我各部戎人一个接一个不失时机地参加，以追随你们执事的命令，如同殽地战役一样忠诚，怎么敢违背疏远？现在晋国各部门官员，恐怕实在有所过失，因此使诸侯叛离，却怪罪于我各部戎人。我各部戎人衣服饮食都与华夏不同，财礼不相往来，言语不相通，能够做什么坏事呢？不参加会见，我心里也没有什么不痛快的。"他诵读了《青蝇》这首诗后就退下了。

范宣子连忙道歉，请驹支参加会见的事务，显示了平易近人的君子美德。

【鉴赏】 鲁襄公十四年（前559），晋国召集鲁、齐、宋、卫、郑、吴等国在向地集会，晋的附庸国姜戎首领驹支随同晋国代表范宣子前往。范宣子在盟会议事朝堂上列举驹支的罪状，对他加以责难，认为他泄露了晋国为政的缺失，气势汹汹，并威胁要拘捕他。姜戎首领驹支面对指责和威胁，从容不迫，据理反驳，以委婉而严正的辞令,澄清是非,使范宣子不得不服并以礼待之。这是一场弱者运用辞令折服强者的外交胜利。姜戎是古戎族的一支,驹支所言,也反映了当时各民族间既联合又斗争的错综复杂关系,以及少数民族在中华民族发展史上所做的贡献。

祁奚请免叔向(襄公二十一年)

栾盈出奔楚①。宣子杀羊舌虎,囚叔向②。人谓叔向曰:“子离于罪③,其为不知乎?”叔向曰:“与其死亡若何?《诗》曰④:‘优哉游哉,聊以卒岁。’知也。”

乐王鲋见叔向⑤,曰:“吾为子请。”叔向弗应,出,不拜。其人皆咎叔向。叔向曰:“必祁大夫⑥。”室老闻之⑦,曰:“乐王鲋言于君无不行,求赦吾子,吾子不许。祁大夫所不能也,而曰必由之,何也?”叔向曰:“乐王鲋,从君者也,何能行?祁大夫外举不弃仇,内举不失亲,其独遗我乎?《诗》曰:‘有觉德行,四国顺之。’夫子,觉者也⑧。”

晋侯问叔向之罪于乐王鲋,对曰:“不弃其亲,其有焉。”于是祁奚老矣,闻之,乘驲而见宣子⑨,曰:“《诗》曰:‘惠我无疆,子孙保之。’《书》曰:‘圣有谟勋⑩,明征定保。’夫谋而鲜过,惠训不倦者,叔向有焉,社稷之固也。犹将十世宥之⑪,以劝能者。今壹不免其身,以弃社稷,不亦惑乎?鲧殛而禹兴,伊尹放大甲而相之,卒无怨色;管、蔡为戮,周公右王⑫。若之何其以虎也弃社稷?子为善,谁敢不勉?多杀何为?”

宣子说,与之乘,以言诸公而免之⑬。不见叔向而归,叔向亦不告免焉而朝。

【注释】①栾盈:晋大夫。他为争夺执政地位而发起叛乱,失利后逃亡。②宣子:即范宣子,晋执政大臣。羊舌虎:晋大夫,栾盈同党。叔向:即羊舌肸,晋大夫,羊舌虎之兄。③离:同“罹”,遭受,遭遇。④《诗》曰:所引两句出自佚诗。⑤乐王鲋:晋大夫,晋平公宠臣。⑥祁大夫:即祁奚,晋大夫。他曾举荐仇人解狐及自己的儿子祁午,为时人称道。⑦室老:家宰,宗族家臣的负责人。⑧觉:正直。⑨老:告老退休。驲(rì):传车,古代驿站用的车。⑩谟:谋略。⑪十世:指远代子孙。宥:宽宥,赦罪。⑫鲧(gǔn):禹的父亲。殛(jí):诛杀。伊尹:本为商汤之相,名伊,尹为官名。汤之孙太甲即位荒淫,伊尹放逐他三年后才复位,自己为相。管、蔡:管叔、蔡叔,周公的兄弟,但管叔、蔡叔叛周助殷图谋复国,周公平定叛乱,辅佐成王。右:辅佐。⑬公:晋平公。

【译文】栾盈逃亡到楚国。范宣子杀了羊舌虎,囚禁了叔向。有人对叔向说:“您遭到罪过,恐怕是由于不明智吧?”叔向说:“比起死和逃亡来又怎么样呢?《诗经》说:‘多么悠闲自得啊,姑且以此来度过岁月。’这正是明智啊。”

乐王鲋去见叔向,说:“我为您去请求。”叔向不答应,他出去时也不按礼仪拜送。叔向的手下都责备他。叔向说:“一定要祁大夫才行。”家臣头子听到了,说:“乐王鲋对国君说的话,国君没有不实行的,他想请求赦免您,您又不同意。祁大夫是做不到的,您却说一定得由他去办,这是为什么呢?”叔向说:“乐王鲋,是一切都顺从国君的人，他哪里能办得到？祁大夫举拔宗族外的人不摈弃仇人，举拔宗族内的人不遗漏亲人，难道独独会舍弃我吗？《诗经》说：'有正直的德行，四方的国家都归顺他。'他就是正直的人啊。"

晋平公向乐王鲋询问叔向的罪过，乐王鲋回答说："不背弃他的亲人，他可能是参加策划叛乱的。"当时祁奚已经告老休养了，听说这情况，坐上传车去见范宣子，说："《诗经》说：'赐给我们的恩惠没有边际，子子孙孙永远保持。'《尚书》说：'智慧的人有谋略功勋，应当明守信用保护他们。'善于谋划而少有过错，教诲别人而不知疲倦的品格，叔向是具备的，他是国家的栋梁啊。即使他的十代子孙有过错也要赦免，用这个来劝勉有能力的人。现在因为羊舌虎这件事一旦使自身不免于祸，因此而死，这不也使人感到困惑吗？鲧被杀而他的儿子禹却被舜重用，伊尹放逐太甲而又做他的宰相，太甲始终没有怨恨的样子；管叔、蔡叔被杀，而他们的兄长周公仍然辅佐成王。为什么他要因为羊舌虎而被杀呢？您做了好事，谁敢不努力？多杀人为了什么呢？"

范宣子听了很高兴，和他同乘一辆车子，向晋平公劝说而赦免了叔向。祁奚不去见叔向就回去了，叔向也不向祁奚报告获得赦免，就去朝见晋平公。

【鉴赏】 叔向的弟弟羊舌虎因参与叛乱而被杀，叔向也被株连下狱，晋平公的宠臣乐王鲋去看望叔向，许诺要为他说情，救他出狱。叔向没有搭理乐王鲋，认为他是一个一味顺从君意、看国君眼色行事的小人，不可能替自己说话，救自己还要靠祁奚，认为他"外举不弃仇，内举不失亲"，是一位真正的正人君子。果然，晋侯问起叔向的事，乐王鲋说叔向看重亲情，可能参与了策划叛乱，欲置叔向于死地。祁奚当时已退休在家，听说叔向被囚，出于爱惜人才，为国家利益着想，他主动向范宣子和晋侯请求免叔向死罪，事成则"不见而归"。祁奚的忠直耿介、不图私好的君子作风与乐王鲋讨好取乐、阳奉阴违的小人行径形成了强烈反差，叔向临危不惧、正派磊落、善辨人事的形象也被刻画得十分传神。本篇虽短小，却包含了对人情世态的深刻剖析。

子产告范宣子轻币（襄公二十四年）

范宣子为政，诸侯之币重[①]，郑人病之。二月，郑伯如晋[②]。子产寓书于子西[③]，以告宣子，曰："子为晋国，四邻诸侯不闻令德，而闻重币，侨也惑之。侨闻君子长国家者，非无贿之患，而无令名之难[④]。夫诸侯之贿，聚于公室[⑤]，则诸侯贰。若吾子赖之，则晋国贰。诸侯贰，则晋国坏；晋国贰，则子之家坏[⑥]。何没没也[⑦]，将焉用贿？"

夫令名，德之舆也[⑧]。德，国家之基也。有基无坏，无亦是务乎？有德则乐，乐则能久。《诗》云[⑨]："乐只君子，邦家之基。"有令德也夫！"上帝临女，无贰尔心。"有令名也夫！恕思以明德，则令名载而行之，是以远至迩安[⑩]。毋宁使人谓子"子实生我",而谓"子浚我以生"乎⑪?象有齿以焚其身,贿也。

宣子说,乃轻币。

【注释】①币:财礼。因晋国为霸主,诸侯去晋国聘问,按例须缴纳重币。②郑伯:郑简公。③子产:即公孙侨,郑卿。寓:寄,托。子西:即公孙夏,郑大夫。④贿:财货。令名:好名声。难:患,忧患。⑤公室:指晋君。⑥坏:受害。⑦没没:犹言"昧昧",糊涂,不明白。⑧舆:车子。⑨《诗》云:所引诗见《诗经·小雅·南山有台》和《诗经·大雅·大明》。⑩恕:对人宽宥。迩:近。⑪毋宁:宁可。浚(jùn):榨取,剥削。

【译文】晋国范宣子执政,诸侯去朝见晋国时贡纳的财礼很重,郑国人对此感到头痛。二月,郑简公到晋国去。子产托子西带信告诉范宣子,说:"您治理晋国,四邻的诸侯没有听到您的美德,却听到您要很重的贡物,我对此感到迷惑。我听说君子执掌国家和家族政权的,不是担心没有财礼,而是害怕没有好名声。诸侯的财货,都聚集在晋国,那么诸侯就会叛离。如果您贪图这些财物,那么晋国的内部就会不团结。诸侯叛离,晋国就要受到损害;晋国内部不团结,您的家族就会受到损害。为什么那样糊涂呢!贪图得来的财货又有什么用呢?

"好名声,是装载德行远远传播的车子。德行,是国家和家族的基础。有了基础才不至于败坏,不也应该致力于这个吗?有了德行就会与人同乐,与人同乐才能在位长久。《诗经》说:'快乐啊君子,是国家和家族的基础。'这就是说有美德啊!'上天眷顾你,不要三心二意。'这就是说有好名声啊!心存宽恕来发扬美德,那么好名声就可以四处传播,因此远方的人纷纷来到,近处的人得到安心。是宁可让人说您'您确实养活了我',还是说'您榨取我来养活自己'呢?大象有了象牙而使自己丧生,这是因为象牙也是值钱的财货呀。"

范宣子听了很高兴,就减轻了诸侯进贡的财礼。

【鉴赏】春秋时代,弱小的诸侯国要定期向霸主缴纳财帛,这对小国来说是一项沉重的负担。当时晋国为盟主,范宣子主持国政,又加重了诸侯国的进贡,郑国不堪重负。子产是郑国有才干的政治家,他机智地采取了致书说理的方式来进行反抗。子产认为当政者应为长远计,适当减轻剥削,收揽人心。他将"令德""令名"和"重币"两相对照,说明其对国家和个人的利害关系,终于说服了范宣子。文章巧妙地利用晋国想保住盟主地位和得到美好名声的心理,正反对比,层层深入,使"重币""轻币"两种不同治国方略所产生的结果昭然若揭,具有很强的说服力。

晏子不死君难(襄公二十五年)

崔武子见棠姜而美之,遂取之①。庄公通焉,崔子弑之②。

晏子立于崔氏之门外③。其人曰:"死乎?"曰:"独吾君也乎哉,吾死也?"曰:"行乎?"曰:"吾罪也乎哉?吾亡也?"曰:"归乎?"曰:"君死,安归?君民者,岂以陵民?社稷是主。臣君者,岂为其口实④?社稷是养。故君为社稷死则死之，为社稷亡则亡之。若为己死，而为己亡，非其私暱[⑤]，谁敢任之？且人有君而弑之，吾焉得死之？而焉得亡之？将庸何归[⑥]？”

门启而入，枕尸股而哭。兴，三踊而出[⑦]。人谓崔子：“必杀之。”崔子曰：“民之望也[⑧]，舍之得民。”

【注释】①崔武子：即崔杼，齐卿。棠姜：齐国棠邑大夫的遗孀，后嫁给崔杼。取：同“娶”。②庄公：指齐庄公。通：私通。弑：古代称臣杀君、子杀父为弑。③晏子：晏婴。历仕齐灵公、庄公、景公三世，曾任齐卿。④口实：这里指俸禄。⑤私暱：私人所宠爱的人。⑥庸何：哪里。⑦兴：站起来。三踊：向上跳跃了三下，为当时哭君之礼。⑧望：为人所敬仰的有声望的人。

【译文】崔武子见到棠姜，觉得她美，于是就娶了她。齐庄公和棠姜私通，崔武子就杀了齐庄公。

晏子站在崔武子家门外。他的随从说：“死吗？”晏子说：“他只是我一个人的国君吗，我死？”随从说：“逃走吗？”晏子说：“是我的罪过吗，我逃走？”随从说：“回去吗？”晏子说：“国君已经死了，回哪里去？作为百姓的君主，难道是以他的地位来凌驾于百姓之上的吗？是让他来主持国政的。作为君主的臣子，难道是为了他的俸禄？是为了来扶持国家的。所以国君为了国家而死，那么臣下也应该为他而死，国君为了国家而逃亡，那么臣下也跟他一起逃亡。如果国君是为了自己而死，为了个人而逃亡，不是他最宠爱亲近的人，谁敢承担这个责任？并且别人立了国君又杀了他，我为什么要为他而死，又为他而逃走呢？但是我又能回到哪里去呢？”

崔家大门打开，晏子进去，把尸体枕在自己大腿上而号哭。然后站起来，跳了三下才走出去。有人对崔武子说：“一定要杀了他。”崔武子说：“他是百姓仰望的人，放了他可以得到民心。”

【鉴赏】晏婴是春秋时期有名的政治家，本文记载了他在国君死难问题上的处理办法，这在当时史家看来十分恰当，故特书一笔。齐庄公因为与权臣崔杼所娶棠公之遗孀棠姜私通，被崔杼杀死在家中。晏子认为国君不是为国而死，臣子就不应该为他殉难，也不应为他逃亡，但也不应置之不理，便公然去哭吊齐侯，做到了臣子应尽的哀痛之礼。由于晏子的威信，崔武子为了笼络民心而没有杀他。晏子的言论，立足点在社稷，认为国君和臣子的所作所为都应该对国家负责。这个观点无疑带有很大的进步性，受到后世广泛传诵。文章从“死”“亡”“行”三方面借随从的提问和晏子的反问，显示了晏子的沉稳和对世事的洞察，最后重点突出地把一切归结到“社稷”二字，更将一位有头脑、有经验的政治家形象展现了出来。

季札观周乐（襄公二十九年）

吴公子札来聘[①]。请观于周乐[②]。

使工为之歌《周南》《召南》[③]，曰：“美哉！始基之矣，犹未也，然勤而不怨矣。”为之歌《邶》《鄘》《卫》④,曰:“美哉!渊乎!忧而不困者也。吾闻卫康叔、武公之德如是⑤,是其《卫风》乎?”为之歌《王》⑥,曰:“美哉!思而不惧,其周之东乎?”为之歌《郑》⑦,曰:“美哉!其细已甚⑧,民弗堪也。是其先亡乎?”为之歌《齐》⑨,曰:“美哉!泱泱乎!大风也哉!表东海者,其大公乎⑩?国未可量也。”为之歌《豳》⑪,曰:“美哉!荡乎⑫!乐而不淫,其周公之东乎?”为之歌《秦》⑬,曰:“此之谓夏声。夫能夏则大,大之至也,其周之旧乎?”为之歌《魏》⑭,曰:“美哉!沨沨乎⑮!大而婉,险而易行,以德辅此,则明主也。”为之歌《唐》⑯,曰:“思深哉!其有陶唐氏之遗民乎⑰?不然,何忧之远也?非令德之后,谁能若是?”为之歌《陈》⑱,曰:“国无主,其能久乎?”自《郐》以下,无讥焉⑲。

为之歌《小雅》⑳,曰:“美哉!思而不贰,怨而不言,其周德之衰乎?犹有先王之遗民焉。”为之歌《大雅》㉑,曰:“广哉!熙熙乎!曲而有直体㉒,其文王之德乎?”

为之歌《颂》㉓,曰:“至矣哉!直而不倨,曲而不屈;迩而不逼,远而不携;迁而不淫,复而不厌;哀而不愁,乐而不荒;用而不匮,广而不宣;施而不费,取而不贪;处而不底,行而不流㉔。五声和,八风平㉕,节有度,守有序,盛德之所同也。”

见舞《象箾》《南籥》者㉖,曰:“美哉!犹有憾。”见舞《大武》者㉗,曰:“美哉!周之盛也,其若此乎?”见舞《韶濩》者㉘,曰:“圣人之弘也,而犹有惭德㉙,圣人之难也。”见舞《大夏》者㉚,曰:“美哉!勤而不德㉛,非禹其谁能修之?”见舞《韶箾》者㉜,曰:“德至矣哉!大矣,如天之无不帱也㉝,如地之无不载也。虽甚盛德,其蔑以加于此矣㉞。观止矣!若有他乐,吾不敢请已。”

【注释】 ①公子札:即季札,吴王寿梦的小儿子。②周乐:周天子的乐舞。鲁为周公的后代,所以备有周乐。③工:乐工。《周南》《召(shào)南》:采自周、召地方的乐歌。现为《诗经》十五国风起首的两首诗歌。④《邶(bèi)》《鄘》《卫》:采自邶、鄘、卫地方的乐歌。为《诗经》十五国风中的《邶风》《鄘风》《卫风》。⑤卫康叔:周公之弟。武公:康叔九世孙,二人均为卫国贤君。⑥《王》:采自王地的乐歌。为《诗经》十五国风中的《王风》。⑦《郑》:采自郑地的乐歌。为《诗经》十五国风中的《郑风》。⑧细:琐碎,象征郑国政令苛细。⑨《齐》:采自齐地的乐歌。为《诗经》十五国风中的《齐风》。⑩泱泱:宏大貌。大风:大国之风。表:表率。大公:即齐国始祖姜太公。大,通“太”。⑪《豳(bīn)》:采自豳地的乐歌。为《诗经》十五国风的《豳风》。⑫荡:坦荡无邪。⑬《秦》:采自秦地的乐歌。为《诗经》十五国风的《秦风》。⑭《魏》:采自魏地的乐歌。为《诗经》十五国风的《魏风》。⑮沨(fán)沨:形容音乐婉转悠然。⑯《唐》:采自唐地的乐歌。为《诗经》十五国风的《唐风》。⑰思:忧思。陶唐氏:即唐尧。⑱《陈》:采自陈地的乐歌。为《诗经》十五国风的《陈风》。⑲《郐(kuài)》:采自郐地的乐歌。郐也作“桧”,为《诗经》十五国风的《桧风》。讥:评论。⑳《小雅》:主要为贵族作品,也有一些民间歌谣,多创作于西周晚期。㉑《大雅》:西周时期贵族作品。㉒熙熙:和美,融洽。直体:指音乐本体有刚劲的骨力。㉓《颂》:祭祀所用的乐歌。有周颂、鲁颂、商颂。㉔倨:傲慢,放肆。携:散漫,游离。荒:过度。宣:显露。处:静止不动。底:停滞。㉕五声:指宫、商、角、徵、羽五声音阶。八风:指八音,即用金、石、丝、竹、匏(páo)、土、革、木制成的乐器。平:协调。㉖《象箾(shuò)》、《南籥(yuè)》:两种舞名。前者舞者执竿而舞，是一种武舞；后者执籥而舞，是一种文舞。㉗《大武》：歌颂周武王的乐舞。㉘《韶濩（hù）》：歌颂商汤的乐舞。㉙惭德：犹言“缺点”。㉚《大夏》：歌颂夏禹的乐舞。㉛不德：不自以为有功德。㉜《韶箾（xiāo）》：虞舜时的乐舞。㉝帱（dào）：覆盖。㉞蔑：无，没有。

【译文】吴国的公子季札前来鲁国聘问。请求观赏周朝的音乐舞蹈。

乐工为他演唱《周南》《召南》，他说：“真美妙啊！周朝的教化已经奠定基础了，还没有完成，然而百姓勤劳而且没有怨言。”为他演唱《邶风》《鄘风》《卫风》，他说：“真美妙啊！真深厚啊！虽有哀愁而不窘迫。我听说卫康叔、武公的德行就像这样，这就是《卫风》吧？”为他演唱《王风》，他说：“真美妙啊！虽有忧思而不恐惧，这是周王室东迁以后的作品吧？”为他演唱《郑风》，他说：“真美妙啊！可惜它的音节过于琐碎，百姓是能忍受的。这个国家是要先灭亡的吧？”为他演唱《齐风》，他说：“真美妙啊！这样深广宏大！这是大国的音乐啊！作为东海一带的表率，这是太公的国家吧？国家的前途不可限量啊。”为他演唱《豳风》，他说：“真美妙啊！真坦荡啊！虽欢乐而不过度，这是周公东征的音乐吧？”为他演唱《秦风》，他说：“这就叫作华夏的音乐。能发出夏声就是宏大，宏大到极点了，这是周朝的旧乐吧？”为他演唱《魏风》，他说：“真美妙啊！轻盈浮动啊！粗犷而又婉转，急促而又流畅，如果再用德行来加以辅佐，就是贤明的君主了。”为他演唱《唐风》，他说：“思虑深远啊！莫非有陶唐氏的遗民吗？要不是这样，为什么忧思如此深远呢？不是盛德之人的后代，谁能像这样呢？”为他演唱《陈风》，他说：“国家没有明主，还能长久吗？”从《郐风》以下就没有评论了。

为他演唱《小雅》，他说：“真美妙啊！虽有忧思但没有二心，怨恨而不言表，这是周朝德行衰微时的音乐吧？还是有先王的遗民啊。”为他演唱《大雅》，他说：“真宽广啊！真和美啊！既婉转曲折而又本体刚劲，这是文王的德行吧？”

为他演唱《颂》，他说：“美极了！正直而不倨傲，委婉而不卑下；紧密而不逼迫，悠远而不散漫；变化而不过度，反复而不厌倦；哀伤而不忧愁，欢乐而不荒淫；用取而不匮乏，宽广而不显露；施与而不减少，收取而不贪求；静止而不停止，流动而不泛滥。五声和谐，八音协调，节奏符合规范，鸣奏乐器有一定顺序，这是有盛德的人共同具有的。”

看到跳《象箾》《南籥》舞的，公子季札说：“真美妙啊！但还有点遗憾。”看到跳《大武》舞的，他说：“真美妙啊！周朝兴盛的时候，就是像这样吧？”看到跳《韶濩》舞的，他说：“像圣人这么伟大，尚且还有缺点，当圣人不容易啊。”看到跳《大夏》舞的，他说：“真美妙啊！勤劳于民事而不自居于有功，不是禹，谁能做到？”看到跳《韶箾》的，他说：“德行达到顶点了！真伟大啊！就像是天无所不覆盖，就像是地无所不承载，虽有极盛的德行，不能比它有所增加了。看到这里已经尽善尽美了！如果还有别的乐舞，我也不敢再请求了！”

【鉴赏】鲁襄公二十九年（前544），吴国公子季札受命前往鲁、齐、郑、卫等诸侯国聘问，目的是替新任国君谋求和各国的友好关系。鲁国是当时的文化中心，保存着宗周的典籍、礼制、乐舞，本篇写季札出使鲁国，鲁人为他表演了周王室的乐舞。中国的音乐舞蹈，自古盛行，且能反映出不同的时代特点和地域风貌。季札有较深的艺术修养，他听其歌诗，观其舞蹈，不仅对周朝以及相传夏、商各代的乐舞作了中肯的评价，而且把乐舞作为政治的象征加以分析评论。这是一篇出色的关于音乐舞蹈的艺术鉴赏文章，对后世了解先秦儒家的文艺观提供了重要的文献依据。

子产坏晋馆垣（襄公三十一年）

子产相郑伯如晋，晋侯以我丧故①，未之见也。子产使尽坏其馆之垣，而纳车马焉。

士文伯让之②，曰："敝邑以政刑不修，寇盗充斥，无若诸侯之属，辱在寡君者何？是以令吏人完客所馆，高其闬闳③，厚其墙垣，以无忧客使。今吾子坏之，虽从者能戒，其若异客何④？以敝邑之为盟主，缮完葺墙⑤，以待宾客。若皆毁之，其何以共命？寡君使匄请命。"

对曰："以敝邑褊小，介于大国，诛求无时，是以不敢宁居，悉索敝赋，以来会时事⑥。逢执事之不闲，而未得见；又不获闻命，未知见时。不敢输币⑦，亦不敢暴露。其输之，则君之府实也，非荐陈之⑧，不敢输也。其暴露之，则恐燥湿之不时而朽蠹，以重敝邑之罪。侨闻文公之为盟主也，宫室卑庳，无观台榭，以崇大诸侯之馆，馆如公寝⑨。库厩缮修，司空以时平易道路，圬人以时塓馆宫室⑩。诸侯宾至，甸设庭燎⑪，仆人巡宫。车马有所，宾从有代，巾车脂辖，隶人、牧、圉，各瞻其事⑫。百官之属，各展其物。公不留宾，而亦无废事，忧乐同之，事则巡之。教其不知，而恤其不足。宾至如归，无宁灾患，不畏寇盗，而亦不患燥湿。今铜鞮之宫数里⑬，而诸侯舍于隶人。门不容车，而不可逾越。盗贼公行，而夭厉不戒⑭。宾见无时，命不可知。若又勿坏，是无所藏币以重罪也。敢请执事，将何所命之？虽君之有鲁丧，亦敝邑之忧也。若获荐币，修垣而行，君之惠也，敢惮勤劳？"

文伯复命。赵文子曰⑮："信！我实不德，而以隶人之垣以赢诸侯⑯，是吾罪也。"使士文伯谢不敏焉。

晋侯见郑伯，有加礼，厚其宴好而归之。乃筑诸侯之馆。

叔向曰⑰："辞之不可以已也如是夫！子产有辞，诸侯赖之，若之何其释辞也？《诗》曰：'辞之辑矣，民之协矣；辞之怿矣，民之莫矣⑱。'其知之矣。"

【注释】 ①子产：即公孙侨，郑卿。郑伯：郑简公。晋侯：晋平公。我丧：指鲁襄公之丧。②士文伯：名匄（gài），晋大夫。让：责备。③完：修缮。闬闳（hànhóng）：这里指馆舍的大门。④异客：别国的宾客。⑤完：修好，一说与下"墙"对举，当为"院"字。⑥诛求：责求，索取。赋：指财物。时事：朝见聘问。⑦输币：献纳礼物。币，玉石、丝织品、车马之类的礼物。⑧荐陈：朝聘向主人献礼，必先将礼物陈列于庭，称荐陈。⑨庳（bēi）：矮小。观：宫门两旁的高大建筑物。台榭:平坦的高台为台,台上建有敞屋的为榭。公寝:国君的寝宫。⑩司空:掌管土木的官员。易:修制。圬人:泥瓦匠。塓(mì):粉刷。⑪甸:掌薪火之官称甸人。庭燎:庭中照明的火烛。⑫巾车:掌管车辆的官员。脂辖:用油脂涂车轴。辖,镶在车轴两边的铁皮,此代指车轴。隶人:专司洒扫之类。牧:放牧牛羊的人。圉:养马的人。瞻:照管、看顾。⑬铜鞮(dī):晋国君离宫,故址在今山西沁心县。⑭夭厉:疾疫,灾祸。⑮赵文子:晋大夫。⑯赢:接受。这里是接待诸侯的意思。⑰叔向:晋大夫。⑱"《诗》曰"以下引自《诗经 · 大雅 · 板》。辑:和善亲睦。怿(yì):欢悦。

【译文】子产陪同郑简公到晋国纳贡,晋平公因为鲁国丧事的缘故,没有会见郑简公。子产派人将宾馆的围墙拆毁,把车马安置好。

士文伯责备他,说:"敝邑因为政事刑罚不修明,使得盗贼到处都是,无奈诸侯常屈驾来访问寡君,所以命令官吏修缮宾客的馆舍,增高它的大门,加厚它的墙壁,以使宾客使者没有什么可担忧的。现在您把围墙毁坏了,虽然您的随从能够戒备,但别国宾客怎么办呢?因为敝邑作为盟主,所以才修缮围墙,来接待宾客。如果都把它毁坏了,那又用什么来满足其他宾客的需要呢?寡君派遣我前来请教。"

子产回答说:"因为敝邑狭小,又处于大国之间,大国责成敝邑纳贡没有准时,因此不敢安居,全部搜索敝邑的财物,以准备随时前来朝见。碰上执事不得空闲,而不能进见;又没有得到命令,不知道接见的时间。我们既不敢把财物献上,也不敢让它露在外面,如果献上,那就是君主府库中的财物了,没有经过陈列的仪式,我们是不敢将它献上的。如果让它暴露在外,又害怕有时干燥有时潮湿而让它腐烂了,这样就加重了敝邑的罪过。我听说文公做盟主的时候,宫室低矮狭小,没有供观赏的楼台亭阁,却把宾客的馆舍造得雄伟高大,使宾馆如同文公的寝宫一样。仓库马棚都加以修缮,司空按时修整道路,泥水工按时粉刷宾馆。诸侯宾客到达,有管薪火的官在庭中点上照明用的大烛,有仆人在馆舍巡逻。车马有安置的地方,随从有人代为服务,管车的为车轴上油,清扫的人、看守牛羊的人、看守马匹的人,各自做好他分内的事。各个部门的官吏,各自展示他们主管的财礼。文公不耽误宾客的时间,可是也不废弃应有的礼节。和宾客同忧共乐,有事就加以巡视。教导宾客不知道的事情,周济宾客缺少的东西。宾客来到这里就像回到家一样,不用顾虑灾祸,不用害怕盗贼,而且也不用担心干燥潮湿。现在君主的铜鞮宫绵延几里,但是却让诸侯住在下等人的房子里。大门进不去车,又不能越墙而过。盗贼公然横行,瘟疫不加以防止。宾客进见没有准时,而接见的命令也不知道什么时候发布。如果还不拆毁围墙,这里就没有地方收藏财礼从而加重我们的罪过了。谨敢询问执事,您准备对我们有什么指示?虽然君主遇到鲁国的丧事,但同样也是敝国的忧戚。如果能够得以奉献财礼,我们会修好围墙才回去,那是君主的恩惠,难道还会害怕勤劳辛苦吗?"

士文伯回去报告。赵文子说:"他说得对!我们实在没有德行,用下等人住的房子去接待诸侯,这是我们的罪过啊。"于是派士文伯去赔礼道歉。

晋文公接见郑简公,提高了礼仪规格,使宴会更加隆重来表示友好,然后才让他们回去。于是就建筑接待诸侯的宾馆。

叔向说："辞令的不可以废止就像这样啊！子产善于辞令，诸侯因此得到好处。怎么能放弃使用辞令呢？《诗经》说：'辞令融洽，百姓团结；辞令动听，百姓安定。'他是懂得辞令的好处的。"

【鉴赏】春秋末年，郑国作为处于晋、楚两个大国之间的弱小国家，在夹缝中求生存，经常是夏朝晋而冬朝楚，处境十分艰难。但在子产做执政大臣之后，郑国在内政外交上取得了很大成绩。鲁襄公三十一年（前542），子产陪同郑简公到晋国朝聘，晋平公托故不见。晋国作为盟主，对郑国这个诸侯小国态度轻慢，宾馆简陋狭窄，使郑国带去纳贡的礼物无法安置。子产断然命人拆毁宾馆的墙垣，使车马得以进馆。当晋平公派士文伯来责问子产时，子产不卑不亢地申明自己的理由和态度，句句针锋相对，义正而不阿，词强而不激，使士文伯无言以对，赵文子和晋平公也为之折服，虚心接受意见，向子产道歉，对郑简公重新礼遇。子产凭自己的机敏和辩才为郑国赢得了尊严，出色地完成了外交使命。本篇再次宣扬了语言辞令在交际活动中的巨大作用。

子产论尹何为邑（襄公三十一年）

子皮欲使尹何为邑①。子产曰②："少，未知可否。"子皮曰："愿③，吾爱之，不吾叛也。使夫往而学焉，夫亦愈知治矣。"子产曰："不可。人之爱人，求利之也。今吾子爱人则以政，犹未能操刀而使割也④，其伤实多。子之爱人，伤之而已，其谁敢求爱于子？子于郑国，栋也。栋折榱崩，侨将厌焉⑤，敢不尽言。子有美锦，不使人学制焉⑥。大官大邑，身之所庇也，而使学者制焉。其为美锦，不亦多乎？侨闻学而后入政，未闻以政学者也。若果行此，必有所害。譬如田猎，射御贯⑦，则能获禽；若未尝登车射御，则败绩厌覆是惧⑧，何暇思获？"子皮曰："善哉！虎不敏。吾闻君子务知大者远者，小人务知小者近者。我，小人也。衣服附在吾身，我知而慎之。大官大邑，所以庇身也，我远而慢之，微子之言⑨，吾不知也。他日我曰：'子为郑国，我为吾家，以庇焉其可也。'今而后知不足。自今请，虽吾家，听子而行。"子产曰："人心之不同，如其面焉。吾岂敢谓子面如吾面乎？抑心所谓危⑩，亦以告也。"

子皮以为忠，故委政焉⑪。子产是以能为郑国。

【注释】①子皮：名罕虎，为郑上卿，子产的前任执政大臣。尹何：子皮的小臣。②子产：即公孙侨。③愿：谨慎老实。④操刀：拿刀。⑤榱（cuī）：屋椽。厌：通"压"。⑥制：裁剪缝纫。⑦贯：通"惯"，熟习。⑧败绩：翻车。⑨远：疏忽。慢：轻视。微：无，没有。⑩抑：只不过。⑪委：托付，交给。

【译文】子皮想让尹何治理封邑。子产说："他很年轻，不知道能不能胜任。"子皮说："尹何谨慎老实，我喜欢他，他不会背叛我的。让他到那里再学习，他也就更懂得治理政事了。”子产说：“不行。人们爱一个人，总是希望对他有利。现在您爱一个人却把政事交给他，如同还不懂得拿刀却要他去割东西，那样造成的伤害实在很多。您喜爱一个人，不过是使他受到伤害罢了，哪还会有谁敢来求得您的喜爱呢？您对于郑国，就如同栋梁。栋梁若是折断了，屋椽就会坍塌，我也将会被压在下面，岂敢不把话全部说出来？您有美丽的锦缎，是不会让人用来学裁制的。高级官员和重要城邑，是自身的庇护，您却让学习政事的人来治理，它们对于美丽的锦缎来说，不是更为重要吗？我听说要先学习然后去办理政事，没有听说拿办理政事作为学习的。如果这样做，一定有所危害。比如打猎，射箭驾车都很熟悉，就能够获取猎物，如果从来没有上车射箭驾驭，那么就只会担心车翻人压，还有什么工夫用于考虑捕获猎物？”子皮说：“说得好啊！我真是不聪明。我听说君子致力于懂得大的、深远的事情，小人致力于懂得小的、近的事情。我，是一个小人啊。衣服穿在我身上，我知道爱惜它；高级官员、重要城邑，是用来庇护自身的，我却疏远怠慢它。没有您这番话，我还不知道呢。从前我说：‘您治理郑国，我只治理我的家族来庇护自身，就可以了。’现在知道这样做还不够。从现在起我请求即使是我家族内的事务，也听凭您的意见去办。”子产说：“每个人的心思不同就如同他的面孔，我怎敢说您的面孔像我的面孔呢？不过是我心里认为危险的事，也就把它告诉您了。”

子皮认为子产忠实，所以就把政事全部交付给他，子产因此能够治理郑国。

【鉴赏】本篇记述了郑国的上卿子皮和继任子产的一段对话：子皮打算派年轻忠厚的尹何做自己封邑的长官，想让他从中学到为政之道。子产对此进行劝阻，认为让毫无政治经验的尹何担当此重任，不是爱护他，而是害了他，应该先让他学好本领方能授予权柄。最后子皮虚心接受了子产的劝告，不但取消了“使尹何为邑”的打算，而且委子产以重任。文章表现了子产的远见卓识和知无不言的坦诚态度，而子皮则虚怀若谷、从善如流，二人互相信任、互相理解，堪称人际关系的楷模。文章围绕用人问题展开对话，人物形象鲜明突出，语言简练畅达，叙述线索清晰，善用比喻，层层论证，令人信服。

子产却楚逆女以兵(昭公元年)

楚公子围聘于郑，且娶于公孙段氏①。伍举为介②。将入馆，郑人恶之。使行人子羽与之言③，乃馆于外。

既聘，将以众逆④。子产患之，使子羽辞，曰：“以敝邑褊小，不足以容从者，请墠听命⑤。”令尹使太宰伯州犁对曰：“君辱贶寡大夫围，谓围：‘将使丰氏抚有而室。’围布几筵，告于庄、共之庙而来⑥。若野赐之，是委君贶于草莽也，是寡大夫不得列于诸卿也。不宁唯是，又使围蒙其先君，将不得为寡君老，其蔑以复矣⑦。唯大夫图之。”子羽曰：“小国无罪，恃实其罪⑧。将恃大国之安靖己，而无乃包藏祸心以图之。小国失恃，而惩诸侯，使莫不憾者，距违君命，而有所壅塞不行是惧[9]。不然，敝邑馆人之属也，其敢爱丰氏之祧[10]？”

伍举知其有备也，请垂橐而入[11]，许之。

【注释】①公子围：楚王郏敖时为令尹（楚国掌握军政大权的最高长官），后继王位，谥灵王。公孙段氏：字子石，食邑于丰，又称丰氏，郑大夫。②伍举：楚大夫。介：副使。③行人：掌朝觐聘问的官，相当于后来的外交官。子羽：公孙挥，字子羽。④逆：迎接。⑤墠（shàn）：扫除地面供祭祀之用。⑥太宰：掌宫廷内外事务、辅佐国君治理国家的官员。贶（kuàng）：赐。寡大夫：对他国自称本国大夫的谦辞。室：结婚成家。几筵：古时一种祭席。庄：指楚庄王，公子围祖父。共：指楚共公，公子围父亲。⑦老：大臣称老。蔑：无。⑧恃：指依靠大国。⑨距：通“拒”。壅塞：阻塞不通。⑩馆人：馆舍。祧（tiāo）：祖庙。⑪垂橐：倒悬弓袋，表示没有弓箭之类的武器。橐（gāo），装弓箭衣甲的袋子。

【译文】楚国的公子围到郑国聘问，同时迎娶公孙段家的女子。伍举任他的副使。将要进入城中宾馆，郑国人讨厌公子围。派行人子羽同他们交涉，于是就住在城外的宾馆。

已经完成了聘礼，公子围准备带领大队人马迎娶。子产为此担忧，派子羽去拒绝他们，说：“因为敝邑狭小，不能全部容纳随从人员，请求在郊外设置祭祀场地，以听取命令。”令尹派太宰伯州犁回答说：“承蒙君主恩赐寡大夫围，对围说：‘将使丰氏家的女儿做您的内室。’围布置祭席，祭告庄公、共公的神庙后前来。如果在城外举行婚礼，这是把君主的恩惠丢弃在杂草丛中，这也是让寡大夫不能排在卿的行列中了。不仅如此，又使围欺骗了他的先君，这将使他不能再做寡君的大臣，恐怕就不能回去复命了。请大夫好好考虑一下吧。”子羽说：“小国没有罪过，一味依靠大国而不加防备才是罪过。准备依仗大国来安定自己，可是大国也许包藏祸心来打小国的主意。小国失去依靠，而使诸侯引起警戒，全都怨恨大国，拒绝违抗君主的命令，使之阻塞不能通行，这才是我们所担心的。如果不是这样，敝邑就等于宾馆一样，怎么敢爱惜丰氏的祖庙？”

伍举知道郑国有了防备，请求允许他们倒悬弓袋进入。郑国人同意了。

【鉴赏】春秋中叶以后，随着晋国力量的削弱，楚国争得了霸主地位，经常攻伐周围弱小国家。郑国总是在楚国的威胁下过日子，所以采取了结为婚姻的外交策略。鲁昭公元年（前541），楚公子围以聘问迎娶为借口，企图率众袭击郑国。郑子产在楚军兵临城下的危急关头，审时度势，洞察其权诈和祸心，派子羽拒绝楚国公子围带兵入城的要求。本篇记述了此事的始末，着重写了郑、楚两国使者子羽和太宰伯州犁针锋相对的谈判技巧。伯州犁的话头头是道，辞婉而理直，看起来无法驳倒，子羽却索性以犀利的言辞，一针见血地揭穿了他们的阴谋，使楚人知道郑国早有防范，于是不敢轻举妄动，使郑国转危为安。

子革对灵王（昭公十二年）

楚子狩于州来，次于颍尾，使荡侯、潘子、司马督、嚣尹午、陵尹喜帅师围徐[①]，以惧吴。楚子次于乾溪[②]，以为之援。雨雪，王皮冠，秦复陶，翠被，豹舄[③]，执鞭以出。仆析父从[④]。

右尹子革夕[⑤]，王见之，去冠、被，舍鞭，与之语，曰："昔我先王熊绎，与吕伋、王孙牟、燮父、禽父并事康王[⑥]，四国皆有分，我独无有。今吾使人于周，求鼎以为分，王其与我乎？"对曰："与君王哉！昔我先王熊绎辟在荆山，筚路蓝缕[⑦]，以处草莽，跋涉山林，以事天子，唯是桃弧棘矢，以共御王事。齐，王舅也；晋及鲁、卫，王母弟也。楚是以无分，而彼皆有。今周与四国服事君王，将唯命是从，岂其爱鼎？"王曰："昔我皇祖伯父昆吾，旧许是宅[⑧]。今郑人贪赖其田，而不我与。我若求之，其与我乎？"对曰："与君王哉！周不爱鼎，郑敢爱田？"王曰："昔诸侯远我而畏晋，今我大城陈、蔡、不羹[⑨]，赋皆千乘，子与有劳焉，诸侯其畏我乎？"对曰："畏君王哉！是四国者，专足畏也。又加之以楚，敢不畏君王哉？"

工尹路请曰："君王命剥圭以为鏚柲[⑩]，敢请命。"王入视之。

析父谓子革："吾子，楚国之望也。今与王言如响，国其若之何？"子革曰："摩厉以须[⑪]，王出，吾刃将斩矣。"

王出，复语。左史倚相趋过[⑫]。王曰："是良史也，子善视之！是能读《三坟》《五典》《八索》《九丘》[⑬]。"对曰："臣尝问焉，昔穆王欲肆其心[⑭]，周行天下，将皆必有车辙马迹焉。祭公谋父作《祈招》之诗以止王心，王是以获没于祗宫[⑮]。臣问其诗而不知也。若问远焉，其焉能知之？"王曰："子能乎？"对曰："能。其诗曰：'祈招之愔愔，式昭德音[⑯]。思我王度，式如玉，式如金。形民之力[⑰]，而无醉饱之心。'"

王揖而入，馈不食[⑱]，寝不寐，数日。不能自克，以及于难。

仲尼曰："古也有志[⑲]：'克己复礼，仁也。'信善哉！楚灵王若能如是，岂其辱于乾溪？"

【注释】 ①狩：冬猎。州来：楚地名，在今安徽凤台。次：驻扎。颍尾：颍水下游入淮河处。徐：小国名，在吴、楚之间。②乾溪：地名，在今安徽亳县。③雨：作动词用。雨雪即下雪。秦复陶：秦国所赠可防雨雪的羽衣。豹舄（xì）：豹皮做的鞋子。④仆析父：楚大夫。⑤右尹：楚官名。子革：楚大夫郑丹。夕：傍晚进见。⑥熊绎：楚国最初受封的国君。吕伋（jí）：姜太公吕尚之子。王孙牟：卫国始封君康叔之子。燮父：晋国始封君唐叔之子。禽父：周公之子，名伯禽，始封于鲁。康王：指周康王。⑦荆山：这里指楚人最早居住的地方，在今湖北省南漳西。筚路：柴车。⑧皇祖伯父昆吾：楚国远祖季连之兄名昆吾，因有伯父之称。许：国名，昆吾曾居住在这里。⑨陈：国名。蔡：国名。不羹：楚地名。⑩圭：古玉器，长方形，上尖下方。鏚（qī）：斧。柲（bì）：柄。⑪摩厉：通"磨砺"。须：等待。⑫左史：周代史官分左史、右史，一记言一记事。春秋时晋楚两国都设有左史。⑬《三坟》《五典》《八索》《九丘》:都是上古书名。⑭穆王:周穆王。⑮祭(zhài)公谋父:周王卿士。祈招:即周司马祈招。祗宫:穆王的别宫,故址在今陕西南郑县。⑯愔愔(yīn):和悦安闲的样子。式:语首助词,无义。⑰形:刑,犹“成”。⑱馈:向尊长进食物。⑲志:记载。

【译文】楚灵王在州来狩猎,驻扎在颍尾,派荡侯、潘子、司马督、嚣尹午、陵尹喜率领军队包围徐国以威胁吴国。楚灵王驻扎在乾溪,作为他们的后援。当时天下着雪,楚灵王头戴皮帽,身穿秦国的羽衣,外披翠羽披肩,脚穿豹皮做的鞋,手里拿着皮鞭走出来。仆析父跟随着他。

右尹子革晚上求见,楚灵王接见他,脱掉帽子、披肩,放下鞭子,跟他说:“从前我们先王熊绎,和吕伋、王孙牟、燮父、禽父一起侍奉周康王,四个国家都赐有分器,唯独我国没有。现在我派人到周室去,请求把鼎作为分器赐给我,天子会给我吗?”子革回答说:“会赐给君王的!从前我们先王熊绎处于偏僻的荆山,乘柴车穿破衣,住在杂草丛中,跋山涉水来侍奉天子,只能把桃木弓、荆条箭进献给天子。齐国,是天子的舅父,晋国和鲁国、卫国,是天子的同胞兄弟。楚国因此没有赐给分器,但他们都得到了。现在周朝和四个国家顺服侍奉君王,将会唯命是从,难道还敢爱惜鼎吗?”楚灵王说:“从前我们的皇祖伯父昆吾,居住在原许国这块地方。现在郑国人贪图那里的土地,不肯给我们。我如果向它求取,它会给我们吗?”子革回答说:“会给君王的!周朝不敢吝惜九鼎,郑国还敢吝惜那一块土地?”楚灵王说:“从前诸侯疏远我国而害怕晋国,现在我的大城邑如陈、蔡、不羹,都有兵车上千辆,您也是有功劳的,诸侯会害怕我吗?”子革回答说:“会害怕君王的!这四座大城邑,已足够使人害怕的了。再加上楚国,他们敢不害怕君王吗?”

工尹路请示说:“君王命令剖开玉圭装饰斧柄,谨请指示。”楚灵王进去察看。

析父对子革说:“您是楚国大家仰望的人。现在和君王谈话附和得如同回声一样,国家怎么办?”子革说:“我磨快了刀刃等着,君王出来,我的刀刃就要砍下去了。”

楚灵王出来,继续谈话。左史倚相快步走过。楚灵王说:“这是一个好史官,你要好好看待他!这个人能够读懂《三坟》《五典》《八索》《九丘》。”子革回答说:“下臣曾经问过他,从前周穆王想要放纵自己的欲望,周游天下,打算到处都留下自己的车轮印和马蹄迹。祭公谋父作《祈招》这首诗来抑制周穆王的欲望,穆王因此能够在祗宫善终。下臣问他这首诗,他却不知道。如果问起更远的事,他哪里能够知道呢?”周穆王说:“您能知道吗?”子革回答说:“能够。那首诗说:‘祈招安详和悦,昭明传扬这美好的名声。想起我们君王的风度,好像玉,好像金。保存百姓的财力,而没有过醉饱的贪心。’”

楚灵王向子革作了个揖就进去了,吃不下饭,睡不好觉,一连好几天。但他不能克制自己,后来终于遭到了祸难。

孔子说:“古时候有记载说:‘克制自己回复到礼,这就是仁。’说得真好啊!楚灵王如果能够这样,难道他还会在乾溪蒙受耻辱?”

【鉴赏】春秋后期，楚国在晋、楚争霸中已占据上风，这助长了楚灵王的野心。这时长江下游兴起了吴、越两个国家，吴、楚曾多次发生过战争。鲁昭公十二年（前530），楚灵王借会猎之名，率大军包围吴的附属国徐国来威胁吴国，想以武力使诸侯屈服。本篇主要记叙了楚右尹子革对灵王的讽谏。楚灵王的一番问话从求鼎到求田，野心勃勃，子革的进谏欲擒故纵，先随声附和，毫不置辩，表面上顺应灵王的心理，实际上委婉的言辞中已寓含深意，最后引诗点明：如果不体谅民力，有"醉饱之心"，是十分危险的，切中了灵王的要害。楚灵王虽一时感动，但最终没能克制自己，一意孤行，以致落得个身陷绝境、自缢身亡的下场。文章人物形象生动，楚灵王的骄奢贪婪，子革的善于进谏，呼之欲出。

子产论政宽猛（昭公二十年）

郑子产有疾，谓子大叔曰①："我死，子必为政。唯有德者能以宽服民，其次莫如猛。夫火烈，民望而畏之，故鲜死焉。水懦弱，民狎而玩之②，则多死焉。故宽难。"疾数月而卒。

大叔为政，不忍猛而宽。郑国多盗，取人于萑苻之泽③。大叔悔之，曰："吾早从夫子，不及此。"兴徒兵以攻萑苻之盗，尽杀之。盗少止。

仲尼曰："善哉！政宽则民慢，慢则纠之以猛。猛则民残，残则施之以宽。宽以济猛，猛以济宽，政是以和。《诗》曰：'民亦劳止，汔可小康④。惠此中国，以绥四方。'施之以宽也。'毋从诡随⑤，以谨无良。式遏寇虐，惨不畏明⑥。'纠之以猛也。'柔远能迩⑦，以定我王。'平之以和也。又曰：'不竞不絿，不刚不柔。布政优优，百禄是遒⑧。'和之至也。"及子产卒，仲尼闻之，出涕曰："古之遗爱也。"

【注释】①子大叔：指游吉，继子产于郑简公、定公时为卿。大，同"太"。②狎：轻忽。玩：玩弄。③萑苻（huánfú）：泽名。芦苇丛生，郑国盗贼集聚之地。④"《诗》曰"以下引自《诗经·大雅·民劳》篇第一段。汔（qì）：庶几，表希望之辞。⑤诡随：欺诈善变。⑥惨：语助词，犹"乃""曾"。明：上天的明命。⑦能：义同"柔"，安抚。⑧"又曰"以下引自《诗经·商颂·长发》。竞：强，急躁。絿（qiú）：缓，拖沓。优优：宽和。遒：聚集。

【译文】郑国子产患病，对子太叔说："我死后，你一定会执掌国政。只有有德行的人能够用宽和的政策来使百姓服从，其次就不如严厉的政策。火猛烈，百姓远远看到就会害怕，所以很少有人被火烧死；水性柔弱，百姓轻慢而玩弄它，就会有很多人死在水里，所以施行宽政难度大。"子产病了几个月后就去世了。

太叔执掌政事，不忍心施行猛政而用宽政。郑国出现很多盗贼，聚集在萑苻泽中。太叔后悔了，说："我如果早点听从他老人家的，不至于造成这个局面。"于是发兵去攻打萑苻泽里的盗贼，全部杀了他们。盗贼稍止住了。

孔子说："好啊！政策宽和百姓就会怠慢，怠慢了就要用严厉的政策来纠正它。

政策严厉百姓就会遭受摧残,受了摧残再施行宽和的政策。用宽和调剂严厉,用严厉调剂宽和,政事因此而和谐。《诗经》说:'百姓已经很辛劳,大概可以让他们稍稍安康。赐恩给中原各国,以此安定四方。'这是说施行宽和的政策。'不要放纵欺诈善变的人,以约束不良之徒。应当遏止侵夺与暴虐,他们从来不害怕严明的法度。'这是说要用严厉的政策来纠正偏差。'安抚边远地方,柔服邻近地区,来安定巩固我君王。'这是说用和谐来使国家平静。又说:'不急促也不缓慢,不刚强也不柔软,施行政令多宽和,众多的福禄都汇聚到这里。'这是和谐的最高境界。"等到子产去世,孔子听说了,流着眼泪说:"他的仁爱具有古人的遗风啊!"

【鉴赏】子产是春秋时期著名的政治家,在他执政期间,使郑国这样一个小国获得了较好的发展空间。本篇写子产在病重时向继任者子太叔托付国政,并介绍自己的执政经验,即要根据情况来确定政策的宽猛。宽政和猛政,相当于王道和霸道,都是古代统治者统治人民的手段,子产用水与火做比喻,形象地阐发了二者的关系。子产死后,子太叔执政,没有遵从子产的遗嘱,开始不忍猛而宽,结果引起社会动乱,后来他转而实行猛政,采取严厉镇压措施,使动乱局面稍稍得到控制。他们的做法符合儒家思想,受到孔子赞扬,并进一步从中总结出"宽猛相济"的政治主张,受到历代统治者的推崇。

吴许越成(哀公元年)

吴王夫差败越于夫椒,报槜李也①,遂入越。越子以甲楯五千保于会稽,使大夫种因吴太宰嚭以行成②。吴子将许之。

伍员曰:"不可。臣闻之:'树德莫如滋,去疾莫如尽。'昔有过浇,杀斟灌以伐斟鄩,灭夏后相,后缗方娠,逃出自窦,归于有仍③,生少康焉。为仍牧正,惎浇能戒之④。浇使椒求之,逃奔有虞,为之庖正⑤,以除其害。虞思于是妻之以二姚,而邑诸纶,有田一成,有众一旅⑥。能布其德而兆其谋,以收夏众,抚其官职。使女艾谍浇,使季杼诱豷,遂灭过、戈⑦,复禹之绩,祀夏配天,不失旧物。今吴不如过,而越大于少康,或将丰之,不亦难乎?勾践能亲而务施,施不失人,亲不弃劳,与我同壤,而世为仇雠。于是乎克而弗取,将又存之,违天而长寇雠,后虽悔之,不可食已⑧。姬之衰也⑨,日可俟也。介在蛮夷,而长寇雠,以是求伯⑩,必不行矣。"

弗听。退而告人曰:"越十年生聚,而十年教训,二十年之外,吴其为沼乎!"

【注释】①夫差:春秋末年吴国国君,吴王阖闾的儿子。夫椒:山名,在今江苏太湖中洞庭山。槜(zuì)李:吴、越边境地名,在今浙江嘉兴。定公十四年,越国在此大败吴国。吴王阖闾脚伤而死。②甲楯(dùn):披甲执盾的士兵。楯,通"盾"。种:文种,越大夫。嚭(pǐ):吴王夫差的宠臣,以功任为太宰。③伍员:字子胥,吴大夫。过(guō):古国名,在今山东莱州北。浇:人名,传说夏时寒浞之子,封于过。斟灌、斟鄩(xún):夏同姓诸侯。相:传说中的夏朝君王,少康的父亲。后缗(mín):相的妻子,有仍氏的女儿。窦:孔穴。有仍:部落名称,在今山东济宁县。④牧正:掌管畜牧的长官。惎(jì):毒,恨。⑤椒:浇的臣子。有虞:舜的后代封国,在今山西永济市。庖正:掌管膳食的长官。⑥虞思:虞国国君,姚姓。二姚:虞思的二个女儿。纶:虞地名,在今河南虞城县东南。成:土地面积单位,方十里。旅:五百步卒为一旅。⑦女艾:少康臣子。谍:暗地察看。季杼:少康儿子。豷(yì):浇的弟弟。戈:豷的封国。⑧长:助长。不可食:吃不消。⑨姬:吴为姬姓国。⑩伯:后写作"霸",诸侯领袖。

【译文】吴王夫差在夫椒打败了越军,报了槜李那次战役的仇,并趁机攻入越国。越王带领披甲持盾的兵士五千人坚守会稽,派遣大夫文种通过吴国太宰嚭去求和。吴王打算同意。

伍员说:"不行。下臣听说:'树立德行最好能不断滋生,铲除恶疾最好能消灭干净。'从前过国国君浇杀了斟灌而攻打斟鄩,灭了夏朝君王相,相的妻子缗正在怀孕,从城墙的小洞中逃出去,回到娘家有仍国,在那里生下了少康。少康后来做了有仍国的牧正,对浇充满仇恨并能有所戒备。浇派椒搜寻少康,少康逃奔到有虞国,做了那里的庖正,才得以免除灾害。有虞国君思这时又把他的两个女儿嫁给了他,并把纶邑作为少康的封邑,少康就拥有十里见方的田土,以及步卒五百来人。少康得以广施他的恩德,并开始了他的复国计划,收集夏朝的遗民,安抚原来的官员。派遣女艾到浇那里做了间谍,派遣季杼去引诱浇的弟弟豷。于是灭了过国、戈国,恢复了夏禹的功绩,祭祀夏朝的祖先,配祭上天,没有丢弃夏朝旧有的制度。现在吴国不如过国,但越国却比少康强大,如果再使它壮大起来,不也是我们的灾难吗?越王勾践能够亲近他的臣民而且致力于施与恩惠,施与恩惠从不失掉应该施与的人,亲近臣民从不抹杀有功劳的人。越国和我们同住在一块土地上,却又世世代代都是仇敌。在这种情况下战胜了却不把它吞并,又打算让它存在下去,违背上天的意志而壮大仇敌,以后虽然后悔,也就吃不消了。姬姓国家的衰弱,可以计日而待了。我们处在蛮夷之间,却又助长自己的仇敌,用这样的办法来求取霸业,肯定是行不通的。"

吴王没有听。伍员退下以后告诉别人说:"越国用十年时间繁育人口积聚物资,又用十年时间对百姓进行教育训练,二十年之后,吴国恐怕会变成池沼了吧!"

【鉴赏】春秋末年,长江下游的吴、越两国,经常互相攻伐,结为世仇。鲁定公十四年(前496),吴王阖闾在槜李中越王勾践的计策而大败,并因在战役中受足伤而死。鲁哀公元年(前494),吴王夫差为报父仇,在夫椒击败越国。本篇记叙越王勾践战败之后,为了保存实力,派人向夫差求和,吴国大夫伍员反对姑息议和,但夫差听不进伍员的忠言劝告,答应议和。本文重点记述伍员劝说吴王拒绝越国求和的谏辞。伍员先以夏少康中兴历史来比附勾践,再分析勾践的为人,然后再分析两国世代为仇的利害关系,由古及今,并对未来做出预言,深刻地说明了去病必除根的道理。层层剖析,曲折详尽。

国语 《国语》是一部国家记载春秋历史的史书。关于它的作者,历来认为是春秋时的左丘明。司马迁在《报任安书》中说:"左丘失明,厥有《国语》。"现在均认为其资料源于各国,再由某位史官编辑整理而成。

《国语》分国记事,全书二十一卷,计《周语》三卷,《鲁语》两卷,《齐语》一卷,《晋语》九卷、《郑语》一卷、《楚语》两卷、《吴语》一卷、《越语》两卷。《国语》上起周穆王十二年(前990),下迄智伯之亡(前453),历时五百三十七年,与《左传》大致相当。《左传》重事,《国语》重言。《国语》以记述周、鲁等八国贵族的言论为主,但保存丰富的史料。记言中,有对话,有独白,风格质朴,也不乏生动优美、富于文采的篇章。

祭公谏征犬戎(周语上)

穆王将征犬戎,祭公谋父谏曰①:"不可!先王耀德不观兵②。夫兵,戢而时动,动则威;观则玩③,玩而无震。是故周文公之《颂》曰:'载戢干戈,载櫜弓矢;我求懿德,肆于时夏,允王保之④!'先王之于民也,茂正其德而厚其性,阜其财求而利其器用,明利害之乡,以文修之⑤。使务利而避害,怀德而畏威,故能保世以滋大⑥。"

昔我先世后稷,以服事虞、夏⑦。及夏之衰也,弃稷弗务;我先王不窋用失其官,而自窜于戎翟之间⑧。不敢怠业,时序其德,纂修其绪,修其训典;朝夕恪勤,守以惇笃,奉以忠信,奕世载德,不忝前人⑨。至于武王⑩,昭前之光明而加之以慈和。事神保民,莫不欣喜。商王帝辛⑪,大恶于民。庶民弗忍,欣戴武王,以致戎于商牧⑫。是先王非务武也,勤恤民隐而除其害也。

夫先王之制:邦内甸服,邦外侯服,侯卫宾服,夷、蛮要服,戎、翟荒服⑬。甸服者祭,侯服者祀,宾服者享,要服者贡,荒服者王。日祭、月祀、时享⑭、岁贡、终王,先王之训也。有不祭,则修意;有不祀,则修言;有不享,则修文;有不贡,则修名⑮;有不王,则修德;序成而有不至,则修刑。于是乎有刑不祭,伐不祀,征不享,让不贡,告不王,于是乎有刑罚之辟⑯,有攻伐之兵,有征讨之备,有威让之令,有文告之辞。布令陈辞而又不至,则又增修于德,无勤民于远。是以近无不听,远无不服。

今自大毕、伯仕之终也⑰,犬戎氏以其职来王。天子曰:"予必以不享征之,且观之兵。"其无乃废先王之训,而王几顿乎⑱?吾闻夫犬戎树惇,能帅旧德,而守终纯固⑲,其有以御我矣。

王不听,遂征之。得四白狼、四白鹿以归。自是荒服者不至。

【注释】 ①穆王:名姬满,西周国君。犬戎:也叫西戎,古代西北戎族的一支,周时主要在泾渭流域一带过着游牧生活。祭(zhài)公谋父:谋父,周公的后代,封于祭地(今河南开封附近)。

他是穆王的卿士。②观兵:炫耀武力。③戢(jí):收起来。玩:轻慢。④周文公:即周公,名旦,姓姬,周文王的儿子,武王的弟弟。《颂》:即《诗经 · 周颂 · 时迈》,相传为周公所作。这是一首描写周公祭天和山川的诗歌。载:句首语气词。櫜(gāo):本指装弓箭等的口袋,这里是收藏的意思。肆:显露。时:代词,这。古文中常写作"是"。夏:中国。允:实在、确实。⑤茂:努力。阜:丰盛,这里用作动词。乡:通"向",这里是地方、所在的意思。文:在古代指礼乐制度等,与"武"相对。⑥滋:更加。⑦后稷:本为农官名。这里指传说中周的始祖,名弃,他是尧舜时代的农官。其后代世袭此官职。服事:服务。虞、夏:虞舜和夏启。⑧弃:抛弃、丢下。不窋(zhú):弃的儿子,本是夏启的农官,后来启的儿子康王荒废朝政,被后羿取代,后羿废除农官,不窋于是回到其父受封之地邰(tái,今陕西省武功县境),这里地处戎狄之间。用:因此。窜:隐藏。翟:通"狄",北方少数民族之一。⑨序:陈述。纂:继承。绪:先人留下的事业。惇笃:淳朴厚实。奕世:一代又一代。忝(tiǎn):辱没。⑩至于:直到。⑪帝辛:即殷纣王。⑫致戎:用兵。商牧:地名,即牧野,在今河南省淇县南部。⑬邦内:指都城周围方圆千里的区域。甸服:以耕种王田的方式为国君服务。甸,王田。侯服:也叫侯圻,甸服外方圆五百里的区域,是较近的诸侯之地。侯卫:从侯服到卫服(也叫卫圻,相当于边疆)之间的区域,共五圻(侯、甸、男、采、卫),每圻五百里,是当时中国的疆域。宾服:按时朝贡天子。要(yāo)服:距离都城两千里之外的区域。"要"是要约、盟约的意思。荒服:在要服之外更遥远的区域。⑭日祭:每天举行的祭祀祖、考的活动,这里是供应天子祭祀时所需之物。月祀:每月举行的祭祀曾祖、高祖的活动。时享:天子每季举行的祭祀远祖的活动。⑮修言:检查号令。修名:检查尊卑的名分。⑯让:责备。告:晓喻。辟:法律。⑰大毕、伯仕:均为西戎的国君。终:去世。⑱几:差不多。顿:废弃。⑲帅:遵守。守终:遵守朝见的职分。纯固:专一。

【译文】 周穆王要去征讨西戎,祭公谋父进谏道:"不行!我们的先王们一向是重视德行而不轻易动武的。武器,平时要收藏起来,需要时才能动用;一旦动用,就能显示其威力;如果随便展示武力,就会显得轻率;一旦滥用武力就不会有震慑作用了。所以周文公在所作《时迈》诗里说:'干戈收起来,弓箭放进袋子。我们追求那美德,让美德施行于中华大地。国君永远保有天命!'先王们对于百姓,是努力使他们树立美好的品德,使他们的品性更为淳厚;努力增加他们的财产,让他们使用物品更加方便;让他们懂得利害之所在,并用文德来教养他们,使他们追求利益远离祸害,心怀感恩而畏惧威严,所以我们能够世代保有王位并日益壮大。"

过去我们的祖先世代为农官,先后在虞舜和夏启手下任职。等到夏朝衰微,废弃了农官之职。我们的先王不窋因而失去了他的官职,隐藏到戎狄之间。他不敢懈怠,时时称道先人的美好品德,继续从事先人的事业,学习先人留下的训示和典章;从早到晚勤勤恳恳,谨慎敦厚,忠诚守信。祖先们一代又一代,都没有辱没先人,保持着美好的品性。直到武王,他把先人传下来的品性更加发扬光大,再配上他的仁慈与温和,去服侍神灵,保护百姓,神灵百姓没有不欢欣的。而商朝的纣王受到百姓的极端憎恶,百姓再也无法忍受他的统治,于是高兴地拥戴武王,在牧野与商王开战并打败了他。从这里可以看出,先王并非致力于武功,而是体恤百姓的疾苦,为百姓解除苦难。

先王这样规定:邦畿以内叫甸服,邦畿以外叫侯服,侯服之外到边疆之间叫宾服,蛮夷所居之地叫要服,戎狄之地叫荒服。甸服的诸侯为国君提供每天的祭品,侯服的诸侯为国君提供每月一次的祭品,宾服的诸侯提供每季度一次的享献祭品,要服的蛮夷君主每年进贡一次,荒服的戎狄之君一生朝见一次。每天祭,每月祀,每季度享献,每年进贡,一生朝贡一次,这都是先王的遗训。如有不送日祭之物的,国君就检查自己的心意是否诚恳;如有不送月祀之物的,国君就检查政令是否有不妥当的地方;如有不按季度送享献之物的,国君就检查礼乐制度是否有问题。如有不来进贡的蛮夷君主,国君就检查尊卑的名分是否合理;如有不来朝贡的戎狄之君,国君就得检查自己的品行。若经一一检查,责任都不在国君,却还有不来的,那就要施行处罚了。所以有处罚不日祭的,攻打不月祀的,征讨不季享的,责备不岁贡的,劝告不朝贡的。这样,有处罚的条令,有攻伐的武力,有征讨的军队,有责备的政令,有劝告的文书。公布了政令,阐述了道理,仍然有不来的,国君就进一步增进自己的德行,而不是让人民去远征。国君这样做,近的无不听命,远的无不服从。

西戎之君从大毕、伯仕以来,犬戎都按规定来朝见。天子您说:"我一定要以不享的罪名征讨它,并且向他们展示武力。"这样做岂不是违背先王的遗训,破坏先王的制度吗?我听说西戎之君立心敦厚,能够遵循祖先的制度,并始终如一,那他们会有抵御我们的办法的。

周穆王没有听从劝谏,最终出兵征伐了西戎,结果只获得了四只白狼、四只白鹿。从此以后荒服者不再来朝贡。

【鉴赏】本文选自《周语上》,是《国语》的第一篇,它记述了祭公劝谏周穆王不要发兵征讨犬戎的言辞。祭公一开头就指出"先王耀德不观兵",然后围绕这一论点展开论述。前半部分强调先王们处处以德服人,不轻易动武,即使武王征讨商纣王也是迫不得已,是"勤恤民隐",为民除害;后半部分详细叙述先王的"五服"制度,仍然强调"修德",即使"五服"有不对之处,也要"增修于德",避免"勤民于远",况且按照先王的"五服"制度,犬戎本来就没有过错,它反而"能帅旧德",所以会"有以御我"。按说祭公的理由该是很充分的了,可是穆王还是一意孤行,所以文章最后记下了征讨犬戎"自是荒服不至"的可悲结果。

全文引经据典,回环往复,作了很有说服力的分析。祭公忠谏与周穆王穷兵黩武的形象,在他们的言辞和行动中均显现了出来。

召公谏厉王止谤(周语上)

厉王虐,国人谤王①。召公告曰②:"民不堪命矣!"王怒,得卫巫,使监谤者。以告,则杀之。国人莫敢言,道路以目。

王喜,告召公曰:"吾能弭谤矣③,乃不敢言。"召公曰:"是鄣之也④。防民之口,甚于防川。川壅而溃,伤人必多,民亦如之。是故为川者决之使导,为民者宣之使言。故天子听政,使公卿至于列士献诗,瞽献典,史献书,师箴,瞍赋,矇诵，百工谏，庶人传语，近臣尽规，亲戚补察，瞽史教诲，耆艾修之[⑤]，而后王斟酌焉，是以事行而不悖。民之有口也，犹土之有山川也，财用于是乎出；犹其有原隰衍沃也[⑥]，衣食于是乎生。口之宣言也，善败于是乎兴。行善而备败，所以阜财用衣食者也[⑦]。夫民虑之于心而宣之于口，成而行之，胡可壅也？若壅其口，其与能几何？"

王弗听，于是国人莫敢出言。三年，乃流王于彘[⑧]。

【注释】 ①厉王：周厉王，名胡。约公元前850年在位。谤：批评、指责。②召公：即召穆公，名虎，厉王的卿士。③弭：阻止。④鄣（zhàng）：通"障"。阻塞。⑤列士：较低级的官员。瞽（gǔ）：与"瞍""矇"都是指盲人，瞽是宫廷的乐官太师，瞍无眸子，矇有眸子。史：史官。书：典籍。师：乐官少师。箴：一种规劝的言辞。赋：与"诵"一样都是朗诵的意思。百工：从事各种工艺的人。亲戚：指与王室同宗的人。耆艾：古代五十岁以上为艾，六十岁以上为耆，这里统指老年人。修：劝诫。⑥原隰（xí）：高而平坦的土地叫原，低湿的土地叫隰。衍沃：低而平坦的土地叫衍，可以用水浇灌的土地叫沃。⑦阜：丰盛。⑧流：流放。彘：地名，在今山西省霍县。

【译文】 周厉王很残暴，老百姓都指责他。召穆公对他说："百姓忍受不了您的政令了。"厉王听了很生气，便找来一个卫国的巫师，派去监视指责他的人。只要巫师一告发，厉王就立即把被告之人杀掉。因此，百姓都不敢说话，路上见面只能用眼神打招呼。

厉王很高兴，对召公说："我能消除百姓的议论了，他们不敢说话了。"召公说："这样做只是阻止他们议论。阻塞人说话比阻塞江河更难。江河阻塞一旦决口，一定会伤害很多人。阻塞老百姓说话也是一样。治理江河的人要清理堵塞，让江水通畅；治理百姓的，应该引导他们说出自己的意见。所以，天子处理政务时，让上至公卿下至一般官员献上劝谏的诗篇，太师献上采自民间的歌谣，史官献上古代的史籍，少师献上规劝的箴言，盲人们或者诵读，或者吟唱，各种工匠进行进谏，普通百姓则通过别人把他们的意见传上来；身边的臣子尽力规劝，宗亲近戚补救天子的过失，太师和史官给天子以教诲，老臣们把这些加以整理，然后国君进行取舍，因此政事推行下去就不会有问题。百姓有嘴，就好像土地有山川一样，财物器用都从这里生产出来；就好像土地有高有低、有平坦的、有肥沃的一样，吃的穿的都是从这里取得。人们的嘴议论政事，好坏就从其中反映出来。从政者推行好的，防备不好的，这就能够增加财富、用度、衣食。老百姓在心里想好了，通过嘴巴说出来，当政者再据此推行，怎么能够堵塞呢？如果堵塞百姓的口，支持者还会有多少呢？"

厉王不听召公的劝告，此后百姓谁也不敢议论政事。三年之后，厉王就被放逐到彘这个地方去了。

【鉴赏】 本文记述召公劝谏周厉王不要阻止百姓指责朝政的过失，而厉王不听劝谏，最后导致国人暴动，周厉王流亡彘地。文章的主题是召公的劝谏，而召公的劝谏是通过一个形象生动的比喻进行的，他把百姓说话比作河流，不让百姓说话就像企图堵塞河流一样，而堵塞嘴巴比堵塞河流的害处还要大。然后再正反对照，并且结合比喻说明堵塞与引导的利害关系，突出正面意思，则其害处自然清楚易晓。最后只用简单的两句话，指出厉王以身试法的结果。本文提出的“防民之口，甚于防川”成了千古名句。文章的结构和语言都十分简洁，行文很有气势，能将生动的比喻与透辟的说理结合起来，颇具说服力。

襄王不许请隧(周语中)

晋文公既定襄王于郏①。王劳之以地，辞，请隧焉②。王弗许，曰：“昔我先王之有天下也，规方千里，以为甸服，以供上帝山川百神之祀，以备百姓兆民之用，以待不庭不虞之患③。其馀以均分公侯伯子男，使各有宁宇④，以顺及天地，无逢其灾害。先王岂有赖焉？内官不过九御，外官不过九品，足以供给神祇而已；岂敢厌纵其耳目心腹，以乱百度⑤？亦唯是死生之服物采章，以临长百姓而轻重布之⑥。王何异之有？今天降祸灾于周室，余一人仅亦守府；又不佞以勤叔父，而班先王之大物⑦，以赏私德，其叔父实应且憎。以非余一人，余一人岂敢有爱也⑧？”

先民有言曰：“改玉改行⑨。”叔父若能光裕大德，更姓改物，以创制天下自显庸也⑩，而缩取备物，以镇抚百姓，余一人其流辟于裔土⑪，何辞之与有？若犹是姬姓也，尚将列为公侯，以复先王之职，大物其未可改也！叔父其茂昭明德⑫，物将自至。余敢以私劳变前之大章，以忝天下⑬，其若先王与百姓何？何政令之为也？若不然，叔父有地而隧焉，余安能知之？

文公遂不敢请，受地而还。

【注释】 ①晋文公：名重耳，晋国国君，春秋五霸之一。襄王：周王，名郑。周襄王十七年(前635)，其弟叔带伙同狄人攻打周国，襄王逃到郑国，并向晋国求救。第二年，晋文公杀死叔带，让襄王返位。郏(jiá)：地名，在今洛阳西。②劳(lào)：酬谢。隧：墓道，按照周代礼制，天子之墓才能有。③不庭：不服从朝廷。不虞：预料不到。④宁宇：安定的居所。⑤内官：宫中的女官。九御：九嫔，宫中的女官名。外官：朝廷的官吏。厌：满足。百度：各种制度。⑥是：代词，这些。服物：用的物品。采章：颜色和花纹，古代以此区分不同等级。临长：统治。轻重：指尊卑贵贱的等级。⑦余一人：周天子谦称。不佞：没有才能。叔父：周天子对同姓诸侯的尊称。班：分赐、分发。⑧爱：吝啬。⑨玉：佩玉。行：行步。古代以佩玉区分等级，佩玉不同，走路时节奏也不一样。⑩改物：改变制度。庸：用。⑪缩取：收取。备物：天子葬礼所用的礼制器物。辟：同“避”，躲藏。裔土：边远地方。⑫茂：努力。昭：发扬。⑬忝：辱没。

【译文】 晋文公既已把襄王接回到郏地王都，襄王便用土地酬谢他。晋文公推辞不要，而向襄王请求让他死后能以隧墓的礼制埋葬。襄王不答应，他说：“从前，我们先王拥有天下，把首都周围方圆千里之地作为甸服，其租赋用来祭祀上帝和山川百神，用来供给百官和亿万百姓的用度，用来应付各种意外事变。其他的土地则平均分配给公、侯、伯、子、男，让他们都有安乐的居所，以顺应天地之道，不要遭受什么灾害。先王们难道有什么特殊的好处吗？宫内女官不过九嫔，朝廷官员不过九品，所有这些只不过用以满足天神地祇之需要罢了，难道敢放纵自己，满足耳目心腹之欲，从而破坏各种制度吗？也只有这些活着以及死后的衣服器物、颜色花纹是用来区分等级，统治百姓的，天子有什么特殊的东西呢？现在上天给周王室降下灾祸，我能做到的仅仅是保住府库而已，更因为我的无能而让叔父您费心，我如果私下把先王遗留下来的只能是天子享有的葬礼作为报恩礼物送给叔父，您就是接受了也会厌恶，并且会指责我的。我自己又怎么敢吝啬呢！"

古人有这样的话："改变佩玉就改变了行步节奏。"叔父您若能够发扬您的美德，改变您的姓氏和朝政制度，创建自己的天下，展示自己的功绩，再收用天子所用的一切，去统治百姓，我就是被您流放到偏僻荒凉之地去，又有什么可说的呢？如果还是这个周室姬姓的天下，叔父您就还是公侯，恢复先王制定的制度，天子所用葬礼还是不改变为好吧！叔父您如果勉力发扬美德，这些东西就自然会来的。我如果敢因为报答您对我个人的恩德而改变先人的重大制度，辱没祖宗打下的天下，那怎么对得起先王和百官呢？以后怎么发号施令令人信服呢？如果我的话不对，那叔父您是有土地的，在您自己的土地上举行隧葬，我又怎么知道呢？

于是晋文公就不敢再请求隧葬之礼，接受了襄王的酬谢土地回国了。

【鉴赏】周襄王在位时期，周王朝已经十分衰落，天子只是徒有虚名的摆设，实际是各诸侯国竞相称霸，此时的霸主就是晋文公。本文充分反映了晋文公的咄咄逼人，襄王的柔弱可欺。周王室到此时剩下的唯有礼制，就是这最后的一点点东西，晋文公还想要去。襄王不得不使出浑身解数，打消文公的念头。襄王以礼为武器，一方面说明王室的无私，留下的土地仅够必须的开销，其余的都分给了大小诸侯，作为天子，所多的仅仅是"死生之服物采章"而已；另一方面说到自己能够重新得到王位，虽然完全依赖文公，但这不能成为拿原则做交易的理由，襄王反复申说，虽然言辞婉转，但却严正堂皇。最后文公只好打消了念头。清人余诚评道："晋文复从何处置喙，然亦曲尽衰世君臣意态矣。"（《古文释义》）

全文说理，无一笔实写不许，而是从"非天子不得用隧"，逆笔切入，步步紧逼，理正言直，自使晋文公不得不面惭而还。

单子知陈必亡（周语中）

定王使单襄公聘于宋，遂假道于陈[①]，以聘于楚。火朝觌矣，道茀不可行也[②]；候不在疆，司空不视涂，泽不陂，川不梁，野有庾积，场功未毕，道无列树，垦田若蓺，膳宰不致饩，司里不授馆[③]；国无寄寓，县无旅舍，民将筑台于夏氏[④]。及陈，陈灵公与孔宁、仪行父南冠以如夏氏[⑤]，留宾弗见。

单子归，告王曰："陈侯不有大咎，国必亡。"王曰："何故？"对曰："夫辰角见而雨毕，天根见而水涸，本见而草木节解[⑥]，驷见而陨霜，火见而清风戒寒[⑦]。故先王之教曰：‘雨毕而除道，水涸而成梁，草木节解而备藏，陨霜而冬裘具，清风至而修城郭宫室。’故《夏令》曰：‘九月除道，十月成梁。’其时儆曰：‘收而场功，偫而畚挶[8]。营室之中，土功其始[9]。火之初见，期于司里[10]。’此先王之所以不用财贿[11]，而广施德于天下者也。今陈国火朝觌矣，而道路若塞，野场若弃，泽不陂障，川无舟梁，是废先王之教也。”

周制有之曰：“列树以表道，立鄙食以守路。国有郊牧，畺有寓望，薮有圃草[12]，囿有林池，所以御灾也。其馀无非谷土，民无县耜，野无奥草；不夺农时，不蔑民功；有优无匮，有逸无罢，国有班事，县有序民[13]。”今陈国道路不可知，田在草间，功成而不收，民罢于逸乐，是弃先王之法制也。

周之《秩官》有之曰：“敌国宾至，关尹以告，行理以节逆之[14]。候人为导，卿出郊劳，门尹除门，宗祝执祀，司里授馆，司徒具徒，司空视涂，司寇诘奸，虞人入材，甸人积薪，火师监燎，水师监濯，膳宰致餐，廪人献饩，司马陈刍，工人展车[15]，百官各以物至。宾入如归，是故小大莫不怀爱。其贵国之宾至，则以班加一等，益虔；至于王使，则皆官正莅事，上卿监之；若王巡守[16]，则君亲监之。”今虽朝也不才，有分族于周，承王命以为过宾于陈，而司事莫至，是蔑先王之官也。

先王之令有之曰：“天道赏善而罚淫。故凡我造国，无从匪彝，无即慆淫，各守尔典，以承天休[17]。”今陈侯不念胤续之常，弃其伉俪妃嫔，而帅其卿佐以淫于夏氏，不亦渎姓矣乎[18]？陈，我大姬之后也，弃衮冕而南冠以出，不亦简彝乎[19]？是又犯先王之令也。

昔先王之教，茂帅其德也，犹恐陨越[20]；若废其教而弃其制，蔑其官而犯其令，将何以守国？居大国之间而无此四者，其能久乎？

六年，单子如楚。八年，陈侯杀于夏氏[21]。九年，楚子入陈[22]。

【注释】①定王：周定王，名瑜。单（shàn）襄公：名朝，死后谥号叫襄公。聘：古代国与国之间派使访问。宋：古国名，在今河南省商丘市。假道：借路。陈：古国名，在今河南省淮阳县。②火：星名，也叫大火，即心宿。朝（zhāo）：早晨。觌（dí）：看见。茀（fú）：野草丛生。③候：迎送宾客的小官员。司空：负责道路及其工程的官员。涂：同“途”。陂（bēi）：堤岸。庾积：堆在露天的粮食。蓺（yì）：茅草芽。膳宰：膳食官员。饩（xì）：送给宾客的礼品，一般是活的牲畜。司里：管理客馆的小官员。④夏氏：陈国的大夫，名征舒。⑤陈灵公：名平国。孔宁、仪行父：均为陈国的执政大臣。南冠：南方（楚国）的帽子。如：到。⑥辰：星辰。角：星名，二十八宿之一。见：同“现”。天根：即氐宿，二十八宿之一。本：星名，氐的别称。节解：草木的枝叶脱落。⑦驷：即房宿，二十八宿之一。火：即大火。⑧偫（zhì）：置办。畚（běn）：畚箕。挶（jú）：抬土的器具。⑨营室：星名，即室宿，二十八宿之一。土功：营建土木工程。⑩期：会合。⑪财贿：财物。⑫表：标记。鄙食：周代各地每隔一段所设立的接待宾客的客栈，同时提供饮食。郊牧：都城周围百里之内的牧场。畺：同“疆”。寓望：住着守望（的人）。薮：有水的池塘。⑬谷土：可以栽种粮食的土地。县（xuán）耜：县同“悬”，耜是古代的一种农具。奥草：很深的野草。夺：耽误。罢（pí）：同“疲”。班事：有条理地做事情。序民：轮番服役的百姓。⑭《秩官》：周代文献，今失传。敌国：地位相当的诸侯国。关尹：守卫关口的官员。行理：也作“行李”，负责出使和接待宾客和使节等的事务。节:朝廷的符节,出使的信物。逆:迎接。⑮卿:官职名。郊劳:古代的一种迎接宾客的礼仪。门尹:掌管国都城门的官员。宗祝:掌管祭祀祈祷的官员。司徒:掌管土地和人口的官员。司空:掌管工程的官员。司寇:掌管刑罚牢狱的官员。虞人:掌管山泽苑囿的官员。甸人:掌管柴草的官员。火师:掌管火烛的官员。水师:掌管供水和洗涤的官员。餐:食品。廪人:掌管粮仓的官员。饩:粮食和饲料。司马:掌管马匹事务的官员。工人:工匠。⑯官正:正职官员。巡守:也作"巡狩",指天子视察诸侯国或者州郡。⑰造:治理。匪彝:违背礼法,匪同"非"。慆(tāo):怠惰。典:法规。休:福。⑱胤续:继承。帅:同"率"。渎姓:亵渎同姓。夏氏与灵公之祖本同姓妫。⑲简彝:随便,不庄重。⑳陨越:坠落。㉑陈侯杀于夏氏:周定王八年,陈灵公与孔宁、仪行父在夏姬家饮酒,灵公被其子夏征舒所杀,夏征舒自立为君。㉒楚子:即楚庄王。周定王九年,楚庄王攻打陈国,杀夏征舒,改陈为楚国的一个县。

【译文】周定王派单襄公到宋国行聘问之礼。单襄公又借路于陈国,去楚国聘问。当时,心宿在早晨已经能够看见,已是立冬前后,而陈国的大道上长满了野草无法通行;负责接待宾客的官员不在边境上,司空不巡察道路,湖泊没有堤岸,河流没有桥梁,田野上还露天堆积着谷物,打谷场上活儿还没完,道路两旁没有成列的树木,田野里庄稼稀疏得就像茅草芽,负责膳食的官员不来送礼牲,司里不安排住宿,国都没有供宾客寄住的地方,县里没有供休息的场所,百姓正在夏征舒家修建高台。到了陈国,陈灵公和他的两个执政大臣孔宁、仪行父戴着南方楚国的帽子去了夏征舒家,丢下宾客不予接见。

单襄公回到京城,对定王说:"陈侯即使没有大罪过,国家也必定会灭亡。"定王说:"为什么?"单襄公回答道:"如果早上看得见角宿,雨季就结束了;看得见天根,河湖就渐渐干涸;看得见氐宿,草木将凋零;看得见天驷,就要下霜;看得见心宿,凉风将到,人们就要做好防寒的准备。所以先王教训道:'雨季结束就清理道路,河湖干涸就架设桥梁,草木凋落时就要准备收藏,下霜时节就要准备好过冬衣物,凉风吹拂时就要修缮城墙房屋。'所以《夏令》说:'九月清理道路,十月架好桥梁。'这时节提醒着人们:'收拾好你们打谷场上的活计,准备好运泥土的畚箕和扁担。当那营室之星在夜空正中出现时,就要开始修房造屋了。心宿初现,人们就到司里集合。'这就是先王不需花费财物,就能够在天下施予恩德的原因啊。而现在呢,陈国是早上可以看见心宿了,但道路还是像堵塞了一样不通畅,田地和晒谷场就像荒弃了一样,湖泊没有堤岸,河流不见船只和桥梁,这是在废弃先王的教诲啊。"

周朝有这样的制度:"种上成列的树木来标示道路,边境上安排好给来往宾客提供食宿的官员。国都近郊有放牧场地,边境上有投宿之处和守望之人,低洼地里预备了牧草,园地里备有树林和水池,这些是用来抵御灾害的。其余都是用来栽种五谷的土地,百姓没有挂着不用的农具,田地里没有荒草。不耽误百姓播种与收获,不轻视百姓的活计。富裕而不匮乏,有安乐之时而无疲惫困苦。都城里事事井井有条,地方上安排百姓服役轮换有序。"而现在的陈国呢,道路分不清楚,田地散布在野草丛中,庄稼成熟却无人收获,百姓为了国君的享乐疲于奔命,这些都是在废弃先王的法律制度啊。

周朝的《秩官》有这样的话:"如果同等地位的诸侯国宾客来到,守关的官员就要报告国君,负责接待的官员要带上瑞玉符节去迎接,边境上接待宾客的官员为其带路,朝廷的高级官员带上礼品到都城近郊去慰劳,守城门的官员负责清理城门,负责祭祀祈祷的官员主持祭祀典礼,司里安排住宿,司徒安排仆役,司空巡察道路,司寇盘查奸邪,虞人提供木材,甸人备好柴火,火师管理庭中的火烛,水师监督用水和洗涤的事务,膳宰送上食物,廪人献上米粮,司马备好草料,工匠检修车辆,百官各自提供应用物品,宾客到来就像回家一样。所以,大大小小的宾客没有谁不心怀感激的。如果是贵国的宾客来到,就要安排位高一等的官员接待,招待得更加周到诚挚。至于天子的使臣来到,就要安排各部门长官亲自接待,由上卿监督执行。如果是天子亲临视察,则国君要亲自监督。"现在,虽说我单朝没有什么才能,但也和周王室是同族,受天子之命作为借道于陈国的宾客,而负责接待的官员却没有一个来的,这样做是轻视先王定下的官制。

先王的训令有这样的话:"天道奖励良善的,而惩罚邪淫的,因此,凡是管理国家的,不能做违背礼法的事情,不能怠惰淫邪,各守规矩,来接受上天的恩赐。"现在,陈侯不想着传续宗嗣的伦常,抛下配偶妃嫔,却带领自己的大臣到夏氏家私通淫乱,这不是亵渎同姓吗?陈国,是我们姬氏的后代啊,却抛弃官服官帽戴着南方楚国的帽子外出,这难道不是太随便了吗?这些又是违犯了先王的训令啊。

从前先王的教导是,要勉励遵循美好的品德行事,就这样还唯恐品德败坏。如果既废弃先王的教导,又抛弃先王的制度;既轻视先王的官制,又违犯先王的训令,那拿什么去守卫国家呢?陈国夹在大国之间,又丢失了这四个方面,它还能长久吗?

周定王六年,单襄公去楚国。八年,陈侯被夏征舒杀死。九年,楚庄王攻入陈国。

【鉴赏】 本文叙与议紧密结合,议论从叙事中自然推断而出,文章虽然比较长,但是显得井井有条。开头一段叙述单襄公在陈国之所见,单襄公据此推断陈国必定灭亡。中间部分展开,记叙陈侯违背农事季节,不注重生产建设,不执行与他国之间的外交原则与礼节,从陈侯荒淫逸乐四个方面对其理由进行阐述,文章引经据典,条分缕析,错综变化,细致淋漓,最后得出"岂能久乎"的结论,并以史实证明其言之不诬。文章句式或整齐,或参差,显得错落有致。

展禽论祀爰居(鲁语上)

海鸟曰爰居,止于鲁东门之外二日。臧文仲使国人祭之[①]。展禽曰[②]:"越哉[③],臧孙之为政也。夫祀,国之大节也;而节,政之所成也。故慎制祀以为国典。今无故而加典,非政之宜也。夫圣王之制祀也,法施于民则祀之,以死勤事则祀之,以劳定国则祀之,能御大灾则祀之,能捍大患则祀之。非是族也[④],不在祀典。”

昔烈山氏之有天下也[⑤]，其子曰柱，能植百谷百蔬。夏之兴也，周弃继之[⑥]，故祀以为稷。共工氏之伯九有也[⑦]，其子曰后土，能平九土，故祀以为社。黄帝能成命百物，以明民共财，颛顼能修之[⑧]。帝喾能序三辰以固民，尧能单均刑法以仪民，舜勤民事而野死，鲧障洪水而殛死，禹能以德修鲧之功，契为司徒而民辑，冥勤其官而水死，汤以宽治民而除其邪，稷勤百谷而山死，文王以文昭，武王去民之秽[⑨]。故有虞氏禘黄帝而祖颛顼，郊尧而宗舜；夏后氏禘黄帝而祖颛顼[⑩]，郊鲧而宗禹；商人禘舜而祖契，郊冥而宗汤；周人禘喾而郊稷，祖文王而宗武王。幕，能帅颛顼者也，有虞氏报焉[⑪]。杼[⑫]，能帅禹者也，夏后氏报焉。上甲微[⑬]，能帅契者也，商人报焉。高圉、太王[⑭]，能帅稷者也，周人报焉。凡禘、郊、祖、宗、报，此五者，国之典祀也。

加之以社稷山川之神，皆有功烈于民者也。及前哲令德之人，所以为民质也；及天之三辰，民所以瞻仰也；及地之五行[⑮]，所以生殖也；及九州名山川泽，所以出财用也。非是，不在祀典。

今海鸟至，己不知而祀之，以为国典，难以为仁且知矣。夫仁者讲功，而知者处物。无功而祀之，非仁也。不知而不问，非知也。今兹海其有灾乎？夫广川之鸟兽，恒知而避其灾也。

是岁也，海多大风，冬暖。文仲闻柳下季之言，曰：“信吾过也。季子之言，不可不法也！”使书以为三筴[⑯]。

【注释】①臧文仲：鲁国的大夫臧孙氏。②展禽：即柳下惠，又名获，字禽。③越：越礼，不按照礼法行事。④是：代词，这些。族：种类。⑤烈山氏：神农帝。⑥周弃：周朝的始祖，名弃。⑦伯（bà）：同“霸”。九有：九州。⑧颛顼（zhuānxū）：黄帝的孙子。⑨帝喾（kù）：黄帝的曾孙。三辰：日月星。单均：尽力公平。仪民：劝民为善。鲧（gǔn）：禹的父亲。殛（jí）死：流放而死。契：殷的始祖。辑：和顺。冥：契的六世孙。稷：即上文的周弃。去民之秽：指伐纣。⑩有虞氏：即舜的后代。禘（dì）：与“祖、郊、宗”都是祭祀的名称。夏后氏：黄帝的后代。⑪幕：舜的后代，名虞思。帅：同“率”。报：报德的祭祀。⑫杼：禹的七世孙。⑬上甲微：契的八世孙。⑭高圉：后稷的十世孙。太王：高圉的曾孙，名古公亶父。⑮民质：百姓信仰的人。五行：金、木、水、火、土。⑯三筴（cè）：司马、司徒、司空三卿各一份。筴，简书。

【译文】有一只海鸟名叫爰居，停留在鲁国都城的东门外，有两天了。臧文仲派人去祭祀它。展禽说：“臧文仲治理国家真是不按照礼法行事呀！所谓祭祀，是国家的重大礼节；而这重大的礼节，是政事成功的因素。所以制定祭祀之礼，并把它们定为国家大典，要十分慎重。现在无缘无故地增加祭祀大礼，不合政事的规矩。圣王是这样制定祭祀大礼的：制定好的规矩并且施用于百姓的人，祭祀他；为国事而死的人，祭祀他；劳苦功高、安定国家的人，祭祀他；能够为国抵御大灾害的人，祭祀他；能够为国抵抗重大祸患的人，祭祀他。不属于这几类的，就不在祭祀大典之列。”

从前神农帝得到天下,他有一个儿子名叫柱的,善于种植各种谷物蔬菜。夏朝兴起的时候,周弃继承了柱的事业,所以把柱祭祀起来作为农神。姓共工氏占有天下之后,他的一个儿子叫后土,能够整治九州的土地,所以后世就祭祀他为土神。黄帝命名万物,让百姓清楚明白地供应财物。颛顼能够进一步完善黄帝的事业。帝喾能够搞清楚日月星辰的运行,这让百姓安居乐业。尧能够尽力公平地制定刑法以劝民为善;舜为百姓辛劳而死于荒野;鲧因为堵洪水不成功而遭流放而死;禹能够用善德完成鲧的未竟事业;契做尧的司徒之官,而百姓和睦顺从;冥勤劳任职而被淹死;商汤以宽厚治理百姓,除掉了邪恶的夏桀;稷勤于种植百谷而死于山里;周文王以文德显名后世;周武王为民铲除暴君殷纣王。所以,有虞氏禘祭黄帝而祖祭颛顼,郊祭尧而宗祭舜;夏后氏禘祭黄帝而祖祭颛顼,郊祭鲧而宗祭禹;商朝人禘祭舜而祖祭契,郊祭冥而宗祭汤;周朝人禘祭喾而郊祭稷,祖祭文王而宗祭武王。幕能够遵循颛顼的规矩,有虞氏便报祭他;杼能够遵循禹的规矩,夏后氏便报祭他;上甲微能够遵循契的规矩,商朝人便报祭他;高圉和太王能够遵循稷的规矩,周朝人便报祭他。禘、郊、祖、宗、报,这五种祭祀,是国家的祭祀大典。

加上社稷山川的神灵,都是对百姓有功德的。还有那些前代的圣哲以及具有美好品行的人,都是百姓学习的榜样。天上的日月星辰,是百姓共同瞻仰的。地上的金、木、水、火、土五种东西,是生养万物的。九州、名山、河流、湖泊,是出产财物日用的。除此之外,不在国家的祭祀大典之中。

现在,一只海鸟飞来,自己不知道它的来历却去祭祀它,还依国家大典隆重祭祀,很难说这是有仁德和智慧的吧?那仁德的人论功行事,智者善于区分各种事物。对国家毫无功劳却受到祭祀,这算不上仁德;不懂却又不问,这算不上智慧。现在这大海可能发生什么灾害了吧?那些大海上的鸟兽,常常是懂得躲避灾难的。

这一年,大海常刮大风,冬天很暖和。臧文仲听了展禽的一席话,说:“这确实是我的错。展禽的话,不能不作为准则啊!”并叫人把他的话写了三份留存起来。

【鉴赏】在古代,祭祀是国家政治生活中的一件大事,应当祭祀什么,不应当祭祀什么,都有严格的规定,通过阅读本文,我们可以对此有个大致的了解。即为人民建立了功劳的人以及有益于人民的人与事,大家才尊其为神灵来祭祀。展禽以这些规定作为依据,判定臧文仲把一只海鸟当作神灵来祭祀是“越礼”了,主张“仁者讲功,智者处物”,反对“淫祀”,是颇有见地的。他还批评臧文仲不作研究,不懂的事又不问,是不仁也不智的。最后,在事实面前,臧文仲不得不承认错误。展禽以大量史实为例,论述充分,无可辩驳;有详有略,详略得当,颇具说服力。

里革断罟匡君(鲁语上)

宣公夏滥于泗渊①。里革断其罟而弃之②,曰:“古者大寒降,土蛰发,水虞于是乎讲罛罶,取名鱼,登川禽,而尝之寝庙,行诸国人,助宣气也③。鸟兽孕,水虫成，兽虞于是乎禁罝罗，矠鱼鳖以为夏犒，助生阜也[④]。鸟兽成，水虫孕，水虞于是乎禁罝罜䍡；设阱鄂，以实庙庖[⑤]，畜功用也。且夫山不槎蘖，泽不伐夭，鱼禁鲲鲕，兽长麑䴠，鸟翼鷇卵，虫舍蚳蝝，蕃庶物也[⑥]。古之训也。今鱼方别孕，不教鱼长，又行网罟，贪无艺也[⑦]。”

公闻之，曰：“吾过而里革匡我[⑧]，不亦善乎！是良罟也[⑨]，为我得法。使有司藏之，使吾无忘谂[⑩]。”师存侍[⑪]，曰：“藏罟，不如置里革于侧之不忘也。”

【注释】 ①宣公：鲁国国君。滥：将渔网沉于水中捕鱼。泗：泗水，鲁国的一条河流。②里革：鲁国的大夫。罟（gǔ）：渔网。③土蛰：蛰伏在土里的虫子。发：出来。水虞：管理河流湖泊的官员。讲：谋划。罛（gū）：大渔网。罶（liǔ）：捕鱼的笼子。名鱼：大鱼。登：得到。川禽：甲鱼之类。尝：献祭。寝庙：祖庙。诸："之于"的合音。宣气：宣泄阳气。④兽虞：掌管捕捉野兽的官员。罝（jū）：捕野兽的网。罗：捕鸟的网。矠（zé）：以叉矛刺取物。夏犒：夏天食用的鱼干。生阜：生长。⑤罜䍡（zhǔlù）：小渔网。阱：陷阱。鄂：陷阱中的木桩。庖：厨房。⑥槎：砍伐。蘖（niè）：树木砍伐后发的嫩芽。夭：没有长大的树木。鲲鲕（ér）：小鱼。麑（ní）：小鹿。䴠（yǎo）：小麋鹿。鷇（kòu）：幼鸟。蚳蝝（chíyuán）：幼虫。庶物：万物。⑦方：正在。无艺：没有限度。⑧过：错误。⑨是：代词，这。⑩谂（shěn）：告诉。⑪师：乐师。存：人名。

【译文】 鲁宣公夏天把渔网沉入泗水的深渊捕鱼。里革割断他的渔网并扔掉，说："从前，严寒逐渐消退，蛰伏的虫子从土中钻出来，这时候，负责捕鱼的官员就使用渔网渔笼去捕取大鱼、鳖蚌之类，进献给国君的祖庙享用；然后再让百姓去捕捞，这有助于春天的阳气宣泄出来。鸟兽孕育，水里鱼鳖长成之时，负责打猎的官员就禁止使用捕捉鸟兽的网罗，这时就刺取鱼鳖之类做成鱼干夏天食用，这是帮助鸟兽生养成长。当鸟兽长成，水中的鱼鳖孕育之时，负责捕鱼的官员就禁止使用小渔网，这时就设置陷阱之类捕捉鸟兽，来充实祖庙的祭品和庖厨的美味，这样做是为了增加国家的用度。况且在山上不砍伐树桩新发的嫩芽，在湖泊边不砍伐没有长大的草木，河里禁止捕取小鱼，让小麑小麋鹿之类小野兽成长，捕鸟时要保护幼鸟和鸟蛋，捉虫时要放开幼虫，这样做是为了万物的繁衍。这些都是古代传下来的教训啊。现在，鱼儿正离开雄鱼在孕育，不让鱼儿成长，还要用渔网去捕捉，这是贪得无厌啊。"

宣公听了这一席话，说："我有过错，而里革帮助我纠正，不是很好的吗？这破了的渔网真是好，它让我得到了很好的教训。让官员把它收藏好，它使我不会忘记这一番良言。"乐师存正在旁边侍候，他说："收藏这渔网，还不如让里革在身边，这样您更不会忘记的。"

【鉴赏】 本文以极为简洁的语言刻画了两个人物形象：鲁宣公和大夫里革。宣公在鱼类繁殖的夏季下网捕鱼，里革先割破渔网并扔掉了，再引用古训阐述破网的理由，还指责宣公这样做是贪得无厌；宣公面对破渔网和里革的指责不但不发怒，反而高兴地把破渔网收起来，以提醒自己不要忘记里革的教诲。大夫匡君果断，国君知错即改，两个人物形象生动鲜明。从本文还可以看出中华民族从古以来对于有益于人类的鸟兽虫鱼，总是采取有节制的捕获政策，十分注重生态平衡。文中的里革不怕权势进行劝谏；鲁宣公及时醒悟，虚心纳谏；师存进言，意味深长。三个人物的言行，至今仍有令人深思之处。

敬姜论劳逸（鲁语下）

公父文伯退朝，朝其母；其母方绩①。文伯曰："以歜之家而主犹绩，惧干季孙之怒也②，其以歜为不能事主乎？"

其母叹曰："鲁其亡乎？使童子备官而未之闻邪！居，吾语女③。昔圣王之处民也，择瘠土而处之，劳其民而用之，故长王天下。夫民劳则思，思则善心生；逸则淫，淫则忘善，忘善则恶心生。沃土之民不材，淫也；瘠土之民莫不向义，劳也。是故天子大采朝日，与三公、九卿祖识地德；日中考政，与百官之政事，师尹惟旅、牧、相宣序民事；少采夕月，与大史、司载纠虔天刑；日入监九御，使洁奉禘、郊之粢盛④，而后即安。诸侯朝修天子之业命，昼考其国职，夕省其典刑，夜儆百工，使无慆淫⑤，而后即安。卿大夫朝考其职，昼讲其庶政，夕序其业，夜庀其家事⑥，而后即安。士朝受业，昼而讲贯，夕而习复，夜而计过，无憾而后即安。自庶人以下，明而动，晦而休，无日以怠。王后亲织玄统，公侯之夫人加之以纮綖，卿之内子为大带，命妇成祭服⑦，列士之妻加之以朝服，自庶士以下，皆衣其夫。社而赋事，烝而献功，男女效绩，愆则有辟⑧，古之制也。君子劳心，小人劳力，先王之训也。自上以下，谁敢淫心舍力？今我，寡也，尔又在下位，朝夕处事，犹恐忘先人之业。况有怠惰，其何以避辟⑨？吾冀而朝夕修我⑩，曰：'必无废先人。'尔今曰：'胡不自安？'以是承君之官，余惧穆伯之绝祀也⑪。"

仲尼闻之，曰："弟子志之⑫，季氏之妇不淫矣。"

【注释】 ①公父文伯：名歜（chù），鲁国的大夫。绩：纺麻。②干：触犯。季孙：季康子，鲁国的正卿。③居：坐下。语：动词，告诉。④大采：国君于春季穿的五色彩衣。朝日：春分朝祭太阳。祖：学习。地德：土地的属性。师尹：大夫。旅：百官。牧：各州的地方官。相：国相。少采：国君于秋季穿的三色衣服。夕月：祭祀月亮。大史：太史，史官。司载：负责天文事务的官员。纠虔：恭敬。九御：宫中的女官。禘：与"郊"都是祭祀的名称。粢（zī）盛：祭祀用的食品。⑤慆：轻慢。⑥庀（pǐ）：治理。⑦玄统（dǎn）：冠冕上用来悬挂玉石的带子。纮綖（hóngyán）：冠冕上的两种装饰织品。内子：卿的正妻。大带：礼服上的腰带。命妇：大夫的正妻。⑧社：春分祭社。烝（zhēng）：冬天的祭祀。效：献上。愆：过错。⑨辟：罪过。⑩而：你。⑪是：代词，这。穆伯：公父穆伯，文伯之父。⑫志：记住，记下来。

【译文】 公父文伯退朝之后去拜见他的母亲，他的母亲正在纺麻。文伯说："以我这样的家庭，母亲您还要纺麻，我担心会使季康子生气，他大概会以为我不能侍奉母亲您吧？"

文伯的母亲叹道："鲁国大概要灭亡了吧！让幼稚无知的人做官而不懂得大

道理。过来坐下,我告诉你。从前,圣哲的国君是这样对待百姓的,选择贫瘠的土地给他们居住,使他们在那土地上辛苦劳作,所以能够长久地拥有天下。百姓辛劳就会思考,思考就会产生善良之心;安逸就会放荡,放荡就会忘掉善良的品德,忘掉了善良的品性就会产生邪恶的念头。居住在肥沃土地上的百姓之所以不成才,就是因为太安逸;居住在贫瘠土地上的百姓之所以有正义之心,就是因为劳作。所以天子身着五彩衣服于春分之日祭祀太阳,与三公九卿一起学习、分辨土地的属性;中午考察国家治理的情况,以及百官的政事,大夫中的众官、州牧、国相宣布依次施行的百姓事务;秋分时节,天子身着三彩衣服祭祀月亮,和太史、司载一起恭恭敬敬地观察天的法则;太阳下山之后就监督宫中女官们,让她们洁净地准备禘祭和郊祭的食品,然后才安寝。诸侯们早上就从事天子的事业,执行其命令,白天考察其本国的职事,傍晚省察常法,晚上告诫百工,让他们不要偷懒放纵,然后才能安寝。卿大夫早上考察他的职事,白天研究处理各种政事,傍晚依次完成这些事情,晚上处理他的家政,然后才能安寝。士早上受业,白天研习功课,傍晚复习,晚上想想是否犯过错误有无憾事,然后才能就寝。从庶人以下的各类人,都是天亮就做事,日落就休息,没有一天偷懒的。王后亲自编织天子冠冕上的黑色垂玉之带,公侯的夫人们编织的,还要加上冠冕上的两种装饰品纮和綖,卿的正妻制作大腰带,大夫的正妻完成祭服,士的妻子还要加上朝服,从庶士以下的妻子都为他们的丈夫制作衣服。每年从春分祭祀社神开始安排活计,到冬天烝祭时献上成果,无论男女,都要考察成绩,如有罪过就要惩罚,这就是自古以来的制度。位居高位的君子操心费神,位居下位的百姓出力劳作,这是先王的教训。从上到下,哪个敢放纵心智、不尽力劳作呢?现在,我是寡妇,你又位居下大夫,就是早晚勤恳做事,还担心忘记祖先们的功业。何况还有所懈怠,那又怎么能够逃脱处罚呢?我希望你早晚勤恳从事,磨练自己,应该说:'一定不废弃祖先的功业。'你现在却说:'为什么不自我放纵?'用这种态度去担任国君任命的官职,我恐怕你的父亲要绝后了。"

孔子听说了这些话,说:"弟子们记住,季氏家的妇女不贪图享乐。"

【鉴赏】儿子在朝做官,薪俸足以养活寡母,儿子出于关心,让母亲颐养天年,不要再操劳,这本来是人之常情,可是作为母亲的敬姜却从这样一件小事上生发出一番大道理。她一开口就说"鲁国怕要灭亡了",居然让这样不明事理的人做官!什么样的事理?无论什么人,都应该勤劳,一旦心存安逸就可能身死国灭!敬姜首先分析了勤劳的益处,安逸的坏处。接着详细叙说上自天子下至庶人每天的工作虽然各有不同,但他们都勤勉从事,"无日以怠";妇女则上自王后下至民女都做着分内的事。通篇以"劳"字为主,自天子到诸侯,自公卿大夫到士庶人,自王后至夫人,自内子士妻到庶士以下,无一人之不劳,无一日之不劳,无一时之不劳。敬姜作为一位贵族妇女,主张劳动重要,反对好逸恶劳,并把它提到国家兴亡的高度,是难能可贵的。"君子劳心,小人劳力",虽有"心""力"之别,"劳"则一样。最后归结到自己家庭,如果贪图享乐,只有死路一条!文章中心突出,层次清楚;有详有略,详略得当,在叙述人们劳作的段落中,详男性略女性,男性中也有详略之分,由天子到庶人越来越简略。

叔向贺贫(晋语八)

叔向见韩宣子①,宣子忧贫,叔向贺之。宣子曰:“吾有卿之名,而无其实,无以从二三子②,吾是以忧,子贺我,何故?”

对曰:“昔栾武子无一卒之田,其宫不备其宗器③。宣其德行,顺其宪则,使越于诸侯,诸侯亲之,戎狄怀之④,以正晋国,行刑不疚⑤,以免于难。及桓子,骄傲奢侈,贪欲无艺⑥。略则行志,假货居贿⑦,宜及于难,而赖武之德,以没其身。及怀子,改桓之行而修武之德,可以免于难,而离桓之罪⑧,以亡于楚。夫郤昭子,其富半公室,其家半三军⑨,恃其富宠以泰于国。其身尸于朝,其宗灭于绛⑩。不然,夫八郤,五大夫三卿,其宠大矣,一朝而灭,莫之哀也,惟无德也。今吾子有栾武子之贫,吾以为能其德矣,是以贺。若不忧德之不建,而患货之不足,将吊之不暇,何贺之有?”

宣子拜,稽首焉,曰:“起也将亡,赖子存之。非起也敢专承之,其自桓叔以下⑪,嘉吾子之赐。”

【注释】 ①叔向:名羊舌肸(xī),晋平公的太傅。韩宣子:名起,宣子是他死后的封号,晋国大夫。②二三子:所交往的一些人,这里指卿大夫。③栾武子:名书,武子是他死后的封号,晋国大夫。一卒之田:一百人为一卒,田百顷。宫:房屋,住宅。宗器:宗庙的祭器。④越:传播。戎狄:北方的两个少数民族。⑤疚:弊病。⑥桓子:栾书的儿子,名黡,晋国大夫。无艺:没有限度。⑦略则:触犯法律。假货:放债。假,借的意思。居贿:囤积财富。⑧怀子:栾桓子的儿子,名盈,晋国大夫。怀子的母亲和家臣私通,诬告他谋反,怀子逃到楚国。离:同“罹”,遭受。⑨郤昭子:名至,晋国大夫。公室:指晋国朝廷和国君。三军:古代天子六军,诸侯三军,一军一万二千五百人。⑩绛:晋国都城,在今山西省曲沃县西南。⑪桓叔:名成师,是晋穆侯的小儿子,封于曲沃,韩宣子之祖。

【译文】 叔向见到韩宣子,宣子为贫穷而发愁,叔向却向他表示祝贺。宣子说:“我空有卿的名分,却没有与卿地位相当的财富,没法和其他卿交游来往,我正为此而发愁,您反而祝贺我,是什么道理?”

叔向说:“从前,栾武子田不足百顷,他的家里连祭祀祖先的器具都不齐备,但他发扬他的美好品行,顺应法度,使他的名声传播到各诸侯国,诸侯们因此亲近他,戎狄归顺他,他以美好品行治理晋国,执法没有弊端,自己能够免于灾祸。到他的儿子桓子执政,骄傲奢侈,贪欲无度,违犯法纪,任意行事,施放债款,囤聚财富,本来应该遭难的,只是靠着他父亲武子的美德保护,才得以善终。到桓子的儿子执政,便改变了桓子的作为,而按照武子的德行行事,本来是应该避开灾祸的,可是他却因为桓子的罪过而遭难,逃亡到楚国去了。还有那郤昭子,他的财富相当于晋国朝廷的一半,他的封地有三军的一半,他依靠自己的富有和国君的宠幸,在国中骄奢淫逸,结果是自己暴尸于朝廷,他的宗族也在绛被灭绝。不然的话,那八个郤家的人,五个是大夫,三个是上卿,他们的恩宠可是大极了。但是一朝被灭族,没有比这更悲哀的了,其原因就在于没有美德。现在,您拥有栾武子的贫穷,我认为您也能够拥有他的美德,所以我向您表示祝贺。如果您不为没有树立起美德而发愁,却只是担心钱财不够,那我哀悼还来不及,哪还谈得上祝贺?"

宣子连忙跪拜道:"我韩起本来要灭亡了,幸亏您使我得以活命,您的恩德不是我韩起敢独自专有的,从我的祖先桓叔以下,都要感激您的恩赐。"

【鉴赏】 因贫穷受到恭贺,文章开头就显得离奇,因此受到恭贺的韩起自然会问起原因了。接下来叔向举了与韩起同为晋国人的一正一反两个家族的例子,栾武子贫而有德,自身得福,还能荫及后人;相反,郤昭子富而无德,不仅身死非命,还一族尽灭。归结到韩起,他正好具备了栾氏的贫,同时还能发扬其德操,所以是可喜可贺的。一语点醒梦中人,韩起对叔向的提醒感激不尽。文章谨严而简洁,议论精当,切中要害。

王孙圉论楚宝(楚语下)

王孙圉聘于晋,定公飨之①。赵简子鸣玉以相,问于王孙圉曰:"楚之白珩犹在乎②?"对曰"然。"简子曰:"其为宝也几何矣?"曰:"未尝为宝。楚之所宝者,曰观射父③,能作训辞,以行事于诸侯,使无以寡君为口实。又有左史倚相,能道训典,以叙百物,以朝夕献善败于寡君,使寡君无忘先王之业;又能上下说乎鬼神④,顺道其欲恶,使神无有怨痛于楚国。又有薮曰云,连徒洲,金、木、竹、箭之所生也⑤。龟、珠、角、齿,皮、革、羽、毛,所以备赋用以戒不虞者也。所以共币帛⑥,以宾享于诸侯者也。若诸侯之好币具,而导之以训辞,有不虞之备,而皇神相之⑦。寡君其可以免罪于诸侯,而国民保焉。此楚国之宝也。若夫白珩,先王之玩也,何宝之焉?"

"圉闻国之宝,六而已。明王圣人能制议百物,以辅相国家,则宝之;玉足以庇荫嘉谷,使无水旱之灾,则宝之;龟足以宪臧否,则宝之;珠足以御火灾,则宝之;金足以御兵乱,则宝之;山林薮泽足以备财用,则宝之。若夫哗嚣之美,楚虽蛮夷,不能宝也。"

【注释】 ①王孙圉(yǔ):楚国的大夫。定公:晋国国君,名午。②赵简子:名鞅,晋国大夫。鸣玉:贵族衣服的佩玉随行走而碰击鸣响。相:主持礼仪。白珩(héng):美玉名。③观射父(guànyìfǔ):楚国大夫。④左史:史官名。倚相:人名。说:同"悦"。⑤薮:湖泊。云:云梦。箭:一种竹子,可以做箭。⑥共:同"供"。⑦皇:大。相:辅助。

【译文】 楚国大夫王孙圉去晋国行聘问之礼，晋定公设宴款待他。赵简子主持礼仪，他的佩玉叮当作响。赵简子问王孙圉："楚国的白珩还在吗？"王孙圉回答道："还在。"简子说："它作为楚国的宝物有多久了？"王孙圉说："楚国从没有把它当宝物，楚国视为宝物的，叫观射父，他擅长辞令，出使诸侯国，不会让敝国国君成为话柄。还有一位左史，名叫倚相，他能够引经据典以说明各种事物，成天向敝国国君进献历史上的成败，让敝国国君不忘记先王的功业；他还善于取悦于天地鬼神，顺着他们的好恶，让神灵们对楚国没有怨气。还有一片沼泽地叫云梦，它连接着徒洲，这里盛产金、木、竹、箭，宝龟、珍珠、犀角、象牙、皮革、羽毛，这些是用来供给兵赋，防备不测的；是提供礼物，以便接待宾客，进献给诸侯国。如果诸侯喜欢这些礼物，再辅之以优美的辞令，还有对不可预料事件的防备，加上神明的保佑，敝国国君大概可以不得罪于诸侯国，而国家和百姓能得以保全。这些才是楚国的宝物。至于那个白珩，不过是先王的玩物罢了，算得上什么宝物呢？"

"鄙人听说国宝有六种。圣明之人能够制作、评议各种事物，凭这个辅助国家，国家就把他当作宝贝；玉器足以保护庄稼，使上天没有水旱灾害，国家就把它当作宝贝；灵龟足以显示善恶好坏，国家就把它当作宝贝；珍珠足以抗御火灾，国家就把它当作宝贝；金足以抵御兵乱，国家就把它当作宝贝；山林湖泽足以提供财物用品，国家就把它当作宝贝。至于那些叮当作响、徒有其表的美玉，楚国虽然是蛮夷之国，也不会把它当作宝物的。"

【鉴赏】 王孙圉虽然生活在两千多年前，但他对于宝物的见解至今还给我们以深刻的启示。一个国家应该看重什么呢？是人才，是土地山林。因为古代认为某些玉石、乌龟、珠宝具有灵气，所以也被作为宝物，但是，纯粹是装饰品的白珩却不在宝物之列。所宝唯贤，是本文之主论。这就与赵简子形成鲜明的对照，简子看重的是佩玉，在外国使臣面前有意弄得叮当作响，想炫耀一番。文章前后照应，开头写赵简子"鸣玉以相"，最后以王孙圉认为这是"哗嚣之美"照应。文章结尾虽然没有写赵简子的反应，但我们读了王孙圉的一席话，完全可以想见其尴尬之状，令人深思。

诸稽郢行成于吴（吴语）

吴王夫差起师伐越，越王勾践起师逆之江[①]。

大夫种乃献谋曰[②]："夫吴之与越，唯天所授，王其无庸战[③]。夫申胥、华登，简服吴国之士于甲兵[④]，而未尝有所挫也。夫一人善射，百夫决拾[⑤]，胜未可成。夫谋必素见成事焉而后履之[⑥]，不可以授命。王不如设戎，约辞行成[⑦]，以喜其民，以广侈吴王之心。吾以卜之于天，天若弃吴，必许吾成而不吾足也，将必宽然有伯诸侯之心焉[⑧]。既罢弊其民[⑨]，而天夺之食，安受其烬，乃无有命矣。"

越王许诺，乃命诸稽郢行成于吴[⑩]。曰："寡君勾践使下臣郢，不敢显然布币行礼，敢私告于下执事曰[⑪]：'昔者越国见祸，得罪于天王，天王亲趋玉趾，以心孤勾践[12]，而又宥赦之。君王之于越也，繄起死人而肉白骨也[13]。孤不敢忘天灾，其敢忘君王之大赐乎？今勾践申祸无良[14]，草鄙之人，敢忘天王之大德，而思边陲之小怨，以重得罪于下执事？勾践用帅二三之老，亲委重罪，顿颡于边[15]。今君王不察，盛怒属兵[16]，将残伐越国。越国固贡献之邑也，君王不以鞭箠使之，而辱军士使寇令焉。勾践请盟：一介嫡女，执箕帚以晐姓于王宫；一介嫡男，奉槃匜以随诸御[17]。春秋贡献，不解于王府。天王岂辱裁之？亦征诸侯之礼也。夫谚曰：'狐埋之而狐搰之[18]，是以无成功。'今天王既封殖越国，以明闻于天下，而又刈亡之，是天王无成劳也。虽四方之诸侯，则何实以事吴？敢使下臣尽辞，唯天王秉利度义焉。"

【注释】 ①师：军队。逆：迎接、迎战。江：长江。②大夫种（chóng）：越大夫文种，字子禽。③庸：同"用"。④申胥：即伍子胥，吴国大夫。本为楚国人，因避难逃往吴国。华登：吴国大夫。简服：训练。⑤决拾：两种射箭的用具，决戴在右手拇指上，用于钩弦开弓；拾是一种皮制臂套，戴在左臂上，便于拉开弓弦。⑥素：事先。⑦行成：求和。⑧伯：同"霸"。⑨罢：同"疲"。⑩诸稽郢：越国大夫。⑪下执事：本意是下面做事的人，实际指吴王。这里是一种谦虚，表示自己不配直接和对方国君说话。⑫孤：遗弃。⑬繄（yī）：是。⑭申：重复。⑮用：因此。帅：同"率"。老：有威望的臣下。颡（sǎng）：额头。⑯属：聚集。⑰晐姓：女子在王宫聊备一姓。槃匜（yí）：盥洗器具。⑱搰（hú）：挖掘。

【译文】 吴王夫差起兵攻打越国，越王勾践发兵在长江边迎战。

越国大夫文种献计说："吴国和越国，胜负由天定，君王您不用跟他交战。那申胥和华登训练的吴国兵士，从来没有遭到过失败。一个人善于射箭，百个人都会起而效仿，我们不一定能够胜利。定计谋，一定要事先预见到成功，然后才去实施它，不可轻易送死。大王您不如部署好防御，卑辞求和，以讨好吴国百姓，使吴王更加骄傲。我们把这向上天占卜，老天如果要抛弃吴国，吴国一定就会答允我们的求和，并认为我们不足为患，吴国一定会傲然有称霸诸侯之心。这样既使其百姓疲惫不堪，老天再抢夺其食物，我们又可以安心接收其残局，吴国也就没有天命了。"

越王同意了这个建议，于是派遣诸稽郢去吴国求和。诸稽郢说："敝国国君勾践派遣下臣诸稽郢到贵国，不敢公然陈设礼品行聘问之礼，只是冒昧地私下告诉君王您的小官吏：'从前越国遭遇祸殃，得罪了天王，天王亲自前来讨伐，抛下了勾践不管，随后又宽恕了他。君王对于越国的恩情，真好比是使死人复生，让白骨长肉。我君不敢忘记上天降下的灾祸，又怎么敢忘记君王您的厚赐呢？现在，勾践再启祸端，时运不佳，草野小人，怎么敢忘记天王您的大恩大德，去计较边境的小小冲突，而再次得罪于君王您的小官吏？勾践会带着几个家臣，亲自在边境叩头谢罪。现在君王您不详加了解，就盛怒地调集军兵，要伐灭越国。越国本来就是您的纳贡封邑，君王您不用鞭子驱使它为您服役，却辱蒙使军士前来讨伐，犹如御寇的口令。现在，勾践请求订立盟约：献上一个亲生女儿，让她拿着扫帚在您的后宫充当妃嫔；献上一个亲儿子，让他跟随众多仆役侍奉您洗浴。越国春秋两季向您进贡，不会懈息。天王难道愿意屈驾制裁它？这也就是天子向诸侯征收的礼品啊。’谚语说：‘狐狸埋下东西，狐狸又把它挖出来，所以不能成事。’现在，天王您既然扶植了越国，美德已经传诵于天下，您却又要灭绝它，这是天王您没有成果啊。即使四方众多的诸侯国打算侍奉吴国，将按照什么标准办呢？敝国国君冒昧派遣下臣到贵国把道理讲清楚，请天王您权衡利弊，仔细考虑！”

【鉴赏】鲁定公十四年（前496），吴国攻打越国而大败，吴王阖闾受伤而死。夫差即位，时刻不忘复仇。鲁哀公元年（前494），吴王夫差起兵攻打越国，越大败，越王勾践逃入会稽山，仅余五千士卒。越大夫文种贿赂吴太宰嚭，越国因此得以不灭。哀公十年，吴伐齐，败归。十一年，再次伐齐，大胜。夫差此次伐越，即在第二次伐齐之前。本文突出表现了大夫文种的智谋，诸稽郢的外交才能。大夫文种摸准了夫差的性格，知道他有称霸之心，就有意让诸稽郢卑辞求和，“以广侈吴王之心”。诸稽郢的“说辞”针对吴王夫差的骄横心理，从三方面切入：一是用奉迎之辞奉承吴王的大恩大德，满足其贪慕虚荣的心理；二是勾践盟约，以嫡亲子女去侍奉吴王，满足其称贵心理；三是以狐狸藏食掏食作比，说明伐越将使诸侯无以“实”的后果，满足其称霸心理。文章虽未交代游说的效果，但从下一篇《申胥谏许越成》来看，诸稽郢的任务完成得非常出色。

申胥谏许越成（吴语）

吴王夫差乃告诸大夫曰：“孤将有大志于齐，吾将许越成，而无拂吾虑①。若越既改，吾又何求？若其不改，反行，吾振旅焉②。”

申胥谏曰：“不可许也。夫越，非实忠心好吴也，又非慑畏吾甲兵之强也。大夫种勇而善谋，将还玩吴国于股掌之上③，以得其志。夫固知君王之盖威以好胜也，故婉约其辞，以从逸王志④，使淫乐于诸夏之国⑤，以自伤也。使吾甲兵钝弊，民人离落，而日以憔悴，然后安受吾烬。夫越王好信以爱民，四方归之，年谷时熟，日长炎炎，及吾犹可以战也⑥。为虺弗摧⑦，为蛇将若何？”

吴王曰：“大夫奚隆于越？越曾足以为大虞乎⑧？若无越，则吾何以春秋曜吾军士？”乃许之成。

将盟，越王又使诸稽郢辞曰：“以盟为有益乎？前盟口血未干⑨，足以结信矣。以盟为无益乎？君王舍甲兵之威以临使之，而胡重于鬼神而自轻也？”吴王乃许之，荒成不盟⑩。

【注释】①而：你们。②反：同“返”。振旅：带领军队。③还（xuán）：旋转。④盖：崇尚。从：同“纵”。⑤诸夏：中原各国。⑥及：趁着。⑦虺（huǐ）：小蛇。⑧曾（zēng）：竟然。虞：担心、忧虑。⑨口血未干：指定盟的时间短。古人歃血为盟，结盟者以牲血涂口以示诚信。⑩荒：空。

【译文】吴王夫差于是对众位大夫说：“我将对齐国采取重大军事行动，我将同意越国的求和,你们不要违背我的意志。如果越国已经改正,我还有什么要求呢?如果它不改正,打完齐国回来,我就对它动武。"

申胥劝谏道:"不能答应越国的求和。那越国并非真心与我吴国交好,也不是惧怕我吴国军队的强大。越国大夫文种勇而善谋,他将会把我吴国玩弄于股掌之中,以实现他们的意图。他们非常清楚君王您崇尚武力、争强好胜,所以把话说得谦卑好听,以使君王您骄矜自满,让君王您去中原各国骄纵取乐,以自取损害。使我国的军力消耗,百姓流离失散,而国家一天天衰落下去,然后越国再不慌不忙地趁机享受残局。那越王诚信爱民,四方百姓都归顺他,风调雨顺,粮食丰收,正在一天天兴旺起来。应该趁着我们还能够战胜他们时攻打他们,如果蛇小不打,等它长大了怎么好对付?"

吴王说:"大夫您为什么这样抬举越国?越国居然能够成为我们的心腹大患吗?如果没有越国,那么我们春秋两季怎么能炫耀我们的军队呢?"于是便答允了越国的求和。

即将订立盟约的时候,越王又让诸稽郢来辞谢:"君王您认为订立盟约有好处吗?上次订立盟约才过去不久,应该足够建立互信了吧;君王您认为订立盟约没有好处吗?那么,君王您放弃军队的威力来统治我们就可以了,为什么还要看重鬼神而轻视自己呢?"吴王于是同意了越王的提议,只议和不定盟。

【鉴赏】 本文紧接上一篇《诸稽郢行成于吴》,伍子胥看穿了大夫文种的意图,提醒夫差不要答应越国的求和。申胥的"谏辞"从越国的用心在于"从逸王志""使淫乐于诸夏之国",使吴国"甲兵钝弊""民人离落""日以憔悴",然后"安受吾烬"进行分析,再从越王爱民、四方归之、生产发展、国力增强进行进谏,说明不趁机灭掉越国,就会后患无穷。而夫差骄傲自满,一意孤行,不听忠言,与越国订立和约。越国因此得以喘息,并于鲁哀公二十二年(前473)最终灭掉了吴国。

公羊传 《公羊传》也称《春秋公羊传》或《公羊春秋》,它和《穀梁传》《左传》合称"《春秋》三传",都是解释《春秋》经文的著作。《左传》着重记事,给《春秋》补充了较多的具体史实,而很少对经文作直接解释;《公羊传》《穀梁传》着重阐释《春秋》的义理,即所谓"微言大义"。清人皮锡瑞在《经学通论》中说:"《春秋》有大义,有微言。大义在诛乱臣贼子,微言在为后王立法。"《公羊传》和《穀梁传》常常为我们揭示出《春秋》选用字词、安排词序的深意,也有小部分直接的字词解释。这两部书通常将《春秋》经文逐字逐句加以解释和分析,而较少对具体史实进行叙述。《公羊传》的作者传说为公羊高(战国时齐人,相传为子夏的弟子),至汉景帝时,由其后代公羊寿与胡母生整理成书。《公羊传》同《穀梁传》一样,偏重对《春秋》义理的解释,多穿凿附会,但由于其体现了儒家思想,所以历来受到重视,唐代的"九经"和宋代的"十三经"均包括这两部书。《公羊传》全书都用自问自答的方式,重复而少变化。

春王正月(隐公元年)

元年者何?君之始年也。春者何?岁之始也。王者孰谓?谓文王也。曷为先言王而后言正月?王正月也。何言乎王正月?大一统也。

公何以不言即位?成公意也。何成乎公之意?公将平国而反之桓①。曷为反之桓?桓幼而贵,隐长而卑。其为尊卑也微,国人莫知。隐长又贤,诸大夫扳隐而立之②。隐于是焉而辞立,则未知桓之将必得立也。且如桓立,则恐诸大夫之不能相幼君也。故凡隐之立,为桓立也。

隐长又贤,何以不宜立?立適以长不以贤③;立子以贵不以长。桓何以贵?母贵也。母贵则子何以贵?子以母贵,母以子贵。

【注释】①平:治理。反:同“返”。②扳:同“攀”。③適(dí):通“嫡”。

【译文】“元年”是什么意思?是国君的即位之年。“春”是什么意思?是一年的开端。“王”指的是谁?指的是周文王。为什么先说“王”后说“正月”?这里意思是周王朝的正月。为什么要说“王正月”呢?是为了强调天下一统。

隐公为什么不说“即位”?这是成全隐公的意愿。为什么要成全隐公的意愿?隐公要等治理好国家之后再把君位还给桓公。为什么要还给桓公?桓公幼小而尊贵,隐公年长而地位卑微。他们之间的尊卑差别较小,国人没有知道的。隐公年长而贤明,大夫们为讨好隐公而立他为国君。隐公如果此时推辞不就君位,就没办法确定桓公一定得到大夫们的拥立。况且如果桓公即位,隐公担心大夫们不愿意辅佐幼小的君主。所以,隐公的即位,是为了桓公以后能够即位。

隐公年长而贤明,为什么不适合即君位呢?如果嫡夫人的儿子有多位,则立年长的,而不是看是否贤明;如果不是嫡夫人的儿子,则立出身高贵的,而不是看是否年长。桓公为什么高贵?是因为他的母亲高贵。母亲高贵,那么儿子为什么高贵?儿子因母亲地位高而高贵,母亲则因为儿子即位而高贵。

【鉴赏】本文所解释的是《春秋》经文的第一句:“元年春王正月。”第一段通过分析这几个字的顺序,阐明了《春秋》所谓的“尊王”思想。第二段指出隐公执政的目的是要将君位还给桓公,原因是当时宗法制度的要求,即:立嫡以长不以贤,立子以贵不以长。本文反映出当时统治阶级立此规矩的目的是为了调整和巩固内部关系。

宋人及楚人平(宣公十五年)

外平不书①,此何以书?大其平乎己也。何大其平乎己?庄王围宋,军有七日之粮尔,尽此不胜,将去而归尔②。于是使司马子反乘堙而窥宋城,宋华元亦乘堙而出见之③。司马子反曰:"子之国何如?"华元曰:"惫矣!"曰:"何如?"曰:"易子而食之,析骸而炊之。"司马子反曰:"嘻!甚矣惫!虽然,吾闻之也,围者柑马而秣之④,使肥者应客。是何子之情也?"华元曰:"吾闻之,君子见人之厄,则矜之⑤;小人见人之厄,则幸之。吾见子之君子也,是以告情于子也。"司马子反曰:"诺!勉之矣!吾军亦有七日之粮尔。尽此不胜,将去而归尔。"揖而去之,反于庄王⑥。

庄王曰:"何如?"司马子反曰:"惫矣!"曰:"何如?"曰:"易子而食之,析骸而炊之。"庄王曰:"嘻,甚矣惫!虽然,吾今取此,然后而归尔。"司马子反曰:"不可!臣已告之矣,军有七日之粮尔。"庄王怒曰:"吾使子往视之,子曷为告之?"司马子反曰:"以区区之宋,犹有不欺人之臣,可以楚而无乎?是以告之也。"庄王曰:"诺!舍而止!虽然,吾犹取此,然后归尔。"司马子反曰:"然则君请处于此,臣请归尔。"庄王曰:"子去我而归,吾孰与处于此?吾亦从子而归尔。"引师而去之。故君子大其平乎己也。此皆大夫也,其称"人"何?贬。曷为贬?平者在下也。

【注释】①外:别的国家。平:讲和。书:记载。②庄王:楚国国君。去:离开。③司马:官名。子反:楚国的主将。堙(yīn):土丘。华元:宋国大夫。④柑(qián)马:把木条放在马口里,不让它吃东西。⑤矜:怜悯。⑥反:同"返"。

【译文】《春秋》本来不记载其他国家之间讲和的事,这里为什么要记载呢?原来是赞扬司马子反和华元两位大夫促成此事。为什么要赞扬他们自己讲和?原来,楚庄王率军围困宋国都城,军队的粮食还够吃上七天,七天之后还不能打败宋国,就要退兵回国。这时候,楚庄王派主将司马子反登上宋都城外的土丘上去窥探城中的情况,宋国的执政大夫华元也出城爬到山丘上,来会见司马子反。司马子反说:"您城里的情况怎么样?"华元说:"已经非常困顿了!"司马子反说:"怎么个困顿法?"华元说:"百姓交换子女杀了吃,砍开死人的骨头来烧火做饭。"司马子反说:"唉!真是极端困顿了!虽然如此,但我听说,被围困的人把木头塞在马口中不让它们吃东西,而让肥壮的马出来见宾客。您却告诉我实情,这是为什么?"华元说:"我听说,君子看见别人处于危难中,就会心生同情;小人见了别人遭难,则会幸灾乐祸。我见您是个君子,所以就对您讲了实话。"司马子反说:"好!好自为之吧!我军也只有七天的粮食了。这期间还打不赢,我们就撤兵回国。"司马子反告别华元,回到庄王身边。

庄王说:“怎么样?”司马子反说:“他们已经困顿不堪了。”庄王说:“怎么个困顿法?”司马子反说:“城中百姓交换子女杀了吃,砍开死人的骨头来烧火做饭。”楚庄王说:“唉,他们真是太困顿了!虽然这样,我现在还是要攻下宋国,然后才撤兵回国。”司马子反说:“不能再打了。我已经告诉华元,军队只剩七天的粮食了。”庄王非常生气,说:“我派您前去观察他们的情况,您为什么要告诉他们这些?”司马子反说:“小小的宋国尚且有不欺骗别人的臣子,难道堂堂的楚国还没有吗?所以我就跟他说了。”庄王说:“好吧!建好军营住下!虽然他们知道了,我还是要攻下宋国才回国。”司马子反说:“那么君王您请自己留在这里吧,下臣我请求您准许我先回国去。”庄王说:“您抛下我自己回国,那我和谁待在这里?我也跟随您回国算了。”于是庄王和司马子反率军离开了宋国。所以君子赞扬华元和司马子反自己停战媾和。他们二位都是大夫,《春秋》为什么称他们“楚人”“宋人”呢?原来是《春秋》贬称这次议和,为什么要贬称?因为这次媾和的是处于下位的臣子而不是国君。

【鉴赏】本文对《春秋》原文“宋人及楚人平”这样一句话进行分析,层层深入,结合史实,指出隐藏在其后的“微言大义”。按照《春秋》的惯例,鲁国以外的国家之间讲和是不记载的,这次为什么记呢?原来是因为它有特殊之处,即议和的不是两国国君,而是主将。最后指出《春秋》称“人”的原因,它体现了所谓的“春秋笔法”,即《春秋》把对人、事的褒贬通过称呼等方式表现出来。《公羊传》这里对于《春秋》称“人”的分析未必正确,似乎有些过于求深,《左传》的注释者西晋的杜预说:“平者,总言二国和,故不书其人。”这更合情理。从表达上来看,通篇纯用复笔,如说“惫矣”“甚矣惫”;说“诺”“虽然”;说“吾犹取此,然后归尔”“臣请归尔”“吾亦从子而归尔”,反复重叠,愈复愈变,愈复愈有韵味。

吴子使札来聘(襄公二十九年)

吴无君无大夫,此何以有君、有大夫?贤季子也[①]。何贤乎季子?让国也。其让国奈何?谒也,余祭也,夷昧也,与季子同母者四。季子弱而才,兄弟皆爱之,同欲立之以为君。谒曰:“今若是迮而与季子国[②],季子犹不受也。请无与子而与弟,弟兄迭为君,而致国乎季子。”皆曰:“诺。”故诸为君者,皆轻死为勇,饮食必祝曰:“天苟有吴国,尚速有悔于予身[③]!”故谒也死,余祭也立;余祭也死,夷昧也立;夷昧也死,则国宜之季子者也。季子使而亡焉[④]。

僚者,长庶也,即之[⑤]。季子使而反,至而君之尔。阖庐曰[⑥]:“先君之所以不与子国而与弟者,凡为季子故也。将从先君之命与?则国宜之季子者也。如不从先君之命与,则我宜立者也。僚恶得为君乎[⑦]?”于是使专诸刺僚,而致国乎季子。季子不受,曰:“尔弑吾君,吾受尔国,是吾与尔为篡也。尔杀吾兄,吾又杀尔,是父子兄弟相杀,终身无已也。”去之延陵[⑧],终身不入吴国。故君子以其不受为义，以其不杀为仁。

贤季子，则吴何以有君、有大夫？以季子为臣，则宜有君者也。札者何？吴季子之名也。《春秋》贤者不名，此何以名？许夷狄者，不一而足也。季子者，所贤也，曷为不足乎季子？许人臣者必使臣，许人子者必使子也。

【注释】①季子：名札，与下文的谒、余祭和夷昧是兄弟，季札最小，父为吴王寿梦。②迮(zé)：仓促。③尚：希望。悔：灾祸。④亡：逃亡。⑤僚：寿梦的庶长子(不是原配所生的儿子称为庶子)，一说是夷昧的儿子。即：即位为国君。⑥阖庐：夷昧的儿子，一说是谒的儿子。⑦恶(wū)得：怎么能够。⑧去：离开。之：到。延陵：吴国的属邑，今江苏省常州市。

【译文】吴国本来没有国君、没有大夫。《春秋》为什么在这里说它有国君、有大夫？原来《春秋》是为了表彰季札的贤明。为什么要表彰季札的贤明？因为季札推让不做国君。他辞让国君是怎么回事呢？谒、余祭、夷昧和季札是一母所生的四弟兄，季札最小而最有才能，他的哥哥们都很喜欢他，都想让他继承父亲之位为吴王。大哥谒对两个弟弟余祭和夷昧说："现在如果这样仓促地让季札做国君，季札还是不会接受。请让我们这样：君位不要传给儿子，而传给弟弟。这样弟兄一个接一个地做国君，就可以把国家传给季札了。"两个弟弟都说："好。"所以这几位做国君时，都英勇而不怕死，他们吃饭时必定祷告道："老天如果要保全我吴国，希望老天尽快把灾祸降到我身上！"所以谒死了，然后余祭继位；余祭死了，然后夷昧继位；夷昧一死，就该轮到季札继位了。季札这时候却借出使之名逃避继位之事。

僚是季札几位庶兄弟中的老大，这时候他便继了位。季札出使回国，一回来便认僚为国君。夷昧的儿子阖庐说："以前的几位国君之所以不把君位传给儿子而传给弟弟，都是为了要传给季子。是按照先前几位国君的遗命行事吗？那么君位应该传给季子。若是不依着先前几位君王的遗命嘛，那就该轮到我做国君。僚凭什么做国君？"于是阖庐就叫专诸杀死了僚，而把君位交给季子。季札不接受，他说："你杀了我的君主，我接受你的君位，这样做就是我和你一起篡位。你杀了我的兄长，我又把你杀掉，这样父子兄弟互相残杀，永远没个完结。"于是离开吴国都城到延陵去了，他终生没再进入吴国都城。所以君子把他不接受君位看作是合乎"义"的，把他不杀阖庐看作是合乎"仁"的。

称赞季札，那吴国为什么就有了国君有了大夫？因为如果把季札当作臣子，就应该有国君。"札"是什么意思？这是吴国季子的"名"。《春秋》一书提到贤明之人时是不称他的"名"的，这里为什么称季子的名呢？这是因为称许夷狄人士，不会因为他做了一件值得称道的事就可以了。季札，是《春秋》所称许的贤明之人，为什么还对他不满足呢？这是因为认可为人臣子的，必定要他与其臣子身份符合；认可为人儿子的，必定要他与其儿子身份符合。

【鉴赏】《公羊传》对《春秋》"吴子使札来聘"这一句原文的分析，实际上是完全不合乎史实的，比较典型地反映了作者宣扬的儒家思想。吴国是野蛮国家，所以在作者眼里就应当没有国君、没有大夫；周朝是传位给嫡长子，作者想当然地认为吴国也是这样,实际上商朝和周代中原以外的国家多是"兄终弟及"。哥哥们为了让季札继承君位,居然祈求赶快死,这尤其不合情理。由此可见《公羊传》所谓的"微言大义"是怎么回事了。不过,本文高度赞扬了吴季札的品德。但季子兄弟让国,导致的结果仍然是一场兄弟之间的残杀,这反映出统治者内部之间的矛盾,是不可能因为某一两个人的品德而解决的。

穀梁传 《穀梁传》又称《春秋穀梁传》或《穀梁春秋》,与《左传》《公羊传》合称"《春秋》三传"。其作者相传为穀梁赤(据传为战国时鲁人,子夏的学生)。《穀梁传》的行文体例与《公羊传》十分接近,但是"《公羊传》兼传大义、微言。《穀梁》不传微言,但传大义"(清皮锡瑞《经学通论》),皮氏解释道:"《春秋》有大义,有微言。大义在诛乱臣贼子,微言在为后王立法。"不过,它所传的"大义"也多牵强附会,基本是借题发挥甚至歪曲事实来为自己的观点服务。

郑伯克段于鄢(隐公元年)

克者何?能也。何能也?能杀也!何以不言杀?见段之有徒众也①。

段,郑伯弟也。何以知其为弟也?杀世子、母弟目君②。以其目君,知其为弟也。段,弟也,而弗谓弟;公子也,而弗谓公子,贬之也,段失子弟之道矣。贱段而甚郑伯也,何甚乎郑伯③?甚郑伯之处心积虑,成于杀也。于鄢④,远也。犹曰取之其母之怀中而杀之云尔,甚之也。然则为郑伯者宜奈何?缓追,逸贼,亲亲之道也。

【注释】 ①段:郑武公之子。徒众:军队。②世子:古代天子、诸侯的嫡长子。目:看作。③甚:更加。郑伯:郑庄公,段的兄长。④鄢:地名,今河南省鄢陵县西北。

【译文】 克是什么意思?就是能。能做什么呢?就是能够杀人。《春秋》在这里为什么不直接说杀呢?原来是因为看见段还有军队。

段是郑伯的弟弟。为什么知道他是弟弟呢?原来《春秋》记载的凡是杀世子和同胞兄弟的就看作国君而不看作兄弟。因为这里把段看作国君,所以知道段为弟弟。段本来是郑伯的弟弟,这里却不称他为弟弟;他本来是武公的儿子,这里却不说他是武公的儿子,这是《春秋》在贬斥他,因为段没有按照做儿子做弟弟的要求做。这里贬斥段,但更贬斥郑伯,为什么要更加贬斥郑伯?是贬斥郑伯处心积虑以达到杀段的目的。"于鄢",是说很远。就好像是从他母亲怀抱中把他抢过来,然后杀掉一样,因此《春秋》更贬斥郑伯。那么作为郑伯,怎么做才合适呢?应当慢慢地追赶,让作乱的段能逃脱,这才是爱护亲人的正道。

【鉴赏】《古文观止》选了两篇《郑伯克段于鄢》,一是《左传》,一是《穀梁传》。

《左传》重在事实的叙述,这里(《穀梁传》)重在对字词的解释和义理的说明。就字词而言,对"克""段""郑伯""鄢"都作了解释;就义理而言,重在宣扬"缓追,逸贼,亲亲之道",贬郑伯之"处心积虑,成于杀"的行为。

虞师晋师灭夏阳(僖公二年)

非国而曰灭,重夏阳也①。虞无师,其曰师②,何也?以其先晋,不可以不言师也。其先晋何也?为主乎灭夏阳也。夏阳者,虞、虢之塞邑也,灭夏阳而虞、虢举矣③。

虞之为主乎灭夏阳,何也?晋献公欲伐虢,荀息曰④:"君何不以屈产之乘,垂棘之璧⑤,而借道乎虞也?"公曰:"此晋国之宝也。如受吾币而不借吾道⑥,则如之何?"荀息曰:"此小国之所以事大国也。彼不借吾道,必不敢受吾币;如受吾币而借吾道,则是我取之中府而藏之外府⑦,取之中厩而置之外厩也。"公曰:"宫之奇存焉⑧,必不使受之也。"荀息曰:"宫之奇之为人也,达心而懦,又少长于君。达心则其言略,懦则不能强谏,少长于君,则君轻之。且夫玩好在耳目之前,而患在一国之后,此中知以上乃能虑之⑨。臣料虞君,中知以下也。"

公遂借道而伐虢。宫之奇谏曰:"晋国之使者,其辞卑而币重,必不便于虞。"虞公弗听,遂受其币而借之道。宫之奇又谏曰:"语曰:'唇亡则齿寒',其斯之谓与?"挈其妻子以奔曹⑩。

献公亡虢,五年,而后举虞。荀息牵马操璧而前曰:"璧则犹是也,而马齿加长矣。"

【注释】①夏阳:古虢国的属邑,在今山西省平陆县东北。②虞:古国名,在今山西省平陆县。师:军队。③虢(guó):古国名。举:攻占。④荀息:晋国大夫。⑤屈:古地名,在今山西省吉县东北。乘:马。垂棘:春秋时晋国地名,以出产美玉著称,今在山西省境内。⑥币:礼物。⑦中府:宫内的府库。⑧宫之奇:虞国大夫。存:在。⑨知:同"智"。⑩奔:出奔、逃亡。曹:古国名,在今山东省菏泽、定陶、曹县一带。

【译文】不是国家而说"灭",是重视夏阳。虞国没有军队,这里说虞国的军队,是为什么呢?因为它排在晋国前面,所以不能不说虞国的军队。它排在晋国之前是为什么呢?因为它是灭夏阳的主谋。夏阳是虞国与虢国的边塞城邑,灭了夏阳,虞国与虢国都将被攻取。

虞国是灭掉夏阳的主谋,这是怎么回事呢?原来,晋献公打算攻打虢国,大夫荀息说:"君王您为什么不用屈地出产的名马和垂棘出产的璧玉作为礼物去向虞国借路呢?"献公说:"这些可是晋国的宝物啊。如果虞国收下我的礼物却不借路给我,那怎么办?"荀息说:"这是小国用来侍奉大国的礼数。如果它不借路给我们,必定不敢收我们的礼物。如果收下我们的礼物而把路借给我们,这就像是我把璧玉从宫中府库取出来保存在宫外的库房中,把宝马从内厩牵出来养在外厩一样。"献公说:“宫之奇还在虞国,他一定不会让虞君接受礼物的。”荀息说:“宫之奇的为人,是心里明白事理而行为懦弱,比虞君大不了多少。自己心里明白,所以说话就简略,懦弱则不能强谏,比虞君大不了多少,国君就会不重视他的话。况且有这么好的珍玩宝物在眼前,而亡国之灾却在另一国灭亡之后,这种事是中等智力以上的人才能想得到的。我猜想虞国国君只具有中等以下的智力。”

献公于是向虞国借路攻打虢国。宫之奇向虞君进谏说:“晋国的使者言辞谦卑而礼物丰厚,一定会对虞国有所不利。”虞公不听劝谏,收下了晋国的礼物,答应借路。宫之奇又劝谏道:“俗话说:‘没有了嘴唇牙齿就会受寒’,大概就是指的这种情况吧?”宫之奇随后带着妻子儿女逃亡到曹国去了。

献公灭掉虢国,五年后攻占了虞国。荀息牵回了宝马,取回了璧玉,对献公说:“璧玉还是原来的样子,马却变老了。”

【鉴赏】 本文在《穀梁传》里算是写得比较好的。它记录了晋献公欲伐虢,荀息建议给虞国献礼借道的情形,对虞国君臣分析十分中肯,认为宫之奇“中知”以上智力,虞君“中知”以下智力。后来事实印证荀息的判断是无误的。对话十分生动,结尾以荀息的诙谐作结,富有戏剧性。不过,宫之奇提出的“唇亡齿寒”,则是千古以来邻国相处的重要原则。

礼记 《礼记》是儒家五经之一,有《大戴礼记》和《小戴礼记》之分。据说《礼记》原有一百三十一篇,汉宣帝时,戴德删定为八十五篇,此为《大戴礼记》。其后戴德之侄戴圣再次删定为四十六篇,此为《小戴礼记》。东汉时,马融增入三篇,这就是今天我们所见的本子。其中的大部分是战国时孔子的弟子以及再传、三传弟子所记。它记载的主要是儒家的礼仪制度,我们可以从中了解古代的社会情况。《檀弓》是《礼记》中的一篇,分为上、下篇,主要记载礼仪制度、注意事项、孔子和门人及其他历史人物有关礼制的言论、行为,其语言简洁质朴,有一定的文学性。

晋献公杀世子申生(檀弓上)

晋献公将杀其世子申生。公子重耳谓之曰[①]:“子盖言子之志于公乎[②]?”世子曰:“不可。君安骊姬,是我伤公之心也!”曰:“然则盖行乎?”世子曰:“不可。君谓我欲弑君也。天下岂有无父之国哉?吾何行如之?”

使人辞于狐突曰[③]:“申生有罪,不念伯氏之言也[④],以至于死。申生不敢爱其死[⑤]。虽然,吾君老矣;子少,国家多难。伯氏不出而图吾君,伯氏苟出而图吾君,申生受赐而死。”再拜稽首,乃卒。是以为恭世子也。

【注释】 ①世子:古代天子、诸侯的嫡长子。重耳:申生的异母弟弟,后为晋国国君,即晋文公。②盖:同“盍”,为什么不。下同。③狐突:晋国的大夫,申生之师傅。④伯氏:即狐突,伯是狐突的字。⑤爱:吝啬。

【译文】晋献公将要杀掉他的世子申生。公子重耳对申生说:“您为什么不对君王表明您的心意呢?”世子申生说:“不行。君王在骊姬那里得到安乐,这样做是我伤了君王的心。”重耳说:“那么,你为什么不逃走呢?”申生说:“君王说我企图谋杀国君。天下难道还有没有父亲的国家呢?我要逃到什么地方才好呢?”

申生派人告诉师傅狐突:“申生我有罪,没有听从先生您的话,以至于将被君王处死。申生不敢吝惜这条命。但是,我们的君王老了,骊姬的两个孩子都还小,国家又多灾多难,先生您不肯出来为我们的国君出谋划策,也就罢了;您如果出来为我们的国君出谋划策,那申生我甘心去死。”申生行再拜叩头之礼,于是自杀而死。因此他被谥为恭世子。

【鉴赏】本文反映了儒家的忠孝观。晋献公宠姬骊姬以谗言诬陷申生谋反,虽然申生是冤屈的,也完全可以逃到其他国家去,但申生没有这样做,而是选择了顺从献公,自杀而死。文章通过申生与重耳的对话和他临死不忘国事,请其师狐突出来辅佐其父,刻画了申生这个念念不忘君国的忠臣孝子的形象,简洁而生动。

曾子易箦(檀弓上)

曾子寝疾,病①。乐正子春坐于床下,曾元、曾申坐于足,童子隅坐而执烛②。

童子曰:“华而睆!大夫之箦与③?”子春曰:“止!”曾子闻之,瞿然曰:“呼!”曰:“华而睆,大夫之箦与?”曾子曰:“然!斯季孙之赐也④,我未之能易也。元,起,易箦。”曾元曰:“夫子之病革矣⑤。不可以变。幸而至于旦,请敬易之。”曾子曰:“尔之爱我也,不如彼。君子之爱人也以德,细人之爱人也以姑息。吾何求哉?吾得正而毙焉,斯已矣。”

举扶而易之。反席⑥,未安而没。

【注释】①曾子:名参,孔子弟子。病:病重。②乐正子春:曾参的弟子。曾元、曾申:曾参的两个儿子。隅:墙角。③睆(huǎn):光洁。箦(zé):竹席。④季孙:姓氏,鲁庄公之弟季友的后代,子孙多为鲁国的执政大夫。⑤革(jí):危重。⑥反:同“返”。

【译文】曾子卧病在床,已经病危。这时,他的弟子乐正子春坐在床下。两个儿子曾元、曾申坐在脚边,童仆坐在墙角,手拿烛火。

童仆说:“真华丽光洁!是大夫用的竹席吗?”乐正子春说:“不要说了!”曾子听见了,突然睁开眼,说:“啊!”童仆又说:“这么华丽光洁,是大夫用的竹席吗?”曾子说:“对。这是季孙先生送的,我还没来得及换下来。元,扶我起来,把席子换掉。”曾元说:“您老人家的病已经很重了,现在不能换。请等到天亮,再给您老人家换掉它。"曾子说:"你爱我还不如这个小孩。君子爱别人注重品德,小人爱别人则是纵容迁就。我现在还求什么呢?我只求合乎礼仪而死,这就完了。"

大家抬起曾子,换下竹席。大家扶曾子躺下,还没安顿好曾子就死了。

【鉴赏】本文选取了这样一个场景:曾子已经病危,守在身边的有两个儿子、一个学生,还有一个小孩拿着火烛坐在墙角。突然,小孩注意到了曾子身下漂亮的竹席,并出声赞叹,同时询问周围的人。学生怕老师受到惊扰,赶紧制止。曾子本已处于昏迷状态,此时忽然惊醒,于是坚决要求儿子帮他换下大夫才能用的席子。席子取下来了,大家重新扶曾子躺下,还没安顿好,他就断气了。这充分反映了曾子平时是多么谨守礼仪。短短两百来字,却极为生动形象地刻画了四个人物:天真无邪的童子、心疼父亲和老师的曾元和乐正子春、恪守礼法的曾子。曾子的行为突现了文章的主旨:"君子之爱人也以德,细人之爱人也以姑息。"他认为病死在季孙所赐的大夫享用的箦上是非礼的,故死前坚决要换掉。全文叙事清晰,详略有致。

有子之言似夫子(檀弓上)

有子问于曾子曰①:"问丧于夫子乎②?"曰:"闻之矣,丧欲速贫,死欲速朽。"有子曰:"是非君子之言也。"曾子曰:"参也闻诸夫子也③。"有子又曰:"是非君子之言也。"曾子曰:"参也与子游闻之④。"有子曰:"然。然则夫子有为言之也。"

曾子以斯言告于子游。子游曰:"甚哉!有子之言似夫子也!昔者,夫子居于宋,见桓司马自为石椁⑤,三年而不成。夫子曰:'若是其靡也,死不如速朽之愈也!'死之欲速朽,为桓司马言之也。南宫敬叔反⑥,必载宝而朝。夫子曰:'若是其货也,丧不如速贫之愈也!'丧之欲速贫,为敬叔言之也。"

曾子以子游之言告于有子,有子曰:"然!吾固曰非夫子之言也。"曾子曰:"子何以知之?"有子曰:"夫子制于中都⑦,四寸之棺,五寸之椁,以斯知不欲速朽也。昔者,夫子失鲁司寇,将之荆,盖先之以子夏,又申之以冉有⑧,以斯知不欲速贫也。"

【注释】①有子:名有若,孔子的弟子。曾子:名曾参,孔子的弟子。②夫子:孔子。③诸:"之于"的合音。④子游:名言偃,孔子弟子。⑤桓司马:名桓魋,宋国的司马。椁:古代棺材外面的套棺。⑥南宫敬叔:鲁国大夫。反:同"返"。⑦中都:鲁国地名,在今山东省汶上县西南。⑧司寇:官名,掌管刑狱。鲁定公九年,孔子担任中都宰,由中都宰转为司空,由司空转为大司寇。鲁定公十四年,孔子年五十六,失官离开鲁国。之荆:去楚国。鲁哀公六年,孔子年六十三,受聘于楚,楚昭王打算封给他采邑,因为令尹子西反对作罢,昭王死,孔子就离开了楚国。子夏:名卜商,孔子弟子。冉有:名冉求,孔子弟子。

【译文】有子问曾子:"你向夫子问过关于失去官职的问题吗?"曾子说:"听他说过这样的话:'丢了官职想快点贫穷,死了想快点朽烂。'"有子说:"这不像是君子所说的话。”曾子说：“我亲耳听夫子这么说的。”有子又说：“这不像是君子所说的话。”曾子说：“我是和子游一起听夫子说的。”有子说：“是这样，那么夫子这样说肯定是有所指的。”

曾子把这话对子游说了。子游说：“真是像啊！有子说话真像夫子！从前，夫子在宋国的时候，看见桓司马为自己预先制作石头外棺，三年都还没有完成。夫子就说：‘要是像这样奢靡，死了还不如赶快烂掉的好。’死了想快些腐烂，是夫子针对桓司马而言的。南宫敬叔失了官位再回到鲁国后，一定用车载着珍宝朝见国君以求取禄位。夫子说：‘像这样行贿，丢了官位还不如赶快贫穷的好。’失去官位想快点贫穷，是针对南宫敬叔说的。”

曾子把子游的话说给有子听，有子说：“这就对了！我本来就说那不像夫子说的话。”曾子说：“您怎么晓得的呢？”有子说：“夫子在中都做官时，规定：内棺厚四寸，外棺五寸，因此晓得夫子不想死后快点朽烂。以前，夫子在鲁国丢了司寇的官职，打算去楚国，就先派了子夏去，又派了冉有去了解情况，所以晓得他不想迅速贫穷。”

【鉴赏】 孔夫子是否主张“丧欲速贫，死欲速朽”？曾子因为是亲耳听见的，并且还有子游作证，所以肯定这是孔子的主张，有子虽然当时不在场，但根据孔子平时的言行，可以断定这不是孔子的主张。几个弟子争论一番之后，才知道孔夫子此言都是针对具体的人和事而发的。有子好学深思，对老师的教诲善于贯串起来理解，而不是孤立地机械地句句照办。本文章法别致，先写有子的否定，但不说理由；再写子游的解释；后写有子说出否定的根据。层次分明，灵活跌宕。

公子重耳对秦客（檀弓下）

晋献公之丧，秦穆公使人吊公子重耳，且曰：“寡人闻之：‘亡国恒于斯，得国恒于斯。’虽吾子俨然在忧服之中，丧亦不可久也，时亦不可失也，孺子其图之[①]！”以告舅犯[②]。舅犯曰：“孺子其辞焉。丧人无宝，仁亲以为宝。父死之谓何？又因以为利，而天下其孰能说之？孺子其辞焉！”

公子重耳对客曰：“君惠吊亡臣重耳，身丧父死，不得与于哭泣之哀，以为君忧。父死之谓何？或敢有他志，以辱君义！”稽颡而不拜[③]，哭而起，起而不私。

子显以致命于穆公。穆公曰：“仁夫，公子重耳！夫稽颡而不拜，则未为后也，故不成拜；哭而起，则爱父也。起而不私，则远利也。”

【注释】 ①吾子：对对方的尊称。俨然：庄重的样子。丧：丧失地位，逃亡在外。孺子：古代称天子、诸侯等的继承人。②犯：狐偃，字子犯，重耳的舅舅。③稽颡（qǐsǎng）：古代的一种跪拜礼仪。颡，额头。

【译文】 晋献公死了，秦穆公派人慰问晋公子重耳，并且对他说：“寡人听说过这样的话:'失去君位常常在这个时候,得到君位也常常在这个时候。'虽然您还处于为父王服丧的悲痛之中,但是丧失地位,逃亡在外也不要太久了,这个时机不要轻易丢掉,孺子您可要好好考虑考虑。"重耳把这话对舅舅狐偃说了。舅舅狐偃说:"孺子您还是辞谢秦君的好意吧。逃亡在外的人没有什么宝物,仁慈的父母才是宝贵的。父亲的死何等重大?却想趁机谋取利益,那普天之下还有谁能够替您辩白呢?孺子您还是辞谢秦君的好意吧。"

公子重耳对秦穆公派来的使者说:"蒙君王惠爱,来慰问逃亡之臣重耳,我自己逃亡在外,又遭遇父亲死去的厄运,无法参与为父亲哭泣的哀悼之礼,而成为君王您忧心的事。父亲死去何等重大?我怎么敢别有所图,以辱没君王您的高义?"说完,他对使者只行了稽颡之礼而不行拜礼,哭着站起来,起来后也不再对使者私下说话。

秦国使者子显向穆公复命。穆公说:"仁厚啊公子重耳!这光稽颡而不拜的礼节,表示自己还不是继承人,所以不成拜礼;哭着站起来,表示爱父亲;起来而不再私下交谈,表示他远避私利。"

【鉴赏】晋国公子重耳逃亡在外十九年,以舅舅狐偃为首的几位老臣时时给以辅佐、匡正,使他日渐成熟。晋献公死时秦穆公劝重耳借此机会回国继位,但狐偃认为时机不成熟,所以让重耳谢绝了秦穆公的好意。此后重耳在外又过了十几年的流亡生活,最终在秦穆公的有力支持下返回国内登上君位,并在日后成为一代霸主。

重耳听了秦穆公的话很动心,但他还是要请教舅舅并听从了舅舅的话。文章突出重耳的"孝",但实际上秦穆公、狐偃、重耳等人都是在利用晋献公的死这件事做文章,居父丧不过是重耳一个冠冕堂皇的理由罢了。文章通过对话,写出了秦穆公的试探与狡诈,狐偃的老谋深算,以及重耳"稽颡而不拜,哭而起,起而不私"的有义、有利、有节,人物形象在对话中鲜明突现。

杜蒉扬觯(檀弓下)

知悼子卒[①],未葬。平公饮酒,师旷、李调侍[②],鼓钟。杜蒉自外来,闻钟声,曰:"安在?"曰:"在寝。"杜蒉入寝[③],历阶而升。酌曰:"旷,饮斯!"又酌曰:"调,饮斯!"又酌,堂上北面坐饮之[④]。降,趋而出。

平公呼而进之,曰:"蒉,曩者尔心或开予,是以不与尔言。尔饮旷,何也?"曰:"子卯不乐[⑤]。知悼子在堂,斯其为子、卯也大矣!旷也,太师也,不以诏,是以饮之也。""尔饮调,何也?"曰:"调也,君之亵臣也,为一饮一食,忘君之疾,是以饮之也。""尔饮,何也?"曰:"蒉也,宰夫也,非刀匕是共,又敢与知防[⑥],是以饮之也。"平公曰:"寡人亦有过焉,酌而饮寡人!"杜蒉洗而扬觯[⑦]。公谓侍者曰:"如我死,则必毋废斯爵也[⑧]!"

至于今，既毕献，斯扬觯，谓之杜举。

【注释】①知(zhì)悼子：知罃，又作荀罃，晋国大夫。悼是他的谥号。②平公：晋国国君。师旷：晋国乐官。李调：晋平公的近臣。③杜蒉(kuài)：晋平公的膳食官。④北面：古代位尊者面向南，位卑者面向北，这里是面向国君，有谢罪之意。坐：古代为跪坐。⑤子卯：殷纣王死于甲子日，夏桀王死于乙卯日，所以古代国君把这两天作为忌日。⑥匕：勺子。共：同“供”。知：主持。防：禁止。⑦觯(zhì)：古代饮酒器。⑧爵：酒器。

【译文】知罃去世还没有安葬。晋平公饮酒，师旷和李调在旁侍候，席间敲钟奏乐。杜蒉从外面进来，听见了钟声，说：“君王在哪里？”有人答道：“在寝宫里。”杜蒉进入寝宫，越阶而上。斟下一杯酒，说：“旷，饮下这一杯！”又斟下一杯酒，说：“调，饮下这一杯！”又在堂上斟下一杯酒，自己面朝北面跪坐而饮。下了台阶，快步向外走去。

平公把杜蒉叫住，并让他上前来，说：“蒉，刚才我以为你也许会来开导我，所以没有主动跟你说话。你让旷饮酒是为什么呢？”杜蒉说：“甲子日和乙卯日尚且不应当奏乐。知悼子现在停灵于堂上，这作为忌日来说是很重大的了！旷是太师，不把这个告诉您，所以罚他饮酒。”“你让李调饮酒是什么意思呢？”杜蒉说：“李调是君王的近臣，却只是贪图吃饭饮酒，忘记了这是君王您的不吉利的日子，所以罚他饮酒。”“你自己饮酒是什么意思？”杜蒉说：“杜蒉我是个宰夫，不好好给您侍候饮食用具，却敢越权参与主持劝谏的事情，所以罚我饮了一杯。”平公说：“寡人我也有过错，斟上酒罚寡人我一杯！”杜蒉洗净杯子，斟上酒举起来给平公饮。平公对侍者说：“就是我死了，也一定不要扔掉这个酒杯。”

直到如今，宴席献酒完毕，就要举起这只酒杯，这叫作杜举。

【鉴赏】本文从结构上看十分巧妙，杜蒉听见钟声，即直入国君寝宫，当着国君的面罚两个侍臣饮酒，末了还自罚一杯。完事之后不声不响地就快步往外走去，搞得在座的人莫名其妙，平公忍不住，赶紧叫住他，询问原因。这反衬出平公及其侍臣是多么不知“礼”！同时也表现了杜蒉是一个善于进谏的人。如果直接指出平公的不是，平公未必能接受。

晋献文子成室(檀弓下)

晋献文子成室，晋大夫发焉[①]。张老曰：“美哉轮焉[②]！美哉奂焉[③]！歌于斯，哭于斯，聚国族于斯！”文子曰：“武也得歌于斯，哭于斯，聚国族于斯，是全要领以从先大夫于九京也[④]！”北面再拜稽首。

君子谓之善颂善祷。

【注释】①献文子：晋国大夫。名赵武，死后封号文子，一说封号为献、文。发：致送贺礼。②张老：晋国大夫。轮：高大。③奂：华丽。④要：同“腰”。九京：晋国卿大夫的墓地，在今山西省新绛县北部。

【译文】 晋国的大夫赵武建成一座新房子，晋国的大夫们去送礼祝贺。张老说："美丽啊房屋高大壮观！美丽啊房屋富丽堂皇！在这里歌唱，在这里哭泣，在这里会聚国人、族人！"赵武说："我赵武能够在这里歌唱，在这里哭泣，在这里会聚国人、族人，是希望能够保全身首、尽享天年，以跟随先人葬在九京墓地啊！"于是面朝北方叩拜。

君子认为张老善于祝福，献文子赵武善于祷告，均很得体。

【鉴赏】 清人余诚在其《古文释义》中评价道："文止八十余字，却自有起、有接、有案、有断，波澜意趣无不天成，较之左盲（左丘明）殊更简峭。"献文子成室，晋大夫去祝贺，是"缘起"，张老的"贺词"与文子的"答词"是"接"，文子"北面再拜稽首"是"案"，"君子谓之善颂善祷"是"断"，反映出当时官卿大夫之间的"应酬"之习。但从侧面也反映出人们对"全要领以从先大夫于九京"的向往。

战国策 《战国策》简称《国策》，是西汉晚期的经学家、目录学家刘向（前77—前6）辑录而成的。它是一部记载战国史事的史书，包括东周、西周、秦、齐、楚、赵、魏、韩、燕、宋、卫、中山等十二国，共三十三篇，原撰著者已不清楚。因其内容是记叙战国时代以纵横家为主的谋臣策士游说各国，为辅该国所立的计策，故定名为《战国策》。该书具有雄辩性、生动性、譬喻性等特点。纵横家们为了游说对方，说理透彻，常使用对偶和排比句，言辞节奏感强，充满情感，富于雄辩；还运用寓言故事做比喻，增强论证的说服力。苏秦、邹忌、荆轲、孟尝君、信陵君等一系列人物形象鲜明生动。

苏秦以连横说秦

苏秦始将连横说秦惠王曰："大王之国，西有巴蜀、汉中之利；北有胡貉、代马之用；南有巫山、黔中之限；东有殽、函之固[①]。田肥美、民殷富，战车万乘，奋击百万，沃野千里，蓄积饶多，地势形便，此所谓天府[②]，天下之雄国也！以大王之贤，士民之众，车骑之用，兵法之教，可以并诸侯，吞天下，称帝而治。愿大王少留意，臣请奏其效。"

秦王曰："寡人闻之，毛羽不丰满者，不可以高飞；文章不成者，不可以诛罚；道德不厚者，不可以使民；政教不顺者，不可以烦大臣。今先生俨然不远千里而庭教之，愿以异日。"

苏秦曰："臣固疑大王之不能用也！昔者神农伐补遂，黄帝伐涿鹿而禽蚩尤，尧伐驩兜，舜伐三苗，禹伐共工，汤伐有夏，文王伐崇，武王伐纣，齐桓任战而伯天下[③]。由此观之，恶有不战者乎？古者使车毂击驰，言语相结，天下为一；约从连横，兵革不藏；文士并饬，诸侯乱惑；万端俱起，不可胜理；科条既备，民多伪态；书策稠浊[④]，百姓不足；上下相愁，民无所聊；明言章理，兵甲愈起；辩言伟服，战攻不息；繁称文辞，天下不治；舌弊耳聋，不见成功；行义约信，天下不亲。于是乃废文任武，厚养死士，缀甲厉兵[⑤]，效胜于战场。夫徒处而致利，安坐而广地，虽古五帝、三王、五伯[⑥]，明主贤君，常欲坐而致之，其势不能，故以战续之。宽则两军相攻，迫则杖戟相撞，然后可建大功。是故兵胜于外，义强于内；威立于上，民服于下。今欲并天下，凌万乘，诎敌国，制海内，子元元[⑦]，臣诸侯，非兵不可。今之嗣主，忽于至道，皆惛于教，乱于治，迷于言，惑于语，沉于辩，溺于辞，以此论之，王固不能行也。"

说秦王书十上而说不行，黑貂之裘弊，黄金百斤尽，资用乏绝，去秦而归。羸縢履蹻[⑧]，负书担橐，形容枯槁，面目黧黑，状有愧色。归至家，妻不下纴[⑨]，嫂不为炊，父母不与言。苏秦喟叹曰："妻不以我为夫，嫂不以我为叔，父母不以我为子，是皆秦之罪也！"乃夜发书，陈箧数十，得太公《阴符》之谋[⑩]。伏而诵之，简练以为揣摩[11]。读书欲睡,引锥自刺其股,血流至足。曰:"安有说人主不能出其金玉锦绣,取卿相之尊者乎?"期年,揣摩成,曰:"此真可以说当世之君矣。"

于是乃摩燕乌集阙[12],见说赵王于华屋之下,抵掌而谈。赵王大悦,封为武安君[13],受相印。革车百乘,锦绣千纯,白璧百双,黄金万溢[14],以随其后。约从散横,以抑强秦。故苏秦相于赵,而关不通[15]。当此之时,天下之大,万民之众,王侯之威,谋臣之权,皆欲决苏秦之策。不费斗粮,未烦一兵,未战一士,未绝一弦,未折一矢,诸侯相亲,贤于兄弟。夫贤人在而天下服,一人用而天下从。故曰:"式于政,不式于勇。式于廊庙之内,不式于四境之外[16]。"当秦之隆,黄金万溢为用,转毂连骑,炫熿于道[17],山东之国,从风而服,使赵大重。且夫苏秦,特穷巷掘门、桑户棬枢之士耳,伏轼撙衔,横历天下,廷说诸侯之王,杜左右之口,天下莫之能伉[18]。

将说楚王,路过洛阳。父母闻之,清宫除道,张乐设饮,郊迎三十里。妻侧目而视,侧耳而听。嫂蛇行匍伏[19],四拜自跪而谢。苏秦曰:"嫂,何前倨而后卑也[20]?"嫂曰:"以季子之位尊而多金。"苏秦曰:"嗟乎!贫穷则父母不子,富贵则亲戚畏惧。人生世上,势位富厚,盖可忽乎哉?"

【注释】 ①苏秦:字季子,战国时东周洛阳(今河南洛阳东)人,著名的纵横家。连横:战国时流行的"连横""合纵"的策略之一。连横,指秦国与函谷关以东的楚、齐等国的个别联合,以分化六国,各个击破,使之服秦的策略。合纵,指楚、齐、燕、赵、魏、韩六国的联合抗秦。秦惠王:名驷,秦国国君,公元前337—前311年在位。巴蜀:今四川省、重庆市全境。汉中:今陕西省汉中一带。胡貉(hé):北方匈奴族聚居区所产的貉皮,可制裘(皮衣)。代马:代,今河北、山西北部地区,多产马。巫山:山名,今重庆市巫山县东。黔中:今湖南西北部和贵州东部地区。殽:山名,在今河南洛宁县西北。函:函谷关,在今河南灵宝市东北。②天府:言物产丰饶、形势险固之地。③神农:传说中的远古帝王,农业、医药的发明者。补遂:古国名。黄帝:传说中的远古帝王,号轩辕氏。涿鹿:地名,在今河北涿鹿县东南。蚩尤:传说为九黎族首领,与黄帝战,被擒杀。尧:传说中古帝,姬姓,国号唐,传位于舜。驩(huān)兜:尧的臣子,因作乱而被放逐。舜:传说中古帝,姚姓,国号虞,传位于禹。三苗:古代部族,在今湖北武昌、湖南岳阳、江西九江一带。禹:大禹,姒姓,夏后氏部落首领,受舜命治水有功,接舜位。共工:古代传说人物。汤:商朝开国之王。有夏:夏朝无道之夏桀。文王:周文王,姬昌,殷纣时为西方诸侯首领,称西伯。崇:崇侯虎,殷纣王的卿士,助纣为虐。武王:姬发,文王子,灭纣接王位,国号周。齐桓:齐桓公。④车毂(gǔ):车轮中心突出部分,代指车。饬(chì):巧饰,花言巧语。书策:指法规制度。稠浊:繁杂混乱。⑤死士:不怕死的勇士。缀甲厉兵:缝好衣甲,打磨兵器,做好战争准备。⑥五帝:指黄帝、颛顼、帝喾、唐尧、虞舜。三王:指夏禹、商汤、周文王。五伯:指春秋时称霸的齐桓公、晋文公、楚庄公、秦穆公、宋襄公。⑦诎(qū):同"屈"。子元元:子,爱护、统治。元元,百姓。⑧羸(léi):同"缧",缠绕。縢(téng):绑腿布。蹻(juē):草鞋。⑨纴(rèn):织布帛的丝缕,代指织布机。⑩箧(qiè):书箱。太公:姜太公。《阴符》:传说是姜太公作的兵法书《阴符经》。⑪简练:选择最精练的部分。揣摩:反复推测,探求真意。⑫摩:抵达。燕乌集阙:赵都宫室前的楼台名。⑬赵王:赵肃侯。武安君:苏秦的封号。武安,赵国城邑,在今河北武安县。⑭纯(tún):捆、束。溢:通"镒"。古代二十两为一镒,亦说二十四两为一镒。⑮关不通:函谷关是秦与六国来往之要塞。关不通,即六国与秦断绝交往。⑯式:"用"之意。⑰溢:通"镒"。古计量单位。炫熿:显赫、辉煌。熿,同"煌"。⑱掘(kū)门:同"窟门",小门。桑户:用桑木做门。棬(quān)枢:用弯木做门枢。伏轼撙衔:伏在高车的横木上,节制着马的奔驰。伉:同"抗"。⑲匍伏:趴在地下。⑳倨:傲慢。

【译文】苏秦开始以连横之术游说于秦惠王,说:"大王的国家,西有巴蜀、汉中的财富,北有胡貉、代马可以利用,南有巫山、黔中的山险做屏障,东有坚固的崤山和函谷关。田地肥沃,百姓富足,拥有万辆战车和百万精兵,千里沃野,积蓄很多,地势险要,能攻能守,这正是人们所说的'天府之国',是天下最强盛的国家啊! 以大王的贤明,士兵百姓之众多,车马的效用,兵法之熟练,是完全可以兼并诸侯的,统一天下,称帝而治的。请大王稍作留意,让我来陈述统一天下所收到的功效。"

秦惠王不以为然地说:"我听说过,雀鸟羽毛未长丰满的,不能飞得很高;法令规章制度未完备的,不可以来施刑罚;道德品行不高尚的,不可以指使、管理百姓;政令教化不和顺的,不可以差遣、指派大臣。现在,先生不远千里来到秦国,郑重其事地登廷赐教于我,请改日再谈吧。"

苏秦说:"我早就估计到大王是不会采纳我的主张的。从前,神农讨伐补遂,黄帝讨伐涿鹿,擒杀蚩尤,尧讨伐驩兜,舜讨伐三苗,禹讨伐共工,汤讨伐夏桀,文王讨伐崇侯虎,武王讨伐殷纣王,齐桓公用兵力称霸天下。如此看来,哪有不用武力而称霸天下的呢? 古时候,各国使臣的车子频繁往来,彼此口头结盟,使天下联为一体。或讲合纵,或讲连横,但武器并没有收藏起来。辩士花言巧语,致使诸侯迷离惑疑,无所适从,万端事件不断产生,无法进行料理。待到法规条文完备了,奸诈虚伪的百姓也多了起来。真是公牍文书愈多,百姓愈加贫困。君臣上下犯愁,民不聊生;道理讲得愈明,战事愈多。身着盛装的文士到处奔走辩论,战争并未停息。文士繁缛的文辞雅令,并未使天下得到治理。讲的人舌头都疲了,听的人耳朵吵聋了,也未见成功。讲道义,守信约,天下也不能亲善。于是,各国废弃文治,重用武力,以丰厚的待遇豢养勇猛敢死之士,制好盔甲,磨砺兵器,在战场上决一胜负。如果安然而坐,无所事事,想利国,扩充土地,即使古代的五帝三王五霸,贤明的君主,也想这样坐而得利的,但形势不容许,最后还是用战争去继续求取。两军距离远的,就摆开阵势对打;距离近的就用兵器拼杀,这样才能建立大功业。所以,军队得胜于外,仁义才能强于国内,君王的威权树立了,百姓才能服从于下。现在,要想兼并天下,凌驾于大国之上,使敌国屈服,控制海内,抚拥百姓,臣服诸侯,非用武力不可。可是,一些君主忽略了这一根本道理,不明教化,乱于治理,迷惑于花言巧语,沉溺于诡辩的文辞。照此看来,大王是必定不能行霸业之事的。"

苏秦游说秦惠王的书上了十次,但他连横的主张仍未被采纳。他那黑貂皮袍穿破了,携带的百斤黄金花完了,旅费用尽,只得离开秦国,返回洛阳老家。他裹上绑腿,穿着草鞋,挑着书箱行囊,身体干瘦,脸色黝黑,颇有惭愧之色。回到家中,妻子不下织机迎接他,嫂嫂不给他煮饭,父母不同他说话。苏秦长长地叹口气,说:"妻子不认我为丈夫,嫂嫂不认我为叔子,父母不把我当儿子,这都是秦国不用我的过错啊！”于是，他连夜打开几十口书箱，找到姜太公谈兵法的《阴符》一书，埋头诵读，并有选择地结合当时形势，反复熟记和研究。阅读疲倦想睡之时，他便拿锥子刺自己的大腿，以致血流到脚。他自勉地说：“哪有游说人主不能得到他的金玉锦绣、获取公卿宰相尊位的呢？”经过一年，他反复研究揣摩透了，说：“这次确信能够说服当代的君主了！”

于是，苏秦抵达燕乌集阙，在华丽的宫殿里见着赵王。两人抵掌而谈，见解一致。赵王非常高兴，封苏秦为武安君，授予相印，兵车百辆，锦绣千捆，白璧百双，黄金二十万两，跟随在他的后面，去同各国签订“合纵”条约，拆散“连横”，压制强暴的秦国。所以，苏秦在赵国为相之后，秦国与六国联系的关塞函谷关就不通了。那时，天下之广大，万民之众多，王侯的威严，谋臣的权术，统统由苏秦的计策来决定。真是不费一斗米粮，不烦劳一个兵士，没有一个人去打仗，没有绷断一根弓弦，没有折断一根箭，就能使六国诸侯相亲相敬，和睦共处，胜过兄弟。可见，贤人在位，天下信服；一人任用，天下顺从。所以说，要重政治，不重勇猛；要重朝廷之内的决策，不重国境之外的武力。苏秦最得势之时，黄金二十万两任他使用，成群的车马任其奔驰，沿途炫耀，好不威风。山东各诸侯国，顺风而服从，赵国的地位也随之而得到大大的提高。其实，苏秦只不过是一个穷居陋巷、掘洞为门、以桑为扉、以弯木为枢的穷书生罢了，拜相之后，却能乘车勒马，横行天下，游说于各诸侯国的朝廷之上，国君左右的亲信都被他辩得哑口无言，天下之人没有一个敢与他抗衡的。

后来，苏秦将要去游说楚王，路过洛阳。他的父母听说了，立刻打扫房屋，清洁街道，敲锣打鼓，摆设酒席，到城外三十里去迎接；妻子不敢正眼看他，只是侧耳静听吩咐；嫂嫂伏在地上，像蛇一样爬行，拜了四拜，不断请求恕罪。苏秦说：“嫂嫂，你为什么以前那样傲慢，现在又这样卑恭呢？”嫂嫂回答说：“因为你现在地位尊贵，金钱又多啊！”苏秦叹息道：“唉，贫穷之时，父母都不认自己做儿子；富贵之时，亲戚家人都畏惧自己。人生在世，怎么能忽视权势地位金钱呢？”

【鉴赏】《苏秦以连横说秦》记叙了战国时期的纵横家苏秦如何在秦国推行“连横”之术而受挫，后经努力，在赵国实现“合纵”之策而声名显赫，即由困顿到辉煌的人生历程，突出他在困境中刻苦钻研，矢志奋斗，自强不息的顽强斗志。尽管他的目的是自私的，是想得到权势金钱，但他那种遇困而不自暴自弃，自查自责，自励自勉，甚至不惜用锥子刺腿来激励自己的斗志，成为后代有志之士为实现奋斗目标而努力效法的榜样。宋代学者王应麟更提炼出“头悬梁，锥刺股”的警言，以鼓励学子和志士好学与拼搏。

从艺术表达来看，本文具有鲜明的特色：

（一）论辩色彩强烈。战国时期的纵横家，均以论辩见长，苏秦亦不例外。他在以“连横”说献于秦惠王时，从秦国的地理环境、物产资源、经济实力、民生军备等进行分析，说明秦国具备了“并诸侯，吞天下，称帝而治”的条件。当秦惠王婉言谢绝了他的建策时，苏秦又列举神农、黄帝、尧、舜、禹、汤、文王、武王、齐桓之史实，正面说明历代明主贤君均靠武力而称霸天下。同时,又从反面说明只靠“文治”,派谋臣使者游说各国,结好邻邦,终归无济于事,以致“天下不治”,“天下不亲”,最后只好“废文任武”。正反论证,突出“今欲并天下,凌万乘,诎敌国,制海内,子元元,臣诸侯,非兵不可”的中心。以古鉴今,史论结合,具有很强的雄辩力和说服力。

(二)对比鲜明。全文有事件对比和人物情态对比。就事件而论,文章的前部分在于“说秦”,尽管苏秦滔滔不绝地以显其韬略,但秦王对他不加肯定苏秦受到了冷遇。文章后部分写苏秦“说赵”,因“合纵”之策符合时代之需,可使各诸侯国摆脱强秦的欺压,故苏秦与赵王的会谈简要而畅快,“抵掌而谈”四字,极显亲切和谐之气氛,与在秦的冷遇形成鲜明的对比。就人物情态而论,有苏秦离秦归家时的穷愁潦倒与拜赵国相位后的“炫熿于道”的对比;有父母不认儿子与后来郊迎三十里的对比;有妻子“不下纴”与“侧目”“侧耳”的对比;有嫂嫂“前倨而后卑”的对比。这些对比活现出人们看重权位金钱的丑习恶态。

(三)详略有致。文章在结构安排上颇有章法,叙述描写有详有略,亦有法度。“说秦”详在论辩,突出苏秦竭力想说服秦王的急切心理;“说赵”重在显赫之后的威风描写,而略其说理过程,以彰显苏秦追求“势位富厚”的生活目的。

时代在前进,社会在发展,今天阅读本文,我们应从积极方面借鉴苏秦奋斗不息的精神,而摒弃他那种孜孜以谋高官显位、金钱锦绣的自私卑劣的人生追求。

司马错论伐蜀

司马错与张仪争论于秦惠王前[①]。司马错欲伐蜀。张仪曰:“不如伐韩。”王曰:“请闻其说。”

对曰:“亲魏善楚,下兵三川,塞轘辕、缑氏之口,当屯留之道,魏绝南阳,楚临南郑,秦攻新城、宜阳[②],以临二周之郊,诛周主之罪,侵楚、魏之地。周自知不救,九鼎宝器必出。据九鼎,按图籍[③],挟天子以令天下,天下莫敢不听,此王业也。今夫蜀,西僻之国,而戎狄之长也[④]。敝兵劳众不足以成名,得其地不足以为利。臣闻:‘争名者于朝,争利者于市。’今三川、周室,天下之市朝也,而王不争焉,顾争于戎狄,去王业远矣。”

司马错曰:“不然。臣闻之,欲富国者,务广其地;欲强兵者,务富其民;欲王者,务博其德。三资者备,而王随之矣。今王之地下民贫,故臣愿从事于易。夫蜀,西僻之国也,而戎狄之长也,而有桀、纣之乱。以秦攻之,譬如使豺狼逐群羊也。取其地,足以广国也;得其财,足以富民;缮兵不伤众[⑤],而彼已服矣。故拔一国,而天下不以为暴;利尽西海[⑥],诸侯不以为贪。是我一举而名实两附,而又有禁暴止乱之名。今攻韩劫天子,劫天子,恶名也,而未必利也,又有不义之名,而攻天下之所不欲,危!臣请谒其故[⑦]:周,天下之宗室也;韩,周之与国也。周自知失九鼎,韩自知亡三川,则必将二国并力合谋,以因乎齐、赵,而求解乎楚、魏。以鼎与楚,以地与魏,王不能禁。此臣所谓危,不如伐蜀之完也[8]。"

惠王曰:"善!寡人听子。"卒起兵伐蜀。十月取之,遂定蜀。蜀主更号为侯,而使陈庄相蜀[9]。蜀既属,秦益强富厚,轻诸侯。

【注释】①司马错:战国时秦将。张仪:战国时魏人,入秦后为秦惠王相,封武信君。②三川:今河南洛阳一带,境内有黄河、洛河、伊河,故称三川,地属韩国。轘(huán)辕:山名,今河南偃师东南,因山势险峻,为兵家控守要地。缑氏:古地名,今河南偃师东南,当嵩山之口,为军事要地。屯留:今山西省屯留县,太行山的羊肠坂道即经此地。南阳:今河南南阳,战国时为韩地。南郑:在今河南境内。新城:在今河南伊川西南,为韩地。宜阳:今河南宜阳,韩地。③九鼎:相传是夏禹所铸,夏、商、周三代以为镇国之宝。图籍:地图和户籍。④戎狄:西南之少数民族。⑤缮兵:治兵,用兵。⑥西海:指西蜀平原之地。⑦谒其故:详细陈述其原因。⑧危:危险。完:完美、万全。⑨陈庄:秦国官员,公元前314年出任蜀相。

【译文】司马错同张仪在秦惠王面前就秦国的军事政策进行论辩,司马错主张讨伐蜀国。张仪说:"不如讨伐韩国。"秦惠王说:"请讲讲你的看法。"

张仪说:"先同魏、楚两国亲善和好,再从三川出兵,塞断轘辕山与缑氏山的口子,挡住屯留的坂道,魏与南阳隔绝。楚兵临南郑,秦攻打新城、宜阳,兵临东西二周的郊外,声讨二周君主的罪恶,逐渐侵占楚、魏两国的土地。周自知不可救了,必然会献出九鼎宝器。我们占有九鼎,就可以按天下户口钱粮的册子,挟持周天子来号令天下,天下没有谁敢不听的,这是帝王的大业啊!今天的蜀,是西方一偏僻小国,只是戎人、狄人的头目而已。我们出兵伐蜀,劳师乏众,不能够成就威名;得到蜀的土地,也不能致富有利。我听说:'争名的人聚于朝堂,争利的人汇于市井。'现在的三川、周室,就是天下的街市和朝堂啊。大王不去夺取,反而去争夺戎狄之地,这就离帝王之业很远了。"

司马错说:"不对!我听说:'想富国的人必须扩充土地,想强兵的人必须富足百姓,想成帝业的人必须广施恩德。这三条具备了,帝王之业自然就会成功。'如今大王的土地狭小,百姓贫苦,所以我愿意从容易之处着手。蜀,是西方偏僻的小国,戎、狄族的头领,又有像夏桀、殷纣王之类的昏暴之君的统治,秦国出兵去攻打它,势必像豺狼赶羊群一样容易。夺取了它的土地,可以扩充秦的国土;得到它的财富,可以富强秦的百姓;用兵不伤害百姓,蜀国就降服了。所以,攻灭一国,天下不以为我们残暴;取得西蜀丰饶的财物,诸侯不认为我们贪婪。这是我们一举而名利双收的事,并且还有禁暴平乱的美名。如果我们去攻打韩国,胁持周天子,胁持天子是一种恶名,未必有利,且有不义的名声,又是天下所不愿让我们去攻打的国家,实在是危险啊!这里,让我再详述这个道理:周是天下各诸侯国共同的宗室,韩是周的盟国。周知道九鼎不保,韩知三川之地要亡,必定促使两国并力合作,并且利用齐、赵去寻求与楚、魏的和解,分化我们与楚、魏的联盟。此时,周把九鼎送给楚,韩把三川土地割给魏,这是大王不能禁止的。这就是我所说的伐韩的危险,不如伐蜀为上策的道理。"

秦惠王说："很好！我听你的。"最终，秦国出兵伐蜀，于秦惠王二十二年十月攻灭了蜀国，平定了蜀乱。蜀主改名为"侯"，秦派陈庄去做了蜀相。蜀归属于秦之后，秦国更加富足强盛，也愈加轻视各诸侯国。

【鉴赏】这是记叙战国时秦国关于外交军事的一次论争，是秦惠王进行军事扩张，推进王业的军事论辩。秦相张仪主张伐韩，秦将司马错主张伐蜀，二人针锋相对，各陈己见。

文章先列张仪的观点。首先，张仪认为伐韩可分三步：第一，亲善魏、楚，出兵三川（韩地），扼住轘辕山和缑氏山的出口，挡住屯留的通道；第二，由魏绝南阳，楚临南郑，牵制韩军，秦军趁机直逼二周郊外，声讨周天子之罪，迫其交出象征王权的九鼎宝器；第三，拥九鼎而挟天子以令诸侯，成就王业。其次，张仪驳司马错伐蜀之论。认为蜀地偏远，劳师乏众，不足以成威名，也不足以得厚利。而创建王业的关键之地在三川、周室，伐蜀离成功之业太远，不宜采用。

针对张仪之论，司马错斩钉截铁地用"不然"二字进行反驳，然后也分三步论证伐蜀的理由。第一，从宏观上提出建立王业的三个条件，即地广物丰，兵强民富，博德广施。而秦地小民贫，尚不具备成就王业的条件，宜从易处着手，增强国力；第二，蜀有桀、纣之乱，易攻易伐，用兵不伤众，取其地可广域富民，道义上还可获得禁暴平乱之美名，一举数得，既有利又师出有名，不会引起诸侯国的反对；第三，伐韩不可行。伐韩未必有利，又有挟天子的恶名，势必迫使各诸侯国联合抗秦，使秦处于危险的境地，故伐蜀是为上策。

两人观点迥异，但从论辩中可看出：张仪的主张多主观唯心的空想，诸如魏、楚是否愿同秦国友善，是否愿出兵牵制韩军；尤其是挟天子以令诸侯，诸侯国是否臣服，均是不可知因素。司马错是从实际出发，知己知彼，提出积极稳妥的办法，既能发展壮大自己，又能在舆论上站住脚，是极富战略眼光的方案。

文章短小精悍，语言简练，思路清晰，双方围绕各自的中心进行说理，论辩层次严密。最后，以秦惠王的"善！寡人听子"作结，肯定了司马错的正确主张，给人以言虽尽而意未穷之感。

范雎说秦王

范雎至秦，王庭迎范雎①，敬执宾主之礼。范雎辞让。是日见范雎，见者无不变色易容者。秦王屏左右，宫中虚无人。秦王跪而进曰："先生何以幸教寡人？"范雎曰："唯唯。"有间，秦王复请，范雎曰："唯唯。"若是者三，秦王跽曰②："先生不幸教寡人乎？"

范雎谢曰："非敢然也。臣闻昔者吕尚之遇文王也③，身为渔父而钓于渭阳之滨耳。若是者，交疏也④。已一说而为太师，载与俱归者，其言深也。故文王果收功于吕尚，卒擅天下而身立为帝王。即使文王疏吕望而弗与深言，是周无天子之德，而文、武无与成其王也。今臣，羁旅之臣也[5]，交疏于王，而所愿陈者，皆匡君臣之事、处人骨肉之间。愿以陈臣之陋忠，而未知王心也，所以王三问而不对者是也。”

“臣非有所畏而不敢言也，知今日言之于前，而明日伏诛于后，然臣弗敢畏也。大王信行臣之言，死不足以为臣患，亡不足以为臣忧，漆身而为厉，被发而为狂[6]，不足以为臣耻。五帝之圣而死，三王之仁而死，五霸之贤而死，乌获之力而死，奔、育之勇而死[7]。死者，人之所必不免。处必然之势，可以少有补于秦。此臣之所大愿也，臣何患乎？”

“伍子胥橐载而出昭关，夜行而昼伏，至于菱水[8]，无以饵其口，膝行蒲伏，乞食于吴市，卒兴吴国，阖闾为霸。使臣得进谋如伍子胥，加之以幽囚不复见，是臣说之行也，臣何忧乎？箕子、接舆[9]，漆身而为厉，被发而为狂，无益于殷、楚。使臣得同行于箕子、接舆，可以补所贤之主，是臣之大荣也，臣又何耻乎？”

“臣之所恐者，独恐臣死之后，天下见臣尽忠而身蹶也[10]，因以杜口裹足，莫肯向秦耳。足下上畏太后之严，下惑奸臣之态，居深宫之中，不离保傅之手，终身暗惑，无与昭奸[11]，大者宗庙灭覆，小者身以孤危。此臣之所恐耳！若夫穷辱之事，死亡之患，臣弗敢畏也。臣死而秦治，贤于生也。”

秦王跪曰：“先生是何言也！夫秦国僻远，寡人愚不肖，先生乃幸至此，此天以寡人慁先生[12]，而存先王之庙也。寡人得受命于先生，此天所以幸先王而不弃其孤也。先生奈何而言若此！事无大小，上及太后，下至大臣，愿先生悉以教寡人，无疑寡人也。”

范雎再拜，秦王亦再拜。

【注释】 ①范雎（jū）：字叔，战国时魏人。先随须贾使齐，齐襄王重其才，给予赏赐，未受。回魏后，须贾向魏相魏齐举报此事，认为他出卖了国家机密，被鞭笞，装死方得脱。后随秦国的谒者王稽逃到秦国，上书秦昭王，被任为相，取代了穰侯（昭王之舅父）。王：秦昭王，公元前306—前251年在位。②跽（jì）：长跪。古人常以两膝着地、臀部贴紧脚跟谓之坐，离开脚跟谓之跪，跪而直腰挺身谓之跽（长跪）。③吕尚：姜太公，字子牙，又称太公望，封于吕，故称吕尚。文王：周文王。传说姜太公垂钓于渭阳（今陕西岐县渭水之北）之滨，文王与他一见如故，立为统军太师，后助武王灭纣。④交疏：交谊不深。⑤羁旅：他乡做客之人。⑥厉：通“癞”，以漆涂身，使皮肿癞，改形变貌。被发：披发。⑦乌获：秦武王的力士。奔、育：孟奔、夏育，卫国勇士。⑧伍子胥：春秋时楚人，名员，其父兄均被楚平王杀害，他逃奔吴国，助吴王阖闾伐楚陷郢，报父兄之仇。橐（tuó）：麻布袋子。昭关：今安徽含山县西北小岘山上。菱水：即溧水，在今江苏溧阳市。⑨箕子：商纣王叔父，名胥余，官太师，封于箕（今山西太谷东）。因谏纣王被囚，披发作疯癫。接舆：陆通，春秋时楚国隐者，曾披发装疯避世。⑩蹶（jué）：跌倒，此指死亡。⑪保傅：泛指辅助天子和辅教诸侯子弟的官员。此指宫内女保、女傅等女官。昭奸：辨别奸邪。昭，觉察。⑫慁（hùn）：同“溷”，打乱，烦扰。

【译文】 范雎到了秦国，秦昭王迎他于朝廷之上，并以宾主之礼恭敬地接待他。

范雎辞让,不敢接受。当日,秦昭王立刻召见范雎。在场的人见范雎受到如此隆重之礼,没有一个不惊讶失色的。秦昭王叫左右的人离开,宫中空无一人。这时,秦昭王跪在地下,膝行向前,问道:"先生有什么办法指教我呢?"范雎"嗯嗯"两声,没有回答。过了一会儿,秦昭王再次请求,范雎仍然"嗯嗯"两声,像这样一连重复了三次。秦昭王直挺挺地跪着说:"先生不愿指教我了吗?"

范雎忙谢罪说:"我不敢这样啊!我听说吕尚当初遇见文王之时,是一个在渭水北岸钓鱼的渔夫,与周文王的关系是很生疏的。但文王听他一席话后就立他为太师,同车载他归去,这是因为他讲的道理很深刻。所以,文王用吕尚果然取得了很大的成功,最后统一天下,做了帝王。假如文王疏远吕尚,不同他深入讨论,那是周天子没有做帝王的德行,文王和武王也没有办法成就他的王业。现在,我只是一个客居秦国的人,与大王交情生疏,而我要说的都是匡正人君人臣的事,处于别人至亲骨肉之间。我愿意表达自己浅陋的忠言,但我不知道大王愿不愿听,所以大王三次询问我都没有回答,原因就在这里。"

"我不是有所害怕不敢讲话,我知道今天在大王面前讲了话,明天可能会被诛杀,但我不怕。大王果真照我的话去做,死亡不足以成为我的祸患;放逐不会使我感到忧伤;漆身生癞,披发佯狂,也不足以成为我的耻辱。圣明的五帝也死,仁爱的三王也死,贤能的五霸也死,大力士的乌获也死,勇猛的孟奔、夏育也死。死,是人人都不能避免的。如果我处于必死的境地,而能够对秦国稍微有些补益,这就是我最大的愿望了,我有什么忧虑的呢?"

"从前,伍子胥藏在麻布袋中逃出昭关,夜晚赶路,白天躲藏,到了溧水,没有食物充饥,爬行着,在吴国的街头讨饭。后来,他辅佐吴国兴盛,使阖闾成为霸主。假如我能像伍子胥一样进献计谋,即使受到囚禁,终生不得与大王相见,但只要我的主张被采用,我又有什么忧虑呢?箕子和接舆,漆身生癞,披发装疯,对殷朝和楚国毫无益处。假使我同箕子、接舆一样,但对你这位贤明之主有所补益,这就是我莫大的荣耀,我又有什么耻辱的呢?"

"我所害怕的,只是在我死以后,天下之人见我尽忠而被杀,因而闭着嘴巴,停止脚步,不肯到秦国来了。大王,你上怕太后的威严,下被奸臣的媚态所迷惑,住在深宫中,随时都有保傅照料,所以一生昏惑不明,没有人与你一起洞察奸邪。结果,大则宗庙国家倾覆灭亡,小则自身孤立危险。这是我最担心的啊!至于穷困耻辱的事,死亡的忧患,我是不怕的。我死而秦国得到了治理,比我活在世上还有意义。"

秦王长跪着说:"先生何必这样说呢!秦国处在偏僻遥远的地方,我又愚陋无能,幸好先生来到这里,这是上天的安排,要我烦扰先生,以保存我先王的宗庙啊!我能够得到先生的教导,这是上天保佑先王,不舍弃我这个孤危之人。先生何必说这样的话呢!今后,无论大事小事,上到太后,下至大臣,希望先生全都指教于我,不要怀疑我的真诚!"

范雎向秦王拜了两拜,秦昭王也回拜了两拜。

【鉴赏】本文记述了范雎自魏到秦,受到秦昭王初次接见时的谈话情景,表现范雎作为政治家的机敏与权谋,以及秦昭王欲建霸业而礼贤下士的风范。

文章通过对话,着重刻画了范雎的形象。

范雎到秦,本意是谋取高官显位,但刚与秦昭王接触,不便开口。所以,他在与秦昭王的对谈中,采取了步步为营、曲折迂回的战术。首先,他开始对秦昭王的三问而不作答,吞吞吐吐,欲言又止,目的是试探秦昭王的用意,让秦昭王表明态度,自入瓮中。其次,当秦昭王长跪不起时,范雎看出秦昭王的一点真心,便先谈“交疏”与“言深”的关系,并提自己要谈的都是“匡君臣之事,处人骨肉之间”的大事,引起秦昭王的重视。再次,强调自己尽忠不避死,怕的是尽忠被杀,天下贤士不再来秦国,表示自己完全是为秦国着想,进一步拴住秦昭王之心。又次,指出秦昭王的危险处境,上有太后威严,下有奸臣迷惑,深宫有保傅的缠绕,不明时事,不辨奸邪,大则亡国,小则孤己。再度引起秦昭王的震惊与重视。最后,说明自己不怕穷辱死亡之事,只要秦国治理好,强大繁盛,自己虽死胜生,再次表明对秦国的忠诚之心,使秦昭王感到他真是一位忠于秦国的难得之才,不得不依靠和重用他。后来,秦昭王只得表明态度:今后国家大事,上到太后,下及大臣,均拜托范雎定夺处理。至此,范雎欲谋高位的目的已达到,故以二人双拜结束。

全文以“对话”行文,叙事简洁,对答中已显现人物的声容音貌、性格特征。如秦昭王的恳挚和急切心理,范雎的老谋深算、精于权术的政客嘴脸。故《古文观止》的编者在文末评论说:“范雎自魏至秦,欲去穰侯而夺之位。穰侯以太后弟,又有大功于秦,去之岂是容易?始言交疏言深,再言尽忠不避死亡,翻来覆去,只是不敢言。必欲吾之说,千稳万稳;秦王之心,千肯万肯,而后一。吾畏其人。”此评甚当,令人拜服。

邹忌讽齐王纳谏

邹忌修八尺有馀,而形貌昳丽①。朝服衣冠,窥镜,谓其妻曰:“我孰与城北徐公美?”其妻曰:“君美甚,徐公何能及君也。”城北徐公,齐国之美丽者也。忌不自信,而复问其妾曰:“吾孰与徐公美?”妾曰:“徐公何能及君也。”旦日②,客从外来,与坐谈,问之客曰:“吾与徐公孰美?”客曰:“徐公不若君之美也。”明日,徐公来,熟视之,自以为不如;窥镜而自视,又弗如远甚。暮,寝而思之,曰:“吾妻之美我者,私我也③;妾之美我者,畏我也;客之美我者,欲有求于我也。”

于是入朝见威王,曰:“臣诚知不如徐公美,臣之妻私臣,臣之妾畏臣,臣之客欲有求于臣,皆以美于徐公。今齐,地方千里,百二十城,宫妇左右莫不私王,朝廷之臣莫不畏王,四境之内莫不有求于王。由是观之,王之蔽甚矣!”

王曰:“善。”乃下令:“群臣吏民,能面刺寡人之过者,受上赏;上书谏寡人者,受中赏;能谤议于市朝④,闻寡人之耳者,受下赏。”令初下,群臣进谏,门庭若市。数月之后,时时而间进。期年之后,虽欲言,无可进者。燕、赵、韩、魏闻之,皆朝于齐。此所谓战胜于朝廷。

【注释】①邹忌:齐人,有辩才,齐威王时任相。修:修长,身高。昳(yì)丽:俊美而有风度。②旦日:第二天。③私我:偏爱我。④刺:举刺,指责。谏:本为建议,此为规劝、揭露。谤议:讽刺、议论。

【译文】邹忌身高八尺多,相貌堂堂,潇洒俊美。一天早晨,他穿戴好衣帽,对镜自照,问他的妻子说:"我和城北的徐公比较,哪个更美呢?"妻子回答说:"你美极了,徐公怎能及你呢!"城北徐公,是齐的美男子。邹忌不相信,又问他的妾说:"我跟徐公比,谁美?"妾回答说:"徐公哪能赶得上你美呢!"第二天,客人从外面来,邹忌陪他坐着闲谈,又问客人说:"我和徐公哪个美啊?"客人回答说:"徐公不如你美!"又过了一天,徐公来到他家,邹忌仔细观看,觉得自己不如徐公美。再照镜子看看,更感到远远不如。晚上,邹忌躺在床上,思考着白天的事情,终于悟出了一些道理,心里说:"妻子说我比徐公美,是因为她偏爱我;妾说我比徐公美,是因为她惧怕我;客人说我比徐公美,是因为他有事求我。"

于是,邹忌进朝见齐威王,说:"我确实知道自己不如徐公美,但是,妻子爱我,妾惧怕我,我的客人对我有所请求,都说我比徐公美。现在,齐国的土地方圆有千里,有一百二十座城市。后宫姬妾,左右亲从,没有不偏爱君王的;朝廷的大小臣子,没有不惧怕君王的;国境之内的人士,没有一个不对君王有所求的。由此看来,君王受的蒙蔽太深太重了!"

齐威王恍然大悟,称赞地说:"你讲得很好!"于是,立刻颁布命令,说:"所有大臣、小吏、平民,能够当面批评指责我的错误的,受上等奖励;能够写书信规劝指出我的错误的,受中等奖励;能够在公共场所议论讽刺我的错误并传到我的耳里来的,受下等奖励。"命令刚一下达,群臣活跃,纷纷去提意见,批评时政,王宫里进谏的人多得像赶街市一样。数月之后,人稀少了,偶尔才有人进宫提意见。一年以后,虽然有人想提意见也没有什么可说的了。燕国、赵国、韩国、魏国听到这个消息,都来朝附齐国。这就是人们常说的在朝廷上战胜他国。

【鉴赏】本文通过齐相邹忌用自身生活经历中的"小事"作比,劝告齐威王听取全国臣民意见的"大事",以革新政治,强国富民,从而塑造了一个头脑清醒、目光敏锐、富有自知之明、善于分析事理、一心为国、具有实事求是精神的古代政治家形象,同时也展现了齐威王虚怀若谷、敢于正视自身缺点的古代贤明君主的风度与襟怀。

本文在写作上主要运用了对比手法。一是邹忌与徐公"美"的对比,一是邹忌"家事"(小事)与齐威王"国事"(大事)的对比。

邹忌美,徐公更美。但邹忌问妻子、妾、客人时,均说邹忌比徐公美。此时,邹忌并未昏昏然,当徐公来时,他仔细观看徐公并自照镜子审视,发现自己远不如徐公美。继而夜寐沉思,悟出了妻爱、妾怕、客求而说假话奉迎他的道理。这一对比,突显了邹忌是一位颇能自知、善于探究事情根底的谋士。

邹忌并未到此为止，而是由他的“家事”（小事）想到了齐国的“国事”（大事），于是他用“家事”（小事）与“国事”（大事）对比，规劝齐威王，说齐威王远比自己权高位重，宫妃左右莫不偏爱他，所有臣僚莫不怕他，天下百姓莫不有求于他，这些人为了一己目的，都会说假话，阿谀奉承他，可见齐威王更听不到真话，受蒙蔽会更深更严重。这一对比，又突显了邹忌是一位关心国家大事、力图振兴国家的良臣贤相。

此外，文章写齐威王听完邹忌的“谏言”之后，用“善”和“乃下令”四字，以极其简练的笔法再现了齐威王勇于纳谏、敢于听取不同意见的英明果断作风。接着，以“令初下”“数月之后”“期年之后”和燕赵韩魏皆来朝的事实，表明齐威王广开言路，“战胜于朝廷”的效果，反衬邹忌“进谏”产生的巨大作用。

文章就是这样在“对比”和层层递进、严丝密扣中，展现了一幅君臣同心、进谏纳谏、上下协力、励精图治、强国富民的政治图景，即使在今天，对我们兴邦建国，仍有极大的启迪意义！

颜斶说齐王

齐宣王见颜斶，曰[①]：“斶前。”斶亦曰：“王前。”宣王不悦。左右曰：“王，人君也。斶，人臣也。王曰‘斶前’，斶亦曰‘王前’，可乎？”斶对曰：“夫斶前为慕势，王前为趋士[②]。与使斶为慕势，不如使王为趋士。”王忿然作色曰：“王者贵乎？士贵乎？”对曰：“士贵耳，王者不贵。”王曰：“有说乎？”斶曰：“有。昔者秦攻齐，令曰：‘有敢去柳下季垄五十步而樵采者[③]，死不赦。’令曰：‘有能得齐王头者，封万户侯，赐金千镒[④]。’由是观之，生王之头，曾不若死士之垄也[⑤]。”

宣王曰：“嗟乎！君子焉可侮哉？寡人自取病耳！愿请受为弟子。且颜先生与寡人游，食必太牢，出必乘车，妻子衣服丽都[⑥]。”颜斶辞去，曰：“夫玉生于山，制则破焉，非弗宝贵矣，然太璞不完[⑦]。士生乎鄙野，推选则禄焉，非不得尊遂也[⑧]，然而形神不全。斶愿得归，晚食以当肉，安步以当车，无罪以当贵，清静贞正以自虞[⑨]。”则再拜而辞去。

君子曰：“斶知足矣！归真反璞，则终身不辱。”

【注释】 ①颜斶（chù）：齐国隐士。②慕势：趋炎附势。趋士：礼贤下士。③柳下季：即柳下惠，又名展禽，鲁国人，食邑柳下，谥惠，春秋时著名的高士。④镒：古代重量单位，二十两为一镒。⑤死士：已死的贤士。垄：坟墓。⑥太牢：祭祀时牛、羊、猪三牲俱备为太牢，这里借指牛、羊、猪肉。丽都：华丽。⑦太璞：指未经琢磨加工的玉石。⑧鄙野：乡野。尊遂：尊贵。⑨自虞：自我快乐。

【译文】 齐宣王召见颜斶，傲慢地说：“颜斶，上前来！”颜斶也说：“大王，到我面前来！”宣王很不高兴。左右大臣连忙责备颜斶说：“大王，是人君；颜斶，你是人臣。大王说'斶过来',你也说'大王过来',这怎么可以呢?"颜斶回答说:"我到大王跟前去,是趋炎附势;大王到我跟前来,是礼贤下士。与其让我做一个贪慕权势之小人,不如让大王做个爱贤敬士的明主。"宣王听后,更加愤怒地问道:"王尊贵呢,还是士尊贵?"颜斶毅然回答说:"士尊贵,王不尊贵!"宣王又问:"有根据吗?"颜斶说:"有。从前秦国攻打齐国,下命令说:'有人胆敢去柳下季墓地五十步范围内砍伐柴木的,一律死罪,绝不赦免。'又下一道命令说:'有人能斩获齐王的头颅,就封万户侯,赏黄金二万两。'由此看来,活着的君王的头颅,还不如死去的贤士的坟墓珍贵!"

宣王听后,感叹地说:"是啊,怎么可以侮辱君子贤士呢?我是自讨没趣啊!我希望先生收我为弟子。颜先生只要同我交往出游,吃的一定是三牲鱼肉,出门一定乘坐车马,你的妻子儿女都穿上华丽的衣服。"颜斶婉然拒绝,告辞而去,说:"玉石生在山中,一经打磨制作就破损了,不是说玉不宝贵,但璞玉本来的面目已不完整。生在穷乡僻壤的士人,一经推荐就能得到官位俸禄,这并非不尊贵,但士人的身心已受到功名利禄的侵蚀,已不能保持本色了。我情愿回去,饥食素餐以当肉,慢步缓行以当车,乐天无过以当富贵,清净纯正以自乐。"他向齐宣王拜了两拜,便昂首飘然而去。

君子赞说道:"颜斶很知道满足,所以他能归于本性,返于纯朴,无所欲求,独立常乐,终身不受羞辱。"

【鉴赏】本文通过颜斶与齐宣王的对话,表现了齐宣王的骄倨和颜斶鄙视王侯、不畏权势、不慕利禄的高尚气节,以及他的"士贵君轻",要求君主趋士,反对士人慕势的民主思想和平等意识。

战国时代,许多文士游说诸侯,以谋取高官厚禄,像颜斶这样不畏强权、洁身自好的士人实属难能可贵。文章对颜斶的高尚品行的描写,主要是通过他敢于对抗齐宣王的命令而不前,却令宣王上前的行为;他对"士比王贵"的看法和"玉制则破""士选则缺"的议论;以及他对回归乡野、知足常乐的人生向往来表现的。对齐宣王的倨傲则通过他命令"斶前""忿然作色"和许诺"食太牢""出乘车""妻子衣服丽都"来表现。两者对比,颜斶的清高贞节和齐宣王的以势凌人宛然在目,贤愚自见。

文章语言简洁精练,虽系"对话",但"对话"中各自显出不同的个性,层次递进转折,自然清晰。文末以"君子"赞语作结,令人深思,颇有分量。

冯谖客孟尝君

齐人有冯谖者,贫乏不能自存,使人属孟尝君①,愿寄食门下。孟尝君曰:"客何好?"曰:"客无好也。"曰:"客何能?"曰:"客无能也。"孟尝君笑而受之,曰:"诺!"

左右以君贱之也，食以草具[②]。居有顷，倚柱弹其剑，歌曰："长铗归来乎[③]！食无鱼！"左右以告。孟尝君曰："食之，比门下之客。"居有顷，复弹其铗，歌曰："长铗归来乎！出无车！"左右皆笑之，以告。孟尝君曰："为之驾，比门下之车客。"于是乘其车，揭其剑[④]，过其友，曰："孟尝君客我！"后有顷，复弹其剑铗，歌曰："长铗归来乎！无以为家！"左右皆恶之，以为贪而不知足。孟尝君问："冯公有亲乎？"对曰："有老母！"孟尝君使人给其食用，无使乏。于是冯谖不复歌。

后，孟尝君出记，问门下诸客："谁习计会，能为文收责于薛者乎[⑤]？"冯谖署曰[⑥]："能！"孟尝君怪之，曰："此谁也？"左右曰："乃歌夫'长铗归来'者也。"孟尝君笑曰："客果有能也。吾负之，未尝见也。"请而见之，谢曰："文倦于事，愦于忧，而性懦愚[⑦]，沉于国家之事，开罪于先生。先生不羞，乃有意欲为收责于薛乎？"冯谖曰："愿之！"于是，约车治装，载券契而行，辞曰："责毕收，以何市而反[⑧]？"孟尝君曰："视吾家所寡有者！"

驱而之薛，使吏召诸民当偿者，悉来合券[⑨]。券遍合，起，矫命，以责赐诸民，因烧其券，民称万岁。

长驱到齐，晨而求见。孟尝君怪其疾也，衣冠而见之，曰："责毕收乎？来何疾也！"曰："收毕矣！""以何市而反？"冯谖曰："君云'视吾家所寡有者'。臣窃计，君宫中积珍宝，狗马实外厩，美人充下陈[⑩]。君家所寡有者以义耳！窃以为君市义。"孟尝君曰："市义奈何？"曰："今君有区区之薛，不拊爱子其民，因而贾利之[⑪]。臣窃矫君命，以责赐诸民，因烧其券，民称万岁，乃臣所以为君市义也。"孟尝君不说，曰："诺。先生休矣！"

后期年，齐王谓孟尝君曰："寡人不敢以先王之臣为臣！"孟尝君就国于薛。未至百里，民扶老携幼，迎君道中，终日。孟尝君顾谓冯谖，曰："先生所为文市义者，乃今日见之。"

冯谖曰："狡兔有三窟，仅得免其死耳。今君有一窟，未得高枕而卧也。请为君复凿二窟。"孟尝君予车五十乘，金五百斤，西游于梁[⑫]。谓梁王曰："齐放其大臣孟尝君于诸侯，先迎之者，富而兵强！"于是梁王虚上位，以故相为上将军，遣使者，黄金千斤，车百乘，往聘孟尝君。冯谖先驱，诫孟尝君曰："千金，重币也；百乘，显使也。齐其闻之矣！"梁使三反，孟尝君固辞不往也。

齐王闻之，君臣恐惧，遣太傅赍黄金千斤，文车二驷，服剑一，封书谢孟尝君曰："寡人不祥，被于宗庙之祟[⑬]，沉于谄谀之臣，开罪于君，寡人不足为也。愿君顾先王之宗庙，姑反国统万人乎！"冯谖诫孟尝君曰："愿请先王之祭器，立宗庙于薛[⑭]。"庙成，还报孟尝君曰："三窟已就，君姑高枕为乐矣！"

孟尝君为相数十年，无纤介之祸者[⑮]，冯谖之计也。

【注释】 ①冯谖(xuān)：一作冯煖，《史记》作冯驩，孟尝君的门客。孟尝君：姓田，名文，齐王室贵族，齐滑王时为相，封于薛(今山东藤县东南)，孟尝君是封号。他与魏信陵君、赵平原君、楚春申君齐名,号称战国四公子,均养有许多食客。②草具:粗劣的食物。③长铗(jiá):长剑。铗,剑把。④揭:高举。⑤出记:颁布一则通告。计会(kuài):算账,管理财务。文:田文,孟尝君自称。责(zhài):同"债"。⑥署:签写姓名。⑦愦(kuì):困扰。懦(nuò)愚:懦弱愚昧。⑧券契:债券和契约。市:购买。⑨合券:验对债务。古时契约,借贷双方各执一半,验证时看双方所持契约是否相合。⑩下陈:台阶下面。⑪拊爱:同"抚爱"。贾(gǔ)利:像经商一样牟利,指向百姓放债收利息。⑫梁:即魏国,魏都大梁(今河南开封),故称梁。⑬太傅:国君的老师,辅国大臣。赍(jī):携带。文车:华丽的车子。二驷:两辆四匹马拉的车。服剑:佩剑。祟(suì):灾祸。⑭"愿请"二句:孟尝君是齐国宗室,可以请立宗庙。如在封地薛立了宗庙,就可巩固其地位。⑮纤介:细小。介,同"芥",小草。

【译文】 齐国有个叫冯谖的人,穷得不能过活,便托人给孟尝君,说愿意做他的门客,在他那里混口饭吃。孟尝君问来人:"客人有什么嗜好?"来人回答:"没有什么嗜好。"又问:"客人有什么才能?"来人说:"没有什么才能。"孟尝君笑着答应,说:"好吧。"

孟尝君左右的人见他轻慢冯谖,便拿粗劣的食物给他吃。不久,冯谖靠在堂柱上,弹着他的佩剑,唱道:"长剑啊,回去吧,吃饭没有鱼!"左右的人告诉了孟尝君。孟尝君说:"给他鱼吃,按照门客一样的待遇。"过了一些时候,冯谖又弹着他的佩剑,唱道:"长剑啊,回去吧,出门没有车坐。"左右的人都笑他,将此事告诉孟尝君。孟尝君说:"替他准备车子,同门下乘车的客人一样。"于是,冯谖乘着车,高举着剑,去拜访他的朋友,说:"孟尝君殷勤待我如客人一样。"后来,冯谖又弹着剑,唱道:"长剑啊,回去吧,不能养家糊口!"左右的人都讨厌他,以为他贪心重,不知足。孟尝君问:"冯先生有亲人吗?"左右的人回答说:"有位老母亲。"孟尝君便派人供给她衣食费用,不让她缺少什么。从此,冯谖不再弹剑唱歌了。

后来,孟尝君出了一则通告,询问门下所有宾客:"有谁熟悉会计财务,能替我到薛地去收债?"冯谖报名,说:"我能够。"孟尝君奇怪地问:"这是谁?"左右的人告诉他:"就是唱'长剑啊,回去吧'的那个人。"孟尝君笑着说:"他果然有本事,我亏待了他,还没有见过他呢!"于是,就派人去请冯谖来相见,歉然地说:"我因事务繁杂,疲困已极,忧思昏乱,生性又懦弱愚笨,陷于国家事务之中,得罪了先生。先生不以为羞辱,还真的愿意替我去薛地收债吗?"冯谖说:"愿意!"于是,冯谖准备车马,整治行装,装好债券和契约,临行之时,他去向孟尝君辞行,说:"收完债后,给你买什么东西回来?"孟尝君说:"你看我家缺什么就买什么吧。"

冯谖驱车到了薛地,派官员去召集应当还债的百姓,都来核对借约。核对完毕,冯谖就假传孟尝君的命令,将收回的债款全都赐给百姓,同时把借券烧了,百姓高呼:"万岁!"

冯谖很快回到齐国,清晨就去求见孟尝君。孟尝君奇怪他回来得太快,整理衣冠,出来见他,说:"债收完了吗?怎么回来得这般快呢?"冯谖回答说:"收完了。"孟尝君问:"买了什么东西回来?"冯谖说:"你说'买家里缺少的东西'。我私下想,你府里珍珠宝贝堆积如山,外面的圈棚里养满了好狗好马,美女站满了堂下,你家缺少的是'义'啊！我私自做主替你买回了'义'。"孟尝君说："'义'怎么买呢！"冯谖回答说："现在你只有小小的薛地，却不把百姓当子女一样抚爱，反而像商人一样向他们收取利息。我私自假传你的命令，把债款赐给百姓，烧了债券，老百姓齐呼：'万岁'，这就是我为你买的'义'啊！"孟尝君不高兴地说："好吧，先生休息去吧！"

过了一年，齐湣王即位，对孟尝君说："我不敢用先王的大臣来做我的臣子。"孟尝君只好回封地薛城。还没有走到百里，老百姓就扶老携幼，在路上欢迎孟尝君，整整有一天。孟尝君回头对冯谖说："先生为我买的'义'，今日看见了。"

冯谖说："聪明的兔子有三个洞，才仅能够避免死亡。现在你只有一个洞，还不能高枕无忧啊，让我再给你凿两个洞吧！"于是，孟尝君给他五十辆车子，五百斤黄金，向西去大梁游说魏国。冯谖对魏王说："齐王将他的大臣孟尝君放逐在外，各诸侯国谁先迎接他，谁就可富国强兵！"于是，魏王空出宰相之位，安排原来的宰相为上将军，差遣使臣带上千斤黄金，百辆大车，到薛地去聘请孟尝君。冯谖先行回到薛地，提示孟尝君说："千斤黄金，是很厚重的聘礼啊；百辆大车，是很显贵的使臣啊，齐王应该会听到这件事了。"魏王的使臣往返三次，孟尝君坚辞不去。

齐王听说这事后，君臣都害怕，立刻派太傅携带千斤黄金，两辆四马拉的华丽大车，佩带的宝剑一把，还有一封亲笔信，向孟尝君致歉说："我很不幸，受到了祖宗的惩罚，又被那些阿谀奉承的臣子迷惑，得罪了你，我是一个无能之人。希望你看在先王宗庙的份上，还是回来统领广大的百姓吧！"此时，冯谖又提示孟尝君说："希望你向齐王请求一部分先王传下来的祭器，在薛地建立宗庙。"宗庙建成后，冯谖回来向孟尝君报告说："三个洞已经凿成了，你可以垫高枕头、快乐安睡了！"

孟尝君担任齐国宰相几十年，没有遭受一点灾祸，都是因为有冯谖的计策啊！

【鉴赏】 本文通过冯谖成为孟尝君的门客后，为孟尝君焚券市义、游说诸侯、建立宗庙、开凿"三窟"，巩固其政治地位的记叙，赞颂了冯谖重实践、戒浮华、有谋略的政治才能和果断的办事作风，表现了"策士"在战国时期政治生活中的重大作用，同时也肯定了作为王室贵族的孟尝君礼贤下士的贤明德行。

文章的重点在于冯谖为巩固孟尝君的政治地位而设计献策。先写冯谖初为门客时受的冷遇及其"三歌"的表现；次写冯谖去薛地收债"市义"，先凿"一窟"；再写冯谖说诸侯、建宗庙，为孟尝君增凿"二窟"及其功效。对冯谖这一人物，文章采用了先抑后扬的手法进行塑造。冯谖穷而困窘，求食于孟尝君，突出其"无好""无能"，且长歌三次，以致引起左右之人的"贱之""笑之""恶之"，这是"抑"。后来，孟尝君"出记"招募至薛收债之人，冯谖为孟尝君谋划政治上的三大护身法宝——开凿"三窟"，其光芒逐渐显露出来。收债"市义"，为孟尝君收买人心，表现他浓厚的"民本"思想和高明的政治见解；游说诸侯，在诸侯国中大造舆论，提高孟尝君的政治声誉，给齐湣王施加压力，为以后重用孟尝君作舆论准备，表明他过人的谋略；修建宗庙，进一步提高和巩固孟尝君在王室宗族中的正统地位，使其地位神圣不可侵犯，牢不可破，表现他深谙王室之规和权谋之术。这是"扬"。抑扬手法的使用，使全文情节曲折，波澜迭起，悬念丛生，引人入胜。

对孟尝君的描绘，采用了对比手法。先是孟尝君与来人、左右之人的对比。当来人介绍冯谖"无好""无能"时，他"笑而受之"；当左右之人将冯谖的"三歌"向他"告之""笑之""恶之"时，他却不以为然，一一满足了冯谖的要求。在这对比中表现了他的宽容与大度。后来，当他发现冯谖确有才能时，立刻改变"贱之"的态度，引以为疚，深感有愧，赔礼道歉；当他被逐至薛，受到百姓欢迎时，立刻改变原来对"市义"的不快，转向冯谖说："先生所为文市义者，乃今日见之。"孟尝君对冯谖态度前后转变的对比，表明了他是一位重视人才、善于接受意见和教训的贤明的政治家。

全文语言简洁流畅、生动形象，极富含蓄蕴藉之力。

赵威后问齐使

齐王使使者问赵威后[①]。书未发[②]，威后问使者曰："岁亦无恙耶？民亦无恙耶？王亦无恙耶？"使者不说，曰："臣奉使使威后，今不问王，而先问岁与民，岂先贱而后尊贵者乎？"威后曰："不然。苟无岁，何以有民？苟无民，何以有君？故有舍本而问末者耶？"

乃进而问之曰："齐有处士曰钟离子[③]，无恙耶？是其为人也，有粮者亦食，无粮者亦食；有衣者亦衣，无衣者亦衣[④]。是助王养其民者也，何以至今不业也？叶阳子无恙乎？[⑤]是其为人，哀鳏寡，恤孤独，振困穷，补不足。是助王息其民者也，何以至今不业也？北宫之女婴儿子无恙耶[⑥]？撤其环瑱[⑦]，至老不嫁，以养父母。是皆率民而出于孝情者也，胡为至今不朝也？此二士弗业，一女不朝，何以王齐国、子万民乎？於陵子仲尚存乎[⑧]？是其为人也，上不臣于王，下不治其家，中不索交诸侯。此率民而出于无用者，何为至今不杀乎？"

【注释】①齐王：指田建，即齐襄王之子，公元前264—前221年在位。赵威后：赵惠文王之妻（王后），赵孝成王之母。惠文王卒，孝成王年幼，由威后执政。②书：齐王给赵威后的信函。发：启封，拆信。③处士：隐居不愿为官的才智之士。钟离子：齐国处士，钟离是复姓。④食（sì）：拿食物给别人吃。衣（yì）：拿衣服给别人穿。⑤叶（xié）阳子：齐国处士，叶阳是复姓。⑥北宫：复姓。婴儿子：姓北宫名婴儿子的女子，齐国有名的孝女。⑦环瑱（tiàn）：环，耳环、手镯；瑱，做耳饰品的玉，均为女子装饰品。⑧于陵：齐地名，在今山东长山县西南。子仲：齐国隐士。

【译文】齐王田建派使者去问候赵威后。书信尚未拆开，威后就先问使者道："今年的年成好吗？老百姓好吗？君王也好吗？"齐使很不高兴，说："我奉命来问候威后，现在你不先问候我王，反先问年成和百姓，难道卑贱者还先于尊贵者问候吗？"赵威后说："你的话不对。如果没有年成，哪里有百姓？如果没有百姓，哪里有君王？所以，哪里有舍去根本而先问末呢？"

说完，赵威后又进一步问齐使道："齐国有个处士叫钟离子，他还好吗？他为人好啊,有粮食的给粮食吃,没有粮食的也给粮食吃;有衣穿的给衣穿,没有衣穿的也给衣穿。他这是帮助君王养育百姓的呀,为什么到现在都没给他事做呢?叶阳子好吗?他的为人啊,怜悯鳏夫寡妇,抚养孤独的人,救济穷困,补助衣食不足的人。他这是帮助君王安定百姓的呀,为什么到现在还不任用他呢?北宫家名婴儿子的女子好吗?她摘掉钗环首饰,到老不嫁,奉养父母。她这是带动大家推行孝道的呀,为什么到现在还不给她封号让她上朝呢?两个贤士不被任用,一个孝女不给封赠,凭什么治理好齐国,抚爱百姓呢?于陵那地方一个叫子仲的人还在吗?这人上不向君王称臣,下不能治理家业,中不求与诸侯交往。这是带领百姓不干事,是毫无用处的人,为什么到现在还不杀掉他呢?"

【鉴赏】本文通过赵威后向齐使连续发出的七问,表现了作为女政治家的赵威后的"民重君轻"的政治见解和重才惩恶的人才观。"民重君轻"是儒家推崇的"民本"思想,即"民为邦本,本固邦宁"。赵威后的前三问,先问年成和百姓,再问君王,体现了她重视人民的治国纲领,在她看来,没有好年成,没有百姓的安居乐业,就没有君王。后四问则从用人的角度提出"重才惩恶"的观点,即能帮助君王"养民""息民"的,要予以重用;带头行孝的,要予以尊重;带领大家无所作为的,要予以杀掉。爱憎鲜明的态度,也是她重民爱才的"民本"思想的具体体现。

全文用"对话"写成,连用诘问,步步紧逼,气势凌厉,直问到底。问语中偶一变化,则意趣迥异。如前六问以"无恙"问之,表现了赵威后诚恳热切之心;后一问则用"尚存"二字,表现了赵威后对子仲的鄙夷。有人认为主张杀掉子仲是专制思想,此论欠妥。赵威后是从利国利民的角度考虑问题的,既不利国又不利民的人,惩之何惜!

庄辛论幸臣

臣闻鄙语曰[①]:"见兔而顾犬,未为晚也;亡羊而补牢,未为迟也。"臣闻昔汤、武以百里昌,桀、纣以天下亡。今楚国虽小,绝长续短,犹以数千里,岂特百里哉?

王独不见夫蜻蛉乎[②]?六足四翼,飞翔乎天地之间,俯啄蚊虻而食之[③],仰承甘露而饮之,自以为无患,与人无争也。不知夫五尺童子,方将调饴胶丝,加己乎四仞之上[④],而下为蝼蚁食也。

夫蜻蛉其小者也,黄雀因是以。俯噣白粒[⑤],仰栖茂树,鼓翅奋翼,自以为无患,与人无争也。不知夫公子王孙,左挟弹,右摄丸,将加己乎十仞之上,以其类为招[⑥]。昼游乎茂树,夕调乎酸咸,倏忽之间,坠于公子之手。

夫黄雀其小者也,黄鹄因是以[⑦]。游乎江海,淹乎大沼,俯噣鳝鲤,仰啮菱衡,奋其六翮[⑧],而凌清风,飘摇乎高翔,自以为无患,与人无争也。不知夫射者,方将修其碆卢,治其矰缴,将加己乎百仞之上,被劙礛,引微缴,折清风而抎矣[9]。故昼游乎江湖,夕调乎鼎鼐[10]。

夫黄鹄其小者也,蔡灵侯之事因是以[11]。南游乎高陂,北陵乎巫山,饮茹溪之流,食湘波之鱼,左抱幼妾,右拥嬖女,与之驰骋乎高蔡之中[12],而不以国家为事。不知夫子发方受命乎灵王[13],系己以朱丝而见之也。

蔡灵侯之事其小者也,君王之事因是以。左州侯,右夏侯,辇从鄢陵君与寿陵君,饭封禄之粟,而载方府之金,与之驰骋乎云梦之中[14],而不以天下国家为事。而不知夫穰侯方受命乎秦王,填黾塞之内[15],而投己乎黾塞之外。

【注释】 ①臣:庄辛自称。庄辛,楚臣,楚庄王的后代。②王:楚襄王,即楚顷襄王,名横,楚怀王之子。怀王被骗死在秦国,他继位,荒淫无道,宠信幸臣,不理国政。蜻蛉:蜻蜓。③虻:一种飞蝇。④饴(yí):糖浆、黏汁。仞:八尺为一仞。⑤啄:同"啄"。⑥类:一说作"颈",或指同类。招:目标、靶子。⑦黄鹄(hú):天鹅。⑧蓤衡:蓤角、水草。衡,同"荇"。六翮(hé):鸟翅的茎有六根,此指鸟翅膀。⑨碆(bō):石制的箭头。卢:黑漆的弓。矰缴:捕鸟的工具。矰(zēng),射鸟的箭。缴(zhuó),系箭的丝绳。剬(jiān):锋利。磻(bō):石箭头。抎(yǔn):同"陨",坠落。⑩鼎鼐(nài):古代烹煮食物的器具。鼐是大鼎。⑪蔡灵侯:名班,蔡国国君,公元前531年被楚灵王诱杀。蔡国在今河南上蔡县西南。⑫陂(bēi):山坡。茹溪:在今重庆市巫山县北面。湘波:湘水。嬖(bì)女:受宠爱的女人。高蔡:即上蔡。⑬子发:楚国大夫。灵王:有作"宣王"。⑭州侯:与本句中的夏侯、鄢陵君、寿陵君均是楚顷襄王的宠臣。辇(niǎn):华丽的车子。封禄:封地。方府:四方的府库。云梦:古大泽名,在湖北省中部,跨长江两岸,包括洞庭湖。⑮穰侯:秦相魏冉,秦昭王舅父,封于穰(今河南邓州市东南)。秦王:秦昭王。黾(méng)塞:即平靖关,在今河南信阳市西南,是楚国北部要塞。黾塞之外,即为秦国。

【译文】 庄辛对楚襄王说:"我听俗话说:'看见兔子唤猎犬,不算晚;丢了羊再修羊圈,不算迟。'"我听说,从前成汤和周武王以百里的小地方而兴盛起来,夏桀和商纣王却以天下之大而亡国。现在,楚国虽然小,取长补短,还有方圆几千里的地方,哪里才有百里小地呢?

大王难道没有见过蜻蜓吗?它六只脚,四只翅膀,在空中自由飞翔,向下啄食蚊虫和飞蝇,仰头接甜美的露水喝,自以为没有祸患,因它与世人没有争夺。它哪里知道那些五尺高的儿童,正在调糖浆,粘丝网,把它从两三丈高的地方粘下来,被蝼蛄和蚂蚁吃掉。

蜻蜓是小例,黄雀也是这样的。它低头啄食白米粒,飞在繁茂的树林里栖息,鼓动着翅膀,自以为没有什么灾祸,因它与世人没有什么争夺。它哪里知道那些王孙公子,左手拿着弹弓,右手拿着弹丸,以它的头颈为目标,把它从七八丈高的地方射下来。它白天还在树林里游玩,晚上已被人调上油盐酱醋做成美食了。顷刻之间,就落入王孙公子的手中。

黄雀是小例,天鹅也是这样的。它在江海上遨游,在湖沼边栖息,低头啄食鳝鱼、鲤鱼,仰头嚼食菱角和水草,鼓动有力的翅膀,乘着清风,飘飘荡荡地在高空飞翔,自以为没有什么祸患,因它与世人没有什么争夺。它哪里知道那些猎人(射手)正在修理硬弓和箭头,整理系有丝绳的箭,将在七八十丈高的高空加害它。天鹅中了锋利的石箭，拖着箭的丝绳，在清风中坠落到地上死了。白天还在江湖上游玩的天鹅，晚上已被放在鼎锅里烹煮了。

天鹅是小例，蔡灵侯的事也是这样。他南游高坡，北登巫山，喝茹溪的水，食湘江的鱼。他左手抱着年轻的姬妾，右手拥着宠爱的美女，同她们乘着马车，在高蔡的原野上游乐奔驰，不以国家大事为重。他哪里知道子发正接受楚灵王的命令，最后用红绳绑着他去见楚灵王呢。

蔡灵侯的事还小，君王的事也是这样。你左边有州侯，右边有夏侯，车骑后面有鄢陵君和寿陵君。你吃的是各封地进献的粮食，车载着四方纳贡于国库的钱财，同这些宠幸之臣驱车游乐挥霍于云梦之中，不把天下国家的大事放在心上。你哪里知道秦相穰侯正接受秦昭王的命令，出兵占领黾塞之内的楚地，要把你俘虏到黾塞之外的秦国去呢！

【鉴赏】 本文选自《战国策·楚策四》，有的题名为《庄辛说楚襄王》。楚襄王是一个荒淫无道之君。庄辛在文中通过一系列生动故事的类比，劝谏楚襄王要居安思危，说明“亡羊补牢，未为晚也”的道理。指出他如果一味重任幸臣，只图眼前淫乐，丧失警惕，必将招致亡国亡身的严重后果。庄辛虽对幸臣未作针砭，但意在言外，亡国亡身的结局已昭示幸臣的误国与可恶。

文章以“臣闻鄙语曰”开头，似显突兀，其实前面有一段对话，内容是：庄辛对楚襄王说：“你左面是州侯，右面是夏侯，车骑后面跟的是鄢陵君与寿陵君，这四人（幸臣）专权淫乱，放纵奢侈，不顾国家政事，楚国必将危险了。”楚襄王不听，以为他是妖言惑众。庄辛请避赵国，以观事变。果然，庄辛居留赵国五个月，秦国就举兵攻取楚国的鄢、郢、巫、上蔡和陈的大片国土，楚襄王逃到城阳，派人去赵国请庄辛回来。庄辛到时，楚襄王对他说：“我不听先生的话，以致如此，现在怎么办呢？”这才引出本文庄辛关于“见兔顾犬，亡羊补牢”的一大篇答语。

本文全系对话说理，但理寓于形，理寓于故事之中。从蜻蜓、黄雀、天鹅之亡身到蔡灵侯之亡国，再到楚襄王之宠佞臣、淫乐挥霍、不理国家政事的现状，暗示其结果必将像蔡灵侯一样，成为秦国的俘虏，亡国亡身。比喻生动，从小到大，由物及人，由宠妻妾到宠幸臣而亡国，娓娓道来，步步深入，及至点破题旨，戛然而止，令人毛骨俱悚！语言清新流畅，音韵谐和；排比段的使用，增强了文章的气势，很有感染力和说服力。

触詟说赵太后

赵太后新用事①，秦急攻之。赵氏求救于齐。齐曰：“必以长安君为质②，兵乃出。”太后不肯，大臣强谏。太后明谓左右：“有复言令长安君为质者，老妇必唾其面。”

左师触詟言愿见。太后盛气而揖之③。入而徐趋，至而自谢，曰：“老臣病足，曾不能疾走，不得见久矣。窃自恕，而恐太后玉体之有所郄也④，故愿望见。”太后曰：“老妇恃辇而行⑤。”曰：“日食饮得无衰乎？”曰：“恃粥耳。”曰：“老臣今者殊不欲食，乃自强步，日三四里，少益嗜食，和于身也⑥。”太后曰：“老妇不能。”太后之色少解。

左师公曰：“老臣贱息舒祺⑦，最少，不肖。而臣衰，窃爱怜之。愿令得补黑衣之数，以卫王宫，没死以闻⑧。”太后曰：“敬诺。年几何矣？”对曰：“十五岁矣。虽少，愿及未填沟壑而托之⑨。”太后曰：“丈夫亦爱怜其少子乎？”对曰：“甚于妇人。”太后曰：“妇人异甚。”对曰：“老臣窃以为媪之爱燕后⑩，贤于长安君。”曰：“君过矣！不若长安君之甚。”左师公曰：“父母之爱子，则为之计深远。媪之送燕后也，持其踵⑪，为之泣，念悲其远也，亦哀之矣！已行，非弗思也，祭祀必祝之，祝曰：‘必勿使反⑫。’岂非计久长，有子孙相继为王也哉？”太后曰：“然。”

左师公曰：“今三世以前，至于赵之为赵⑬，赵主之子孙侯者，其继有在者乎？”曰：“无有。”曰：“微独赵，诸侯有在者乎？”曰：“老妇不闻也。”“此其近者祸及身，远者及其子孙。岂人主之子孙则必不善哉？位尊而无功，奉厚而无劳，而挟重器多也⑭。今媪尊长安君之位，而封之以膏腴之地，多予之重器，而不及今令有功于国。一旦山陵崩⑮，长安君何以自托于赵？老臣以媪为长安君计短也，故以为其爱不若燕后。”太后曰：“诺。恣君之所使之⑯。”于是为长安君约车百乘⑰，质于齐，齐兵乃出。

子义闻之曰：“人主之子也，骨肉之亲也，犹不能恃无功之尊，无劳之奉，而守金玉之重也⑱，而况人臣乎！”

【注释】①赵太后：赵惠文王妻，即赵威后。公元前265年，惠文王死，其子孝成王年幼，由赵威后执政。②长安君：赵太后宠爱的小儿子的封号。质：人质，即以人作为抵押。③左师：官名。触詟(zhé)：赵国的左师。《史记·赵世家》及长沙马王堆汉墓出土帛书作“触龙”，记“触詟”是“触龙言”之误。揖之：拱手接待。④郄(xì)：疲劳，不舒适，生病。⑤恃辇(niǎn)：依靠人推的车。⑥强步：勉强走动。和于身：使身体各部分和谐协调。⑦贱息：息，儿子。贱息，对儿子的贱称。舒祺：触詟儿子之名。⑧黑衣：宫廷卫士，战国时王宫卫士穿黑色制服。没死：冒着死罪。⑨填沟壑：指人死后埋于山谷沟壑之中。⑩媪(ǎo)：对老年妇女的尊称。燕后：赵太后之女，嫁到燕国为后。⑪持其踵：踵，脚后跟。指赵太后嫁女时，紧跟在女儿(燕后)后面，不忍分别。⑫必勿使反：不要使她(燕后)回国。战国时诸侯之女出嫁他国，只有被废或亡国，才能返回母国。这里指赵太后希望燕后不要遭到不幸。⑬赵之为赵：前“赵”字指赵氏，后“赵”字指赵国。赵氏原为晋大夫赵衰之后。公元前403年，韩、赵、魏三家分晋，才成立赵国。赵国的首任国君是赵烈侯。⑭奉：通“俸”。重器：珍珠、宝物。⑮山陵崩：喻赵太后死去。崩，古代帝王死称崩。⑯恣：任凭。⑰约：整治。⑱子义：赵国贤士。金玉之重：富贵之地位。

【译文】赵太后刚执政，秦国就加紧攻赵。赵国向齐国求救。齐国说：“必须以长安君为人质，才能出兵。”赵太后不愿意，大臣们都极力进谏，要她接受这一条件。赵太后向左右的人明确地说：“有人再说‘令长安君做人质’，我这个老婆子一定吐他口水!”

左师触詟希望拜见赵太后。赵太后满脸怒气等着他。触詟慢慢走近,到太后面前谢罪说:“我的脚有毛病,不能走快,很久不曾见太后了,我只有私下宽恕自己。又怕太后的身体欠安,有所不适,所以很想来一见。”太后说:“我靠人推车走。”触詟问:“每天的饮食没有减少吧?”太后说:“吃粥啊。”触詟又说:“老臣近来特别不想吃东西,就勉强步行,每天走三四里路,食欲有所增加,这对于身体是很有益处的。”太后说:“我做不到。”此时,太后的脸色稍微和悦了一点。

左师触詟又说:“老臣的小儿子舒祺,不能干,没有本事。我已年老,很爱他,希望你能让他当一名卫士,护卫王宫。我冒着死罪向你请求这件事。”太后说:“好的。他有多大了?”触詟回答说:“十五岁了。虽然小,我希望在我未死之前,托付给您。”太后问:“男人也疼爱儿子吗?”触詟回答说:“胜过女人!”太后说:“女人爱儿子爱得特别厉害啊!”触詟回答说:“老臣私下以为太后爱女儿燕后,胜过爱儿子长安君。”太后说:“你错了!我爱燕后远远比不上爱长安君。”触詟就说:“我以为父母爱子女,就要为他们做长远打算。你送燕后出嫁时,紧跟在她的后面哭泣,悲伤她远嫁他国,确实很悲哀的了。不过,当她远嫁之后,你并不是不想念她,但你在祭祀时必定替她祷告:‘一定不要让她回来。’这难道不是为她考虑长远,想她有子孙继承王位吗?”太后说:“是的。”

触詟又说:“从现在推算到三代以前,赵国从立国开始,赵王的子孙相继为侯,现在还有吗?”太后说:“没有了。”触詟说:“不仅是赵国,其他诸侯国的子孙有三世相继为侯的吗?”太后说:“我没有听说过。”触詟说:“对了。这就是常说的‘近祸落在自身,远祸落在子孙’。难道君主的子孙都不好吗?不是。只不过是他们的地位显赫又无功勋,俸禄丰厚又无劳绩,拥有的金银宝器太多了。现在,你给长安君以尊贵的地位,封给他肥沃之地,赐给他大量的财宝,你又不让他及时为国建立功勋,将来太后你一旦不在了,长安君凭什么立身于赵国呢?老臣以为你老人家为长安君考虑得太短浅了。所以我说你对长安君的爱不如对燕后的爱。”赵太后恍然有悟,说:“好吧。任凭你怎样调派他吧。”于是,赵国为长安君整治好百辆车子,派他去齐国做人质。齐国这才派出了援兵。

赵国的贤士子义听说这件事,说:“君王的儿子,是骨肉之亲,尚且不能依靠没有功勋的高位、没有劳绩的厚禄,而得以保住他们的财富,更何况是人臣呢?”

【鉴赏】本文通过触詟说服赵太后让长安君入质于齐的故事,说明“父母之爱子,则为之计深远”,不能让他们“位尊而无功,奉厚而无劳”,应使他们“有功于国”,这才是真正的爱。

文章层次清晰,波澜迭起。

首先,从开篇到“老妇必唾其面”,交代故事发生的背景。公元前265年,赵惠文王死,赵孝成王年幼,由其母赵太后执政。强秦趁执政之初的混乱大举进兵,连拔三城,赵处于严重危机之中。求援于齐,齐又提出“必以长安君为质,兵乃出”的条件。赵太后溺爱长安君，不同意“质子”，并对纷纷进谏的大臣宣布：谁再提“质子”，她将不客气。由秦入侵的秦赵的矛盾，到齐赵“质子”的矛盾，再到君臣间是否“质子”的矛盾，层层深化，形成僵局。而“质子”是解决齐赵和秦赵矛盾和赵国生死存亡的关键，紧张的气氛为触詟的出场做好充分的铺垫。

其次，从“左师触詟言愿见”到“太后之色少解”，写触詟打破僵局，进谏太后，虽为“质子”而来，但只字不提“质子”之事，而是抓住她孤独的心理，向她请安、问候，使赵太后感到温暖亲切，缓和了谈话的气氛。

再次，从“左师公曰”到“齐兵乃出”，写触詟从心理角度，旁敲侧击，闲言闲语，由“托子”引出“爱子”，再引出“如何爱子”，并以赵与各诸侯国的后代均不为“侯”的事例，步步善诱，提出“父母之爱子，则为之计深远”，切不要养尊处优，挟持重器，要让他们“为国立功”，才能“相继为王”。所以，太后对长安君爱虽深之，实则害之。这就说到了赵太后的心坎上，从切身利益出发，她同意了长安君入质于齐，化解了矛盾，挽救了赵国。

最后，从“子义闻之曰”到篇末，对事件进行评论，点明对子女不能“恃无功之尊，无劳之奉，以守金玉之重”。

全文塑造了触詟这一位富有远见卓识并忠诚为国的老臣形象，他敢谏、善谏，深谙对方心理，对症下药，谈话巧妙而生动。赵太后气势偏执、目光短浅、溺爱儿子的性格也很鲜明突出。此外，委婉曲折的叙事和简洁的语言，给文章增添了不少情趣。

鲁仲连义不帝秦

秦围赵之邯郸，魏安釐王使将军晋鄙救赵[①]。畏秦，止于荡阴[②]，不进。

魏王使客将军辛垣衍间入邯郸，因平原君谓赵王曰[③]：“秦所以急围赵者，前与齐闵王争强为帝[④]，已而复归帝，以齐故。今齐闵王益弱[⑤]，方今唯秦雄天下，此非必贪邯郸，其意欲求为帝。赵诚发使尊秦昭王为帝，秦必喜，罢兵去。”平原君犹豫未有所决。

此时鲁仲连适游赵[⑥]，会秦围赵，闻魏将欲令赵尊秦为帝，乃见平原君曰：“事将奈何矣？”平原君曰：“胜也何敢言事！百万之众折于外，今又内围邯郸而不去[⑦]。魏王使客将军辛垣衍令赵帝秦。今其人在是，胜也何敢言事！”鲁连曰[⑧]：“始吾以君为天下之贤公子也，吾乃今然后知君非天下之贤公子也。梁客辛垣衍安在[⑨]？吾请为君责而归之。”平原君曰：“胜请为召而见之于先生。”

平原君遂见辛垣衍曰：“东国有鲁连先生[⑩]，其人在此，胜请为绍介而见之于将军。”辛垣衍曰：“吾闻鲁连先生，齐国之高士也。衍，人臣也，使事有职，吾不愿见鲁连先生也。”平原君曰：“胜已泄之矣。”辛垣衍许诺。

鲁连见辛垣衍而无言。辛垣衍曰：“吾视居此围城之中者，皆有求于平原君者也。今吾视先生之玉貌，非有求于平原君者，曷为久居此围城之中而不去也？”鲁连曰：“世以鲍焦无从容而死者[11]，皆非也。今众人不知，则为一身。彼秦，弃礼义、上首功之国也[12]。权使其士，虏使其民，彼则肆然而为帝，过而遂正于天下[13]。则连有赴东海而死耳，吾不忍为之民也！所为见将军者，欲以助赵也。”辛垣衍曰：“先生助之奈何？”鲁连曰：“吾将使梁及燕助之，齐、楚固助之矣。”辛垣衍曰：“燕则吾请以从矣。若乃梁，则吾乃梁人也，先生恶能使梁助之矣？”鲁连曰：“梁未睹秦称帝之害故也，使梁睹秦称帝之害，则必助赵矣。”辛垣衍曰：“秦称帝之害将奈何？”鲁仲连曰：“昔齐威王尝为仁义矣，率天下诸侯而朝周。周贫且微，诸侯莫朝，而齐独朝之。居岁馀，周烈王崩[14]，诸侯皆吊，齐后往。周怒，赴于齐曰：‘天崩地坼，天子下席[15]。东藩之臣田婴齐后至，则斮之[16]。’威王勃然怒曰：‘叱嗟！而母，婢也！’卒为天下笑。故生则朝周，死则叱之，诚不忍其求也。彼天子固然，其无足怪。”

辛垣衍曰：“先生独未见夫仆乎？十人而从一人者，宁力不胜、智不若耶？畏之也。”鲁仲连曰：“然。梁之比于秦，若仆邪？”辛垣衍曰：“然。”鲁仲连曰：“然则吾将使秦王烹醢梁王[17]。”辛垣衍怏然不说，曰：“嘻！亦太甚矣，先生之言也！先生又恶能使秦王烹醢梁王？”鲁仲连曰：“固也。待吾言之：昔者，鬼侯、鄂侯、文王[18]，纣之三公也。鬼侯有子而好，故入之于纣。纣以为恶，醢鬼侯。鄂侯争之急，辨之疾，故脯鄂侯[19]。文王闻之，喟然而叹，故拘之于牖里之库百日[20]，而欲令之死。曷为与人俱称帝王，卒就脯醢之地也？”

“齐闵王将之鲁，夷维子执策而从[21]，谓鲁人曰：‘子将何以待吾君？’鲁人曰：‘吾将以十太牢待子之君[22]。’夷维子曰：‘子安取礼而来待吾君？彼吾君者，天子也。天子巡狩，诸侯避舍，纳筦键，摄衽抱几[23]，视膳于堂下，天子已食，退而听朝也。’鲁人投其籥[24]，不果纳，不得入于鲁。将之薛，假涂于邹[25]。当是时，邹君死，闵王欲入吊。夷维子谓邹之孤曰：‘天子吊，主人必将倍殡柩[26]，设北面于南方，然后天子南面吊也。’邹之群臣曰：‘必若此，吾将伏剑而死。’故不敢入于邹。邹、鲁之臣，生则不得事养，死则不得饭含[27]，然且欲行天子之礼于邹、鲁之臣，不果纳。今秦万乘之国，梁亦万乘之国，俱据万乘之国，交有称王之名。睹其一战而胜，欲从而帝之，是使三晋之大臣[28]，不如邹、鲁之仆妾也。”

“且秦无已而帝，则且变易诸侯之大臣，彼将夺其所谓不肖，而予其所谓贤；夺其所憎，而予其所爱；彼又将使其子女谗妾，为诸侯妃姬，处梁之宫，梁王安得晏然而已乎[29]？而将军又何以得故宠乎？”

于是，辛垣衍起，再拜，谢曰：“始以先生为庸人，吾乃今日而知先生为天下之士也！吾请去，不敢复言帝秦。”

秦将闻之，为却军五十里。适会公子无忌夺晋鄙军[30]，以救赵击秦，秦军引而去。

于是平原君欲封鲁仲连。鲁仲连辞让者三，终不肯受。平原君乃置酒，酒酣,起,前,以千金为鲁连寿。鲁连笑曰:"所贵于天下之士者,为人排患释难、解纷乱而无所取也。即有所取者,是商贾之人也,仲连不忍为也。"遂辞平原君而去,终身不复见。

【注释】 ①邯郸:赵国都城,在今河北省邯郸市。魏安釐王:魏国国君。晋鄙:魏国大将。②荡阴:地名,今河南汤阴,是赵、魏两国交界处。③客将军:非魏国籍的将军。辛垣衍:魏国将军,复姓辛垣,名衍。间入:潜入。平原君:赵国公子赵胜,封平原君,任赵相。与魏国信陵君、齐国孟尝君、楚国春申君,合称战国四公子,赵王:赵孝成王。此事发生在赵孝成王八年(前258)。④齐闵王:齐宣王子,齐国君主。闵通"湣"。公元前288年,齐湣王与秦昭王同时称帝。⑤"今齐闵王益弱"句应理解为"今齐比闵王时益弱"。因齐闵王时已死二十余年。⑥鲁仲连:齐国高士。⑦胜:平原君赵胜自称。"百万"句:指秦赵长平之战。赵孝成王六年(前260),秦将白起大破赵兵于长平(今山西高平市西北),坑杀赵降卒四十万,"百万"是夸大之数。⑧鲁连:即鲁仲连。⑨梁:即魏国。魏惠王于公元前362年迁都大梁,故魏又称梁。⑩东国:东方齐国。⑪鲍焦:春秋时隐士,不满现实而抱树饿死。无从容:不够从容,即心地褊狭,指人们对鲍焦的误解。⑫上首功:上通"尚",崇尚斩首之功,即好战。⑬"过而"句:甚至想统治天下。过,甚至。⑭周烈王:名喜,在位七年,死于公元前369年。⑮赴:同"讣",报丧。天崩地坼(chè):天垮地裂,指周烈王死。天子下席:天子指周烈王之子周安王。下席,走下座席,睡在草席上守孝。⑯东藩:东方的属国,齐国。田婴齐:齐威王。斮(zhuó):杀,斩。⑰烹醢(hǎi):烹,煮杀。醢,斩成肉酱。⑱鬼侯、鄂侯、文王:商纣王时的三个诸侯。鬼侯,《史记》作九侯,封地在今河南临漳县境。鄂侯,封地在今山西中阳县境。文王,即周文王,封地在今陕西鄠县一带。⑲脯(fǔ):酷刑,把人杀死后,做成肉干。⑳牖(yǒu)里:也作羑里,地名,在今河南汤阴北。库:监牢。㉑夷维子:齐湣王的臣。㉒太牢:祭祀时用牛、羊、猪各一做祭品,此指最高礼仪。㉓纳筦键:指把管理权上交天子。纳,交纳,上交。筦键,锁钥,类似现在的钥匙。摄衽抱几:提起衣襟,捧着几案。㉔籥(yuè):同"钥"。㉕假涂:借道。涂同"途"。㉖邹之孤:邹国的新君,因丧父,故称孤。倍:同"背",换个相反方向。古代以坐北朝南为正位,国君的灵柩放在北面。天子来吊,也要按坐北朝南的正位,故须将灵柩移动,坐南朝北,天子才能向南而吊。㉗饭含:古时殡礼,人死后,将米粒和珠玉放在死者口中。㉘三晋:指韩、赵、魏三国,是从春秋时晋国分裂出来的。㉙无已:无人阻止。谗妾:指善于进谗言、嫉贤妒能的妾妇。晏然:安适地。㉚无忌:安釐王异母弟,封号信陵君,他托魏王的爱姬如姬盗兵符,假传魏王命令,夺得晋鄙兵权,带兵击退秦军,救了赵国。

【译文】 秦军包围了赵国的首都邯郸,魏安釐王派将军晋鄙带兵去救赵国。因为畏惧秦国,兵停荡阴,不再前进。

魏王又派客将军辛垣衍潜入邯郸,通过平原君去对赵王说:"秦国急于围赵,是因为以前曾同齐湣王争强称帝,不久却取消了帝号,是因为齐湣王放弃了帝号。现在齐国比湣王时更弱了,只有秦国称雄天下。他们这次并不是贪占邯郸,意图是想你们尊他为帝。赵国如果派遣使臣尊秦昭王为帝,秦国必定高兴,撤兵归去。"赵相平原君犹豫不决,拿不定主意。

这时,鲁仲连恰好到赵国,遇上秦国攻赵国,又听说魏国将让赵国尊秦昭王为帝,于是去见平原君,说:"事情将怎么办呢?"平原君说:"我哪里敢谈国事! 百万大兵战败于外,现在秦军又内围邯郸而不撤兵。魏王派将军辛垣衍来叫赵国尊秦为帝。现在辛垣衍还在这里,我哪敢谈论国事!”鲁仲连说:“我本来以为你是天下的贤公子,现在我才知道你并不是天下的贤公子。魏国来的辛垣衍在哪里?我替你去责备他,叫他回去!”平原君说:“我去请他来见先生。”

于是,平原君去见辛垣衍,说:“齐国有位鲁仲连先生,他在这里,让我介绍他来见将军。”辛垣衍说:“我听说过鲁仲连先生,是齐国的高士。我是人臣,到赵国来有公事在身,我不想见鲁仲连先生。”平原君说:“我已把你来这里的消息泄露给他了。”辛垣衍这才同意见他。

鲁仲连见到辛垣衍,却不说话。辛垣衍说:“我看在这被围的邯郸城中的人,都是有求于平原君的。现在,我看先生的神情容貌,不是有求于平原君的人,先生为什么久居这被围城中而不去呢?”鲁仲连说:“世人认为隐士鲍焦是心地狭隘而自杀,是错了!现在大家不知道他死的意义,还以为是为他自己。秦是个舍弃礼义、崇尚武功的国家,用权力去驱使他的士人,把百姓当奴隶一般使唤,还想肆无忌惮地称帝,进而统治天下。果真这样,我鲁仲连宁愿投东海而死,也不愿做他的百姓。所以,我没有离开赵国,而来见将军,是想帮助赵国,这也是不被人理解的。”辛垣衍说:“先生怎样帮助赵国呢?”鲁仲连说:“我准备让梁(魏)和燕帮助赵国,齐和楚本已帮助赵国了。”辛垣衍说:“燕国,我相信你的游说。至于梁(魏),我就是梁(魏)人,先生怎能使梁(魏)帮助赵国呢?”鲁仲连说:“是梁(魏)未看清秦称帝的害处之故,如果让梁(魏)看清秦称帝的害处,他必定要帮助赵国。”辛垣衍说:“秦国称帝的害处,是怎样的呢?”鲁仲连说:“从前齐威王曾讲究仁义,带领天下诸侯去朝拜周天子。周贫穷弱小,诸侯都不肯去朝拜,只有齐国去朝拜了。过了一年多,周烈王死了,诸侯都去吊唁,齐国最后到。周天子大怒,讣告送到齐国,说:‘天崩地裂,天子下座守孝,在灵堂下的草席之上。东方的藩臣田婴齐后到,将他斩了!’齐威王听后勃然大怒,说着:‘呸!你妈是个贱妇!’结果被天下人耻笑。所以,周天子在时去朝拜他,周天子死时就叱骂他,是实在不能容忍周天子的苛求啊!天子本来就是这样,没什么可奇怪的。”

辛垣衍说:“先生没有见过奴仆吗?十个人听从一个人,难道是他们力量不够、智慧不及吗?是畏惧那个主人啊!”鲁仲连说:“那么梁(魏)与秦国,梁(魏)是仆人吗?”辛垣衍说:“是的。”鲁仲连说:“那么我将使秦王烹煮梁(魏)王,剁成肉酱。”辛垣衍不高兴地说:“唉!先生说得太过分了!先生又怎能让秦王烹煮梁(魏)王呢?”鲁仲连说:“自然能够,听我说吧!从前,鬼侯、鄂侯、文王,是商纣王的三公大臣。鬼侯有个女儿长得很美,所以进献给纣王。纣王以为丑,就把鬼侯剁成肉酱。鄂侯为此事争辩得很厉害,纣王就杀了鄂侯,把他的肉做成肉干。文王听说后,长声叹息,纣王就将文王关在牖里的牢里一百天,并想杀死他。为什么跟人家同样称君称王,最后却落到做肉干、肉酱的地步呢?”

“齐湣王将到鲁国去,夷维子手执马鞭跟随着,对鲁国人说:‘你们准备怎样接待我国国君呢?’鲁国人说:‘我们用十头牛羊猪的三牲大礼款待你们的国君。’夷维子说:‘你们这是按什么礼节来接待我国国君呢?我们国君是天子呀!天子出来巡视时,诸侯要让王宫,避居别处,交出锁和钥匙,提起衣襟,捧着几案,在堂下侍候天子进膳。天子饭毕,诸侯才退下听朝。'鲁国人听了,闭关上锁,不让齐湣王入境。齐湣王不得不借道邹国,准备到薛国去。那时邹国君主死了,齐湣王要去吊丧。夷维子对邹国的新君说:'天子吊丧,你们必须把灵柩由北面移向南面,然后天子朝南吊丧。'邹国的群臣说:'一定要这样,我们情愿伏剑而死!'所以齐湣王不敢进入邹国。邹、鲁两国的臣子们,君主生时不能侍候奉养,死后又不能按'饭含'之礼办理丧事,穷弱到这地步,但若要向齐湣王行天子之礼时,他们就会坚决反对。现在秦是拥有万辆兵车的强国,梁(魏)也是拥有万辆兵车的大国。同样是兵强力壮的大国,又都有称王的名分,看见秦国打一胜仗,就想顺从秦国尊它为帝,这是使三晋的大臣不如邹、鲁弱国的仆人婢妾了!"

"并且,秦由于无人阻止而称帝,他必定要调换诸侯的大臣。他将换掉认为不好的人,安插上所谓'贤能'的人;撤掉所讨厌的人,换上所宠信的人;他还会使自己的女儿和善于挑拨是非的姬妾去做诸侯的后妃,住在梁(魏)国的王宫里,梁(魏)王能安然无事吗?将军你又怎么能保住原来受宠的地位呢?"

于是,辛垣衍站起来,一拜再拜,谢罪说:"我本来以为先生是平凡的人,今天我才知道先生是天下的贤士啊!我立刻回去,再不敢说尊秦为帝的事了!"

秦国的将官听说此事后,退兵五十里。恰好魏公子无忌(信陵君)夺了晋鄙的兵权,来援救赵国,攻击秦军,秦军也就撤兵回去了。

于是,平原君要封鲁仲连,鲁仲连辞让了三次,终不肯接受。平原君设酒筵款待他,大家饮得欢畅之时,平原君起身走到鲁仲连面前,捧上千金重礼为鲁仲连拜寿。鲁仲连笑着说:"天下贤士所看重的是替别人排除祸患,消除危难、解决纷乱不索取丝毫报偿。如果有所求取,那就是做生意的商人了,仲连不愿做这种人。"于是,他辞别平原君,离开赵国,终身不再露面。

【鉴赏】本文通过鲁仲连与辛垣衍关于"抗秦"与"帝秦"的辩论和鲁仲连不居功受赏的叙写,生动地表现了鲁仲连反强暴、反投降的正义立场和远见卓识,以及"功成不受爵"的高尚品质。

首先,文章一开始即摆出赵国的紧张形势。一是强秦围都城邯郸,大兵压境;二是魏国援军惧秦,止于荡阴;三是辛垣衍潜入赵国劝赵王帝秦;四是秦赵长平之战中,赵损兵四十万,君臣处于犹豫不决中。突显了赵国处境极端危险。

其次,写鲁仲连在这关键时刻出场,反对帝秦。他先批评了平原君在祖国危难之际无可奈何的懦弱行为,再写他冷对"帝秦"派的代表辛垣衍,表明自己抗秦助赵的决心,突现他临危不惧、反对入侵、抗暴扶弱、不畏强权的正义者的形象。

再次,写鲁仲连针对辛垣衍恐秦、尊秦、帝秦的侥幸心理,与之五问五答的辩论,以史实和实例分析了"秦称帝之害",阐明自己义不帝秦的主张和根据,说明梁(魏)既有亡国之险,就是辛垣衍也将失去受宠之既得利益。这就击中了辛垣衍的要害,使他不得不诚服,放弃劝赵帝秦的主张,彰显了鲁仲连通晓古今,富有远见卓识,分析入理的政治家风采。

最后,写赵国解围后,鲁仲连坚辞平原君的封赠,并袒露心迹:"所贵于天下之士者,为人排患释难、解纷乱而无所取也",并终身隐遁,不再露面。展示了鲁仲连不仅是一位"策士",而且是"廉士""高士"的品性。正如《古文观止》的编者所评:"至于辞封赠,挥千金,超然远行,终身不见,正如祥麟威凤,可以偶觌,而不可常亲也。自是战国第一人。"

全文语言简练,叙事写人,生动传神。对比手法的运用,即鲁仲连与平原君、辛垣衍,鲁仲连与鲍焦,鲁邹两国臣仆拒齐湣王称帝与三晋大臣帝秦的对比,使文章曲折多姿,顿生波澜。

鲁共公择言

梁王魏婴觞诸侯于范台[①]。酒酣,请鲁君举觞[②]。鲁君兴,避席择言曰:"昔者,帝女令仪狄作酒而美,进之禹,禹饮而甘之,遂疏仪狄,绝旨酒[③],曰:'后世必有以酒亡其国者。'齐桓公夜半不嗛,易牙乃煎熬燔炙[④],和调五味而进之。桓公食之而饱,至旦不觉,曰:'后世必有以味亡其国者。'晋文公得南之威[⑤],三日不听朝,遂推南之威而远之,曰:'后世必有以色亡其国者。'楚王登强台而望崩山,左江而右湖,以临彷徨,其乐忘死,遂盟强台而弗登,曰:'后世必有以高台、陂池亡其国者[⑥]。'今主君之尊,仪狄之酒也;主君之味,易牙之调也;左白台而右闾须,南威之美也;前夹林而后兰台[⑦],强台之乐也。有一于此,足以亡其国。今主君兼此四者,可无戒与?"梁王称善相属。

【注释】①梁王魏婴:梁惠王,即魏王,因魏于公元前362年迁都大梁,故又称梁。梁惠王十五年(前344)召集逢泽(今开封东南)之会,自称为王。当时,梁强盛,鲁、卫、宋、郑的国君均来朝见。②鲁君:鲁国君主,即鲁共公,名奋。觞(shāng):酒杯。③帝女:似指帝尧的女儿。仪狄:美女名。旨酒:美酒。旨,味美。④不嗛(qiè):不满足,有饥饿感。易牙:一作"狄牙",齐桓公宠臣,善调味。⑤南之威:一作南威,美女名。⑥楚王:楚庄王。强台:即章华台,在今湖北监利西北。崩山:山名,在今湖北境内。陂池:水池。⑦尊:同"樽",酒杯。白台、闾须:均为美女名。夹林、兰台:梁之宫苑、园林名。

【译文】梁王魏婴在范台宴请诸侯。当大家喝得高兴时,梁王请鲁共公举杯祝酒。鲁共公站起来,离开座位,选择了一番有意义的话,说:"从前,帝尧的女儿叫仪狄,酿酒味道极好,奉送给禹,禹喝了觉得很甜美,于是疏远了仪狄,并戒了酒,说:'后世必定有因为饮酒而亡国的!'齐桓公半夜里感到饥饿,不舒服,易牙立刻烹煮烧烤,调和五味,进献给齐桓公吃。齐桓公吃得饱饱的,直到第二天早晨还没睡醒,说:'后世必定有贪图美味而亡国的!'晋文公得到美女南威,三天都不上朝听政,于是将南威推开,疏远了她,说:'后世必定有因为好女色而亡国的!'楚庄王登上高高的强台,眺望崩山,左面是大江,右面是大湖,俯视下面,徘徊流连,快乐得忘了死的危险。于是,他发誓不再登上强台,说:'后世必定有爱好修建王室园林而亡国的!'现在,梁王你的酒杯里是仪狄的酒;你的饭菜是易牙所烹调;你左面的白台,右面的闾须,是南威般的美女;你前面有夹林,后面有兰台,是和强台一般的快乐。这四件事里只要有一样,就可以亡国。梁王你而今兼有这四样,难道可以不警惕吗?"梁王听了,连声称赞说好。

【鉴赏】本文记录的是鲁共公在梁王魏婴宴席上的一段祝酒词,是诫言各诸侯王要警惕酒、味、色、乐的诱惑,否则将有亡国的危险。言直意重,表现了鲁共公卓越的政治见解。

文章的表达,主要运用了譬喻说理、排比言事的手法。全文以大禹疏仪狄而戒酒,齐桓公食美味而不醒,晋文公远南威而拒色,楚庄王以不登强台而排乐为例,说明历代明主贤君都是拒酒、味、色、乐的引诱,而梁王兼有四者,足当警惕。理寓于故事中,以譬作喻,便于接受。排比句的运用,增强了气势和说服力。就内容而言,文章张扬的是戒酒、味、色、乐以强国兴邦的思想,不仅在两千多年前有益,即使在今天仍有其现实意义。

唐雎说信陵君

信陵君杀晋鄙、救邯郸、破秦人、存赵国,赵王自郊迎①。唐雎谓信陵君曰②:"臣闻之曰,事有不可知者,有不可不知者;有不可忘者,有不可不忘者。"信陵君曰:"何谓也?"对曰:"人之憎我也,不可不知也;我憎人也,不可得而知也。人之有德于我也,不可忘也;吾有德于人也,不可不忘也。今君杀晋鄙、救邯郸、破秦人、存赵国,此大德也。今赵王自郊迎,卒然见赵王③,愿君之忘之也。"信陵君曰:"无忌谨受教。"

【注释】①信陵君:魏公子无忌,魏昭王之子。晋鄙:魏将。赵王:赵孝成王。②唐雎(jū):魏臣。③卒然:突然。卒,同"猝"。

【译文】信陵君杀了晋鄙,救下邯郸,打败了秦兵,保存了赵国。赵孝成王亲自到郊外去迎接他。这时,唐雎对信陵君说:"我听说,事情有不可以知道的,有不可以不知道的;有不可以忘掉的,有不可以不忘掉的。"信陵君说:"这话怎样讲呢?"唐雎回答说:"别人憎恨我,不可以不知道;我憎恶别人,是不可以让人知道的。别人有恩德于我,是不可以忘记的;我有恩德于别人,是不可以不忘记的。如今,你杀了晋鄙,救下邯郸,打败秦兵,保存了赵国,这对赵国是大恩德。现在,赵王亲自到郊外迎接你。你很快就会见到赵王了,希望你把救赵的事忘掉吧!"信陵君说:"无忌我遵照你的话去做。"

【鉴赏】本文通过唐雎向信陵君的进言,说明一个人做了好事切不可居功自傲,于人有恩德的事应该忘掉。这是全文的主旨。

文章在表现这一主旨时，不是用直白的方法，而是迂回切入。唐雎先从事情有不可知、不可不知、不可忘、不可不忘四种情况说起，再具体为人之憎我、我之憎人、人有德于我、我有德于人而应采取的不可不知、不可得而知、不可忘和不可不忘的四种态度，最后才落实到信陵君救赵一事上，说明这是有德于赵、不可不忘之事。源源说来，环环相扣，严谨有致；语句反复，却不刻板，回环有味，令人深思。

唐雎不辱使命

秦王使人谓安陵君曰[①]："寡人欲以五百里之地易安陵，安陵君其许寡人！"安陵君曰："大王加惠，以大易小，甚善！虽然，受地于先王，愿终守之，弗敢易。"秦王不说。安陵君因使唐雎使于秦。

秦王谓唐雎曰："寡人以五百里之地易安陵，安陵君不听寡人，何也？且秦灭韩亡魏，而君以五十里之地存者，以君为长者，故不错意也[②]。今吾以十倍之地请广于君，而君逆寡人者，轻寡人欤？"唐雎对曰："否，非若是也。安陵君受地于先王而守之，虽千里不敢易也，岂直五百里哉？"

秦王怫然怒，谓唐雎曰："公亦尝闻天子之怒乎？"唐雎对曰："臣未尝闻也。"秦王曰："天子之怒，伏尸百万，流血千里。"唐雎曰："大王尝闻布衣之怒乎[③]？"秦王曰："布衣之怒，亦免冠徒跣[④]，以头抢地耳。"唐雎曰："此庸夫之怒也，非士之怒也。夫专诸之刺王僚也，彗星袭月；聂政之刺韩傀也，白虹贯日；要离之刺庆忌也，苍鹰击于殿上[⑤]。此三子皆布衣之士也，怀怒未发，休祲降于天[⑥]，与臣而将四矣。若士必怒，伏尸二人，流血五步，天下缟素[⑦]，今日是也。"挺剑而起。

秦王色挠，长跪而谢之曰[⑧]："先生坐，何至于此！寡人谕矣。夫韩、魏灭亡，而安陵以五十里之地存者，徒以有先生也。"

【注释】①秦王：即秦始皇嬴政。公元前221年统一中国前称秦王。安陵君：安陵的国君。战国时魏襄王曾封其弟为安陵君，此为安陵君后裔。安陵，附属于魏的小国，在今河南鄢陵西北。②灭韩：秦王政十七年（前230），秦灭韩。亡魏：秦王政二十二年（前225），秦亡魏。错意：即"措意"，放在心上。③布衣：没有官职的平民，只能穿粗布衣服，故称"布衣"。④徒跣（xiǎn）：赤脚而行。⑤专诸：春秋时吴国勇士。王僚：春秋时吴王寿梦的第三个儿子夷昧之子，名僚。寿梦长子诸樊之子公子光（阖闾）与僚争王位，派专诸将短剑藏于鱼腹中，借献食之机，刺死王僚，专诸也被杀。聂政：战国时勇士，齐人。韩傀（kuǐ）：又名侠累，韩相。韩大夫严仲子与韩傀有仇，便请聂政去刺杀了韩傀。聂政也毁容自杀。要离：春秋时吴国勇士。庆忌：吴王僚的儿子。吴王阖闾（公子光）刺杀吴王僚后，庆忌出逃至卫国。阖闾怕庆忌借兵复国，便指派要离投奔庆忌，寻机刺杀庆忌，后伏剑自尽。苍鹰击于殿上：苍鹰飞到殿上搏击。⑥休祲（jìn）：休，吉兆；祲，凶兆。⑦缟（gǎo）素：白娟白绸的孝服。暗指秦王被杀，天下服丧。⑧色挠：脸色沮丧下来。挠，屈服。长跪：古代的坐姿是双膝跪地，臀部靠在脚后跟上。臀部离开脚后跟，直腰挺立，以示郑重，称长跪。

【译文】秦王派人对安陵君说："我想用方圆五百里的地方来调换安陵，安陵君该答应我了吧！"安陵君说："承蒙大王给我恩惠，以多换少，以大换小，很好。但是，因为这是先王遗留下来的封地，我愿意终身守住它，不敢调换。"秦王很不高兴。安陵君便派唐雎出使到秦国去。

秦王对唐雎说："我以方圆五百里的地方来调换安陵，安陵君不肯，这是为什么呢？再说，秦国灭掉韩国，亡了魏国，安陵君却能以五十里的地方保存下来，这是因为我把他看成长者，没有打他的主意。现在，我用十倍于安陵的土地去请安陵君扩大他的领地，而他却违抗我，这不是轻视我吗？"唐雎回答说："不！不是这样的。安陵君继承先王的封地而守住它，即使是方圆千里的土地也不敢换，何况只是五百里呢？"

秦王勃然大怒，对唐雎说："你听说过天子发怒的事吗？"唐雎说："我没有听说过。"秦王说："天子发怒，可使横尸百万，血流千里。"唐雎反问道："大王听说过平民百姓发怒的事吗？"秦王说："平民发怒，不过是光着头，赤着脚，用头撞地罢了。"唐雎说："这是庸碌之人的发怒，不是有识之士的发怒。从前，专诸刺杀王僚时，扫帚星的光芒侵袭月亮；聂政刺杀韩傀时，白色长虹横穿太阳；要离刺杀庆忌时，苍鹰搏击于殿堂之上。这三人都是百姓中的有识之士，他们胸中的怒气还未发泄，上天就降下了吉凶的兆头。现在，加上我就是四人了。如果有识之士真要发怒，死掉的不过二人，流血不过五步，但天下的人都要穿白戴孝。今天就要这样！"说着，唐雎拔剑挺立，怒对秦王。

秦王吓得面青脸黑，沮丧地长跪地下，向唐雎道歉说："先生请坐下，何必这样呢？我明白了。韩、魏都被灭亡，独有安陵君以五十里之地生存下来，就是因为有先生啊！"

【鉴赏】本文通过唐雎在强暴的秦王面前捍卫自己国土的事实，表现了唐雎机智勇敢、不畏强暴、敢于斗争的爱国精神，揭露了秦王蛮横狡诈、色厉内荏的本质。

唐雎要不辱使命，在当时是相当困难的。因为安陵是魏附属的小国，而魏、韩已被秦灭。强横的秦王又提出以五百里土地换安陵君的封邑，实际上是要吞并安陵国。在这艰难的形势面前，唐雎以针锋相对的方法制服了秦王，捍卫了祖国领土的安全。即：秦王开始以和婉之言质询时，唐雎以和婉之言应答；当秦王"怫然怒"，并以天子之怒将"伏尸百万，流血千里"相威胁时，唐雎则针锋相对，以"布衣之怒"回敬之，并以专诸刺王僚、聂政刺韩傀、要离刺庆忌为例，表示他将是第四个刺王之人，拔剑而起，怒对秦王。秦王为了保命，不得不"长跪而谢之"。尽管这只是暂时的胜利，毕竟给了秦王当头一击。

文章以对比手法来展示人物。唐雎的凛然正气与秦王的狡诈蛮横，秦王起初的骄横与后来的窘相均形成了鲜明的对比。在对比中，唐雎光耀炫目，秦王则令人不齿。

乐毅报燕王书

昌国君乐毅为燕昭王合五国之兵而攻齐[①]，下七十馀城，尽郡县之以属燕。三城未下[②]，而燕昭王死。惠王即位，用齐人反间，疑乐毅，而使骑劫代之将[③]。乐毅奔赵，赵封以为望诸君[④]。齐田单诈骑劫[⑤]，卒败燕军，复收七十馀城以复齐。

燕王悔，惧赵用乐毅乘燕之弊以伐燕。燕王乃使人让乐毅，且谢之曰："先王举国而委将军，将军为燕破齐，报先王之仇，天下莫不振动，寡人岂敢一日而忘将军之功哉！会先王弃群臣，寡人新即位，左右误寡人。寡人之使骑劫代将军，为将军久暴露于外，故召将军，且休计事。将军过听，以与寡人有隙，遂捐燕而归赵。将军自为计则可矣，而亦何以报先王之所以遇将军之意乎？"

望诸君乃使人献书报燕王曰："臣不佞，不能奉承先王之教，以顺左右之心，恐抵斧质之罪[⑥]，以伤先王之明，而又害于足下之义，故遁逃奔赵。自负以不肖之罪，故不敢为辞说。今王使使者数之罪，臣恐侍御者之不察先王之所以畜幸臣之理[⑦]，而又不白于臣之所以事先王之心，故敢以书对。"

"臣闻贤圣之君，不以禄私其亲，功多者授之；不以官随其爱，能当者处之。故察能而授官者，成功之君也；论行而结交者，立名之士也。臣以所学者观之，先王之举措，有高世之心，故假节于魏王[⑧]，而以身得察于燕。先王过举，擢之乎宾客之中，而立之乎群臣之上，不谋于父兄，而使臣为亚卿[⑨]。臣自以为奉令承教，可以幸无罪矣，故受命而不辞。

先王命之曰：'我有积怨深怒于齐，不量轻弱，而欲以齐为事。'臣对曰：'夫齐，霸国之馀教，而骤胜之遗事也[⑩]。闲于兵甲[⑪]，习于战攻。王若欲攻之，则必举天下而图之。举天下而图之，莫径于结赵矣。且又淮北、宋地[⑫]，楚、魏之所同愿也。赵若许约，楚、魏、宋尽力，四国攻之，齐可大破也。'先王曰：'善。'臣乃口受令，具符节，南使臣于赵。顾反命，起兵随而攻齐。以天之道，先王之灵，河北之地，随先王举而有之于济上[⑬]。济上之军，奉令击齐，大胜之。轻卒锐兵，长驱至国[⑭]。齐王逃遁走莒[⑮]，仅以身免。珠玉财宝，车甲珍器，尽收入燕。大吕陈于元英，故鼎返于历室，齐器设于宁台[⑯]。蓟丘之植，植于汶篁[⑰]。自五伯以来[⑱]，功未有及先王者也。先王以为顺于其志，以臣为不顿命[⑲]，故裂地而封之，使之得比乎小国诸侯。臣不佞，自以为奉令承教，可以幸无罪矣，故受命而弗辞。

臣闻贤明之君，功立而不废，故著于春秋；蚤知之士[⑳]，名成而不毁，故称于后世。若先王之报怨雪耻，夷万乘之强国，收八百岁之蓄积，及至弃群臣之日，馀令诏后嗣之遗义。执政任事之臣，所以能循法令，顺庶孽者，施及萌隶[㉑]，皆可以教于后世。

臣闻善作者不必善成，善始者不必善终。昔者伍子胥说听乎阖闾[22]，故吴王远迹至于郢。夫差弗是也，赐之鸱夷而浮之江[23]。故吴王夫差不悟先论之可以立功，故沉子胥而不悔；子胥不蚤见主之不同量[24]，故入江而不改。

夫免身全功，以明先王之迹者，臣之上计也。离毁辱之非[25]，堕先王之名者，臣之所大恐也。临不测之罪，以幸为利者，义之所不敢出也。

臣闻古之君子，交绝不出恶声；忠臣之去也，不洁其名。臣虽不佞，数奉教于君子矣。恐侍御者之亲左右之说，而不察疏远之行也[26]。故敢以书报，唯君之留意焉！"

【注释】 ①乐毅：战国时著名军事家。原为魏将，奉魏昭王命使燕，受燕昭王厚待，留燕任亚卿。公元前 284 年率燕军破齐，封为昌国君。"合五国之兵"句：齐宣王时，曾趁燕国国内混乱之际，出兵伐燕，大败燕军。燕昭王即位后，招揽天下人才，决心报复齐国。齐宣王死后，齐滑王骄横，结怨诸侯，故燕能联合赵、韩、魏、楚四国，加上燕国，合称"五国之兵"。②三城：指聊城、莒、即墨。③用齐人反间：齐将田单放出谣言，说乐毅想反叛燕国，自己称齐王，因乐毅的封地昌国在齐。燕惠王信以为真。骑劫：燕将。④望诸君：赵国给乐毅的封号。⑤田单：齐将。因用反间计使乐毅奔赵，又击败骑劫，收复齐地，迎齐襄王于莒而立之，封安平君。⑥斧质之罪：杀身之罪。质，通"锧"，腰斩用的垫座。⑦侍御者：国君左右的侍从、官员，此代指燕惠王。⑧假节：凭借外交使臣所持的符节。指乐毅由魏出使到燕。⑨亚卿：仅次于最高官位上卿的官职。⑩霸国：指齐桓公时为春秋五霸之首，为诸侯盟主。馀教：余留下来的业绩。骤胜：屡次战胜。⑪闲：同"娴"，熟练。⑫淮北、宋地：齐国属地，宋地在今河南商丘一带。⑬河北之地：黄河以北之地。济：济水。⑭长驱至国：指燕军直抵齐国都城。⑮齐王：齐滑王。莒：今山东莒县。⑯大吕：洪钟。元英：燕国的元英殿。故鼎：为齐掠去的燕国的宝鼎。历室、宁台：均为燕宫殿名。⑰蓟（jì）丘：燕都，在今北京西南。汶篁：汶，汶水，在齐国境内。篁，种竹的田。⑱五伯（bà）：指春秋时的齐桓公、晋文公、楚庄王、吴王阖闾、越王勾践。⑲不顿命：不怠命，即努力勤奋，不辜负使命。⑳春秋：指史书。蚤：同"早"。㉑夷：平定。"收八百岁"句：指自姜太公建立齐国到齐滑王，约八百年。顺庶孽：使姬妾生的儿子安分守己，指燕昭王死前就安排好了继位之事。萌隶：百姓。㉒伍子胥：伍员，春秋时楚国人。其父伍奢、兄伍尚被楚平王所杀。他逃至吴国，劝阖闾伐楚，吴军打到楚国国都郢。阖闾死，夫差即位。伍子胥劝阻夫差伐齐，抵制越国求和，被夫差赐死，沉尸江中。㉓鸱夷：皮口袋。㉔先论：指伍子胥临死之前说："剜出我的眼珠挂在东门上，我要看越军进来灭亡吴国。"主之不同量：量，指胸怀度量，即阖闾与夫差度量不同。㉕离：同"罹"，蒙受。㉖疏远：指自己是被燕惠王疏远了的人。

【译文】 昌国君乐毅替燕昭王联合五国之兵攻打齐国，占领七十多座城，尽改为郡县，附属于燕国。还有聊城、莒、即墨三城没有打下，燕昭王就死了。燕惠王即位，相信齐国施用的反间计，怀疑乐毅，下令骑劫代他为大将军。乐毅只好逃奔到赵国，赵国封他为望诸君。齐将田单诈骗骑劫，结果打败燕军，收回七十多座城，复兴了齐国。

燕惠王非常懊悔，怕赵国重用乐毅，趁燕国困敝之时攻打燕国。燕惠王便派人去责备乐毅，同时又向他表示歉意，说："先王把全国托付给将军，将军替燕攻破齐国，报了先王的仇，天下都为之震动，我哪敢一天忘记将军的功劳呢？恰逢先王去世,丢下群臣,我刚刚即位,左右的臣子蒙骗了我。我之所以派骑劫代替将军,是因为将军长期征战在外,所以召回将军休息,共商国是。将军误信流言,以为我和你有了隔阂,就捐弃燕国,投奔赵国。将军为自己着想是可以的,但又怎样报答先王待将军的厚意呢?”

望诸君乐毅于是派人送一封信给燕惠王,说:“臣子不才,不能奉行和承受先王的教诲,来顺应你左右大臣的心意,因怕在燕国遭受杀身之罪,损害先王知人善任的英明,又伤害了你的高义,所以逃奔到赵国。我甘愿承担不贤的罪名,不敢用言辞来辩白。现在,大王派使者来历数我的罪过,我恐怕侍候你的人不理解先王培养重用我的道理,也不明白我侍奉先王的忠心,所以大胆写这封信来回答你。”

“臣子听说贤能圣明的君主,不用俸禄私自授予亲信的人,而授予功劳多的;不拿官职随意赠给他喜爱的人,而是有能力称职的人才得其位。所以,经考察能力才授予官职的,是成功的君主;讲究品行而结交朋友的,是能树立名声的贤士。我以自己的学识来观察,先王的行为措施,有高出当时一般人的胆识。所以,我才借用魏王出使的符节,得以到燕国来考察。先王过分抬举我,将我从宾客之中提拔出来,使我立于群臣之上,他不同宗室贵戚商议,就任命我为亚卿。我以为只要奉行命令,秉承教导,就可幸免罪过了。所以,我接受命令,没有推辞。

先王命令我说:‘我和齐国有积怨深仇,不考虑自己力量的轻微薄弱,而想把报复齐国作为己任。’我回答说:‘齐国秉承霸国余留下来的业绩,又有多次战胜别国的经验,熟悉军事,长于征战,大王若想攻打它,必须联合天下的力量去讨伐。如果要联合天下之力去攻打,联合赵国是最便当的了。况且淮北和宋地,是楚、魏两国都想得到的。赵国如同意结盟,楚、魏、宋共同出力,四国联合攻齐,可以大破齐国了。’先王说:‘好的!’我便接受先王的口令,拿着符节,南行出使赵国。回复使命后,就同先王一起发兵随诸侯国共同攻齐。依靠上天的相助和先王的威灵,黄河以北的大片土地,随先王大军一举而得,直抵济上。济上的军队奉令攻击齐军,大获全胜。于是,以轻装的精兵长驱直入,直奔齐都临淄。齐湣王逃跑到莒,仅仅保全性命。齐国的珠玉财宝、车马兵甲、珍贵器物,全都收归燕国。齐国的大吕宝钟收挂在燕国的元英殿上;原先被齐国掠走的古鼎又回到燕国,陈放于历室宫;齐国的贵重器物,摆放在灵台殿;燕都蓟丘郊外的植物,移植在齐地汶水边的竹田里。从春秋五霸以来,没有哪一个的功业赶得上先王这般伟大的。先王感到如愿以偿,以为我没有辜负使命,所以划地封赏我,使我能享受小国诸侯一般的待遇。我没有多大的才能,自以为奉守法令,承受教诲,就可以侥幸无罪过了,所以我接受命令,不敢推辞。

我听说贤能圣明的君主,功业建立而又不废弃,所以能记载在史书上面;有先见之明的贤士,功成名就之后而不败坏,所以为后人所称道。像先王那样报仇雪耻,灭掉拥有万辆兵车的强国,收取齐国八百年积蓄的财富,直到他弃群臣逝世之际,还留下遗训告诫后人,执政任事的大臣就能够遵循法令,安排好姬妾的儿子,使他们顺从安分,广施恩惠于全国的百姓。这些都是可以用来教育后代的啊!

我听说善于创业的人，不一定善于守成；开始好的，不一定有好的结果。从前，伍子胥的计谋被阖闾采用，所以吴王阖闾能攻下楚国的郢都。后来，吴王夫差不是这样，不信任伍子胥，将他赐死，装在皮囊里，投入江里。吴王夫差不明白伍子胥的预见可以建功立业，所以将伍子胥的尸体沉入大江也不悔悟；伍子胥没有早发现两位君主胸怀度量的不同，所以被沉入江底也不改变他的主张。

避免自身被杀，保全功业，以彰显先王的业绩，这是我的上策。遭受诽谤污辱，毁坏先王的名望，这是我最害怕的。面临莫大的罪过，却想侥幸地助赵伐燕来谋取私利，这是崇尚节义的人所不敢做的。

我听说自古以来的君子绝交时，不出口骂人；忠臣含屈离国而去时，不美化自己，为自己的名声辩白。我虽不才，但常受君子的教诲。恐怕大王听信左右亲人的话，不能详察理解我这个被疏远的人的行为，因此写这封信来回答你，请大王留心考察！”

【鉴赏】 本文前部分是史官的叙述，交代了乐毅为燕昭王破齐立下大功，后燕惠王误信齐国的反间计，夺乐毅兵权，乐毅不得已投奔赵国。齐趁机败燕军，收复失地，复兴齐国。燕惠王悔，派人去责怪乐毅不该离燕，并望他回国。为此，引出后部分乐毅的《报燕王书》，陈情述志，表明心迹。

乐毅针对燕惠王对他的责怪进行驳诉：

首先，言明自己奔赵的目的，“恐抵斧质之罪，以伤先王之明，而又害于足下之义”；并强调自己不能“顺左右之心”，暗示自己遭人陷害。

其次，回述自己受先王（燕昭王）的知遇之恩，献策联合五国之力攻齐，成就燕国的大业，遂了先王报仇雪耻之愿。尽管如此，自己仍然是小心谨慎，以为只要“奉令承教”，就可以幸免于罪。

再次，以“贤明之君”“蚤知之士”作比，颂扬先王的英明。他不仅成就大业，还能在遗训中教导后人，安排大臣，遵法循令，施惠于百姓。同时以伍子胥的悲剧为例，暗喻自己同伍子胥一样不明白两位君主度量之不同，可能遭受伍子胥一样的命运。

最后，再次袒露心迹：“免身全功，以明先王之迹。”自己常受教于君子，绝不会做有损燕国之事。

全文委婉曲致，动人心扉，表现了乐毅对燕昭王的一片赤诚，对燕惠王误信谗言的遗憾。深沉忧愤，忠心难抑，可谓是“自古忠臣多磨难”的剖心之语。

李斯（？—前208），楚国上蔡（今河南上蔡）人，战国末期著名政治家。初入郡小吏，后与韩非一同从荀卿学"帝王之术"。入秦，为吕不韦门客，后任郎中，不久被秦王政（秦始皇）任为客卿。秦始皇统一中国后，任丞相。他反对分封制，主张焚书禁学，加强专制主义中央集权的统治。秦始皇死后，被赵高陷害，腰斩于咸阳。

谏逐客书

秦宗室大臣皆言秦王曰："诸侯人来事秦者，大抵为其主游间于秦耳，请一切逐客①。"李斯议亦在逐中。

斯乃上书曰："臣闻吏议逐客，窃以为过矣。昔穆公求士，西取由余于戎，东得百里奚于宛，迎蹇叔于宋，求丕豹、公孙支于晋②。此五子者，不产于秦，而穆公用之，并国二十，遂霸西戎。孝公用商鞅之法，移风易俗，民以殷盛，国以富强，百姓乐用，诸侯亲服，获楚、魏之师③，举地千里，至今治强。惠王用张仪之计，拔三川之地，西并巴、蜀，北收上郡，南取汉中，包九夷，制鄢、郢，东据成皋之险，割膏腴之壤，遂散六国之从④，使之西面事秦，功施到今。昭王得范雎，废穰侯，逐华阳⑤，强公室，杜私门，蚕食诸侯，使秦成帝业。此四君者，皆以客之功。由此观之，客何负于秦哉？向使四君却客而不内⑥，疏士而不用，是使国无富利之实，而秦无强大之名也。

今陛下致昆山之玉，有随、和之宝，垂明月之珠，服太阿之剑，乘纤离之马，建翠凤之旗，树灵鼍之鼓⑦。此数宝者，秦不生一焉，而陛下说之，何也？必秦国之所生然后可，则是夜光之璧，不饰朝廷；犀象之器，不为玩好；郑、卫之女，不充后宫；而骏马駃騠⑧，不实外厩；江南金锡不为用，西蜀丹青不为采。所以饰后宫，充下陈，娱心意，说耳目者，必出于秦然后可，则是宛珠之簪，傅玑之珥，阿缟之衣⑨，锦绣之饰，不进于前；而随俗雅化，佳冶窈窕，赵女不立于侧也。夫击瓮叩缶，弹筝搏髀，而歌呼呜呜快耳者，真秦之声也；郑、卫桑间，韶虞、武象者⑩，异国之乐也。今弃击瓮叩缶而就郑卫，退弹筝而取韶虞，若是者何也？快意当前，适观而已矣。今取人则不然，不问可否，不论曲直，非秦者去，为客者逐。然则是所重者在乎色、乐、珠、玉，而所轻者在乎人民也。此非所以跨海内、制诸侯之术也。

臣闻地广者粟多，国大者人众，兵强则士勇。是以泰山不让土壤，故能成其大；河海不择细流，故能就其深；王者不却众庶，故能明其德。是以地无四方，民无异国，四时充美，鬼神降福，此五帝三王之所以无敌也。今乃弃黔首以资敌国，却宾客以业诸侯，使天下之士退而不敢西向，裹足不入秦，此所谓藉寇兵而赍盗粮者也⑪。

夫物不产于秦，可宝者多；士不产于秦，而愿忠者众。今逐客以资敌国，损民以益仇，内自虚而外树怨于诸侯⑫，求国之无危，不可得也。”

秦王乃除逐客之令，复李斯官。

【注释】①宗室：王室，与君主同一祖宗的贵族。秦王：秦始皇嬴政。间：离间。客：在秦国为官的其他国人。②穆公：即秦穆公。由余：春秋时晋人，逃亡西戎。奉戎王命使秦，秦穆公重其才，以礼招其归秦，并用其计统一了西戎各部。戎：指西部少数民族。百里奚：楚国宛（今河南南阳）人，原为虞大夫，晋灭虞，被俘，作为晋献公女儿陪嫁的奴仆入秦。后逃入楚，被捉，沦为奴隶。秦穆公听说他很有能力，便用五张羊皮赎了他，任为秦相，故称五羖大夫。蹇（jiǎn）叔：百里奚的朋友，居于宋，经百里奚推荐，被秦穆公聘为上大夫。丕豹：晋大夫丕郑之子，丕郑被杀，豹奔秦，为大将，助秦攻晋。公孙支：字子桑，游于晋，后入秦，为秦穆公谋臣。③孝公：秦孝公。商鞅：战国时卫人，姓公孙，名鞅，又称卫鞅。任秦相十年间，佐秦孝公变法，使秦富强。秦孝公封以商地（今陕西商州），故称商鞅，又称商君。获楚、魏之师：楚宣王三十年，卫鞅被封于商，南侵楚。秦孝公二十二年，商鞅击败魏军，俘魏公子卬（áng），得魏河西之地。④惠王：即秦惠王。张仪：魏人，秦惠王时为相，定“连横”之计，游说诸侯事秦。三川：指今河南西北洛阳一带，因有黄河、洛河、伊河流过境内，故称三川。巴、蜀：今重庆市、四川省全境。上郡：魏地，在今陕西西北一带。公元前328年，秦攻魏，占魏上郡十五县之地。汉中：今陕西汉中地区。九夷：泛指当时楚地的多种少数民族。鄢：楚国旧都，在今湖北宜城南。郢：楚国都，在今湖北江陵。成皋：今河南荥阳的虎牢关，古代是一军事要地。六国之从：从，同“纵”。指韩、魏、赵、齐、燕、楚联合抗秦的“合纵”政策。⑤昭王：秦昭王。范雎：字叔游，魏人，为秦昭王相。穰侯：魏冉，秦昭王母宣太后的异父弟，为秦相三十余年，封于穰。华阳：华阳君芈（mǐ）冉，宣太后同父弟，封于华阳。⑥向使：假使。不内：不纳。内，同“纳”。⑦崑山：昆仑山，今新疆和田县，以产玉著称。随、和之宝：相传随国（今湖北随县）随侯曾救过一条大蛇。后来，这蛇在夜间衔来一颗宝珠谢他，称为“随侯珠”。楚人和氏（卞和）曾在荆山得一玉璞，献给厉王。玉工鉴定为石头，厉王怒，砍去卞氏一只脚。武王即位，和氏再献璞，又被玉工说为石头，又被砍去一只脚。等到文王即位，和氏又献璞，琢成绝世美玉，称为和氏璧。太阿（ē）：宝剑名，相传是春秋楚人干将、镆铘合铸的宝剑之一。纤离：骏马名。翠凤之旗：用翠羽装饰成凤形的旗帜。灵鼍（tuó）：鼍是鳄鱼的一种，皮可蒙鼓。⑧犀象之器：用犀牛角和象牙做的器物。駃騠（juétí）：骏马名。⑨宛珠：宛地出产的珠子。傅玑之珥：镶着小珠的耳环。阿缟（gǎo）：齐国东阿（今山东东阿县）出产的白色绢绸。⑩瓮：盛水的瓦罐。缶：瓦钵。搏髀（bì）：拍着大腿打拍子。桑间：卫国濮水边的一地，相传是青年男女聚会唱歌之地。韶虞：相传是歌颂虞舜的音乐。武象：周初的一种乐舞。⑪黔首：秦时对百姓的称呼。黔，黑色。赍（jī）：给予。⑫外树怨于诸侯：指秦把客卿赶回各国，这些人结怨于秦，辅佐诸侯国攻秦。

【译文】秦国的宗室大臣们都对秦王说：“从各诸侯国来秦国做事的，大都是为他们的君主进行游说和离间活动。请把所有外来的客卿统统驱逐出境。”李斯也属于他们商议要驱逐的一个。

于是，李斯给秦王上书，说：“我听说官吏们在计议驱逐客卿，我私下认为这是错误的。从前，穆公访求贤才，从西方的戎族招募了由余，从东方的宛地得到了百里奚，从宋国迎来了蹇叔，从晋国求得了丕豹和公孙支。这五人都不是出生在秦国，而穆公重用他们，兼并了二十个小国，在西戎地区称霸。孝公采用商鞅变法的主张，移风易俗，百姓富足，国家强盛，百姓乐于为国出力，诸侯国都来亲善归附，战胜了楚、魏的军队，扩展了上千里的土地，使国家至今还保持着安定强盛的局面。惠王采用张仪的计策，攻占三川地区，向西吞并了巴蜀大地，向北收取了上郡，向南夺得了汉中，拿下了广大的少数民族地区，控制着楚国的鄢、郢大城，向东占据了成皋天险，取得了大片肥沃之地，拆散了六国抗秦的合纵联盟，迫使他们向西侍奉秦国，其功绩一直延续到今天。昭王得到范雎，废弃穰侯，驱逐华阳君，加强王室的权力，遏制豪门贵族的势力，一步步吞食诸侯国的疆土，使秦国建成帝王的基业。这四位君主，都是依靠客卿的功劳。从这些事实看来，客卿有什么对不起秦国的呢？假使四位君主拒绝客卿而不接纳他们，疏远贤士而不使用，那就会使国家没有雄厚的实力，秦国也就没有强大的威名了。

现在，陛下得到了昆仑山的美玉，占有随侯珠、和氏璧，悬挂着光如明月的宝珠，佩戴着太阿宝剑，乘着纤离骏马，竖立着用翠凤做装饰的彩旗，安放着用鳄鱼皮蒙的大鼓。这几件宝物，秦国一样也不出产，陛下却非常喜爱它们，这是为什么呢？如果一定要是秦国出产的才能用的话，那么夜光之珍珠就不该装饰在朝廷，犀角象牙的器物就不该赏玩，郑卫两国的美女就不该住满后宫，骏马駃騠就不该养满外面的马厩，江南地区的金锡就不该为你所用，西蜀一带的丹青颜料就不该用来装饰。所以，如果装饰后宫、充满厅堂、娱乐心意、悦人耳目的东西，一定要秦国出产的才可用，那么嵌着宛珠的簪子，缀满小珠的耳环，东阿白绢做的衣服，锦缎绣成的饰物，就不该进献到你的面前。那些装扮时兴雅致、艳丽苗条的赵国美女，就不该侍立在你的身旁。敲打瓦瓮瓦钵，弹着竹筝，拍着大腿，叽里呱啦歌唱呼喊以开心悦耳，这才真正是秦国的音乐。郑、卫"桑间"的新调，"韶虞""武象"的古曲，都是别国的音乐。如今，放弃击瓦瓮瓦钵而欣赏郑、卫的音乐，撤掉弹筝而听"韶虞"之曲，这样做是为什么呢？还不是为了心情舒畅，适合观赏罢了。如今用人却不这样，不问能力大小，行与不行，有理还是无理，只要不是秦国人就离去，凡是外来的客卿都被驱逐。那么，你所重视的是女色、音乐、珍珠、宝玉，轻视的是人才吗？这可不是横跨海内、制服诸侯、统一天下的策略啊！

我听说，土地广阔粮食充足，国家大人口众多，武器精良士兵勇敢。所以，泰山不舍弃任何土壤，才能那样高大；河海不排斥任何细流，才能那样深广；帝王不拒绝任何臣民，才能显示他的恩德。因此，地不分东西南北，民不论本籍外籍，四季和谐美好，鬼神都会来降福，这就是五帝三王之所以无敌于天下的原因。如今，抛弃百姓去资助敌国，驱除客卿去成就其他诸侯的事业，这就会使天下的贤士退缩而不敢到西方来，止步不前，不敢进入秦国。这是所谓给敌寇武器，送强盗粮食的做法啊！

秦国不出产的物资，珍贵的很多；不是生于秦国的贤士，愿意为秦国效忠的不少。如今，驱逐外籍人去帮助敌国，损害民众去让仇人受益，对内削弱自己，对外结怨于诸侯，要想求得国家没有危险，是不可能的啊！"

秦王于是废除了逐客令，恢复了李斯的官职。

【鉴赏】 本文的写作背景是秦王政(秦始皇)执政以来,各诸侯国为了削弱秦国向外扩张实力,纷纷派出间谍去秦国活动。秦王政十年(前237),韩国派水利专家郑国到秦,建议秦修灌溉渠三百余里,欲耗秦费的财力、人力,以免秦向外用兵。后来这一计谋败露,秦王室贵族趁机发难,要求秦王"逐客",李斯亦在被逐之列。为此,李斯排一己之私,从秦国兴衰的高度写成此文,上书秦王。

李斯在文章里以史为例,陈述秦恃客功而强大,客无负秦屡建奇功的事实;以非秦的物器、美女、声乐为秦所用作比,阐明不能排外,重客与逐客是维护还是削弱秦国统治,关系到秦能否统一天下的大问题,故"客不能逐"。理由有四:

(一)以史来看,穆公、孝公、惠王、昭王重用由余、百里奚、蹇叔、丕豹、公孙支、商鞅、张仪、范雎八位客卿,使秦民殷盛、国富强,蚕食诸侯,成就帝业。客卿之功,不可谓不大,说明客无负秦,客不当逐!

(二)以色乐珠玉为喻,秦不产却为秦王所悦,对人则不然,"不问可否,不论曲直,非秦者去,为客者逐",岂不是重色乐珠玉而轻人才?这不是"跨海内、制诸侯之术"。故秦欲一统天下,客不当逐!

(三)以"泰山不让土壤成其大""河海不择细流就其深"为喻,正面阐释五帝三王之所以无敌天下就是能广纳天下人才。若秦逐客,必然是"却宾客以业诸侯","天下之士退而不敢西向,裹足不入秦",好比"藉寇兵赍盗粮",后果是十分严重的。从正反两方面说明:客不当逐!

(四)以"物不产于秦,可宝者多;士不产于秦,而愿忠者众"的事实和"逐客"将"损民以益仇"的危害,总结全文,客不当逐!

全文以比喻手法,层层设喻,层层说理,而理自然明白,毫不牵强,不令人生厌,颇具感染力与说服力。秦王最后废除了逐客令,恢复了李斯的官职,李斯的上书收到了很好的效果。

楚辞 《楚辞》是我国《诗经》以后的又一部诗歌总集。它开创了我国古代浪漫主义诗风,与《诗经》一起成为我国古典诗歌现实主义与浪漫主义的两大源头。

《楚辞》系西汉刘向所辑,收战国时楚人屈原、宋玉及汉代淮南小山、东方朔、王褒、刘向等人的作品十六篇,其中以屈原的作品为主。这些作品的题材、形式、语言、风格均具有浓厚的楚地色彩,故取名《楚辞》。

卜　居

屈原既放①,三年不得复见。竭智尽忠,而蔽障于谗;心烦虑乱,不知所从。乃往见太卜郑詹尹,曰②:"余有所疑,愿因先生决之。"詹尹乃端策拂龟,曰③:"君将何以教之?"

屈原曰:"吾宁悃悃款款朴以忠乎④?将送往劳来斯无穷乎?宁诛锄草茅以力耕乎?将游大人以成名乎?宁正言不讳以危身乎?将从俗富贵以偷生乎?宁超然高举以保真乎⑤?将哫訾栗斯、喔咿嚅唲以事妇人乎⑥?宁廉洁正直以自清乎?将突梯滑稽、如脂如韦以絜楹乎⑦?宁昂昂若千里之驹乎?将氾氾若水中之凫乎⑧?与波上下偷以全吾躯乎?宁与骐骥亢轭乎⑨?将随驽马之迹乎?宁与黄鹄比翼乎⑩?将与鸡鹜争食乎⑪?此孰吉孰凶?何去何从?世溷浊而不清:蝉翼为重,千钧为轻;黄钟毁弃,瓦釜雷鸣⑫;谗人高张,贤士无名。吁嗟默默兮,谁知吾之廉贞!"

詹尹乃释策而谢曰:"夫尺有所短,寸有所长;物有所不足,智有所不明;数有所不逮⑬,神有所不通。用君之心,行君之意,龟策诚不能知此事。"

【注释】①屈原:名平,字原,战国时楚国人,约生于公元前340年,卒于公元前278年。楚怀王时,曾任左徒、三闾大夫,后被流放,长期过着流亡生活,最后投汨罗江而死。他的作品有《离骚》《九歌》《九章》《天问》等,是我国伟大的爱国诗人。②太卜:占卜之长官。③策:占卜用的蓍草。龟:占卜用的龟甲。④悃悃款款:诚恳忠信的样子。⑤真:本来面目。⑥哫訾(zúzǐ):阿谀逢迎。栗斯:小心奉承、献媚。喔咿嚅唲(rúér):强颜欢笑。妇人:指楚怀王的宠姬郑袖。⑦突梯滑稽:圆滑之貌。如脂如韦:柔软无骨气。脂,脂肪;韦,柔软的熟皮革。絜楹:以绳子围绕圆柱,引申为谄谀。⑧凫:野鸭。⑨骐骥:良马,又称千里马。亢轭(è):抗拒车辕前面的横木。⑩黄鹄:天鹅。⑪鸡鹜:鸡和鸭。⑫黄钟:乐器名,喻有才能的人。瓦釜:陶土烧制的瓦罐,喻无才无德之人。⑬数:占卜之法。

【译文】屈原被放逐已经三年,不能再见到楚王。他竭尽心力,忠心为国,却无端遭到谗言构陷,不免心烦意乱,不知道该怎么办。于是,他去见太卜官郑詹尹,说:"我心中有许多疑惑不解之事,请先生为我占卜决断。"郑詹尹立刻摆正占卜的蓍草和拂尽龟甲上的灰尘,说:"你有什么见教呢?"

屈原说:"我是应该诚实勤恳,朴实忠厚呢,还是周旋应酬,无穷尽地媚世取巧?我是应该割茅锄草,努力勤耕务农呢,还是去游说诸侯、巴结权贵、谋取虚名?我是应该不顾安危、直言不讳呢,还是同流合污、贪图富贵、苟且偷生?我是应该超尘脱俗,飘然归隐,保持自己的高洁本性呢,还是阿谀奉迎,奴颜婢膝,去向那贵妇人郑袖献媚邀宠?我是应该清廉洁白,正直无私,以保持自己的清高呢,还是虚伪圆滑,毫无骨气,去做拍马奉迎的小人?我是应该高昂头颅,像匹千里马呢,还是像漂浮水中的野鸭,随波逐流,苟且保全性命?我是应该与骏马并驾齐驱呢,还是追随劣马亦步亦趋?我是应该同天鹅比翼高飞呢,还是同鸡鸭同群争食?所有这些,究竟哪个是吉,哪个是凶?哪个该背弃,哪个该遵从?这世道已经是非颠倒,混浊不清:有人说薄薄的蝉翼比千钧的铁块还重;青铜的编钟被毁弃不用,瓦罐却当作乐器如雷般轰鸣;坏人窃居高位,嚣张跋扈,好人却被埋没,默默无闻。唉,我只好沉默不说了,有谁知道我的廉洁与忠贞!"

郑詹尹放下蓍草,起身辞谢说:"尺有所短,寸有所长。事物不会是完美无缺的,聪明人也有不明白之处。占卜不是什么都能预料,神灵也有不灵验之处。你凭本心去干你愿意干的事情吧,我的灵龟与蓍草实在是无能为力。”

【鉴赏】 何谓“卜居”?王逸解释为:“卜己居世,何所宜行,冀闻异策,以定嫌疑,故曰‘卜居’也。”即占卜问卦,指示自己该怎样处世,何去何从。此文是何人所作,一直是争论的问题,但大多数学者仍倾向于是屈原所作。

本文通过“卜居”一事,抒发了屈原被迫害的不平与苦闷,表明了作者清高洁白的心迹,抨击了社会的黑暗,揭露了好坏不分、美丑颠倒、是非混淆的社会现实。

首先,文章起笔就交代“卜居”的缘由。屈原被逐三年不能见楚怀王,自己尽心报国又被谗言所害,心烦意乱。客观与主观的艰难处境,促使他前去问卜。

其次,写“问卜”的内容。文中连用“宁悃悃款款朴以忠乎?将送往劳来斯无穷乎”等八对“宁……将……”的句式,正反两面反复对照,既揭露了世风的黑暗,又暗示了自己的高尚追求。正如洪兴祖在《楚辞补注》中所说:“此篇上句皆(屈)原所从,下句皆(屈)原所去。时之人去其所当从,从其所当去。其所谓吉,乃(屈)原所谓凶也。”所以,屈原从诉疑中揭示了当时价值观完全颠倒的非人的混浊世界:“蝉翼为重,千钧为轻;黄钟毁弃,瓦釜雷鸣;谗人高张,贤士无名。”

再次,写郑詹尹“拒卜”。郑詹尹开初“端策,拂龟”,准备为之占卜,听完屈原的诉疑后,“释策而谢”,不愿“占卜”,并说:“用君之心,行君之意,龟策诚不能知此事。”说明“占卜”也不能解答屈原的疑虑。

全文就是这样借“问卜”之事,设疑设问,表露心迹,抨击黑暗,警醒世人。比喻、排比、象征、选择句式的运用,使文章曲折多变,令人荡气回肠,忧愤深广,不忍卒读。

宋玉对楚王问

楚襄王问于宋玉曰:“先生其有遗行与①?何士民众庶不誉之甚也?”

宋玉对曰:“唯,然,有之!愿大王宽其罪,使得毕其辞。”

客有歌于郢中者,其始曰《下里》《巴人》,国中属而和者数千人②;其为《阳阿》《薤露》③,国中属而和者数百人;其为《阳春》《白雪》④,国中属而和者不过数十人;引商刻羽,杂以流徵⑤,国中属而和者不过数人而已。是其曲弥高,其和弥寡。

故鸟有凤,而鱼有鲲⑥。凤凰上击九千里,绝云霓,负苍天,足乱浮云,翱翔乎杳冥之上⑦;夫藩篱之鷃⑧,岂能与之料天地之高哉?鲲鱼朝发昆仑之墟,暴鬐于碣石,暮宿于孟诸;夫尺泽之鲵⑨,岂能与之量江海之大哉?

故非独鸟有凤而鱼有鲲也,士亦有之。夫圣人瑰意琦行⑩,超然独处,夫世俗之民又安知臣之所为哉?

【注释】 ①楚襄王：楚顷襄王，名横，楚怀王之子。宋玉：战国后期楚国著名辞赋家，和唐勒、景差同时，相传为屈原的学生，在楚襄王时做过文学侍从之类的小官。其作品有《九辩》《高唐赋》《神女赋》等。遗行：不检点的行为。②郢：楚国国都，在今湖北江陵。下里巴人：古时流行于巴族中的较低级的民间通俗歌曲。属而和：连接应和。③《阳阿》《薤（xiè）露》：楚地较为高雅的乐曲。④《阳春》《白雪》：楚地高雅的乐曲。⑤引商刻羽，杂以流徵（zhǐ）：古代有五声，由高到低为宫、商、角、徵、羽，后又增加了变徵、变宫，成为七声，表示音阶的七个音级。这里用音级的复杂变化来形容音乐技巧的高超。⑥凤：凤凰鸟。鲲：传说中的大鱼。⑦绝：超越。杳冥：极高远看不清的地方。⑧鷃：小鸟。⑨昆仑之墟：昆仑山脚。暴（pù）：曝晒。鬐（qí）：鱼鳍。碣石：渤海畔之山名，在今河北昌黎县。孟诸：大泽名，故址在今河南商丘市东北。尺泽：小水塘。鲵（ní）：小鱼。⑩瑰意琦行：卓越不凡的思想和行为。瑰，珍贵；琦，卓异、美好。

【译文】 楚襄王问宋玉说："先生有什么不检点的行为吗？为什么那么多的士人百姓都在强烈地议论你的不是呢？"

宋玉回答说："嗯，是的，确实有这种情况。请大王宽恕我的罪过，让我把话讲完。"

有位客人在郢都唱歌，他开始唱《下里》《巴人》之歌，城中跟着他一起唱的有数千人；他唱较高级的《阳阿》《薤露》之歌，城中跟着他唱的有数百人；他唱高雅的《阳春》《白雪》之歌，城中跟着他唱的不过数十人；最后，他高唱商音，低吟羽音，再夹杂流动的徵音，音调曲折变化无穷，城中跟着他唱的只有几人而已。可见，乐曲越是高雅美妙，能够应和跟唱的人就越少。

所以，鸟类中有凤凰，鱼类中有硕大的鲲鱼。凤凰展翅搏击云天九千里，超越云雾，背负青天，足踏浮云，翱翔在高远的九天之上。那些跳跃在篱笆上的鷃雀，怎能同它一样了解天地的高远呢？鲲鱼早晨从昆仑山脚出发，中午在渤海边的碣石上晒太阳，晚上停息在孟诸的大泽里。那些小水塘里的鲵鱼，怎能和它一样测知江海的广阔呢？

不只是鸟中有凤凰，鱼中有鲲鱼，士人之中也有杰出的圣人。圣人有卓越的见解和不平凡的行为，超尘脱俗，卓尔不群，那些凡夫俗子又怎么能了解我的所作所为呢？

【鉴赏】 本文通过楚王听信谗言，责问宋玉之"遗行"，宋玉巧妙设譬取喻进行答辩，表现了宋玉超然独处、不同流俗的孤芳自赏的情怀，反映了楚顷襄王时宗室专权、朝政日非、嫉害贤能的黑暗现实。

全文结构简洁明晰，一问一答，毫无枝蔓。

首先，写楚顷襄王听信谗言，责问宋玉。宋玉宕开一笔，满口承认有"遗行"，不作申辩，只是希望宽恕，让他把话说完。

其次，写宋玉的答词。其答词以讲故事的形式，表面与"遗行"无关，实则均为"遗行"进行辩解。分三个层次：一是讲一位歌手在郢都唱歌，唱《下里》《巴人》低级通俗的歌时，唱和者数千人；唱《阳阿》《薤露》较高级的歌时，应和者数百人；唱高雅的《阳春》《白雪》之歌时，能跟着唱的不过数十人；最后唱高难度的变化无穷的歌时,能和者只有几人。可见“曲高和寡”,暗示智高之人不为人理解。二是以凤凰、鲲鱼与鷃雀、小鲵的对比,说明渺小的鷃雀、小鲵之类的谗佞小人不会理解如凤凰、鲲鱼一类大智者的胸怀与能力。三是以圣人与世俗之民的对比,说明凡夫俗子哪能了解我(圣人)的所作所为。三重对比中,宋玉自比为高雅之乐曲、鸟中之凤、鱼中之鲲、人中之“圣”,说明自己博大精深,情操高尚,与那些鼠目寸光的谗佞小人有天壤之别,故遭到他们的诬陷也就不足为怪了。尽管宋玉没有对“遗行”进行辩解,但“故事”一完,“遗行”之诬也就不攻自破。宋玉的高洁清高、孤芳自赏自然显现,楚顷襄王及周围佞臣的昏庸、恶劣昭然若揭。

全文运用比喻,生动形象,理寓其中;逐层推进,逐层深入;答辩一完,戛然而止,如载奔马,干净利落,有余音绕梁之效。

史记 西汉司马迁撰，是我国第一部纪传体通史，记载上自传说中的黄帝，下至汉武帝时代三千多年的历史，共五十二万六千五百字，一百三十篇。其中本纪十二篇，按年代顺序记述帝王的言行和政绩；表十篇，按年代谱列各时期的重大事件；书八篇，专记有关经济、政治和文化制度；世家三十篇，主要记载春秋以来诸侯、宗师、将相功臣的兴亡传代封废的史迹；列传七十篇，记载各类历史风云人物的活动。本纪是纲领，统摄三千年历史的兴衰沿革；十表、八书作为十二本纪的补充，形成纵横交错的叙事网络；三十世家围绕十二本纪而展开，其关系犹如“二十八宿环北拱，三十辐共一毂，运行无穷”（《太史公自序》）；七十列传则是历史天宇上北斗、二十八宿以外的群星。这五种体裁之中，本纪和列传是全书的主体，因此人们把《史记》的编写方法叫作纪传体。《史记》的取材非常宏富。作者职居史官，广泛参考了《左氏春秋》《国语》《世本》《战国策》《楚汉春秋》及诸子百家之书，充分利用了国家收藏的文献，又进行了实地采访。文史价值双高，被鲁迅誉为“史家之绝唱，无韵之《离骚》”。

五帝本纪赞

太史公曰①：学者多称五帝，尚矣。然《尚书》独载尧以来，而百家言黄帝，其文不雅驯，荐绅先生难言之②。孔子所传《宰予问五帝德》及《帝系姓》，儒者或不传③。余尝西至空峒，北过涿鹿，东渐于海，南浮江淮矣，至长老皆各往往称黄帝、尧、舜之处，风教固殊焉，总之不离古文者近是④。予观《春秋》《国语》，其发明《五帝德》《帝系姓》章矣，顾弟弗深考，其所表见皆不虚⑤。《书》缺有间矣，其轶乃时时见于他说⑥。非好学深思，心知其意，固难为浅见寡闻道也。余并论次，择其言尤雅者⑦，故著为本纪书首。

【注释】①太史公：司马迁（约前145—约前90），西汉史学家、文学家、思想家。字子长，夏阳龙门（今陕西韩城南）人。司马谈的儿子。少年好学，二十岁以后，游踪几乎遍及全国，考察风俗，采集传说，是司马迁生平中重要的“读万卷书，行万里路”的时期。武帝元封三年（前108），继父职任太史令，有机会博览国家所藏的大量书籍。太初元年（前104），开始着手编写史书。天汉三年（前98），因替李陵辩解，获罪下狱，并于次年身受腐刑，出狱后任中书令，发愤继续完成所著史籍。人们原称此书为《太史公书》，后来称为《史记》。《史记》一百二十九篇有“太史公曰”，其在篇首称“序”，篇末称“赞”，篇中称“论”，司马迁以这种形式对历史加以评论，言近而旨远。清章学诚认为其目的是“明述作之本旨，见去取之从来”。②百家：指先秦诸子百家。雅驯：驯，同“训”。事有根据，文辞优美。即规范的意思。荐绅：同“搢绅”。搢，插。绅，大带。古时官员腰系大带，上插笏版（一种玉或竹片制的狭长手版），因此称士大夫为搢绅或荐绅。③《宰予问五帝德》《帝系姓》：《大戴礼记》和《孔子家语》中的篇名。儒者或不传：《大戴礼记》及《孔子家语》都不是正式的经书，所以汉代儒者认为不是圣人之言，多不传授学习。④空峒：山名，即崆峒山。在甘肃平凉山西，属六盘山，黄帝问道于广成子处。涿鹿：古山名，在今河北涿鹿县东南。《史记·五帝本纪》载黄帝与蚩尤战于涿鹿之野，被诸侯尊为天子。渐（jiān）：至，达到。浮：

乘船而行。长老：指年老的人。处：旧迹。风教：风俗教化。古文：指用篆书书写的古字本经书，有别于当时已立为学官的博士们所传授的用隶书书写的通行本“今文”。近是：近于是，近于正确，近于圣人之说。⑤章：同“彰”。明白，显著。弟：同“第”，但。表见：记载。虚：虚妄。⑥《书》缺有间(jiàn)：《尚书》亡佚很多。轶(yì)：散失。⑦尤雅：典雅，优雅。

【译文】 太史公说：学者多称说五帝，由来已久。可是《尚书》只记载尧以来的史事，而诸子百家谈论黄帝，他们的文章不仅无事实依据，而且文辞也不够优美，所以就连士大夫也难以说得清楚明了。孔子所传《宰予问五帝德》及《帝系姓》，儒者们多不传授学习。我曾经西到崆峒，北过涿鹿，东达渤海，南渡江淮，到过那些老人都经常各自谈论黄帝、尧、舜的地方，其风俗教化本来就大不一样，总的说来，以不背离《尚书》所记载的为接近正确。我读《春秋》《国语》，其中阐发《五帝德》《帝系姓》两篇的大义非常明显，但可惜儒者不深入考察，其实它们记载的都不虚妄。《尚书》里面有很多缺亡散失的史事，时时在其他的记载传说中可以见到，如果不认真学习，深入思考，领会它的意义，确实很难同见闻浅薄的人谈论清楚。我根据古文和诸子百家有关五帝的著作论定编排，选择那些言语特别典雅的记载，写成《五帝本纪》，放在十二本纪的开头。

【鉴赏】 “五帝”无疑最符合司马迁的“人君”理想。虽然司马迁自己也说，由于时代的久远，关于黄帝的事迹，就连缙绅先生也说不出个子午卯酉来，诸子百家虽有一些零星的记载，但又显得鄙陋不堪。司马迁通过实地考证，并在古代典籍中发幽探微，理出五帝的事略，这体现了司马迁考信求实的史学家风范。但司马迁的主要目的还是为了彰显自己的政治理想，“成一家之言”。

司马迁写黄帝在战争时期“修德振兵”，“天下有不顺者，黄帝从而征之……未尝宁居”；在和平建设时期也“劳勤心力耳目，节用水火材物”。帝喾“仁而威，惠而信，修身而天下服”。黄帝、帝喾率领自己的臣民，披荆斩棘，外能安邦，内能兴国，急百姓之所急，想百姓之所想，敢为天下先。《索隐述赞》称颂五帝：“既代炎历，遂禽蚩尤。高阳嗣位，静深有谋。大小远近，莫不怀柔……就之如日，望之如云……能让天下，贤哉二君。”

在五帝中，司马迁写得较详尽的是关于尧舜的事。写尧占篇幅最多的是他如何苦心焦虑为天下选接班人的事，以及究竟把天下传给舜还是自己的儿子丹朱所进行的思想斗争：“授舜，则天下得其利而丹朱病；授丹朱，则天下病而丹朱得其利。”后来理智战胜了情感，终于把天下传给了舜。关于尧舜禅让的事最早见于《尚书》，其次就是《孟子》，但《尚书》和《孟子》里都没有关于尧进行思想斗争的话语。清代的郭嵩焘认为这是司马迁的“好奇”，是故意为了“著此数语以生趣”。实际上，这样写不仅无损于圣人的伟大，反而传达出司马迁的一种理想：天下不是个别人的私有财产，而是天下人的天下。故程金造先生在《史记管窥》中说：“太史公著《五帝本纪》题于全书，又首始黄帝，实是以此篇著出其拨乱反正的具体事实，以成其‘一家之言’，为其全书所述的数千年史事，建立下国家治平的根本原则。”

项羽本纪赞[1]

太史公曰：吾闻之周生曰："舜目盖重瞳子[2]。"又闻项羽亦重瞳子。羽岂其苗裔邪[3]？何兴之暴也[4]！夫秦失其政，陈涉首难，豪杰蜂起[5]，相与并争，不可胜数。然羽非有尺寸，乘势起陇亩之中，三年，遂将五诸侯灭秦，分裂天下，而封王侯，政由羽出[6]，号为霸王，位虽不终，近古以来未尝有也。及羽背关怀楚，放逐义帝而自立[7]，怨王侯叛己，难矣。自矜功伐，奋其私智而不师古，谓霸王之业，欲以力征经营天下[8]，五年卒亡其国，身死东城，尚不觉寤[9]，而不自责，过矣。乃引"天亡我，非用兵之罪也"，岂不谬哉！

【注释】①项羽（前232—前202）：名籍，字羽，下相（今江苏宿迁西南）人。秦二世元年（前209），从叔父项梁于吴地起兵反秦。项梁战死后，秦将章邯围赵，羽北上救赵，巨鹿一战摧毁秦军主力。秦亡后，自立为西楚霸王，大封王侯。在楚汉战争中，为刘邦击败，最后从垓下（今安徽灵璧南）突围至乌江自杀。项羽是秦末反秦斗争中一个叱咤风云的英雄人物，三年而亡暴秦，一度左右天下，但因其本身的弱点和政策的错误，终酿成悲剧。司马迁不以成败论英雄，为他立"本纪"，放在《秦始皇本纪》之后，《高祖本纪》之前。②周生：汉时学者，名字不详。重瞳子：眼睛中有两个瞳子。③苗裔：后代子孙。④暴：骤然、突然。⑤陈涉首难（nàn）：陈涉，即陈胜，秦末农民起义领袖。首难，首先发难，指首先起义反秦。蜂起：纷纷而起，如众多的蜂一齐飞出。⑥尺寸：尺寸是小的计长度单位，所以引申为小，短，轻微。非有尺寸，没有尺寸的封地为根基。陇亩：田野，这里意为民间。陇，通"垄"。将（jiàng）：率领。五诸侯：指除楚以外的其他东方各路起义军，即齐、燕、韩、魏、赵。分裂天下，而封王侯：项羽灭秦后分割天下，大封诸侯，共封十八个王，因而使国家重陷诸侯割据局面。政：政令。⑦背关怀楚：放弃关中形势险要的地方，想回到楚国旧地而建都彭城。彭城（今江苏徐州），战国时为楚地，项羽当时尚有"富贵不归故乡，如衣锦夜行"之想，所以说"怀楚"。放逐义帝：义帝即战国楚怀王的孙子熊心，项梁起兵时立他为楚怀王。项羽灭秦后，尊怀王为义帝。项羽自立后，放逐义帝，并暗中令人把他杀死在江中。⑧矜（jīn）：夸耀。功伐：功劳。奋：逞。经营：筹划谋取。这里是取得的意思。⑨东城：古县名，在今安徽定远县东南。觉寤：觉醒。今作"觉悟"。

【译文】太史公说：我听周先生说："舜的眼睛可能是双瞳仁。"又听说项羽也是双瞳仁。项羽难道是舜的后代子孙吗？为何他兴起得如此迅猛呢？当秦王朝朝政混乱的时候，陈胜首先起兵反秦，各地豪杰纷纷响应，共同争夺天下，多得数也数不清。项羽虽然没有一丁点封地作根基，却趁着当时的形势从民间起兵，仅三年的时间，就率领五国义军把秦灭了，分割天下的土地，封王立侯，政令都由项羽颁布，自号为"霸王"。他权倾一时的霸王地位虽然没有持续多久，但在近古以来是不曾有过的。到了项羽想放弃关中回到楚地建都，放逐义帝而自立为王，这时却来怨恨各处王侯背叛他，这就难了。夸耀自己的功勋，专逞个人的才智，而不肯效法古代帝王，认为霸王的事业，要用武力征讨取得天下，五年的时间就亡了国，自己死在东城，还不醒悟，不在自己身上找原因，真是太错误了！竟然说"这是上天要灭亡我，不是我用兵的过错"，难道不是很荒谬吗！

【鉴赏】《项羽本纪》是《史记》中最重要也是最精彩的篇章之一，是关于楚汉战争的一幅最惊心动魄的历史画卷。从历史角度说，它最翔实最具体地描绘了那个波澜壮阔的悲壮时代；从文学角度说，它为我们塑造了一位叱咤风云、生龙活虎的反秦英雄人物形象。

项羽从起兵反秦到乌江自刎，八年的时间，司马迁选取了巨鹿之战、鸿门宴、垓下之围三件事来表现项羽的一生。在巨鹿之战中，项羽率军打败了秦国的主力部队，为刘邦长驱直入地开进咸阳创造了条件。明代茅坤评价巨鹿之战说："项羽最得意之战，太史公最得意之文(《史记抄》)。"

但项羽身上最致命的弱点一是缺乏政治头脑，二是残暴，三是不善于用人，以至于在鸿门宴上被刘邦及其谋臣牵着鼻子走。自此以后，项羽开始一步一步地走下坡路，在垓下时，被刘邦及诸侯军逼得山穷水尽而乌江自刎。项羽的一生陡起陡落，令多少人为之扼腕叹息。

司马迁以一个睿智的史学家的眼光，既肯定项羽的丰功伟绩，同时又对项羽的致命错误做出严正的批评。特别是篇末："乃引'天亡我，非用兵之罪也'，岂不谬哉！"毫不留情。正如吴见思所说："一赞中，五层转折，唱叹不穷。"李景星说："实事实力，纪中已具，故赞语只从闲处落笔，又如风雨骤过，几点余霞遥横天际也。"(《四史评议》)

秦楚之际月表序①

太史公读秦楚之际，曰：初作难，发于陈涉；虐戾灭秦，自项氏；拨乱诛暴，平定海内，卒践帝祚②，成于汉家。五年之间，号令三嬗，自生民以来，未始有受命若斯之亟也③。

昔虞、夏之兴，积善累功数十年，德洽百姓，摄行政事④，考之于天，然后在位。汤、武之王，乃由契、后稷修仁行义十馀世，不期而会孟津八百诸侯，犹以为未可，其后乃放弑⑤。秦起襄公，章于文、缪，献、孝之后，稍以蚕食六国，百有馀载，至始皇乃能并冠带之伦⑥。以德若彼，用力如此⑦，盖一统若斯之难也。

秦既称帝，患兵革不休，以有诸侯也。于是无尺土之封，堕坏名城，销锋镝，鉏豪杰，维万世之安⑧。然王迹之兴，起于闾巷，合从讨伐，轶于三代，乡秦之禁⑨，适足以资贤者为驱除难耳。故愤发其所为天下雄，安在"无土不王⑩"？此乃传之所谓大圣乎⑪？岂非天哉！岂非天哉！非大圣孰能当此受命而帝者乎？

【注释】①秦楚之际月表：《史记》十表之一。月表，按月纪事之表。秦指秦二世，楚指项羽，秦楚之际指秦亡汉建立之前的群雄逐鹿的年代。本表谱列了秦二世元年(前209)七月，至汉高祖五年(前202)后九月，也就是从陈涉起兵反秦，到刘邦打败项羽前后九十个月的重大事件。由于这段时间历史变化太快、历史事件太多，所以司马迁按月纪事。②陈涉：即陈胜(？—前

208），秦末农民起义领袖，阳城人（今河南登封东南人），涉为其字。秦二世元年（前209），他被征屯戍渔阳，同吴广在蕲县大泽乡起义，曾建立张楚政权。后被叛徒庄贾杀害。虐戾（lì）：暴虐。祚（zùo）：皇帝之位。③五年：指公元前207年至公元前202年。号令：发号施令。这里代指政权。嬗（shàn）：同“禅”，传递，更换。三嬗指陈涉、项羽、汉高祖。受命：古代认为做帝王是受天之命。亟（jí）：急。④洽：润泽。摄：代理。⑤契：相传为殷代的祖先。据《史记·殷本纪》载，自契至汤，传十四代，时间与夏朝相始终。后稷：古代周族的始祖。神话传说，有邰氏之女姜嫄踏巨人足迹，怀孕而生，因一度被弃，故名弃。善于种植粮食作物，曾在尧舜时代做农官，教民耕种，号曰后稷。据《史记·周本纪》载，从后稷到武王传十五代。孟津：古黄河渡口。在今河南孟津县东北、孟州西南。相传武王伐纣在这里盟会诸侯并渡河，故又名盟津。一说本作“盟津”，后讹作“孟津”。放弑（shì）：指商汤放逐夏桀，周武王杀商纣王。⑥秦起襄公：襄公，秦襄公。秦在襄公时，因以兵救周，护送周平王东迁有功，被平王封为诸侯，赐予岐西之地。从此秦国的地位日益上升。章于文、缪：章，同“彰”，彰显。文，秦文公，襄公子。缪（mù），即秦穆公。缪、穆二字，古相通。献、孝：指秦献公及其子秦孝公。蚕食：如蚕食桑叶，喻逐渐吞并。六国：指战国时期的齐、楚、燕、韩、赵、魏。冠带：官吏或士大夫的代称。伦：类，同类。⑦以德：指虞、夏、商、周得天下的方式。用力：指秦得天下的方式。⑧无尺土之封：秦废封建，置郡县，不封子弟功臣。销锋镝（dí）：销毁兵刃和箭头。鉏：即“锄”。铲除。维：希望。⑨王迹：王者创业的功绩。功业可见者曰迹。闾巷：街巷。合从：即“合纵”。南北为从，故联合南北为合从。这里是泛指联合各地反秦军。轶（yì）：本义为后车超过前车，引申为超越。乡秦之禁：指秦禁封诸侯的事。乡（xiàng），通“嚮”（向）。过去，从前。⑩“故愤发”句：指高祖奋发闾巷成就帝业。无土不王：意为“没有封地便不能做王”。⑪大圣：至圣，指道德高尚完备的人。

【译文】 太史公阅读有关秦楚之际的历史材料，认为：首先发难反秦的，是陈涉；用暴虐的手段灭秦的，起自项羽；拨乱除暴，平定天下，最终登上帝位，成事于汉家。五年的时间，政权三次更迭，自从有人类以来，还未曾有君主受天命像这样快的。

从前虞舜、夏禹两朝的兴起，经过几十年的积聚善行，累积功劳，恩德润泽普天百姓，代替天子管理政事，还要考察上天的意志，然后才登上帝位。商汤和周武王称王统治天下，就是由契和后稷经过了十几代的修仁行义。武王没有约定就在孟津会集了八百诸侯，尚且以为发兵反商的时机不成熟，到以后商汤才把夏桀放逐，武王才把殷纣杀掉。秦是在襄公开始立国，在文公、穆公时逐渐强大，到了献公、孝公以后，慢慢地蚕食六国，经过一百多年，到秦始皇时才并吞诸侯。凭着德泽像虞、夏、商、周那样使天下归附，像秦这样年深日久地用武力，原来统一天下是如此的难啊！

秦始皇称帝以后，担忧战乱不停息的原因是因为有诸侯存在的缘故。于是没有一尺土地封给亲族功臣，拆毁有名的城池，销熔锋利的武器，铲除英雄豪杰，满以为能保万代帝业，长治久安。然而帝王的事业，却兴起在普通街巷之中，各地豪杰联合攻秦，其声势远超过夏、商、周三代。从前秦朝的禁令，恰恰帮助了（起兵反秦的）贤能的人，替他们除掉了统一天下的障碍。所以汉高祖从他所在的地方奋发而起，而成了天下的雄主，怎么能说“没有封地便不能称王”呢？这就是书传中所讲的大圣人吗？这难道不是天意吗！这难道不是天意吗！如果不是大圣人，谁能够在这样的乱世承受天命做皇帝呢？

【鉴赏】司马迁的文章，兼具豪健与跌宕、阳刚与阴柔之美。该序极尽起伏咏叹之至。先是议秦楚之际，朝代的更迭瞬息变化。在该表开始时，对全国发号施令的是秦二世，过了三十一个月就变成了项羽；再过了五十几个月，君临天下的皇帝就变成了刘邦。变化如此之快，让司马迁也感慨万千："自生民以来，未始有受命若斯之亟也。"不论是夏商周三代的用"德"，还是秦朝的用"力"，都没有像刘邦得天下如此迅速，如此轻而易举的。

接着司马迁在表序中分析了秦朝灭亡的原因，指出其实行的方针政策的错误。如让子弟功臣"无尺土之封"，以暴力治天下，"堕坏名城，销锋镝，锄豪杰"等等，秦王朝的"暴虐无道"和项羽的缺乏政治经验，为刘邦起了为渊驱鱼的作用。

在表序的最后，司马迁对刘邦的成功感叹道："故愤发其所为天下雄，安在'无土不王'？此乃传之所谓大圣乎？岂非天哉！岂非天哉！非大圣孰能当此受命而帝者乎？"这究竟是司马迁对刘邦的由衷钦佩呢，还是带有弦外之音的讥讽呢？班固在写《汉书 · 异姓诸侯王表序》时，增加了"镌金石者难为功，摧枯朽者易为力"两句话，把司马迁的用意一下点明了。秦朝是被项羽推翻的，项羽是被韩信打败的，如果没有这些人做铺路石，刘邦的成功几乎是不可能的。当然，我们不能否认刘邦在反秦大潮和楚汉相争中所做出的杰出贡献。但作为最后的成功者，刘邦机会主义的成分确实不少。只不过司马迁不便明言，只有归于"天意"罢了。文意深远微妙，感情转折起伏，语调跌宕绵延，言简而情长。

清浦起龙评此文"宕往神行，千古逸调"；林云铭评为"曲折淡宕"，指其富于风神言；张裕钊评为"雄逸恣肆，千古一人，其奇宕则韩、欧之所自出也"，兼指风神与气势。司马迁行文的笔法张致，成为韩愈、欧阳修等大家效法的楷模。

高祖功臣侯年表序①

太史公曰：古者人臣功有五品，以德立宗庙定社稷曰"勋"，以言曰"劳"，用力曰"功"，明其等曰"伐"②，积日曰"阅"。封爵之誓曰："使河如带，泰山若厉③，国以永宁，爰及苗裔④。"始未尝不欲固其根本，而枝叶稍陵夷衰微也⑤。

余读高祖侯功臣，察其首封，所以失之者，曰：异哉所闻！《书》曰"协和万国"⑥，迁于夏商，或数千岁。盖周封八百，幽厉之后⑦，见于《春秋》。《尚书》有唐虞之侯伯，历三代千有馀载，自全以蕃卫天子⑧，岂非笃于仁义，奉上法哉？汉兴，功臣受封者百有馀人。天下初定，故大城名都散亡，户口可得而数者十二三，是以大侯不过万家，小者五六百户。后数世，民咸归乡里，户益息，萧、曹、绛、灌之属或至四万，小侯自倍⑨，富厚如之。子孙骄溢，忘其先，淫嬖⑩。至太初百年之间，见侯五，馀皆坐法陨命亡国⑪，耗矣。罔亦少密焉⑫，然皆身无兢兢于当世之禁云。

居今之世，志古之道，所以自镜也[13]，未必尽同。帝王者各殊礼而异务，要以成功为统纪，岂可绲乎[14]？观所以得尊宠及所以废辱，亦当世得失之林也，何必旧闻？于是谨其终始，表其文，颇有所不尽本末；著其明，疑者阙之。后有君子，欲推而列之，得以览焉。

【注释】①高祖功臣侯年表：《史记》十表之一。年表，按年编排记述史事或人物事迹的表。本文是该表的序文。汉初定天下，奖励功臣，遍封王侯。萧何以下共封一百四十三人为列侯。年表就以表格形式罗列这些功臣封爵的始末。②立宗庙：古代开国皇帝和始封的王侯，即位后的一件大事就是建立宗庙，祭祀祖先，故立宗庙的意思就是创建基业。封建帝王将天下视为一家所有，世代相传，故常以宗庙作为王室、国家的代称。社稷：社，指土神；稷，指谷神。古代君主都要祭祀社稷，后以社稷代表国家。言：指运筹帷幄，出谋划策，决定大事。明其等：划清他们功劳的等级。伐：同“阀”，功绩，战功。③厉：同“砺”，磨刀石。④苗裔：后代子孙。⑤根本：指中央政权。枝叶：指皇帝分封同宗旁支亲属或异姓功臣。陵夷：高山逐渐变成平地，引申为衰颓。⑥协和万国：语出《尚书·尧典》。原文是“百姓昭明，协和万邦”。汉避高祖刘邦讳，改“邦”为“国”。⑦幽、厉：周幽王、周厉王。⑧蕃：同“藩”，篱笆。引申为屏障、卫护。⑨息：增加，繁育。萧、曹、绛、灌：指汉相国萧何、曹参，绛侯周勃，颍阴侯灌婴，他们都是汉初功臣。自倍：指为自己过去的一倍。⑩骄溢：骄傲自满，盛气凌人。淫嬖（bì）：邪恶放荡。⑪太初：汉武帝年号（前104—前101）。上推刘邦建汉，正是一百年。见侯五：现在为侯者五人。见，同“现”。坐：因，由于。⑫罔：同“网”，法网。⑬镜：借鉴。⑭统纪：纲纪。绲（gǔn）：绳，引申为标准、准绳。

【译文】太史公说：古时候人臣的功劳有五等：凭德行创建国家基业的叫作“勋”；因为出谋划策，决定大事立功的叫作“劳”；用武力在攻伐中立功业的叫作“功”；使其功劳等级大小显著的叫作“阀”；依靠逐日积累功绩的叫作“阅”。封爵的誓言说：“即使黄河细得像衣带一样，泰山消磨得像块磨刀石，封国也永远安宁，延续到子孙后代。”开始的时候未尝不想巩固国家的根本，而国家的枝叶却慢慢地衰败了。

我读了高祖册封为侯的功臣的史料，考察他们当初受封及后来失去爵位的原因，说：实际情况与传闻大相迥异。《尚书·尧典》上说：“协调和睦万国。”从尧传到夏朝、商朝，差不多有几千年之久。周朝分封了八百诸侯，直传到幽王、厉王之后，《春秋》里都有记载。《尚书》记载唐尧虞舜册封的侯伯，经历了夏、商、周三代一千多年，不仅能保全自己，还能卫护天子，难道不是由于坚守仁义，尊奉天子的法令吗？汉朝建立起来，接受封爵的功臣有一百多人。当时天下刚刚平定，所以大城名都户口散亡，剩下能够计算的才有十分之二三。因此大王侯的封邑不超过一万家，小侯只五六百户。后来经过几代，老百姓都回归乡里，人口渐渐繁衍，萧何、曹参、周勃、灌婴一类的列侯，封邑有的达到四万户，小侯也是过去户数的一倍，富裕程度也像这样。于是他们的子孙骄傲自满，盛气凌人，忘记了他们的祖先，邪恶放荡。到武帝太初时，一百年之间，当初所封的侯爵现在只剩下五人了，其余的都因犯法而丧命亡国，全完了。法网稍微严密是个原因，但也由于他们都没有小心谨慎地对待当世的禁令。

处在当今的时代，学习古人的品德，可以作为自己的借鉴，但古今未必完全相同。从来的帝王，各自有不同的礼法和措施，关键在于把成就功业作为纲领，岂能够要求他们完全一样呢？考察功臣得到尊重宠幸及遭到废弃屈辱的原因，也是当世政治得失的经验所在，何必要依靠过去的传闻呢？于是我谨慎地考察他们的经历始末，用表列出文字说明，也还有不能详细表明本末曲直的地方；弄清了的就加以说明，疑而不能决的地方就把它空起来，后世有君子想推求并排列他们的事迹，可以参阅这个表。

【鉴赏】《高祖功臣侯年表》是司马迁谱列的刘邦分封的一百四十三名开国功臣及其继任者的情况，司马迁不仅列了他们的名单，还列了他们各自在灭秦、灭项以及在稳定汉初政治局面中所立的功劳，弥补了“本纪”“世家”“列传”纪事之不足。因为刘邦封侯的这些功臣，被单独写入“世家”“列传”的不过二十来人，还有一些出现在别人的传中，所以大部分人的事迹本末以列表的形式出现，就可以使历史简单明了。

这篇文章，两段叙事，一段评论。第一段叙述了历代功臣封赏的制度；第二段叙述了汉高祖封侯功臣的世代兴亡原委；第三段是作者的评述，并说明作此年表的原因。

汉高祖所封的功臣经历了一百零二年的历史变动，他们的封邑封号，最短的在高祖时代就被取消，随后在文、景时代又取消了一些，接着在汉武帝的三十六年间被大批取消，以至于最后只剩下了五个。对百年之间功臣列侯世系的急遽变化，司马迁感触良多。因而在这篇表前的序文中，司马迁不仅详细地分析了个中原因，而且常常一转折，一唱叹，一总结，嗟叹再三，意深情长。

司马迁一方面批评诸侯们骄奢淫逸，目无法纪，自取灭亡；另一方面也指责了最高统治者鸟尽弓藏，卸磨杀驴，法网过密，为消灭诸侯而强加罪名。看起来似乎是各打五十大板，实际上司马迁主要指责的是最高统治者。这些诸侯世系断绝的原因各种各样：以“无子”被取消封邑的十九个；以“谋反”被灭的二十个；以“酎金”问题被取消的二十一个；另以其他罪名被取消的七十多个。这是几代最高统治者相继采纳贾谊、晁错、主父偃的建议，为巩固中央政权，削弱地方割据所采取的方法。

司马迁对加强中央集权、维护大一统、削弱诸侯割据的政策是非常拥护的，这从他对晁错等改革者的同情和赞扬，以及对分裂者的批判中得到证明。只不过他对自刘邦开始至汉武帝时代那种指使告状，罗织罪名的阴暗手段极端反感罢了。

该序只有三百七十五字，叙事的层次多，简练具体；议论切中肯綮；而叙事和议论又多出以抒情，唱叹之笔多。在写作上，该序含蓄蕴藉，言约意丰。有的地方的写法类似于“春秋笔法”，言有尽而意无穷。清林云铭评此文“引古相形，轩轾绝殊,无限感慨”(《古文析义》),浦起龙评为“古今参会,笔有遥情,字含感慨”(《古文眉诠》),都是从跌宕风神方面来领略该序的妙处。

孔子世家赞①

太史公曰:《诗》有之:“高山仰止,景行行止②。”虽不能至,然心向往之。余读孔氏书,想见其为人。适鲁,观仲尼庙堂、车服、礼器,诸生以时习礼其家,余低回留之③,不能去云。天下君王,至于贤人,众矣,当时则荣,没则已焉。孔子布衣④,传十馀世,学者宗之。自天子王侯,中国言六艺者⑤,折中于夫子,可谓至圣矣!

【注释】①孔子世家:本篇记载了孔子生平活动和思想。②高山仰止,景行行止:高山,比喻道德崇高,景行(háng),大路,比喻行为正大光明。止,语助词,无实义。③仲尼:孔子的字。车服:车子,衣服。礼器:祭祀用的器具。低回:恭敬地徘徊。④布衣:老百姓。⑤六艺:六经,即《诗》《书》《礼》《乐》《易》《春秋》。

【译文】太史公说:《诗经》中有这样的句子:“巍峨的高山需要仰视;平坦的大路,能够纵横驱驰。”虽然不能达到这个境界,可是心里向往着它。我读孔子的著作,便可想见他的为人。到了鲁国,参观孔子的庙堂、车服、礼器,又见儒生们在他家中按时演习礼仪,我在那里流连忘返。天下的君王,以及道德才能出众的人,实在是太多了,他们在当时十分荣耀,可死后声名就结束了。孔子作为一个普通百姓,传了十多代,仍然被学者尊崇。从天子王侯,中国讲说《六经》的人,都把孔子的言论作为判断是非的依据,孔子可以说是至高无上的圣人了。

【鉴赏】《孔子世家》记述了孔子一生所从事的种种活动,介绍并评价了他的思想学说,对孔子流离坎坷、困顿不遇的一生,寄予了深深的同情和惋惜。

孔子作为儒家学派的创始人,他的理论学说成为后世的准则,达到了最高的不朽境界。司马迁对孔子的学说非常欣赏,对孔子的人格非常钦敬。这从他一唱三叹的赞语中清楚地表现了出来。司马迁像“仰高山,慕景行”一样的向往孔子,他说“天下君王,至于贤人,众矣,当时则荣,没则已焉”,唯有孔子以一介布衣之身,竟“传十馀世,学者宗之。自天子王侯,中国言六艺者,折中于夫子”,甚至破天荒地称孔子为“至圣”。仰慕之情溢于言表,寄托了司马迁自己的一瓣心香。近代李景星说这段文字:“精微淡远,于平易中见风神,令人读之不觉肃然起敬。”(《四史评议》)吴见思说:“赞语俱作虚写,流连折宕,一往无穷。”(《史记评林》)《孔子世家赞》具有浓郁的抒情性,司马迁对孔子的赞誉到了无以复加的程度,恨不得把所有赞美的语言都加在孔子身上。正因为作者在写作时,有强烈的感同身受,因而在千百年来,才会深深地打动读者的心。

外戚世家序①

自古受命帝王及继体守文之君②，非独内德茂也，盖亦有外戚之助焉。夏之兴也以涂山，而桀之放也以妹喜③。殷之兴也以有娀，纣之杀也嬖妲己④。周之兴也以姜原及大任，而幽王之禽也淫于褒姒⑤。故《易》基乾坤，《诗》始《关雎》，《书》美釐降，《春秋》讥不亲迎⑥。夫妻之际⑦，人道之大伦也。礼之用，唯婚姻为兢兢。夫乐调而四时和，阴阳之变，万物之统也⑧，可不慎与？人能弘道，无如命何！甚哉，妃匹之爱⑨，君不能得之于臣，父不能得之于子，况卑下乎！既欢合矣，或不能成子姓，能成子姓矣，或不能要其终⑩：岂非命也哉？孔子罕称命⑪，盖难言之也。非通幽明之变，恶能识乎性命哉⑫？

【注释】①外戚世家：《史记》三十世家之一，主要记载汉高祖到武帝时代后妃及其亲族的情况。②继体守文：继承先帝的正统与法度。③涂山：古代部落名。相传禹娶涂山氏之女。涂山，有人认为在重庆，有人认为在九江。妹喜：有施氏之女，为夏桀所宠。④有娀（sōng）：古国名。帝喾（kù）娶有娀氏女简狄为次妃，生契，为殷始祖。妲（dá）己：商纣王的宠妃。姓己，有苏氏之女。⑤姜原：一作姜嫄。周族始祖后稷之母。有邰（tái）氏之女。神话传说她在荒野踏到巨人脚印，怀孕生稷。大任：文王之母。褒姒：周幽王的宠妃。褒国人，姓姒。⑥乾坤：《周易》中的两个卦名，乾象征天、阳、日、父、夫；坤象征地、阴、月、母、妻。《易传》认为乾的作用在使万物发生，坤的作用在使万物成长。引申为天地、日月、男女、父母等的代称。釐降：釐，吉祥；降，下嫁。指尧以二女娥皇、女英妻舜。亲迎：古代婚礼“六礼”之一。新婿亲至女家迎娶。⑦际：结合。⑧阴阳：指夫妇，夫妇之道和而能化生万物，所以说是万物之统。统：纲纪。⑨妃匹：配偶。妃，同“配”。⑩欢合：亲爱和好。子姓：子孙。这两句的意思是说，虽然夫妻感情好却没有子孙。要（yāo）：求。这两句的意思是说虽有子孙而不能求其善终。⑪罕：稀少。⑫幽明：泛指可见和不可见的、无形和有形的事物。性命：性，指人的本性。命，指命运。

【译文】自古以来承受天命的帝王以及继位守成的君主，不仅仅他自身品德好，还要有外戚的帮助。夏朝的兴起是因为夏禹娶了涂山氏之女，而夏桀被放逐是由于宠爱妹喜。商朝的兴起因为娶了有娀氏之女简狄，而商纣的被杀是由于宠幸妲己。周朝的兴起是因为有姜嫄及大任，而周幽王的被擒是由于被褒姒迷乱。所以《易》的根基是乾坤，《诗》的首篇是《关雎》，《尚书》赞美唐尧下嫁二女于舜，《春秋》讥刺男子不亲自迎娶。夫妇的结合，是人伦道德的大纲常。实行礼仪，唯有婚姻嫁娶之事最为谨慎。乐声协调就四时和谐，阴阳的变化是万物的纲纪，能不小心慎重吗？人能够将道发扬光大，可是却奈何不了命运。夫妇之间的情爱是多么事关重大啊！君上不能从臣下那里获得这种爱，父亲不能从儿子那里获得这种爱，何况地位低下的人呢？夫妻已经结合了，有的却不能生育子嗣；有的虽能生育子嗣，却不能求得一个善终。难道不是命吗？孔子很少谈命，大概是命这个东西难以说清楚吧。如不通晓幽明的变化，又怎么能了解人性与命运的复杂道理呢？

【鉴赏】这是司马迁在《外戚世家》一开篇所发的一大段意味深长的议论。《史记》中的“外戚”是指帝王的后妃及其亲族。《外戚世家》的正文从“高帝崩，吕后夷戚氏，诛赵王”写起，写了汉代自惠帝时起，后妃、外戚专权给国家造成的祸乱。诸吕篡权，诛杀刘氏宗亲与汉家功臣，后周勃、陈平等又诛诸吕的一系列流血事变；窦太后时期的黄老思想与儒家思想为争夺思想控制权而演绎成的起起伏伏的政治斗争；王皇后专权后，她两个兄弟的霸道专横；与汉武帝对身边哪个女人宠幸与否密切相关的外戚们的兴衰起废……后妃及其亲戚的尊宠与否完全取决于帝王的态度，“一人得道，鸡犬升天”，“一荣俱荣，一损俱损”是外戚命运的真实写照。

由于正文的内容写的是汉高祖至汉武帝几代汉家天子的外戚事，司马迁不便于就他们的事大发特发议论，因而写法平铺直叙，多客观记录，罕有情感流露其间，且在行文中吞吞吐吐，欲言又止，似有不便明言的苦衷。而在这篇序中，司马迁的写法就大不一样了。他借夏、商、周三代的得失，说明后妃对国家治乱的影响。六亲中，“夫妻之际，人道之大伦也。礼之用，唯婚姻为兢兢。”有妇德、能母仪天下者，也就能够帮助君王理顺天下，使天下太平，百姓安康。而那些荒淫、狐媚的女人如妹喜、妲己、褒姒之流，她们却是亡国的祸水。司马迁站在男权社会的角度，反对女人专政，认为这是牝鸡司晨，乾坤颠倒。汉武帝杀昭帝之母钩弋夫人，理由是：“往古家国所以乱也，由主少母壮也。”作者评论武帝“昭然远见，固非浅陋愚儒之所及也”。外戚专权造成许多王朝的混乱甚至灭亡，这不能不令人警醒和反思。

这篇序，作者采取“总—分—总”的方式展开议论。开篇就推出一个结论性的断语：“自古受命帝王及继体守文之君，非独内德茂也，盖亦有外戚之助焉。”然后以夏、商、周三代有代表性的兴亡实例来证明自己的观点，一兴一亡，相反出之，对举鲜明。最后以“孔子罕称命”说明命运的难以把握，为后文张目。作者的议论切中肯綮，且强烈的感情充盈在字里行间，给人以震撼心魄的力量。

伯夷列传

夫学者载籍极博，犹考信于六艺①。《诗》《书》虽缺，然虞、夏之文可知也②。尧将逊位，让于虞舜。舜、禹之间，岳牧咸荐，乃试之于位，典职数十年③，功用既兴，然后授政。示天下重器，王者大统，传天下若斯之难也。而说者曰：尧让天下于许由④，许由不受，耻之，逃隐。及夏之时，有卞随、务光者⑤。此何以称焉？太史公曰：余登箕山，其上盖有许由冢云⑥。孔子序列古之仁圣贤人，如吴太伯⑦、伯夷之伦，详矣。余以所闻由、光义至高，其文辞不少概见⑧，何哉？

孔子曰：“伯夷、叔齐，不念旧恶，怨是用希⑨。”“求仁得仁，又何怨乎⑩？”余悲伯夷之意，睹轶诗可异焉⑪。其传曰：

伯夷、叔齐，孤竹君之二子也⑫。父欲立叔齐，及父卒，叔齐让伯夷。伯夷曰：“父命也。”遂逃去。叔齐亦不肯立而逃之。国人立其中子。于是伯夷、叔齐闻西伯昌善养老[13],"盍往归焉!"及至,西伯卒,武王载木主[14],号为文王,东伐纣。伯夷、叔齐叩马而谏曰:"父死不葬,爰及干戈[15],可谓孝乎?以臣弑君,可谓仁乎?"左右欲兵之。太公曰[16]:"此义人也。"扶而去之。武王已平殷乱,天下宗周,而伯夷、叔齐耻之,义不食周粟,隐于首阳山,采薇而食之[17]。及饿且死,作歌。其辞曰:"登彼西山兮[18],采其薇矣。以暴易暴兮[19],不知其非矣。神农、虞、夏忽焉没兮,我安适归矣[20]?于嗟徂兮[21],命之衰矣!"遂饿死于首阳山。

由此观之,怨邪?非邪?

或曰:"天道无亲,常与善人[22]。"若伯夷、叔齐,可谓善人者非邪?积仁絜行如此而饿死[23]!且七十子之徒,仲尼独荐颜渊为好学[24]。然回也屡空,糟糠不厌,而卒蚤夭[25]。天之报施善人,其何如哉?盗跖日杀不辜,肝人之肉,暴戾恣睢[26],聚党数千人横行天下,竟以寿终。是遵何德哉?此其尤大彰明较著者也[27]。若至近世,操行不轨,专犯忌讳,而终身逸乐,富厚累世不绝[28]。或择地而蹈之,时然后出言,行不由径[29],非公正不发愤,而遇祸灾者,不可胜数也。余甚惑焉,傥所谓天道[30],是邪?非邪?

子曰:"道不同不相为谋[31]。"亦各从其志也。故曰:"富贵如可求,虽执鞭之士,吾亦为之;如不可求,从吾所好。""岁寒,然后知松柏之后凋。"举世混浊,清士乃见。岂以其重若彼,其轻若此哉[32]!

"君子疾没世而名不称焉。"贾子曰:"贪夫徇财,烈士徇名,夸者死权,众庶冯生[33]。""同明相照,同类相求。""云从龙,风从虎,圣人作而万物睹。"伯夷、叔齐虽贤,得夫子而名益彰;颜渊虽笃学,附骥尾而行益显[34]。岩穴之士,趋舍有时[35],若此类名堙灭而不称,悲夫!闾巷之人,欲砥行立名者,非附青云之士,恶能施于后世哉[36]!

【注释】 ①载籍:泛指各种图书资料。考信:通过检验得以被确认。六艺:即儒家的《易》《诗》《书》《礼》《乐》《春秋》六经。②缺:缺亡,指《尚书》本百篇,今只存今文二十八篇。虞、夏之文:指《尚书》中《尧典》《舜典》《大禹谟》,其中记载了尧、舜禅让的经过。③岳牧:指四岳、九牧。四岳,分掌四方诸侯的四个霸主,当时称为方伯。九牧,九州的行政长官。典职:管理政务。典,主管。据说舜、禹都是任职主事二十余年后,才正式登上帝位的。④说者:此处指庄周等。许由:尧时隐士,尧要把帝位让给他,他不接受,逃至箕山下,农耕而食。尧又请他做九州长官,他到颍水边洗耳,说尧的话污了他的耳,表示不愿听。见《庄子》和皇甫谧的《高士传》。⑤卞随、务光:《庄子·让王》中虚构的人物。相传商汤曾向他们请教伐桀的问题,他们不回答。汤灭桀后,要让天下给卞随、务光,他们当作耻辱,都气愤得投水而死。⑥箕山:在今河南登封南。冢(zhǒng):坟墓。⑦吴太伯:《论语·泰伯》:"泰伯其可谓至德也矣,三以天下让,民无得而称焉。"⑧不少概见:不可见,见不到的意思。⑨不念旧恶,怨是用希:语出《论语·公冶长》。"怨是用希",即"用是怨希"。用,因此;是,此;希,稀少。所谓旧恶,不知指何事,恐非指武王伐纣不听其叩马谏阻事。⑩"求仁得仁"二句:语出《论语·述而》,也不知确指何事。孔安国:"以让为仁,岂有怨乎?"有一定的道理。⑪轶诗:散失而未被编入三百篇内的古代诗歌。这里指下文夷、齐所作的《采薇歌》。⑫孤竹:古国名。在今河北卢龙县南。存在于商、西周、春秋时。说伯夷、叔齐是孤竹君之子者,始于庄周。《庄子·盗跖》云:"伯夷、叔齐辞孤竹之君而饿死于首阳之山。"⑬西伯昌:周文王姬昌,商末为西伯,即西方诸侯之长。⑭木主:木制的灵牌。当时文王已死,武王载其父之灵牌伐纣,以示自己是谨奉父命,行父之志。⑮叩马:勒住马。爰及干戈:爰,就,于是。及,轮到,动起。干戈,这里泛指武器,指起兵作战。⑯太公:名姜尚,字子牙,西周的开国元勋,辅助周武王伐纣,建立周朝。⑰宗周:以周王室为宗主,意即归顺周,承认其统治权。首阳山:一称雷首山,在山西省永济市南。薇:蕨,野菜。⑱西山:即首阳山。⑲以暴易暴:称武王伐纣为"以暴易暴"。⑳神农、虞、夏:神农氏、虞舜、夏禹。这两句的意思是:像神农、虞、夏那样的敦厚、朴实,实行禅让的世道,已经没有了,我还能到哪里去呢?㉑于嗟:感叹词。徂:同"殂",死去。㉒亲:亲近,偏向。与:帮助。㉓絜行:品行高洁。㉔七十子:相传孔子弟子三千,身通"六艺"的有七十二人。七十,举整数而言。颜渊:孔子弟子。鲁哀公问孔子,弟子谁好学,孔子只提颜渊。㉕空(kòng):穷困,困缺。糟糠:糟,酒渣;糠,谷糠。这里指粗劣的食物。不厌:吃不饱。厌,同"餍",饱。卒蚤夭:卒,终于,结果。颜回三十二岁而死。蚤,同"早"。㉖盗跖:相传古时奴隶起义的领袖。"盗"是污蔑之称。肝人之肉:吃人的心肝。事见《庄子·盗跖》篇,《庄子》多系寓言,并非真实。恣睢(suī):放纵任性。㉗较著:显著。较,同"皎",明。㉘泷川说:"'操行'以下十九字,暗指当时恃宠擅权者。其曰'近世',不曰'今世'者,史公亦有所忌讳也。"忌讳:指法令禁止之事。㉙径:小路。㉚傥(tǎng):通"倘"。假若,或者。㉛道不同不相为谋:道路宗旨不同的人,不可能为对方出什么主意。㉜岂以其重若彼,其轻若此哉:此处文意不明,众说纷纭。郭嵩焘说:"所重者志,所轻者富贵寿夭之遇。岂者,想象之辞。"有的说,在后句的"其"字上加"故"字读,意思是"不就是因为他们把道德操守看得如此重,所以才把穷困以至于生死看得如此轻吗?"㉝贾子:即贾谊,汉初著名的文学家、政治家。下文引自贾谊的《鹏鸟赋》。徇:同"殉",为达到某种目的而牺牲自己的性命。夸者:好矜夸、好作威作福的人。冯(píng):同"凭",依靠。㉞附骥尾:《史记索隐》曰:"苍蝇附骥尾而致千里。"㉟岩穴之士:隐居山野的人。即隐士。趋舍:趋,出仕;舍,隐退。㊱青云之士:指德高望重的人。施(yì):延续,留传。

【译文】 学者们读的书籍虽然非常广博,但还是要从六经中去得到检验确认。《诗经》和《尚书》虽说有不少缺失,然而虞、夏的文篇还是可以知道的。唐尧将要退位,让给虞舜,舜将让位于禹的时候,舜和禹都得到了四岳和九牧的一致推荐,才放在一定职位上考验他们,任职主事几十年,待到功绩已经建立,然后方授给帝位。这表示天下是最贵重的宝器,帝王是人们的主宰,把天下传授给人是这样的难啊。可是有人却说:尧把天下让给许由,许由不接受,并以此为耻辱,逃到箕山做隐士。到了夏代,卞随、务光两个人也是一样。有关许由、卞随、务光的这些事情,为什么又受到称赞呢?太史公说:我曾经登上箕山,那上面据说可能有许由的坟墓呢。孔子按次序论列古代的仁人圣人贤人,像吴太伯、伯夷之类,十分详细。我认为从我所听到的有关许由、务光的情况看,他们的德义都够高尚的了,可儒家的经典和圣人的言辞中却从来不提他们。这是什么缘故呢?

孔子说:"伯夷,叔齐,不记旧仇,因此少有怨气。""追求仁德就得到了仁德,还怨什么呢?"我为伯夷兄弟的以义相让及饿死于首阳山的事感伤,看他们留下的未被《诗经》采录的《采薇》后感到很诧异。他们的传上说:

伯夷、叔齐,是孤竹君的两个儿子。孤竹君想立叔齐为君。等到孤竹君死了,叔齐让伯夷继承王位。伯夷说:“这是父王的命令。”就逃到别处去了。叔齐也不肯继承王位,逃走了。国中的人只好立了二儿子为君。伯夷、叔齐听说西伯昌招贤纳士,心想:“何不去投奔他呢?”等到了那里,西伯已经死了,他的儿子武王载着父亲的灵牌,号为文王,起兵向东方去讨伐商纣王。伯夷、叔齐勒住马劝说:“父亲死了还没安葬,就动用武器,算得上是孝吗?以臣的身份去杀君主,算得上仁吗?”左右的人想杀他们。姜太公说:“这是两个义士啊!”扶起他们,让他们走了。武王平定了商纣之乱后,天下诸侯都归顺了周王室,可是伯夷、叔齐对这些感到羞耻,坚持气节,不吃周王室的粮食,隐居首阳山,采集野菜充饥。到了饿得将要死的时候,作了一首歌。歌词说:“登上那座西山啊,采集山上的野菜。用残暴代替残暴啊,却不知道这样做的错误。神农、虞、夏的时代转眼过去了啊,我还能到哪儿去?唉!只有饿死啊!不幸的命运该当如此啊。”两兄弟于是就饿死在首阳山。

从这种情况看来,有怨呢?还是没有怨呢?

有人说:“老天爷没有偏私,经常帮助好人。”像伯夷、叔齐,是可以称为好人呢?还是不能称为好人呢?他们仁德完备,品行高洁,却这样饿死!孔门七十位弟子中间,孔子唯独称道颜渊是好学的人,然而颜渊经常陷于穷困,连吃糟糠都得不到满足,结果短命而死。上天对好人报答得怎么样呢?盗跖每天都杀害无罪的人,吃人的心肝,残暴放纵,聚集党徒数千人横行天下,竟然寿终正寝。这又是遵行什么样的道德标准呢?这些是特别大而且明白显著的例子。如果说到近代,那些操行不端,专门作奸犯科的人,却终身安逸享乐,财源滚滚,几辈子也用不完;有的人选好地方才下脚迈一步,时机看合适了才开口说一句话,不走邪路,不是公正的事情不抒愤直言,然而这种人遇到灾祸的,多得没法数清。我非常疑惑,假若说有所谓天道,究竟是对呢?还是不对呢?

孔子说:“道路宗旨不同的人,不可能为对方出什么主意。”也是各自遵照各自的志向罢了。所以他说:“富贵如果可以凭着手段求得,那么即使再下贱的事我也去干;如果富贵不能随便求得,那么我还是按照我本来的思想情趣去做。”“天寒,才知道松柏是最后落叶的。”当整个社会都污浊黑暗的时候,高洁清廉的人就突出了。不就是因为他们把道德操守看得如此重,所以才把穷困以至于生死看得如此轻吗?

孔子说:“君子所怕的是死后名声不传。”贾谊说:“贪财的人为财而死,有事业心、有气节的人为名献身,热衷权势的人因争权丧命,百姓看重的是生存。”“同样明亮,自然互相照映,同类事物,自然互相应求。”“云跟从龙而来,风跟从虎而至,圣人兴起,万物得圣人诠释,其义乃大白于天下。”伯夷、叔齐虽然是贤人,但由于得到孔子的称扬,名声才更加昭著;颜渊虽然专心好学,但由于追随孔子之后,德行才更加显露。隐居山野的人,他们出仕或隐退都有一定的时机,但由于没有孔子一类的人表彰他们,他们的名字和事迹也就湮没无闻了,实在是可悲啊!普通的平民百姓,想要磨练德行建立名声,如果不依附那些德高望重的人,怎么能留传到后世呢!

【鉴赏】《伯夷列传》位于列传之首,是一篇被明代散文家唐顺之称为“势极曲折，超玄入妙”的第一等抒情文字。这篇传的传主伯夷是司马迁在先秦诸子书，尤其是在《庄子》各篇的基础上加工而成的。《庄子》有时称夷齐为孤竹君之“二士”，有时称“二子”，说得恍惚迷离。清代梁玉绳列出了十条证据，得出结论：“《伯夷列传》所载俱非也。”既然如此，司马迁为什么还要为这样一个也许并不存在的人物立传，而且吟咏再三、感慨系之呢？很显然，他要借这两个人物发表自己的“一家之言”：

首先，作者歌颂伯夷、叔齐的“奔义”“让国”，并以此来反衬汉代自建国以来统治集团内部所进行的一系列争权夺利、杀伐不休，表现了司马迁的政治理想。正如《太史公自序》所言：“末世争利，维彼奔义，让国饿死，天下称之，作《伯夷列传》。”

其次，大胆地怀疑“天道”，批判“天道”说对人民的麻醉和欺骗。“天道无亲，常与善人”“善有善报，恶有恶报”，不过是弱势群体的一种自我安慰、自我麻醉罢了。伯夷、叔齐有“让国”的德行而饿死，颜渊——被孔子称道的“贤者”竟至于“糟糠不厌，而卒蚤夭”，与专门滥杀无辜、暴戾恣睢却寿终正寝的盗跖形成鲜明对比，特别是再联想到自己周围的种种黑暗现实以及自己的切身遭际，作者压抑不住自己的满腔愤怒，忍不住大声质问：“余甚惑焉，傥所谓天道，是邪？非邪？”这是一个贤愚不分、是非颠倒的社会，哪里还有什么天理和公道呢？它只是制造者和利用者的一种骗人的弥天大谎。在司马迁所处的时代，“天人感应”说盛行，司马迁写《史记》的一个目的就是“究天人之际”，他把《伯夷列传》置于七十列传之首，实际上起到了发凡起例的作用，过滤掉“天道”说的迷信色彩，以历史史实去写历史人物的活动。

第三，司马迁的批判锋芒主要的指向是现实社会，声讨整个社会坏人当道，好人惨遭不幸的不公和黑暗。“若至近世，操行不轨，专犯忌讳，而终身逸乐，富厚累世不绝。或择地而蹈之，时然后出言，行不由径，非公正不发愤，而遇祸灾者，不可胜数也。”这些话像投枪，像匕首，锋芒毕露，剥皮见骨。

这篇文章的写法很特别，议论的文字占全文的三分之二还多，正如钱钟书所言：“此篇记夷、齐行事甚少，感慨议论居其大半，反议论之宾，为传记之主。司马迁牢骚孤愤，如喉鲠之快于一吐，有欲罢而不能者。”（《管锥编》）且议论文字的抒情性极浓，明代茅坤评论说：“上下千古，无限悲歌感慨之情。”陈梦槐说：“跌宕淋漓，萧骚激楚，极文之情矣。”（《史记评林》引）

管晏列传①

管仲夷吾者，颍上人也②。少时常与鲍叔牙游③，鲍叔知其贤。管仲贫困，常欺鲍叔④，鲍叔终善遇之，不以为言。已而鲍叔事齐公子小白，管仲事公子纠。及小白立为桓公，公子纠死，管仲囚焉⑤。鲍叔遂进管仲⑥。管仲既用，任政于齐，齐桓公以霸，九合诸侯，一匡天下⑦，管仲之谋也。

管仲曰：“吾始困时，尝与鲍叔贾，分财利多自与，鲍叔不以我为贪，知我贫也。吾尝为鲍叔谋事而更穷困，鲍叔不以我为愚，知时有利不利也。吾尝三仕三见逐于君[8]，鲍叔不以我为不肖，知我不遭时也。吾尝三战三走，鲍叔不以我为怯，知我有老母也。公子纠败，召忽死之，吾幽囚受辱，鲍叔不以我为无耻，知我不羞小节而耻功名不显于天下也。生我者父母，知我者鲍子也。"

鲍叔既进管仲，以身下之[9]。子孙世禄于齐，有封邑者十馀世，常为名大夫。天下不多管仲之贤而多鲍叔能知人也。

管仲既任政相齐，以区区之齐，在海滨，通货积财，富国强兵，与俗同好恶。故其称曰："仓廪实而知礼节，衣食足而知荣辱，上服度则六亲固[10]。四维不张[11]，国乃灭亡。下令如流水之源，令顺民心。"故论卑而易行。俗之所欲，因而予之；俗之所否，因而去之。其为政也，善因祸而为福，转败而为功。贵轻重，慎权衡[12]。桓公实怒少姬，南袭蔡，管仲因而伐楚，责包茅不入贡于周室[13]。桓公实北伐山戎，而管仲因而令燕修召公之政[14]。于柯之会，桓公欲背曹沫之约，管仲因而信之，诸侯由是归齐[15]。故曰："知与之为取，政之宝也[16]。"

管仲富拟于公室，有三归、反坫[17]，齐人不以为侈。管仲卒，齐国遵其政，常强于诸侯。后百馀年而有晏子焉。

晏平仲婴者，莱之夷维人也[18]。事齐灵公、庄公、景公，以节俭力行重于齐。既相齐，食不重肉，妾不衣帛。其在朝，君语及之，即危言；语不及之，即危行[19]。国有道，即顺命；无道，即衡命[20]。以此三世显名于诸侯。

越石父贤，在缧绁中[21]。晏子出，遭之途，解左骖赎之[22]，载归。弗谢，入闺。久之，越石父请绝。晏子戄然[23]，摄衣冠谢曰："婴虽不仁，免子于厄，何子求绝之速也？"石父曰："不然。吾闻君子诎于不知己而信于知己者[24]。方吾在缧绁中，彼不知我也。夫子既已感寤而赎我，是知己；知己而无礼，固不如在缧绁之中。"晏子于是延入为上客。

晏子为齐相，出，其御之妻从门间而窥其夫。其夫为相御，拥大盖，策驷马，意气扬扬，甚自得也。既而归，其妻请去。夫问其故。妻曰："晏子长不满六尺，身相齐国，名显诸侯。今者妾观其出，志念深矣，常有以自下者[25]。今子长八尺，乃为人仆御，然子之意自以为足，妾是以求去也。"其后夫自抑损[26]。晏子怪而问之，御以实对。晏子荐以为大夫。

太史公曰：吾读管氏《牧民》《山高》《乘马》《轻重》《九府》，及《晏子春秋》，详哉其言之也。既见其著书，欲观其行事，故次其传。至其书，世多有之，是以不论，论其轶事。

管仲世所谓贤臣，然孔子小之[27]。岂以为周道衰微，桓公既贤，而不勉之至王[28]，乃称霸哉？语曰："将顺其美，匡救其恶，故上下能相亲也。"岂管仲之谓乎？

方晏子伏庄公尸哭之，成礼然后去，岂所谓"见义不为无勇"者耶？至其谏说，犯君之颜，此所谓"进思尽忠，退思补过"者哉！假令晏子而在，余虽为之执鞭，所忻慕焉！

【注释】①管仲（？—前645），字夷吾，春秋齐国颍上人（今属安徽）。春秋初期政治家，初事公子纠，后相齐桓公，辅佐齐桓公成为春秋时期的霸主，被尊为“仲父”。他的著作，后人集编为《管子》一书传世。晏婴（？—前500），字平仲，管仲死后约一百年的齐国大夫，历仕灵公、庄公、景公三世。传世《晏子春秋》，战国时人搜集有关他的言行编辑而成。②颍上：颍水之滨。今安徽颍上县。③鲍叔牙：春秋时齐国大夫，以知人著称，与管仲相知最深，后世常以“管鲍”比喻交谊深厚的朋友。④欺：欺骗。指管鲍同在南阳经商，分财利时，管仲自己常多分。⑤“已而”两句：公元前686年，齐襄公昏庸无道，齐将乱，管仲、召忽从公子纠奔鲁。鲍叔牙与公子小白奔莒，纠、小白均为齐襄公弟。“及小白”三句：公元前686年，齐襄公被杀，纠与小白争相回国即位。鲁国发兵送纠回齐，并使管仲袭击小白归路，管仲射中小白的带钩，小白佯死，使鲁国延误纠的归期，小白得以先回国即位，即齐桓公。齐桓公大败鲁军，鲁国被迫杀死纠。召忽自杀，管仲被囚禁。⑥鲍叔遂进管仲：齐桓公即位后，使鲍叔为宰，他力辞不就，极力向齐桓公推荐管仲执政。齐桓公借口解射钩之恨，要鲁国押送管仲回齐。管仲回齐后，桓公任为相。⑦九合：多次盟会诸侯。一匡天下：平定战乱，使天下安定。匡，扶救。⑧三仕三见逐：三次任职而三次被免职。⑨以身下之：指管仲为相，而鲍叔为大夫。⑩称：称述。指管仲在《管子》一书中的论述。仓廪：粮食仓库。服：服御，享用。度：有限度。六亲：六种亲属，常指父、母、兄、弟、妻、子为六亲。⑪四维：《管子》指礼、义、廉、耻。维，纲，法度。⑫轻重：货币。今《管子》有《轻重篇》。亦指事情的轻重缓急。权衡：本指秤，引申为衡量、比较。⑬桓公实怒少姬：桓公和蔡姬在船上游览，蔡姬习水，摇晃着船，惊吓了桓公，桓公怒，打发她暂回娘家，但未断绝关系。蔡国将蔡姬改嫁，桓公大怒，于是伐蔡。“责包茅”句：《左传》僖公四年载，齐桓公伐楚，使管仲责之曰：“尔贡包茅不入，王祭不共，无以缩酒。”包茅，束成捆的菁茅草，古代祭祀时用以滤酒去渣。⑭山戎：古族名。又称北戎。春秋时，分布在今河北北部。公元前七世纪颇强，侵郑、齐、燕等国。周惠王十四年（前663），齐桓公伐山戎。召公：一作邵公。指召康公，西周初人，姬姓，因封地在召，故称召公。佐武王灭商，被封于燕，为燕的始祖，成王时曾任太保。⑮“于柯之会”四句：鲁庄公十二年（前682），齐桓公攻鲁，鲁庄公割地求和。齐鲁会盟于柯（柯地在今山东阳谷县东），鲁武士曹沫持匕首要桓公退还侵鲁之地，桓公只好答应。后来齐桓公后悔，欲不与鲁地而杀曹沫。后因管仲进言，归还侵鲁的土地，因而取信于诸侯。桓公七年，桓公与诸侯会盟于鄄，开始称霸。⑯“知与之为取，政之宝也”：《老子》说：“将欲取之，必固与之。”⑰公室：诸侯的家族。三归：一说是指缴纳给诸侯的市租。一说是台名，刘向《说苑·善说》：“管仲故筑三归之台，以自伤于民。”一说是三姓女，古称妇女出嫁为归，所以三归就是三个妻子。反坫：放酒杯的土台，在厅堂的两根前柱之间。宴会时，宾主互相敬酒后，把酒杯放在土台上，就叫反坫。这是诸侯之间的礼节。⑱莱：古国名。公元前567年为齐所灭。今山东黄县东南有莱子城。⑲危言：慎言，不说自己的功劳才能。危行：行动谨慎小心。⑳衡命：权衡利害，然后行动。㉑越石父：春秋时晋国人，有贤名。时因冻饿，为人奴。缧绁（léixiè）：捆犯人的绳子，引申为囚禁。这里指监牢。㉒左骖：一车套三马，两旁的马叫“骖”。左骖，车子左边的马。㉓戄（jué）然：震惊的样子。㉔诎：同“屈”。信：同“伸”。㉕自下：指无骄傲之志，甘居人下。㉖抑损：克制、谦逊。㉗孔子小之：孔子曾说：“管仲之器小哉！”（《论语·八佾》）意思是说管仲的能力很有限。㉘至王：实行王道。至，达到，实行。

【译文】管仲，字夷吾，颍上人。年轻时经常和鲍叔牙交游，鲍叔知道他有才能。管仲家境贫困，经常让鲍叔吃亏，可是鲍叔始终待管仲很好，从不因此说些什么。随后鲍叔跟从公子小白,管仲跟从公子纠。到小白做了齐桓公,公子纠被杀,管仲也成了囚徒。鲍叔便向桓公推荐管仲。管仲即被任用,在齐国执掌政事,齐桓公因此称霸,多次盟会诸侯,安定天下,全是管仲的谋略。

管仲说:"起初我贫困的时候,曾经同鲍叔一起经商,分财利时总是自己多拿,鲍叔不认为我贪心,知道我家里贫穷。我曾经给鲍叔出谋划策,反而使他更穷困,鲍叔不认为我愚蠢,知道时机有顺利和不顺利。我曾经三次做官、三次被免职,鲍叔不认为我无才,知道我没有遇到好时机。我曾经三次打仗、三次败逃,鲍叔不认为我怯懦,知道我家有老母亲。公子纠失败,召忽为此自杀,我在黑牢里忍辱苟活,鲍叔不认为我无耻,知道我不会为小节感到羞耻,只会为功名不能在天下显扬而感到羞耻。生我的是父母,了解我的却是鲍叔啊。"

鲍叔推荐了管仲后,自己心甘情愿做了管仲的下属。管仲的子孙在齐国享受世禄,十几代有封邑,常常是著名的大夫。天下的人不赞扬管仲的贤能,却赞扬鲍叔能够识别人才。

管仲执掌政事做了齐相后,凭借小小的齐国在海滨的有利条件,流通货物,积累财富,富国强兵,与百姓同好恶。所以他说:"仓库充实,老百姓就懂得礼节;丰衣足食,老百姓就懂得荣辱;做国君的享用有限度,六亲就关系稳固。不将礼义廉耻光大,国家就要灭亡。下命令要像流水的源头,使它顺应民心。"所以他的政令简明浅显,容易实行。百姓所希望的,就顺应民意给予;百姓所厌恶的,就顺应民意废除。管仲处理政事,最会把祸事变为好事,将失败转为成功。注重事情的轻重缓急,慎重地衡量利害得失。齐桓公实际上是因为蔡姬的事发怒,而去南袭蔡国,管仲却趁机讨伐楚国,责备楚国不向周室进贡包茅。齐桓公确实是北征山戎,管仲却趁机让燕国修复召公的善政。齐、鲁两国在柯地会盟,齐桓公想背弃和曹沫签订的归还鲁地的盟约,管仲却利用这事取得了诸侯的信任,诸侯从此归服齐国。所以说:"知道给予是为了取得,便是治理政事的法宝。"

管仲的富足比得上诸侯之家,有三归台,有反爵之坫,齐国人不认为他奢侈。管仲死后,齐国遵循着他的政教,常常在诸侯中保持着强盛的地位。一百多年以后齐国又出了个晏子。

晏子名婴,字平仲,莱国夷维人。他曾任职于齐灵公、庄公、景公三朝,因为节俭力行,被齐国人敬重。做了齐相,吃饭不吃两种肉菜,妻妾不穿丝绸。他上朝时,国君同他说到事情,便谨慎言语,不说自己的功劳才能;国君没有同他说到的事情,便行动谨慎小心。国君清明,就按着命令行事;国君昏乱,就衡量利害然后行事。因为这样,在灵、庄、景三朝,他的名声显扬于各诸侯国。

越石父是位贤人,被关在监牢里。晏子外出,在路上遇见了他,就解下自己车子左边的马把越石父赎出来,载着他回到自己府里。晏子也不向越石父告辞,就进入内室。过了一段时间,越石父请求离开。晏子十分震惊,整顿衣冠连忙谢罪说:"我虽然没有才德,却把你从困境中救出来,为什么您这样快就要求离开呢?"越石父说:"不是这样。我听说君子受屈于不了解自己的人,却可以在知己面前扬眉吐气。当我在监牢中的时候,人们是不了解我的。您既然已经了解我替我赎罪,就是我的知己了。既然是个知己却不按礼节待我,确实不如在监牢中。”晏子便把他请进去奉为上宾。

晏子做齐相的时候,有一天驾车出门,他车夫的妻子从门缝里偷偷看自己的丈夫。只见她的丈夫为相国驾车,坐在伞盖下,赶着四匹马,意气扬扬,非常得意。回家后,他的妻子要求离婚。丈夫问她是什么缘故。妻子说:“晏子身高不满六尺,身任齐国相国,名声显扬各国。今天我看他出门,思虑那么深远,常现出谦逊的样子。而你身长八尺,却做人家的车夫,然而你却志满意得。我就因为这个要求离婚。”从此以后她的丈夫注意克制。晏子感到奇怪,便问他是什么缘故,车夫据实回答。晏子推荐他做了齐国的大夫。

太史公说:“我阅读了管子著的《牧民》《山高》《乘马》《轻重》《九府》等篇和《晏子春秋》,他们说得多详细啊。看了他们所著的书,还希望考察他们所做的事,所以编列了这篇传记。至于他们的书,大都还存世,因此不再重复,只说了他们的轶事。”

管仲,世人所说的贤臣,可是孔子说他能力有限。难道因为周道衰微,桓公既然是贤君,而管仲不劝勉他实行王道,却只做了个霸主吗?俗语说:“做臣子的要顺应君主的美德,匡正君主的缺失,就能使君臣上下团结和睦。”难道这是说管仲吗?

当晏子伏在庄公尸上痛哭,行礼之后才离开,难道是所谓“见义不为,就是没有勇气”的人吗?至于他的直言进谏,触犯国君的面子,这就是所谓“上朝想着竭尽忠心,在家想着弥补过失”的人啊!倘若晏子还活着的话,我即使给他执鞭赶车,他也是很高兴很向往的。

【鉴赏】《管晏列传》是为春秋时期齐国两个名相管仲和晏婴写的传,但这篇文章的写法比较奇特,它并不全面系统地写两人的生平政绩,而是选取两人的一两件轶事来写,就是这些小故事,作者在叙写时也极力概括,反倒是抒情谈话展现得很充分。对此司马迁在赞语中说明了这样写的原因:“吾读管氏《牧民》《山高》《乘马》《轻重》《九府》,及《晏子春秋》,详哉其言之也。既见其著书,欲观其行事,故次其传。至其书,世多有之,是以不论,论其轶事。”但许多人却不以为然,梁启超说:“……但替两位大政治家作传,用这种走偏锋的观察法,无论如何,我总说是不应该的。因为所选之点太无关痛痒,总不成为正当的好文章。”但司马迁写的这些事绝不是无关痛痒,恰恰表现了他的社会人生理想,有成“一家之言”的意义。其中最闪光的有这样几处:

在第二段中,作者大段地引用管仲的话,饱含深情地礼赞鲍叔牙的人生知遇之情。管仲身上什么无法理解、无法原谅的事,鲍叔牙都能理解、都能原谅,这种对朋友的包容和理解,千载之下,仍令人感慨唏嘘!难怪管仲放声长叹:“生我者父母,知我者鲍子也。”人与人之间最难的是心与心的相知,联想到自己周遭社会的世态炎凉、趋炎附势,以及自己在危难时刻,故旧亲交避之唯恐不及的种种情形,司马迁就更加景仰管鲍的两心相知。“一死一生,乃见交情;一贫一富,乃见交态;一贵一贱,交情乃见。”在第二段文字里,作者用排比的手法,重叠连贯地写下来,凄怆悲凉,感人至深。作者虽不正面写鲍叔牙,但通过管仲之口,鲍叔牙的知人荐贤已深深地嵌入读者的心中。

作品歌颂了鲍叔牙大公无私,为国让贤。齐桓公打败公子纠后,鲍叔牙本可以自己做相国,但他从国家利益出发,力荐管仲,宁愿“以身下之”。这种心胸和境界,真是千载难遇。第五段作者不避琐细,选取了两个生动事例,写晏婴的知人和谦逊。晏婴与越石父的对话、晏婴与车夫的比较,作者选取不同的视觉,但都表现得生动而富有戏剧性。

这篇传记突出抒情和议论,叙事简洁,虚实相生,因而清人评论说:“通篇无一实笔,纯以清空一气运转。”

屈原列传

屈原者,名平,楚之同姓也①。为楚怀王左徒②。博闻强志,明于治乱,娴于辞令③。入则与王图议国事,以出号令;出则接遇宾客,应对诸侯。王甚任之。

上官大夫与之同列④,争宠,而心害其能。怀王使屈原造为宪令,屈平属草稿未定⑤,上官大夫见而欲夺之,屈平不与。因谗之曰:“王使屈平为令,众莫不知;每一令出,平伐其功⑥,曰以为‘非我莫能为’也。”王怒而疏屈平。

屈平疾王听之不聪也,谗谄之蔽明也,邪曲之害公也,方正之不容也⑦,故忧愁幽思而作《离骚》。“离骚”者,犹离忧也⑧。夫天者,人之始也;父母者,人之本也。人穷则反本,故劳苦倦极,未尝不呼天也;疾痛惨怛,未尝不呼父母也。屈平正道直行,竭忠尽智以事其君,谗人间之,可谓穷矣!信而见疑,忠而被谤,能无怨乎?屈平之作《离骚》,盖自怨生也。《国风》好色而不淫,《小雅》怨诽而不乱⑨,若《离骚》者,可谓兼之矣。上称帝喾,下道齐桓,中述汤、武⑩,以刺世事。明道德之广崇,治乱之条贯,靡不毕见。其文约,其辞微⑪,其志洁,其行廉。其称文小而其指极大,举类迩而见义远。其志洁,故其称物芳;其行廉,故死而不容自疏⑫。濯淖污泥之中,蝉蜕于浊秽,以浮游尘埃之外,不获世之滋垢,皭然泥而不滓者也⑬。推此志也,虽与日月争光可也。

屈平既绌⑭,其后秦欲伐齐,齐与楚从亲。惠王患之,乃令张仪详去秦,厚币委质事楚,曰:“秦甚憎齐,齐与楚从亲;楚诚能绝齐,秦愿献商于之地六百里⑮。”楚怀王贪而信张仪,遂绝齐,使使如秦受地。张仪诈之曰:“仪与王约六里,不闻六百里。”楚使怒去,归告怀王。怀王怒,大兴师伐秦。秦发兵击之,大破楚师于丹、淅⑯,斩首八万,虏楚将屈匄,遂取楚之汉中地。怀王乃悉发国中兵,以深入击秦,战于蓝田⑰。魏闻之,袭楚至邓⑱。楚兵惧,自秦归。而齐竟怒,不救楚,楚大困。

明年[19]，秦割汉中地与楚以和。楚王曰："不愿得地，愿得张仪而甘心焉[20]。"张仪闻，乃曰："以一仪而当汉中地，臣请往如楚。"如楚，又因厚币用事者臣靳尚，而设诡辩于怀王之宠姬郑袖。怀王竟听郑袖，复释去张仪。是时屈平既疏，不复在位，使于齐，顾反，谏怀王曰："何不杀张仪？"怀王悔，追张仪，不及。

其后，诸侯共击楚，大破之，杀其将唐眛[21]。

时秦昭王与楚婚，欲与怀王会。怀王欲行，屈平曰："秦，虎狼之国，不可信。不如无行！"怀王稚子子兰劝王行："奈何绝秦欢！"怀王卒行。入武关，秦伏兵绝其后，因留怀王，以求割地。怀王怒，不听，亡走赵，赵不内[22]。复之秦，竟死于秦而归葬。

长子顷襄王立[23]，以其弟子兰为令尹。楚人既咎子兰[24]，以劝怀王入秦而不反也。

屈平既嫉之，虽放流，睠顾楚国，系心怀王，不忘欲反[25]。冀幸君之一悟，俗之一改也。其存君兴国，而欲反覆之[26]，一篇之中，三致意焉。然终无可奈何，故不可以反。卒以此见怀王之终不悟也。

人君无愚智贤不肖，莫不欲求忠以自为，举贤以自佐。然亡国破家相随属，而圣君治国累世而不见者，其所谓忠者不忠，而所谓贤者不贤也。怀王以不知忠臣之分，故内惑于郑袖，外欺于张仪，疏屈平而信上官大夫、令尹子兰。兵挫地削，亡其六郡，身客死于秦，为天下笑。此不知人之祸也。《易》曰："井渫不食，为我心恻[27]。可以汲。王明，并受其福。"王之不明，岂足福哉！

令尹子兰闻之大怒，卒使上官大夫短屈原于顷襄王，顷襄王怒而迁之[28]。

屈原至于江滨，被发行吟泽畔，颜色憔悴，形容枯槁。渔父见而问之曰："子非三闾大夫欤[29]？何故而至此？"屈原曰："举世混浊而我独清，众人皆醉而我独醒，是以见放。"渔父曰："夫圣人者，不凝滞于物而能与世推移。举世混浊，何不随其流而扬其波？众人皆醉，何不餔其糟而啜其醨[30]？何故怀瑾握瑜而自令见放为[31]？"屈原曰："吾闻之，新沐者必弹冠[32]，新浴者必振衣。人又谁能以身之察察，受物之汶汶者乎[33]！宁赴常流而葬乎江鱼腹中耳，又安能以皓皓之白而蒙世之温蠖乎[34]！"乃作《怀沙》之赋[35]。于是怀石，遂自投汨罗以死[36]。

屈原既死之后，楚有宋玉、唐勒、景差之徒者，皆好辞而以赋见称。然皆祖屈原之从容辞令，终莫敢直谏。其后楚日以削，数十年竟为秦所灭[37]。自屈原沉汨罗后百有馀年，汉有贾生，为长沙王太傅[38]。过湘水，投书以吊屈原[39]。

太史公曰：余读《离骚》《天问》《招魂》《哀郢》，悲其志。适长沙，过屈原所自沉渊，未尝不垂涕，想见其为人。及见贾生吊之，又怪屈原以彼其材游诸侯，何国不容，而自令若是。读《鹏鸟赋》，同生死，轻去就，又爽然自失矣[40]！

【注释】 ①屈原（前340—前278）：我国伟大的浪漫主义爱国诗人。楚之同姓：楚国的祖先姓芈（mǐ），屈原是楚国先王的苗裔，其祖先屈瑕受封于屈地，因以为姓氏。屈、景、昭等氏，都是楚国王系之大族。②楚怀王：名槐，在位三十年（前 328—前 299）。左徒：楚官名，相当于上大夫而低于令尹。③强志：记忆力强。娴：熟悉，擅长。④同列：官阶相同。⑤属（zhǔ）：正当，正好。⑥伐：夸耀。⑦方正：行为正直。⑧离忧：遭遇忧愁。⑨《国风》好色而不淫：《论语·八佾》："《关雎》乐而不淫，哀而不伤。"好色，指好写男女恋情。《小雅》：《诗经》中的一部分，其中有一些讽刺政治的诗，但并未逾越君臣界限，所以说"怨诽而不乱"。诽，讽刺。⑩帝喾（kù）：传说中的五帝之一，号高辛氏。齐桓：春秋时期第一个有名的霸主。汤、武：商汤、周武王。⑪约：隐约。微：幽深。⑫疏：疏懈。⑬濯淖污泥：比喻污浊的环境。蝉蜕：蝉蜕壳后高飞，比喻不为环境影响，品行高洁。皭（jiào）然：洁白干净的样子。滓：污浊。⑭绌（chù）：同"黜"，罢免、斥退。⑮惠王：秦惠王。张仪：魏人。主张"连横"，游说六国共同事秦，为秦惠王重用。详：同"佯"，假装。张仪入楚在楚怀王十六年（前 313）。厚币：丰厚的礼物。委：呈献。质：进见时携带的礼物。商于（wū）：秦地名，今陕西商县至河南内乡一带。⑯丹、淅：二水名。丹水，又称丹江，汉江支流，源出陕西商县西北，东南流经河南，至湖北均县入汉江。淅，源于河南卢氏县界，南流，在淅川南，合于丹水。⑰蓝田：秦县名，在今陕西蓝田县西。⑱邓：今河南省邓州市。⑲明年：指楚怀王十八年。⑳甘心：犹今所谓（杀之以）"解恨"也。㉑杀其将唐昧：战事发生于楚怀王二十八年（前 301）。唐昧，一作唐蔑。㉒内：同"纳"，接受。㉓顷襄王：名熊横，前 298 年—前 263 年在位。㉔咎（jiù）：抱怨，责备。㉕睠（juàn）顾：睠，同"眷"。眷恋，怀念。"不忘欲反"：不忘掉楚国，想返回楚国去。㉖反覆之：指拨乱反正，恢复清明政治的旧观。㉗渫（xiè）：淘去泥污。这两句比喻有才能的人不为世所用，用井水比喻人事。㉘短：毁谤。迁：放逐。指再度放逐到江南。㉙三闾大夫：掌管楚国王族三姓（屈、景、昭）事务的官。㉚餔（bū）：饮食。啜（chuò）：喝。醨（lí）：淡酒，酒味不厚的。㉛瑾、瑜：都是美玉，比喻怀抱着美善的才德。为：疑问句的句末助词。㉜弹冠：用手弹去帽子上的灰尘。㉝察察：洁白。汶汶：污垢。引申为蒙受污垢或耻辱。与"察察"相对。㉞常流：同"长流"，指江水。皓皓（hàohào）之白：比喻品德的高贵洁白。温蠖（huò）：污浊。㉟《怀沙》：《楚辞·九章》中的一篇。怀沙，怀抱沙石，指如此而投江。一说，怀念长沙。㊱汨（mì）罗：水名。在今湖南省汨罗市。㊲为秦所灭：公元前 223 年，秦灭楚。㊳贾生：指贾谊。太傅：官名，职务是辅佐、教导国君或太子。㊴投书以吊屈原：指贾谊写的《吊屈原赋》。㊵《鹏鸟赋》：贾谊作。同生死：生死同等看待。去：谓政治失意，放逐在外。就：谓在朝供职。爽然：茫茫无主的样子。

【译文】 屈原，名平，是楚王的同姓。做过楚怀王的左徒。他学识广博，强于记忆，通晓治理国家的道理，擅长外交辞令。内政方面，他常和怀王商议国家大事，发号施令；外交方面负责接待宾客，应酬诸侯。楚怀王非常信任他。

上官大夫靳尚和屈原的官阶相等，为了争宠，心里很嫉妒屈原的才能。楚怀王任命屈原制定宪令，正值起草阶段，还没有最后审定，上官大夫见了就来抢夺，屈原不给他。于是，上官大夫就在怀王面前讲屈原的坏话，说："大王派屈平制定法令，没有一个人不知道；每次法令一经公布，屈原就夸耀自己的功劳，说'除我以外，没有谁能做此事'。"怀王很生气，从而疏远了屈原。

屈原痛心怀王听信谗言，不能明辨是非，让谗言媚语蒙蔽了眼睛，邪恶小人以私害公，品行方正的君子不能容身于世，所以他忧伤愁闷、沉郁深思而创作了《离骚》。"离骚"的意思，就是"遭遇忧愁"。天，是人的起始；父母，是人的根本。人在处境困难的时候，总是会返回到根本上去。所以人在劳苦疲惫到极点的时候，没有不呼唤天的;疾病困顿的时候,没有不呼爹唤娘的。屈原走的是正道,行为正直,竭尽忠心用尽才思来侍奉他的君王,小人却离间了他们,可以说是处境艰难啊!诚实可靠却被怀疑,忠心耿耿却被诽谤,能够没有怨愤吗?屈原作《离骚》,大概就是由怨愤所引起的。《国风》喜欢吟咏男女恋情却分寸得当,《小雅》虽多怨恨讽刺,却没有违乱君臣的界限。像《离骚》这样的作品,可以说兼有《国风》和《小雅》的特点。在《离骚》里面,讲到远古帝喾时代,近古曾说到春秋时代齐桓公,中古曾叙述到商汤和周武王的事情,用这些史实来讽刺楚国当时的政治措施。诗中阐明道德的广大崇高,把国家治乱的来龙去脉清楚明白地展现出来。他写的文章很隐约,用的词句很幽深含蓄,他的志趣高洁,行为方正。他讲的事虽细小,但意义却很重大,列举的事物虽然是眼前常见的,可是所表达的意思却很深远。由于志趣高洁,所以他的书中多称引美人、芳草;行为方正,所以他到死也不肯疏懈。虽处于污泥之中,却能洁身自好,就像秋蝉蜕壳一样,浮游于尘埃之上,不被尘世的污垢所玷辱。他真是洁白无瑕,出淤泥而不染啊。推究屈原的这种高尚精神,即使与日月争光也是可以的。

屈原被罢免之后,秦国想攻打齐国,齐国同楚国合纵亲善,秦惠王担心这件事,于是就命令张仪假装背离秦国,拿着厚礼呈献给楚王,表示愿意效忠楚国,说:"秦国非常憎恨齐国,可是齐国却同楚国亲善结盟,楚国真能够同齐国绝交,秦国情愿把商、于的六百里土地送给楚国。"楚怀王贪得土地又信任张仪,就同齐国绝交,派使者到秦国去接受土地。张仪骗使者说:"我和楚王约定的是六里,没有听说有六百里。"楚国使者愤怒地离开秦国,回国来报告怀王。怀王大怒,便大举兴兵讨伐秦国。秦国调兵迎击,在丹江、淅川流域把楚军打得大败,斩杀楚军八万人,俘虏了楚国将领屈匄,侵占了楚国的汉中地区。怀王就征调全国的兵力深入秦国作战,在蓝田打了一仗。魏国听到了这个消息,便偷袭楚国,一直打到邓城。楚军害怕起来,从秦国撤回。齐国因怨恨楚国,始终不派兵救楚,楚国大大地陷入困境。

第二年,秦国割汉中地区给楚国以讲和。楚王说:"我不愿要土地,只要得到张仪杀之以解恨。"张仪听说之后,便对秦惠王说:"拿一个张仪就能抵汉中地区,我请求到楚国去。"张仪到了楚国,又用厚礼贿赂掌权大臣靳尚,叫他在怀王的宠姬郑袖面前编了一番骗人的假话。怀王竟然听信了郑袖,又把张仪放走了。这时候,屈原已被怀王疏远,不再在朝里任重要官职,正出使在齐国,他回楚国后,劝谏怀王说:"为什么不杀张仪?"怀王感到后悔,派人去追赶张仪,可是已经赶不上了。

后来,诸侯联合起来攻打楚国,把楚国打得大败,杀了楚国的将领唐眛。

这时,秦昭王和楚国通婚,想和怀王会面。怀王打算前往,屈原说:"秦,是虎狼一样的国家,不能相信。不如不去。"怀王的小儿子子兰劝怀王去,他说:"为什么要断绝和秦国的友好关系呢?"怀王最终去了。进入武关,秦国的伏兵便断绝了怀王的后路,从而扣留怀王,要挟他割让土地。怀王恼羞成怒,不肯答应。向赵国逃跑,赵国不接纳。他又到了秦国,终于死在那里,后来把尸体运回楚国埋葬。

怀王的大儿子顷襄王继位,任用他的弟弟子兰做令尹。楚国人因为子兰怂恿怀王到秦国去而终于不归的缘故，对子兰不满。

屈原也十分嫉恨子兰等误国，虽然被放逐，但仍眷恋祖国，惦记着怀王，不忘掉楚国，想返回楚国去，希望有朝一日怀王能够醒悟，风气能够改变。他挂念国君、想复兴国家，希望拨乱反正，恢复清明政治的旧观，他在《离骚》篇中再三表达这种意愿。然而始终无可奈何，所以不能回到朝廷，从这种情况完全可以看出怀王是至死不悟的。

一个国家的君主，无论他愚昧还是聪明，贤能还是不贤能，没有谁不想得到忠臣来帮助自己，选拔贤良来辅佐自己。可是亡国破家的事件接连不断，而圣明的君主、政治清明的国家，几代也遇不到一个，这就是因为他们所认为的忠臣并不是真正的忠臣，他们所认为的贤良并不是真正的贤良啊！怀王因为不懂得识别忠奸，所以在宫内被郑袖迷惑，在外面被张仪欺骗，疏远了屈原而信任上官大夫和令尹子兰。结果，军队遭到挫败，土地被分割，丢失了六个郡，自身客死在秦国异地，被天下人耻笑。这就是无知人之明所造成的祸患啊！《易经》上说："井淘干净了，却没人来喝水，使我的心里很难过；其实，这种井水是可以汲上来饮用的。遇着圣明的君王，大家都会得到福佑。"君王不明，怎么可能得到福佑呢！

令尹子兰听说屈原嫉恨他，非常恼怒，便唆使上官大夫在顷襄王面前说屈原的坏话。顷襄王大怒，把屈原放逐到外地。

屈原来到江边，披头散发，在江边一边走一边吟唱，面色憔悴，形体枯槁。渔父看见了问他说："您不是三闾大夫吗？为何来到这里呢？"屈原说："整个社会都浑浊不堪，只有我干净清白；众人都醉了，只有我头脑清醒，因此被放逐。"渔父说："那些圣人从不被事物所拘泥，而且能够顺应世俗，与时进退。整个社会都浑浊不堪，为什么不跟着随波逐流而且推波助澜呢？众人都醉了，为什么不马马虎虎同人家一起去吃那些酒糟，喝那些薄酒呢？为什么要保持美玉般的德操而让自己被放逐呢？"屈原说："我听说过：刚洗好头发的人，一定要弹一弹帽子上的土；刚洗完澡的人，一定要抖一抖衣裳，使全身更清洁。怎么能够让自己洁白的身体，去蒙受外物的污垢呢？我宁可跳进这长流的江水，葬身鱼腹之中，又哪能让高洁的心灵去蒙受世俗的污浊呢？"他便写了《怀沙》这一诗篇。于是抱着石头，跳进汨罗江而死。

屈原死了之后，楚国有宋玉、唐勒、景差这一班人，爱好文学，并且因写辞赋被人称赞。虽说都效法屈原，文辞写得委婉含蓄，从容自如，却终究不能像屈原那样直言敢谏。屈原死后，楚国的疆土一天天缩小，几十年后，终于被秦国灭亡了。在屈原沉汨罗江后一百多年，汉朝有个贾谊，做长沙王的太傅。他经过湘水，把一篇《吊屈原赋》掷到江中，来凭吊屈原。

太史公说：我读《离骚》《天问》《招魂》《哀郢》，为屈原的高尚志向无法实现而悲叹。到长沙，经过屈原投水自沉的地方，不能不难过地流泪，想象他为人的高贵品格。后来见了贾谊吊屈原的文章，又责怪屈原，凭他那样的才能去游说诸侯，哪个国家不能容身，而偏要选择这样投江沉水的道路？再读贾谊的《鹏鸟赋》，他提出把死生同一，不把做官与不做官、在朝与在野的问题看得太重，又觉茫然不知所措了。

【鉴赏】《屈原列传》最主要的思想就是为屈原的身世遭遇鸣不平，抒发了一种忠心耿耿、才华卓荦、结果却遭到打击、报国无门，以致穷困潦倒、抑郁而死的愤慨。对屈原的怀才不遇、一生坎坷，寄寓了极大的同情。文中萦绕的始终是这样一种不平之气，这种不平之中寄寓着司马迁自己的身世之感，“以他人之酒杯，浇自己之块垒”，故李景星说：“通篇多用虚笔，以抑郁难遏之气，写怀才不遇之感，岂独屈、贾合传，直作屈、贾、司马三人合传读可也。”（《四史评议》）

其次，作品歌颂了屈原高洁自守、刚正不阿、不同流合污的高尚品质，对屈原与日月同辉的人格表示了深深的敬佩之情。司马迁在作品最后的“太史公曰”中说：“余读《离骚》《天问》《招魂》《哀郢》，悲其志。适长沙，过屈原所自沉渊，未尝不垂涕，想见其为人。”其一波三折，心驰神往，咏叹不绝的情形，与他对孔子的追慕之情一样。司马迁不愧是屈原几百年后的知己，杨慎说：“太史公作《屈原传》，其文便似《离骚》，其论作《骚》一节，婉雅凄怆，真得《骚》之旨也。”（《史记评林》引）

《屈原列传》条理分明，一气连贯。对该文的布局和写法之妙，李晚芳说：“篇首叙受谗之故，作《骚》之由，文情斐然，音节激越；中叙外欺内惑，以致丧师失地，活画出一怀王，言少事赅，比《国策》更为简练；篇末慨君终不悟，已不必生，悲愤淋漓，如怨如慕，鹃啼猿啸，听之泪下，忠臣至死，犹系心君国，所谓身死而心不死也，真善状屈子苦衷。通体以叙事夹议论，一唱三叹出之，声调超迈，亦是《国风》《小雅》之遗。”（《读史管见》）

《屈原列传》与《伯夷列传》《游侠列传》一样，都是《史记》中抒情性最强的作品。文章夹叙夹议，反复吟咏，抒情议论的文字占了文章的一半以上。

酷吏列传序①

孔子曰：“道之以政，齐之以刑，民免而无耻；道之以德，齐之以礼，有耻且格②。”老氏称：“上德不德，是以有德；下德不失德，是以无德。”“法令滋章，盗贼多有③。”太史公曰：信哉是言也！法令者治之具，而非制治清浊之源也④。昔天下之网尝密矣，然奸伪萌起，其极也，上下相遁⑤，至于不振。当是之时，吏治若救火扬沸⑥，非武健严酷，恶能胜其任而愉快乎！言道德者，溺其职矣。故曰“听讼，吾犹人也，必也使无讼乎⑦”，“下士闻道大笑之”，非虚言也。汉兴，破觚而为圜，斫雕而为朴，网漏于吞舟之鱼；而吏治烝烝，不至于奸，黎民艾安⑧。由是观之，在彼不在此⑨。

【注释】①酷吏：指那些施行严刑峻法、以酷烈著称的官吏。②孔子曰：引文见《论语·为政》。道：同“导”，引导。免：“免罪”“免刑”“免过”的意思。格：亲近、归服、向往。③老氏：指老子。滋：更加。④信：的确，实在。清浊：指政治清明与混乱。⑤遁：回避。⑥救火扬沸：播扬开水，使沸腾暂时停息，比喻不能从根本上解决问题。⑦“听讼”三句：语出《论语·颜渊》，是孔子的话。听讼，听理诉讼，审理案件。⑧破觚（gū）而为圜：觚，有棱角的酒器。圜，同“圆”。把有棱的酒器改为圆形的酒器,喻重大改变。指汉初一反秦代酷法,仅颁约法三章。斲雕而为朴:去掉华丽的装饰变为朴素。斫(zhuó),砍,去掉。雕,指华丽的装饰。朴,朴素。网漏于吞舟之鱼:从网里漏掉一口能吞下船的大鱼。比喻法网的宽疏。烝烝:美盛,形容吏治很好。艾安:平安无事。艾(yì),治理。⑨彼:指任德。此:指任刑。

【译文】孔子说:"用行政命令来诱导人民,用刑罚来整顿人民,人民只是暂时避免犯罪,却没有廉耻之心;如果用道德来诱导他们,用礼教来约束他们,百姓不但有羞耻之心,并且人心归服。"老子说:"最有道德的人不标榜自己有德,所以才真正有德;道德低下的人常标榜自己不离失德,所以他其实并不真正具有道德。""法令越是明白具体,盗贼反而更多出现。"太史公说:这话很准确呀!法令这个东西,是治理天下的工具,但它并不是决定政治好坏的根源。从前天下的法网曾经是很密的,可是邪恶欺诈的事不断发生。到最严重的时候,上上下下互相包庇回避,以至于国家不能振作。这个时候,吏治如同负薪救火、扬汤止沸,不拿出凶猛严酷的手段,又怎能担负起责任并且轻松愉快地履行职责呢?讲求道德的人,没有尽到他的职责啊!所以孔子说:"审理诉讼,我同别人一样。一定要把诉讼事件完全消灭才好!"老子说:"下愚的人听见讲'道'就哈哈大笑。"这不是假话。汉朝刚建立时,废除严苛刻薄的法令,去掉烦琐的条文,法网宽疏得可以使能吞掉船只的大鱼从中漏掉,可是官吏的政绩却很好,不为非作歹,老百姓太平无事。由此看来,国家的安定在于道德的力量,而不是靠严酷的法令。

【鉴赏】《酷吏列传》写了郅都、宁成、周阳由、赵禹、张汤、义纵、王温舒、尹齐、减宣、杜周十个酷吏,这十人中,除郅都是汉景帝时人外,其余都是汉武帝手下的得力干将。透过他们的行事,可以反映出武帝时代的政治状况。

"酷吏"的共同特点是执法严厉,但他们的个人品质则千差万别。司马迁并没有完全否定他们,如郅都"伉直""敢直谏"、不枉法徇私,被列侯宗室号为"苍鹰",让匈奴人闻风丧胆;张汤"国家赖其便",为官清廉,死后家无余财;义纵正直敢断;赵禹"据法守正"等等。这十人虽然残酷,却称其位。但总的说来,司马迁对酷吏的残暴妄杀却是不敢苟同的。这在该传的序中表现得非常清楚。

司马迁喜欢"德治",讨厌严刑峻法,希望有一种既宽松又有秩序的社会局面。这种思想在序中反复申明。他先引孔子、老子有关仁政、德治的名言,相当于开宗明义地亮出自己的观点;然后以"信哉是言也"这样一个感叹性的判断句,明白无误地表示自己的倾向性;接着以法网严密的时代与汉初"黄老政治"的宽松作比较,一个"吏治若救火扬沸",一个却"吏治烝烝,不至于奸,黎民艾安";并引孔、老的格言说明在特殊时期,法令不是不能用,但它只是为政的一个手段,而不是正本清流的根本。

该序就这样运用引用、举例、对比论证的方法,着墨不多,却观点明确,条理分明,言简意赅,具有很强的说服力。

游侠列传序

韩子曰:“儒以文乱法,而侠以武犯禁[①]。”二者皆讥,而学士多称于世云。至如以术取宰相、卿、大夫,辅翼其世主,功名俱著于春秋[②],固无可言者。及若季次、原宪,闾巷人也,读书怀独行君子之德[③],义不苟合当世,当世亦笑之。故季次、原宪终身空室蓬户,褐衣疏食不厌,死而已四百馀年,而弟子志之不倦[④]。今游侠,其行虽不轨于正义,然其言必信,其行必果,已诺必诚,不爱其躯,赴士之厄困[⑤]。既已存亡死生矣,而不矜其能,羞伐其德,盖亦有足多者焉[⑥]。

且缓急,人之所时有也。太史公曰:昔者虞舜窘于井廪;伊尹负于鼎俎;傅说匿于傅险;吕尚困于棘津;夷吾桎梏;百里饭牛;仲尼畏匡,菜色陈、蔡。此皆学士所谓有道仁人也,犹然遭此灾,况以中材而涉乱世之末流乎[⑦]?其遇害何可胜道哉!

鄙人有言曰:“何知仁义,已飨其利者为有德[⑧]。”故伯夷丑周,饿死首阳山,而文、武不以其故贬王;跖、蹻暴戾[⑨],其徒诵义无穷。由此观之,“窃钩者诛,窃国者侯,侯之门,仁义存”,非虚言也[⑩]。

今拘学或抱咫尺之义,久孤于世,岂若卑论侪俗[⑪],与世浮沉而取荣名哉?而布衣之徒,设取予然诺[⑫],千里诵义,为死不顾世。此亦有所长,非苟而已也。故士穷窘而得委命,此岂非人之所谓贤豪间者邪[⑬]?诚使乡曲之侠[⑭],予季次、原宪比权量力,效功于当世,不同日而论矣。要以功见言信,侠客之义又曷可少哉[⑮]?

古布衣之侠,靡得而闻已。近世延陵、孟尝、春申、平原、信陵之徒[⑯],皆因王者亲属,藉于有土卿相之富厚,招天下贤者,显名诸侯,不可谓不贤者矣。比如顺风而呼,声非加疾,其势激也。至如闾巷之侠,修行砥名,声施于天下[⑰],莫不称贤,是为难耳。然儒、墨皆排摈不载。自秦以前,匹夫之侠,湮没不见,余甚恨之。以余所闻,汉兴有朱家、田仲、王公、剧孟、郭解之徒,虽时扞当世之文罔[⑱],然其私义,廉洁退让,有足称者。名不虚立,士不虚附。至如朋党宗强比周[⑲],设财役贫,豪暴侵凌孤弱,恣欲自快,游侠亦丑之。余悲世俗不察其意,而猥以朱家[⑳]、郭解等令与豪暴之徒同类而共笑之也。

【注释】①韩子:指韩非,战国末期韩国人,曾与李斯同受学于荀况,为法家学派集大成的人物。“儒以文乱法”二句:语见《韩非子·五蠹篇》。文,指儒家所推崇的先王之道和礼乐制度。以武犯禁:逞个人的勇力,不顾法制约束。②著:记载。春秋:泛指当时的国史。③季次:即公皙哀,孔子的弟子。春秋时许多儒生投靠诸侯国的大夫门下当家臣,只有季次不去。原宪:即子思,孔子弟子。曾居于乱草蓬蒿的穷巷,而不以贫为耻。闾巷:街巷。怀:保持,坚守。独行君子:有独特节操,而不随波逐流,与世浮沉的人。④空室:空无一物的屋子。蓬户:用杂乱柴草编成的屋门。褐衣:粗布短衣,古代贱者所服。疏:粗也。厌:同“餍”,满足。志:怀念。⑤轨:合。

厄困:危急和困难。⑥存亡死生:使亡者得存,使死者得生。意思是把别人从危难中解救出来。伐:夸耀。足多:值得称赞。⑦“虞舜”句:据《五帝本纪》载,相传舜父瞽瞍和其弟象想杀死舜,曾让舜去修米仓,然后放火烧仓,想把舜烧死。舜不死。又使舜挖井,瞽瞍与象用土填井,舜从井旁挖出路走出来。这就是舜窘于井廪之事。“伊尹”句:伊尹,商汤时贤臣。相传他曾是汤妃有莘氏女的陪嫁奴隶,背着锅(鼎)和砧板(俎)当厨子,以做菜的道理暗示其对政事的见解,后来被汤重用。“傅说”句:傅说,为殷帝武丁的贤臣。傅险,即傅岩,在今山西平陆县东。相传傅说原是傅岩筑土墙的苦役犯,后被武丁发现,委以重任。“吕尚”句:吕尚,即姜太公,曾辅助周武王灭商建周,因有大功,被封于齐。棘津,水名,在今河南省延津县东北,现已湮没。相传姜太公七十岁的时候,还在棘津靠卖力气生活。夷吾桎梏:夷吾,即管仲,事见《管晏列传》。桎,足械;梏,手械。百里饭牛:百里,即百里奚。百里奚入秦之初,曾替人喂牛。“仲尼”两句:孔子由卫到陈,路过匡邑,匡人错认作为侵暴过他们的阳虎,几乎把他杀害。匡,古卫地,在今河南省长垣县西南。菜色陈、蔡,指孔子在陈、蔡之间绝粮而面有饥色。犹然:尚且。末流:犹“末世”。⑧鄙人:犹言“下层人”,指一般老百姓。飨:同“享”。⑨伯夷丑周:伯夷认为周武王伐纣,是以暴易暴,十分憎恶。丑,瞧不起。跖(zhí)、蹻(qiāo):指盗跖和庄蹻,均为古代奴隶起义领袖。⑩“窃钩者诛”几句:语出《庄子 · 胠箧篇》。虚言:没有根据的话。⑪拘学:拘泥于一偏之见而顽固不化的学者。指季次、原宪一类人。咫:古代长度名,合今市尺六寸二分多。咫尺,形容距离很短。侪俗:迁就世俗。侪,同类、同辈,这里用作动词。⑫取予:收受、给予。⑬委命:托身,依靠。贤豪间者:杰出的人才。⑭乡曲:乡里,指穷乡僻壤。⑮功见言信:办事见效果,说话能兑现。曷:同“何”。⑯近世:指春秋战国以来。延陵:吴公子季札。孟尝:齐国的孟尝君田文。春申:楚国的春申君黄歇。平原:赵国的平原君赵胜。信陵:魏国的信陵君魏无忌。⑰砥名:打磨、提高自己的名节。施(yì):蔓延,传扬。⑱朱家:汉高祖时人,因行侠仗义闻名当世。田仲:楚人。王公:即王孟,符离(今安徽宿县)人,以侠称江淮间。剧孟:洛阳人,以任侠显诸侯。郭解:字翁伯,轵(今河南济源市东)人。扞(hàn):违犯,抵触。文罔:指法网。⑲朋党:指谋不正当利益的团伙。宗强:豪强。比周:互相勾结。⑳猥(wěi):曲,犹如今“错误地”“马马虎虎地”。

【译文】 韩非说:“儒生常常利用古代的文献扰乱国家的法制,而侠士往往依仗武力触犯国家的禁令。”儒和侠二者都被讥刺,但儒家学者还是被当世称道。至于像那些凭借儒术取得宰相、卿、大夫等职位,辅助当世的君主,功绩和名望记入史册的人,固然没有什么好说的了。至于像季次、原宪这些隐居穷闾隘巷的人,熟读诗书,保持着独行君子的高尚节操,坚持正义,不随便迎合世俗,当世的人也讥笑他们。因此,季次、原宪终身居住在空无一物的破草房里,粗劣简单的衣服饮食都得不到满足。他们已经死了四百多年,但是后世儒者仍然一直怀念他们。如今的游侠,他们的行为虽不合国家的法度,但是他们说话必定守信用,办事坚决果断,已经答应人家的事情一定要兑现,为了帮别人解脱困境,而不惜牺牲自己的生命。等到已经把别人从危难中拯救出来了,却不夸耀自己的能力,羞于吹嘘自己的恩德。像这样的游侠实在也有值得称赞的地方啊。

况且急难的事情是人人都时常会遇到的。太史公说:从前,虞舜在浚井和修仓库时受到困窘;伊尹曾背着锅和砧板当奴隶;傅说在傅岩筑土墙做苦力;姜太公在棘津过穷困日子;管仲曾戴上脚镣手铐受囚禁;百里奚喂过牛;孔子在匡地受过惊吓,在陈蔡绝粮挨饿;这些人都是有学问的人所说的有道德的仁人,尚且还遭受这些灾难,何况是一个普通人而又遭逢乱世的末期呢?他们所遭受的迫害哪里能说得完呢?

老百姓有这样的话:"管什么仁义不仁义,谁对我有好处,谁就是有德的人。"所以,伯夷以周灭商为耻,饿死在首阳山,但周文王、周武王并不因此就降低他们作为一个王者的声誉;盗跖、庄跻残忍凶暴,可是他们的党徒却无穷无尽地称颂他们有义气。照这样看来,"偷人家钩带的被处死,偷别人国家的却封侯。而侯门内自然就有了仁义。"这话不是没有根据的啊!

现在有些顽固不化的学者,死抱着狭隘的教条,长久地背离世俗,他们怎么能比得上那些降低自己的调门,去迎合世俗,随波逐流去猎取功名富贵的人呢?出身平民的游侠,认真对待待人接物的义气,不苟取,不苟予,说话算数,相隔千里也仗义相助,为急人之难不怕牺牲性命,不顾世俗的议论。这些人也有他们的长处,不是马虎随便的。所以人们遇到穷困窘迫,就把身家性命委托给他们,这难道不就是人们所说的英雄豪杰、杰出人才吗?如果把这些乡里的侠客跟季次、原宪等人比较一下在社会上的权威和影响力,儒者和游侠在当世所发挥的作用,那是不能同日而语的。如果从办事的见功效、说话的有信用来衡量,侠客的正义行为,又怎么能轻视呢?

古时候的平民之侠,已经无从知道了。近世的延陵季子、孟尝君、春申君、平原君、信陵君一类人,都依仗自己是国王的亲属,凭借着有封地和卿相地位的富厚条件,招纳天下的贤士,名声传扬各诸侯国,他们不能说不是贤者。正如顺风呼喊一样,声音并不加快,只是声浪被风势激荡,所以传得很远。至于居住在民间的侠客,修养自己的品行,提高自己的名节,声名传遍天下,没有人不称赞他们的贤能,这实在是很难的啊。可是儒家、墨家的典籍都排斥、摒弃这些游侠,没有记载过他们的事迹。秦代以前,出身平民的游侠,都被埋没不传于世,对此我非常惋惜。根据我所听说的,从汉朝建立以来,有朱家、田仲、王公、剧孟、郭解这些人,虽然时常触犯当代的法律规章,可是他们的个人品质廉洁谦让,有值得称赞的地方。他们的名声并不是凭空建立起来的,人们也不是无缘无故地归附他们。至于像朋党豪族互相勾结、依仗自己的富有而役使贫民,凭借权势暴力侵害孤儿弱者,放纵贪欲,只图自己畅快,游侠对这些人,也深恶痛绝。我深深地惋惜世俗的人不考察游侠行为的真正出发点,却错误地把朱家、郭解和那些豪强暴徒做同类看待,而加以嘲笑。

【鉴赏】《游侠列传》是一篇专门为汉代游侠写的传记。"游侠"是指那些重义轻生、急人厄困的人。司马迁特别是对"乡曲闾巷布衣匹夫之侠"给予了高度的赞扬,对他们言必信、行必果、已诺必诚的高尚品质表现出无限的仰慕,对汉代统治者及上流社会加在游侠身上的迫害表现出极大的愤慨,对他们的不幸结局倾注了极大的同情。

《游侠列传序》是《史记》史论中写得比较有代表性的文字,抒情性极强,整个序言部分都由议论和抒情文字构成,是全传的总论。这一部分在全文中篇幅虽然只占了五分之二,但由于作者把它放在文章的开头,位置非常醒目,给人的感觉抒情议论部分依然是全文的主体。在序中，或正说，或反说，或似正而实反，或似反而实正，循环往复，曲折流连。正如清代吴见思所说："篇中以儒侠相提而论，层层回环，步步转折，曲尽其妙。后乃出二传，反若借以为印证，为注解，而篇章之妙，此又一奇也。"（《史记论文》）明代董份说："咨嗟慷慨，感叹婉转，其文曲至，百代之绝矣。"（《史记钞》引）

该序还突出地运用了鲜明的对比衬托的手法，将作者的爱恨情仇淋漓尽致地表现了出来。作者首先将儒与侠对举，以儒作侠的反衬。接着又将儒分为"读书怀独行君子之德，义不苟合当世"，"终身空室蓬户"的"闾巷之儒"和"以术取宰相卿大夫"的"朝廷之儒"，两相比较，表现了作者对公孙弘、张汤等"朝廷之儒"的鄙视和嘲弄。"侠"也可以分为两类：一类是"王者亲属，藉于有土卿相之富厚，招天下贤者，显名诸侯"的"贵族之侠"，一类是"修行砥名，声施于天下，莫不称贤"的"布衣之侠"。两相对照，后者更显得难能可贵。作者还将"布衣之侠"与"闾巷之儒"、"朋党宗强"作比较，说明在"功见言信"方面，"布衣之侠"超过了"闾巷之儒"；而世俗社会将"布衣之侠"与"朋党宗强"的残忍暴戾画等号，实在是泼给侠士的一盆脏水。但最终"布衣之侠"却被"朝廷之儒"残害了，这让司马迁无比愤慨。在对比映衬中，高下优劣，昭然若揭。

滑稽列传[①]

孔子曰："六艺于治一也：《礼》以节人，《乐》以发和，《书》以导事，《诗》以达意，《易》以神化，《春秋》以道义。"太史公曰：天道恢恢[②]，岂不大哉！谈言微中，亦可以解纷。

淳于髡者，齐之赘婿也[③]。长不满七尺，滑稽多辩，数使诸侯，未尝屈辱。齐威王之时，喜隐[④]，好为淫乐长夜之饮，沉湎不治，委政卿大夫。百官荒乱，诸侯并侵，国且危亡，在于旦暮，左右莫敢谏。淳于髡说之以隐曰："国中有大鸟，止王之庭，三年不蜚又不鸣[⑤]，王知此鸟何也？"王曰："此鸟不蜚则已，一蜚冲天；不鸣则已，一鸣惊人。"于是乃朝诸县令长七十二人[⑥]，赏一人，诛一人，奋兵而出。诸侯振惊，皆还齐侵地。威行三十六年。语在《田完世家》中。

威王八年，楚大发兵加齐[⑦]。齐王使淳于髡之赵请救兵，赍金百斤[⑧]，车马十驷。淳于髡仰天大笑，冠缨索绝[⑨]。王曰："先生少之乎？"髡曰："何敢！"王曰："笑岂有说乎？"髡曰："今者臣从东方来，见道旁有禳田者，操一豚蹄，酒一盂，而祝曰：'瓯窭满篝，污邪满车，五谷蕃熟，穰穰满家[⑩]。'臣见其所持者狭，而所欲者奢，故笑之。"于是齐威王乃益赍黄金千镒[⑪]，白璧十双，车马百驷。髡辞而行，至赵。赵王与之精兵十万，革车千乘。楚闻之，夜引兵而去。

威王大说，置酒后宫，召髡赐之酒。问曰："先生能饮几何而醉？"对曰："臣饮一斗亦醉，一石亦醉。"威王曰："先生饮一斗而醉，恶能饮一石哉！其说可得闻乎?"髡曰:"赐酒大王之前,执法在傍,御史在后,髡恐惧俯伏而饮,不过一斗径醉矣⑫。若亲有严客,髡帣鞴鞠𨄮,侍酒于前,时赐馀沥,奉觞上寿⑬,数起,饮不过二斗径醉矣。若朋友交游,久不相见,卒然相睹,欢然道故,私情相语,饮可五六斗径醉矣。若乃州闾之会,男女杂坐,行酒稽留,六博投壶,相引为曹,握手无罚,目眙不禁,前有堕珥,后有遗簪,髡窃乐此,饮可八斗而醉二参⑭。日暮酒阑,合尊促坐,男女同席,履舄交错,杯盘狼藉,堂上烛灭,主人留髡而送客,罗襦襟解,微闻芗泽⑮,当此之时,髡心最欢,能饮一石。故曰:'酒极则乱,乐极则悲,万事尽然。'言不可极,极之而衰。"以讽谏焉。齐王曰:"善。"乃罢长夜之饮,以髡为诸侯主客⑯。宗室置酒,髡尝在侧。

【注释】 ①滑稽(gǔjī):能言善辩、口齿伶俐的意思。②天道:指一切自然法则及社会现象。恢恢:广大的样子。③淳于髡:淳于,复姓;髡(kūn),名,齐国的大夫。赘(zhuì)婿:战国、秦、汉时,家贫卖子与人为奴,三年不能赎还,主家以女子匹配之,称为赘婿。在当时是社会地位很低的人。④隐:隐语,是一种讽喻性的暗示和代用的词句。⑤蜚:通"飞"。⑥县令长:指县的行政长官。大县称令,小县称长。⑦加:侵略。⑧赍:赠送。金:黄铜。⑨冠缨:系帽子的带。索:尽。⑩穰田:就是向田地设祭,为土地祈福佑。穰,一本作禳。瓯窭(ōulóu):狭小的高地。篝(gōu):筐笼。污邪(wūxié):地势低下的渍水田。穰穰(ráng):丰盛的样子。⑪镒(yì):古代计重量的单位。二十两或二十四两为一镒。⑫径:即,就。⑬严客:尊客。帣鞴(quàngōu):挽起袖子。鞠𨄮(jūjì):躬身下跪。鞠,弯曲。𨄮,小跪,双膝着地,上身挺直。觞:古代盛酒器。寿:敬酒。⑭州闾:乡里。六博:本作六簙。古代的一种争胜负的博戏,共十二粒棋子,六黑六白,故名。投壶:我国古代宴会的礼制,也是一种游戏。以盛酒的壶口作目标,用箭投入。以投中多少决胜负,负者须饮酒。曹:辈。眙(chì):瞪着眼直视。珥(ěr):妇女的珠玉耳饰。簪:妇女插髻的首饰。"堕珥""遗簪",承上文男女杂坐而言,因为欢乐放纵,妇女的耳饰全掉下来了。二参:指十有两三分醉。参,同"三"。⑮阑:完、尽。尊:同"樽",酒杯。促坐:促席而坐。促,靠近。履舄(lǚxì):鞋。舄,古代的一种复底鞋,引申为鞋的通称。狼藉:纵横散乱。芗(xiāng)泽:同"香泽",香气。⑯主客:接待外宾的官员。

【译文】 孔子说:"六艺虽然具有不同的性质内容,对于治理国家,作用却是一样的:《礼》用来节制人们的行为,《乐》用来抒发平和美好的感情,《书》用来记述一切历史事迹,《诗》用来表达意见思想,《易》用来通达事物的神明变化,将事物的变化和超自然的感召结合起来,《春秋》用来说明天下的道理和大义。"太史公说:天道疏略广阔,难道不伟大吗!所谈的哪怕只是一点点中肯,也可解除纷乱紊惑。

淳于髡是齐国的一个赘婿出身的人。身高不足七尺,口齿伶俐,能说会辩,多次出使诸侯国,从来不曾受过屈辱。齐威王刚即位的时候,爱好猜谜语,喜欢毫无节制的淫乐,通宵达旦的饮宴,沉迷于酒色之中,不治理国家,把政事交给卿大夫处理。于是各级官员政事荒废混乱,诸侯都来侵略,国家危在旦夕,左右的人不敢直言进谏。淳于髡就用说谜语的方式谏说齐威王。他说:"国都内有一只大鸟,它停栖在大王的宫廷里,三年不飞又不叫,大王知道这鸟想干什么呢?"威王说:"这只鸟不飞则已,一飞就要冲上云霄;不鸣则已,一鸣就要惊人!"于是威王就召集各县的长官共七十二人来朝见，当众赏了一人，杀了一人，整顿军队出去作战。诸侯十分震惊，统统把侵占齐国的土地归还了。声威播扬天下达三十六年之久。此事在《田完世家》那篇文章中有所记述。

齐威王八年，楚国大举发兵侵犯齐国。齐威王派淳于髡到赵国请求救兵，让他携带黄铜百斤，四匹马拉的车子十辆作为赠礼。淳于髡仰头对天大笑，把帽子上的缨带都震落了。齐威王说："先生认为东西少了吗？"淳于髡说："怎么敢呢！"威王问："那么，笑又怎么解释呢？"淳于髡说："今天我从东方来，看见路旁一个祭土地祈求丰收的农夫，他手里拿着一只猪蹄，一壶酒，祷告说：'狭小的高地大丰收，谷物装满筐笼；渍水田中大丰收，谷物要用车辆满载。五谷丰登，多得装满我的屋子。我看他拿出的东西那样少，想要的又是这样多，所以我就笑他。"于是齐威王就增加礼物，黄铜千镒，白璧十对，四匹马拉的车子百辆。淳于髡辞别齐王起程，到了赵国。赵王给他派精兵十万，战车一千辆。楚国听到这消息，连夜领兵撤走了。

威王非常高兴，就在后宫摆起酒宴，召见淳于髡，请他喝酒。问道："先生要饮多少酒才能够醉呢？"淳于髡回答说："我喝一斗也醉，喝一石也醉。"威王说："先生既然喝一斗就醉了，又怎能够喝一石呢？其中的缘故，能说给我听听吗？"淳于髡说："在大王面前赐我喝酒，执法的官员站在身旁，御史站在后面，我心里恐惧，只好低着头喝酒，不过一斗就醉了。如果我父母有尊贵的客人，我束好衣袖，躬身长跪，在前面侍奉，他们不时把剩余的赐给我，不时起身捧着杯子上前敬酒，喝不过两斗就醉了。如果好朋友交往，很久不见面了，突然相会，兴奋地谈论往事，倾吐私情，这时候可以喝五六斗才醉。如果乡里举行集会，男男女女混杂坐在一起，斟酒慢慢地喝，又做六博、投壶的游戏，互相招呼，结为同辈。握了妇女的手不受责罚，眼睛直瞪着她们不被禁止，前后都是妇女掉下的耳环簪子，我心里喜欢这种场面，可以喝八斗才有两三分醉意。等到日落西山，酒要完了，把酒杯合在一块，紧紧地挨坐在一起，男女同席，鞋子互相错杂，杯盘纵横散乱，堂上的蜡烛要点完了，主人留下我，把客人都送走。那陪酒的女子，解开罗衫的衣襟，我微微闻到一股香气。当这个时候，我心里最高兴，那就能够饮一石了。所以说：'饮酒过度，必定乱性，欢乐过度，必然生悲。万事都是这样。'这是说什么都不可过度，过度了就会衰败。"他用这个话来委婉劝谏。威王说："好！"于是就停止通夜饮酒，任命淳于髡做接待诸侯的主客。每逢王族摆酒宴，淳于髡经常被邀在座。

【鉴赏】《滑稽列传》是司马迁为一群小人物立的传，这里只节选了淳于髡的故事。淳于髡是古代的一位智者，一位善良正直同时又滑稽风趣的人物，就如同东方朔和阿凡提等人物一样，是人民群众智慧的代表。淳于髡是这群滑稽人物中的第一个，司马迁之所以要为他们写传，就因为他们"不流世俗，不争势力，上下无所滞，人莫之害，以道之用"（《太史公自序》），他们的语言充满机趣，处处绽放出思想的火花。同时他们三言两语就可以将一些棘手的问题解决，"谈言微中，亦可以解纷"。

这篇文章在写法上也有独到之处，它采取记录警语，罗列轶事的叙事方法，常为魏晋以后的轶事小说如《世说新语》等所采用，在文学史上具有开创之功。

这篇文章的语言韵散结合，读起来朗朗上口，具有一种和谐的音韵美。如淳于髡回答齐王何以喝酒一斗也醉、一石也醉的那段话，里面多为四言句，整齐对称，同时杂以散句，显得既整齐又灵活，也为后世的韵文、散文写作提供了范本。

货殖列传序[①]

《老子》曰[②]："至治之极，邻国相望，鸡狗之声相闻，民各甘其食，美其服，安其俗，乐其业，至老死不相往来。"必用此为务，輓近世涂民耳目[③]，则几无行矣。

太史公曰：夫神农以前，吾不知已[④]。至若《诗》、《书》所述虞、夏以来，耳目欲极声色之好，口欲穷刍豢之味，身安逸乐，而心夸矜势能之荣，使俗之渐民久矣，虽户说以眇论[⑤]，终不能化。故善者因之，其次利道之，其次教诲之，其次整齐之，最下者与之争。

夫山西饶材、竹、榖、纑、旄、玉石；山东多鱼、盐、漆、丝、声色；江南出楠、梓、姜、桂、金、锡、连、丹沙、犀、玳瑁、珠玑、齿、革；龙门、碣石北多马、牛、羊、旃裘、筋角；铜、铁则千里往往山出棋置，此其大较也[⑥]。皆中国人民所喜好，谣俗被服饮食奉生送死之具也[⑦]。故待农而食之，虞而出之[⑧]，工而成之，商而通之。此宁有政教发征期会哉[⑨]！人各任其能，竭其力，以得所欲。故物贱之征贵，贵之征贱，各劝其业，乐其事，若水之趋下，日夜无休时，不召而自来，不求而民出之。岂非道之所符，而自然之验邪？

《周书》曰："农不出则乏其食，工不出则乏其事，商不出则三宝绝[⑩]，虞不出则财匮少。"财匮少而山泽不辟矣。此四者，民所衣食之原也。原大则饶，原小则鲜。上则富国，下则富家。贫富之道，莫之夺予[⑪]，而巧者有馀，拙者不足。故太公望封于营丘，地潟卤，人民寡，于是太公劝其女功，极技巧，通鱼盐，则人物归之，繦至而辐凑[⑫]。故齐冠带衣履天下，海岱之间敛袂而往朝焉[⑬]。其后齐中衰，管子修之，设轻重九府，则桓公以霸，九合诸侯，一匡天下，而管氏亦有三归[⑭]，位在陪臣，富于列国之君。是以齐富强至于威、宣也。

故曰："仓廪实而知礼节，衣食足而知荣辱。"礼生于有而废于无。故君子富，好行其德；小人富，以适其力。渊深而鱼生之，山深而兽往之，人富而仁义附焉。富者得势益彰，失势则客无所之，以而不乐。谚曰："千金之子，不死于市。"此非空言也。故曰："天下熙熙，皆为利来；天下壤壤[⑮]，皆为利往。"夫千乘之王，万家之侯，百室之君，尚犹患贫，而况匹夫编户之民乎[⑯]！

【注释】①货殖：货，财货；殖，生产。②《老子》：书名。又称《道德经》。相传为春秋末期老聃著。③輓：通"挽"，挽救。輓近世，挽救近世风气衰颓。涂：涂抹，堵塞。③神农：传说中上古时代的人物，因教民稼穑，故称"神农"。已：同"矣"。⑤刍豢（chúhuàn）：刍，食草的动物，如牛、羊。豢，食谷类的动物，如猪、狗。户说：按户劝说。眇（miǎo）论：微妙的道理。指老子的言论。⑥山西:指太行山以西,包括今山西、陕西、甘肃等地。榖(gǔ):楮树,树皮可以造纸。纑(lú):山中野麻,可以织布。旄(máo):牦牛尾,可以做旗杆上的装饰品。山东:指太行山以东。江南:指长江以南。连:同“链”,未炼过的铅。丹沙:即朱砂。玳瑁(dàimào):海中动物,像龟,其甲壳可制装饰品。玑(jī):不圆的珠。龙门:在今山西河津市。碣石:山名,地在今河北乐亭县西南,一说即今河北昌黎县北的碣石山。旃:同“毡”,旃裘,用毛织物制成的衣服。筋角:制弓箭的材料。大较:大概,大略。⑦谣俗:风俗习惯。⑧虞:掌管山林川泽的官。⑨发征:征调。期会:刻期而会。⑩《周书》:指《逸周书》,共七十篇,记载周朝上起文王、武王,下至灵王、景王时事。三宝:指农所出之“食”,工所成之“事”,虞所出之“财”。⑪莫之夺予:犹言“没有谁能够改变它”。⑫太公望:即姜太公吕望,周武王的开国元勋,被封于齐。营丘:在今山东省昌乐县东南。潟卤(xìlǔ):盐碱地。女功:指有关妇女刺绣纺织的事。繦(qiǎng):穿钱的绳子。繦至:像绳索一样牵连不断地来。一说,同“襁”,即襁褓,包婴儿的衣、被。辐:车轮中的辐条。辐凑:言四方人物来归,如辐之集于毂一般。⑬冠带衣履:言天下各国的冠带衣履皆齐国所造。海岱之间:指渤海和泰山之间的诸侯国。敛袂(mèi):整敛衣袖(表示肃敬)。⑭管子修之:指重新修订太公“通工商之业,便鱼盐之利”。轻重九府:《管子》有《轻重篇》,轻重是指在各地贮积货币来调节谷价贵贱的办法。九府,周代掌管钱币的官有九:大府、玉府、内府、外府、泉府、天府、职内、职金、职币。三归:旧有三说:管仲自筑的台名;齐桓公给管仲的封地名;指娶三个老婆。⑮壤壤:往来纷乱的样子。壤,通“攘”。纷乱。⑯千乘之王:指分封的王。万家之侯:指列侯。百室之君:指大夫。匹夫:平民。编户之民:编入户口册的老百姓。

【译文】《老子》书上说:“天下治理得最好的时候,邻国的人能互相望见,鸡鸣狗吠的声音能彼此听到,老百姓满足于他们的饮食,喜欢他们的穿着,安于他们的风俗,乐于从事他们的职业,直到老死也不相互来往。”如果一定把老子所说的当作追求的目标,企图挽回近世衰颓的风俗,闭塞百姓的耳目,那几乎是无法行得通的。

太史公说:神农以前的事,我已无从考知了。至于《诗》《书》上所记述的,从虞舜、夏禹以来,人们的耳目都想听尽看尽声色的美好,口里都想尽量享受牛羊犬豕等肉食的滋味,身体贪图安逸快乐,而心里夸耀权势的荣光。这个习俗深入民心很久了,即使用老子讲的微妙道理去挨家挨户地劝说,也终究不能改变。因此,最好的办法是顺其自然变化,其次是借着有利的形式去引导他们,再次是教育他们,再次就是制定法规去约束他们,最下等的办法是和他们争利。

太行山以西多产木材、竹子、楮树、野麻、牦牛、玉石;太行山以东多产鱼、盐、漆、丝、歌儿舞女;江南出产楠树、梓树、姜、桂、金、锡、铅矿、丹砂、犀牛角、玳瑁、珠玑、象牙、皮革;龙门、碣石以北多出产马、牛、羊、毡裘、筋角;出产铜铁的矿山,千里之间星罗棋布,这就是大概情况。所有这些,都是中原人民所喜欢的,各地的风俗习惯都拿这些东西作穿的、吃的以供养生者,礼葬死者。所以要靠农夫耕作才有吃的;靠管山林水泽的人,才能把物品采集运出来;靠工匠做工,才能制成器物;靠商贾贩卖,物资才能流通。难道是有什么政令教化把它们征调安排得这么好吗?人们各自发挥自己的才能,尽自己的力气,去得到所想要的东西。所以物价贱是贵的征兆,贵是贱的征兆。人们各自努力地从事他的职业,就像水向低处流一样,日日夜夜没有停止的时候,不用召唤就自己到来,不用要求老百姓就自动拿出东西。这难道不是符合“大道”而且得到自然的验证吗？

《周书》上说：“农夫不种出粮食就缺少吃的，工匠不制出器物就缺少用具，商人不出来经营，粮食、器物、物财这三宝就断了来源，管理山林水泽的人不出力，财货就缺乏。”财源缺乏，山林泽地就不能开发。这四个方面，是老百姓衣食的源泉。源泉广大财富就多，源泉窄小财富就少。来源广在上可使国家富足，在下可使家庭富裕。贫富之道，没有谁能够改变。不过巧智的人有余，笨拙的人不足。从前太公吕望被封在营丘，地处海滨，土多盐碱，人口稀少，于是太公勉励百姓努力养蚕纺织，极力钻研技术，贩运鱼盐。四方的人纷纷投奔齐国，像绳索相连似的络绎不绝于道，也好像车轮中辐条凑集到车毂上一样。因此，齐国的冠带衣履传遍天下，渤海和泰山之间的诸侯，都整敛衣袖，恭敬地来齐国朝拜。后来，齐国中途衰弱，管仲重新修订太公“通工商之业，便鱼盐之利”政策，设立轻重九府管理财政，齐桓公因而称霸，多次会盟诸侯，匡正天下；管仲也有三归，虽然他的地位不过是诸侯国的大夫，但富裕比得上诸侯国的君主。因此齐国富强的局面，一直延续到齐威王、齐宣王的时代。

所以说：“仓廪充实就懂得礼节，衣食无忧就知道礼义廉耻。”礼节产生于富有，废弛于贫穷。所以君子富有，好行仁义；小人富有，能够尽力。潭深，鱼就自然生长在那里；山深，野兽就自然去到那里；富裕的人，仁义就自然依附在他身上。富贵的人得到权势就更加显赫；失掉权势，做客都无处可去，因而不愉快。谚语说：“家有千金的人，不会犯法受刑，死在街市。”这并不是空话啊。所以说：“天下人熙熙攘攘，都在为利益奔走。”有兵车千乘的王，食邑万家的侯，食邑百户的大夫，尚且还担心贫穷，何况是平民百姓呢！

【鉴赏】《货殖列传》和《平准书》都是《史记》中专门讲经济问题的作品，其中《货殖列传》是从社会发展的角度总结了历代工商业的发展状况，概括出一条条经济发展的规律，指出工商业在强国利民方面的重大作用，并为许多卓越的工商业者立传。司马迁的这种做法，在一个“重农抑商”、处处打击商人的封建社会，显得特别可贵。钱钟书说：“斯传文笔腾骧，固无待言，而卓识巨胆，洞达世情，敢直言而不为高论，尤非常殊众也。”（《管锥编》）并称赞司马迁这种写“民生日用”的做法于“新史学”有“手辟鸿蒙”的开创之功。

这篇文章的写法属典型的开门见山，直指目标式。司马迁首先将《老子》书中的名言：“至治之极，邻国相望，鸡狗之声相闻，民各甘其食，美其服，安其俗，乐其业，至老死不相往来。”作为批评的靶子，指出这种“寡欲”、封闭式的生活方式已经与近世相去甚远，并通过对历史的梳理，肯定追求物质利益、追求财富是人的天然本性，上至王侯将相，下至匹夫编户之民，莫不如此。

该文还擅长使用引证的方法来佐证自己的观点，这里节选的只是很短小的一部分，但作者引用了《老子》《周书》《管子》以及大量野谚俚语，或正面或反面来为自己的观点服务。此外，作品中对商业竞争中的法则规律分析得鞭辟入里，具有很强的辩证性。

朱鹤龄说："太史公《货殖列传》，将天时、地理、人事、物情，历历如指诸掌，其文章瑰玮奇变不必信，以之殿全书之末，必有深旨。或谓子长身陷极刑，家贫不能自赎，故感愤而作此，何其浅视子长也！"（《愚庵小集》）

太史公自序

太史公曰："先人有言：'自周公卒五百岁而有孔子。孔子卒后至于今五百岁，有能绍明世，正《易传》，继《春秋》，本《诗》《书》《礼》《乐》之际？'意在斯乎！意在斯乎！小子何敢让焉[①]。"

上大夫壶遂曰[②]："昔孔子何为而作《春秋》哉？"太史公曰："余闻董生曰：'周道衰废，孔子为鲁司寇[③]，诸侯害之，大夫壅之。孔子知言之不用，道之不行也，是非二百四十二年之中，以为天下仪表：贬天子，退诸侯，讨大夫，以达王事而已矣[④]。'子曰：'我欲载之空言，不如见之于行事之深切著明也。'夫《春秋》，上明三王之道，下辨人事之纪，别嫌疑，明是非，定犹豫，善善恶恶，贤贤贱不肖，存亡国，继绝世，补敝起废，王道之大者也。《易》著天地、阴阳、四时、五行，故长于变；《礼》经纪人伦，故长于行；《书》记先王之事，故长于政；《诗》记山川、溪谷、禽兽、草木、牝牡、雌雄，故长于风[⑤]；《乐》乐所以立，故长于和；《春秋》辨是非，故长于治人。是故《礼》以节人，《乐》以发和，《书》以道事，《诗》以达意，《易》以道化，《春秋》以道义。拨乱世反之正，莫近于《春秋》。《春秋》文成数万，其指数千[⑥]。万物之聚散[⑦]，皆在《春秋》。《春秋》之中，弑君三十六，亡国五十二，诸侯奔走不得保其社稷者，不可胜数。察其所以，皆失其本已。故《易》曰：'失之毫厘，差以千里。'故曰：'臣弑君，子弑父，非一旦一夕之故也，其渐久矣。'故有国者不可以不知《春秋》，前有谗而弗见，后有贼而不知。为人臣者不可以不知《春秋》，守经事而不知其宜，遭变事而不知其权[⑧]。为人君父而不通于《春秋》之义者，必蒙首恶之名。为人臣子而不通于《春秋》之义者，必陷篡弑之诛，死罪之名。其实皆以为善，为之不知其义，被之空言而不敢辞[⑨]。夫不通礼义之旨，至于君不君，臣不臣，父不父，子不子。君不君则犯，臣不臣则诛，父不父则无道，子不子则不孝。此四行者，天下之大过也。以天下之大过予之，则受而弗敢辞。故《春秋》者，礼义之大宗也。夫礼禁未然之前，法施已然之后；法之所为用者易见，而礼之所为禁者难知[⑩]。"

壶遂曰："孔子之时，上无明君，下不得任用，故作《春秋》，垂空文以断礼义，当一王之法[⑪]。今夫子上遇明天子，下得守职，万事既具，咸各序其宜。夫子所论，欲以何明？"

太史公曰："唯唯，否否，不然。余闻之先人曰：'伏羲至纯厚，作《易》《八卦》；尧、舜之盛，《尚书》载之，礼乐作焉；汤、武之隆，诗人歌之[⑫]。《春秋》采善贬恶，推三代之德，褒周室，非独刺讥而已也。’汉兴以来，至明天子，获符瑞，建封禅，改正朔，易服色，受命于穆清，泽流罔极，海外殊俗，重译款塞⑬，请来献见者，不可胜道。臣下百官，力诵圣德，犹不能宣尽其意。且士贤能而不用，有国者之耻；主上明圣而德不布闻，有司之过也。且余尝掌其官⑭，废明圣盛德不载，灭功臣、世家、贤大夫之业不述，堕先人所言，罪莫大焉。余所谓述故事，整齐其世传，非所谓作也，而君比之于《春秋》，谬矣！”

于是论次其文。七年，而太史公遭李陵之祸，幽于缧绁⑮。乃喟然而叹曰："是余之罪也夫！是余之罪也夫！身毁不用矣！”退而深惟曰："夫《诗》、《书》隐约者，欲遂其志之思也。昔西伯拘羑里，演《周易》；孔子厄陈、蔡，作《春秋》；屈原放逐，著《离骚》；左丘失明，厥有《国语》；孙子膑脚，而论兵法；不韦迁蜀，世传《吕览》；韩非囚秦，《说难》《孤愤》⑯；《诗》三百篇，大抵贤圣发愤之所为作也。此人皆意有所郁结，不得通其道也，故述往事，思来者。”于是卒述陶唐以来，至于麟止，自黄帝始⑰。

【注释】 ①先人：指司马迁的父亲司马谈。孔子卒后至于今五百岁：崔适曰："云‘五百岁’者，此以祖述之意比，所谓断章取义，不必以实数求也。由今观之，有孔子，而尧舜借以祖述，文武借以宪章；有太史公，而孔子列于世家，《儒林》表其经业，是孔子后不可无太史公，犹周公后不可无孔子也。”（《史记探源》）绍：继承。明世：太平盛世。小子：古时子弟晚辈对父兄尊长的自称。②壶遂：汉代天文学家，官至詹事，秩二千石，故称他为上大夫。曾经与司马迁一起编定《太初历》。③董生：即董仲舒（前179—前104），广川（今河北枣强以东）人。西汉哲学家，今文经学大师，专治《春秋公羊传》，著有《春秋繁露》及《举贤良对策》等。司马迁少时曾拜他为师，学习《春秋公羊传》。司寇：官名，掌管刑狱、纠察等事。④是非：是者是之，非者非之，指评论褒贬。王事：犹言“王道”，儒家的理想政治。⑤五行：指金、木、水、火、土。经纪：整顿安排。人伦：指人与人之间的等级关系。牝牡：鸟兽雌性称牝（pìn），雄性称牡（mǔ）。风：教化。⑥指：指归，条例。⑦聚散：犹言“成败”“盛衰”。⑧经事：正常的事情。经，常也，寻常。权：变通。⑨被之空言：指受到舆论谴责。⑩这四句出于贾谊的《陈政事疏》。未然：还没有成为事实。⑪当一王之法：汉代公羊派经学家们说，孔子当时虽然不在其位，但是他却实在起着一位“王者”的作用，即所谓“素王”。他的学说为后来的汉王朝预定了新法。⑫伏羲：上古神话传说中的帝王，是他做出了《易经》中的八卦。诗人歌之：指《诗经》中的《商颂》《周颂》《大雅》，其中有些篇是歌颂商汤文武的。⑬明天子：对当代皇帝的敬称，指汉武帝。符瑞：指所谓上天降的祥瑞，据说与人间君主登位等吉事相应。如元光元年的长星现，元狩元年的获白麟，元鼎元年的得宝鼎皆是。封禅：指历代帝王到泰山祭神。封，登泰山设坛祭天。禅，在山南梁父山上辟基祭地。改正朔：指使用新历法。正，一年的开始。朔，一月的开始。古代改朝换代时，新帝王有改正朔的习惯。易服色：指天子的车马改用新的颜色。古时改换朝代，规定以本朝崇尚的正色作为服用器物的颜色。穆清：清和之气，指天。重译款塞：重译，因语言不通而需辗转翻译。款，通“叩”。款塞，叩开塞门。⑭尝掌其官：指为太史令。⑮七年：从太初元年到天汉三年。幽于缧绁：即身处牢狱。⑯“西伯拘”句：西伯即周文王。相传文王被商纣王拘禁在羑里时，推演《易》的八卦为六十四卦，即《周易》。“孔子”句：孔子曾被围困在陈、蔡，回鲁国后作《春秋》。厄：穷困。“左丘”两句：左丘，即左丘明，春秋时鲁国史官，失明事不详。据说，《春秋左氏传》《国语》，为左丘明作。“孙子”二句:战国时,孙膑与魏将庞涓共同向鬼谷子学兵法,庞涓忌妒孙膑的才能,加以陷害,招他到魏国,截去他的膝盖。为报断足之辱,他才论述兵法。"不韦"二句:吕不韦,秦丞相,后被秦始皇贬谪到蜀地。不韦做丞相时,曾召集宾客编写《吕氏春秋》一书,也称《吕览》。"韩非"二句:韩非,战国后期著名思想家,法家学说集大成者,早年与李斯同在荀卿门下学习。秦始皇喜欢他的著作,入秦,为李斯诬陷,入狱而死。《说难》《孤愤》篇都是入秦前写的,今见《韩非子》一书中。⑰陶(yáo)唐:即陶唐氏,传说中远古部落名,尧为其领袖。《史记》实际上是从黄帝开始记载的。麟:指汉武帝猎获白麟的那一年,即元狩元年(前122)。孔子作《春秋》绝笔于鲁哀公获麟,《史记》有意模仿《春秋》,止于武帝获麟。

【译文】 太史公说:"先人曾经说过:'从周公死后五百年就有孔子。孔子死后到今天已经五百年了,有谁能够继续在太平圣明的时代考定《易传》,续写《春秋》,探求《诗》《书》《礼》《乐》之间的本原而做著述?'它的意思是在我这里吗?它的意思是在我这里吗?我怎敢推辞呢!"

上大夫壶遂问:"从前孔子为什么写《春秋》呢?"太史公说:"我听董仲舒说:'周朝政治衰微,孔子担任鲁国的司寇,推行王道,诸侯忌恨他,大夫阻挠他。孔子知道他的话没人采纳,政治主张无法实现,因此褒贬二百四十二年中发生的系列大事的得失,作为天下行事的标准:讥评天子,斥责诸侯,声讨大夫,都是用来阐明王道罢了。'孔子说:'我想与其把是非褒贬的事情寄托于空口说白话,不如表现在具体事件中更为深刻显著明白。'《春秋》这部书,上则阐明三王的治国之道,下则分辨人与人之间的伦理纲常,解释疑惑难明的事理,判明正确和错误,确定犹豫不决的事情,善者善之,恶者恶之,贤者贤之,不肖者贱之。已亡的国家把它恢复起来,已绝的世系把它延续起来,补救弊端,振兴已荒废的事业,这都是王道重要的内容啊!《易》谈天地、阴阳、四时、五行,所以它最擅长于讲变化;《礼》安排人们的等级关系,所以长于引导人们的行为;《尚书》记录先王的史迹,所以长于政事;《诗》记载山川、溪谷、禽兽、草木、牝牡、雌雄,所以长于讽喻;《乐》是礼乐建立的依据,所以长于陶冶性情,《春秋》明辨是非,所以长于治理百姓。因此,《礼》用来节制百姓,《乐》用来抒发平和的情感,《书》用来指导政事,《诗》用来表达思想,《易》用来说明客观事物发展变化的道理,《春秋》用来阐明仁义,治理乱世,使之复正,再没有比《春秋》更贴近的了。《春秋》的文字有几万,它的要旨有几千条,万事万物或散或聚,都总汇在《春秋》一书里面。《春秋》一书之中,记载弑君的事件有三十六起,灭亡的国家有五十二个,四处流亡、不能保住自己国家的诸侯更是多得不可胜数。考察它的原因,都是丢掉了王道这个根本啊。所以《易》说:'失之毫厘,差之千里。'所以说:'臣弑其君,子弑其父,并不是一朝一夕的原因,它的起始和发展已经很久了。'一国的君主不可以不懂《春秋》,否则眼前有进谗言的人却看不见,身后有奸贼也不知道。做臣子的不可以不懂《春秋》,否则处理日常事务,而不知道采用适宜的方法,遇到意外的变化而不知道随机应变。做人的君主、父亲,却不通晓《春秋》的要义,必然蒙受罪魁祸首的名声;做人的臣下、儿子,却不通晓《春秋》的要义,必然陷入篡位弑君的极刑,得死罪的名声。其实他们本心都以为是件'善'事才去做的，但由于不懂得《春秋》要义，以致犯了错误，受到舆论谴责也不敢推辞。由于不通晓礼义的要旨，以至于做君的不像君，做臣的不像臣，做父的不像父，做儿子的不像儿子。这样，君不像君，就会被臣子侵犯；臣不像臣，就会被君主诛杀；父不像父，就没有道德规范；儿子不像儿子，就会不孝。这四种行为，是天下最大的过失。把天下最大的过失给他们，只好接受而不敢推辞。所以《春秋》是礼义的本原啊。由于礼教是在某些坏事未发生之前有所防范，法律是施行于某些坏事发生之后，从而让法律所发挥的作用很容易被人看见，而礼教的防禁作用则较难被人理会。”

壶遂说：“孔子那个时候，上面没有贤明的君主，下面没有人任用他，所以他作了《春秋》，留传下一些空口说白话的条文来裁断礼义，把它当成一种王法看待。今天你上面遇到圣明天子，下面得以保住您的太史令之职，万事都已具备，都各自安排在适当的位置上。您说的话，想用来说明什么道理呢？”

太史公说：“嗯、嗯，不、不，不是这样。我听先父说过：‘伏羲氏时代最为纯真厚道，他作了《易》《八卦》；尧、舜的盛世，《尚书》记载下来，《礼》《乐》也兴起了；商汤、周武王时代的兴隆，诗人歌咏赞颂。《春秋》褒扬好的，贬斥邪恶，推崇三代的道德，表扬周室，它并不只是讽刺讥笑而已。汉朝兴起以来，到当今圣明天子接位，得到上天的祥瑞，建坛祭神，使用新的历法，天子所使用的车马改用新的颜色，受命于上天，德泽流布，无所止极，连海外不同风俗的国家都经过几重翻译，前来边境上叩关请见，请求贡献物品拜见君主的人，多得不可胜数。臣下百官，竭力颂扬圣上的明德，仍然不能够完全表达出来。况且，士人贤能却不能被重用，这是做国君的耻辱啊；皇上英明智慧而德行却没有被广泛传扬，这是官吏的过失啊。况且我曾任太史令，废弃英明智慧盛德不去记载，磨灭功臣、诸侯和贤大夫的功业不加表述，丢掉先父的遗教，罪过更大了。我所说的记述过去的事，整理编次他们的世系传记，并不是什么创作。先生把它与《春秋》相比，完全错了。”

于是我就编写这些文章。写了七年后，我突然遭到了李陵之祸，被囚闭在监牢之中。于是喟然长叹，说：“这是我的罪过吗？这是我的罪过吗？我的身体遭到毁坏，再没什么用啦！”平静下来深思道：“大凡《诗》《书》隐约其词的地方，都是作者志虑深思的地方。从前西伯（文王）被拘禁在羑里的时候，推演了《周易》；孔子被围困在陈、蔡的时候，后来作了《春秋》；屈原遭到放逐，赋了《离骚》；左丘失明，著了《国语》；孙膑受了截膝的刑法，就研究编著兵法；吕不韦迁到蜀地，世上流传他的《吕览》；韩非被囚禁在秦国，写下《说难》《孤愤》；《诗经》三百篇，大多是圣贤之人感情激发才创作的。这些人都是志向被压抑，不能实现他们的主张，所以记述往事，想作为后世的借鉴。”于是我就记述了陶唐以来的事情，上从黄帝开始，下到当今皇上猎获白麟的那一年为止。

【鉴赏】《太史公自序》是司马迁自述家世生平以及关于与《史记》创作有关情况的文章，与《报任安书》都是研究司马迁生平思想以及《史记》的最重要的第一手资料。这里所节选的部分，曲折而又明确地表现出了作者写《史记》的目的以及对自己写《史记》的高度评价。他充满信心，毫不客气地想做孔子第二。孔子写过《春秋》，司马迁也要写一部《史记》。他写《史记》的目的是以评述孔子《春秋》的方式表现出来的："孔子知言之不用，道之不行也，是非二百四十二年之中，以为天下仪表：贬天子，退诸侯，讨大夫，以达王事而已矣。"并在行文中将《春秋》的重要地位抬到了无以复加的高度。

关于此篇的写法之妙，李景星的评价恰如其分，不妨借到这里来："盖《自序》非他，即史迁自作之列传也。无论一部《史记》，总括于此，即史迁一人本末，亦备见于此。其体例，则仿《易》之《序卦传》也，《诗》之《小序》也，孔安国《尚书》百篇序也，《逸周书》之七十篇序也。其文势，犹之海也，百川之汇，万派之归，胥于是乎在也。又史迁以此篇教人读《史记》之法也。凡全部《史记》之大纲细目，莫不于是粲然明白。未读《史记》之前，须将此篇熟读之；既读《史记》之后，犹须以此篇精参之。文辞高古庄重，精理微旨，更奥衍宏深，是史迁一生出格大文字。"总之，《太史公自序》是引导我们认识司马迁和《史记》的指路文献。

司马迁（约前145—约前90），西汉史学家、文学家和思想家。字子长，夏阳（今陕西韩城南）人。司马谈之子。早年游踪遍及南北，到处考察风俗，采集传说。初任郎中，元封三年（前108）继父职，任太史令，得读史官所藏图书。后因替李陵辩解，得罪下狱，受腐刑。出狱后任中书令，发愤继续完成所著史籍。人称其书为《太史公书》，后称《史记》，是我国最早的通史。所作《报任安书》，对下狱受刑的经过和著书志愿，叙述颇详。

报任安书①

太史公牛马走司马迁再拜言②，少卿足下：曩者辱赐书，教以顺于接物，推贤进士为务，意气勤勤恳恳。若望仆不相师③，而用流俗人之言，仆非敢如此也。仆虽罢驽，亦尝侧闻长者之遗风矣④。顾自以为身残处秽，动而见尤，欲益反损，是以独郁悒而与谁语，谚曰："谁为为之？孰令听之？"盖钟子期死，伯牙终身不复鼓琴⑤。何则？士为知己者用，女为说己者容⑥。若仆大质已亏缺矣，虽才怀随、和，行若由、夷，终不可以为荣，适足以见笑而自点耳⑦。书辞宜答，会东从上来，又迫贱事，相见日浅，卒卒无须臾之间⑧，得竭志意。今少卿抱不测之罪，涉旬月，迫季冬，仆又薄从上雍，恐卒然不可为讳，是仆终已不得舒愤懑以晓左右⑨，则长逝者魂魄，私恨无穷。请略陈固陋。阙然久不报⑩，幸勿为过。

仆闻之：修身者，智之符也；爱施者，仁之端也；取予者，义之表也；耻辱者，勇之决也；立名者，行之极也⑪。士有此五者，然后可以托于世，而列于君子之林矣。故祸莫憯于欲利，悲莫痛于伤心，行莫丑于辱先，诟莫大于宫刑⑫。刑馀之人，无所比数，非一世也，所从来远矣。昔卫灵公与雍渠同载，孔子适陈；商鞅因景监见，赵良寒心；同子参乘，袁丝变色[13]：自古而耻之！夫以中才之人，事关于宦竖，莫不伤气，况慷慨之士乎？如今朝廷虽乏人，奈何令刀锯之馀，荐天下之豪俊哉！仆赖先人绪业，得待罪辇毂下二十馀年矣[14]。所以自惟：上之不能纳忠效信，有奇策才力之誉，自结明主；次之又不能拾遗补阙，招贤进能，显岩穴之士；外之不能备行伍[15]，攻城野战，有斩将搴旗之功；下之不能累日积劳，取尊官厚禄，以为宗族交游光宠。四者无一遂，苟合取容，无所短长之效，可见于此矣。向者仆亦尝厕下大夫之列，陪外廷末议，不以此时引纲维，尽思虑，今已亏形为扫除之隶，在阘茸之中[16]，乃欲仰首伸眉，论列是非，不亦轻朝廷、羞当世之士耶？嗟乎！嗟乎！如仆尚何言哉！尚何言哉！

且事本末未易明也。仆少负不羁之行，长无乡曲之誉。主上幸以先人之故，使得奉薄技，出入周卫之中[17]。仆以为戴盆何以望天，故绝宾客之知，亡室家之业，日夜思竭其不肖之才力，务一心营职，以求亲媚于主上[18]。而事乃有大谬不然者。

夫仆与李陵俱居门下[19]，素非能相善也。趋舍异路，未尝衔杯酒，接殷勤之馀欢。然仆观其为人，自守奇士：事亲孝，与士信，临财廉，取予义，分别有让，恭俭下人，常思奋不顾身，以徇国家之急。其素所蓄积也，仆以为有国士之风[20]。夫人臣出万死不顾一生之计，赴公家之难，斯已奇矣。今举事一不当，而全躯保妻子之臣，随而媒蘖其短[21]，仆诚私心痛之。且李陵提步卒不满五千，深践戎马之地，足历王庭，垂饵虎口，横挑强胡，仰亿万之师，与单于连战十有馀日，所杀过当[22]。虏救死扶伤不给，旃裘之君长咸震怖，乃悉征其左、右贤王[23]，举引弓之人，一国共攻而围之。转斗千里，矢尽道穷，救兵不至，士卒死伤如积，然陵一呼劳，军士无不起，躬自流涕，沫血饮泣，更张空弮[24]，冒白刃，北向争死敌者。陵未没时[25]，使有来报，汉公卿王侯皆奉觞上寿。后数日，陵败书闻，主上为之食不甘味，听朝不怡，大臣忧惧，不知所出。仆窃不自料其卑贱，见主上惨怆怛悼，诚欲效其款款之愚。以为李陵素与士大夫绝甘分少[26]，能得人死力，虽古之名将，不能过也。身虽陷败，彼观其意，且欲得其当而报于汉。事已无可奈何，其所摧败，功亦足以暴于天下矣。仆怀欲陈之而未有路，适会召问，即以此指推言陵之功，欲以广主上之意，塞睚眦之辞[27]。未能尽明，明主不晓，以为仆沮贰师，而为李陵游说，遂下于理[28]。拳拳之忠，终不能自列，因为诬上，卒从吏议[29]。家贫，货赂不足以自赎；交游莫救，左右亲近，不为一言。身非木石，独与法吏为伍，深幽囹圄之中，谁可告愬者[30]！此正少卿所亲见，仆行事岂不然乎？李陵既生降，隤其家声，而仆又佴之蚕室[31]，重为天下观笑。悲夫！悲夫！事未易一二为俗人言也。

仆之先，非有剖符丹书之功，文史星历，近乎卜祝之间，固主上所戏弄，倡优所畜[32]，流俗之所轻也。假令仆伏法受诛，若九牛亡一毛，与蝼蚁何以异？而世又不能与死节者比，特以为智穷罪极，不能自免，卒就死耳。何也？素所自树立使然也。人固有一死，或重于泰山，或轻于鸿毛，用之所趋异也。太上不辱先，其次不辱身，其次不辱理色，其次不辱辞令，其次屈体受辱，其次易服受辱，其次关木索、被棰楚受辱，其次剔毛发，婴金铁受辱[33]，其次毁肌肤、断肢体受辱，最下腐刑，极矣！传曰："刑不上大夫。"此言士节不可不勉励也。猛虎在深山，百兽震恐，及在槛阱之中，摇尾而求食，积威约之渐也[34]。故士有画地为牢，势不可入；削木为吏，议不可对，定计于鲜也。今交手足，受木索，暴肌肤，受榜箠，幽于圜墙之中。当此之时，见狱吏则头抢地，视徒隶则心惕息[35]。何者？积威约之势也。及以至是，言不辱者，所谓强颜耳，曷足贵乎？且西伯，伯也，拘于羑里；李斯，相也，具于五刑；淮阴，王也，受械于陈；彭越、张敖，南面称孤，系狱抵罪；绛侯诛诸吕，权倾五伯，囚于请室；魏其，大将也，衣赭衣，关三木；季布为朱家钳奴；灌夫受辱于居室[36]。此人皆身至王侯将相，声闻邻国，及罪至罔加，不能引决自裁，在尘埃之中[37]。古今一体，安在其不辱也？由此言之，勇怯，势也；强弱，形也。审矣，何足怪乎？夫人不能早自裁绳墨之外，以稍陵迟，至于鞭箠之间，乃欲引节，斯不亦远乎！古人所以重施刑于大夫者，殆为此也。夫人情莫不贪生恶死，念父母，顾妻子。至激于义理者不然，乃有所不得已也。今仆不幸，早失父母，无兄弟之亲，独身孤立，少卿视仆于妻子何如哉？且勇者不必死节，怯夫慕义，何处不勉焉？仆虽怯懦，欲苟活，亦颇识去就之分矣[38]，何至自沉溺缧绁之辱哉！且夫臧获婢妾[39]，由能引决，况仆之不得已乎？所以隐忍苟活，幽于粪土之中而不辞者，恨私心有所不尽，鄙陋没世而文采不表于后世也。

古者富贵而名磨灭，不可胜记，唯倜傥非常之人称焉[40]。盖文王拘而演《周易》；仲尼厄而作《春秋》；屈原放逐，乃赋《离骚》；左丘失明，厥有《国语》；孙子膑脚，兵法修列；不韦迁蜀，世传《吕览》；韩非囚秦，《说难》《孤愤》[41]；《诗》三百篇，大抵圣贤发愤之所为作也。此人皆意有所郁结，不得通其道，故述往事，思来者。乃如左丘无目，孙子断足，终不可用，退而论书策，以舒其愤，思垂空文以自见。仆窃不逊，近自托于无能之辞，网罗天下放失旧闻，略考其行事，综其终始，稽其成败兴坏之纪，上计轩辕[42]，下至于兹，为十表，本纪十二，书八章，世家三十，列传七十，凡百三十篇。亦欲以究天人之际[43]，通古今之变，成一家之言。草创未就，会遭此祸，惜其不成，是以就极刑而无愠色。仆诚以著此书，藏诸名山，传之其人，通邑大都，则仆偿前辱之责，虽万被戮，岂有悔哉！然此可为智者道，难为俗人言也！

且负下未易居，下流多谤议，仆以口语遇此祸，重为乡党所笑[44]，以污辱先人，亦何面目复上父母丘墓乎？虽累百世，垢弥甚耳！是以肠一日而九回，居则忽忽若有所亡，出则不知其所往。每念斯耻，汗未尝不发背沾衣也。身直为闺阁之臣[45]，宁得自引于深藏岩穴耶？故且从俗浮沉，与时俯仰，以通其狂惑[46]。今少卿乃教以推贤进士，无乃与仆私心刺谬乎[47]？今虽欲自雕琢，曼辞以自饰，无益,于俗不信,适足取辱耳。要之死日,然后是非乃定。书不能悉意,略陈固陋。谨再拜。

【注释】 ①《报任安书》:见于《汉书·司马迁传》,又见于《昭明文选》。任安,字少卿,荥阳人。武帝征和年间,为北军使者护军。征和二年(前91),江充巫蛊案起,戾太子发兵与丞相刘屈氂战于长安城中。任安已受太子节而按兵观望。后太子败,任安遂以"持两端"被武帝腰斩。任安是司马迁的好友。司马迁因李陵的事被处以宫刑,出狱后,被任命为中书令,主管传达皇帝的诏书命令。因他接近皇帝,所以任安写信希望他尽"推贤进士"的责任。司马迁此信写于征和二年十一月,任安被杀之前。②牛马走:对人客气的自称,意思是像牛马一样供驱使的仆人。③望:抱怨,怨恨。仆:自称的谦词,代"我"。④罢驽:拙劣、低下。罢,同"疲"。驽,劣马。侧闻:私下听过。是自谦之词。⑤动而见尤:不论什么事,只要自己一动,就要受到指责。谁为为之,孰令听之:意即:"为谁而作?教谁来听?"钟子期、伯牙:都是春秋时楚人。伯牙善弹琴,钟子期能知音。两人遂为知己。后来钟子期死了,伯牙破琴绝弦,终身不再弹琴,因为世无知音。⑥说:同"悦"。喜欢,爱慕。⑦大质:指身体。随、和:指随侯珠、和氏璧。均为天下至宝,喻有珠玉一般的才华。由、夷:指许由、伯夷。均为古代品行高洁的贤士。点:污辱,玷污。⑧东从上来:即"从上东来",指跟随汉武帝由甘泉宫向东回到长安来。卒卒:同"猝猝",仓促匆忙。间:间隙。⑨少卿抱不测之罪:指任安被判处腰斩。涉旬月,迫季冬:意谓再过十天半月,就到季冬腊月了,汉代例以腊月处决犯人。薄从上雍:迫于要跟汉武帝到雍州去。薄,同"迫",迫近。雍,西汉县名,在今陕西凤翔县南。雍有祭五帝的坛,汉武帝常到这里祭神。不可为讳:不可避忌,指任安不可避免要被处死。这是委婉的措辞。左右:指任安。不直称对方,而称对方左右的人表示尊敬。⑩阙然:阙,同"缺",间隔,空隙。⑪符:信,依据。这里有证验、表现的意思。取予:与"修身""爱施""立名"句式同,即接受人物的意思。⑫宫刑:残坏男子生殖器的酷刑,又称腐刑。⑬"卫灵公"二句:雍渠是卫灵公宠爱的宦官雍,卫灵公外出时,让雍渠与之同车,而使孔子坐在后面的车上,孔子感到耻辱,便离开卫国到陈国去。"商鞅"二句:商鞅由秦孝公宠信的宦官景监荐引而得官。当时秦的贤者赵良劝说商鞅中流引退时,曾认为这是一件不光彩的事。"同子"二句:汉文帝让宦官赵谈坐在车子的右边,袁丝见了,脸色骤变,认为不成体统,劝汉文帝令其下车。同子,指赵谈,作者父名谈,避讳,改称他为同子。袁丝,名盎,汉文帝时官至太常。⑭刀锯之馀:指受过刑的人,司马迁自称。辇毂下:代指皇帝身边。辇毂(niǎngǔ),皇帝乘坐的车子。⑮行伍:军队。古时军队编制,五人为伍,二十五人为行。⑯下大夫:汉太史令官禄六百石,级位是下大夫。末议:微末的议论。纲维:纲常法纪。阘茸(tàróng):阘,小户;茸,小草,比喻细小、卑贱。⑰周卫:指皇帝的宫禁。⑱"戴盆"句:当时谚语,言不可兼顾,比喻自己全心全力,谨慎奉职,无暇应酬。⑲李陵:西汉陇西成纪人(今甘肃秦安),字少卿,名将李广之孙。善骑射。武帝时任骑都尉。曾率兵出击匈奴,战败投降。俱居门下:李陵曾任侍中,司马迁当时任太史令,都是可以出入宫门的官,所以说俱居门下。⑳分别有让:指待人接物有分别,有礼让。国士:国中才能出众的人。㉑媒糵(niè):媒,酒母;糵,酒曲。比喻挑拨是非,陷人于罪。犹今之所谓"添油加醋"。㉒王庭:匈奴单于的大本营。仰:面临。单于:古代匈奴对其君主的称呼。所杀过当:所杀的敌人超过了自己的兵数。㉓旃裘:匈奴人穿的衣服。旃,同"毡"。左、右贤王:地位仅次于大单于的匈奴统治者,左贤王管辖匈奴东部地区,右贤王管辖匈奴西部地区。㉔沫(mèi)血:满脸是血。拳(quán):弓弦。㉕没:指军队覆没。㉖惨怆怛(dá)悼:悲伤、哀戚之意。款款:忠实的样子。绝甘分少:好的东西,自己不要;稀罕的东西,分给别人。㉗睚眦(yázì):怒目相视的样子。㉘沮:以言语毁人。贰师:贰师将军,指李广利。李广利是汉武帝宠妃李夫人的兄弟,时为征匈奴的主帅。武帝派李陵率偏师为之策应。李陵被围,李广利按兵不动。汉武帝原想借征匈奴使李广利立功封侯,因此疑心司马迁为李陵辩护是攻击李广利。理:指掌管刑狱的官。㉙自列:自陈,自我辩解。吏议:狱吏的意见。㉚愬:同"诉",诉说。㉛隤(tuí):同"颓",败坏。佴(èr):随后。蚕室:宫刑者所居之室。㉜剖符:古代帝王分封诸侯或功臣,把符节剖分为二,双方各执其半,作为信守的证件。丹书:帝王发给功臣的文书,凭着它可减免罪刑。文史:太史令掌管的事。星历:天文历法。倡优:旧时对演员的统称。倡、优在封建社会地位极低。㉝理色:脸面。屈体:弯腰。易服:改穿赭色的囚服。古时犯人穿红赭色的衣服。关木索:披枷戴锁。索指绳索。棰:杖。楚:荆条。剔毛发:指髡刑。婴金铁:铁索束颈,指钳刑。婴,缠绕。㉞威约:指人对虎所加的威力和约束。㉟惕息:惧怕喘息。㊱西伯:即周文王。羑里:地名,在今河南省汤阴北。文王被殷纣囚禁羑里。"李斯"句:李斯是秦始皇丞相,后被赵高治罪,施五刑,腰斩咸阳。五刑,割鼻(黥劓)、斩左右趾、笞杀、枭首、菹骨肉于市。"淮阴"句:淮阴侯韩信封为楚王,有人诬告他谋反。高祖用陈平的计策,南游到陈,韩信来见,便被捆绑起来。"彭越"句:梁王彭越和赵王张敖,都被人诬告谋反,刘邦把他们关进监狱。南面称孤:古时王侯坐北向南,自称为孤。"绛侯"句:绛侯周勃,刘邦的功臣,曾与陈平共诛诸吕,拥立文帝。后被人诬告,一度下狱。请室,请罪之室。"魏其"句:魏其侯窦婴在平定"七国之乱"中为大将,立有大功。后因与丞相田蚡不和,被治罪下狱,遭杀害。三木,手、足和颈上的刑具。"季布"句:季布,项羽的将领。项羽既败,刘邦缉捕季布,季布便剃发变服,自卖身于朱家为奴。钳,以铁束颈。"灌夫"句:灌夫平吴楚七国之乱有战功,后因得罪田蚡,拘在居室。㊲罔加:受到法令的制裁。罔,同"网",即刑法。尘埃:犹言污秽。㊳颇识去就之分:识别到去生就死的分界,即受辱不如自杀。㊴臧获:泛指奴仆,与"婢妾"义同。㊵倜傥:洒脱不拘,才德卓异。㊶"文王"句:相传周文王被商纣王囚于羑里时,将伏羲所画的八卦推演为六十四卦,成为《周易》一书的基础。"孙子"句:孙子,即孙膑,战国时齐人。他的同学魏将庞涓嫉妒他的才能,加以陷害,砍去了他的两脚。孙子逃到齐国,为齐军师,在一次援韩攻魏的战争中,用计破杀庞涓。因他被断两脚,故人称为孙膑,著有《孙子》,专讲兵法。膑,古代酷刑之一。修列:编著。"不韦"句:吕不韦为秦丞相时,命令门下宾客编纂《吕氏春秋》。因为《吕氏春秋》有八览、六论、十二纪,故简称为《吕览》。"韩非"句:韩非,战国末年韩人,著名法家,他在入秦前,写了《说难》《孤愤》两篇文章,后收入《韩非子》一书中。㊷放失:散失。轩辕:即黄帝。传说黄帝居于轩辕丘,所以称轩辕。㊸究天人之际:探究天地自然与人类社会的关系。㊹负下:所凭依的地势低下。笑:羞辱,嘲笑。㊺闺阁之臣:指宦官。当时司马迁任中书令,在西汉,这个职务是由宦官担任的。闺阁,妇女住所。这里指皇帝的后宫。后宫的臣子,即宦官。㊻通其狂惑:谦言自己随波逐流地人云亦云,此是愤慨语。㊼剌(là)谬:违背,相反。

【译文】 我,太史公,像牛马一样奔走的仆人司马迁,再致敬并陈言,少卿足下:以前承蒙您屈尊写信给我,教导我要谨慎地待人接物,并以向朝廷推贤进士为己任,情意和语气热诚恳切。好像抱怨我没有听从您的意见,而听取了俗人的意见,我是不敢这样的。我虽然才能低劣,但还是曾经私下听到过长者传留下来的教诲风范。只是自以为身体残废,处在污秽的地位,稍一行动就招致别人的指责,本想做一些有益的事,却反而招来损害,因此独自忧愁烦闷,又能向谁诉说呢?俗话说:"为谁去做?又叫谁来听从?"钟子期死了以后,伯牙终身不再弹琴。这是为什么呢?贤士为了解自己的人效力,女子为喜欢自己的人打扮。像我这种身体已遭受到摧残的,即使才能像随侯珠、和氏璧,品德像许由、伯夷,终究不能拿这个当作荣耀,只会被人耻笑而自取污辱。您的信本应该及时答复,但我刚好跟随皇上从东方回来,又被烦琐的事务缠身,跟您见面的机会本来不多,匆匆忙忙没有片刻的空闲,能够让我向您倾吐自己的心怀。现在您遭到意外的罪祸,再过十天半月,就靠近十二月,我又必须跟随皇帝去雍州,恐怕您骤然被杀,这样我将再不能够向您抒发满腔的悲愤,使您与世长辞的灵魂抱憾无穷。请让我向您简略地陈述我浅陋的看法。隔了很久没有复信,希望不要责怪。

我听说:善于修身,是有智的表现;施恩惠于人,是仁爱的起点;不随便取予,是义的表现;以受辱为耻,是勇的标志;树立名声,是行为的终极目标。士人有了这五种品德,然后可以立身世上,跻身于君子的行列。所以最惨痛的事情莫过于想为人做好事,却反而受到别人的处罚,最悲痛的莫过于心灵受伤害,最羞丑的莫过于在行为上污辱了祖先,而最耻辱的莫过于遭受宫刑了。受过宫刑的人,地位不能同任何人相比。这种看法并非只在当今,而是由来已久了。从前卫灵公和宦官雍渠同坐一辆车,孔子就离开卫国前往陈国;商鞅由于太监景监的推荐被召见,赵良认为不光彩;太监赵谈陪坐在汉文帝的车上,袁丝看到了脸色骤变,自古以来谁都瞧不起宦官。拥有一般才能的人,事情关系到宦官,没有人不灰心丧气,何况抱负远大、意志刚毅的人呢?如今朝廷虽然缺乏人才,怎么会要受过刑罚的人去推荐天下的英豪俊杰呢!我依赖祖先的余荫,能够在皇帝身边做事,到现在二十多年了。自己反思了一下:上不能对皇帝尽忠效信,有策略卓越、能力突出的声誉,从而得到皇帝的赏识;其次又不能替皇帝拾遗补阙,招贤进能,发现有才德的隐士;外不能投身于军队中,攻城野战,建立斩将夺旗的战功;下不能每天积累功劳,取得高官厚禄,替宗族朋友争光。这四项没有一项成功,只能随声附和,讨得人家的欢心,我没有任何微小的贡献,可以从这些看出来。从前我也曾加入下大夫的行列,陪着大家在朝堂上参加讨论,我没有利用这个时机整顿纲常法纪,竭尽自己的思虑。现在已经身体残废成为扫除污秽的差役,处在地位卑贱的人中间,还想抬头扬眉,评论是非,这不也太轻视朝廷,侮辱当世的君子了吗?唉!像我这样的人,还有什么可说的呢!还有什么可说的呢!

而且事情的前因后果是不容易对别人说明白的。我年轻时没有卓越出众的行为表现,成年后也没有乡里的称誉。幸亏由于我父亲的缘故,皇上使我能得到进献自己微薄才能的机会,允许我在宫禁中进进出出。我觉得头上戴了盆子怎么能望得见天,所以断绝了和宾客的交往,忘掉了家事,日日夜夜都想着全部献出自己的微薄才力,务必专心尽职,以求得皇上的亲近信任。然而事情却与愿望大相违背,并不像我想的一样。

我和李陵,都在宫廷内做官,平常并没有什么亲善来往。志向和走的道路,各不相同,不曾一起饮酒有过任何私交。然而,我观察李陵的为人,是个以奇士的节操自守的人:侍奉父母非常孝顺,同朋友交往很讲信用,遇到钱财很廉洁,或取或予讲究适宜,能分别长幼尊卑,谦让有礼,尊重下人,经常想着奋不顾身,为了国家的急难不惜牺牲自己。我以为他的素养有国士的风度。做人臣的,能够提出万死不顾一生的计策，奔赴国家的急难，这已经是个奇士了。如今他行事一有不当，那些只知保全妻子儿女的大臣们，却跟着添油加醋地夸大李陵的过失，我真是私下替李陵感到悲痛。况且李陵带的士兵不满五千，深入匈奴境内，打到单于的大本营，在老虎口上挂钓饵，向强悍的胡兵挑战，面对着数以亿计的敌人，同单于连续作战十多天，杀掉的敌人超过自己兵士的数量。使得敌人救死扶伤也忙不过来，匈奴的君长都震惊恐惧，于是全部征调他们的左、右贤王，发动所有能开弓射箭的人，用一国的兵力共同进攻，包围李陵。李陵转战千里，箭射完了，道路断绝了，救兵却不到，士兵死伤严重，尸体成堆。可是李陵扬起臂膀一声号召，慰劳军队，士兵无不奋起，激动得人人流泪，脸上沾满血污，悲痛地哭泣，拉开没有箭的空弓弦，冒着白光闪闪的刀口奔向北方，跟敌人拼命。当李陵的军队没有覆没时，有使者送来捷报，汉公卿王侯都举杯向皇上祝贺。过了几天，李陵战败的书信传来，皇上为此食不下咽，上朝处理政事也不高兴，大臣们忧虑恐惧，不知如何是好。我没有考虑自己的卑贱，见主上悲伤哀戚，实在想报效自己的一片忠心。我认为李陵平素能跟士兵同甘共苦，所以能够得到士兵军官的死命效力。即使是古代的名将，也不能超过他。他虽然败降匈奴，看他的意思，还想找到适当的机会报答汉朝。事情已经无可奈何，但他摧杀敌人的战功完全可以向天下表白了。我心中想把这个想法上奏皇上，却没有得到机会。恰好碰上皇上召问，就说出这个意见，并讲了李陵的功劳，试图用这个来宽慰皇上的胸怀，堵塞那些诋毁诬陷的言语。我没说清楚，皇上不了解，以为我有意攻击贰师将军李广利，替李陵辩解，就把我下交狱官。我忠谨恳切的心，终于不能自我辩解。众吏认为我的话是诬谤皇上，最后天子也依从了狱官的拟议。我家境贫寒，钱财不够拿来赎罪，朋友都不出来援救，皇帝左右的亲近大臣，不为我说一句好话。人身不是木石，单独跟执法的官吏在一起，深深囚禁在监狱之中的痛苦能向谁诉说呢？这正是少卿亲眼看到的，我的遭遇难道不是这样吗？李陵既已生降匈奴，败坏了他家族的声誉，我又跟着被关进蚕室，更加被天下人耻笑。可悲啊！可悲啊！事情难以逐一地跟俗人说清啊！

我的祖先，没有立下拜爵封侯的功勋，掌管文史星历的太史令，职位接近卜官和巫祝，这本是被皇上戏弄，被当作乐师优伶来畜养、被流俗的人所轻视的职务。假如我伏法被杀，也不过像九头牛身上失掉一根毛，同蝼蛄蚂蚁有什么区别？而且世俗的人又不能把我同死节的人相提并论，只是以为我愚蠢犯了大罪，不能够自己避免，终于走向死路。这是什么缘故呢？这是平素自己所从事的职业和所处的地位造成的。人本来都有一死，有的死得重如泰山，有的死得轻如鸿毛，死的价值不相同啊！最上等的是不污辱祖先，其次是不污辱自身，再次是不污辱脸面，再次是不污辱言语，再次是点头哈腰地道歉认错受辱，再次是换穿囚服进监牢受辱，再次是披枷戴锁受辱，再次是剃光头发、颈戴枷锁受辱，再次是毁坏肌肤、断截肢体受辱，最下等的是腐刑，污辱到极点了。《礼记》上说："刑不上大夫。"这话是说士的节操不可不加以勉励。猛虎在深山的时候，所有的野兽都害怕，等到把它关在栅栏和陷阱里面，就摇着尾巴讨求食物了，这是人用威力和约束使它逐渐驯服的。所以士看见地上画的牢狱而绝不进入，面对用木头削成的吏卒而不能对答，这都是由于早有成见的缘故。等到手脚被捆，戴着镣铐，脱掉衣服，接受拷打，被幽禁在监牢之中，当这个时候，见了狱吏就要触地叩头，见了牢子就心里害怕。这是什么缘故呢？就是长期受威力、被约束所造成的威势啊。等到这个地步还说不受辱，就是常说的厚着脸皮了，有什么值得尊敬呢！西伯姬昌，是诸侯的领袖，曾被拘在羑里；李斯，是丞相，受尽五刑；淮阴侯韩信，是一诸侯国之王，曾在陈地被捆绑；彭越、张敖，都是王侯，被下狱定罪；绛侯周勃，曾诛杀诸吕，权力之大实在可以凌驾于春秋五霸之上，结果被囚禁在请罪之室；魏其侯窦婴，是员大将，穿着囚衣，手脚和颈上都套上刑具；季布卖身给朱家做戴枷的奴隶；灌夫受辱被拘禁在少府狱中。这些人都身为王侯将相，名声传扬天下，等到犯了罪，刑具加身，不能自杀，关在监牢里，这情景古今都一样，哪能不受污辱呢？照这样说来，所谓勇敢还是怯懦，刚强还是柔弱，都是形势造成的。明白了这一点，还有什么值得奇怪呢？人不能早早自杀来逃掉法律的制裁，因此逐渐志气衰微，等到挨鞭打杖责，再想保全气节自杀，这不是离节义更远了吗？古人所以对大夫施刑很慎重的原因就在这里。人的常情，没有谁不贪生恶死，怀念父母，顾念妻子，至于为正义公理所激发的人就不是这样，这里有不得已的缘故啊。我不幸过早地死去父母，没有兄弟，一个人孤单在世，少卿你看我对于妻女还有什么眷恋呢？真正的勇士不一定就为名节而死，怯懦的人为得一个好名声而轻易丧生的却不在少数。我虽然怯懦，想苟活在世上，但也稍微能够识别死节和苟活的区别，何至于自己陷入坐监牢的污辱呢！况且奴隶婢妾还能够自杀，何况我已到了不得已的地步呢？我之所以忍辱苟活，被拘禁在污浊的环境而不肯死的原因，是恨我的志愿还没有实现，如果随便死了，文章便不能留传给后世。

古时候身虽富贵而默默无闻地死去的人，多得不可胜数，只有卓异非常的人才被后世称颂。文王被拘禁在羑里而推演《周易》；仲尼被围困在陈、蔡，回鲁国后作了《春秋》；屈原被放逐，写下《离骚》；左丘明双目失明，作了一部《国语》；孙膑被截去膝盖骨，编著了一部兵法；吕不韦被贬谪到蜀地，有《吕览》一书传世；韩非被囚禁在秦国，曾著《说难》《孤愤》；《诗》三百篇，大抵是圣贤发愤而著作的。这些都是人们思想被压抑，不能实行自己的主张，因此叙述以往的事迹，想使将来的人明了自己的志向，就像左丘失明，孙膑断脚，终究不能为世所用，便退而著书立说来抒发胸中的怨愤，想通过留下文章来表现自己的才智。我也不自量力，近来用简陋的文辞，收集天下散失的传闻，略微考核它的事迹，综合它的前后始末，考察它的成功失败原因，上从黄帝开始，下到今天，写了十篇表、十二篇本纪、八篇书、三十篇世家、七十篇列传，共一百三十篇。想用它来探求自然现象与政治社会的关系，通晓古往今来的变化规律，形成一家独立的见解。草稿还没有完成，恰恰遭遇这场大祸。我恐怕这书不能完成，因此身受最重的刑法也没有怒色。我写完这部书，就把它藏到名山，留给可传的人，使它流传于通都大邑，那么我就可以抵偿以前受到的侮辱，即使碎身万段又有什么悔恨呢！可是这话只可以给聪明人讲，很难能同庸人说啊！

况且背负污辱之名的人实在很难立身处世，身份低贱的人容易受到诽谤议论。

我因为说了几句话遭遇这场横祸,被乡里耻笑,又污辱了祖宗,还有什么脸面再到父母的坟墓上去祭扫呢?即使过了百代,污垢越发加重。所以我极端痛苦,每天翻肠倒肚,坐在家里恍惚迷离,好像丢了什么似的,出外则不知道要往哪里去。每次想到这件耻辱的事,汗便从背脊上冒出,湿透衣裳。身为宫廷内的臣仆,又怎能自行引退隐居深山岩穴中呢?所以只好跟着世俗沉浮,随着时势上下,随波逐流,人云亦云。如今您教导我推贤进士,这不是和我的心思相违背吗?现在虽然想用美好的言辞自我装饰,也没有益处,世俗的人不会相信,反而自取其辱。总而言之,人死了,是非才能论定。这封信说不完我的心意,只不过简略地陈述我固塞浅陋的意见罢了。谨再拜。

【鉴赏】《报任安书》是我国古代文学史上一篇富于抒情性的长篇书信,是研究司马迁生平思想的重要史料,也是任何散文选本都要选的西汉著名的大文章。文长三千多字,可分为六大段:首尾两段说明复信延迟的原因及复信时的心情;第二段叙述自己不配"推贤进士"的缘由;第三段叙述为李陵事而下狱的前前后后;第四段说自己忍辱苟活的动力在于创作《史记》;第五段叙述如何完成《史记》的写作。这篇作品的思想意义在于如下几个方面:

其一,司马迁借此倾吐了他受刑遭罪的满腹委屈。当初李陵战败的消息传来时,司马迁为了安慰汉武帝,堵住那些落井下石的家伙们的嘴,而且是在被点名的情况下才站出来讲话的。没想到他替李陵辩护,却触怒了汉武帝及其宠幸们,因此被冠以"沮贰师"和"诬上"两大罪名而处以"极刑"。当司马迁写此信时,李陵已经投降了,"事实"证明司马迁当初的分析是"错"的,而当时那些诬陷他的小人反而是"正确"的,满腹的冤屈能够向谁诉说呢?"事未易一二为俗人言也"。

其二,抨击了汉王朝对将领的刻薄寡恩及当时酷吏政治的黑暗凶残。李陵以五千步兵北伐匈奴,开始节节胜利,后由于遭遇匈奴的主力部队,李陵以少抗多,打得艰苦卓绝,后来由于弹尽粮绝,没有后援而兵败被俘。本是李绪为匈奴训练军队,却被误传是李陵,汉武帝杀了李陵的老母及全家,李陵一气之下投降了匈奴,可这一切罪孽又源于谁呢?

汉武帝时期,狱吏制度非常严苛。当时甚至还出现了荒诞而可怕的"腹诽"之罪。司马迁因一言不慎,竟被处以腐刑,更何况他发言的出发点还是由于对皇上的"拳拳之忠"。对封建王朝吏治的凶残,司马迁有切肤之感。在文中,他用大量的篇幅写了在狱中的感受:"见狱吏则头抢地,视徒隶则心惕息。"还列举了历史上和生活中著名的王侯将相在狱中所受的凌辱,酷吏政治的残忍与黑暗真令人不寒而栗。

其三,表现了司马迁对人情冷暖、世态炎凉的深深慨叹以及对整个社会风气败坏的愤慨。当李陵战胜的消息传来时,"汉公卿王侯,皆奉觞上寿";而当李陵战败,许多人马上调转风向,"媒蘖其短"。这种令人作呕的行为令司马迁看不惯。当他得罪了皇上要被处以"极刑"时,"交游莫救,左右亲近,不为一言",这是多么令人寒心啊!

其四,司马迁最早提出了“发愤著书”的理论。《报任安书》表现了司马迁对生与死这个问题的理性思考。要死就要死得重于泰山,绝不能随意轻生,死得比鸿毛还轻。司马迁之所以选择忍辱苟活,就是为了写一部彪炳千秋的《史记》。别人的误解他早已置之度外了,周文王、孔子、左丘明、孙膑、韩非、吕不韦,才是他效法的榜样,功过是非留待后人评说。

《报任安书》是一篇倾吐满腔悲愤的书信文字,它波涌云连,纵横跌宕,可以说是一篇小《离骚》。其艺术特点是:

其一,文章气势磅礴,如高山泄水,铺排夸张,酣畅淋漓。司马迁写此信时,他的《史记》已经草创成功,生与死对他来说已无关紧要,他需要把多年压抑沉积的悲愤和一切是非曲直倾泻出来,大白于天下。这是火山下面潜涌奔腾的洪流,是一座活火山,只要有喷薄而出的机会,就会燃烧出万丈烈焰,形成冲决一切的排山倒海的气势。书中历叙士君子的五种表现,受宫刑之辱的“无所比数”,李陵事件的前后曲直,各种刑罚的耻辱性比较,其中“腐刑”为耻辱之极。历史上和当代社会一些著名人物所受的牢狱之灾,历史上发愤著书的事例,《史记》的内容及写作目的,一事连着一事,一环紧扣一环,给人一种滔滔不绝、一气呵成之感。孙月峰评该文:“直写胸臆,发挥又发挥,唯恐倾吐不尽,读之使人慷慨激烈,唏嘘欲绝,真是大有力量文字。”又说,“粗粗卤卤,任意写去,而矫健磊落,笔力真如走蛟龙,挟风雨,且峭句险字,往往不乏,读之但见奇肆,而不得其构造锻炼处。古圣贤规矩准绳文字,至此一大变,卓为百代伟作。”(《评昭明文选》引)

其二,感情起伏盘旋,既磅礴奔放,又顿挫曲折。《报任安书》全文充盈着一股由于受宫刑而导致的怨愤之气,一种受委屈、受侮辱、受压抑而无处诉说的悲愤之情,一种带有“复仇”因素的忍辱发愤,一种不达目的誓不罢休的艰苦奋斗之志,一种对自己事业的自信心和自豪感。这种感情四面磅礴,不断起伏,渗透于各段之中,特别是首尾两段,呼应盘旋,一贯到底。同时,在奔放中又极尽曲折顿挫之能事。吴楚材说:“此书反复曲折,首尾相续,叙事明白,豪气逼人。其感慨啸歌,大有燕赵烈士之风;忧愁幽思,则又直与《离骚》对垒,文情至此极矣。”(《古文观止》)

其三,语言极具抒情性。《报任安书》的语言完全是在那股强烈的气势的带动下自然而然形成的,语言随情感的需要而变化,时长时短,时骈时散,毫无雕章琢句之感。有时为了情感抒发的需要,不惜使用某些违背事实的夸张,如:关于“发愤著书”的那一段,里面有关韩非、吕不韦、《诗经》的说法虽与历史有出入,但这是司马迁为行文的需要故意为之的。这一段话成了现今被经常引用的励志名言。

书中还大量地使用语气词,从而使文章形成一种回环往复的抒情美。如:“嗟夫,嗟夫,如仆尚何言哉!尚何言哉!”“悲夫,悲夫,事未易一二为俗人言也”等等,真有一咏三叹之美。孙执升说:“史迁一腔抑郁,发之《史记》;作《史记》一腔抑郁,发之此书。识得此书,便识得一部《史记》,盖一生心事,尽泻于此也。纵横排宕,真是绝代大文章。”(评注《昭明文选》)

汉高帝（前256—前195），汉高祖刘邦，前206至前195年在位，字季，沛（今江苏沛县）人，西汉的开国皇帝。他在秦末的农民战争中起兵，后打败项羽建立了西汉。在位期间，他继承秦制，实行中央集权制，重农抑商，奖励农业生产，对当时的社会经济、文化发展做出了贡献。

求贤诏

盖闻王者莫高于周文，伯者莫高于齐桓①，皆待贤人而成名。今天下贤者智能，岂特古之人乎②？患在人主不交故也，士奚由进③？今吾以天之灵、贤士大夫定有天下，以为一家，欲其长久，世世奉宗庙亡绝④。贤人已与我共平之矣，而不与吾共安利之，可乎？贤士大夫有肯从我游者，吾能尊显之。布告天下，使明知朕意。御史大夫昌下相国，相国酂侯下诸侯王，御史中执法下郡守⑤。其有意称明德者，必身劝，为之驾，遣诣相国府，署行、义、年⑥。有而弗言，觉，免。年老癃病⑦，勿遣。

【注释】 ①伯：通“霸”。②特：只，仅。③奚由：从何，通过什么途径。④亡：通“无”。⑤下：下达。⑥意：名声。称：相副。明德：美德。署：题写。义：通“仪”，相貌。⑦癃（lóng）：驼背。这里泛指残疾。

【译文】 听说古代帝王没有超过周文王的，霸主没有超过齐桓公的，他们都是靠贤人的辅佐而成名的。现今天下就有贤能之士，难道只有古代才有吗？问题在于君主不去交接他们，他们通过什么途径仕进呢？现在我靠老天的神灵和贤士大夫的帮助平定了天下，把它统一为一家。希望其长治久安，世世代代地奉祀宗庙，不要断绝。贤人已与我一起平定了天下，而不与我一起使它安定兴盛，这怎么行呢？贤士大夫有愿意与我一起交游共事的，我能使他们显贵。把我的这个旨意布告天下，使大家都明白知道。这个诏书由御史大夫周昌下达给相国，相国酂侯萧何下达给诸侯王，御史中执法下达到各郡的郡守。如有美名与美德相称的人，一定亲自劝他出来，替他准备车马，遣送到相国府，记录下他的形状、容貌和年龄。如有贤人而不举荐，一经发觉，就免除其郡守的官职。年老和有病的，不必遣送。

【鉴赏】 西汉建国初期，汉高帝虽然认识到人才的重要性，但他认为他的天下“于马上得之”，厌恶甚至拒斥知识分子。陆贾反驳他说：“于马上得之，宁可以马上治之乎？”高帝遂有所悟，后来就颁布了这道求贤诏。文章开篇即以古代的贤王霸主自比，提出了他们成功的原因在于任用贤能。接着认为当今天下也有像古代一样的贤才，还把天下的兴衰治乱与贤才的能否进身致用联系起来。最后，提出了自己的旨意：要求他的下属官吏举荐贤才，有而不荐的还要受到惩罚。于是他将自己经天纬地的宏图大略与招纳贤才的实际行动结合了起来，表现了一代帝王的雄才大略。这篇文章从古代的有为帝王谈起,引出了举荐贤才的重要性。又由举荐贤才联系到治理天下,层层展开,最后提出了自己诏告天下举贤任能的旨意,环环紧扣、不枝不蔓,写得十分简短而紧凑。

汉文帝(前202—前157),汉文帝刘恒,在位二十三年(前179—前157),于吕氏之乱后即位。在位期间,他崇尚黄老之术,进一步削弱诸侯王势力,休养生息,发展农业经济,并积极防御匈奴的侵犯,对巩固西汉政权做出了贡献。

议佐百姓诏

间者数年比不登①,又有水旱疾疫之灾,朕甚忧之。愚而不明,未达其咎②。意者③,朕之政有所失而行有过与?乃天道有不顺,地利或不得,人事多失和,鬼神废不享与?何以致此?将百官之奉养或费,无用之事或多与?何其民食之寡乏也?夫度田非益寡④,而计民未加益,以口量地,其于古犹有馀,而食之甚不足者,其咎安在?无乃百姓之从事于末,以害农者蕃,为酒醪以靡谷者多⑤,六畜之食焉者众与?细大之义,吾未能得其中⑥。其与丞相、列侯、吏二千石、博士议之,有可以佐百姓者,率意远思⑦,无有所隐。

【注释】①间:近来。比:屡屡。登:庄稼成熟。②达:通晓。咎:灾祸,弊病。③意者:疑问词,置于句首表示猜想。④度(duó):计量。⑤末:指工商业。醪(láo):酒酿、浊酒。靡:耗费。⑥中(zhòng):适中。⑦率意:随从己意。意思是不要有顾虑。

【译文】近几年来接连收成不好,又有水旱和瘟疫等灾害,我很是忧虑。我愚笨而不懂治道,不知道灾害产生的原因。想来,或许是我在政策上有失误,行为上有过错吧?还是因为没有顺应天道,或未得地利,或人事失和,废弃了对神的祭祀呢?为什么会弄到这个地步呢?也许是百官的俸禄过高,花在无用的事情上的费用太大了?百姓的粮食为什么会这么缺乏呢?计量天下的土地并不比古时少,人口也没有增加,计算土地与人口的比例,比古时还要富裕,但粮食很匮乏,其中的差错出在什么地方呢?是不是百姓中从事商贩而损害农业的太多了,酿酒耗费的粮食太多了,还是喂养牲畜而耗费的粮食太多了呢?大大小小的原因很多,我还没有完全搞清楚。希望跟丞相、列侯、俸禄二千石的官吏和博士们讨论一下。有可以帮助百姓解决这个困难的意见,就坦率地说出来,不要有所隐瞒。

【鉴赏】西汉初年文帝即位的时候,社会财富十分贫乏,皇上的车驾都找不到几匹像样的马。由于经过战乱的时间太长,人口很少,农业生产恢复得很慢,加上连年灾荒,粮食问题十分严重。这道诏书就是针对这些问题,要求臣下提供意见而颁发的。

这道诏书的内容十分简单,即近年来水旱疫疾等灾害频频发生,老百姓的粮食十分短缺,不知是什么原因所致,希望群臣提出意见,与他一起解决这个问题。这样一个简单的意思,作者却在文中反复设问,层层递进。表现了作者关心民疾,希望解决老百姓的粮食问题的急切心情,表现了一个政治家以天下为己任的胸怀。

这篇文章虽然十分简短,但由于排比和设问的反复使用,使其语气极为迫切,感情的容量极大。

汉景帝(前188—前141),汉景帝刘启,前156—前141年在位,继续休养生息,发展农业生产,推行重农抑商政策,维护国家统一,加强边防建设,严肃吏治,历史上将他与文帝的政绩统称为“文景之治”。

令二千石修职诏

雕文刻镂,伤农事者也;锦绣纂组,害女红者也[①]。农事伤,则饥之本也;女红害,则寒之原也。夫饥寒并至,而能无为非者寡矣。朕亲耕,后亲桑,以奉宗庙粢盛[②]、祭服,为天下先。不受献,减太官,省徭赋,欲天下务农蚕,素有畜积[③],以备灾害。强毋攘弱,众毋暴寡,老耆以寿终[④],幼孤得遂长。今岁或不登,民食颇寡,其咎安在?或诈伪为吏,吏以货赂为市,渔夺百姓,侵牟万民[⑤]。县丞,长吏也,奸法与盗盗,甚无谓也。其令二千石,各修其职;不事官职,耗乱者[⑥],丞相以闻,请其罪。布告天下,使明知朕意。

【注释】 ①纂(zuǎn)组:赤色绶带。女红:即女工。指纺织、刺绣、缝纫等事。②粢盛(zīchéng):盛在器物内以供祭祀的谷物。③太官:掌管宫廷膳食的官。畜(xù):通“蓄”,积储。④攘:夺取,排除。暴:损害。耆(qí):古代称六十岁为耆,这里泛指老人。⑤牟(móu):夺取。⑥修职:整顿吏治,使官吏尽忠职守。耗(mào)乱:昏乱。

【译文】 对器具一味地追求雕刻华丽,必定会妨害百姓的农务;对衣饰要求锦绣和精美的丝制印绶,必定会妨害妇女们的丝织业。妨害农务,是粮食短缺的根本原因;妨害妇女们的纺织,是衣着缺乏的根本原因。在缺衣乏食、饥寒交迫的时候,老百姓不为非作歹是很少的。我亲自耕种,皇后亲自采桑养蚕,来供奉祭祀宗庙的谷物和礼服,以此来做天下人的表率。我不接受贡奉,还要减少膳食的费用,减轻老百姓的徭役和赋税,想使天下人致力于农桑,经常有所蓄积,以备灾荒。使强者不要掠夺弱者,也不要依仗人多去欺负少数人,老人能终其天年,幼儿孤子得以长大成人。现在庄稼收成可能不好,老百姓的口粮就很缺乏,其原因何在呢?或许是狡诈虚伪的人当了官吏,一些官吏纳贿徇私,劫掠百姓、侵夺万民。县丞是一县的官吏之长,却舞弊乱法,行同盗贼,这就与设长吏的本意相反了。现在命令各地二千石(郡守)们各自整顿吏治。如果郡守们不能负起责任,办事昏乱,就由丞相奏报上来,问他们的罪。故此布告天下,使大家都明白我的意思。

【鉴赏】这是汉景帝为整顿吏治而下达的一道诏令。

本文以农事和女红的重要性开篇,认为农事和女红为天下之本,如果这两者受到妨害,则"饥寒并至",为非作歹的人就会大量产生。因此,景帝自己和皇后亲事农桑,为天下树立榜样。且通过多种途径使老百姓粮食有所积蓄,以防备灾荒。扶持老弱幼寡,使他们得以较好地生活。景帝还认为,当遇到收成不好的时候,老百姓的粮食就会不足,其原因在于贪官污吏劫掠百姓,因此下令整顿吏治。

本文以农事与粮食的重要性为主要线索,贯串着作者对人民生活和生产的看法和解决老百姓饥寒问题的方法。最后,通过诏令的形式,下达了整顿吏治的命令。条理清楚,主旨明确,是一篇很好的诏令。

汉武帝(前156—前87),汉武帝刘彻,前140—前87年在位,是我国历史上一位很有作为的皇帝。他在位期间,国家的政治、经济、军事、文化、外事等方面都有很大的发展。但他穷兵黩武,使社会财富大量耗损,大量的人在战争中丧生。

求茂材异等诏

盖有非常之功,必待非常之人,故马或奔踶而致千里,士或有负俗之累而立功名①。夫泛驾之马,跅弛之士②,亦在御之而已。其令州郡察吏民有茂材异等可为将相及使绝国者。

【注释】①踶(dì):踢。负俗之累:被世人讥笑的过失。②泛驾:指马狂奔不驯服。跅(tuò)弛:放纵,不循规矩。

【译文】大凡要建立不平凡的功业,必须靠不平凡的人才。所以,马有狂奔踢人但能日行千里的;士有受世俗所讥笑但能立功扬名的。那种不循轨辙的骏马,行为放荡不羁的士人,只在于如何驾驭和使用罢了。命令各州郡考察吏民中才能优秀和出类拔萃的,可以担任将相和出使很远国家的人才。

【鉴赏】本文是汉武帝于前106年为命令州郡察举人才而下达的文告。文告认为要建立不平凡的功业,必须依靠不平凡的人才。而人才一般都有"负俗之累",像良马一样,虽然能日行千里,但却会狂奔而不循轨辙。所以,只要善于驾驭和应用,人才就会像良马一样有所作为,建立非凡的功业。因此,汉武帝要求各州郡的官吏察举优秀的人才。

本文以“非常之功”引出“非常之人”，开篇即气势不凡，有一种建立千秋帝业的豪情。紧接着，论及“非常之人”的特点，即有“负俗之累”。最后指出，要建立非凡的功业就应当容忍“非常之人”的“负俗之累”，大胆地任用他们。文章环环相扣，始终不忘人才及其重用性，在不到一百字的短文里，表达了作者破除世俗之见，不拘一格选拔和重用人才的愿望和命令。

贾谊（前200—前168），洛阳人。西汉初著名的政治家和文学家。曾任博士，太中大夫。因多次上疏议论政事，受元老和权贵排斥，贬为长沙王太傅，后来又当了梁怀王太傅。怀王不慎坠马而亡，他引咎自责，郁郁不欢，一年后便去世，年仅三十三岁。

过秦论（上）

秦孝公据殽、函之固，拥雍州之地，君臣固守，以窥周室①。有席卷天下、包举宇内、囊括四海之意，并吞八荒之心。当是时也，商君佐之，内立法度，务耕织，修守战之具，外连衡而斗诸侯②。于是秦人拱手而取西河之外③。

孝公既没，惠文、武、昭蒙故业，因遗策④，南取汉中，西举巴蜀，东割膏腴之地，收要害之郡。诸侯恐惧，会盟而谋弱秦，不爱珍器、重宝、肥饶之地，以致天下之士，合从缔交，相与为一⑤。当此之时，齐有孟尝，赵有平原，楚有春申，魏有信陵。此四君者，皆明智而忠信，宽厚而爱人，尊贤而重士，约从离横，兼韩、魏、燕、赵、宋、卫、中山之众。于是六国之士，有宁越、徐尚、苏秦、杜赫之属为之谋，齐明、周最、陈轸、召滑、楼缓、翟景、苏厉、乐毅之徒通其意，吴起、孙膑、带佗、倪良、王廖、田忌、廉颇、赵奢之伦制其兵。尝以十倍之地，百万之众，叩关而攻秦。秦人开关而延敌⑥，九国之师，遁逃而不敢进。秦无亡矢遗镞之费⑦，而天下诸侯已困矣。于是从散约解，争割地而赂秦。秦有馀力而制其弊⑧，追亡逐北，伏尸百万，流血漂橹。因利乘便，宰割天下，分裂河山，强国请伏，弱国入朝。

延及孝文王、庄襄王，享国之日浅，国家无事。

及至始皇，奋六世之馀烈，振长策而御宇内，吞二周而亡诸侯，履至尊而制六合，执敲扑以鞭笞天下⑨，威震四海。南取百越之地，以为桂林、象郡，百越之君俯首系颈，委命下吏⑩。乃使蒙恬北筑长城而守藩篱⑪，却匈奴七百馀里，胡人不敢南下而牧马，士不敢弯弓而报怨。于是废先王之道，燔百家之言⑫，以愚黔首。隳名城，杀豪俊，收天下之兵，聚之咸阳，销锋镝⑬，铸以为金人十二，以弱天下之民。然后践华为城⑭，因河为池，据亿丈之城，临不测之溪以为固。良将劲弩，守要害之处；信臣精卒，陈利兵而谁何？天下已定，始皇之心，自以为关中之固,金城千里,子孙帝王万世之业也。始皇既没,馀威振于殊俗。

然而陈涉瓮牖绳枢之子,氓隶之人,而迁徙之徒也,材能不及中人,非有仲尼、墨翟之贤,陶朱、猗顿之富,蹑足行伍之间,俛起阡陌之中[15],率疲散之卒,将数百之众,转而攻秦。斩木为兵,揭竿为旗[16],天下云集而响应,赢粮而景从,山东豪俊,遂并起而亡秦族矣。

且夫天下非小弱也,雍州之地,殽、函之固,自若也;陈涉之位,非尊于齐、楚、燕、赵、韩、魏、宋、卫、中山之君也;锄櫌、棘矜,非铦于钩戟、长铩也[17];谪戍之众,非抗于九国之师也;深谋远虑,行军用兵之道,非及曩时之士也。然而成败异变,功业相反。试使山东之国,与陈涉度长絜大[18],比权量力,则不可同年而语矣。然秦以区区之地,致万乘之权,招八州而朝同列,百有馀年矣。然后以六合为家,殽、函为宫。一夫作难而七庙隳,身死人手,为天下笑者,何也?仁义不施,而攻守之势异也。

【注释】①窥:偷看,这里是伺机夺取的意思。②衡:通"横"。③拱手:两手合抱。这里是轻而易举的意思。④因:因袭。⑤相与:互相结交。⑥延敌:这里是迎击敌人的意思。延,延纳。⑦镞:箭头。⑧制其弊:意为利用六国衰败的时候控制它们。⑨履至尊:登上帝位。六合:天地和四方,这里泛指天下。敲扑:棍子。短的叫敲,长的叫扑。⑩委命:把性命交出去,任凭处置。⑪藩篱:篱笆、屏障。⑫燔(fán):焚烧。⑬隳:毁坏。鍉:通"镝",箭头。⑭践:登,踩。华:华山。⑮瓮牖绳枢:用破瓮做窗子,用绳子拴门轴。形容住宅简陋,出身贫寒。氓(méng)隶:即雇农。蹑足:插足,参加。行伍:军队。俛(miǎn)起:奋起。俛,通"勉",尽力。⑯揭:举。⑰櫌(yōu):平整土地的一种农具。棘矜:枣木棍。铦(xiān):锋利。铩(shā):大矛。⑱度(duó)长絜(xié)大:比较长短大小。

【译文】秦孝公依据崤山、函谷关坚固的地势,拥有雍州的土地,君主臣民一起牢牢地固守着,并伺机夺取周王朝的政权。他们怀有席卷天下、征服列国、控制四海的意图和并吞八方的野心。就在这个时候,商鞅辅佐着他,对内制定法令制度,发展农业和纺织业,修造防守攻战的器械;对外实行连横的策略,使各诸侯国互相争斗。于是,秦人轻而易举地取得了西河以外的大片土地。

秦孝公死后,惠文王、武王、昭襄王继承固有的事业,遵循着传统的策略,向南攻占了汉中,向西夺取了巴蜀,向东割取了肥沃的土地,收服地势险要的州郡。各诸侯国惊慌害怕,聚会结盟而商量削弱秦国,他们不吝惜珍贵的器物,贵重的财富,肥沃富饶的土地,用来招纳天下的士人,订立盟约,互相结为一体。此时,齐国有孟尝君,赵国有平原君,楚国有春申君,魏国有信陵君。这四个人,都睿明智慧而忠诚信义,宽大厚道而爱护百姓,尊敬贤良而重视士人,相约合纵以拆散连横,聚合起韩、魏、燕、赵、宋、卫、中山等国的众多人力。这时,六国的士人当中,有宁越、徐尚、苏秦、杜赫这一类人替他们出谋划策,有齐明、周最、陈轸、召滑、楼缓、翟景、苏厉、乐毅这一伙人为他们沟通意见,有吴起、孙膑、带佗、倪良、王廖、田忌、廉颇、赵奢这一批人统率他们的军队。他们曾以十倍于秦国的土地和百万士兵,直抵函谷关来攻打秦国。秦国人打开函谷关迎击敌军，九国的军队退的退、逃的逃，不敢前进。秦国没有破费一箭一镞，可是天下的诸侯已陷入困境了。于是合纵拆散，约定解除，诸侯争着割让土地贿赂秦国。秦国有充足的力量利用诸侯的困难去制服他们，追逐败逃的敌人，倒在地上的士兵成百上万，流淌的血液将盾牌都漂了起来。秦国凭借有利的条件，趁着大好的形势控制天下，分裂各国的河山。强国请求臣服，弱国到秦国朝拜。

延续到孝文王、庄襄王的时候，他们在位的时间很短，国家没有发生重大的事情。

等到了秦始皇，他继承发扬了秦国六代积累下来的丰功伟绩，挥动长鞭而驾驭天下，吞并了东西二周而灭亡了各个诸侯国，登上了最尊贵的皇帝宝座，统治着整个天下，用严刑镇压天下人民，声威震动四海。他向南攻取百越的土地，设立桂林郡和象郡，百越的君主们低着头，脖子上系着绳索，把性命交给秦国的下级官吏。于是派蒙恬北筑长城来守住帝国的边界，打退匈奴七百多里，使胡人不敢南下牧马，匈奴的士兵不敢弯弓动武来报复仇怨。于是，秦始皇废弃先王的仁义之道，焚烧诸子百家的书，用来愚昧黎民百姓。毁坏各国的名城，杀戮豪杰俊才，没收天下的兵器，集中到咸阳，熔化锋刃和箭头，铸成十二个金人，用来削弱天下百姓的力量。然后，他凭借华山作为城墙，依靠黄河为护城河，占据高达亿丈的城防，面临深不可测的河水，以此来作为坚固的屏障。派遣良将、配备强弓，守住城池的要害之处；忠诚的臣子，精锐的士兵，部署着锐利的武器，因而有谁敢来试探？天下已经平定，秦始皇的心里，自以为关中地势险固，千里金城，已经完成了子子孙孙称帝称王、万世不败的基业了。秦始皇死后，他留下的威势还震慑着与中原习俗不同的边远地区。

但是，陈涉这个贫寒家庭的子弟、没有土地的农民，而且是被征发去守边的人，才能比不上一般人，没有孔丘、墨翟那样的贤能，陶朱、猗顿那样的富有，夹杂在戍卒队伍里面，奋起于村野百姓之间，带领疲惫的戍卒，指挥几百人的军队，反过来攻打秦朝。他们砍断树木做武器，举起竹竿做旗帜，却得到天下人民行云一样的响应。他们自带干粮，像影子一样地追随陈涉，华山以东的豪杰俊士于是都行动起来，消灭了秦朝的皇族。

况且这时的天下并非又小又弱，崤山、函谷关的险固依然如故；陈涉的地位比不上齐、楚、燕、赵、韩、魏、宋、卫、中山等国的君主们尊贵；锄头锄耙和枣木杆比不上钩、戟和长矛锋利；贬谪服役的队伍不可以对抗九国的军队；深谋远虑、行军用兵的能力，比不上从前六国的谋士们。然而成功与失败却变得不同，建功与立业恰好相反。假使让华山以东的诸侯国与陈涉比一比长短大小，比较一下权势力量，是不可能相提并论的。但是秦国凭借它很小的一点地盘，发展到了万乘大国的权力，招来八州诸侯而使他们一同列班朝拜，已经有一百多年了。此后把天地四方作为秦国一家所有，把崤山、函谷关当作自家的宫室。结果一个普通百姓发难，秦王朝的宗庙就被毁掉了，皇帝自己也死在人家手里，被天下人嘲笑，是什么原因呢？这就是因为不施行仁义，而攻打和守卫天下的势态发生了根本的变化。

【鉴赏】 秦王朝崛起于七国之中,吞并了六国,建立了中国历史上第一个统一而强大的封建王朝。它兵力强盛,地势险固,为什么却在短短的时间里便灭亡了呢?贾谊的这篇《过秦论》很好地回答了这个问题。

"过秦论"即论述秦朝的过失。文章从秦孝公时秦国任用商鞅变法谈起,极力描写秦国国君的雄才大略及秦国的强盛,铺张渲染,层层推进,气势极为宏大,到"及至始皇"一段达到了极点。同时,作者也描写了六国的人才之众和实力之强,但他们都被秦王朝吞并了。到此为止,作者笔锋一转,写到陈涉,并把他与六国之师对比,指出陈涉无论从才能和武装力量等各方面都不能与六国之师相提并论。但结果却出人意料,六国之师打不胜的秦国,却被陈涉推翻了,原因何在呢?作者最终画龙点睛地指出:"仁义不施,而攻守之势异也。"

本文是一篇极为生动有气势的政论文。它词汇丰富,铺张扬厉,加上排比、夸张等修辞手法的运用,使文章获得了极强的艺术效果。

治安策(一)

夫树国固,必相疑之势,下数被其殃,上数爽其忧,甚非所以安上而全下也。今或亲弟谋为东帝,亲兄之子西乡而击[①],今吴又见告矣。天子春秋鼎盛,行义未过,德泽有加焉,犹尚如是,况莫大诸侯,权力且十此者乎!然而天下少安,何也?大国之王幼弱未壮,汉之所置傅、相方握其事。数年之后,诸侯之王大抵皆冠,血气方刚,汉之傅、相称病而赐罢,彼自丞尉以上遍置私人。如此,有异淮南、济北之为邪!此时而欲为治安,虽尧、舜不治。

黄帝曰:"日中必熭[②],操刀必割。"今令此道顺而全安,甚易;不肯早为,已乃堕骨肉之属而抗刭之[③],岂有异秦之季世乎?夫以天子之位,乘今之时,因天之助,尚惮以危为安,以乱为治,假设陛下居齐桓之处,将不合诸侯而匡天下乎?臣又以知陛下有所必不能矣。假设天下如曩时[④],淮阴侯尚王楚,黥布王淮南,彭越王梁,韩信王韩,张敖王赵,贯高为相,卢绾王燕,陈豨在代,令此六七公者皆亡恙,当是时而陛下即天子位,能自安乎?臣有以知陛下之不能也。天下殽乱,高皇帝与诸公并起,非有仄室之势以豫席之也[⑤]。诸公幸者乃为中涓,其次廑得舍人[⑥],材之不逮至远也。高皇帝以明圣威武即天子位,割膏腴之地以王诸公,多者百馀城,少者乃三四十县,德至渥也,然其后七年之间,反者九起。陛下之与诸公,非亲角材而臣之也[⑦],又非身封王之也,自高皇帝不能以是一岁为安,故臣知陛下之不能也。

然尚有可诿者[⑧],曰疏。臣请试言其亲者。假令悼惠王王齐,元王王楚,中子王赵,幽王王淮阳,共王王梁,灵王王燕,厉王王淮南,六七贵人皆亡恙,当是时陛下即位,能为治乎?臣又知陛下之不能也。若此诸王,虽名为臣,实皆有布衣昆弟之心,虑亡不帝制而天子自为者。擅爵人,赦死罪,甚者或戴黄屋[⑨],汉法令非行也。虽行，不轨如厉王者，令之不肯听，召之安可致乎！幸而来至，法安可得加！动一亲戚，天下圜视而起[10]，陛下之臣虽有悍如冯敬者，适启其口，匕首已陷其胸矣。陛下虽贤，谁与领此？故疏者必危，亲者必乱，已然之效也[11]。其异姓负强而动者，汉已幸胜之矣，又不易其所以然。同姓袭是迹而动，既有征矣，其势尽又复然。殃祸之变，未知所移，明帝处之尚不能以安，后世将如之何！

屠牛坦一朝解十二牛，而芒刃不顿者，所排击剥割，皆众理解也[12]。至于髋髀之所[13]，非斤则斧。夫仁义恩厚，人主之芒刃也；权势法制，人主之斤斧也。今诸侯王皆众髋髀也，释斤斧之用，而欲婴以芒刃[14]，臣以为不缺则折。胡不用之淮南、济北？势不可也。

臣窃迹前事，大抵强者先反。淮阴王楚最强，则最先反；韩信倚胡，则又反；贯高因赵资，则又反；陈豨兵精，则又反；彭越用梁，则又反；黥布用淮南，则又反；卢绾最弱，最后反。长沙乃在二万五千户耳，功少而最完，势疏而最忠，非独性异人也，亦形势然也。曩令樊、郦、绛、灌据数十城而王，今虽已残，亡可也；令信、越之伦列为彻侯而居，虽至今存，可也。然则天下之大计可知已。欲诸王之皆忠附，则莫若令如长沙王；欲臣子之勿菹醢[15]，则莫若令如樊、郦等；欲天下之治安，莫若众建诸侯而少其力。力少则易使以义，国小则亡邪心。令海内之势如身之使臂，臂之使指，莫不制从；诸侯之君不敢有异心，辐凑并进而归命天子[16]；虽在细民，且知其安，故天下咸知陛下之明。割地定制，令齐、赵、楚各为若干国，使悼惠王、幽王、元王之子孙毕以次各受祖之分地，地尽而止，及燕、梁他国皆然。其分地众而子孙少者，建以为国，空而置之，须其子孙生者，举使君之。诸侯之地，其削颇入汉者[17]，为徙其侯国及封其子孙也，所以数偿之。一寸之地，一人之众，天子亡所利焉，诚以定治而已，故天下咸知陛下之廉。地制一定，宗室子孙莫虑不王，下无倍畔之心[18]，上无诛伐之志，故天下咸知陛下之仁。法立而不犯，令行而不逆，贯高、利几之谋不生，柴奇、开章之计不萌，细民乡善[19]，大臣致顺，故天下咸知陛下之义。卧赤子天下之上而安，植遗腹，朝委裘[20]，而天下不乱，当时大治，后世诵圣。一动而五业附，陛下谁惮而久不为此？

天下之势方病大瘇[21]。一胫之大几如要，一指之大几如股，平居不可屈信，一二指搐，身虑亡聊[22]。失今不治，必为锢疾，后虽有扁鹊，不能为已。病非徒瘇也，又苦跖盭[23]。元王之子，帝之从弟也；今之王者，从弟之子也。惠王之子，亲兄子也；今之王者，兄子之子也。亲者或亡分地以安天下，疏者或制大权以逼天子。臣故曰非徒病瘇也，又苦跖盭。可痛哭者，此病是也。

【注释】①乡：通“向”。②熭（huì）：曝晒。熭又读 wèi。③抗刭（jǐng）：杀头。④曩（nǎng）：从前。⑤仄室：指非正妻所生之子。豫：通“预”，事先。席：凭借。⑥中涓：皇帝近侍官员。廑（jǐn）：通“仅”。只，才。舍人：地位次于中涓的近侍官员。⑦角：较量。⑧诿（wěi）：推托。⑨黄屋：皇帝专车。屋，通“幄”，车盖。⑩圜视：瞪目怒视。圜，通“圆”。⑪已然：已经成为事实。效：证明。⑫理：肌肉纹理。解：四肢关节，骨头之间的缝隙。⑬髋（kuān）：胯骨。髀（bì）：大腿骨。⑭婴:同“撄”,碰,触动。⑮菹醢(zūhǎi):古代一种把人剁成肉酱的酷刑。⑯辐凑:聚集在一起。辐,车轮上的辐条。凑,聚集。⑰削:削减,剥夺。颇:大量。⑱倍畔:通“背叛”。⑲乡:通“向”。⑳委裘:已故皇帝的衣裘。㉑瘇(zhǒng):脚肿病。㉒胫(jìng):小腿。要:通“腰”。信:通“伸”。搐:抽动。聊:赖。㉓跖(zhí):脚掌。盭(lì):扭折。

【译文】如果建立的诸侯国强固,那么一定会造成皇帝与诸侯互相怀疑的趋势。臣下因此屡遭其祸,皇上也多次担心这种忧患。这实在不是安定朝廷、保全臣民的办法。如今有的亲弟图谋当东方的皇帝,亲哥哥的儿子也向西面发动进攻,现在吴王谋反的事件又报上来了。天子正当壮年,施行正义,未曾有过失,恩德又施加到他们身上,尚且如此,更何况最大的诸侯,力量十倍于此的呢?但是,如今天下还是比以前稍微安定,这是什么原因呢?因为诸侯大国的国王还年幼体弱,没有壮大。汉朝安置在那里的太傅、丞相正掌握着王国的政事。几年之后,诸侯王大都加冠成人,血气方刚,而汉朝委派的太傅、丞相则不得不称病辞官,那些诸侯王就要从丞尉以上普遍安插自己的亲信。如果这样,他们的行为与谋反的淮南王、济北王有什么不同呢?到了这个时候再想要治理安定,即使唐尧、虞舜也是办不到的。

黄帝说:“太阳正当中午时一定要赶紧晒东西,拿着刀子一定要赶紧割物。”现在按这个道理行事全上安下,就很容易做到;如果不肯及早行动,错过了这个时机,就会毁了骨肉之情,而且拿起刀来互相残杀,这和秦朝末年有什么不同呢?凭着天子的权位,趁着当今的有利形势,靠着上天的保佑,尚且对转危为安、改乱为治的措施有所顾虑,假使陛下处在齐桓公那种境地,是不是就不会联合诸侯而纠正天下的混乱呢?臣下我又知道陛下一定不会这样做的。假如当今天下就像从前一样,淮阴侯还统治着楚国,黥布统治着淮南,彭越统治着梁国,韩王信统治着韩国,张敖统治着赵国,贯高做赵国的相,卢绾统治着燕国,陈豨还在代国,假如这六七个王公都健在,在这个情况下,陛下登上天子之位,自己能觉得安全吗?臣下我有理由认为这是不可能的。在那天下混乱的时候,高帝与这几位王公们一同起事,事先并没有亲族的势力可以依靠。这些王公中的幸运者做了中涓,其次的只不过得个舍人的职位,他们的才能不及高帝,差得很远。高帝凭着他的圣明威武,即天子之位,分割肥沃的土地以封这些王公为诸侯王,多的一百多个城,少的也有三四十个县,恩德是极厚的了。可是在以后的七年之中,反叛的事件发生了九起。陛下与当今的王公们,并非亲自较量才能而使他们称臣的,也不是您亲自封他们为王的。即使高帝都不能得到一年的安宁,所以臣下我知道陛下也是不能得到安宁的。

然而,还有一个可以推托的借口,叫作异姓关系疏远。那臣下我就请试着说说亲属关系亲近的情况。假使让悼惠王还在齐国称王,元王还在楚国称王,中子还在赵国称王,幽王还在淮阳称王,共王还在梁国称王,灵王还在燕国称王,厉王还在淮南称王,这六七位贵人都仍然健在,在这个时候,陛下即天子位,能使天下太平吗?臣下我又知道陛下是不能的。像这些王,虽然名义上是臣子,实际上心里都认为自己和天子的关系就跟平民百姓中的兄弟关系一样,他们没有一个不想在王国内实行皇帝体制而自己做皇帝的。他们擅自封人爵位,赦免死罪,甚至有的乘坐皇帝才能享用的黄屋车，汉朝的法令在他们那里并不实行。即使推行，但对于不守法纪如厉王那样的人，命令他都不肯听从，召见他，又怎么肯来呢？幸而被召来了，法律怎么能施加到他身上呢？如果依法处置一个亲戚，诸王们就圆瞪着眼睛，起来反抗了。陛下的臣子当中，虽然有冯敬那样勇敢的人，但他刚刚要开口，刺客的匕首就已经插进他的胸膛了。陛下虽然圣明，但谁能同您一起来治理这些诸侯王呢？所以关系疏远的异姓一定很危险，亲近的亲属一定会作乱，这已经是事实所证实了的。那些自恃强大而发动叛乱的异姓王，汉朝幸已战胜他们了，却没有改变造成他们恃强动乱的根源。同姓王沿着这条道路发动叛乱，已经有征兆了，这种形势完全会重演。祸殃的产生变化，还不知道会转移到什么地方。圣明的皇帝处在这样的形势中尚且不能使国家安宁，后代又将怎么办呢？

宰牛的坦，一个早晨可以宰十二头牛，可他的刀刃却没有变钝，这是因为用排击剥割的地方都在肌肉和骨头的缝隙之间。遇到胯骨、大腿骨所在的地方，他不是用砍刀就是用斧子。仁义恩厚，是君主的锋利的刀刃；权势的法制，是君主的砍刀和斧子。如今的诸侯王都是一些胯骨和大腿骨，不用砍刀、斧子，而要用锋利的刀刃去切割，臣下以为不碰出缺口就得折断。为什么不能用仁义的锋刃来对待淮南王、济北王呢？因为形势不允许了。

臣下我自己考察从前发生的事，发现大都是势力强大的先反叛。淮阴侯在楚国为王，势力最强，就最先反叛；韩王信依靠匈奴的力量，也反；贯高依靠赵国的资助，也反；陈豨队伍精锐，也反；彭越利用梁国的力量，也反；黥布依靠淮南的力量，也反；卢绾势力最弱，最后反。长沙王只有二万五千户，功劳小却最完好，关系疏远却最忠心，这不仅是由于各人性格不同，也是形势使然。如果从前让樊哙、郦商、绛侯，灌婴割据几十个城而封为王，到今天虽然已经残破，但还是让他们灭亡好一些；让韩信、彭越之辈封为彻侯，虽然到今天还存在，也可以让他们继续存在。像这样，则天下的大计就可以知道了。如果要众诸侯都忠心依附汉朝，那么就不如让他们像长沙王一样；要臣子们不遭杀戮成肉酱的下场，那就不如让他们像樊哙、郦商那样；要天下治理安定，就不如更多地建立诸侯而削弱他们的力量。力量弱小了，就容易用信义指挥他们；国小就不会有邪心。使全国的形势像身体指挥手臂、手臂指挥手指，没有不能控制服从的；诸侯国的君主不敢怀有二心，像辐条集向轮毂一样而归从于天子。那么，即使一般老百姓也会感到国家安定，所以天下人都知道陛下的贤明。分割土地，制定制度，使齐、赵、楚几个大诸侯国分成若干小国，使悼惠王、幽王、元王的子孙，都按长幼次序，各自承受祖先的一份封地，一直到分完为止。至于燕、梁和其他诸侯王国也都这样办理。那些封地多而子孙少的诸侯国，也建成若干小诸侯国，让它们空着，等他们有了子孙来做这空缺的国君。诸侯的土地被大量削减而收归朝廷的，用来调剂侯国封地，或将来封给他们的子孙，并且如数补偿。一寸土地，一个百姓，天子都不贪图他们的，这确实只是为了安定治理罢了。因此，天下都知道陛下是廉洁的。分割封地的制度一确定，宗室子孙没有谁担心不能封王的。下面没有背叛的念头，上面没有诛杀的想法，因此，天下都知道陛下的仁爱。

法制建立起来而没有人触犯,命令通行了而没有人违抗,贯高、利几之类的阴谋就不会发生,柴奇、开章之类的诡计就不会重演,老百姓都趋向善良,大臣们都表示顺从,因此,天下都知道陛下的信义。这样,即使让幼主做天子,天下也是安定的;即使立遗腹子,让臣下朝拜先帝的裘衣,天下也不会动乱。当代能大治,后代称颂陛下圣明。采取这一措施,能建立五项功业,陛下还顾虑什么而长久不这样做呢?

目前天下的形势,就像人正在患腿脚肿大的疾病。一条小腿肿大得像腰一样粗,一个脚趾肿得几乎像大腿。平时不能屈伸,一两个肢指抽动,浑身都痛苦难熬。错过了当今的时机而不治疗,一定会变成难治的顽症,以后虽有扁鹊那样的良医,也无能为力了。而且这病还不只是脚肿,又苦于脚掌扭折。元王的儿子是皇帝的堂弟;现在继承王位的,是您堂弟的儿子;惠王的儿子是您亲哥哥的儿子,现在继承王位的,是您亲哥哥的儿子的儿子。近亲之中有的还没有分地而使天下安定。而疏远的有的却掌握着大权,威胁着天子。所以我说不只是害了脚腿肿大的疾病,还苦于脚掌扭折。使人痛哭的,正是这种病呀!

【鉴赏】西汉初年,天下初定,社会问题很多。贾谊针对匈奴少数民族入侵,富商大贾奢侈浪费,特别是诸侯王的分裂割据势力同中央政权的对立问题,向汉文帝献了一篇《治安策》。本文是其中的一部分。在本文中,贾谊就诸侯割据的问题提出了"众建诸侯而少其力"的主张,以保证中央政权的集中和统一。这个主张被汉文帝采纳,到汉武帝时,汉王朝终于战胜诸侯割据势力,使西汉统一得到了巩固和加强。

作者以史为鉴,认真分析西汉当时的形势,认为西汉政权的统治危机在于诸侯国少而势力强大,虽然暂时没有危及西汉王朝的统治,只是由于现在诸侯国的国王年幼,掌握大权的大臣是西汉政府自己安置的。作者还层层分析,认为解决这种危机的办法不能只靠施加恩惠,或凭借亲情关系的亲疏,而要"众建诸侯而少其力",从根本上消除其反叛的根基。

本文比喻生动,气势逼人,文情并茂,具有极强的说服力。

晁错(前200—前154),颍川(今河南禹县)人,西汉文帝、景帝时期著名的政治家。文帝时曾为太子家令,景帝时任内史、御史大夫。他力主改革政治,奖励农耕,抗击匈奴。他还针对吴王等蓄谋反叛的形势,向景帝建议削藩。但当各诸侯王以"诛晁错以清君侧"的口号起兵反抗削藩时,他被斩首以缓解矛盾。

论贵粟疏

圣王在上,而民不冻饥者,非能耕而食之,织而衣之也,为开其资财之道也。故尧、禹有九年之水,汤有七年之旱,而国亡捐瘠者,以畜积多而备先具也①。

今海内为一，土地人民之众不避禹、汤，加以亡天灾数年之水旱，而畜积未及者，何也？地有遗利，民有馀力，生谷之土未尽垦，山泽之利未尽出也，游食之民未尽归农也。民贫，则奸邪生。贫生于不足，不足生于不农，不农则不地著，不地著则离乡轻家，民如鸟兽，虽有高城深池，严法重刑，犹不能禁也。

夫寒之于衣，不待轻暖；饥之于食，不待甘旨；饥寒至身，不顾廉耻。人情，一日不再食则饥，终岁不制衣则寒。夫腹饥不得食，肤寒不得衣，虽慈母不能保其子，君安能以有其民哉？明主知其然也，故务民于农桑，薄赋敛，广畜积，以实仓廪，备水旱，故民可得而有也。

民者，在上所以牧之，趋利如水走下，四方亡择也。夫珠玉金银，饥不可食，寒不可衣，然而众贵之者，以上用之故也。其为物轻微易藏，在于把握，可以周海内而亡饥寒之患。此令臣轻背其主，而民易去其乡，盗贼有所劝，亡逃者得轻资也。粟米布帛，生于地，长于时，聚于力，非可一日成也。数石之重，中人弗胜，不为奸邪所利，一日弗得而饥寒至。是故明君贵五谷而贱金玉。

今农夫五口之家，其服役者不下二人，其能耕者不过百亩，百亩之收，不过百石。春耕夏耘，秋获冬藏，伐薪樵，治官府，给徭役。春不得避风尘，夏不得避暑热，秋不得避阴雨，冬不得避寒冻，四时之间亡日休息。又私自送往迎来，吊死问疾，养孤长幼在其中。勤苦如此，尚复被水旱之灾，急政暴赋，赋敛不时，朝令而暮改。当具，有者半贾而卖，亡者取倍称之息②，于是有卖田宅、鬻子孙，以偿债者矣！而商贾大者积贮倍息，小者坐列贩卖，操其奇赢③，日游都市，乘上之急，所卖必倍。故其男不耕耘，女不蚕织，衣必文采，食必粱肉，亡农夫之苦，有阡陌之得。因其富厚，交通王侯，力过吏势；以利相倾，千里游敖，冠盖相望，乘坚策肥，履丝曳缟④。此商人所以兼并农人，农人所以流亡者也。今法律贱商人，商人已富贵矣；尊农夫，农夫已贫贱矣。故俗之所贵，主之所贱也；吏之所卑，法之所尊也。上下相反，好恶乖迕⑤，而欲国富法立，不可得也。

方今之务，莫若使民务农而已矣。欲民务农，在于贵粟。贵粟之道，在于使民以粟为赏罚。今募天下入粟县官，得以拜爵，得以除罪。如此，富人有爵，农民有钱，粟有所渫⑥。夫能入粟以受爵，皆有余者也。取于有余，以供上用，则贫民之赋可损，所谓损有余，补不足，令出而民利者也。顺于民心，所补者三：一曰主用足，二曰民赋少，三曰劝农功。今令："民有车骑马一匹者，复卒三人。"车骑者，天下武备也，故为复卒。神农之教曰："有石城十仞⑦，汤池百步，带甲百万，而亡粟，弗能守也。"以是观之，粟者，王者大用，政之本务。令民入粟受爵至五大夫以上，乃复一人耳，此其与骑马之功相去远矣。爵者，上之所擅，出于口而无穷。粟者，民之所种，生于地而不乏。夫得高爵与免罪，人之所甚欲也。使天下人入粟于边，以受爵免罪，不过三岁，塞下之粟必多矣。

【注释】①捐瘠(jí)：饿死和瘦弱的人。畜：通"蓄"，下同。②贾：通"价"。亡：通"无"，不同。倍称:加倍。③奇赢:高额利润。④敖:通“遨”,游玩。曳缟:披着丝织的长衣。缟,一种白细的丝织品。⑤乖迕(wǔ):违背。⑥渫(xiè):分散。⑦仞:古代以七尺或八尺为一仞。

【译文】圣明的君主在位的时候,老百姓不会挨饿受冻,这并不是因为君主能亲自种粮来给他们吃,能亲自织布给他们穿,而是因为他能开发天下百姓的增产生财之道,使他们富足起来。所以唐尧、夏禹的时候有过连续九年的水灾,商汤的时候有过连续七年的旱灾,可是国内没有人饿死饿瘦,这是因为粮食蓄积得多并且事先有准备。现在全国统一了,土地和人民的数量不减禹、汤当年,加上没有遇到连续几年的水旱灾害,但积蓄却比不上禹、汤的时候,这是什么原因呢?因为土地没有全部利用,百姓还有余力没有发挥,能生长粮食的土地没有全部开垦,山林湖沼的资源还没有全部开发出来,游荡求食的人还没有完全回到农业生产上来。百姓贫困就要产生奸邪的行为。贫困产生于不富足,不富足产生于不务农,不务农就不能安居乡土,不安居乡土就会离乡背井轻易弃家,结果老百姓像鸟兽一样四处觅食,即使有很高的城墙,很深的护城河,严厉的法令,残酷的刑罚,也还是限制不住他们的。

人在寒冷的时候,不会等到有了又轻又暖的衣服才穿,饥饿的时候,也不会等到有了美味可口的食物才吃;饥寒交迫,就顾不得廉耻。人之常情的是,一天不吃两顿饭就饥饿,整年不做衣服就寒冷。肚子饿了而没有饭吃,身子冷了没有衣服穿,即使是慈母,也不能保全她的儿子。君主在这种情况下又怎能笼络住他的人民呢?圣明的君主懂得这个道理,所以使百姓致力于种田养蚕,给他们减轻赋税,让他们增加积蓄,以便充实仓廪,防备水旱之灾,故而能得到民心,拥有人民。

百姓,取决于君主如何管理他们。他们追逐利益,如同水总是往低处流一样,是不管东南西北的。珠玉金银,饥饿时不能吃,寒冷时不能穿,但是大家却认为它珍贵,这是由于君主需要用它的缘故。这类东西轻便小巧易于收藏,拿在手里,就可以遍行海内而无饥寒之忧。它会使臣子有可能轻易背叛他的君主,百姓可以轻易地离乡背井,盗贼的行为受到引诱,逃亡的人有了轻便好带的财宝。粮食衣料,从地里生出,按季节成长,靠人力收获不是一天之内能完成的。几石重的粮食,中等体力的人是扛不动的,所以不为奸诈邪巧之人所贪图,但一天没有它就会饥寒并至。因此,圣明的君主看重粮食而轻视金玉。

现在五口之家的农户,至少有两个人服劳役,所能耕种的田地不过百亩,百亩土地的收成不过百石。他们春天耕种,夏天锄草,秋天收获,冬天贮藏,还要砍柴,修缮官府,做杂役。春天不避风沙,夏天不避暑热,秋天不避阴雨,冬天不避寒冻,一年四季,没有闲日子得以休息。其间还有私人之间的送往迎来,吊丧探病,赡养孤老,抚育幼童。如此辛勤地劳动,还有可能遭受水旱灾害,紧急的征取,残暴肆虐,而征收又没有定时,早上下命令,晚上就更改。农民中有粮食的往往半价出卖以应急用,无粮的不得不向人借贷任其取加倍的利息。于是就有了卖田宅,甚至卖子孙来还债的。而那些商人,大的囤积货物,榨取成倍的利润,小的摆摊贩卖、牟取暴利。他们每日游逛都市,趁着朝廷急需的时候,卖出的商品价格一定加倍。因此，这些人中，男的不耕种土地，女的不养蚕织布，却穿着华丽的衣服，吃着上等的米和肉，没有农民那样的劳苦，却坐享田地的收成。他们依仗着自己丰厚的财富，交结王侯，势力超过了官吏，因争权夺利而互相倾轧，千里之间，四处游逛，高贵的衣冠，豪华的车盖，相望不绝。他们乘着坚固的车，骑着肥壮的马，脚穿丝鞋，身披绸衣。这正是商人兼并农民，而农民逃亡的原因。现今的法律卑贱商人，而商人已经富起来了；法律上尊重农民，可农民已经贫贱了。因此，世俗所尊贵的，正是君主所鄙贱的；官吏所轻视的，正是法律所尊重的。君主和人民恰恰相反，喜好与厌恶正相违背。在这种情况下，想要国家富强，法律生效，那是不可能的。

当今的事务，没有比使老百姓从事农业生产更重要的了。要想使老百姓从事农业生产，就得重视粮食，而重视粮食的方法，就在于使老百姓用粮食来求赏免罚。现在应该号召天下人，只要向官府纳粮食，就可以封爵，可以免罪。这样一来，富人便有了爵位，农民便有了钱，粮食也可以分散到需要的地方去。能够缴纳粮食取得爵位的，都是富裕的人。从富裕的人那里取得多余的粮食，以供朝廷使用，就可以减轻穷人的赋税，这正是所谓损有余以补不足，这个法令一施行，老百姓就会得到好处。这符合人民的心愿，好处有三方面：一是国君需用的粮食充足了，二是百姓的赋税减少了，三是农业生产受到鼓励。现行法令规定，百姓能出一匹战马的，可以免除三个人的兵役。驾战车的马，为天下通用的军事装备，所以可以替人免去兵役。神农教导说："有七八丈高的石头城，百步宽的像充满沸水的护城河，上百万的士兵，但没有粮食，是守不住的。"由此看来，粮食是帝王最有用的东西，是国家政务最根本的力量所在。百姓缴纳粮食，换取爵位，爵位高到五大夫以上，才可以免除一个人的兵役，这和缴纳战马的实效相差太远。爵位是居上位的君主所掌握的，可以开口无穷无尽地赏赐给人。粮食是老百姓种出来的，可以从地里不断地生产出来。得到高爵与免除罪罚，是人们非常渴望的。如果让天下人都缴纳粮食，用于边塞，以换取爵位，免除罪罚，过不了三年，边塞的粮食一定会多起来的。

【鉴赏】 本文是公元前 168 年晁错向汉文帝提出的关于重视粮食储备、发展农业生产的奏疏。

西汉初年，农业生产还没有完全恢复，粮食储备不足。晁错针对这种情形，先分析了粮食充足的重要性，提出要想实现天下安定，人民安居乐业，打退异族的入侵，最重要的就在于重视农业生产，增加粮食储备。而要发展农业生产，增加粮食储备，就得贵粟而贱金玉，从而勉励农民从事农业生产，抑制富商大贾的商业活动。接着，他又提出了贵粟的具体措施，如"入粟拜爵"等，他想通过这种方法，刺激农业生产，增加粮食积蓄，最终使百姓安居乐业，富国强兵，巩固西汉王朝的统治。当然，这种措施有它的局限性，但它对当时的西汉社会生产的发展还是起了一定的积极作用。

本文文笔流畅，分析透彻，逻辑性强，富于说服力，是历来流传的好文章。

邹阳（约前206—前129），西汉文学家。临淄（今山东）人。起初在吴王刘濞门下为官，发现吴王有反叛之意，上书劝谏无效，遂投奔梁孝王。后因故下狱，他在狱中写了这封信。

狱中上梁王书

邹阳从梁孝王游。阳为人有智略，慷慨不苟合，介于羊胜、公孙诡之间。胜等疾阳，恶之孝王。孝王怒，下阳吏，将杀之。阳乃从狱中上书曰：

臣闻"忠无不报，信不见疑"，臣常以为然，徒虚语耳。昔者荆轲慕燕丹之义，白虹贯日，太子畏之；卫先生为秦画长平之事，太白蚀昴，而昭王疑之。夫精变天地，而信不谕两主，岂不哀哉！今臣尽忠竭诚，毕议愿知，左右不明，卒从吏讯，为世所疑。是使荆轲、卫先生复起，而燕、秦不悟也。愿大王孰察之。

昔卞和献宝，楚王刖之；李斯竭忠，胡亥极刑。是以箕子阳狂，接舆避世，恐遭此患也。愿大王孰察卞和、李斯之意，而后楚王、胡亥之听，无使臣为箕子、接舆所笑。臣闻比干剖心，子胥鸱夷[①]，臣始不信，乃今知之。愿大王孰察，少加怜焉！

谚曰："白头如新，倾盖如故[②]。"何则？知与不知也。故昔樊於期逃秦之燕，藉荆轲首以奉丹之事；王奢去齐之魏，临城自刭，以却齐而存魏。夫王奢、樊於期非新于齐、秦而故于燕、魏也，所以去二国死两君者，行合于志而慕义无穷也。是以苏秦不信于天下，而为燕尾生[③]；白圭战亡六城，为魏取中山。何则？诚有以相知也。苏秦相燕，燕人恶之于王，王按剑而怒，食以駃騠[④]；白圭显于中山，中山人恶之于魏文侯，文侯投之以夜光之璧。何则？两主二臣，剖心坼肝相信，岂移于浮辞哉！

故女无美恶，入宫见妒；士无贤不肖，入朝见嫉。昔者司马喜膑脚于宋，卒相中山；范雎摺胁折齿于魏，卒为应侯。此二人者，皆信必然之画，捐朋党之私，挟孤独之交，故不能自免于嫉妒之人也。是以申徒狄自沉于河，徐衍负石入海。不容于世，义不苟取比周于朝[⑤]，以移主上之心。故百里奚乞食于路，缪公委之以政；甯戚饭牛车下，而桓公任之以国。此二人者，岂借宦于朝，假誉于左右，然后二主用之哉？感于心，合于行，亲于胶漆，昆弟不能离，岂惑于众口哉？故偏听生奸，独任成乱。昔者鲁听季孙之说而逐孔子，宋信子罕之计而囚墨翟。夫以孔、墨之辩，不能自免于谗谀，而二国以危。何则？众口铄金，积毁销骨也。是以秦用戎人由余而霸中国，齐用越人子臧而强威、宣。此二国岂拘于俗，牵于世，系阿偏之辞哉？公听并观，垂名当世。故意合则胡越为昆弟，由余、子臧是矣；不合则骨肉为仇敌，朱、象、管、蔡是矣。今人主诚能用齐、秦之明，后宋、鲁之听，则五伯不足称，而三王易为也。

是以圣王觉寤，捐子之之心，而能不说于田常之贤，封比干之后，修孕妇之墓，故功业复就于天下。何则？欲善无厌也。夫晋文公亲其仇，强霸诸侯；齐桓公用其仇，而一匡天下。何则？慈仁殷勤，诚加于心，不可以虚辞借也。至夫秦用商鞅之法，东弱韩、魏，兵强天下，而卒车裂之。越用大夫种之谋，禽劲吴，霸中国，而卒诛其身。是以孙叔敖三去相而不悔，于陵子仲辞三公为人灌园。今人主诚能去骄傲之心，怀可报之意，披心腹，见情素，堕肝胆，施德厚，终与之穷达，无爱于士，则桀之狗可使吠尧，而跖之客可使刺由，况因万乘之权，假圣王之资乎！然则荆轲之湛七族，要离燔妻子[⑥]，岂足道哉！

臣闻明月之珠，夜光之璧，以暗投人于道路，众无不按剑相眄者。何则？无因而至前也。蟠木根柢，轮囷离诡[⑦]，而为万乘器者，以左右先为之容也。故无因而至前，虽出随珠、和璧，犹结怨而不见德。有人先游[⑧]，则枯木朽株，树功而不忘。今夫天下布衣穷居之士，身在贫贱，虽蒙尧、舜之术，挟伊、管之辩，怀龙逢、比干之意，而素无根柢之容，虽竭精神，欲开忠于当世之君，则人主必有按剑相眄之迹。是使布衣之士不得为枯木朽株之资也。是以圣王制世御俗，独化于陶钧之上[⑨]，而不牵于卑乱之语，不夺于众多之口。故秦皇帝任中庶子蒙嘉之言以信荆轲之说，而匕首窃发；周文王猎泾、渭，载吕尚而归，以王天下。故秦信左右而杀，周用乌集而王。何则？以其能越挛拘之语[⑩]，驰域外之议，独观于昭旷之道也。今人主沉于谄谀之辞，牵于帷墙之制，使不羁之士与牛骥同皂[⑪]，此鲍焦所以忿于世也。

臣闻盛饰入朝者不以利污义，底厉名号者不以欲伤行[⑫]。故县名“胜母”而曾子不入；邑号“朝歌”而墨子回车。今欲使天下寥廓之士，摄于威重之权，胁于位势之贵，回面污行以事谄谀之人而求亲近于左右，则士伏死堀穴岩薮之中耳[⑬]，安肯有尽忠信而趋阙下者哉！

【注释】①鸱(chī)夷：皮口袋。②倾盖：指道路上两车相遇，车盖相交。③尾生：传说中一个特别守信的人。④駃騠(juétí)：良马。⑤比周：结党。⑥湛：通“沉”，灭绝。燔(fán)：烧。⑦轮囷(qūn)离诡：盘绕屈曲的样子。⑧游：宣扬推荐。⑨陶钧：陶工使用的转轮。⑩挛拘：拳曲。这里指狭隘偏执的言论。⑪帷墙：指妻妾宠臣。皂：通“槽”。⑫底厉：通“砥砺”，磨刀石。⑬堀(kū)：“窟”的古字。

【译文】邹阳侍奉梁孝王。他为人聪明而有谋略，志向远大，不与流俗苟合，和羊胜、公孙诡同为孝王门客。羊胜等人嫉恨他，在孝王面前说他的坏话。孝王发怒，把邹阳交狱吏定罪将要杀他。于是，邹阳从狱中上书说：

臣听说“忠诚不会不受报答，信义不会招致怀疑”，臣曾经以为这话是对的，现在看来，这只不过是一句空话罢了。从前荆轲仰慕太子丹的义气，他的诚心诚意使得白虹穿过太阳，但太子丹还是担心荆轲不去刺秦王；卫先生为秦国谋划长平的战事，他的忠心使得太白星遮住了昴宿，可是秦昭王还是不信任他。两人的精诚感动了天地，却仍不能取信于两位君主，这难道不是令人悲哀的事吗？现在臣竭尽忠诚,说尽了我的看法,希望得到您的理解,而您身旁的人仍不明白,把我交有关部门审讯,使我受到世人的怀疑。这就像是荆轲、卫先生再世,而燕、秦两国君主仍不觉悟一样啊!愿大王您仔细地思考一下。

过去怀玉之人卞和献宝,被楚王砍掉了脚;李斯尽忠于秦国,却被秦二世处以极刑。因此箕子假装疯癫,接舆逃避尘世,都是害怕遭到这种祸害。希望大王考察卞和和李斯的心意,不要像楚王和胡亥那样听信谗言,不要使我为箕子和接舆所讥笑。我听说比干被挖了心,子胥被装在皮口袋里,臣起初还不信,现在才明白这是真的。愿大王细加审察,给我一点怜悯吧。

俗话说:"相处到老,如不相识;陌路偶遇,如老朋友。"这是怎么回事呢?这是由于相知与不知的缘故。所以樊於期从秦国逃到燕国,把头颅借给荆轲,以便于他执行燕太子丹的任务;王奢离开齐国到魏国,在城墙上面自刎,使齐军退去,保存了魏国。王奢、樊於期和齐、秦两国并非新交,同燕、魏两国也不是旧交,他们之所以离开齐、秦而为燕丹和魏君效力,是因为燕丹和魏君的行为合乎他们的志向,他们仰慕道义的心情是无限深厚的。所以苏秦不能取信于天下,在燕国却成为最守信的人;白圭在中山国做大将的时候,失掉了六座城池,他逃到魏国,却为魏国攻下了中山。这是什么原因呢?实在是由于彼此相知的缘故。苏秦做了燕国丞相,有人在燕王面前说他的坏话,燕王听了按剑发怒,却把他的良马駃騠宰了宴请苏秦;白圭因攻下中山而显于魏国,有人到魏文侯面前说他的坏话,魏文侯反而赐给他夜光之璧。这是什么原因呢?就是由于两个国君和两个大臣能够剖心沥胆地互相信任,怎么会被一些流言蜚语所动摇呢?

所以,女子不分美丑,一入王宫就会遭到妒忌,士子无论贤能或没有才能,一入朝廷就会受人嫉恨。从前,司马喜在宋国受了膑刑,终于做了中山国的丞相;范雎在魏国被打断了肋骨,敲掉了牙齿,后来在秦国封了应侯。这两个人都深信自己必然能实现的筹划,摒弃结党营私的私心,怀着孤芳自赏的态度与人打交道,所以不能避免嫉妒之人的攻讦。就因为这个,申徒狄自投雍水,徐衍背着石头入海。他们不为世所容,却坚守正义,不肯在朝廷里同流合污,苟取功名,以蒙蔽主上的心。所以,百里奚在路上讨饭,秦穆公却让他执政;宁戚在车下喂牛,而齐桓公却把国家的重任交给他。这两个人难道是因为常在朝廷里做官,靠左右之人替他说好话,然后两国君主才任用的吗?这是因为这两个人的心同主上的心相通,两个人的行为与主上的作为相合,君臣之间的关系牢如胶漆,像兄弟一样无法离间,又岂是众人之口所能惑乱的吗?所以偏听一面之词,就会产生奸邪,只信任一个就要产生祸乱。从前鲁国君主偏听季孙氏的话,驱逐了孔子,宋国君主偏听子罕的计谋,拘禁了墨翟。以孔子、墨翟的雄辩,尚且不能使自己免于坏人的诬陷,致使鲁、宋两国也遭到了危害。这是什么原因呢?这是由于"众口铄金,积毁销骨"的缘故。秦国任用戎人由余而称霸中原,齐国任用越人子臧而使威王、宣王得以强盛。此两国的做法,岂是拘泥于俗情,牵制于世人,服从于偏执片面主张的呢?只要公正地听取意见,从各方面进行观察,就能产生当代的英明政治。所以心意相合,则北胡、南越都可以当兄弟，由余、子臧就是这样；心意不合则骨肉同胞也可以成为仇敌，丹朱、象、管叔、蔡叔就是这样。今天国君若真能采用齐国和秦国的明智做法，不要像宋君、鲁君那样偏听偏信。那么，不但可以超过五霸，还能与三王比肩。

因此，圣王应自觉除掉燕国子之那样的心思，不喜欢田常那样的贤能，而封比干的后代，修缮被害孕妇的坟墓，这样才能功业覆盖天下。这是什么道理呢？就是要推广善政永不满足。那晋文公能够亲近他的仇敌，终于称霸诸侯；齐桓公能够任用他的仇人，终于号令天下。为什么呢？心地仁慈、待人恳切，不是用虚言假语装得出来的。至于那个秦国，用商鞅的新法，向东削弱了韩、魏，很快成为天下的强国，而最终把商鞅车裂了；越国用大夫文种的计谋，制服了强大的吴国，而称霸中原，结果又把文种杀死了。所以孙叔敖三次罢相而不悔恨，于陵陈仲子拒绝三公的高位而去给人家浇菜园。今天的君主要是真能去掉骄傲之心，怀着有功必报之意，披露心腹，显出真情，肝胆相照，厚施恩德，同士子穷达与共，对他们无所吝惜，那么夏桀的狗可以冲着尧吠叫，而盗跖的门客可以刺杀许由。何况现在还可以利用国君的大权，凭借圣王的资本呢？倘若这样，那荆轲就不怕灭绝七族，要离甘愿妻子和儿女被烧死的事，简直不算什么了！

臣听说，如果将明月之珠、夜光之璧偷偷地扔在路人面前，大家见了莫不按剑互相察看对方。为什么呢？因为它们无缘无故地出现在眼前。又有弯曲的树根，模样曲折难看，可它成了国君的贵重器物，这是因为左右的人已经事先对它加以雕饰。所以，无故而至的东西即便是随侯之珠、夜光之璧，也只能使人结怨而不感恩。而只要有事先推荐，即便是枯木朽株，也可以建立功勋而不为人所遗忘。现在天下的布衣穷居之士，身份贫贱，他们即使学到了尧、舜那样的本事，具有伊尹、管仲那样的口才，怀着龙逢、比干般的诚意，可是平素他们没有像树根那样经过雕饰。尽管用尽精力，愿意向当今君主表达忠心，但人主必定要照着握剑怒目斜视的老办法来对待他们了。这就使普通士人连枯木朽株的资质都不如了。因此，圣明的君主治理天下，像陶工转钧一样，要独自掌握而不受愚昧混乱的话所牵制，不为纷纭众说所动摇。所以秦始皇听了中庶子蒙嘉的话，信任荆轲，就发生了用匕首刺杀的事件；周文王在泾渭打猎，载吕尚归国重用，称王于天下。秦因信任左右而亡国，而周则因为任用偶然遇到的人而成就了王业，这是什么道理呢？这是因为周文王能够超越那些狭隘的言论，发扬普天下的道义，独具慧眼地看到了那光明正大的治国之道。今天的人君沉湎于阿谀奉承的言辞之中，拘牵于帷墙之内左右幸臣的说法，使得才具高远的士人受到牛马一样的待遇，这就是鲍焦愤世嫉俗的缘故啊。

臣听说严肃处理国事的人，不因私情而玷污道义，修养品德、注重名声的人，不因私利损害德行。所以遇到名为“胜母”的里巷，曾参不进去；遇到称为“朝歌”的城邑，墨子掉转车子。现在要使天下胸怀大志的士子，受威权者所笼络，受有地位势力的贵族所胁迫，而改变面孔，玷污品行，去服侍那些阿谀奉承的人，以求亲近君主，那么，士人只有隐居山洞和湖沼之间老死罢了。怎么会有对君主尽忠信，而走向宫阙的人呢！

【鉴赏】邹阳起初在吴王刘濞手下为官,后投奔梁孝王。当时大臣袁盎等人反对景帝立孝王为嗣,孝王同羊胜、公孙诡等人商量派人刺杀袁盎,邹阳极力劝阻。公孙诡趁机毁谤邹阳,孝王把他下狱。邹阳在狱中写了这封信给梁孝王自述冤屈,据说梁孝王见信后大为惊喜,立即将他释放,并奉为上宾。

这封信紧紧抓住梁孝王希望得到有才之士从而成就帝王之业的心理,从各种角度分析了士欲得明主,明主欲得才士,而才士与明主却很少相遇的原因,提出了君主想要成就一番事业,就得有主见,不听信谗言,能与忠贞有才之士互相信任,且放手大胆地任用他们,这样国家才会兴盛,帝王才会与才士成就一番事业。同时,作者借此说出了自己的冤屈。虽然实际上是在喊冤,都没有乞怜之相,反而写得"气盛语壮"(刘熙载《艺概》),似乎是在痛斥给自己进谗的人。

作者在这封信中列举了大量历史事实和比喻,论证有力、情辞恳切,实为上乘之作。

司马相如(前179—前117),字长卿。西汉著名辞赋家。蜀郡成都(今属四川)人。景帝时为武骑常侍,因病免职,和邹阳、枚乘一起当过梁孝王宾客。汉武帝欣赏他的辞赋,召为郎,后升孝文园令。《子虚赋》《上林赋》为其代表作。

上书谏猎

相如从上至长杨猎,是时天子方好自击熊豕,驰逐壄兽①。相如因上疏谏曰:

臣闻物有同类而殊能者,故力称乌获,捷言庆忌,勇期贲、育。臣之愚,窃以为人诚有之,兽亦宜然。今陛下好陵阻险,射猛兽,卒然遇逸材之兽,骇不存之地,犯属车之清尘②,舆不及还辕,人不暇施巧。虽有乌获、逢蒙之技不得用,枯木朽株尽为难矣。是胡、越起于毂下,而羌、夷接轸也③,岂不殆哉!虽万全而无患,然本非天子之所宜近也。

且夫清道而后行,中路而驰,犹时有衔橛之变④。况乎涉丰草,骋丘墟,前有利兽之乐,而内无存变之意,其为害也不难矣。夫轻万乘之重不以为安乐,出万有一危之涂以为娱⑤,臣窃为陛下不取!

盖明者远见于未萌,而知者避危于无形,祸固多藏于隐微,而发于人之所忽者也。故鄙谚曰:"家累千金,坐不垂堂⑥。"此言虽小,可以喻大。臣愿陛下留意幸察。

【注释】①壄(yě):同"野"。②卒(cù)然:突然。逸材:才能超群。这里指野兽凶猛异常。属车之清尘:实指皇帝,这是婉转说法。属车,随从车辆。③毂(gǔ)下:车驾之下。轸(zhěn):车厢的底框，这里指车。④衔：置于马口内用来勒马的铁具。橛：固定车厢底部与车轴的木橛。⑤涂：通“途”。⑥垂堂：靠近屋檐处。屋檐处瓦片容易掉下来伤人，是危险的地方。

【译文】司马相如跟随皇上到长杨一带打猎，这时候天子正喜欢亲自射击狗熊和野猪，驾着车追击野兽。相如因而上书规劝说：

臣听说，有些事物虽然同类而能力不同，所以同是武士，论力气要数乌获，论敏捷要算庆忌，论勇敢必定是孟贲和夏育。以臣的愚陋之见，内心以为人类诚然有这种情况，野兽也应该是这样。如今陛下喜好涉足险境，射击猛兽，万一突然遇上凶猛异常的野兽，它在不能存身的地方惊骇起来，朝着皇上随从车辆扬起的尘土猛扑过来，车子来不及调转车辕，人来不及施展武艺。这时，即使有乌获、逢蒙的技艺都用不上，连枯木朽株都成了防身的障碍了。这就像胡、越起兵于皇上的车驾之下，而羌、夷逼近车厢一样，难道不危险吗？即使预备周全而万无一失，那种地方也不是身为天子者所应该靠近的。

再说，纵然派人先开路而后出行，在大路中间奔驰，尚且不时可能发生脱衔断橛的变故，更何况涉足于荒林草莽之中，驰骋于丘陵山野之上，眼前只顾猎取禽兽的快乐，而内心却没有防备意外的警惕，这种情况下发生灾祸恐怕是很难避免的了。忽视天子的尊贵地位，却不能认为安全，而喜欢奔驰在有万分之一危险的道路上却认为快乐，我私自以为陛下不该这样做。

大凡英明的人能在事情尚未萌发之前就早已预见，智慧的人能在危险尚未形成之时便设法避免，灾祸往往潜伏在隐微的地方，发生于人们疏忽大意的时候。所以俗话说：“家有千金财，不坐屋檐下。”这话虽然说的是小事，却可以说明大道理。臣衷心希望陛下留意明察这一点。

【鉴赏】本文是作者规劝汉武帝不要亲自打猎的一篇奏章。

从古到今，规劝别人是一件难事，更何况是规劝皇帝。但由于作者把自己的说辞操作得语气委婉，情辞恳切，把抽象的说理同生动的叙事结合了起来，因而收到了很好的效果。

作者的意思虽然很简单明白，但他说得极为婉转。尽管只是为了劝皇上不要打猎，但他先从皇上亲自打猎说起，然后说野兽中可能会有极其凶猛的，而皇上猝不及防，就很可能遇上危险，并把这种危险比作胡、越、羌、夷袭击皇上的车驾，从而把打猎与国家的安危联系了起来。因此，他认为皇上不应该亲自打猎。接着，作者还从打猎的实际情况考虑，指出它还可能发生的其他危险。还以“明者远见于未萌，而知者避危于无形”“家累千金，坐不垂堂”等语谆谆进谏，希望皇上看到打猎所隐藏的各种祸患，从而劝皇上以身体和天下为重，不要再亲自打猎。

本文虽是进谏，但说理生动、恳切，有委婉动人的效果。

李陵(前?—前74),字少卿。西汉陇西成纪(今甘肃秦安)人。为名将李广之孙。武帝时为骑都尉。天汉二年(前99)率兵击匈奴,被匈奴大军包围,战斗到只剩十几个人时投降。单于封他为右校王,并把女儿嫁给他。后病死于匈奴。

答苏武书

子卿足下[①]:

勤宣令德,策名清时,荣问休畅[②],幸甚幸甚!

远托异国,昔人所悲,望风怀想,能不依依!昔者不遗,远辱还答,慰诲勤勤,有逾骨肉。陵虽不敏,能不慨然!

自从初降,以至今日,身之穷困,独坐愁苦。终日无睹,但见异类。韦韝毳幕[③],以御风雨;膻肉酪浆,以充饥渴;举目言笑,谁与为欢?胡地玄冰,边土惨裂,但闻悲风萧条之声;凉秋九月,塞外草衰,夜不能寐,侧耳远听,胡笳互动,牧马悲鸣,吟啸成群,边声四起。晨坐听之,不觉泪下。嗟乎,子卿!陵独何心,能不悲哉!

与子别后,益复无聊。上念老母,临年被戮,妻子无辜,并为鲸鲵[④]。身负国恩,为世所悲,子归受荣,我留受辱,命也何如!身出礼义之乡,而入无知之俗,违弃君亲之恩,长为蛮夷之域,伤已!令先君之嗣,更成戎狄之族,又自悲矣!功大罪小,不蒙明察,孤负陵心区区之意。每一念至,忽然忘生。陵不难刺心以自明,刎颈以见志,顾国家于我已矣,杀身无益,适足增羞,故每攘臂忍辱,辄复苟活。左右之人见陵如此,以为不入耳之欢,来相劝勉。异方之乐,只令人悲,增忉怛耳[⑤]。

嗟呼,子卿!人之相知,贵相知心。前书仓卒,未尽所怀,故复略而言之。昔先帝授陵步卒五千,出征绝域,五将失道,陵独遇战。而裹万里之粮,帅徒步之师,出天汉之外,入强胡之域。以五千之众,对十万之军,策疲乏之兵,当新羁之马。然犹斩将搴旗,追奔逐北,灭迹扫尘,斩其枭帅,使三军之士,视死如归。陵也不才,希当大任,意谓此时,功难堪矣。

匈奴既败,举国兴师,更练精兵,强逾十万,单于临阵,亲自合围。客主之形,既不相如;步马之势,又甚悬绝。疲兵再战,一以当千,然犹扶乘创痛,决命争首。死伤积野,馀不满百,而皆扶病,不任干戈。然陵振臂一呼,创病皆起,举刃指虏,胡马奔走;兵尽矢穷,人无尺铁,犹复徒首奋呼,争为先登。当此时也,天地为陵震怒,战士为陵饮血。单于谓陵不可复得,便欲引还。而贼臣教之,遂使复战,故陵不免耳。

昔高皇帝以三十万众,困于平城。当此之时,猛将如云,谋臣如雨,然犹七日不食,仅乃得免。况当陵者,岂易为力哉?而执事者云云,苟怨陵以不死。然陵不死，罪也。子卿视陵，岂偷生之士而惜死之人哉？宁有背君亲、捐妻子，而反为利者乎？然陵不死，有所为也。故欲如前书之言，报恩于国主耳。诚以虚死不如立节，灭名不如报德也。昔范蠡不殉会稽之耻，曹沫不死三败之辱，卒复勾践之仇，报鲁国之羞。区区之心，窃慕此耳。何图志未立而怨已成，计未从而骨肉受刑？此陵所以仰天椎心而泣血也！

足下又云："汉与功臣不薄。"子为汉臣，安得不云尔乎？昔萧、樊囚絷，韩、彭菹醢[6]，晁错受戮，周、魏见辜；其馀佐命立功之士，贾谊、亚夫之徒，皆信命世之才，抱将相之具，而受小人之谗，并受祸败之辱，卒使怀才受谤，能不得展。彼二子之遐举，谁不为之痛心哉！陵先将军，功略盖天地，义勇冠三军，徒失贵臣之意，到身绝域之表。此功臣义士所以负戟而长叹者也！何谓"不薄"哉？

且足下昔以单车之使，适万乘之虏，遭时不遇，至于伏剑不顾[7]，流离辛苦，几死朔北之野。丁年奉使，皓首而归，老母终堂，生妻去帷。此天下所希闻，古今所未有也。蛮貊之人[8]，尚犹嘉子之节，况为天下之主乎？陵谓足下当享茅土之荐[9]，受千乘之赏。闻子之归，赐不过二百万，位不过典属国[10]，无尺土之封，加子之勤。而妨功害能之臣，尽为万户侯，亲戚贪佞之类，悉为廊庙宰。子尚如此，陵复何望哉？

且汉厚诛陵以不死，薄赏子以守节，欲使远听之臣，望风驰命，此实难矣，所以每顾而不悔者也。陵虽孤恩，汉亦负德。昔人有言："虽忠不烈，视死如归。"陵诚能安，而主岂复能眷眷乎？男儿生以不成名，死则葬蛮夷中，谁复能屈身稽颡，还向北阙[11]，使刀笔之吏弄其文墨耶？愿足下勿复望陵！

嗟乎，子卿！夫复何言！相去万里，人绝路殊。生为别世之人，死为异域之鬼，长与足下生死辞矣！幸谢故人，勉事圣君。足下胤子无恙[12]，勿以为念。努力自爱。时因北风，复惠德音！李陵顿首。

【注释】①子卿：苏武，字子卿。②策名：名字写在官府的简策上。这里指做官。荣问：美好的名声。问，通"闻"。③韦韝（gōu）：皮制臂套。毳（cuì）幕：毡帐。④鲸鲵：鲸鱼。雄曰鲸，雌曰鲵。这里指被杀戮之身。⑤忉怛（dāodá）：忧伤。⑥菹醢（zūhǎi）：指把人剁成肉酱的酷刑。⑦伏剑：用剑自杀。⑧蛮貊（mò）：指四方少数民族。⑨茅土之荐：受到分封土地的奖励。⑩典属国：掌管少数民族事务的官。⑪稽颡（qǐsǎng）：屈膝下拜，以额触地行礼。北阙：指朝廷。⑫胤（yìn）子：儿子。指苏武与一匈奴女子所生之子。

【译文】子卿足下：

您努力发扬自己的美德，在政治清明的时代为官，荣誉传扬四方，真是值得庆幸，值得庆幸！

远远地寄居异国，这是前人所悲伤的，我回忆您的风采，深深地怀念您，怎能不令人依恋呢？以前承蒙不弃，从遥远的地方给我回信，恳切地安慰和教诲，情意简直超过了亲骨肉。我虽然愚昧，也不能不感慨万端。

自从当初我投降匈奴以来，直到今天，处境窘困，常常独坐而发愁苦闷。一天到晚见到的都是异族人,别的什么也看不到;抵御风雨用的是皮臂套和毡幕帐,充饥解渴的是膻羊肉和酸酪乳;举目无亲,跟谁一起谈笑言欢呢?匈奴之地冷森森冰封雪盖,塞外之土阴惨惨冻裂成块,听到的只是悲风萧瑟的声音。凄凉的秋九月,塞外的野草枯萎零落,夜间更是难以入眠。侧着耳朵远听,胡笳之声此起彼伏,牧马悲哀地嘶叫,胡笳声、马叫声交织成一片,边塞的声音从四面响起。清晨起来坐着倾听这些声音,禁不住流下了眼泪。唉,子卿啊,我难道有什么特别的心肠,能不感到悲痛吗?

自从跟你分别之后,益发觉得无聊。上念老母,临到老年还被杀戮;妻子儿女并无罪过,也一同死于非命;我自己辜负了国家的恩德,为世人所悲叹。您回去接受荣誉,我留在这里蒙受耻辱,命运怎么会是这样呢!我出身于礼仪之邦,却进入了蒙昧无知的社会,背弃了国君和双亲的恩德,长久地处在蛮夷的地域,真是忧伤啊!让祖先的后嗣,变成了戎狄的家族,想到这些就更加愁伤了!功大罪小,得不到明察,辜负了我的一片苦心。每次想到这里,就立刻不想活了。我不难做到自刺胸膛来表明自己,自割脖颈以显示内心,但国家对我已恩断义绝,自杀不仅于己无益,反而增加了羞耻,因此每当我因忍受耻辱而感到愤慨时,却常常又苟且地活下去。身边的人见到我这个样子,便制造一些其实令我难以接受的欢乐场面来安慰我。但异国的欢乐,只能引人悲哀,增加忧伤罢了!

唉,子卿啊!人的相互了解,以互相知心为贵。上次的信写得仓促,心里的话没有说完,所以再简略地说一说。从前先帝交给我五千步兵,出征极远的地方,五位大将都走错了路,只有我的部队遇上了敌人,进行战斗。我带着远行万里的粮食,率领徒步作战的队伍,走出大汉边境之外,进入强大的胡人区域,用五千士兵,对付十万大军,指挥疲乏的战士,抵挡刚刚出营的马队。但是仍然能斩将拔旗,追逐败逃的敌人,就像扫灭脚印,消除尘土一样,杀死敌方勇猛的将帅,使得我们三军将士视死如归。我的能力有限,但希望担当起重大任务。心想这时的功劳,实在是难以胜过的了。

匈奴战败之后,举国征兵出动,重新挑选精兵,其强劲之势超过十万人,单于亲自临阵指挥,从四面包围。敌我双方的力量既不相当,步兵与骑兵的形势对比更是悬殊。疲劳的士兵连续作战,一个人要抵挡上千人。尽管如此,战士们仍然忍受着创伤和疼痛,豁出性命冲锋陷阵。死伤躺倒的人遍野都是,剩下的不足百人,而且都带着创伤和疾病,扛不动武器。然而,我振臂一呼,伤病士卒都站了起来,举着刀剑奔向敌人,杀得匈奴骑兵四处逃跑。就是到了武器用光,箭支射完,士兵们手里没有一尺铁器的时候,头上没有头盔,仍然高呼杀敌,争先恐后地往上冲。在这个时候,真是天地为我愤怒,战士为我吞饮热血。单于认为不可能再捉住我了,便打算退兵。但是叛汉贼臣教他继续进攻。于是又继续开战,因此,我才不幸被俘。

从前高皇帝率领三十万部队,还被围困于平城。那个时候,猛将如云,谋臣如雨,尚且七天没有吃东西,仅免于被歼灭。何况像我这样的情况,难道是容易做到的吗?可是皇上身边执事者的那些议论,只是一味地埋怨我不为国而死。当然,我没有为国而死，这是罪过。子卿您看我，难道是那种贪生怕死的人吗？是那种背弃君主和亲人，丢下妻子儿女，反而认为对自己有利的人吗？我所以不死，是想有所作为。本来是想如上次信上所说的，为了报恩于主上罢了。实在因为无谓地死去还不如有所建树，毁灭自己不如以实际行动来报答恩德。从前范蠡不为会稽的国耻殉难，曹沫不为三次战败的耻辱而死，最终为勾践报了仇，为鲁国雪了耻。我的小小的心愿不过是暗自钦佩仿效他们而已。没想到志愿还没有实现却已经结成怨恨了，计划没有实行而亲骨肉却遭到刑戮。这就是我之所以仰望苍天，捶胸流泪的原因！

足下还说："汉朝对待功臣不薄。"您身为汉朝的臣子，怎么能不这样说呢？从前萧何、樊哙遭拘禁，韩信、彭越被剁成肉酱，晁错被杀戮，周勃、魏其侯被辜负；其他一些辅佐天子建立功勋的人士，像贾谊、周亚夫这些人，确实都是当世杰出的人才，有将相的本领，却遭受小人的谗言，全都蒙受了灾祸和毁灭的耻辱。终于落得身怀才干而受到诽谤，才能得不到施展的结局。贾、周两个人的死亡，谁不为之痛心呢？我的祖父身为将军，功勋和谋略压倒天下，忠义和英勇居三军之首，只因为没有迎合贵臣的心意，而自杀于边远的疆外。这就是功臣义士负戈戟于疆场而长叹的缘故啊！怎么能说"不薄"呢？

再说，从前足下只是凭单车使者的身份出使强大的匈奴，由于没有碰到好的时候，以至伏剑自杀而不在乎；颠沛流离，千辛万苦，几乎死于北方的荒野之上；壮年奉命出使，到白头才回归祖国；年老的母亲去世，妻子改嫁。这是天下很少听到的，从古到今所没有的事啊。蛮夷之人尚且称赞您的节操，何况身为天下之主的皇上呢？我以为足下应享有封土拜侯的待遇，接受千乘车马的赏赐；可是听说您回国之后，赏赐不过二百万钱，官位不过是典属国，没有一尺土地的封赏，来表彰您的辛劳。而那帮妨碍国事、陷害贤能的佞臣却一个个成为拥有万户属民的列侯，皇亲国戚贪婪谄媚之流都做了朝廷的高官。您尚且是这样，我还能有什么指望呢？

况且汉朝以残酷的诛杀惩治我没有死的罪过，以微薄的待遇赏赐您守节的功勋，却想使远处听命的臣子闻风奔走为国效命，这实在是很难的事啊！这些情况就是我每次回首往事时不觉得后悔的原因。我虽然辜负了汉朝的恩情，但汉朝也辜负了我的功德。古人有句话说："虽然忠诚但不壮烈，也能做到视死如归。"我固然可以安心地去死，可皇上难道还能再眷顾我吗？男子汉活着不能成就名节，死后就葬身在蛮夷的土地上，谁还肯折腰、叩头请罪，回到朝廷，让刀笔吏玩弄笔墨来处置我呢？希望足下不要再期望我返回汉朝了！

唉，子卿，还有什么话可说呢？相隔万里，人不往来，路不相通，我活着是其他世界的人，死后是异国他域之鬼，永远同足下生离死别了！希望向老朋友们转达我的心意，努力事奉圣明的君主。您的儿子很好，不要挂念。多加保重，珍惜身体，望不时能借着北风，传来您的教诲。李陵顿首拜上。

【鉴赏】这封信选自《文选》，是写给出使匈奴而被困的汉朝使节苏武的，主要是向苏武表白心迹，说明自己降敌的不得已。很多人认为这并不是李陵所写，而是后人的伪作。

作者从苏武的返汉扬名写起，接着叙述了自己"远托异国"的感慨，又很自然地写到了自己投降匈奴后的孤独、凄凉与伤心，委婉地道出了自己投降后的悲苦之情，也因此提起自己当初率兵与匈奴大战的情景，写得英勇而悲壮，也把自己与匈奴浴血奋战的战功与汉高祖的三十万之众被围平城的史实相对比，为自己的投降找原因。紧接着又说自己之所以偷生不死，是欲"有所为也"，而汉朝杀死了自己的亲属，于是他绝了回去的念头。由此作者又反驳了所谓"汉与功臣不薄"的说法，再次解释了自己不回去的原因。信的末尾，表达了人世无常，与苏武永别的感情。

这封信写得委婉动人，文笔生动，但也有故意为自己投降匈奴辩解的倾向。

路温舒　生卒年不详，字长君，西汉巨鹿（今河北平乡）人。通《春秋》经义，曾任县狱吏，举孝廉，官至廷尉奏曹掾（为中央审判长官办文牍的属官）、太守等职。宣帝即位（前74），曾上疏反对刑讯，认为审狱苛刻、刑罚严重是最大的失政，主张治理国家要"尚德缓刑"，反对严刑峻法。

尚德缓刑书

昭帝崩，昌邑王贺废，宣帝初即位，路温舒上书，言宜尚德缓刑。其辞曰：

臣闻齐有无知之祸，而桓公以兴；晋有骊姬之难，而文公用伯[①]。近世赵王不终，诸吕作乱，而孝文为太宗。由是观之，祸乱之作，将以开圣人也。故桓、文扶微兴坏，尊文、武之业，泽加百姓，功润诸侯，虽不及三王，天下归仁焉。文帝永思至德，以承天心，崇仁义，省刑罚，通关梁，一远近，敬贤如大宾，爱民如赤子，内恕情之所安，而施之于海内，是以囹圄空虚，天下太平。夫继变化之后，必有异旧之恩，此贤圣所以昭天命也。往者，昭帝即世而无嗣，大臣忧戚，焦心合谋，皆以昌邑尊亲，援而立之。然天不授命，淫乱其心，遂以自亡。深察祸变之故，乃皇天之所以开至圣也。故大将军受命武帝，股肱汉国，披肝胆，决大计，黜亡义，立有德，辅天而行，然后宗庙以安，天下咸宁。

臣闻《春秋》正即位[②]，大一统而慎始也。陛下初登至尊，与天合符，宜改前世之失，正始受命之统，涤烦文，除民疾，存亡继绝，以应天意。

臣闻秦有十失，其一尚存，治狱之吏是也。秦之时，羞文学，好武勇，贱仁义之士，贵治狱之吏，正言者谓之诽谤，遏过者谓之妖言。故盛服先生不用于世，忠良切言皆郁于胸，誉谀之声日满于耳，虚美熏心，实祸蔽塞。此乃秦之所以亡天下也。方今天下赖陛下恩厚，亡金革之危、饥寒之患，父子夫妻戮力安家，然太平未洽者，狱乱之也。夫狱者，天下之大命也，死者不可复生，绝者不可复属。《书》曰："与其杀不辜，宁失不经。"今治狱吏则不然，上下相殴，以刻为明，深者获公名，平者多后患。故治狱之吏皆欲人死，非憎人也，自安之道在人之死。是以死人之血流离于市，被刑之徒比肩而立，大辟之计岁以万数，此仁圣之所以伤也。太平之未洽，凡以此也。夫人情安则乐生，痛则思死。棰楚之下，何求而不得？故囚人不胜痛，则饰辞以视之[③]；吏治者利其然，则指道以明之；上奏畏却，则锻练而周内之[④]。盖奏当之成，虽咎繇听之，犹以为死有馀辜。何则？成练者众，文致之罪明也。是以狱吏专为深刻，残贼而亡极，媮为一切[⑤]，不顾国患，此世之大贼也。故俗语曰："画地为狱，议不入；刻木为吏，期不对。"此皆疾吏之风，悲痛之辞也。故天下之患，莫深于狱；败法乱正，离亲塞道，莫甚乎治狱之吏。此所谓一尚存者也。

臣闻乌鸢之卵不毁，而后凤凰集；诽谤之罪不诛，而后良言进。故古人有言："山薮藏疾，川泽纳污，瑾瑜匿恶，国君含诟。"唯陛下除诽谤以招切言，开天下之口，广箴谏之路，扫亡秦之失，尊文、武之德，省法制，宽刑罚，以废治狱，则太平之风可兴于世，永履和乐，与天亡极，天下幸甚。

上善其言。

【注释】①伯：通"霸"。②正即位：古代帝王新即位，都要改变历法，也叫改正朔。正，是一年的开始；朔，是一月的开始。③视：通"示"。这里是招供的意思。④周内：网罗罪名，陷人于罪。内，通"纳"。⑤媮(tōu)：通"偷"，苟且。

【译文】汉昭帝逝世后，昌邑王刘贺被废黜，汉宣帝刚刚登上皇位。路温舒趁这个时机上书，主张崇尚德治，放宽刑罚。书中说：

臣听说，齐国有公孙无知的祸乱，齐桓公才得以兴起；晋国有骊姬的作难，晋文公才得以称霸。近世的赵王不得善终，诸吕起来作乱，孝文帝才成为太宗。由此看来，祸乱的发生，其实是为圣人的即将出现开创了条件。所以齐桓公、晋文公扶持弱小的国家，振兴衰败的旧业，尊崇周文王、周武王的业绩，恩德施于百姓，功德惠及诸侯，虽然赶不上三王，但天下都归附他们了。汉文帝始终不忘极尽德政，以承上天的旨意，崇尚仁义，减轻刑罚，开放关卡桥梁，远近一视同仁；敬贤臣如贵宾，爱民如赤子；自己觉得心安的事就推行于四海之内，因此监狱无罪犯，天下太平安宁。大凡经历政治动乱之后，必继之以不同以往的宽松局面，这是圣贤用来显示上天授予使命的表现。先前，昭帝去世而没有继位的儿子，大臣们为此忧愁焦虑。经过共同谋划，一致认为昌邑王尊贵亲近，于是拥他入宫立为皇帝。然而上天不授予他帝王的使命，使他内心淫乱，于是自取灭亡。我仔细考察祸乱发生的原因，知道这是上天借以引出最圣明的君主。所以大将军霍光接受武帝的嘱托，辅佐汉朝，披肝沥胆，决定大计，废除无义之人，拥立有德之君，辅助上天行事，从此朝廷安定，天下太平。

臣听《春秋》上讲，帝王刚即位要更改正朔，这是为了统一全国和谨慎地对待事业的开始。现在陛下刚刚登上皇位,与上天的意旨吻合,应该纠正前代的失误,重新端正国家的纲纪,除掉烦琐的法令,解除人民的疾苦,使灭亡的家庭得以生存,断绝的祭祀得到延续,以顺应天意。

臣听说秦朝有十大失误,其中有一条到现在还没有纠正,那就是用司法官吏来加强统治的做法。秦时轻视儒术,崇尚勇力,看不起仁义之士,提拔主管刑狱的官吏,认为直言是诽谤,防止过失是散布妖言。因此宽衣大冠的儒生不被任用,忠良切实的意见都郁积在胸中,赞美奉承的声音整天充斥于君主的耳朵,虚假的称誉熏陶着君主的心,实际的灾祸却被掩盖起来,这是秦王朝失去天下的原因。现在天下依赖陛下的深厚恩泽,既无战争的危险,又无饥寒的忧患,父子夫妻齐心合力,安居乐业,但天下仍没有完全达到太平美满,这正是司法部门扰乱社会而造成的结果。刑狱是天下的大事,因为死了的不能再活过来,砍断的肢体不可能再续接上。《尚书》说:"与其杀死没有罪过的人,不如失误于不按法办案。"现在主持刑法的官吏却不是这样。他们上下互相催督,把苛刻当作明察,严酷者获得了公正的名声,平和的反而多有后患。所以主持刑狱的官吏都想置人于死地,这并不是因为他们憎恨别人,而是因为他们保全自己的途径正在于置人于死地。由于这个缘故,处死者的鲜血淋漓于市场,受到肉刑的人随处可见,死刑的统计数每年都以万计。这是仁主圣君感到忧伤的状况。太平还达不到完美,大概就是由于这个缘故吧!大凡人之常情,安乐则求生,痛苦就想死。在严刑拷打之下,什么口供得不到呢?因此,被囚禁的人不堪痛苦的折磨,就用编造的假话来招供;主持刑狱的人就利用这一点,引导囚犯,让他们明白不能不招供的道理;上报时害怕被驳回,于是玩弄文字,罗织罪状,使人陷入法网。大凡罪名一经定案,即使皋陶来听取汇报,也会以为犯人处死也不足以抵偿其罪行。为什么呢?因为罗织的罪状很多,按律所定的罪名也很清楚。因此,司法官吏总是严酷而苛刻,无止境地残害他人,为了一时的裁决结案而不顾给国家带来后患,这真是世上的大祸害呀!所以俗话说:"就是画地为牢狱,也千万不可进入;哪怕是木头雕刻的狱吏,也不希望与它对质。"这些都是疾恨司法官吏的民谣,是悲痛的言辞。可见天下的祸患,没有比刑狱更厉害的了;败坏法律,混淆是非,离散亲属,堵塞道义,没有比司法官吏更严重的了。这就是前面说的仍然存在的一条过失。

臣听说,乌鸦老鹰的卵不被毁掉,然后凤凰才敢飞来;犯有诽谤之罪的不处死,然后才有人进谏忠良之言。古人有句话说:"高山深林隐藏毒秽,江河湖泽容纳污浊,宝石美玉包含着疵点,国君要忍受辱骂。"希望陛下废除诽谤之罪,以招纳切实的言论,让天下之人都敢讲话,开拓规劝批评的道路,消除已亡的秦朝的过失,尊崇周文王、周武王的美德,精减法律制度,放宽刑罚,以至于废止刑狱,那么,太平的风气就会在世上兴盛起来,人民永远生活于和平安乐之中,与苍天一样无限长久,天下的人都将无比庆幸!

皇上很赞赏他的话。

【鉴赏】本文是作者在汉宣帝刚刚即位时所上的一个奏章，目的是趁汉宣帝刚刚即位的时机，让过去一直存在着的酷吏制造大量冤案，使社会不得安宁的状况加以改变。本文深刻地指出了秦汉以来狱吏的罪恶，还指出秦朝灭亡的一个重要原因就在于压制正直言论，而只听谄媚之语。

文章开头即从历史事实中引出“祸乱之作，将以开圣人也”的结论，由此他建议皇上“改前世之失，正始受命之统，涤烦文，除民疾，存亡继绝”，接着作者又从秦朝灭亡的历史中总结出治狱严酷是一个重要的社会问题。因此他主张废除诽谤之罪，崇尚道德教化，放宽刑罚，直到废除刑狱。当然，这是难能可贵的。但他的意见不可能完全实现，因为这不是个人的心性之恶所致，而是与整个社会的制度相关的。

文章一方面总结历史经验，另一方面分析时政的弊病。由此可见，作者尚德缓刑的目的是社会的改良和发展，其用心之良苦是显而易见的。

杨恽(?—前54)，字子幼，华阴(今陕西)人。丞相杨敞之子，司马迁之外孙。有才干，名显朝廷，封平通侯，迁中郎将。据说他好揭人阴私，打小报告，所以惹怒了不少人，有人就接二连三地以其人之道还治其人之身，结果汉宣帝反把他逮捕入狱，并抄出了他给孙会宗的信(信中对朝廷表示不满)，于是定了杨恽大逆不道之罪名，腰斩于市。

报孙会宗书

恽既失爵位家居，治产业，起室宅，以财自娱。岁馀，其友人安定太守西河孙会宗，知略士也，与恽书谏戒之，为言大臣废退，当阖门惶惧，为可怜之意，不当治产业，通宾客，有称誉。恽宰相子，少显朝廷，一朝晻昧，语言见废，内怀不服，报会宗书曰：

恽材朽行秽，文质无所底，幸赖先人馀业，得备宿卫[①]。遭遇时变，以获爵位，终非其任，卒与祸会。足下哀其愚矇，赐书教督以所不及，殷勤甚厚。然窃恨足下不深惟其终始，而猥随俗之毁誉也。言鄙陋之愚心，则若逆指而文过；默而自守，恐违孔氏“各言尔志”之义。故敢略陈其愚，惟君子察焉。

恽家方隆盛时，乘朱轮者十人[②]，位在列卿，爵为通侯，总领从官，与闻政事。曾不能以此时有所建明，以宣德化，又不能与群僚同心并力，陪辅朝廷之遗忘，已负窃位素餐之责久矣。怀禄贪势，不能自退，遂遭变故，横被口语，身幽北阙[③]，妻子满狱。当此之时，自以夷灭不足以塞责，岂意得全其首领，复奉先人之丘墓乎？伏惟圣主之恩，不可胜量。君子游道，乐以忘忧；小人全躯，说以忘罪[4]。窃自念过已大矣，行已亏矣，长为农夫以没世矣。是故身率妻子，戮力耕桑，灌园治产，以给公上，不意当复用此为讥议也。

夫人情所不能止者，圣人弗禁。故君父至尊亲，送其终也，有时而既。臣之得罪，已三年矣。田家作苦，岁时伏腊，烹羊炰羔[5]，斗酒自劳。家本秦也，能为秦声，妇赵女也，雅善鼓瑟，奴婢歌者数人，酒后耳热，仰天拊缶[6]，而呼呜呜。其诗曰："田彼南山，芜秽不治，种一顷豆，落而为萁。人生行乐耳，须富贵何时！"是日也，拂衣而喜，奋袖低昂，顿足起舞，诚淫荒无度，不知其不可也。恽幸有余禄，方籴贱贩贵，逐什一之利。此贾竖之事，污辱之处，恽亲行之。下流之人，众毁所归，不寒而栗。虽雅知恽者，犹随风而靡，尚何称誉之有？董生不云乎[7]："明明求仁义，常恐不能化民者，卿大夫之意也；明明求财利，常恐困乏者，庶人之事也。"故"道不同，不相为谋"。今子尚安得以卿大夫之制而责仆哉！

夫西河魏土，文侯所兴，有段干木、田子方之遗风，漂然皆有节概，知去就之分。顷者，足下离旧土，临安定。安定山谷之间，昆戎旧壤[8]，子弟贪鄙，岂习俗之移人哉？于今乃睹子之志矣。方当盛汉之隆，愿勉旃[9]，无多谈。

【注释】①厎(zhǐ)：致，表现。宿卫：宫廷警卫官。②朱轮：用丹漆涂的车毂。汉代公卿列侯及俸禄两千石以上的官员才能乘这种朱轮车。③北阙：宫廷北面的门楼。④说：通"悦"。⑤伏腊：泛指一般节日。炰(páo)：裹起来烤。⑥拊缶(fǔfǒu)：拍打缶。缶，瓦器，秦人用作乐器。⑦董生：董仲舒。⑧昆戎：即西戎，殷周时我国西部的一个部落。⑨旃(zhān)："之焉"的合音，语气词。

【译文】杨恽失去了爵位住在家里，治理产业，兴建住宅，以经营家财取乐。过了一年多，他的朋友安定太守、西河人孙会宗，一位有知识和谋略的士人，给杨恽写了一封信，加以劝诫，说大臣免职之后，应当惶恐地闭门思过，博取同情，而不应该治理产业，结交宾客，博取赞誉。杨恽是丞相的儿子，年轻时即显名于朝廷，因为一时糊涂，说话不慎而被罢黜，心里不服气。他给孙会宗回信说：

我杨恽天生不是块好材料，操行也不怎么样，文与质都没有什么成就，幸而依靠先人的余荫，得以充当皇上的侍卫。由于遇到事变，获得爵位，但这终究不是我所能胜任的，终于遇到了大祸。您哀怜我的愚昧无知，赐书信给我，教育和纠正我做得不够的地方，情意诚恳深厚。然而，我内心却很遗憾您没有深入了解事情的原委，而只是跟着世俗的舆论来褒贬我。现在我说出自己鄙陋的心里话，好像是违逆您的旨意而文过饰非；沉默着不说呢，又恐怕违背孔子"各言尔志"的教诲，所以才敢约略陈述愚见，希望您明察。

当初我杨恽家兴盛的时候，乘坐朱轮车的有十人，他们做着卿位的官，封着侯的爵位，统率着侍从官员，参加政事。可惜未能趁此时提出好的主张，以宣扬道德教化，又不能与同僚们一起努力，辅佐朝廷做些拾遗补阙的工作。因此，已经背负尸位素餐的罪责很久了。又因为贪图俸禄和权势，不能自行引退，于是遭到变故，被人横加诬告，自身囚禁于北阙，妻子儿女也都关在牢里。在这个时候，自以为受到杀戮也不足以抵消罪责，哪里想到还会保住头颅，又能供奉祖宗的坟墓呢？那圣明天子的恩德，真是无法计量。君子沉湎于道中，愉快地忘掉忧愁，小人则只要保全了性命，就高兴地忘记了罪过。我暗自思量，自己的过失已经很大了，德行已经有了亏缺，那就去当农夫以度余生算了。所以率领着妻儿，努力耕田养蚕，浇灌菜地，治理产业，来供给官府的赋税。没想到为此竟又遭到一些人的挑剔议论了。

凡是从人的本性上来说不能禁止的事，圣人也不禁止。所以，君和父虽是最尊贵最亲近的，送终之后，居丧的时间也是有个终结的。从我获罪开始算起，至今已有三年了。农家耕作非常辛苦，逢年过节，烹羊烤羔，喝一斗酒，自我慰劳。我的老家本在秦地，我能唱秦地的歌曲，妻子是赵地的女子，善于弹琴，又有几个能唱歌的奴婢。喝酒之后，耳朵发热，就拍着瓦盆仰天唱出呜呜地秦声来。歌词是："种田种在南山坡，长满荒草不去管，豆子种了一百亩，掉下豆粒成豆秆。人生不过为行乐，富贵等到哪一天。"那天，我高兴地抖动着衣服，上上下下挥舞着袖子，跺着脚跳起了舞，确实是欢乐过度，没有节制，不知道这样做是不可以的。我幸而还有一些余下的俸禄，正在搞贱买贵卖，赚到十分之一的利钱。这是小商贩们干的事，是有辱于身份的活计，可我亲自去干了。我身处低下的地位，成了众人攻击的对象，感到不寒而栗。即使了解我杨恽的人，也随风来攻击我，哪里还会有人替我说好话呢？董仲舒不是说过吗："急迫地追求仁义，常担心不能教化百姓的，那是卿大夫的想法；急迫地追求财利，常担心受穷的，那是老百姓的事情。"所以，"走的道路不同的人，不能在一起商量事儿"。现在您怎么能用卿大夫的标准来要求我呢？

那西河郡原属魏地，是魏文侯兴起的地方。有贤人段干木、田子方流传下来的风尚，人们高尚而有节操，懂得取舍的道理。近来，你离开这一块旧土，去到安定。安定位于山谷之间，是昆戎族的旧地，那里的人性情贪鄙，难道是习俗改变了人吗？到了今天才看出您的志向了！当今正值大汉隆盛之时，希望您努力供职，兹不多讲！

【鉴赏】 本文是杨恽写给他的朋友孙会宗的一封信。杨恽因为好揭人阴私，被诬告而逮捕入狱，并搜出了这封信，于是被定为大逆不道之罪而腰斩于市。同时，他的妻子儿女被流放酒泉（今属甘肃），同杨恽友好的官吏，包括孙会宗也一律罢官。

这封信以自己近期的生活和作为起笔，引出了孙会宗的谏诫之言，从而也引出了回复孙会宗之语。因复孙会宗的话委婉曲折，开首即表达了自己想表明心迹而又有所顾忌的矛盾心情，但他最终还是一吐为快。

作者首先回顾了自己的家族及自己的过去，以解释自己现在"身率妻子，戮力耕桑，灌园治产"的原因，接着讲述了自己的所谓"骄奢不悔"的行为，实际上也是对孙会宗劝谏自己的言辞的一种反驳。信的末尾带有讽喻孙会宗的意思。

作者胸怀不平，将嬉笑怒骂之情发为文章，自由活泼，有人以为有其外祖父司马迁《报任安书》的风格。

光武帝（前6—57），光武帝即刘秀，汉高祖九世孙，东汉的开国皇帝。他借助西汉末年农民起义的力量推翻了王莽的统治，为了巩固政权，他即位后进行了频繁的战争。

临淄劳耿弇

车驾至临淄，自劳军，群臣大会。帝谓弇曰："昔韩信破历下以开基，今将军攻祝阿以发迹。此皆齐之西界，功足相方。而韩信袭击已降，将军独拔勍敌[①]，其功乃难于信也。又田横烹郦生，及田横降，高帝诏卫尉不听为仇。张步前亦杀伏隆，若步来归命，吾当诏大司徒释其怨，又事尤相类也。将军前在南阳，建此大策，常以为落落难合，有志者事竟成也！"

【注释】 ①勍（qíng）：强。

【译文】 光武帝来到临淄，亲自慰劳军队，群臣在这里隆重地聚会。光武帝对耿弇说："从前韩信因攻破历下而开创基业，现在将军您攻取祝阿而立身扬名。历下和祝阿都是齐国的西界，你的功绩足以同韩信相比。但韩信袭击的是已经降伏的对手，而将军却独立战胜强大的敌人，这个功绩的取得，确实要比韩信难。再说田横烹杀了郦生，等到田横投降，汉高帝下诏告诫卫尉郦商，不许他与田横结仇。张步也曾杀过伏隆，如果张步前来归降，我也要下诏给司徒伏湛，要他消除仇怨。这两件事又更加相似了。将军从前在南阳时，就提出了这项重要的计策，我原以为迂远疏阔，很难实现，现在看来，真是有志者事竟成啊！"

【鉴赏】 公元29年冬，光武帝刘秀命令建威将军耿弇讨伐割据青州的大军阀张步，战事指挥得十分成功，迅速取得了大胜。刘秀亲自赶到临淄劳军，讲了本文这段话。这段文章选自《后汉书》，其作者为南朝范晔，本文为光武帝的发言，可能经过范晔的润色加工。

本文只有百余字，但能恰当地引用历史事实阐明自己的观点。光武帝首先将耿弇的功业与西汉名将韩信相比，并且认为耿弇攻取祝阿比韩信攻破历下更难，所以更值得称颂，这大大地肯定了耿弇的战功。接着又引证史实，表明只要张步投降，他愿意赦免其罪过。这就进一步瓦解了敌军。

本文短小精悍，但极为生动有力，特别是"有志者事竟成"一语已成为激励人们努力奋斗，克服困难的惯用语。

马援（前14—49），东汉初扶风茂陵（今陕西兴平东北）人，字文渊。新莽末年为新城大尹（汉中太守）。后归刘秀，任伏波将军。

诫兄子严敦书

援兄子严、敦，并喜讥议，而通轻侠客。援前在交阯，还书诫之曰：

吾欲汝曹闻人过失，如闻父母之名，耳可得闻，口不可得言也。好议论人长短，妄是非正法，此吾所大恶也，宁死不愿闻子孙有此行也。汝曹知吾恶之甚矣，所以复言者，施衿结缡[①]，申父母之戒，欲使汝曹不忘之耳。

龙伯高敦厚周慎，口无择言，谦约节俭，廉公有威。吾爱之重之，愿汝曹效之。杜季良豪侠好义，忧人之忧，乐人之乐，清浊无所失，父丧致客，数郡毕至。吾爱之重之，不愿汝曹效之。效伯高不得，犹为谨敕之士，所谓"刻鹄不成尚类鹜"者也[②]。效季良不得，陷为天下轻薄子，所谓"画虎不成反类狗"者也。讫今季良尚未可知，郡将下车辄切齿，州郡以为言，吾常为寒心，是以不愿子孙效也。

【注释】 ①衿（jīn）：佩带。缡（lí）：佩巾。②鹄（hú）：天鹅。鹜（wù）：家鸭。

【译文】 马援的侄儿马严、马敦都爱讥笑和议论人事，而且结交那些轻浮的侠客。马援以前在交阯时，写信回来训诫他们说：

我希望你们听到别人的过失，就像听到自己父母的名字一样，耳朵里可以听着，嘴里却不可以说出来。爱议论别人的长短，胡乱评论正当的礼法，这是我最讨厌的恶习。我宁肯去死，也不愿听到子孙有这种行为。你们知道我对这种行为厌恶极了，现在之所以还要再向你们提起，正像女儿出嫁时，父母亲给她结上带子，系上佩巾，并且再三叮咛她到夫家不可出差错一样，想使你们终生不忘罢了。

龙伯高厚道朴实，办事周密谨慎，口无恶言，谦逊而又节俭，廉洁公正而有威严。我敬爱他尊重他，希望你们向他学习。杜季良豪放侠义，好主持公道，忧愁别人所忧愁的，喜欢别人所喜欢的，人无论贵贱善恶，他都不疏远，父亲死了办丧事时招待客人，几个郡的人都到了。我敬爱他，尊重他，却不希望你们向他学习。学习龙伯高不成，还可以成为一个谨慎严肃的人，也就是所谓"刻鹄不成尚类鹜"；学习季良不成，就会堕落成世上的轻薄子弟，那正是所谓"画虎不成反类狗"了。到现在杜季良还不知道会怎样呢，郡守一上任便咬牙切齿地痛恨他，州郡官员把这种情况告诉我，我常替他寒心，所以不愿意我的子孙学他的样子。

【鉴赏】 本文选自《后汉书·马援传》。建武十七年（41），马援任伏波将军，镇压交阯征侧，征贰起义时因"兄子严、敦，并喜讥议，而通轻侠客"，写了这封信以劝诫他们。

信一开始便用生动的比喻说明别人的长短、国家的政治法制是不可以随便议论的，并且再三重申这个观点，还再次用比喻表明了自己希望侄儿遵从这个教导的恳切之情。接着，作者举例说明他的侄儿应该做什么样的人，并以切身的感受告诉他应该学龙伯高的“敦厚周慎，口无择言，谦约节俭，廉公有威”，而不要学杜季良的“豪侠好义，忧人之忧，乐人之乐，清浊无所失”，并不是后者不好，而是因为后者不易学，容易“画虎不成反类狗”。其实这还是进一步重申前文要自己的侄儿谨慎小心，不议人恶的主张。

这封信以自己的切身经验，告诉自己的两个侄儿为人处世的原则，同时还举现实中的人物为实例，并用生动的俗语说明自己的看法，写得具体生动而亲切，处处表现出一个长辈对后辈的关怀。

诸葛亮(181—234)，字孔明，琅玡阳都(今山东沂南)人。青年时随叔父逃避战乱隐居于南阳隆中(今湖北襄阳西)。由于刘备的多次盛情邀请，成了刘备的主要谋臣，并为刘备建立蜀汉政权，形成三国鼎立的格局立下大功。刘备死后，他辅佐刘禅，直至去世。

前出师表

臣亮言：先帝创业未半而中道崩殂①，今天下三分，益州疲弊，此诚危急存亡之秋也！然侍卫之臣不懈于内，忠志之士忘身于外者，盖追先帝之殊遇，欲报之于陛下也。诚宜开张圣听，以光先帝遗德，恢弘志士之气，不宜妄自菲薄，引喻失义，以塞忠谏之路也。宫中府中，俱为一体，陟罚臧否②，不宜异同。若有作奸犯科及为忠善者，宜付有司论其刑赏③，以昭陛下平明之理，不宜偏私，使内外异法也。

侍中、侍郎郭攸之、费祎、董允等，此皆良实，志虑忠纯，是以先帝简拔以遗陛下。愚以为宫中之事，事无大小，悉以咨之，然后施行，必能裨补阙漏，有所广益。将军向宠，性行淑均，晓畅军事，试用于昔日，先帝称之曰能，是以众议举宠为督。愚以为营中之事，事无大小，悉以咨之，必能使行阵和睦，优劣得所。亲贤臣，远小人，此先汉所以兴隆也；亲小人，远贤臣，此后汉所以倾颓也。先帝在时，每与臣论此事，未尝不叹息痛恨于桓、灵也。侍中、尚书、长史、参军，此悉贞良死节之臣也，愿陛下亲之信之，则汉室之隆，可计日而待也。

臣本布衣，躬耕于南阳，苟全性命于乱世，不求闻达于诸侯。先帝不以臣卑鄙，猥自枉屈④，三顾臣于草庐之中，咨臣以当世之事，由是感激，遂许先帝以驱驰。后值倾覆，受任于败军之际，奉命于危难之间，尔来二十有一年矣⑤。先帝知臣谨慎，故临崩寄臣以大事也⑥。受命以来，夙夜忧叹，恐托付不效，以伤先帝之明。故五月渡泸，深入不毛。今南方已定，兵甲已足，当奖率三军，北定中原，庶竭驽钝⑦，攘除奸凶，兴复汉室，还于旧都。此臣之所以报先帝而忠陛下之职分也。至于斟酌损益，进尽忠言，则攸之、祎、允之任也。愿陛下托臣以讨贼兴复之效，不效则治臣之罪，以告先帝之灵。若无兴德之言，则责攸之、祎、允等之慢，以彰其咎。陛下亦宜自谋，以咨诹善道⑧，察纳雅言，深追先帝遗诏，臣不胜受恩感激！今当远离，临表涕零，不知所言。

【注释】 ①崩殂（cú）：古代帝王死亡称崩，殂也是死亡的意思。②陟（zhì）：升迁。臧否（zāngpǐ）：善恶。这里指表扬和批评。③有司：专管某事的官吏或部门。司，管。④卑鄙：浅陋。猥（wěi）自：使自己降低身份。猥，卑下。⑤倾覆：大败。尔来：从那时以来。⑥寄：托付。⑦庶：但愿。竭：尽。驽（nú）钝：比喻自己才能低劣，谦词。⑧咨诹（zōu）：询问。

【译文】 臣诸葛亮上言：先帝创立的事业还没有完成一半，就中途去世了，如今天下分成三国，益州地区的人力物力疲惫困乏，这实在是危急存亡的关键时刻。但是，侍奉守卫的臣子在朝廷内从不懈怠，忠诚有志的将士在外舍生忘死，这都是由于他们追念先帝的特殊恩遇想报答陛下的缘故。陛下确实应该广开言路，听取群臣的意见，发扬光大先帝遗留下来的美德，振奋起志士的勇气，不应该随便看轻自己，说出无道理的话，从而堵塞忠臣进谏的道路。宫廷的近臣和丞相府的官吏，都是一个整体，升赏惩罚，扬善除恶，不宜有不同的标准。如果有做坏事违犯法纪的，或尽忠心做善事的，应该一律交给主管部门加以惩处或奖赏，以显示陛下在治理方面的公平严明，不应该有所偏袒，使宫廷内外有不同的法度。

侍中、侍郎郭攸之、费祎、董允等，都是些善良、诚实、意志忠厚纯正的人，所以先帝才选拔出来留给陛下。我认为宫廷里的事，无论大小，都征询他们的意见，然后施行，这样一定能够弥补缺漏，收到补救和增益的效果。将军向宠，性情德行平和公正，精通军事，当年试用时，先帝曾称赞他能干，因而经群臣评议举荐他做中部督。我认为军营里的事情，无论大小，都征询他的意见，就一定能够使军中团结和睦，才能高低的将士都能安排得当。亲近贤臣，疏远小人，这是西汉兴盛的原因；亲近小人，疏远贤臣，这是东汉衰败的原因。先帝在世的时候，每次和我谈论到这些历史事实，对于桓帝、灵帝没有不哀叹和憾恨的。侍中郭攸之、费祎，尚书陈震，长史张裔，参军蒋琬，这些都是坚贞、正直，能够以死殉节的忠臣，希望陛下亲近他们，信任他们，那么，汉王室的兴隆，就指日可待了。

我本是个平民，在南阳以耕田为生，只想在乱世中能保全性命，不求诸侯知道而获得显贵。先帝不介意我的卑贱，委屈地自我降低身份，接连三次到草庐来访探我，征询我对时局大事的意见。因此，我深为感激，就答应为先帝奔走效劳。其后，遇到战败，就在这军事失利的时候，我接受了委任，在危急艰难的时刻接受任命，从那时至今，已经有二十一个年头了！先帝知道我做事谨慎，所以在临终时把国家大事托付给我。接受先帝遗命以来，我日夜担忧兴叹，唯恐所托付给我的大事不能完成，而损伤先帝的英明。所以我五月渡过泸水，深入不毛之地。现在南方已经平定,武库兵器充足,应当鼓励和率领全军,北伐平定中原地区。我希望竭尽自己低下的才能,消灭奸邪的势力,复兴汉朝王室,迁回旧日的国都。这就是我用来报答先帝并尽忠陛下的职责本分。至于掂量利弊得失,尽量地进献忠言,那就是郭攸之、费祎、董允他们的责任了。希望陛下责成我对讨伐奸贼兴复汉室做出成效,如果没有成效就惩治我的罪过,以告慰先帝的在天之灵。如果没有发扬盛德的言论,就责备郭攸之、费祎、董允等人的错,以揭示他们的怠慢。陛下自己也应该思虑谋划,征询从善的道理,明察并接受正直的进言。深深地追念先帝遗诏中的旨意,我就受恩感激不尽了。如今正当离朝远征,流着泪写了这篇表文,激动得不知道该说些什么。

【鉴赏】 建兴五年(227),诸葛亮率军北驻汉中,准备征伐曹魏。行前,他感到刘禅暗弱,颇有内顾之忧,所以上表劝诫,同时表白了自己的忠心,这就是这篇《前出师表》。

文章从当前的天下形势谈起,谈到大臣们的忠心为国,从而劝诫刘禅广开言路,发扬先帝刘备的美德,治理好宫廷内外。接着,作者给刘禅举荐了宫中和军中之事所应咨询的大臣,并劝诫刘禅记住后汉倾颓的教训,亲贤臣远小人。然后,作者回顾了自己与先帝的交往,表明了自己追念先帝遗志,北伐中原,兴复汉室的宏愿。最后,作者请求刘禅责成自己北伐,并请刘禅听取他所举荐之人的进谏,还劝诫刘禅自己思考谋划国家大事。

本文文辞恳切生动,感情诚挚,表现了一个老臣忠心耿耿、披肝沥胆的胸怀。宋人苏轼说它“简而尽,直而不肆”,明人归有光说它“沛然从肺腑中流出,不期文而自文”,都是很中肯的评语。

后出师表

先帝虑汉、贼不两立,王业不偏安,故托臣以讨贼也。以先帝之明,量臣之才,故知臣伐贼才弱敌强也。然不伐贼,王业亦亡,惟坐而待亡,孰与伐之?是故托臣而弗疑也。臣受命之日,寝不安席,食不甘味。思惟北征,宜先入南,故五月渡泸,深入不毛,并日而食①。臣非不自惜也,顾王业不得偏安于蜀都,故冒危难以奉先帝之遗意也,而议者谓为非计。今贼适疲于西,又务于东,兵法乘劳,此进趋之时也。谨陈其事如左:

高帝明并日月,谋臣渊深,然涉险被创,危然后安。今陛下未及高帝,谋臣不如良、平,而欲以长计取胜,坐定天下,此臣之未解一也。刘繇、王朗各据州郡,论安言计,动引圣人,群疑满腹,众难塞胸,今岁不战,明年不征,使孙策坐大,遂并江东,此臣之未解二也。曹操智计殊绝于人,其用兵也,仿佛孙、吴,然困于南阳,险于乌巢,危于祁连,逼于黎阳,几败北山,殆死潼关,然后伪定一时耳。况臣才弱,而欲以不危而定之,此臣之未解三也。曹操五攻昌霸不下,四越巢湖不成,任用李服而李服图之,委夏侯而夏侯败亡。先帝每称操为能,犹有此失,况臣驽下,何能必胜?此臣之未解四也。自臣到汉中,中间期年耳,然丧赵云、阳群、马玉、阎芝、丁立、白寿、刘郃、邓铜等及曲长、屯将七十馀人,突将无前。賨叟、青羌散骑、武骑一千馀人,此皆数十年之内所纠合四方之精锐,非一州之所有。若复数年,则损三分之二也,当何以图敌?此臣之未解五也。今民穷兵疲,而事不可息。事不可息,则住与行劳费正等,而不及今图之,欲以一州之地与贼持久,此臣之未解六也。

夫难平者,事也。昔先帝败军于楚,当此时,曹操拊手,谓天下已定。然后先帝东连吴、越,西取巴、蜀,举兵北征,夏侯授首,此操之失计而汉事将成也。然后吴更违盟,关羽毁败,秭归蹉跌[②],曹丕称帝。凡事如此,难可逆见。臣鞠躬尽力[③],死而后已。至于成败利钝,非臣之明所能逆睹也。

【注释】①并日而食:两天只吃一天的粮食。②蹉跌:失足跌倒,比喻失败。③鞠躬:弯腰。这里指做事谨慎勤勉的意思。

【译文】先帝考虑到汉王室与魏贼不能并存,汉室的大业不能偏处一方而自安,所以临终时托付我讨伐奸贼。凭先帝的英明,度量我的才能,固然知道由我率兵伐贼,我的才能微弱而敌人强大。但如不去发兵讨贼,王室大业也会灭亡,与其坐以待毙,何如去讨伐他们呢!因此,先帝毫无疑虑地把讨贼兴汉的大业托付给我了。我从接受任命的那天起,就每天睡觉不安于席,吃饭不知其味。考虑到要举行北伐,应该先安定南方。所以五月率兵渡过泸水,深入不毛之地,两天才吃一天的粮食。我并非不知自我爱惜,只是想到王业不能安于蜀地,所以甘愿冒着危险艰难,来实现先帝的遗志。而议论朝政的官员们都以为这并不是上好的计策。现在贼军正于西方疲于奔命,又忙着应付东边的战事。据兵法,要在敌人疲劳的时候进行攻击。这正是进攻的大好时机。现在我仅述有关事实如下:

汉高帝的英明可与日月相比,他的谋臣都能深谋远虑,但仍不免经历艰险,身受创伤,然后才转危为安。如今陛下比不上高帝,谋臣也不及张良、陈平,却想用长远之计来取得胜利,安安稳稳地平定天下,这是我不能理解的第一点。刘繇、王朗各自据有州郡,他们坐论安危,空谈计谋,动不动就引用圣人的话。满腹疑虑,畏前畏后,今年不出兵,明年不出兵,使孙策安然地强大起来,吞并了江东,这是我不能理解的第二点。曹操的机智谋略,在众人之上;他用兵作战,如同孙膑、吴起复生。然而也曾在南阳受困,在乌巢遇险,在祁连遭难,在黎阳被逼,几乎败于北山,差点死于潼关,在这以后才安定于一时。更何况我才能低弱,却想不经过危难而平定天下,这是我不能理解的第三点。曹操曾五次攻打昌霸不能取胜,四次想渡过巢湖却未能成功,任用李服而李服却图谋于他,委任夏侯渊而夏侯渊兵败身亡。先帝每次都称赞曹操有才能,却仍有这些失误,更何况我才能低下,怎么能必然取胜呢?这是我不能理解的第四点。自从我率兵来到汉中,只有一年的时间,却丧失了赵云、阳群、马玉、阎芝、丁立、白寿、刘郃、邓铜等大将及曲长、屯将七十多人,还有冲锋向前、所向无敌的賨叟、青羌的骑兵一千多人，这些都是几十年来从四面八方召集来的精锐部队，并非是一州所有。如果再过几年，就会减损三分之二，还以什么力量图谋讨贼呢？这是我不能理解的第五点。如今人民穷困，士兵疲劳，而战事不休；战事不停息，坐待敌人进攻与主动出击敌人所耗用的劳力和费用是相等的。如果不及时图谋讨贼，却想凭借一州之地与敌人长久相持。这是我不能理解的第六点。

最难以预料的就是战事。过去先帝在楚地被曹军打败。那时，曹操拍手称快，得意忘形地认为天下大局已安，但是后来先帝东连孙吴，西取巴、蜀之地，发兵北伐，击杀夏侯渊，这是曹操的失算，而汉室的事业将要复兴啊。但后来孙吴违背了盟约，关羽败亡，先帝秭归受挫，曹丕称帝。凡事都是如此，难以预料，我只有鞠躬尽力，死而后已。至于成败与否，就不是我的眼光所能预见的了。

【鉴赏】诸葛亮在蜀建兴五年(227)准备北上击魏前作了《前出师表》表白忠心，并提出东汉后期上层统治集团任人唯亲而致倾颓的历史教训，规劝刘禅“亲贤臣，远小人”后，相传其于次年十一月又作了《后出师表》，陈述出兵伐魏的必要和决心。当时，魏将曹休被东吴打败，魏军主力东下，关中虚弱，诸葛亮想趁此起兵。但朝廷内部出现了一些反对北伐曹魏的意见。后主刘禅也犹豫不决，诸葛亮为此而上了这篇《后出师表》，指出敌人已弱的形势，从而陈述了趁时伐魏的必要性和迫切性。虽然成败未料，仍表示要“鞠躬尽力，死而后已”。

文章写得情真意切，富有感染力，是广为传诵的名篇。

李密(224—287),一名虔,字令伯,晋朝犍为武阳(今四川彭山县)人。年轻时师从谯周,以文学才辩见称于世。曾在蜀汉担任尚书郎,几次出使东吴。蜀汉亡后,晋武帝征召他为太子洗马,他以奉养祖母为由,不肯应征。武帝为表彰他的"孝行",赐给奴婢二人,命郡县供养他的祖母。祖母死后,服丧期满,他才到京城洛阳,先后任洗马、温县令、汉中太守等职。最后因谗言被罢官,死于家中。

陈情表①

臣密言:臣以险衅,夙遭闵凶②。生孩六月,慈父见背③;行年四岁,舅夺母志。祖母刘愍臣孤弱④,躬亲抚养。臣少多疾病,九岁不行;零丁孤苦,至于成立。既无叔伯,终鲜兄弟。门衰祚薄⑤,晚有儿息。外无期功强近之亲⑥,内无应门五尺之僮。茕茕孑立⑦,形影相吊。而刘夙婴疾病⑧,常在床蓐。臣侍汤药,未曾废离。

逮奉圣朝,沐浴清化。前太守臣逵,察臣孝廉⑨;后刺史臣荣,举臣秀才。臣以供养无主,辞不赴命。诏书特下,拜臣郎中;寻蒙国恩,除臣洗马⑩。猥以微贱,当侍东宫⑪,非臣陨首所能上报。臣具以表闻,辞不就职。诏书切峻,责臣逋慢⑫,郡县逼迫,催臣上道;州司临门,急于星火。臣欲奉诏奔驰,则刘病日笃;欲苟顺私情,则告诉不许。臣之进退,实为狼狈。

伏惟圣朝以孝治天下,凡在故老,犹蒙矜育,况臣孤苦,特为尤甚。且臣少事伪朝,历职郎署⑬,本图宦达,不矜名节。今臣亡国贱俘,至微至陋,过蒙拔擢,宠命优渥⑭,岂敢盘桓,有所希冀。但以刘日薄西山,气息奄奄,人命危浅,朝不虑夕。臣无祖母,无以至今日;祖母无臣,无以终馀年。母孙二人,更相为命,是以区区不能废远。臣密今年四十有四,祖母刘今年九十有六。是臣尽节于陛下之日长,报刘之日短也。乌鸟私情,愿乞终养⑮。臣之辛苦,非独蜀之人士及二州牧伯所见明知⑯,皇天后土,实所共鉴。愿陛下矜愍愚诚,听臣微志,庶刘侥幸保卒馀年。臣生当陨首,死当结草⑰。臣不胜犬马怖惧之情,谨拜表以闻。

【注释】 ①表:属古代奏议类应用文体,臣民对君王陈述请求时常用。②险衅(xìn):艰难与祸患。衅,罪、祸。闵(mǐn):忧患。③见背:和我离背,指父亲去世。④愍(mǐn):怜悯。⑤门衰:门庭衰败。祚薄:没有福分。祚,福。⑥期(jī)功:两者皆为丧服名。也指穿这种丧服服丧。期,指服丧一年。功,有大功、小功。大功服丧九个月,小功服丧五个月。强近:勉强相接近。⑦茕茕(qióng):孤独的样儿。孑(jié)立:孤立。⑧婴:缠绕。⑨察:考察、推荐。孝廉:指孝顺父母、行为方正者。⑩除:拜官授职。洗马:太子的侍从官,掌管图籍、祭典、讲经等事,太子出行时为先驱。⑪东宫:指太子,因太子居东宫。⑫逋(bū)慢:逃避、傲慢。⑬伪朝:作者曾在蜀汉为官,故称。郎署:尚书台官署。⑭优渥(wò):恩宠优厚。⑮"乌鸟"句:相传乌鸦能反哺老鸟,以喻人子孝养长辈。⑯二州牧伯:指梁州(汉中一带)、益州(今四川省)州官。牧,东汉末,一州的军政长官称为牧,也称方伯。⑰结草:据《左传》宣公十五年载,晋大夫魏武子临死时嘱咐其子魏颗杀宠妾殉葬。武子死后,魏颗按父亲原来清醒时的吩咐将宠妾嫁出。后来,魏颗与秦将杜回交战,据说他看见一位老人把地上的草结扎起来,绊倒了秦国力士杜回。魏颗捉住杜回,获得胜利;当晚梦见结草老人说:我即妾之父,特来报君不杀女儿之恩。后来,"结草"便成为死后也要报恩的典故。

【译文】臣李密禀报陛下:臣因命运险恶,很早便连遭不幸。生下刚六个月,父亲就去世了;四岁那年,舅舅逼着母亲改变守节的志愿,再嫁别人。祖母刘氏怜悯我孤单瘦弱,亲手把我抚养。我小时常常生病,九岁了还不大会走路;孤苦伶仃地直到长大成人。我既没有叔叔伯伯,又没有哥哥弟弟。门户衰落,福分浅薄,自己也很晚才有了个儿子。外面缺少关系较为密切的亲属,家里连个照应看门的童仆都没有。我孤单一人,只有影子伴随着自己的身子。祖母刘氏又长年患病,卧床不起。我侍候她饮汤服药,从没间断和离开过。

直到尊奉圣朝,我才沐浴在清明的教化中。先前有犍为郡太守名逵的,经过考察而推举我做孝廉;而后,益州刺史名荣的又选拔我为秀才。我因为祖母没人供养,就推辞而没有从命。朝廷特此发下诏书,授我郎中职务;接着又蒙受国家的恩遇,任命我为太子洗马。像我这样卑微低贱的人而得以担当东宫太子的侍从职务,这样的隆恩本是我杀身也难以报答的。我在表章中曾经奏明了具体情况,想辞谢任命,不去就职。可是诏书言词急切严峻,责备我有意逃避、怠慢朝命;郡、县官吏一再逼迫,催我上路;州官到我家中也一再敦促,紧急犹如星火。我本想接受诏命离家赴任,而祖母刘氏的病情又日益加重;想要暂且依顺个人的私情,而朝廷官府对我的禀告恳求又不予允许。我实在是进退两难,处境难堪。

我低头深思,认为圣明的晋朝是用孝道来治理天下的,凡是年老而有声望的旧臣,都受到朝廷的怜恤和顾养,何况我祖孙孤单困苦,窘况是特别的严重。况且我年轻时在蜀汉做官,一直供职于郎中官府,本来就希望仕途显达,并不矜持于名声节操。如今我是一个亡国的俘虏,身份卑贱鄙陋,却受到朝廷过分的提拔,承蒙陛下恩宠厚爱,我哪里还敢迟疑徘徊,另有什么更高的希求呢?只是因为祖母刘氏犹如日落西山,正气息微弱,生命危险,过了早晨却难保能再过一个晚上了。我没有祖母,就不能活到今天;祖母没有我在身边,就无法度完她的余年。我们祖孙两个人是相互依靠,维持生命,就因为这点儿私情,我实在不愿抛弃祖母而离家远行。我李密今年四十四岁,祖母刘氏九十六岁。这样看来,我为陛下尽忠效力的时间还很长,而报答奉养祖母的日子却很短了!我这一点儿孝心犹如乌鸦反哺老鸦一样,恳请陛下允许我为祖母养老送终。我的辛酸困苦,不仅蜀中人士和梁、益二州的长官皆亲眼见过并十分了解,而且天地神明也看得很清楚。希望陛下怜惜我的一片愚诚,让我实现这小小的心愿,使祖母刘氏能侥幸地度完晚年。倘能如此,我活着应当不惜将生命奉献给陛下,就是死了也要用结草的方式感恩图报。我怀着犬马一样的惶恐心情,恭敬小心地写成表章,让陛下了解我的衷肠。

【鉴赏】在中外文学史上，有的文人虽然著作等身，死后不久即被世人遗忘；有的只因一两篇佳作流传下来，却成为众口交赞的不朽作家。在仅以长篇歌行《春江花月夜》而名世的初唐诗人张若虚之前的西晋，就有以散文《陈情表》而千古流芳的蜀人李密。

《陈情表》之所以脍炙人口、千古传诵，主要是因为作者做到了以情感人、以理服人。全文感情浓郁深厚、凄恻婉转、真切自然，读后令人无比同情、无法反驳。诚如北宋学者李格非在《冷斋夜话》卷三中所说，全篇"沛然从肺腑中流出，殊不见斧凿痕"。有的评论家还说："读《陈情表》而不掉眼泪的，除非铁石心肠。"其次是作者做到了文笔简洁流畅、语言生动形象，无一字虚言。如文中用"茕茕孑立，形影相吊"形容自己孤苦无依，用"星火"比喻形势急迫，用"奔驰"比喻迫不及待，用"狼狈"形容进退两难，用"日薄西山，气息奄奄"，"朝不虑夕"形容垂危之状……这些不仅在原文中生动形象，恰切地表达了自己复杂矛盾的思想感情，富有强烈的感染力，还成为古今常引的成语典故，具有长久不衰的生命力。此外，句法间用骈散，用词错落多变，也是其一大特色。因而，李密这篇既有感人的情义，又有充足的论辩色彩的佳作，不仅在当时使晋武帝折服，而且在其后的一千多年里，广为传扬，被誉为我国古代以至诚感人的抒情散文的典范。

王羲之（321—379），字逸少，东晋琅琊临沂（今山东临沂）人。古代著名书法家，并长于诗文。官至右军将军、会稽内史，世称"王右军"。为人旷达，爱好山水。后定居会稽山阴（今浙江绍兴）。

兰亭集序

永和九年，岁在癸丑，暮春之初，会于会稽山阴之兰亭，修禊事也①。群贤毕至，少长咸集。此地有崇山峻岭，茂林修竹。又有清流激湍，映带左右，引以为流觞曲水②。列坐其次，虽无丝竹管弦之盛，一觞一咏，亦足以畅叙幽情。是日也，天朗气清，惠风和畅，仰观宇宙之大，俯察品类之盛，所以游目骋怀③，足以极视听之娱，信可乐也。

夫人之相与，俯仰一世。或取诸怀抱，晤言一室之内④；或因寄所托，放浪形骸之外。虽取舍万殊，静躁不同，当其欣于所遇，暂得于己，快然自足，不知老之将至。及其所之既倦，情随事迁，感慨系之矣。向之所欣，俯仰之间，已为陈迹，犹不能不以之兴怀。况修短随化，终期于尽⑤。古人云："死生亦大矣。"岂不痛哉！

每览昔人兴感之由，若合一契⑥，未尝不临文嗟悼，不能喻之于怀。固知一死生为虚诞，齐彭殇为妄作[7]。后之视今，亦犹今之视昔，悲夫！故列叙时人，录其所述。虽世殊事异，所以兴怀，其致一也。后之览者，亦将有感于斯文。

【注释】 ①永和：东晋穆帝年号。修禊（xì）：古代习俗，在阴历三月上旬的巳日（魏以后定为三月三日），人们临水设祭，消灾求福。禊，是一种祭礼。②流觞曲水：将酒杯放进弯曲的渠水中顺流漂下，杯停在谁面前，就该此人喝这杯酒。③品类：物类。骋怀：舒展胸怀。④晤言：面对面谈话。⑤修短随化：寿命或长或短听随造化决定。终期：人最终的大限。⑥契：古代符契，刻字后剖开，双方各执一半作凭证。⑦一死生：把死生看成一样。语出《庄子》一书。齐彭殇（shāng）：把长寿和短命看成一回事。彭，彭祖，相传活了八百岁。殇，指未成年而死的人。妄作：妄谈。

【译文】 永和九年正值癸丑，春三月初三日，我们聚会在会稽郡山阴县的兰亭，举行祓禊活动。许多名流贤士都来到这里，老老少少欢聚在一起。这里有巍峨的高山、峻拔的峰岭、茂密的丛林、修长的翠竹。还有清澈的激流在左右萦绕，映衬着两旁的景物。大家利用这弯曲的溪流来做“流杯”的游戏。人们并列地坐在岸边，虽然没有琴瑟箫笛演奏助兴，但一边饮酒一边赋诗，也完全可以尽兴地抒发优雅的情趣。这一天天晴日朗，空气清新，和风吹拂，温馨舒畅。举头望见天宇的广阔，低头看到万物的繁盛，放眼观赏，舒展胸怀，完全可以尽情享受耳目的最大欢娱，实在是快乐啊！

人们相互交往，很快便度过一生。有的人喜欢和朋友在室内促膝交谈，袒露自己的抱负；有的人凭借着自己的爱好寄托情趣，放荡无拘地生活。虽然各自谋求的或抛弃的东西千差万别，性格的恬静或浮躁也不一样，但是当他们为自己的际遇而欣然于怀，被自己的暂时所得而怡然自得，感到高兴和满足时，是不会觉察到时光的流逝，更不会知道衰老很快就要来临了。等到他们对自己所追求的事物感到厌倦，心情随着事物的变化而变化，无限的感慨就会随之而来。从前为之欣喜的事物，顷刻之间成了过去，对这些尚且不能不因此而感触万端，更何况人的寿命随着各自的造化而有长有短，但最终总有穷尽的一天。古人说：“死与生也是大事情啊！”这怎么不令人哀痛呢！

每当我览阅前人发出感慨的原因，就发现它像符契相合那样一致，我没有一次不是对着文章叹息悲伤的，但心中又不能理解这个道理。本来我知道将死与生当作一回事是没有根据的，把长寿和短命等量齐观也是荒唐的。后代的人看我们现在的活动，也正如我们看前人过去的行为一样，多么使人伤悲啊！所以我逐一记下参加集会的人士的姓名，抄下他们所赋的诗篇。即使时代不同，事情不一样，但使人产生感慨的原因却常常是一致的。后人读了这些作品，也将会对这些诗文有所感触吧！

【鉴赏】 这篇序文形象生动地记述了兰亭的自然景色、雅士聚会的盛况和曲水流觞的乐趣，作者由此引发了盛事不常、人生短促、流年易逝的感慨。在盛行玄学、崇尚清谈的东晋，王羲之能提出“虚谈废务，浮文妨要”（见《世说新语·言语》）的见解，可说是独具慧眼。文中还指斥老庄的“一死生”“齐彭殇”为“虚诞”“妄作”，表现了作者不甘虚度岁月的积极进取精神。在雕章琢句的骈文已逐渐风行的当时，此文不追求华辞丽藻而独辟蹊径，叙事状景清新自然、疏朗简净，抒怀写情朴实真挚、韵味悠长，达到了内容和形式的和谐统一。真可谓文如其字，尽管王羲之此文的真迹已陪同唐太宗的骸骨化为泥土，但从多种摹本中，我们仍能感受到其文其书之美。

陶渊明(365—427)，名潜，字元亮，浔阳柴桑(今江西九江市)人。他生活于东晋与刘宋易代时期，少怀壮志，他曾几次出去做官，先后任江州祭酒、镇军参军、建威参军、彭泽县令等职。因为厌恶官场黑暗，不愿与世族社会同流合污，四十一岁时弃官归田。他是我国文学史上最著名的田园诗人，世称靖节先生，有《陶渊明集》传世。

归去来辞

归去来兮，田园将芜胡不归？既自以心为形役，奚惆怅而独悲[①]？悟已往之不谏，知来者之可追[②]。实迷途其未远，觉今是而昨非。舟摇摇以轻飏，风飘飘而吹衣。问征夫以前路，恨晨光之熹微。

乃瞻衡宇[③]，载欣载奔。僮仆欢迎，稚子候门。三径就荒[④]，松菊犹存。携幼入室，有酒盈樽。引壶觞以自酌，眄庭柯以怡颜[⑤]。倚南窗以寄傲，审容膝之易安[⑥]。园日涉以成趣，门虽设而常关。策扶老以流憩，时矫首而遐观。云无心以出岫[⑦]，鸟倦飞而知还。景翳翳以将入[⑧]，抚孤松而盘桓。

归去来兮，请息交以绝游。世与我而相违，复驾言兮焉求[⑨]？悦亲戚之情话，乐琴书以消忧。农人告余以春及，将有事于西畴。或命巾车，或棹孤舟，既窈窕以寻壑，亦崎岖而经丘。木欣欣以向荣，泉涓涓而始流。羡万物之得时，感吾生之行休。

已矣乎！寓形宇内复几时，曷不委心任去留，胡为乎遑遑兮欲何之？富贵非吾愿，帝乡不可期[⑩]。怀良辰以孤往，或植杖而耘耔，登东皋以舒啸[⑪]，临清流而赋诗。聊乘化以归尽，乐夫天命复奚疑！

【注释】①奚：何。惆怅：伤感，愁闷。②“悟已”两句：出自《论语·微子》。是说觉悟到过去做错了的已经不能改正，知道未来的还可以挽救。③瞻：远望。衡宇：房屋。④三径：院子里的小路。汉朝蒋诩隐居后在院子里的竹下开辟三径。⑤觞(shāng)：古称酒杯。眄(miǎn)：斜视。柯：树枝。怡颜：脸上露出愉快的神情。⑥容膝：极言狭小，仅足容膝。⑦岫(xiù)：山洞，岩穴。⑧景翳翳(yì)：阳光暗淡，太阳快落下去了。景，同“影”。⑨焉求：何所求，求什么。⑩帝乡:天帝所居之地,指仙境。⑪耘耔(zǐ):除草培苗。东皋:东边的高岗。啸:撮口发出长而响亮的声音。

【译文】回去吧!家乡的田园快要荒芜了,为什么还不回去呢?既然自己是为了衣食而让心灵去做躯壳的仆役(违心地去做官),怎么又郁郁不乐,独自悲伤呢?现在觉察到过去的失误已无法改正,但我知道安排好未来的生活却是可以补救的。我入迷途还并不太远,已经感悟到如今的退隐是正确的,过去出仕则全然不对。船儿在水上轻快地漂荡着摇向前方,微风飘拂吹动着衣衫。我向行人探问前面路程还有多远,只恨天色微明,亮得太慢,使我望不见故乡的家园。

我终于看见了自家的房屋,欣喜得奔跑起来。仆人们欢迎我,年幼的儿子在门前等候我。院中的几条小路已经荒芜了,松树和菊花还活着。我牵着孩子走进屋内,家酿的美酒已在杯中斟满。我拿起酒壶酒杯自斟自饮,浏览着庭院的花树露出欣慰的笑颜。我倚靠着南窗纵目远眺,以寄托清高的情怀,深深体会到故居虽然狭小却易于使人心灵安适。每天到园子里走走自有乐趣,家中虽有几道门却常常掩着。我拄着拐杖这儿蹓蹓,那儿站站,时时抬头遥望浮云远山。只见白云自由自在地从山峦间飘出,小鸟飞累了也知道该及时归巢。日光暗淡,夕阳快要落山了,我依然抚摸着孤独的松树,流连忘返。

回去吧!让我同外界断绝世俗的交游。尘世和我的性情不能相容,还驾车出去寻找什么呢?我很高兴听亲友们倾心而谈,喜欢用弹琴读书来化解忧愁。农民告诉我春天到了,将要到西边的田野上去忙于耕作。我有时候坐着篷车,有时候划着一只小船,既到那幽深的山涧中探寻溪沟,也沿着崎岖的山路越过山丘。树木长得欣欣向荣,山泉细细的刚开始飞流。我羡慕各种生物及时生长,感叹自己的生命啊已快到尽头。

算了吧!寄身在这天地间还有多少日子,为什么不任随心性而决定或去或留?为什么要急急忙忙,还想到哪里去?升官发财不是我的愿望,神仙佳境也是无法追求。我只想有个好天气独自出去游玩,有时将拐杖一插,就去锄草培苗。爬上东边的山岗放声长啸,来到清澈的溪边即景吟诗。姑且随着大自然的变化走完人生的道路,应当快乐地顺从天命,生活啊还有什么怀疑!

【鉴赏】这是一篇记述诗人辞官归田的抒怀之赋。作者将议论、叙事和抒情和谐地交融在一起,在如画般的佳景中叙事写意,着重表现了自己洒脱的胸怀、高洁的志趣,因而使全文有了诗一般的境界和真挚动人的情致。北宋散文家欧阳修说:“晋无文章,惟陶渊明《归去来兮》而已。”这样高的推崇虽未必恰当,却反映了它对后世影响之巨。陶渊明不愿随波逐流、与混浊的士族社会同流合污,蔑视和厌恶封建官场的黑暗腐朽,毅然挂冠归来写下此赋,表明他久已鄙弃官位,不愿为五斗米而折腰,侍奉权贵,一心向往田园,想要亲近自然,参加劳动,过独善其身、乐天知命的隐逸生活,是避世的隐士典范。

全文多用对偶,音节和谐,语言优美,感情真挚,既清新自然,又有隽永的韵味。

桃花源记

晋太元中,武陵人捕鱼为业[①]。缘溪行,忘路之远近。忽逢桃花林,夹岸数百步,中无杂树,芳草鲜美,落英缤纷。渔人甚异之。复前行,欲穷其林。林尽水源,便得一山。山有小口,仿佛若有光。便舍船从口入。初极狭,才通人;复行数十步,豁然开朗。土地平旷,屋舍俨然。有良田、美池、桑竹之属。阡陌交通,鸡犬相闻。其中往来种作,男女衣著,悉如外人;黄发垂髫[②],并怡然自乐。见渔人,乃大惊,问所从来[③],具答之。便要还家,设酒杀鸡作食。村中闻有此人,咸来问讯。自云先世避秦时乱,率妻子邑人,来此绝境,不复出焉,遂与外人间隔。问今是何世,乃不知有汉,无论魏晋。此人一一为具言所闻[④],皆叹惋。馀人各复延至其家[⑤],皆出酒食。停数日,辞去。此中人语云,不足为外人道也。

既出,得其船,便扶向路[⑥],处处志之。及郡下,诣太守[⑦],说如此。太守即遣人随其往,寻向所志,遂迷,不复得路。

南阳刘子骥[⑧],高尚士也。闻之,欣然规往,未果,寻病终[⑨]。后遂无问津者[⑩]。

【注释】①太元:东晋孝武帝的年号。武陵:郡名,在今湖南省常德市一带。②黄发:旧说是长寿的象征,故借指老人。垂髫(tiáo):小孩头上垂下的发,用以指小孩。③所从来:从什么地方来。④为具言:“为之俱言”的省略。⑤延:邀请。⑥向路:老路。向,原来。⑦诣(yì):拜见。⑧刘子骥:南阳(今河南南阳市)人,名驎之,好游山泽,高尚不仕。一次到衡山采药深入忘返,他想回家又迷了路。回去后打算再去寻找石仓仙药,已不知石仓的所在了。⑨规往:计划前去。寻:不久。⑩问津:打听渡口,指问路。

【译文】晋朝太元年间,武陵郡有个人以捕鱼为生。他划着小船沿溪流前行,不知走了多远,忽然遇见一片桃树林。那桃花夹岸而生,绵延几百步,其中没有一棵杂树。地上芳草如茵,鲜艳的花瓣纷纷飘落。渔人很为之惊异,又往前行进,想要穿过这片桃林。桃林的尽头是溪流的发源之处,这里有一座小山。山上有个不大的洞口,洞内好像有些光亮。渔人就丢下船,从洞口进去。起初洞很狭窄,刚能挤过一个人;再往前走几十步,顿时就明亮开阔了。眼前出现了平整空旷的土地,整整齐齐的房屋,还有肥沃的田野、漂亮的池塘以及桑树、竹子一类的东西。田间小路纵横交错、四通八达,鸡鸣狗叫的声音相互都能听到。其中,在路上来往的行人,在田间耕作的农夫,男男女女的衣着打扮,都和外面一样。老人小孩都是那样安然、快乐。他们看见渔人,非常惊奇。问他是从什么地方来的,渔人把自己的经过告诉他们。有人就邀请他到家里去做客,摆酒杀鸡请他吃饭。村里人听说来了这么一位客人,都跑来打听消息。他们说:祖先为了逃避秦末的战乱,带着妻子儿女和同乡人来到了这个与世隔绝的地方,就再没有出去,于是便和外面的人断了往来。他们问渔人现在是什么朝代了,他们竟然不知汉朝,更不用说什么魏、晋了。

渔人就将自己所知道的一一告诉他们，大家听了都感叹不已。其余的村民也各自轮流请渔人到家里，摆出酒菜招待他。渔人住了几天，告辞要走，人们嘱咐他说："里面的情况没有必要对外面人讲啊！"

渔人从洞里出来，找到了他的船，就沿着先前的来路往回走，处处都做了记号。他来到武陵城下，就去拜见太守并讲述了自己的奇遇。太守马上派人和他前往，寻找先前做的记号，然而却迷失了方向，再也找不到那条通路。

南阳的刘子骥，是位品格高雅的名士，他听说了这件事，很高兴地准备去探寻，他的计划还未付诸实施，不久就病死了。以后就再也没有人去询问通向桃花源的路了。

【鉴赏】 本文是其《桃花源诗》前的序言，它以冲淡简洁的笔墨描绘出一片没有世网羁绊、自耕自足、怡然自乐的人间乐土，表现了作者对丑恶现实的不满和对理想社会、和平生活的向往。此后，赓和之作历代不绝，如王维、韩愈、刘禹锡、王安石《桃源行》诗，苏轼的《和桃源诗序》文等；同时，"世外桃源"还成为我国人民心目中理想国的代名词和经常引用的成语典故。在骈文盛行的刘宋时期，陶潜能写出语言如此精美、境界如此新奇的散文，确属难能可贵。本文影响巨大、流传久远的因素除了以上几点外，还由于其在结构上也很有特色。作者借用小说笔法，以一个捕鱼人的经历为线索展开全篇，开端的时间与线路交代、渔人籍贯及桃花林景致的铺垫，都写得很简明、肯定，缩短了读者和作品的心理距离，将他们在不知不觉中从现实世界引入到迷离恍惚的桃源中。"不足为外人道"的叮嘱，渔夫返寻所志而迷不得路，这些叙写又使读者从飘忽朦胧的画外世界回到现实世界，加之结尾时刘子骥规往不果的补笔，使人们对"桃源"既依恋又感到余味无穷。

五柳先生传

先生不知何许人也，亦不详其姓字。宅边有五柳树，因以为号焉。闲静少言，不慕荣利。好读书，不求甚解，每有会意，便欣然忘食。性嗜酒，家贫，不能常得。亲旧知其如此，或置酒而招之。造饮辄尽①，期在必醉；既醉而退，曾不吝情去留。环堵萧然，不蔽风日；短褐穿结，箪瓢屡空②，晏如也。常著文章自娱，颇示己志，忘怀得失，以此自终。

赞曰：黔娄有言③，不戚戚于贫贱，不汲汲于富贵。其言兹若人之俦乎！衔觞赋诗，以乐其志，无怀氏之民欤？葛天氏之民欤④？

【注释】 ①造：来到，去。②环堵：四周墙壁。褐：粗麻布。箪（dān）：盛饭的竹篮。典出《论语·雍也》："子曰：'一箪食，一瓢饮，在陋巷，人不堪其忧，回（颜回）也不改其乐，贤哉回也！'"③黔娄：春秋时鲁国的高士，不求仕进，独善其身，屡次拒绝诸侯的聘请和赏赐。④无怀氏、葛天氏：都是传说中的上古帝王。这两句是说五柳先生好似生活在古朴淳厚的上古社会的人。

【译文】有位先生不知道是什么样的人,也不了解他的姓名。他的住房旁边栽有五棵柳树,因此便以“五柳”作为自己的别号。他闲散恬静、沉默寡言,不羡慕荣华和利禄。他很爱读书,但并不死啃书本、拘泥字句,每当有了心得体会,就高兴得忘了吃饭。他喜好饮酒,但家境贫穷,不能经常得到满足。亲戚朋友了解他这种情况,有时就准备了酒邀请他。他每次到亲友那里喝酒,总要喝个干净无余,希望喝个大醉才尽兴。醉了就告辞而去,从不顾惜亲友的诚心挽留。他的住房四壁空空,不能挡风遮阳;他的衣衫粗短,破破烂烂;虽然经常缺吃少喝,他却安然自在。他常常撰文赋诗自娱自乐,很能表述自己的志向。他忘却了世间的得失宠辱,愿意就这样用超脱的态度活到生命的终结。

赞语说:黔娄有过这样的说法:“不为生活贫穷、地位卑贱而忧愁,不为苦心追求富贵而匆忙奔走。”他的话说的就是五柳先生这一类人吧!酒喝得高兴时就吟首诗,用这种方式来满足个人的志趣,五柳先生是生活在古朴的无怀氏时代的百姓呢?还是生活在淳厚的葛天氏时代的百姓呢?

【鉴赏】自古以来,隐士而成名士者不乏其人,真隐士是贫士,不能安贫乐道者是坚持不了的。文中的五柳先生是个来路不明、姓氏不传、近乎赤贫的真隐士。作者俨然以史官立场、春秋笔法,坦然自信地为之立传,其用意在于蔑视门阀士族所倚重的郡望、阀阅、士姓。索性不要名姓的做法是故意同重门阀的世俗社会唱反调。作者借五柳先生以写自己,行文简洁明快、极富幽默感,仅用二百来字就勾画出一位不慕荣利、安贫乐道、率性任真、忘怀得失的封建时代知识分子的形象。这是一篇奇特的史传体自传性散文。

孔稚珪(447—501),字德璋,南齐会稽山阴(今浙江绍兴市)人。齐高帝时为记室参军,永明七年(489)转骁骑将军,迁黄门郎,又转太子中庶子。明帝时迁冠军将军,平西长史,南郡太守。永元元年(499)为都官尚书,迁太子詹事,加散骑常侍。他文思清丽,不乐事务。“居宅盛营山水,凭几独酌……门庭之内,草莱不剪,中有蛙鸣。”有《孔詹事集》传世。

北山移文

钟山之英,草堂之灵[①],驰烟驿路,勒移山庭。

夫以耿介拔俗之标,潇洒出尘之想,度白雪以方洁,干青云而直上,吾方知之矣。若其亭亭物表,皎皎霞外,芥千金而不眄,屣万乘其如脱,闻凤吹于洛浦,值薪歌于延濑[②],固亦有焉。岂期终始参差,苍黄翻覆,泪翟子之悲,恸朱公之哭[③]。乍回迹以心染,或先贞而后黩,何其谬哉!呜乎!尚生不存,仲氏既往[④],

山阿寂寥，千载谁赏！

世有周子，隽俗之士，既文既博，亦玄亦史[5]。然而学遁东鲁，习隐南郭[6]；偶吹草堂，滥巾北岳[7]；诱我松桂，欺我云壑。虽假容于江皋，乃缨情于好爵。其始至也，将欲排巢父，拉许由[8]，傲百氏，蔑王侯。风情张日，霜气横秋。或叹幽人长往，或怨王孙不游。谈空空于释部，核玄玄于道流[9]。务光何足比，涓子不能俦[10]。及其鸣驺入谷，鹤书赴陇[11]，形驰魄散，志变神动。尔乃眉轩席次，袂耸筵上，焚芰制而裂荷衣[12]，抗尘容而走俗状。风云凄其带愤，石泉咽而下怆。望林峦而有失，顾草木而如丧。至其纽金章，绾墨绶，跨属城之雄[13]，冠百里之首。张英风于海甸，驰妙誉于浙右[14]。道帙长摈[15]，法筵久埋。敲扑喧嚣犯其虑，牒诉倥偬装其怀。琴歌既断，酒赋无续。常绸缪于结课，每纷纶于折狱。笼张、赵于往图，架卓、鲁于前箓，希踪三辅豪[16]，驰声九州牧。

使其高霞孤映，明月独举，青松落阴，白云谁侣？涧户摧绝无与归，石径荒凉徒延伫。至于还飙入幕，写雾出楹，蕙帐空兮夜鹄怨，山人去兮晓猿惊。昔闻投簪逸海岸，今见解兰缚尘缨[17]。于是南岳献嘲，北陇腾笑，列壑争讥，攒峰竦诮。慨游子之我欺，悲无人以赴吊。故其林惭无尽，涧愧不歇；秋桂遣风，春萝罢月。骋西山之逸议，驰东皋之素谒。

今又促装下邑，浪栧上京，虽情投于魏阙[18]，或假步于山扃。岂可使芳杜厚颜，薜荔蒙耻[19]，碧岭再辱，丹崖重滓。尘游躅于蕙路，污渌池以洗耳。宜扃岫幌，掩云关，敛轻雾，藏鸣湍。截来辕于谷口，杜妄辔于郊端。于是丛条瞋胆，叠颖怒魄，或飞柯以折轮，乍低枝而扫迹。请回俗士驾，为君谢逋客！

【注释】①草堂：周颙在钟山所建隐舍之名。②屣（xǐ）：草鞋。万乘：周朝规定，天子之国出兵车万乘，屣万乘指将帝王之位视若破草鞋。凤吹：典出《列仙传》："王子乔，周灵王太子晋也。好吹笙作凤鸣，常游于伊、洛之间。"薪歌：见《文选·北山移文》吕向注："苏门先生（魏末孙登之号）游于延濑（lài），见一人采薪，谓之曰：'子以终此乎？'采薪人曰：'吾闻圣人无怀，以道德为心，何怪乎而为哀也。'道为歌二章而去。"③这两句典出《淮南子·说林训》："杨子见歧路而哭之，为其可以南可以北；墨子见练丝而泣之，为其可以黄可以黑。"翟子，墨翟；朱公，杨朱。④尚生：尚长，字子平，王莽时大司空王邑推荐他做官，他坚决推辞，进山砍柴为生。仲氏：仲长统，字公理，东汉末年人，每当州郡征召他为官，他都称病推辞。⑤玄：指老、庄之道。当时人以《老子》《庄子》《周易》为三玄。⑥这两句是说周子只是学习隐遁者的姿态。东鲁：指隐士颜阖，鲁国国君想聘请他出仕，他设计逃脱，事见《庄子·让王》。南郭：古隐士南郭子綦，事见《庄子·齐物论》。⑦这两句暗用"滥竽充数"的典故讽刺不是真隐却采用隐士的装束，如同南郭先生混杂在乐队中假装吹竽。⑧巢父、许由：皆是尧时品格高洁的隐士。传说尧命许由做九州长，许由认为玷污了自己的耳朵，就到河边洗耳。巢父饮牛于河，闻此事后，怕洗耳水污了牛嘴，便到上游去饮牛。⑨释部：佛教经籍，佛家以空释空，故云空空。核（hé）：考核，研讨。道流：道家之流。《老子》云："玄之又玄，众妙之门。"故曰玄玄。⑩务光：传说为夏朝隐士，商汤灭夏，欲让天下于务光，他负石沉水而逃。涓子：齐国高士，隐居宕山，二者皆见《列仙传》。⑪鸣驺（zōu）：喝道开路的随从骑士。鹤书：字体如鹤头的诏书。⑫芰（jì）：植物名，指菱。此句化用《离骚》："制芰荷以为衣兮，集芙蓉以为裳。”⑬金章：铜印。墨绶：系官印的黑丝带。属城：即县城，古时县大多方圆百里，故以百里代指一县。⑭浙右：浙江之西，今绍兴一带。⑮道帙（zhì）长摈：长弃道书。帙，书套，这里指书籍；摈，弃。⑯张赵：指张敞、赵广汉二人，西汉人，都曾担任京兆尹，以干练出名。卓鲁：卓茂、鲁恭，东汉贤明的官吏，分别任密云和中牟县令。三辅：汉代指京兆、左冯翊及右扶风三地。⑰簪：束冠于发之物，为官员所用，投簪即弃官散发。兰：兰佩，隐士的服饰。⑱浪栧（yì）：荡桨。栧，桨。上京：京都，指建业。魏阙：宫门两侧的门楼，代指朝廷。⑲芳杜：芳香的杜若。薜荔（bìlì）：香草名。

【译文】 紫金山的精英，草堂寺的神灵，驱云驾雾般在大路上驰骋，去山口刻下这篇移文。

那些凭着正直而光明磊落的风貌，洒脱而超越尘世的理想，自认为品格和白雪相比一样皎洁，志气可以高出青云之上的隐士，我现在才了解了。像那种高高独立于世俗之外，明亮的光彩胜过云霞，将千金当作小草而不屑一顾，把帝位看成草鞋可随意脱弃，在洛水边倾听凤鸣般的仙乐，到长河旁听高士唱樵歌，这样的隐士本来是有的。哪想到竟然有人前后不一，反复无常，使人们像墨翟见素丝一样为之悲愤落泪，如杨朱临歧路似的伤心痛哭。这种人暂时避居山林而内心却被尘世利禄所污染，或者起初还能洁身自好，到后来却同流合污了，多么荒谬啊！唉！尚子平早已不在，仲长统也已一去不返，山坳里空虚冷落，千百年有谁来游赏？

当今世上有位姓周的先生，是个才智超群的人，既有文采，又有渊博的学识，精研庄、老，贯通经史。然而他却仿效颜阖逃避征召，学南郭子綦的样子隐居起来，混在草堂中“滥竽充数”，系上头巾冒充北山的逸民。引诱我们的松树桂树，欺哄我们的云霞幽谷。他虽然在江边装出清高的样子，心里想的却是加官晋爵之事。他刚来的时候，几乎要压倒巢父，胜过许由，傲视百家，粪土王侯。豪情犹如劲风恣肆于烈日之下，盛气好似严霜凌厉于晚秋之际。时而感叹幽雅的高士已然离去，时而怨恨隐逸的王孙不来同游，要么高谈四大皆空的佛经义理，要么推研玄之又玄的道家学说。自认为上古的务光、涓子之辈，都不能和他相比。等到使者的车马进入山谷，皇帝的诏书传到冈陇，只见他手忙脚乱、魂飞魄散，志向顿时改变，思想为之动摇。在宴请使者的酒席上，他眉飞色舞，得意忘形，举臂扬袖，将隐居时穿的菱衣荷裳撕破烧掉，立即显露出一副贪恋尘世的庸俗丑态。北山的风云为他而悲哀含愤，石上的流泉也呜咽怨怒。远望那树林山冈，回顾百草乔木，全都难受得好像丢失了什么！到他挂上金黄的大印，系好墨黑的绶带，就占据一郡中最大的县，成为雄冠各县县令的头面人物，威风遍及海滨，美名传到浙东。道家的书籍长久弃置，讲佛法的座席被尘土封埋。鞭打罪犯的喧嚣扰乱着他的心思，匆忙的公文诉讼装满了他的胸怀。他早已放弃了弹琴高歌，饮酒作诗的雅兴也没法继续。经常纠缠于赋税的催收，时时应付着案件的审理。一心想使自己的政绩笼盖史书记载中的张敞和赵广汉，在吏治上超越前人描述的卓茂与鲁恭。希图赶上三辅中的杰出令尹，使名声在九州官吏中远播。

他走后使这里的云霞孤单、明月独照而无人赏玩，使青松白白地投下绿荫，白云悠悠而没有伴侣。涧旁的草庐毁坏，没人回来；石路荒凉，白白地等待步履的停留。以至于回风吹入帷幕，喷吐的云霞飘离堂前。蕙草编织的帐子空了啊，夜里唯有白鹤哀鸣；隐居的山人走了啊，天亮时猿猴为之惊叫。从前只听说有人弃官离职隐居海边，而今却看见周颙解去兰佩走上仕途，让俗务缠身。于是南山送来嘲讽，北岭传来讪笑，万壑争相讥刺，群峰伸头严责。为出走了的周颙欺骗我北山而愤慨，因无人前来劝慰而伤悼。所以，山林石涧惭愧不尽，桂花在秋风里飘落，藤萝在月下摇晃。相互传颂着西山高士不食周粟的佳话，宣扬着东皋隐者纯朴安贫的情操。

而今姓周的又收拾好行装离开县城，将乘船赴京去任高官，虽说他一心向往的是高大的官阙，说不定还会顺此山门招摇而过。难道可以让他使芳香的杜若含羞，使清纯的薜荔蒙耻，使碧绿的峰岭再遭屈辱，使朱红的山崖重受污染；怎能让他的脚迹踏脏了长满蕙草的芳径，让他洗耳弄浑澄澈的水池。应当拉上山洞的帷幕，掩闭高耸入云的关口，收起荡漾的轻雾，藏起鸣响的溪泉，在山谷口拦住他的车驾，在郊野外堵住那乱闯的马匹。就这样，满山的树木气破肝胆，丛生的花草怒火冲天，有的扬起枝条击毁车轮，有的垂下枝叶清扫污迹。挡回那个鄙俗人的车驾，为北山谢绝变节的逃客！

【鉴赏】“移文”是古代的一种官府文书，用于晓喻或责备对方。六朝时游戏文学颇为盛行，为人诙谐的孔稚珪与周颙同朝做官，是文酒之交，故意借用“移文”这种“谐隐”形式和朋友开玩笑。文中，作者假托山灵口吻，对周子外表爱好栖隐、实则贪求官位的行为予以揭露和鞭挞。孔稚珪在刻画人物描写景物时，除爱用绚丽工巧的对偶语句和夸张的笔墨，还巧妙地使用了对比手法，如首段将真隐士和假隐士相比，衬托出后者的可鄙；第二段将周子隐居时的昂扬意气和准备出山时的举止相比，显出他的庸俗虚伪；末段以周子的得意热闹和北山的失意凄凉对比，显出他的负心。全篇构思奇巧，成功地运用了拟人手法，将山峦草木风云泉石写得很有感情色彩，借以表达作者的喜怒哀乐。此外，通篇在整齐的四言对偶中交错穿插了三言、五言、七言排比和少量散句，在句尾押韵之外，还注意句中的平仄协调、音韵铿锵。这样既避免了一般骈文的呆板，又使全篇长短相间，或紧促或舒缓，读起来朗朗上口，在整饬中具有流动的韵致。

魏徵(580—643),字玄成,馆陶(今属河北)人,后迁居相州内黄(今河南内黄)。少时孤贫,曾出家为道士。隋末参加瓦岗起义军,后降唐。唐太宗时拜谏议大夫、检校侍中等职。曾主持梁、陈、齐、隋诸史的编撰,后封郑国公,任太子太师。以敢于犯颜直谏著称,前后陈谏二百余事,多被太宗采纳。其言论散见于《贞观政要》。他建议太宗广开言路,认为"兼听则明,偏听则暗";病卒后,太宗痛惜"遂亡一镜矣"。作《隋书》的序论与《梁书》《陈书》《齐书》的总论,著有《类礼》,主编《群书治要》,有《魏郑公诗集》《魏郑公文集》等。

谏太宗十思疏

臣闻求木之长者,必固其根本;欲流之远者,必浚其泉源①;思国之安者,必积其德义。源不深而望流之远,根不固而求木之长,德不厚而思国之安,臣虽下愚,知其不可,而况于明哲乎!人君当神器之重,居域中之大②,不念居安思危,戒奢以俭,斯亦伐根以求木茂,塞源而欲流长也。

凡昔元首,承天景命,善始者实繁,克终者盖寡。岂取之易,守之难乎?盖在殷忧③,必竭诚以待下;既得志,则纵情以傲物。竭诚,则吴越为一体④;傲物,则骨肉为行路。虽董之以严刑⑤,振之以威怒,终苟免而不怀仁,貌恭而不心服。怨不在大,可畏惟人;载舟覆舟⑥,所宜深慎!

诚能见可欲,则思知足以自戒;将有作,则思知止以安人;念高危,则思谦冲而自牧;惧满盈,则思江海下百川;乐盘游,则思三驱以为度;忧懈怠,则思慎始而敬终;虑壅蔽,则思虚心以纳下;惧谗邪,则思正身以黜恶⑦;恩所加,则思无因喜以谬赏;罚所及,则思无以怒而滥刑。总此十思,宏兹九德⑧。简能而任之,择善而从之,则智者尽其谋,勇者竭其力,仁者播其惠,信者效其忠。文武并用,垂拱而治,何必劳神苦思,代百司之职役哉⑨!

【注释】 ①浚(jùn):疏通。②神器:帝位、政权。典出《老子》:"天下神器,不可为也。"域中:天地间,国内。③殷忧:深重的忧患。④吴越:春秋时两个敌对的国家。此处或作"胡越",指古代的两个民族:胡在北,越在南,喻关系疏远。⑤董:督责。⑥怨不在大:引起百姓怨恨的不一定是大事。见《尚书·康诰》:"怨不在大,亦不在小。"可畏惟人:可怕的是众人。典出《尚书·大禹谟》:"可畏非民。"孔传:"君失道,民叛之,故可畏。"载舟覆舟:《荀子·王制》:"水则载舟,水则覆舟。"喻君民关系。⑦见可欲:看见可供自己享受、能满足自己欲望的东西。典出《老子》:"不可见欲,使民心不乱。"高危:地位高容易出危险。典出《孝经·诸侯》:"在上不骄,高而不危。"自牧:自我修养。见《易经·谦》:"谦谦君子,卑以自牧也。"盘游:游乐,见《书·王子之歌》:"乃盘游无度。"三驱:也叫"三田",指一年中田猎三次。慎始而敬终:指做事自始至终都要谨慎。虑壅(yōng)蔽:忧虑自己耳目被堵塞、遮蔽。黜(chù)恶:斥退邪恶之人。⑧九德:九种美德。典出《尚书·皋陶谟》:"行有九德",就是"宽而栗(宽宏而庄严),柔而立(柔和而能立事),愿而恭(诚实而恭肃),乱而敬(能治事而谨慎),扰而毅(驯服而果敢),直而温(正直而温和),简而廉(简易而方正),刚而塞(刚断而充实),强而义(倔强而合于道理)。”⑨垂拱而治:垂衣拱手,不多言语,无为而治。代百司之职:指事事都过问,代行下属百官的职务,处理一切。

【译文】 我听说希望树木长得茂盛,必定要使它的根底牢固;想要水流长远,一定要疏通它的源头;想要国家政局安稳,务须多多积德行善。源头不深邃畅通却想水流长远,根底不牢固扎实却望树木生长,恩德不厚重却盼国家安定,我虽是卑下愚蠢的人,也知道那是不可能的,更何况是英明的圣哲啊!君主担负着治理天下的重任,在国内处于至高无上的地位,而不考虑身处安乐时想到危险,力戒奢侈而提倡节俭,这也就像砍树根而希望树木茂盛,堵塞源头却希望水流长远一样啊!

过去所有的君主,秉承上天的使命开创基业,开始时好的确实很多,能坚持到最后的就很少。这难道不是取得天下容易而守住天下困难吗?创业时处于艰难深忧中,必定会竭尽诚意来对待部下和百姓;一旦功成得意后,便放纵情欲,傲视他人。竭诚待人,即便像吴越那样极其对立的仇敌,也可亲密团结成一个整体;傲慢待人,即使是骨肉兄弟也会疏远得像过路人。虽然采用严酷的刑罚来督责,以威势和怒吼去震慑,结果下属总是只图免罚而应付,心里却不怀好意,表面上恭顺,内心却不服气。怨恨不在于大小,可怕的只是人心背离。百姓像水一样,既可以载船也可能翻船,这是应该高度谨慎的。

君主假如真能在看见自己喜欢的东西时,就想到要克制欲望,知道满足而警戒自己;将要大兴土木而劳民伤财时,就要想到适可而止,使百姓得以安居、休息;想到地位高而危险大时,就应谦虚和蔼并加强自身修养;害怕自满会遭受损失时,就要想到江河大海能容纳百川的度量;陶醉于游乐、打猎的欢乐时,就要想到古代的帝王诸侯一年中只能出猎三次的限度;担忧自己松散懈惰时,就时刻想到办事应慎始慎终;怕受左右蒙蔽,就想到应该虚怀若谷,广泛采纳下属的意见;想到奸佞谗言的危害性时,就要端正自己,斥退小人;打算施恩行赏时,就该想想是不是因为一时高兴而滥赏;将要惩处人时,就要考虑自己是否因一时之怒而乱罚。总括这十个“想到”,发扬九种美德,选拔贤能的人而任用,选择好的意见而听从,那么聪明的人便会献出他们的谋略,勇敢的人就会使出他们的力量,仁爱的人就会传播他们的恩惠,诚实的人就会以忠心报效祖国。文臣武将都得到任用,就可以垂衣拱手而使天下得到很好的治理,又哪里需要君王事必躬亲、劳神费心地代替百官行使下属的职务呢!

【鉴赏】 这是魏徵进呈唐太宗的奏章,开篇即以树木、河流的比喻起兴,深入浅出、自然巧妙地奉上“思国之安者,必积其德义”的论点,既紧扣了主题,又引出了主旨:劝太宗“十思”。为了达到“思国之安者”的目的,作者不仅从正面提出“固本”“浚源”的见解,还从反面加以发挥:“源不深”“根不固”便不可能“流远”“木长”,从而进一步证明“德不厚”而“思国之安”就更不可能。接着,作者还明确指出:仁君应“居安思危,戒奢以俭”,而不能“伐根以求木茂,塞源而欲流长”。作者以事喻理、设喻引论,从正反两方面作了阐述,遂使本文一开始便立论坚实、说理透彻。第二段以历代君王成败得失的事例和“载舟覆舟”“奔车朽索”的比喻，分析“取易守难”的道理，归结出“可畏惟人”，争取人心的重要；说明人君应善始善终、竭诚待下、谨慎从事，人心向背关系着国家的存亡。作者在此仍采用了从正反两方面论述的手法，行文单刀直入，一反历代谏臣委婉陈辞、不敢直言的旧套，给人以语言犀利、胆略过人之感。作者通过反复开导，最后向太宗具体提出了“十思”的内容，再次劝谕不能“纵情”“傲物”，应“简能而任”“择善而从”，方能实现天下大治。

本文是一篇骈偶文，内容充实，一气呵成，结构谨严，语言简明，虽大量采用对偶、排比，却不拘声律、不事雕琢，用典既不太多，化得亦自然贴切。全篇论点鲜明、论据充分，口气既严肃又谦恭；说明问题时直言不讳、语重心长、态度恳切，同时文思曲折、跌宕有致，很具说服力，使太宗不仅能接受，还十分赞赏，亲自写诏书嘉许魏徵，并放诸案头，以资警惕。

骆宾王(640—约684)，唐朝婺州义乌(今浙江义乌)人。他与王勃、杨炯、卢照邻并称“初唐四杰”。七岁能作诗。他在政治上很不得意。初为道王李元庆府属，历任武功、长安两县主簿及侍御史，后得罪入狱，被贬为临海县丞。公元684年，武则天废中宗，准备建立大周王朝，徐敬业带头起兵讨伐。他在徐敬业军中任艺文令，为徐敬业写了声讨武则天的檄文。徐敬业失败后，他下落不明，或说被杀，或说出家为僧。

为徐敬业讨武曌檄[1]

伪临朝武氏者，人非和顺，地实寒微[2]。昔充太宗下陈，尝以更衣入侍[3]。洎乎晚节[4]，秽乱春宫。密隐先帝之私，阴图后庭之嬖[5]。入门见嫉，蛾眉不肯让人；掩袖工谗，狐媚偏能惑主[6]。践元后于翚翟，陷吾君于聚麀[7]。加以虺蜴为心，豺狼成性，近狎邪僻，残害忠良，杀姊屠兄，弑君鸩母[8]。人神之所共疾，天地之所不容。犹复包藏祸心，窥窃神器[9]。君之爱子，幽之于别宫；贼之宗盟，委之以重任[10]。呜呼！霍子孟之不作，朱虚侯之已亡[11]！燕啄皇孙，知汉祚之将尽；龙漦帝后，识夏庭之遽衰[12]。

敬业皇唐旧臣，公侯冢子。奉先君之成业[13]，荷本朝之厚恩。宋微子之兴悲，良有以也；袁君山之流涕[14]，岂徒然哉！是用气愤风云，志安社稷[15]。因天下之失望，顺宇内之推心[16]。爰举义旗[17]，誓清妖孽。

南连百越，北尽三河[18]，铁骑成群，玉轴相接。海陵红粟，仓储之积靡穷，江浦黄旗[19]，匡复之功何远。班声动而北风起，剑气冲而南斗平[20]。喑呜则山岳崩颓，叱咤则风云变色[21]。以此制敌，何敌不摧！以此图功，何功不克！

公等或居汉地，或叶周亲，或膺重寄于爪牙，或受顾命于宣室[22]。言犹在耳，忠岂忘心！一抔之土未干，六尺之孤何托[23]？倘能转祸为福，送往事居，共立勤王之勋，无废旧君之命，凡诸爵赏，同指山河[24]。若其眷恋穷城，徘徊歧路，坐昧先几之兆，必贻后至之诛[25]。

请看今日之域中，竟是谁家之天下！

【注释】 ①徐敬业：祖父徐世勣是唐朝开国功臣，赐姓李。敬业是徐世勣之孙，历任太仆少卿、眉州刺史，因事贬柳州司马。公元684年起兵扬州声讨武则天，兵败而死。武曌（zhào）：武则天（624—705）的名。初为唐太宗才人（女官名），太宗死后入感业寺为尼。后被高宗召为嫔妃，并立为皇后，代高宗决百司奏事。中宗即位，开始临朝称制。不久又废中宗，立睿宗。公元690年改国号为周，自称圣神皇帝，在位十五年。②伪：非法，不为人所承认。地：通“第”，门第。寒微：贫贱。③下陈：下列。借指帝王地位卑下的姬妾。更衣：换衣。借用汉武帝皇后卫子夫因侍候更衣受到宠幸。这里用来比喻武则天，意来路不正。④洎（jì）：及，到。晚节：晚年。这里指武则天年龄稍大之后。⑤密隐：隐瞒。嬖（bì）：宠爱，也指受宠爱的人。⑥见：被。嫉：妒忌。蛾眉：女子细长的眉毛，此指貌美。掩袖：以袖掩鼻。战国时，魏王送给楚怀王一个美人。怀王妃郑袖怕失去宠幸，就骗美人说，大王爱你的美貌，但不喜欢你的鼻子，你如去见大王，必须掩住鼻子，美人就这样办了。怀王问郑袖是什么缘故，郑袖说，大概是讨厌你嘴里的臭味。怀王大怒，让人割掉了美人的鼻子。工谗：善于挑拨离间。狐媚：像狐狸般迷惑人。⑦元后：皇后。翚翟（huīdí）：皇后礼服饰以翚翟图形。翚，有彩色羽毛的野鸡；翟，长尾野鸡。聚麀（yōu）：聚，共。麀，雌鹿。原指两头公鹿共有一头母鹿。这里指武则天是太宗的才人，后又为高宗的皇后，父子共一配偶，乱了人伦。⑧虺蜴（huǐyì）：毒蛇和蜥蜴。狎：亲近。邪僻：奸邪的人。杀姊屠兄：泛指杀害亲属。武则天的异母兄元庆、元爽被调出京城而死。侄儿惟良、怀远和姐姐的女儿贺兰氏都为她所害。弑（shì）君鸩（zhèn）母：杀死君主、害死母亲。弑，古指子杀父、臣杀君。鸩，鸟名，羽毛有毒，浸酒可以毒杀人。⑨疾：憎恶。神器：指帝位。⑩君之爱子：指中宗被武则天废黜，软禁起来。幽：软禁。贼之宗盟：指武则天称帝，封武承嗣等为王。宗盟，同姓宗族。⑪霍子孟：霍光。汉武帝时为奉车都尉，受武帝托孤之嘱，立汉昭帝，以大司马大将军辅政。昭帝死，昌邑王刘贺即位，荒淫无道。霍光废昌邑王，改立汉宣帝刘询，使汉朝得以安定。朱虚侯：即刘章，是汉高祖儿子齐悼惠王刘肥的次子，封朱虚侯。高祖死，吕后掌权。吕后死，诸吕阴谋叛乱。刘章与丞相陈平、太尉周勃等一起消灭诸吕，迎立文帝即位。⑫燕啄皇孙：出自当时民谣：“燕飞来，啄皇孙，皇孙死，燕啄矢。”西汉成帝时，赵飞燕为皇后，因已无子，嫉妒别人，暗中杀死几个皇子，使成帝无后。后来赵飞燕因此事而死。武则天为皇后，杀太子李弘，废太子李贤，不久李贤死在巴州。这里把武则天比作赵飞燕。祚（zuò）：皇位。龙漦（lí）帝后：传说夏朝有二龙落于夏廷，吐下涎沫，口说人言。夏帝把龙涎装入匣子。到周厉王时，涎沫流出，一少年宫女遇上而怀孕，生下一个女孩，即褒姒。后来褒姒做了周幽王的皇后，招致西周灭亡。漦，龙的涎沫。⑬皇唐：大唐。冢子：长子。先君：指徐敬业的祖父李勣，父亲李震。⑭宋微子：微子名启，商纣王的庶兄。商亡后，受周武王封，建国于宋（今河南商丘）。后宋微子朝周，路过故都，触景伤怀，作《麦秀歌》，以示哀悼。袁君山：应作“桓君山”。即桓谭，字君山。东汉光武帝时上书评论时政，被贬为六安郡丞，郁郁而死。⑮社稷：国家。社，土地神。稷，谷神。古代天子诸侯都立社稷，岁时祭祀，后来就把“社稷”作为国家的代称。⑯推心：以诚心待人。⑰爰：于是。⑱百越：泛指我国南方及东南方一带。越，南方少数民族的总称。三河：指汉代所设河南、河东、河内三郡。这里泛指北方中原地区。⑲海陵：今江苏姜堰市，汉吴王刘濞曾在此置仓积粟。红粟：颜色发红的陈米。靡：没有。江浦:属江苏省,与南京隔江相望。海陵、江浦,都是徐敬业起兵之地。⑳班声:马鸣声。班,指班马,即离群的马,此指战马。剑气冲而南斗平:剑,指龙泉剑。相传晋代张华见斗、牛二星之间有紫气,后派人于丰城狱中挖地得龙泉、太阿二剑。意为武器精良、充足。㉑喑呜(yīnwū):形容怒气。叱咤(chìzhà):形容怒声。㉒汉地:世代受到唐朝的封爵。周亲:至亲。膺:受。重寄:重大的托付。顾命:皇帝临死时的遗命。宣室:汉代未央宫正殿前室。此指皇宫的大殿。㉓一抔(póu):一捧,指坟墓上的土。公元 683 年 8 月高宗卒,9 月徐敬业起兵于扬州,相距仅一个多月,故云一抔之土未干。孤:幼而无父的人。古代帝王临死时,遗诏令大臣辅助太子继位,叫托孤。这里的孤指中宗。高宗死,中宗继位,次年被武则天废,软禁于房州。㉔送往事居:往,已死的,指高宗。居,现存的,指中宗。勤王:诸侯大臣为解除天子的患难而起兵。同指山河:这是封爵的誓言。㉕穷城:没有后援的孤城。先几之兆:事前的征兆。后至之诛:传说禹会诸侯时,因为防风氏后至,禹杀之。

【译文】非法当朝执政的武则天,本性极不温顺,出身非常贫寒低贱。她从前充当过太宗的才人,曾因为服侍换衣得到了宠爱。到了年龄稍大时,就在太子宫中淫乱放荡。她隐瞒了和太宗的私情,暗地谋求成为后宫中受宠的人。入宫的嫔妃,都遭到她的妒忌,仗着美貌以压倒别人;她诡计多端,专门说别人的坏话,卖弄姿色,偏偏迷惑住君王,终于窃据了皇后的名位,陷害了君王,败坏了人伦。加上她心如蛇蝎,性同豺狼,亲近奸贼,残害忠臣,杀死姐妹兄弟,谋害君王,毒死母亲。人和神共同憎恨,天地都不能容忍。她还包藏祸心,阴谋篡夺帝位。君王的爱子被软禁在别处;武氏的家族,却委以重任。唉!霍子孟不再出现,朱虚侯已经死了,听见"燕啄皇孙"的民谣,预示着汉朝将要灭亡;看见"龙漦帝后"的现象,就明白夏朝正在急速衰亡。

徐敬业是大唐的旧臣,公侯的长子,继承先辈的事业,蒙受本朝的深恩。宋微子伤悲,确实有原因;袁君山痛苦流泪,难道是无故的感伤吗?因此,由于义愤而激起风云,目的在安定国家。趁着天下百姓对武则天的失望情绪,顺应国内的民心所向,于是举起义旗,发誓要清除妖孽。

向南连接百越,向北达到三河,铁骑成群结队,战车首尾相接。海陵的陈年红粟,仓库的积储用不完,江浦一带,遍野黄旗,匡复唐朝的大功很快会成功。战马长鸣若卷起北风,剑气冲天,可与南斗相平。怒气勃发,可以使山岳倒塌,怒喝一声就可以使风云变色。凭这样的军队对付敌人,什么样的敌人不能被摧毁?用这样的气概来图谋功勋,又有什么功勋不能成就?

你们有的有世代相袭的官位,有的身为皇室的至亲,有的在外面负有重要使命,有的从先帝口头上接受了重托。先帝的话尚在耳边回响,对李家的忠诚怎么会在心里忘记!先帝陵墓上的土还没有干,他的遗孤交托于何人呢?倘若你们能够变坏事为好事,送别先帝高宗,拥戴继位的中宗,和我们一起共同建立扶助皇室的勋业,不废弃高宗的遗命,那么凡是封爵赏赐,都可以一同指着山河发誓。如果仍然留恋孤城,在歧路上徘徊观望,看不清预先显出的吉利征兆,就一定会因迟到而自取灭亡。

请看今天的国家,到底是哪一家的天下!

【鉴赏】这是骆宾王替徐敬业写的声讨武则天的一篇檄文。为了争取天下人的支持,文章采用了抑扬的手法,对武则天的政治野心和私生活进行了无情的揭露,证明武则天谋夺帝位是非法的。而描绘徐敬业则全用褒语,说明其行为是大义凛然、顺应民心的。极力渲染义军的壮盛,赏功伐罪,充满了必胜的信念。文章充分利用封建伦理秩序,申说君臣大义,号召所有皇亲国戚、地方官员一道起来声讨、推翻武氏政权。全文显得气势雄健,文辞严正,很有号召力和说服力,有一种不可阻遏的力量。

王勃(649—676),字子安,绛州龙门(今山西河津市)人。隋末著名学者王通之孙。六岁善文辞,十七岁入朝为朝散郎。沛王李贤闻其才名,召为王府修撰。后因为代沛王戏作《檄英王斗鸡文》而触怒高宗,当即被革职。遂远游江汉,客居蜀中,为虢州参军。不久又因杀官奴犯死罪,遇赦革职。其父王福畤受连累而贬为交趾令,勃去探视,渡海时落水,惊悸而死。王勃对初唐浮艳诗风深为不满,有志于革新。与杨炯、卢照邻、骆宾王并称为"初唐四杰"。著有《王子安集》。

滕王阁序

南昌故郡,洪都新府,星分翼轸,地接衡庐。襟三江而带五湖,控蛮荆而引瓯越[①]。物华天宝,龙光射斗牛之墟;人杰地灵,徐孺下陈蕃之榻[②]。雄州雾列,俊采星驰,台隍枕夷夏之交[③],宾主尽东南之美。都督阎公之雅望,棨戟遥临;宇文新州之懿范,襜帷暂驻[④]。十旬休假[⑤],胜友如云;千里逢迎,高朋满座。腾蛟起凤,孟学士之词宗,紫电青霜[⑥],王将军之武库。家君作宰,路出名区;童子何知,躬逢胜饯。

时维九月,序属三秋。潦水尽而寒潭清[⑦],烟光凝而暮山紫。俨骖騑于上路,访风景于崇阿;临帝子之长洲,得仙人之旧馆。层峦耸翠,上出重霄;飞阁流丹,下临无地。鹤汀凫渚,穷岛屿之萦回;桂殿兰宫,即冈峦之体势。披绣闼,俯雕甍,山原旷其盈视,川泽纡其骇瞩[⑧]。闾阎扑地,钟鸣鼎食之家;舸舰迷津,青雀黄龙之轴[⑨]。云销雨霁,彩彻云衢。落霞与孤鹜齐飞[⑩],秋水共长天一色。渔舟唱晚,响穷彭蠡之滨[⑪];雁阵惊寒,声断衡阳之浦。

遥吟甫畅,逸兴遄飞[⑫]。爽籁发而清风生[⑬],纤歌凝而白云遏。睢园绿竹,气凌彭泽之樽;邺水朱华[⑭],光照临川之笔。四美具,二难并;穷睇眄于中天[⑮],极娱游于暇日。天高地迥,觉宇宙之无穷;兴尽悲来,识盈虚之有数[⑯]。望长安于日下,指吴会于云间[⑰]。地势极而南溟深,天柱高而北辰远[⑱]。关山难越,谁悲失路之人？萍水相逢，尽是他乡之客。怀帝阍而不见[19]，奉宣室以何年？嗟乎！时运不济，命途多舛。冯唐易老，李广难封。屈贾谊于长沙[20]，非无圣主；窜梁鸿于海曲，岂乏明时？所赖君子安贫，达人知命。老当益壮，宁移白首之心；穷且益坚，不坠青云之志。酌贪泉而觉爽，处涸辙以犹欢[21]。北海虽赊，扶摇可接；东隅已逝，桑榆非晚[22]。孟尝高洁，空馀报国之情；阮籍猖狂[23]，岂效穷途之哭！

勃，三尺微命，一介书生。无路请缨，等终军之弱冠；有怀投笔，慕宗悫之长风[24]。舍簪笏于百龄，奉晨昏于万里；非谢家之宝树，接孟氏之芳邻[25]。他日趋庭，叨陪鲤对；今晨捧袂，喜托龙门[26]。杨意不逢，抚凌云而自惜；钟期既遇[27]，奏流水以何惭？呜呼！胜地不常，盛筵难再；兰亭已矣，梓泽丘墟[28]。临别赠言，幸承恩于伟饯；登高作赋，是所望于群公。敢竭鄙诚，恭疏短引；一言均赋，四韵俱成：

滕王高阁临江渚，佩玉鸣鸾罢歌舞[29]。
画栋朝飞南浦云，朱帘暮卷西山雨。
闲云潭影日悠悠，物换星移几度秋。
阁中帝子今何在？槛外长江空自流。

【注释】 ①南昌：一作豫章，汉代郡名，唐代改为“洪州”，故而称为“新府”。翼轸（zhěn）：古代天文学家将天上二十八宿的位置和地上州、国的位置相对应地划分，翼、轸都是星宿名，南昌在其分野之内。三江：长江过彭蠡湖后，分三道入海，故称三江。五湖：泛指长江流域的太湖等大湖泊。蛮荆：古代楚国的别称。瓯越：也叫东瓯，古越族中的一支，生活在今浙江一带，代指浙南。②据《晋书·张华传》记载，晋初，牛、斗二星之间有紫光映照，张华命雷焕寻觅，果然在豫章郡兰城狱中地下掘得宝剑一双，名为龙泉、太阿。剑出现后，牛、斗间紫气就消失了。后来剑飞入水，化为龙。龙光指剑光，墟，区域。徐孺：徐稚，字孺子，后汉南昌人，躬耕而食，不接受朝廷的征召。陈蕃：字仲举，汝南人，任豫章太守时不喜接待宾客，只有徐稚来才接待，还专为他准备了一张床。徐走后就把床挂起来。③台：楼台。隍：城下小河。夷：指荆楚吴越一带。夏：指中原地区。④棨（qǐ）戟：以赤黑色缯做套子的木戟，官吏外出时用作仪仗。襜（chān）帷：车上帷幔，指车驾。⑤十旬：十日一旬。唐代制度，官员遇旬休息，称为旬休。⑥腾蛟起凤：《西京杂记》卷二说，董仲舒梦见蛟龙入怀，乃作《春秋繁露》；扬雄作《太玄》，梦见自己吐出的凤凰飞集书上。紫电青霜：指锋利宝剑寒光闪闪。⑦潦（lǎo）水：雨后地面的积水。⑧俨：通“严”，整治。骖騑（cānfēi）：驾车的马。闼（tà）：门。甍（méng）：屋脊。纡（xū）：张开眼。骇瞩：对所见景物感到惊异。⑨闾阎：本指里门，引申为屋舍。轴：通“舳”，原指船尾置舵处，此指船。⑩鹜（wù）：野鸭。这句连同下句是从庾信《马射赋》中“落花与芝盖同飞，杨柳共春旗一色”化出。⑪彭蠡（lǐ）：鄱阳湖名。⑫遄（chuán）：迅速。⑬爽籁（lài）：长短参差不齐的箫管。⑭睢园：西汉梁孝王在睢阳（今河南商丘市南）建有兔园（或叫梁园），内栽修竹，他常在此与文士饮酒作赋。彭泽：陶渊明爱饮酒，做过彭泽县令，人称陶彭泽。邺：今河北临漳县，曹魏的都城。朱华：红艳的荷花，借指文采风流。⑮四美：李善注：“音、味、文、言也。”二难：典出《世说新语·规箴》，指学古通今的贤哲。睇眄（dìmiǎn）：斜视，此指能自由地眼观上下四方。⑯盈虚：指盈亏、成败，悲欢、离合等变化。数：运数，规律。⑰日下、云间：暗用典故，见《晋书·陆云传》：“云与荀隐素未相识，尝会华（张华)坐。华曰:‘今日相遇,可勿为常谈。’云因抗手曰:‘云间陆士龙。’隐曰:‘日下荀鸣鹤。’”日下,指京都。云间,指东南一带(今上海松江区)。吴会:地名,有两说,一说东汉吴郡、会稽郡合称吴会;一说秦汉会稽郡郡治在吴县(今苏州市)。⑱天柱:据《神异经》上说,昆仑山上有铜柱,其高入天,称为天柱。北辰:北极星,借指君主。⑲帝阍(hūn):天帝的守门人,此指帝王的宫门。⑳冯唐:西汉安陵(今陕西咸阳)人,年老了(文帝时)才当上中郎署长。景帝时出任楚相。武帝求贤良,有人举荐他,已九十多岁,不能再做官了。李广:西汉名将,多次抗击匈奴而战功显赫,但始终没得到封侯。贾谊:汉初名臣,文帝时遭朝中权贵排斥而贬为长沙王太傅。㉑贪泉:《晋书·吴隐之传》载,隐之赴广州刺史任,城外有水名“贪泉”。隐之饮泉水后赋诗曰:“古人云此水,一歃怀千金。试使夷齐饮,终当不易心。”涸辙:典出《庄子·外物》。鲋鱼陷入将干涸的车辙中,比喻陷于困境。㉒赊:远。扶摇:旋风。东隅:日出之处,指早晨,引申为早年。桑榆:日落处,指傍晚,引申为晚年。㉓孟尝:字伯周,东汉人,曾任合浦太守,兴利除弊,受到百姓爱戴,后隐居。桓帝时尚书杨乔多次举荐他,说他“能干绝群”,但终未被任用。阮籍:晋朝诗人,放任而不拘礼法,驾车出游,常随马而走,路走不通时便痛哭而返。㉔终军:西汉人,二十多岁时出使南越,请求武帝给他长缨(绳),说一定要把南越王缚了来献于朝廷。弱冠:二十岁左右。投笔:东汉班超,曾投笔从戎,因通西域有功,封定远侯。宗悫(què):南朝宋人,年幼时叔父问他的志向,他说“愿乘长风破万里浪”。㉕簪:古人束发戴冠时用的长针。笏(hù):手板,古代官员上朝时用来记事。谢家之宝树:《世说新语·言语》载,谢安问他的子侄辈,为什么人们总希望孩子们成才呢?谢玄答道:“譬如芝兰玉树,欲使其生于庭阶耳!”宝树,即玉树,喻好的子弟。芳邻:好邻居,此处化用孟母三迁择邻的典故。㉖趋庭:到父亲跟前。叨(tāo):谦词,有愧于。鲤:孔子的儿子,字伯鱼。孔鲤于庭前受教于其父,见《论语·季氏》。捧袂(mèi):举起双袖作揖,表示对长者恭敬。托龙门:即登龙门。东汉李膺,声望极高,当时的读书人以能得到接近他的机会为登龙门。㉗杨意:汉武帝时的狗监杨得意,曾推荐司马相如作赋。钟期:即钟子期,俞伯牙的知音。善于弹琴的俞伯牙弹奏高山流水曲时,他马上心领神会。㉘梓泽:晋朝石崇的别墅金谷园,旧址在今河南洛阳市西北,曾有《金谷序》传世。㉙佩玉、鸣鸾:环佩、鸾铃,都是舞女身上的装饰,此处代指舞女。

【译文】南昌原为旧时豫章郡的治所,又是新设洪州的都府;天空正值翼星、轸星的分野,地上紧连着衡山、庐山。三江像它的衣襟,五湖似它的衣带,它西控着荆楚,东连着瓯越。物产华美有天然的珍宝,龙泉剑光直射着斗、牛两个星座;人物英俊而山川灵秀,高士徐稚使太守陈蕃为之而特设卧榻。雄伟的州域在云雾中屹立,杰出的人才流星般地飞驰。城池横踞于东南和中原的交界之处,宾客和主人都是东南的优秀人物。洪州都督阎公带着高雅的声望,从远道驾临这里镇守;新州刺史宇文公具备美好的风范,赴任途中车辆到这里暂驻。恰逢十天一旬的休假日,各路好友聚集如云:千里相会喜迎宾客,高人良朋坐满宴席。文采龙飞凤舞,都是孟学士般的辞章能手;胸藏紫电青霜,俱怀王将军的六韬三略。家父在南方担任县令,我探亲途经这名胜地区,我年幼无知,却有幸参加了这个盛大的饯别宴会。

时令正是九月,季节属于秋天。地上的积水已干,寒冷的潭水清澈见底,天空中烟霞凝聚,给傍晚的山峰抹上一片紫色。驭马驾车在大路上奔跑,往高山中寻访美景;来到滕王建阁的长洲上,找到仙人住过的馆阁。重叠的山峦耸立起翠绿的屏障,直入云霄;凌空欲飞的檐角流泻着艳丽的丹彩,俯临深渊。那仙鹤信步的沙滩,野鸭栖息的小洲,极尽岛屿迂曲回环的情致;那用桂树、木兰修建的宫殿,顺着山峦高低起伏的地势排列开来。推开彩绘的阁门，俯瞰那精雕细刻的屋脊。空旷的山野尽收眼底，河流湖泽使人触目动心。房屋遍地，都是敲钟奏乐、列鼎而食的显贵人家；大小船只塞满渡口，都是形如青雀黄龙的式样。彩虹消失而雨过天晴，日光照彻万里云空。飘落的晚霞仿佛和孤单的野鸭比翼飞翔，清澈的秋水好像与万里长空映成同一颜色。归来的渔船在暮霭里唱歌，声声响彻鄱阳湖畔；受惊的雁群在寒风中哀鸣，渐渐消失于衡阳水边。

远眺低吟，俯临山川心情舒畅，兴致横飞。箫管齐奏引来徐徐清风，轻歌缭绕拦阻飘浮的白云。今日的盛宴可比睢园中的竹林聚会，高朋的豪气胜过陶渊明的酒兴；诸公的雅吟好似曹植歌咏邺水中的莲花，又如临川内史谢灵运的文笔生辉。良辰、美景、赏心、乐事，这四件好事同时齐备，贤主、嘉宾两种难得的人欢聚一堂。极目遥望那无边的长空，尽情游乐在短暂的假日。看见天那么高，地那样远，才感到宇宙没有止境；高兴完了，悲哀涌来，才认识成败得失自有天命。西望京城远在夕阳之下，东指吴郡隐于云雾之间。地势倾斜，尽于东南，以南方大海最深；天柱高耸，直冲霄汉，还离北极星很远。关隘山岭，难以跋涉，迷途游子谁同情？流水浮萍，偶然相遇，全是他乡陌生人。怀念帝都的宫门却无从进见，像贾谊那样的入宫机遇要等到哪年哪月？唉！时机和命运不一致，人生的道路老是不顺心。冯唐是那么容易衰老，李广是那样难得封侯；委屈贾谊贬谪长沙，并非没遇见圣明的君主；迫使梁鸿避居海角，难道没逢上清明的时代？好在仁义的君子安于贫贱，豁达的贤士乐天知命；年纪越老，应当更加豪壮，怎能改变白发老人的雄心？处境艰难，意志越发坚强，绝不丧失直凌青云的志向；即使喝了贪泉的水，也感到神清气爽，不起贪心；即便像鲋鱼躺在干涸的车辙之中，也仍然充满欢乐。北海虽然遥远，乘着旋风可以到达；早年的时光虽已流逝，晚年努力还不算迟。汉代的孟尝品行高洁，却白白怀有为国出力的热情而报效无门；晋朝的阮籍狂放不羁，怎能学他无路可走时放声痛哭？

我王勃身份低微，只是一介文弱书生。虽然和年轻的终军同龄，却没有门路请求皇上赐予我缚贼报国的使命；我有心投笔从戎，因而敬慕宗悫“乘长风破万里浪”的抱负。我只好舍弃一生的富贵爵禄，到万里之外去侍奉双亲；我虽然不是“芝兰玉树”似的谢家子弟，却愿学孟母选择贤者做邻居。过几天我就要在父亲的庭院里聆听教诲，像孔鲤那样应对提问；今早先在这里奉陪阎公，高兴得好像鲤鱼跃上龙门。我如果碰不到举贤的杨得意，便只得抚摸着凌云之赋而为自己惋惜；现在既然已遇上了知己的钟子期，奏一曲高山流水，又有什么可羞愧的呢？唉！美好的景致不能长存，盛大的宴会也难再遇；兰亭流杯的雅兴早已消逝，金谷名园的楼阁沦为废墟。临到分手写下几句赠别的话，为了有幸能在这盛大的饯别宴会上受到主人的恩宠。至于登临滕王高阁吟诗作赋，只好寄希望于各位嘉宾。我竭尽了自己的一片诚心，恭恭敬敬地写成这篇短序。大家都要吟诗一首，我已经写成四韵八句：

滕王那壮美的高阁俯临着江中的沙洲，

在环佩和鸾铃的交响声里宴会已舞罢歌休。

雕花的栋梁缭绕着南浦的朝霞，
朱红的窗帘收卷起西山的暮雨。
天上的白云、潭中的倒影，每天在悠闲地飘浮，
事物变换，星移斗转，又过了多少春秋？
当年建阁的凤子龙孙而今都在哪里？
但见那栏杆外的江水独自在默默地奔流。

【鉴赏】 这是一篇精美严整的骈文，作者借登高赴宴之机，当仁不让地赋诗作序，虽属席间信笔应酬之作，杂有不少对主人和宾客捧场的言辞，还因怀才不遇而流露出人生无常、命运偃蹇的怨叹，但通篇主要抒发的却是渴望入世的一片报国热忱和"老当益壮""穷且益坚"、努力振作、自强不息的情操与抱负，富有积极进取的时代精神和少年气盛的特点。全文布局谨严、层次分明，上半以描写为主，下半重在抒情，但描写中有叙述，抒情中有议论，并将这四者融合，同时运用了工稳的对偶、瑰丽的辞藻、酣畅的笔调、恰切的用典，抒写了真情、美景和宴会的盛况，表现了自然之趣。其中的景物描写神采飞扬、手法多变，既有远有近、绘声绘色，又时浓时淡，或俯或仰，还音韵铿锵、气势奔放，动静结合、意境浑融，颇多名句。

李白（701—762），字太白，唐代诗人。祖籍陇西成纪（今甘肃秦安县），隋末其先人获罪谪于西域（据郭沫若说李白生地在今吉尔吉斯斯坦北部托克马克附近），五岁随父迁居蜀之绵州昌隆（今四川江油市）青莲乡，故号为"青莲居士"。年轻时好剑术，任侠，访道，喜纵横之说，表现出文学的才能。二十五岁时离开四川到长江中下游一带漫游，结识了诗人孟浩然和荆州刺史韩朝宗。唐玄宗天宝元年（741），被召赴长安，供奉翰林，名重一时，贺知章称他为"谪仙人"。只因性情高傲，为权贵所不容，三年后被"赐金还山"。安史之乱爆发的次年，他参加永王李璘的幕府，被牵连进统治者争夺皇权的斗争中去。不久，李璘为其兄唐肃宗所灭，李白由此获罪流放夜郎，途中遇赦东还。晚年漂泊江南，卒于当涂。著有《李太白集》。

与韩荆州书

白闻天下谈士相聚而言曰："生不用封万户侯，但愿一识韩荆州[①]。"何令人之景慕一至于此！岂不以有周公之风，躬吐握之事[②]，使海内豪俊，奔走而归之，一登龙门，则声誉十倍，所以龙盘凤逸之士，皆欲收名定价于君侯。君侯不以富贵而骄之，寒贱而忽之，则三千宾中有毛遂[③]，使白得颖脱而出，即其人焉。

白，陇西布衣，流落楚汉。十五好剑术，遍干诸侯；三十成文章，历抵卿相。虽长不满七尺，而心雄万夫。王公大人，许与气义。此畴曩心迹[④]，安敢不尽于君侯哉！

君侯制作侔神明[⑤]，德行动天地；笔参造化，学究天人。幸愿开张心颜，不以长揖见拒[⑥]。必若接之以高宴，纵之以清谈，请日试万言，倚马可待[⑦]。今天下以君侯为文章之司命[⑧]，人物之权衡，一经品题，便作佳士。而君侯何惜阶前盈尺之地，不使白扬眉吐气，激昂青云耶？

昔王子师为豫州，未下车即辟荀慈明；既下车又辟孔文举[⑨]。山涛作冀州，甄拔三十馀人，或为侍中、尚书[⑩]，先代所美。而君侯亦一荐严协律，入为秘书郎[⑪]；中间崔宗之、房习祖、黎昕、许莹之徒，或以才名见知，或以清白见赏。白每观其衔恩抚躬，忠义奋发。以此感激，知君侯推赤心于诸贤腹中，所以不归他人，而愿委身国士。倘急难有用，敢效微躯！

且人非尧舜，谁能尽善？白谟猷筹画[⑫]，安能自矜？至于制作，积成卷轴，则欲尘秽视听，恐雕虫小技，不合大人。若赐观刍荛[⑬]，请给纸墨，兼之书人，然后退扫闲轩，缮写呈上。庶青萍、结绿，长价于薛、卞之门[⑭]。幸推下流，大开奖饰，惟君侯图之。

【注释】 ①万户侯：食邑万户的侯爵。古代受封于某地，大的万户，小的五六百户，受封的列侯有权收取该地区的租税。韩荆州：指韩朝宗，开元年间曾任荆州长史。他喜欢识拔后进，当时的士人都很敬重他。②周公：周文王之子、武王之弟，名旦。他辅佐周成王（武王之子）兢兢业业，为了接待求见的人，他常常“一沐三握发，一饭三吐哺”。吐握：即指吐哺（吐出口中食物）、握发（握着洗湿的头发）。③毛遂：战国时赵国平原君的门客。公元前257年，秦军围攻赵都邯郸，赵派平原君求救于楚。平原君想从门客中挑选二十个能人同行，认为只有十九人够条件。当时，毛遂便自我推荐，平原君不以为然地说：“夫贤士之处世也，譬如锥之处囊（袋子）中，其末（尖端）立见。今先生处胜之门下三年于此矣，左右未有所颂，是先生无所有也。先生不能，先生留。”毛遂答道：“臣乃今日请处囊中耳。使遂早得处囊中，乃颖脱而出，非特其末见而已。”平原君就同意毛遂一起出使楚国，毛遂在赵楚合纵抗秦过程中，果真立了功劳。④畴曩（chóunǎng）：从前，昔日。⑤制作：制礼作乐，此处指著作或所建的功业。侔（móu）：相等。⑥幸：希望。长揖：古代平等的相见礼，拱手高举自上而下。⑦倚马可待：东晋大将桓温北征途中，命袁宏写篇布告，袁靠着马起草，手不停笔，很快写了七张纸，并且写得很好，后人便以这一成语比喻文思敏捷。典出《世说新语·文学》。⑧司命：星名，又叫文曲星，主管人间文运。⑨王子师：王允，字子师，汉灵帝时做豫州刺史。下车：指官吏初到任。辟：聘请。荀慈明：名爽，汉末名士。孔文举：孔融，建安七子之一。⑩山涛：字巨源，竹林七贤之一，曾任冀州刺史。侍中：魏晋时皇帝的侍从官员。尚书：魏晋时尚书台的官员，通称尚书郎，协助皇帝处理政务。⑪严协律：据说是指严武。协律，属太常寺管乐律的官名。秘书郎：掌图书收藏及抄写等事务。⑫谟猷（móyóu）：谋略。⑬刍荛（chúráo）：割草打柴人。⑭青萍：宝剑名。结绿：美玉名。长（zhǎng）价：增长身价。薛：薛烛，善于鉴定宝剑的人，见《吴越春秋》卷四。卞：卞和，善于辨识宝玉的人，见《韩非子·和氏》。

【译文】 我听天下喜欢谈世事的人聚在一起发议论说：一生中并不希求一定被封为万户侯，只是渴望能结识一下韩荆州。为什么您能使人们景仰到这种程度呢？难道不是因为您具有周公的风尚，躬行“握发吐哺”、礼贤下士之事吗？因而致使天下的英豪俊杰争相归附于您；一旦被您赏识，便如跃上龙门，声誉立即提高了十倍。

故而那些怀才不遇、待时而动的“卧龙伏凤”，都想从您这里获得声誉和肯定的评价。大人不凭自身的富贵而傲慢待人，不因他人的贫贱而加以轻视，那么众多的门客里自然就会有毛遂存在，假使我李白能有机会显露才华，我就是毛遂那样的人！

我本是祖籍陇西的一个平民，后来流落到江汉一带。十五岁就喜好剑击之术，四方拜访封疆大员；三十岁时写的文章到处求教当朝显贵。虽说我身高不到七尺，可是雄心壮志却超越万人。王公大人们都赞赏我的气魄和节操。这是我过去的抱负和经历，怎么敢不向您尽情倾诉呢？

大人您的著作等同神明，您的德行感动天地，文章能阐明自然运行的规律，学问能通晓天道人事的粗微。希望您能和颜悦色、以诚相待，不要因为我傲然长揖而拒于门外。如果您能以盛宴接待我，请容许我放言畅谈，您可以当面出题让我一天内写篇万言书，我也能像袁宏那样靠着马背一挥而就！当今天下的士人都把您看作是评定文章优劣、衡量人才高下的宗师和权威，一旦经过您的肯定，就可成为优秀的读书人。现在您又何必吝惜台阶前小小的一点儿地方来接待我，不让我李白也扬眉吐气、直上青云呢？

从前王允当豫州刺史，上任途中就征召荀爽为从事；到任后，又举荐了孔融。山涛当冀州刺史时，选拔了三十多个人才，其中有的后来担当了侍中或尚书等要职，这件事被前代人传为佳话。而大人您也一开始就举荐了协律郎严武，使他入朝担任秘书郎的职务；中间还曾征聘过崔宗之、房习祖、黎昕、许莹等人，有的是因为才能出众而受到重用，有的是因为德行清白而得到赏识。我常看到他们对您感恩戴德，发自肺腑；时时激励自己，奋发出忠贞义烈的精神。我李白因此而深受感动，认识到您能将自己的一颗诚心，全部交付给诸位贤才。故而我就不再去投奔他人，而打算委身于您这位举国知名的大人物了。假若您一旦遇到危急困难，有用我之处时，我甘愿用自己的生命来为您效力！

再说一般人并不都是尧舜那样的圣贤，哪个能尽善尽美呢？我在政治方面的谋略计划，怎么敢自己夸耀呢？至于说到诗文著作，虽已积累成册，本想请您过目，又怕这些浅薄的小玩意，不合乎高人贤哲的口味。假如您能赏脸，看看我的这些菲薄粗糙的文章，请求您赐给纸张笔墨，并派来抄写的人。然后我就回去清理好安静的屋子，将文稿誊抄清爽后呈献给您。或许能使青萍宝剑、结绿美玉在薛烛、卞和那儿受到鉴赏，提高声价。希望您能恩顾于我这个地位低下的人，大开夸奖、赞美之恩，恳请大人考虑我的要求吧！

【鉴赏】 盛唐的读书人大都富有崇尚功业、积极上进的朝气，喜欢将自己的诗文呈献给达官贵人或文坛前辈，以求获得一展宏图的机会。因此，李白借谈士之口开篇，不卑不亢地赞美了韩荆州对士人具有强大的吸引力，再以平原君与毛遂的故事，自然地表达了自荐的心愿。文中简括地介绍了自己的经历和才能，用暗引借代的手法，列举了先贤奖掖后进的大量事例，希望韩朝宗能赏识自己、量才任用。和李白的其他诗篇一样，本文既表明了他的心意，又不失清高自负与傲岸的个性。为了打动对方，作者对韩颂扬备至，但却“长揖不拜”“豪气逼人”，没有卑躬屈膝、“摧眉折腰”的“寒乞态”。全篇时而虚说，时而实写，语言明快流畅、自然奔放；句子长短错综、富有气势。不论颂扬对方或称述自己皆以夸张的笔墨表现，充分显示出大诗人的浪漫不羁的气质和广阔豪迈的胸襟。

春夜宴桃李园序

夫天地者，万物之逆旅；光阴者，百代之过客；而浮生若梦[①]，为欢几何？古人秉烛夜游，良有以也。况阳春召我以烟景，大块假我以文章[②]。会桃李之芳园，序天伦之乐事。群季俊秀，皆为惠连；吾人咏歌，独惭康乐[③]。幽赏未已，高谈转清。开琼筵以坐花，飞羽觞而醉月[④]。不有佳作，何伸雅怀！如诗不成，罚依金谷酒数[⑤]。

【注释】①逆旅：旅店。浮生：一种消极的人生观，认为世事无定，生命短促，好像浮萍生活在水面上。②大块：大地，大自然。文章：错综华美的色彩或花纹，指锦绣交织的自然景物。③惠连：南朝刘宋时的文学家谢惠连，与族兄谢灵运并称“大小谢”，灵运极爱其才。李白在此处借以赞喻众弟的才华。康乐：谢灵运是谢玄的孙子，曾袭封康乐公，世称谢康乐，李白是借以自喻。④羽觞：爵杯，古代酒器。⑤金谷：晋代石崇常在其家金谷园中饮宴，当场赋诗不成者罚酒三杯。

【译文】天地是万物暂宿的旅舍，光阴像千百年往来不歇的过客，而漂泊短促的人生犹如一场梦幻，欢乐的日子又有几天呢？古人手持明烛长夜游玩，的确是有原因的。更何况那温暖的春天用淡烟轻笼的绚丽景色把我们召唤，大自然将斑斓缤纷的锦绣风光向我们展现。聚会在桃李芬芳的名园，畅叙兄弟间的欢乐事情。诸位贤弟有杰出的才华，都是谢惠连一类的人物；而我作的诗，自愧不如谢康乐。幽雅的景色还没观赏完毕，高谈阔论已转入清雅。珍美的筵席摆设好后，大家在花丛里就座，杯盏飞快地传递，全都沉醉在皎洁的月光之下。没有好诗，怎能抒发高雅的情怀！假如有人吟不出诗来，就依照金谷园的宴饮规矩，罚酒三杯。

【鉴赏】这是一篇洋溢着诗情画意的散文小品，家喻户晓，有声有色地流传至今。

诗人以议论开篇，既点明了宴饮的时间——春夜，又说明了连夜饮酒是为了及时行乐。这一思想境界看似消极，却有原因：李白虽素怀“安黎元”“济苍生”的壮志，在政治黑暗的封建社会却因奸臣当道而处处碰壁，就常有“举杯消愁愁更愁”的感慨。但本文的基调却是健康欢乐的，充满了春天的生机，给人以意境崇高、格调明朗、色彩斑斓、赏心悦目之感。读了“阳春召我以烟景，大块假我以文章”这样的名句，产生的是积极向上，岂容辜负美好韶光的激情。一反魏晋六朝或其后那些游宴、饯别诗文，“既喜而复悲”的无限感伤和“醉不成欢惨将别”的陈套。与古人同类作品相比，可说是别开生面，能予人以乐观情绪的感染！

李华(715—774),字遐叔,赵郡赞皇(今河北赞皇县)人。开元二十三年(735)进士,天宝十一年(752)迁监察御史,因得罪杨国忠而徙为右补阙。安禄山陷长安时,曾接受凤阁舍人的伪职,乱平后贬为杭州司户参军。上元(760—761)中曾任检校吏部员外郎,后因病去职,隐居山阳(今江苏淮安),带领子弟务农。晚年笃信佛法。擅长古文,文辞华丽,与萧颖士齐名,同为古文运动先驱,世称"萧李"。著有《李遐叔文集》。

吊古战场文

浩浩乎平沙无垠,夐不见人①。河水萦带,群山纠纷。黯兮惨悴,风悲日曛②。蓬断草枯,凛若霜晨。鸟飞不下,兽铤亡群③。亭长告余曰:"此古战场也,常覆三军,往往鬼哭,天阴则闻。"伤心哉,秦欤?汉欤?将近代欤?

吾闻夫齐魏徭戍,荆韩召募。万里奔走,连年暴露。沙草晨牧,河冰夜渡。地阔天长,不知归路。寄身锋刃,腷臆谁诉④?秦汉而还,多事四夷。中州耗斁⑤,无世无之。古称戎夏⑥,不抗王师。文教失宣⑦,武臣用奇。奇兵有异于仁义,王道迂阔而莫为。呜呼噫嘻!

吾想夫北风振漠,胡兵伺便。主将骄敌,期门受战⑧。野竖旄旗,川回组练⑨。法重心骇,威尊命贱。利镞穿骨,惊沙入面。主客相搏,山川震眩⑩。声析江河⑪,势崩雷电。至若穷阴凝闭,凛冽海隅;积雪没胫,坚冰在须;鸷鸟休巢,征马踟蹰;缯纩无温⑫,堕指裂肤。当此苦寒,天假强胡,凭陵杀气,以相剪屠;径截辎重⑬,横攻士卒。都尉新降⑭,将军覆没。尸填巨港之岸,血满长城之窟;无贵无贱,同为枯骨,可胜言哉?鼓衰兮力尽,矢竭兮弦绝;白刃交兮宝刀折,两军蹙兮生死决⑮。降矣哉?终身夷狄;战矣哉?骨暴沙砾。鸟无声兮山寂寂,夜正长兮风淅淅,魂魄结兮天沉沉,鬼神聚兮云幂幂⑯。日光寒兮草短,月色苦兮霜白。伤心惨目,有如是耶?

吾闻之,牧用赵卒,大破林胡⑰,开地千里,遁逃匈奴。汉倾天下,财殚力痡⑱。任人而已,其在多乎?周逐猃狁,北至太原,既城朔方⑲,全师而还;饮至策勋,和乐且闲,穆穆棣棣,君臣之间。秦起长城,竟海为关,荼毒生灵,万里朱殷⑳。汉击匈奴,虽得阴山,枕骸遍野,功不补患。

苍苍蒸民㉑,谁无父母?提携捧负,畏其不寿。谁无兄弟,如足如手?谁无夫妇,如宾如友?生也何恩,杀之何咎?其存其没,家莫闻知。人或有言,将信将疑。悁悁心目㉒,寝寐见之。布奠倾觞,哭望天涯,天地为愁,草木凄悲。吊祭不至,精魂何依?必有凶年,人其流离。呜呼噫嘻!时耶命耶?从古如斯!为之奈何?守在四夷㉓。

【注释】 ①夐(xiòng):远,深远。②曛(xūn):日落时的余光,这里指昏暗。③铤(tǐng):快走的样子。④腷(bì)臆：心情抑郁愁闷。⑤中州：古时豫州为中州，此指中原。耗斁(dù)：损耗破坏。⑥戎夏：指中原和边境各族人民。⑦文教：指统治天下的礼、兵等典章制度。⑧期门：本为西汉武官名，掌执兵出入护卫，此处指军营大门。⑨旄旗：用旄牛尾装饰的军旗。组练："组甲被练"的简称，组甲是车士穿的衣甲，被练是步卒穿的衣甲；后以组练代指军队。⑩主客：指我军和敌军。眩：眼花，看不清楚。⑪析：震裂。⑫鸷(zhì)鸟：凶猛的飞禽，鹰雕之类。缯纩(zēngkuàng)：指用丝织品或丝绵做成的衣服。⑬辎(zī)重：军械、粮草、营帐、衣甲等物资的统称。⑭都尉：汉朝郡设的武官名，职位略低于将军。⑮蹙(cù)：迫，逼近。⑯幂幂(mì)：覆盖东西的巾，此处指乌云厚浓。⑰牧：李牧，战国末年赵国良将，驻守雁门郡，抗击匈奴，屡立大功。林胡：古代匈奴族的一支，战国时分布在今山西省朔县北至内蒙古一带，从事畜牧，善骑射。⑱痡(pū)：病，引申指疲敝。⑲猃狁(xiǎnyǔn)：先秦时我国北方的一个民族。太原：一作大原，古代地名，在今西北地区。朔方：汉武帝时设的朔方郡在今内蒙古鄂尔多斯一带。⑳荼(tú)：毒害。朱殷(yān)：紫黑的凝血色。㉑蒸民：广大的百姓。蒸，通"烝"，众多。㉒悁悁：忧闷的样子。㉓守在四夷：指实行王道，使四夷归顺，各自为天子守卫边境，就能避免战乱发生。典出《左传》昭公二十三年："古者天子，守在四夷。"

【译文】浩瀚的沙漠啊漫无边际，荒远辽阔不见人烟。长河环绕如带，群山重叠绵延。天气昏暗啊满目愁惨，阴风悲号日色无光。飞蓬折断啊野草干枯，凛冽好似打霜的秋晨。禽鸟惊飞不敢停下，走兽狂奔离群失散。当地小吏告诉我说："这就是古代的战场，大军经常在这儿溃败覆灭，往往传来野鬼的哭声，天色阴暗时就可听见。"真令人伤心啊！不知这是秦时的战场呢，还是汉朝的，或是近代的呢？

我听说那齐国、魏国征召百姓戍守边塞，楚国、韩国的兵员都是招募而来。兵士们万里奔波，常年暴露在荒郊野外。清晨在沙漠中的草滩上牧马，夜间渡过结冰的黄河。地阔天远野茫茫，不知道回乡的路在何方？成天置身于枪刀的锋刃之中，满腔的郁闷向谁倾诉？从秦汉以来，多次征伐四方边境地区，中原遭到损失破坏，没有哪一朝没有这种事例。古人所说不管是中原或是外族，都该和平相处，不和圣王的军队对抗交战。自从礼乐教化不再提倡传播，于是武将便争用奇诡之计。用奇兵攻击别人是不合仁义的，王道也被认为是迂腐的东西，没有谁去实行。唉！可悲啊可叹！

我想那北风席卷沙漠的时候，胡兵就要伺机侵犯，主将骄横轻敌，敌兵到了军营门口才仓促应战。旷野上到处竖起旄牛尾战旗，平川间无数军卒征战奔驰。军法严明，士兵心怀畏惧；军威严峻，战士的生命一钱不值。锋利的箭头射穿骨头，迅猛的风沙飞刺脸颊。敌我双方相互搏斗，战鼓齐鸣、杀声震天，山河为之而震昏。呐喊的声势如江河决堤，冲锋的气势如雷鸣电闪。等到阴沉的冬云凝聚天空，凛冽的寒风横扫海角；积雪淹没了小腿，冰凌冻结了胡须；凶猛的鹞鹰缩卧在窝里，战马也徘徊不前；丝绵寒衣没有一点暖意，手指冻掉啊皮肤皲裂。正当这严寒季节，老天给强悍的胡兵提供了方便，他们凭借着寒冬的肃杀之气，侵入中原屠戮骚扰。拦路抢掠军用物资，横行疆场攻击士卒。都尉战败投降，将军也遭杀戮。尸首填塞了大河两岸，鲜血流满了长城下的洞窟。不论高贵低贱，全都变成一堆白骨。这样悲惨的情景怎么说得尽呢？鼓声小了啊击鼓的力气也用完啦，箭已经射完啊弓弦已经断绝，白刃相击啊宝刀砍折，两军近战啊生死相搏！投降吧，那终身就成了异族的俘虏；奋战吧，只落得个尸骨暴露荒沙上。飞鸟不鸣啊山谷寂静，黑夜漫漫啊风啸啸，冤魂不散啊天阴沉，鬼神聚集啊乌云密布，日光寒冷啊荒草矮，月色愁苦啊霜雪白。天地间还有比这些更令人感到伤心落泪的景象吗？

我听说，李牧率领赵国士卒，大破林胡，开拓了一千多里的疆土，赶跑了匈奴。汉朝动用了全国的人力物力去和匈奴打仗，却落得个财尽民苦。可见作战在于任用良将，而不在于兵的多少。周朝驱逐猃狁，北征直到太原；在北方修筑了城堡后，就令全军凯旋。在国都祭告宗庙、饮酒庆贺、记功行赏，上下和睦快乐，多么安闲。恭敬娴雅的气氛，弥漫在君臣之间。秦代修筑长城，一直将关口修到海边。残害百姓，血染万里江山。汉朝攻打匈奴，虽然夺得阴山，可是汉军尸骨相枕，遍地都是，功绩也抵偿不了祸患！

天下无数百姓，谁人没有爹娘？从小精心照护，只担心他活不长。哪个没有弟兄，亲密如同手足？哪家没有夫妻，相敬相爱情长，好似宾客挚友。他们活着时帝王给过什么恩惠？有什么过错啊硬要驱赶他们进屠场。战场上他们或生或死，家里人音信不知。有时候传来消息，令人半信半疑。心中担忧眼含愁，相见只有在梦里。摆好供品啊洒酒祭地，失声痛哭啊遥望天际。皇天后土为他忧愁，花草树木为他悲伤。悼唁祭品传不到远方，亲人的灵魂归依何地？大战之后一定有荒年，百姓逃难颠沛流离。啊！唉！这是时运造成的呢，还是命中注定的呢？从古到今都是这样！有什么办法能改变它呢？只有推行仁政，使四方归附，勤王守土，不起战祸！

【鉴赏】本文名为吊古，实则借古讽今，讥刺唐玄宗好大喜功，穷兵黩武，用人不当，致使边将轻启边衅，生事邀功，因而造成战争频仍、生灵涂炭，百姓的负担大大增加。全篇围绕古战场精心构思，用虚实交错、情景交融、夹叙夹议、回顾与想象相结合的手法，描绘出一幅幅荒凉凄惨的历史画卷。作者通过分写所见、所想、所感，既生动展现了古战场的悲惨场景，又揭示了战争的残酷性及其给人民造成的巨大灾难。议论评价了历代战争得失成败的经验教训，提出必须行王道以安四夷，择良将而御边塞的主张，表达了作者渴望和平的愿望。这篇骈文句式整齐而错综，较少使用典故僻字，或骈或散，或奇或偶，或长或短，参差错落，章法多变，读来朴实流畅、回肠荡腑，体现了作者力图改革浮艳文风的主张。

刘禹锡(772—842),字梦得,洛阳(今属河南)人。唐德宗贞元九年(793)进士,登博学鸿词科,官太子校书,累迁监察御史。参与王叔文政治革新集团,极力反对宦官和藩镇割据势力,失败后被贬为朗州(今湖南常德)司马。九年后还京,又因写诗触犯权贵,再贬播州,改授连州刺史,后历迁夔州、和州、苏州、同州等地刺史。官至检校礼部尚书兼太子宾客,世称刘宾客。所著《天论》三篇,乃中唐杰出的哲学论文。其诗通俗清新,善用比兴手法寄托政治见解,与白居易齐名,世称"刘白"。所作《竹枝词》《柳枝词》等,富于民间特色。其散文寓言,也高卓可观。有《刘梦得文集》。

陋室铭[①]

山不在高,有仙则名;水不在深,有龙则灵。斯是陋室,惟吾德馨[②]。苔痕上阶绿,草色入帘青;谈笑有鸿儒,往来无白丁[③]。可以调素琴,阅金经;无丝竹之乱耳,无案牍之劳形[④]。南阳诸葛庐,西蜀子云亭[⑤]。孔子云:"何陋之有[⑥]?"

【注释】 ①铭:古代箴铭类文体,用于规诫,多为诫勉自己而作。②馨(xīn):散布很远的香气。③鸿儒:大学问家。鸿,通"洪"。白丁:没有官职的平民百姓。此处与"鸿儒"对举,指缺少文化教养的俗人。④金经:用泥金(铜粉和胶水制成的颜料)书写的佛经。或指《金刚经》。丝竹:指弦乐和管乐,此处泛指乐器声。案牍(dú):官府文书。⑤子云:扬雄字子云,是西汉著名的学者、辞赋家。成都有扬雄宅,叫草玄堂,较为简陋,后人称之为"扬子宅",此处说"子云亭"是为了押韵。⑥出自《论语·子罕》:"子曰:'君子居之,何陋之有?'"作者在篇末虽只引用了孔子后半句话,却暗含了"君子居之"的意思。

【译文】 山并不在于高峻,只要有仙人居住便会出名;水并不在于幽深,只要有蛟龙潜卧就能显灵。这虽是一间简陋的小屋啊,只因我德行高洁而使它芳香充盈。藓苔爬上石阶染成一片碧绿,草色透入门帘映得满壁翠青。里边常常有学识渊博的大儒谈笑风生,往来的人中没有一个是不学无术的凡夫俗子。小屋中可以弹奏素雅的琴瑟,可以诵读玄妙的金刚经;没有嘈杂刺耳的俗调搅扰听觉,没有烦琐的案卷公文劳累心身。好像南阳诸葛亮的茅庐,又如西蜀扬子云的草亭。孔夫子说:"(只要是君子住在里面)这有什么卑陋的呢?"

【鉴赏】 这是一篇千古传诵的散文小品,作者采用比兴手法,通过对简陋居室的生动描写,表现了自己洁身自好、不慕荣华、安贫乐道的高雅情趣。起笔从山、水两处落墨引出陋室,以"惟吾德馨"之"德",作为全篇之骨,随后紧扣题旨,分别写出了陋室内外的佳景、陋室中的高朋良友、奇情雅事。篇末收笔时以诸葛亮、扬雄自况,以圣人之言自慰,既说明了陋室不陋,表明了失意文人自恃清高、孤芳自赏的封建士大夫意识,又反映了作者虽不得志,却泰然达观,不愿与世俗权贵同流合污的高风亮节。全文字字珠玑,警策精妙,意趣盎然,朗朗上口,骈散相间,耐人寻味,可作为寒士自警的座右铭。

杜牧(803—853),京兆万年(今陕西西安)人。唐文宗太和二年(828)中进士,历任黄州、池州、湖州等地刺史,在朝中做过司勋员外郎、中书舍人等官。他博学能文,早年很有抱负,关心时政。《新唐书》本传称他"刚直有奇节","敢论列大事,指陈病利尤切至"。平生以诗著名,时人因他是杜甫之后的重要诗人,誉之为"小杜"。著有《樊川文集》。

阿房宫赋

六王毕,四海一①。蜀山兀②,阿房出。覆压三百馀里,隔离天日。骊山北构而西折,直走咸阳③。二川溶溶④,流入宫墙。五步一楼,十步一阁;廊腰缦回,檐牙高啄;各抱地势,钩心斗角⑤。盘盘焉,囷囷焉,蜂房水涡,矗不知其几千万落⑥。长桥卧波,未云何龙⑦?复道行空,不霁何虹⑧?高低冥迷,不知西东。歌台暖响,春光融融;舞殿冷袖,风雨凄凄。一日之内,一宫之间,而气候不齐。

妃嫔媵嫱,王子皇孙,辞楼下殿,辇来于秦⑨。朝歌夜弦,为秦宫人。明星荧荧,开妆镜也;绿云扰扰,梳晓鬟也;渭流涨腻,弃脂水也;烟斜雾横,焚椒兰也;雷霆乍惊,宫车过也;辘辘远听,杳不知其所之也⑩。一肌一容,尽态极妍,缦立远视,而望幸焉⑪;有不见者,三十六年!燕赵之收藏,韩魏之经营,齐楚之精英,几世几年,剽掠其人,倚叠如山;一旦不能有,输来其间;鼎铛玉石,金块珠砾,弃掷逦迤⑫,秦人视之,亦不甚惜。

嗟乎!一人之心,千万人之心也。秦爱纷奢,人亦念其家。奈何取之尽锱铢⑬,用之如泥沙!使负栋之柱,多于南亩之农夫;架梁之椽,多于机上之工女;钉头磷磷,多于在庾之粟粒;瓦缝参差,多于周身之帛缕;直栏横槛,多于九土之城郭⑭;管弦呕哑,多于市人之言语。使天下之人,不敢言而敢怒,独夫之心⑮,日益骄固。戍卒叫,函谷举⑯。楚人一炬⑰,可怜焦土。

呜呼!灭六国者六国也,非秦也。族秦者秦也,非天下也。嗟乎!使六国各爱其人,则足以拒秦。使秦复爱六国之人,则递三世、可至万世而为君,谁得而族灭也?秦人不暇自哀,而后人哀之;后人哀之而不鉴之,亦使后人而复哀后人也。

【注释】 ①六王:指楚、齐、韩、赵、魏、燕六国之王。四海:古以为中国四境由大海环绕,指全国。②兀:本指物体高而上平。这里指光秃。③骊山:在西安临潼区内。北构:指向北方建造。咸阳:秦都城,在陕西咸阳市城东。④二川:指渭川、樊川。⑤廊腰:游廊的转折处。缦:无文采的缯帛。檐牙:比喻檐角翘出,似牙齿样。啄:鸟用嘴吃食。钩心斗角:廊腰互相联结,纡曲如钩;檐牙彼此相向,像螭龙斗角。⑥盘盘:盘结重叠。囷囷:屈曲聚拢。落:院落。一说指檐滴。⑦卧波:横拖在水上。未云何龙:意思是未下雨,何来之龙?古人以为有龙必有雨。此言长桥似龙。⑧复道:即阁道,建筑物之间的空中通道。霁:雨过天晴。⑨妃嫔媵嫱(yìngqiáng):封建王侯妻妾的名称。辇(niǎn):帝王或皇后乘坐的车子。此用作动词,乘坐。⑩明星荧荧,开妆镜也:妆镜闪烁,像繁星一样。绿云:比喻女子乌黑的头发。鬟(huán):古代妇女的环形发髻。脂水:指宫女的洗面水。因水中有从脸上洗下的胭脂,故称脂水。椒兰:香料。辘辘:车子声音。⑪肌、容:指宫女的肌肤和容貌。妍:姿容美丽。缦立:等待。一说,缦同"曼",柔美。幸:古帝王驾临某地或被帝王宠爱。⑫铛(chēng):锅类的器具。逦迤(lǐyǐ):接连不断。⑬纷奢:繁华奢侈。锱铢(zīzhū):古代重量单位,此指很少的钱。⑭负:支撑,负担。磷磷:本指散乱地露出水面的石头,这里形容钉头很密。庾(yǔ):露天的谷仓。九土:指九州。⑮独夫:孤立的统治者。此指秦始皇。⑯戍卒叫:指陈涉、吴广等戍卒被征发行至大泽乡号召起义。举:攻克。⑰楚人一炬:指项羽攻下咸阳纵火焚烧秦宫室事。

【译文】六国君王被消灭,天下得到了统一。蜀中山林砍光了,阿房宫就建成了。它覆盖了三百多里的地面,遮蔽了天空和太阳。从骊山向北修建,再往西折,一直通到了咸阳。渭川、樊川的水缓缓流动,流进了阿房宫的围墙。五步路一座高楼,十步路一座高阁;长长的游廊像绸带一样曲折回环,屋檐翘角像鸟嘴在高处啄食那样;各个建筑物都顺着地势建造,走廊和宫室的中心连接,檐牙并出如龙角相互争斗。盘旋环绕,弯弯曲曲,像蜂房,又像水流的漩涡那样,高高地耸立着的,不知道有几千万座。长桥横躺在水波上面,天上没有云,哪里会有龙出现呢?楼阁之间的过道通过空中,不是雨后初晴,哪里来的彩虹?高高低低迷迷茫茫的建筑物,使人分不清南北西东。歌台上传出温柔的歌声,有温暖的感觉,使人感受到春光的和煦;跳舞的大殿上舞袖甩动,带来了寒冷的感觉,使人像处在凄冷的风雨中。在一天之内,在同一座宫中,可是气候却大不相同。

六国的王妃宫娥,王子皇孙,辞别了本国的宫殿楼阁,乘车来到秦国。白天唱歌晚上奏乐,成为秦国的宫人。明星闪闪烁烁,那是宫女们在打开梳妆用的镜子;墨绿的云朵纷乱着,那是宫女们在早晨梳头发;渭水上涨起一层油腻,那是宫女们在倒掉洗脂粉的水;烟雾弥漫,那是她们在焚烧香料;忽然响起隆隆的雷声,那是宫车从这里经过;辘辘的车声,越去越远,不知道它到哪里去了。每一宫女的肌肤、容貌都非常娇艳、美丽,她们久久地站着,远远地望着,盼望得到秦王的宠爱;然而有的整整有三十六年见不到秦王一面!燕国、赵国收藏的宝物,韩国、魏国积聚的珍品,齐国、楚国的精华,都是经历了多少代多少年,从他们的人民那里掠夺来的,堆积如山;一旦国破家亡保不住它们,都运到了阿房宫;在这里宝鼎当成了铁锅,美玉成了石头,黄金成了土块,珍珠成了沙砾,丢得到处都是,秦人见了,一点也不觉得可惜。

唉!一人的心,也就是千万人的心啊。秦王喜欢繁华奢侈,天下的人们也会想念自己的家。为什么夺取它们时,一点一滴也不放过,使用它们时却当作泥沙一样!让那些承受屋梁的柱子,比田里的农民还要多;架在梁上的椽子,比织布机上的织女还要多;钉头密密麻麻,比粮仓的谷粒还要多;宫殿的瓦缝参差不齐,比全身衣裳的丝线还要多;直的栏杆、横的门槛,比九州的城郭还要多;乐器吹奏出的杂乱乐声,比闹市上人们嘈杂的说话声还要多。使得天下的人不敢讲话,心里却愤怒无比，秦始皇的心一天比一天更加骄傲顽固。谁料到陈涉、吴广等振臂高呼，刘邦攻克下函谷关，项羽的一把大火，可惜阿房宫就变成了一片焦土。

唉！灭掉六国的是六国自己，不是秦国；消灭秦国的是秦国自己，不是天下的人。唉！假若六国君王各自爱护他们的百姓，那就足够抵挡秦国。假若秦国也能爱护六国的百姓，那就可以传位到三世，甚至可以传位到很多世做帝王，谁能消灭掉它呢？秦国人来不及哀痛自己的灭亡，却使后代的人哀怜他们；后代的人哀怜他们而不以之为借鉴，也会使更后的人再来哀怜他们了。

【鉴赏】这是一篇借古讽今的文章。唐朝晚期，帝王大兴宫室，骄奢淫逸，潜伏的社会矛盾越来越深沉。杜牧作《阿房宫赋》，以迅速灭亡的秦朝之事，警醒唐王朝，一味地享乐腐化，过重的剥削，则只会重蹈秦朝的覆辙。

《阿房宫赋》是唐代短赋中的名作。它用铺叙、夸张的手法极写阿房宫的壮丽宏伟。文章的想象力丰富，新颖生动的比喻，华美的词句，铿锵的声韵，描绘出一幅瑰丽的画卷。再写到秦王朝的骄奢引起天下人的强烈反抗，秦王朝迅速土崩瓦解，阿房宫顿成一片焦土。最后揭示出深刻的主题。

韩愈(768—824)，字退之，河阳(今河南孟州市)人。祖籍河北昌黎，故称韩昌黎。贞元八年(792)进士，二十九岁进入仕途，历任汴州观察推官、四门博士、监察御史、中书舍人、刑部侍郎等职。因谏阻宪宗迎佛骨，贬潮州刺史。后官终吏部侍郎，卒谥文，人称韩文公。他为人耿正，尤喜奖掖后进；政治上反对藩镇割据，力主统一；思想上尊儒排佛，以孔孟道统的继承者自居；文艺上反对六朝以来形式主义的骈偶文风，倡导古文运动。其散文气势磅礴，言简意赅，独树一帜，自成一家，为"唐宋八大家"之首。其诗奇绝宏伟，气象雄浑，提倡"以文为诗"，对当时和后世影响巨大。他创作的寓言散文及寓言诗，大都构思新奇，寓意深邃。著作有《韩昌黎集》等。

原　道[①]

博爱之谓仁，行而宜之之谓义，由是而之焉之谓道，足乎己无待于外之谓德[②]。仁与义为定名，道与德为虚位[③]。故道有君子小人，而德有凶有吉[④]。

老子之小仁义，非毁之也，其见者小也[⑤]。坐井而观天，曰天小者，非天小也。彼以煦煦为仁，孑孑为义[⑥]，其小之也则宜。其所谓道，道其所道，非吾所谓道也。其所谓德，德其所德，非吾所谓德也。凡吾所谓道德云者，合仁与义言之也，天下之公言也。老子之所谓道德云者，去仁与义言之也，一人之私言也。

周道衰，孔子没，火于秦，黄老于汉，佛于晋、魏、梁、隋之间[⑦]。其言道德仁义者，不入于杨，则入于墨[⑧]；不入于老，则入于佛。入于彼，必出于此。入者主之,出者奴之;入者附之,出者污之[9]。噫!后之人其欲闻仁义道德之说,孰从而听之?老者曰[10]:“孔子,吾师之弟子也。”佛者曰[11]:“孔子,吾师之弟子也。”为孔子者,习闻其说,乐其诞而自小也[12],亦曰:“吾师亦尝师之云尔。”不惟举之于其口,而又笔之于其书。噫!后之人虽欲闻仁义道德之说,其孰从而求之?甚矣,人之好怪也!不求其端,不讯其末,惟怪之欲闻。

古之为民者四,今之为民者六;古之教者处其一,今之教者处其三[13]。农之家一,而食粟之家六;工之家一,而用器之家六;贾之家一,而资焉之家六[14]。奈之何民不穷且盗也!古之时,人之害多矣。有圣人者立,然后教之以相生相养之道[15]。为之君,为之师,驱其虫蛇禽兽而处之中土[16]。寒然后为之衣,饥然后为之食;木处而颠[17],土处而病也,然后为之宫室。为之工以赡其器用,为之贾以通其有无,为之医药以济其夭死,为之葬埋祭祀以长其恩爱,为之礼以次其先后,为之乐以宣其湮郁;为之政以率其怠倦;为之刑以锄其强梗[18]。相欺也,为之符玺斗斛权衡以信之;相夺也,为之城郭甲兵以守之[19]。害至而为之备,患生而为之防。今其言曰:“圣人不死,大盗不止。剖斗折衡,而民不争。”呜呼!其亦不思而已矣?如古之无圣人,人之类灭久矣。何也?无羽毛鳞介以居寒热也[20],无爪牙以争食也。

是故君者,出令者也;臣者,行君之令而致之民者也;民者,出粟米麻丝,作器皿,通货财,以事其上者也。君不出令,则失其所以为君;臣不行君之令而致之民,则失其所以为臣;民不出粟米麻丝,作器皿,通货财以事其上,则诛。今其法曰:“必弃而君臣,去而父子,禁而相生相养之道,以求其所谓清净寂灭者[21]。”呜呼!其亦幸而出于三代之后,不见黜于禹[22]、汤、文、武、周公、孔子也。其亦不幸而不出于三代之前,不见正于禹、汤、文、武、周公、孔子也。

帝之与王,其号虽殊,其所以为圣一也。夏葛而冬裘[23],渴饮而饥食,其事殊,其所以为智一也。今其言曰:“曷不为太古之无事?”是亦责冬之裘者曰:“曷不为葛之之易也?”责饥之食者曰:“曷不为饮之之易也?”传曰[24]:“古之欲明明德于天下者,先治其国;欲治其国者,先齐其家;欲齐其家者,先修其身;欲修其身者,先正其心;欲正其心者,先诚其意。”然则古之所谓正心而诚意者,将以有为也。今也欲治其心,而外天下国家,灭其天常[25]。子焉而不父其父,臣焉而不君其君,民焉而不事其事。孔子之作《春秋》也,诸侯用夷礼则夷之;进于中国则中国之。经曰:“夷狄之有君[26],不如诸夏之亡。”《诗》曰:“戎狄是膺,荆舒是惩[27]。”今也举夷狄之法,而加之先王之教之上,几何其不胥而为夷也?

夫所谓先王之教者,何也?博爱之谓仁,行而宜之之谓义,由是而之焉之谓道,足乎己无待于外之谓德。其文《诗》《书》《易》《春秋》,其法礼乐刑政,其民士农工贾,其位君臣、父子、师友、宾主、昆弟、夫妇,其服丝麻,其居宫室,其食粟米果蔬鱼肉。其为道易明,而其为教易行也。是故以之为己,则顺而祥;以之为人,则爱而公;以之为心,则和而平;以之为天下国家,无所处而不当。是故生则得其情，死则尽其常；郊焉而天神假，庙焉而人鬼飨[28]。曰："斯道也，何道也？"曰："斯吾所谓道也，非向所谓老与佛之道也。"尧以是传之舜，舜以是传之禹，禹以是传之汤，汤以是传之文、武、周公，文、武、周公传之孔子，孔子传之孟轲；轲之死，不得其传焉。荀与扬也[29]，择焉而不精，语焉而不详。由周公而上，上而为君，故其事行；由周公而下，下而为臣，故其说长。然则如之何而可也？曰："不塞不流，不止不行。人其人，火其书，庐其居，明先王之道以道之[30]。鳏寡孤独废疾者有养也。其亦庶乎其可也！"

【注释】①原：推求，考察和研究。道：仁义之道。②博：广泛。行而宜之：指行为合于客观事理。由是而之焉：从仁义出发到达仁义的境界。足乎己：自己在仁义上有足够的修养。无待于外：不需要外来的帮助。③定名：确定了的名称。意即固定的有具体内容的名称。虚位：空虚的位子。指没有实际内容的名号。④道有君子小人：即有君子之道和小人之道。德有凶有吉：德有恶德和善德。⑤老子：即李耳，字聃，道教创始人，春秋时期著名的思想家，著有《老子》一书。小仁义：把仁义看得很渺小，即轻视仁义。见者小：意目光短浅。⑥煦煦（xǔxǔ）：和悦、慈爱的样子，指施以小恩惠。孑孑（jiéjié）：指小心谨慎。⑦火于秦：用火烧。秦始皇曾焚烧《诗》《书》和诸子百家著作。黄老于汉：黄，黄帝。老，老子。指黄、老之学盛行于汉代。汉代称道家学说为黄老之学。佛于晋、魏、梁、隋之间：佛教，公元前六世纪印度释迦牟尼所创立，自东汉明帝时传入中国，晋、南北朝时盛行。魏，指南北朝时的北魏。⑧杨：杨朱，字子居，战国时思想家，主张"为我学说"，跟墨翟的"兼爱"相反。墨：墨翟，战国时思想家。墨家学说的创始人，主张"兼爱""非攻"。杨朱、墨翟学说和儒家学说对立，被儒家斥为异端。⑨"入者主之"四句：意思是说，加入那一家，就以那一家为主，背离那一家，就把那一家当作奴仆。对加入的那一家就附和，对不同意的那一家就污蔑。⑩老者：尊崇老子学说的人。⑪佛者：佛教徒。⑫为孔子者：指尊奉孔子学说的人。乐其诞而自小：喜欢听那些荒唐的说法而妄自菲薄。⑬古之为民者四：古代的百姓只有四种人，即士、农、工、商。下说"为民者六"即指加入僧、道两家。古之教者：古代施行教化的人，指儒家。处其一：指在"四民"之中居其一。今之教者处其三：指儒、释、道三家。⑭资：靠，依赖，凭借。⑮相生相养：相互协作，互相谋生，互相供养。⑯中土：中原地区。⑰木处而颠：木处，指上古时代人们在树上筑巢居住。颠，跌下来。⑱赡（shàn）：供应。次：安排，排列。湮（yīn）郁：心情郁闷。率（lǜ）：通"律"，约束。锄：铲除。强梗：强横的人。⑲符：古代一种凭证，双方各执一半，使用时相合为证。玺（xǐ）：玉制印章，秦汉以后成为皇帝专用印信的名称。斗斛（hú）：古代量器，十升为一斗，十斗为一斛。北宋以后五斗为一斛。郭：外城。甲：战衣。⑳鳞介：即"鳞甲"。㉑其法：指佛、老的主张。清净寂灭：指佛家教义，佛家以远离恶行烦恼为清净；认为经过长期修行，一切烦恼就会消失干净，具备了清净功德，这种境界就是"寂灭"。㉒三代：指夏、商、周三代。黜（chù）：贬斥。㉓葛：葛布衣服。裘：皮衣服。㉔传（zhuàn）：指《礼记·大学》。㉕外天下国家：意置天下国家于不顾。外，作动词，疏远、抛开的意思。天常：天伦，指君臣、父子、兄弟等封建社会的伦理关系。㉖经：指《论语》。夷狄：古时候对少数民族的通称。㉗戎狄是膺，荆舒是惩：出自《诗经·鲁颂·乂宫》。意思是抗击戎狄，惩罚荆舒。戎，古时候泛指西部的少数民族；舒是附属于楚（荆）的南方小国。㉘郊：郊祭，祭天的礼。假（gé）：通"格"，至、到。飨（xiǎng）：享用。㉙荀与扬：荀卿（况）和扬雄。荀卿，战国时思想家。扬雄，西汉哲学家、文学家。㉚不塞不流，不止不行：意佛老之学不加以阻止，儒学就不能通行。人其人：意使佛、道教徒还俗成为百姓，在士、农、工、商中各执一业。火：焚烧。庐：使寺庙道观改作民房。道之：即“导之”，道同“导”。

【译文】 广泛地爱人就叫作仁，实行仁做得合于客观事理就叫作义，从仁义出发到达仁义的境界就叫作道，自己在仁义上有足够的修养不需要外来的帮助就叫作德。仁和义是固定的有具体内容的名称，道和德是没有实际内容的名称。所以道有君子之道和小人之道，德有恶德和善德。

老子轻视仁义，并不是诽谤仁义，而是他目光短浅。坐在井里看天，说天很小，实际上天并不小。他把小恩惠看作仁，把为人小心谨慎看成义，那么他轻视仁义是当然的了。他所讲的道，是说他心目中的道，并不是我所讲的道。他所讲的德，是说他心目中的德，并不是我所讲的德。凡是我所讲的道德，都是把仁和义结合在一起的，这是天下的公论。老子所讲的道德，是抽去了仁和义的，是他个人的说法。

周道衰落，孔子死了，秦朝时焚烧书籍，汉朝盛行黄、老之学，佛教盛行于晋、北魏、梁、隋时期。当时谈论道德仁义的，不是加入杨朱学派，就是加入墨翟学派；不是加入老子一派，就是加入佛教一派。加入那一派，必定会排除这一派。加入那一派就以那一派为主，背离那一派就把那一派当作奴仆；对加入的那一派就附和，对不同意的那一派就污蔑。唉，后来的人如果想听仁义道德的学说，那么听从哪一派的呢？老子的教徒说：“孔子是我们老师的学生。”佛教徒说：“孔子是我们老师的学生。”尊奉孔子学说的人听惯了那些说法，喜欢听那些荒唐的说法而妄自菲薄，也附和着说：“我们的老师也曾经向他们学习过。”不仅嘴里说，而且还把它写在书本上。唉！后来的人虽然想听仁义道德的学说，可是从哪里去寻求它呢？人们喜欢怪诞言论太严重了！不去探求事情的开头，也不去询问事情的结果，只是想听那些怪诞的说法。

古代作为老百姓的有四种人，现在作为老百姓的有六种人；古代施行教化的人只占四种人中的一种，现在施行教化的人占六种人中的三种。现在务农的只有一家，而吃粮食的人却有六家；做工的只有一家，而用器具的却有六家；做生意的只有一家，而靠买卖货物的却有六家。这怎么能使老百姓不穷困而去偷盗呢！古时候，人民的祸害很多。有圣人出现后，才教给他们相互谋生、相互供养的方法。替他们设置君主，替他们设置了师长，赶跑了毒虫毒蛇和凶恶的禽兽，让他们生活在中原地区。寒冷时就教他们做衣服，饥饿时就教他们种庄稼；住宿在树上有可能跌下来，住在洞穴里容易生病，这才教他们造房屋。替他们设置工匠用来供应器具，替他们设置商人来互通有无，替他们发明医药来挽救人民的短命死亡，替他们规定埋葬祭祀的仪式来增长人们之间的恩爱，替他们制定礼节来安排人们尊卑长幼的秩序，替他们创造音乐来排遣人们的心情郁闷；替他们制定政令来约束人们的懒惰，替他们设立刑法来铲除那些强横的人。为了防止相互欺骗，就给他们设置符节、印玺、斗斛、权衡来使他们遵守奉行；为了防止相互争夺，就给他们修筑城池、建造武器来使他们守卫自己。灾害要来时就为他们做好准备，祸患要发生时就为他们做好预防。现在有人说：“圣人不死，大盗就不会终止。打破了斗斛，折断了秤杆，那老百姓就不会相互争夺了。”唉！那不过是没有好好思索罢了！假如古代没有圣人,人类早就灭亡了。为什么呢？因为人没有羽毛鳞甲能在寒冷炎热的情况下生活,也没有爪牙用来争夺食物。

因此君主是发号施令的;臣子是执行君主的命令来推行给老百姓的;老百姓是生产粮食、麻丝、制作器具、交流货物用来侍奉那些在上面的人的。君主不发号施令,就放弃了做君主的职责;臣子不执行君主的命令来推行给老百姓,就丧失了臣子的职责;老百姓不生产粮食、麻丝、制作器具、交流货物用来侍奉那些上面的人,就要受到惩罚。现在他们的主张是:“必须抛弃君臣关系,去掉父子关系,禁止相互谋生、相互供养的方法,用这来求得所谓清净和寂灭的境界。”唉！他们幸亏出生在夏、商、周三代以后,没有受到夏禹、商汤、周文王、周武王、周公、孔子的贬斥。他们也不幸没有出生在夏、商、周三代以前,没能得到夏禹、商汤、周文王、周武王、周公、孔子的纠正。

帝和王,他们的名称虽然不同,他们能成为圣人的原因是一样的。夏天穿葛布衣服,冬天穿皮毛衣服,口渴了就喝水,肚子饿了就吃东西,这些事虽然不一样,但这些事都是明智的做法,其中的道理是一样的。现在他们说道:“为什么不学习远古时代的无为而治?”这好比指责在冬天穿皮毛衣服的人说:“为什么不去穿葛布衣服,那有多简便呀?”指责肚子饿了吃东西的人说:“为什么不去喝水,那有多容易呀?”《礼记·大学》篇中说:“古时候想在天下显明美德的人,先要治理好国家;想要治理好国家的人,先要整治好他的家庭;想要整治好他家庭的人,先要修养好他的身心;想要修养好他身心的人,先要端正他的思想;想要端正他思想的人,先要使他的心意诚实。”那么,古代所讲的端正思想而又心意诚实的人,是将会有所作为的。现在想修养自己的身心,却置天下国家于不顾,灭掉了他们的天伦。做儿子的却不把父亲当作父亲,做臣子的却不把君主当作君主,做百姓的却不做他们应该做的事。孔子撰写《春秋》时,诸侯中有用夷狄礼仪的就把他当作夷狄;夷狄中有用中原礼仪的就把他当作中原国家。《论语》上说:“夷狄有君主,还不如中原的各诸侯国没有君主。”《诗经》上说:“抗击戎狄,惩罚荆舒。”现在却把夷狄的礼法放在先王的教化上面,那几乎不全都成为夷狄了吗?

所谓先王的教化到底是什么呢？广泛地爱人叫作仁,实行仁做得合于客观事理叫作义,从仁义出发到达仁义的境界叫作道,自己在仁义上有足够的修养不需要外来的帮助就叫作德。它的文献是《诗经》《尚书》《易经》《春秋》,它的制度是礼仪、音乐、刑法、刑令,它的百姓是士人、农民、工匠、商人,它确定的名位是君臣、父子、师友、宾主、兄弟、夫妇,他们穿的是麻织品、丝织品,他们住的是房屋,他们吃的是粟、米、水果、蔬菜、鱼肉。它作为道理是容易明白的,而它作为教化是容易推行的。因此用它来要求自己,就和顺、吉祥;用它对待别人,就仁爱、公正;用它来修身养性,就温和、平静;用它治理天下国家的事,就没有什么地方不合适的。因此人活着就能按他们的性情生活,死后就能得到正常的待遇;祭天时天神会驾到,祭宗庙时祖宗的魂灵就来享用祭品。有人会问:“这种道究竟是什么道?”回答说:“这是我所说的道,不是从前老子和佛家的道。"唐尧把这个传给虞舜,虞舜把这个传给夏禹,夏禹把这个传给商汤,商汤把这个传给周文王、周武王和周公,周文王、周武王和周公传给了孔子,孔子传给了孟轲;孟轲死了,就没能往下传了。荀卿和扬雄选择了一些论点但选取得不精确,阐述得不详细。从周公以上,都是在上面做君主的,所以他们提倡的仁义推行得通;从周公以下,都是在下面做臣子的,所以他们的学说能得到流传。那么到底要怎么办才可以呢?我以为:"不堵塞一些地方就没有水流过,不阻止佛老之道,先王之道就不能流传施行。应当让那些和尚、道士重新成为百姓,用火烧掉佛家道家的书籍,把寺庙道观改作民房,阐明先王之道来引导他们。使鳏夫、寡妇、孤儿、独老、残废人和病人的生活得到保障,那样做差不多就可以了吧!"

【鉴赏】本文是韩愈的一篇著名哲学论文。韩愈有鉴于唐朝中后期佛教、道教泛滥成灾,深感只有大力倡导忠君孝亲的孔孟之道,恢复儒家的正统地位,用儒家的仁义思想来统一思想,才能使中央政权得以巩固,才能制止犯上作乱的事件发生。文章中反复论证的,就是用儒家的思想体系来建立封建社会秩序的合理性和必要性。他猛烈地抨击了佛、道二教,指出他们破坏了封建的等级秩序,形成了一个特殊的阶层,加重了百姓的负担,造成了社会的贫困。这在当时是有积极意义的。这篇文章结构谨严,波澜起伏,大开大阖,有破有立,反复论述,条分缕析而气势磅礴。

原　毁①

古之君子,其责己也重以周,其待人也轻以约②。重以周,故不怠;轻以约,故人乐为善。

闻古之人有舜者,其为人也,仁义人也。求其所以为舜者,责于己曰:"彼,人也;予,人也。彼能是,而我乃不能是?"早夜以思,去其不如舜者,就其如舜者。闻古之人有周公者,其为人也,多才与艺人也。求其所以为周公者,责于己曰:"彼,人也;予,人也。彼能是,而我乃不能是?"早夜以思,去其不如周公者,就其如周公者。

舜,大圣人也,后世无及焉。周公,大圣人也,后世无及焉。是人也,乃曰:"不如舜,不如周公,吾之病也。"是不亦责于己者重以周乎?

其于人也,曰:"彼,人也,能有是,是足为良人矣;能善是,是足为艺人矣③。"取其一不责其二。即其新,不究其旧。恐恐然惟惧其人之不得为善之利④。一善易修也,一艺易能也。其于人也,乃曰:"能有是,是亦足矣。"曰:"能善是,是亦足矣。"不亦待于人者轻以约乎?

今之君子则不然,其责人也详,其待己也廉。详,故人难于为善;廉,故自取也少。己未有善,曰:"我善是,是亦足矣。"己未有能,曰:"我能是,是亦足矣。"

外以欺于人，内以欺于心，未少有得而止矣，不亦待于己者已廉乎？

其于人也，曰：“彼虽能是，其人不足称也；彼虽善是，其用不足称也。”举其一，不计其十；究其旧，不图其新。恐恐然惟惧其人之有闻也，是不亦责于人者已详乎？

夫是之谓不以众人待其身，而以圣人望于人，吾未见其尊己也。

虽然，为是者有本有原，怠与忌之谓也。怠者不能修；而忌者畏人修[⑤]。吾尝试之矣。尝试语于众曰：“某良士，某良士。”其应者，必其人之与也；不然，则其所疏远不与同其利者也；不然，则其畏也。不若是，强者必怒于言，懦者必怒于色矣。又尝语于众曰：“某非良士，某非良士。”其不应者，必其人之与也。不然，则其所疏远不与同其利者也；不然，则其畏也。不若是，强者必说于言，懦者必说于色矣[⑥]。

是故事修而谤兴[⑦]，德高而毁来。呜呼！士之处此世，而望名誉之光、道德之行[⑧]，难已。将有作于上者，得吾说而存之，其国家可几而理欤[⑨]？

【注释】①原毁：推究诽谤的由来。②君子：古代指道德高尚，才华出众的人。重：严格。轻：宽容。③艺人：有技艺的人。④恐恐然：担心的样子。⑤修：学习，追求进步。⑥说（yuè）：同“悦”。喜悦。⑦事修：事情做好的意思。谤：诽谤。⑧光：光大，显著。行：通行，流传。⑨有作：有所作为。上者：身居高位的人。存：记在心上。理：治理。

【译文】古代的君子，他们要求自己严格而且全面，他们对待别人既宽容又简约。严格而且全面，所以不会懒惰；宽容又简约，所以人家高兴做好事。

听说古人中有个叫舜的，考察他为人的，可知他是个仁义的人。他们探求舜能成为舜的缘故，就要求自己说：“他是人，我也是人。他能做到这样，可是我却不能做到这样？”他们早上夜晚进行思索，去掉那些不如舜的地方，学习像舜那样的长处。他们听说古人中有个叫周公的，他的为人，是个多才多艺的人。他们探求周公能成为周公的缘故，就要求自己说：“他是人，我也是人。他能做到这样，可是我却不能做到这样？”他们早上夜晚进行思索，去掉那些不如周公的地方，学习像周公那样的长处。

舜是个大圣人，后代没有人能赶得上他。周公是个大圣人，后代没有人能赶得上他。可是这个人却说：“不如舜，不如周公，这是我的缺陷。”这不就是要求自己严格而又全面吗？

他们对待别人却说：“那个人能够做到这样，就足够称为好人了；能够擅长这个，就足够算是一个有技艺的人了。”肯定他的一个长处，而不要求他有第二个长处。肯定他现在的表现，而不追究他以前的表现。担心地怕别人得不到做好事的好处。一件好事是容易做好的，一种技艺是容易学到手的。他对待别人，却说：“能有这点成就，这也就够了。”又说：“能擅长这个，这也就够了。”这不就是对待别人既宽容又简约吗？

现在的君子却不是这样，他们要求别人很全面，而要求自己却很低。要求别人全面，所以人家难得做好事；对自己要求低，所以自己得到的就少。自己没有长处，却说："我能做这种事，这也就足够了。"自己没有技能，却说："我能做到这样，这也就可以了。"对外欺骗别人，对内欺骗自己，没一点收获就停止前进，不是对待自身要求太低了吗？

可是，他对待别人却说："他虽然能做到这样，但他却是不值得称赞的；他虽然能做这种事，但他的才能不值得称赞。"举出他的一个缺点，却不考虑他的十个优点；追究他的过去，却不考虑他新的表现。担心地惧怕人家获得名誉，这不是对别人要求太全面了吗？

这就叫作不用对待一般人的标准要求自身，却用圣人的标准去要求人家，我看不出他是在尊重自己。

虽然如此，他们这样做是有根有源的，这就是所说的懒惰和妒忌。懒惰的人，不追求进步；而妒忌人家的人害怕别人进步。我曾试过，试着对大家说："某人是好人，某人是好人。"那些附和我的，一定是那个人的朋友；否则就是和他疏远、跟他没有利害关系的人；否则就是怕那个人。如果不是这样，厉害的人一定会说出愤怒的话，懦弱的人一定会显露出恼怒的脸色。我又曾试着对大家说："某人不是好人，某人不是好人。"那些不附和我的，一定是那个人的朋友；否则就是和他疏远、跟他没有利害关系的人；否则就是怕那个人。如果不是这样，厉害的人一定会说出高兴的话，懦弱的人一定会显露出高兴的脸色。

所以事情做好了，诽谤也就会出现，道德高尚了，诽谤也跟着来了。唉！读书人处在这样的时代，而指望名誉显著，道德流传，真是太难了！那些身居高位准备有所作为的人，听到我的话，牢记在心，大概国家差不多就可以治理好了吧。

【鉴赏】 这是韩愈的一篇名作。它深刻地分析了当时社会一般人好说别人坏话的根源和这种坏风气的恶劣影响。在封建社会士大夫阶层，一部分人结成朋党，只顾及私利，不问是非，攻击乃至陷害异己，是常见的事。韩愈希望上层统治者能明白这种道理，扭转世风，制止诽谤。这既是对当时社会积习的谴责，又是为自己怀才不遇、仕途坎坷鸣不平，表达了他对小人的诽谤行径的憎恶。

文章运用对比手法，写得形象生动；文章中排比句多，气势连贯，很有说服力。

获麟解

麟之为灵[①]，昭昭也。咏于《诗》，书于《春秋》，杂出于传记百家之书[②]，虽妇人小子，皆知其为祥也。

然麟之为物，不畜于家，不恒有于天下。其为形也不类，非若马牛、犬豕、豺狼、麋鹿然[③]。然则虽有麟，不可知其为麟也。角者吾知其为牛，鬣者吾知其为马[④]，犬豕、豺狼、麋鹿，吾知其为犬豕、豺狼、麋鹿，惟麟也不可知。不可知，则其谓之不祥也亦宜。

虽然，麟之出，必有圣人在乎位，麟为圣人出也。圣人者必知麟，麟之果不为不祥也。

又曰：麟之所以为麟者，以德不以形。若麟之出不待圣人，则谓之不祥也亦宜。

【注释】 ①灵：灵异，神奇之物。《礼记》曰："麟、凤、龟、龙，谓之四灵。"②《诗》：即我国最早的诗歌总集《诗经》，其中的《国风·周南》有《麟之趾》篇。《春秋》：本为周代史书的通称，到孔子根据鲁史材料修成一部《春秋》时，这才变为专名，就是六经之一的《春秋经》，为我国最早的一部编年体断代史。《史记》所谓《春秋》，实指《左传》。《春秋》上有关于获麟的记载。"杂出"句：在《荀子》《大戴礼记》《史记》《汉书》等古籍中，都提及麟。③不类：指麟和其他兽类样子不相似。麋（mí）：即麋鹿，比一般鹿大些。④鬣（liè）：兽类颈上的长毛。

【译文】 麒麟是一种神奇的动物，这是很明显的。《诗经》里歌咏过它，《春秋》里记载过它，还零散地记录在史籍和诸子百家的书中。即使妇女和小孩，都知道它是祥瑞的动物。

可是麒麟作为一种动物，不在家中畜养，不经常在天下出现。它的形体不伦不类，不像马、牛、狗、猪、豺、狼、麋、鹿那样。既然这样，那么即使有麒麟存在，也不可能知道它是麒麟。长角的，我们知道那是牛；有鬣毛的，我们知道那是马；狗、猪、豺、狼、麋、鹿，我们知道那是狗、猪、豺、狼、麋、鹿，只有麒麟不能认识。不能认识，那么叫它为不祥之物也是可以的。

尽管这样，麒麟的出现，一定有圣人在位，麒麟是为圣人而出现的，圣人就一定了解麒麟，麒麟的确不是不祥之物啊！

又可以说：麒麟之所以成为麒麟的原因，在于道德而不在于形体。如果麒麟不等待圣人在位的时候出现，说它是不祥之物也是可以的。

【鉴赏】 相传在唐宪宗元和七年（812），有麟曾现于东川，故而常人以为韩文是由此而生的。实际上韩愈在这之前就写了此文。在本文第一段中，即暗示作者是读了诗、史和百家之书中有关"获麟"的记载后有感而发的。

本文作者以麟设喻，说明了自己的为人及出仕的时机和意图，感慨卓有才识之士不为封建统治者所用，寄托了怀才不遇的一腔怨愤。据《春秋》和《左传》所写：鲁哀公"十四年春，西狩于大野，叔孙氏之车子钽商获麟，以为不祥，以赐虞人。仲尼观之，曰：'麟也。'然后取之"。麟，即麒麟，古代传说中的神兽，似鹿而大，牛尾，马蹄，满身鳞甲，有一角，古人以之作为象征仁人和吉祥的动物。

在《获麟解》中，韩愈抓住"祥"与"不祥"、"知"与"不知"这两对对立的字眼作眼目，在行文过程中通过这两对词语的转换，抒发了自己的不平之鸣，表现了自我的自怜自重而又自怨自艾的情绪。细嚼此文，方能在含蓄与委婉的笔调中看到悲愤；真正感受到杰出人才非但得不到赏识器重，反而遭到歧视和打击的社会悲剧。

杂说一

龙嘘气成云[①],云固弗灵于龙也。然龙乘是气,茫洋穷乎玄间,薄日月,伏光景,感震电,神变化,水下土,汩陵谷[②]。云亦灵怪矣哉!

云,龙之所能使为灵也[③]。若龙之灵,则非云之所能使为灵也。然龙弗得云,无以神其灵矣。失其所凭依,信不可欤!

异哉!其所凭依,乃其所自为也。《易》曰:"云从龙[④]。"既曰"龙",云从之矣。

【注释】①龙嘘气成云:古代的神话说法。文中的龙喻圣君,云指贤臣。嘘,吹气。②茫洋:深远广大的意思,此处也可作"徜徉"解,即自由自在地往来。玄间:宇宙中至幽至远的空间。玄,幽远,青黑色。古有天玄地黄之说,玄代指天和天色。薄:即"迫",逼近。伏光景:日月的光亮被遮蔽、埋没。景,同"影"。感震电:使雷电感生。震,雷。神变化:是使其变化如神而难测。神,在此作动词用。汩(gǔ):此处指浸没。陵:大土山。谷:两山间的夹道或水道。③云虽然"灵怪",其"原动力"出于龙。④云从龙:见《易·乾卦·文言》:"同声相应,同气相求;水流湿,火就燥,云从龙,风从虎。"意即云随着龙而出现。

【译文】龙慢慢地呼出气来就化成了云块,云本来是不比龙更灵异的。然而,龙乘着这云气,可以自由自在地到达青天的尽头,靠近太阳和月亮,遮盖住它们的光辉;可以感应产生惊雷闪电,神妙地发生各种变化;可以降雨润泽大地,使水没山尽,汩汩奔流。云也是很灵异的怪物啊!

云,是龙使得它灵异的。至于龙的灵异,就不是云能够赋予它的。但是,龙如果不能得到云的遮掩衬托,便不能神妙地发生各种变化。失去它所凭借依靠的东西,实在是不行啊!

真奇妙啊!龙所凭借依靠的东西,却是它自己创造出来的。《易经》上说:"云随着龙而聚散。"既然说到"龙",就一定有云随从它了。

【鉴赏】本文以龙、云为喻,从"灵"字着眼,用正逆交替、轻重转换的手法阐明了"圣君不可无贤臣,贤臣不可无圣君。圣贤相逢,精聚神会,斯能成天下之大功"的辩证关系(见宋·谢枋得《文章轨范》)。第一段先用逆笔说云弗灵于龙,接着又以正笔急转,写龙乘云气的情况,表现了"云"的作用,虽着重写云之灵,却更突出了龙之灵。第二段又以逆笔说龙能使云灵,而云却不能使龙灵,然后又翻转说龙无云则无所依,用正笔强调了云的重要性。之后又一转与首句"嘘气成云"相照应。最后引《易》语作解又是逆正两法互用。全文虽龙、云并提,实则以龙为主而云为宾,不仅说明圣主贤臣缺一不可的道理,还指出君臣各有职责、不可相代,应明确两者的职分和其间的主从关系。此外还反映了作者对最高统治者抱有幻想,一心想做辅佐圣君的贤臣。

本文的寓意或说是借指“君臣”的“遇合”,或说是指朋友的互相应求,还可理解为激励有志之士自己去创造施展抱负的条件。

杂说四

世有伯乐[①],然后有千里马。千里马常有,而伯乐不常有。故虽有名马,只辱于奴隶人之手,骈死于槽枥之间[②],不以千里称也。

马之千里者,一食或尽粟一石[③]。食马者不知其能千里而食也[④]。是马也,虽有千里之能,食不饱,力不足,才美不外见,且欲与常马等不可得,安求其能千里也!

策之不以其道,食之不能尽其材,鸣之而不能通其意[⑤],执策而临之曰:“天下无马。”呜呼!其真无马邪?其真不知马也?

【注释】 ①伯乐:春秋时秦国人,姓孙名阳,字伯乐,以善于识别马的好坏而著称。②骈(pián):并,同。枥(lì):马槽。③粟:泛指谷类,此处指饲料。石(dàn):容量单位,十斗为一石。又重量单位,古代三十斤为一钧,四钧为一石。④食(sì)马者:喂马的人。食,同“饲”。⑤策:马鞭。此处作动词用,鞭打,驾驭。材:此处指马的食量。“鸣之”句:吆喝它时不能了解它的心意。鸣,指人吆喝,或说指马叫。

【译文】 世上先有善于相马的伯乐,然后才会发现千里马。千里马本来是常常存在,可是伯乐却不是常常有。所以,即使有匹该出名的马,也只能埋没在养马人的手里,和平常的马一道死在马厩里,不可能凭借其跑千里的才力而受到称赞。

马群中有那能够日行千里的马,每顿食量也许可吃得一石谷子。养马人不知道它是能跑千里的良马,不按千里马的食量喂养它。这匹马啊,即使有驰骋千里的能力,但由于吃得不饱,精力不充足,出色的才力就不能显现出来,想要它跟普通的马一样尚且做不到,又怎么能要求它一天跑上千里路呢?

驱使它不能用驾驭千里马的方法,喂养它不能按照它的才力供给饲料,听到它嘶鸣又不能理解它的意思,反而手执马鞭指着它说:“天下没有好马!”唉,是当真没有好马呢?还是不认得千里马呢?

【鉴赏】 韩愈在二十八岁时,曾三次上书宰相,宰相置之不理,他同时还目睹众多同辈和青年怀才不遇的惨状,因而满腹愤懑溢于言表,故在《杂说四》中以马设喻,反映了当政者不能识别人才,粗暴压制人才的状况,为在封建制度下被埋没而穷愁潦倒的才人抒感慨、鸣不平。全文层层深入、说理透辟,跌宕活泼、颇有气势,可谓语短气盛、感慨良深,表现了英雄无路、报国无门的愤懑。

师　说①

古之学者必有师。师者，所以传道、受业、解惑也②。人非生而知之者，孰能无惑？惑而不从师，其为惑也，终不解矣。

生乎吾前，其闻道也，固先乎吾，吾从而师之；生乎吾后，其闻道也，亦先乎吾，吾从而师之。吾师道也，夫庸知其年之先后生于吾乎③？是故无贵无贱，无长无少，道之所存，师之所存也。

嗟乎！师道之不传也久矣④，欲人之无惑也难矣。古之圣人，其出人也远矣，犹且从师而问焉。今之众人，其下圣人也亦远矣，而耻学于师。是故圣益圣，愚益愚。圣人之所以为圣，愚人之所以为愚，其皆出于此乎？

爱其子，择师而教之。于其身也，则耻师焉，惑矣！彼童子之师，授之书而习其句读者⑤，非吾所谓传其道、解其惑者也。句读之不知，惑之不解，或师焉，或不焉，小学而大遗⑥，吾未见其明也。

巫医、乐师、百工之人⑦，不耻相师。士大夫之族⑧，曰师、曰弟子云者，则群聚而笑之。问之，则曰："彼与彼年相若也，道相似也。"位卑则足羞，官盛则近谀⑨。呜呼！师道之不复可知矣！巫医、乐师、百工之人，君子不齿⑩，今其智乃反不能及，其可怪也欤！

圣人无常师。孔子师郯子、苌弘、师襄、老聃⑪。郯子之徒，其贤不及孔子。孔子曰："三人行，则必有我师⑫。"是故弟子不必不如师，师不必贤于弟子。闻道有先后，术业有专攻，如是而已。

李氏子蟠，年十七，好古文，六艺经传，皆通习之，不拘于时⑬，学于余。余嘉其能行古道，作《师说》以贻之⑭。

【注释】①师说：论述从师学习的道理。说，古代论说文的一种。②学者：求学的人。传道：传授道理。道指孔孟之道、儒家的哲学、政治等思想观点。受业：传授学业知识。受，通"授"。解惑：解释疑难问题。③庸：难道，何必。④师道：从师学习的道理。⑤句读（dòu）：断句，句子中间停顿的地方。⑥小学而大遗：小问题要向老师学习，大问题却反而遗漏了。⑦巫医：古代以降神弄鬼为人祈祷的人。乐师：从事唱歌、奏乐的人。百工：各种工匠。⑧士大夫：做官和有地位的读书人。族：辈、类。⑨近谀（yú）：接近谄媚、讨好。⑩不齿：不屑与之同列。⑪郯（tán）子：春秋时郯国（今山东郯城县一带）的国君，孔子曾向他请教过知识。苌（cháng）弘：春秋时周敬王的大夫。孔子向他请教过音乐。师襄：鲁国的乐官，孔子向他学习过弹琴。老聃（dān）：李耳，老子，春秋时楚国人。孔子曾向他请教过周礼。⑫三人行，则必有我师：见《论语·述而》。原文为："三人行，必有我师焉。择其善者而从之，其不善者而改之。"⑬李蟠（pán）：人名，唐德宗贞元十九年进士。六艺经传：六艺的经文和传文。六艺，六经，指《诗》《书》《礼》《乐》《易》《春秋》。不拘于时：不受时俗的拘束。⑭嘉：赞许。贻（yí）：赠送。

【译文】古代求学的人一定有老师。老师，是传授道理、讲授学业、解答疑难问题的人。人不是一生下来就懂得道理,谁能够没有疑难问题呢?有疑难问题却不请教老师,那疑难问题就始终不会解决。

出生在我前面的人,他懂得的道理本来就比我早,我向他学习;出生在我后面的人,他懂得道理要是比我多,我也向他学习。我学的是道理,何必管他的年龄比我大,还是比我小呢?因此不论地位高低、不论年龄大还是年龄小,道理在哪里,老师也就在哪里。

唉!从师学习的道理失传已经很久了,要人们没有疑难问题是很困难的。古代的圣人,他们超出一般人很远,尚且跟着老师学习。现在的一般人,他们低于圣人很远,却把向老师学习当作羞耻。因此圣人就更加圣明,愚人就更加愚笨。圣人之所以圣明,愚人之所以愚笨,大概都是由于这个原因吧?

人们爱他们的孩子,就选择老师来教育他;对于他自己,却把向老师学习当作羞耻的事,真是太糊涂了!那些儿童的老师,是教儿童读书、学习断句的,不是我所说的那种传授道理、解答疑难问题的人。读书不懂得断句,有疑难问题不能解决,有的向老师学习,有的却不向老师学习,小问题向人学习,大问题却放弃了学习,我看不出他们明白事理的地方。

巫医、乐师、各种工匠,不把从师学习当作耻辱,而读书做官等一类人,一说到老师、学生这样的话,就聚集在一起嘲笑人家。问他们为什么这样,他们就回答说:"他和他年纪差不多,懂得的道理也差不多。向地位低的人学习就觉得很羞耻,向地位高的人学习又觉得近乎讨好。唉!从师学习的风气不能恢复,从这里就可以知道了。巫医、乐师、各种工匠,君子是不屑和他们同列的,现在君子们的智慧却反而不如他们,这不是很奇怪的吗?"

圣人没有固定的老师。孔子曾经向郯子、苌弘、师襄、老聃学习过。郯子这些人,他们的才德都赶不上孔子。孔子说:"三个人在一起走,就一定有可以作为我老师的人。"因此学生不一定不及老师,老师也不一定比学生强,懂得道理有先有后,在学业、技艺方面各有专长,不过如此而已。

李家的孩子名叫蟠,今年十七岁,喜爱古文,六艺的经文和传文,全都学习,不受时俗的拘束,来向我学习。我赞许他能够实行古人从师学习的正道,特地写了这篇《师说》来赠送给他。

【鉴赏】 这篇文章针对的是当时社会耻于从师学习的不良风气,精辟地阐述了从师学习的道理。文章中鲜明地指出,老师对学生有传授道理、讲授学业、解答疑难问题的三种作用。反对生而知之,强调后天学习的重要性,强调文化继承和传授知识的必要性。主张"无贵无贱,无长无少,道之所存,师之所存也"和"闻道有先后,术业有专攻"。人皆可以为师,能者为师。"弟子不必不如师,师不必贤于弟子",学生和老师应该互相学习。这种思想在古代和今天,都是有一定积极意义的。

这篇文章论点明确,用质朴的语言把道理说得透彻而浅显易懂,有很强的教育意义。

进学解

国子先生晨入太学，招诸生立馆下，诲之曰："业精于勤，荒于嬉；行成于思，毁于随①。方今圣贤相逢，治具毕张②。拔去凶邪，登崇畯良③。占小善者率以录，名一艺者无不庸④。爬罗剔抉，刮垢磨光⑤。盖有幸而获选，孰云多而不扬。诸生业患不能精，无患有司之不明；行患不能成，无患有司之不公⑥。"

言未既，有笑于列者曰："先生欺余哉！弟子事先生，于兹有年矣。先生口不绝吟于六艺之文，手不停披于百家之编⑦。记事者必提其要，纂言者必钩其玄⑧。贪多务得，细大不捐。焚膏油以继晷，恒兀兀以穷年⑨。先生之业，可谓勤矣。觝排异端，攘斥佛老⑩。补苴罅漏，张皇幽眇⑪。寻坠绪之茫茫，独旁搜而远绍⑫。障百川而东之，回狂澜于既倒⑬。先生之于儒，可谓有劳矣。沈浸醲郁，含英咀华⑭。作为文章，其书满家。上规姚姒⑮，浑浑无涯。周《诰》殷《盘》，佶屈聱牙⑯。《春秋》谨严，《左氏》浮夸⑰。《易》奇而法，《诗》正而葩⑱。下逮《庄》《骚》，太史所录。子云、相如⑲，同工异曲。先生之于文，可谓闳其中而肆其外矣⑳。少始知学，勇于敢为。长通于方㉑，左右具宜。先生之于为人，可谓成矣。然而公不见信于人，私不见助于友。跋前踬后㉒，动辄得咎。暂为御史，遂窜南夷㉓。三年博士，冗不见治。命与仇谋，取败几时。冬暖而儿号寒，年丰而妻啼饥。头童齿豁，竟死何裨㉔？不知虑此，而反教人为？"

先生曰："吁！子来前。夫大木为杗，细木为桷㉕。欂栌侏儒，椳闑扂楔㉖，各得其宜。施以成室者，匠氏之工也。玉札丹砂，赤箭青芝，牛溲马勃，败鼓之皮㉗，俱收并蓄，待用无遗者，医师之良也。登明选公，杂进巧拙，纡馀为妍，卓荦为杰，校短量长，惟器是适者㉘，宰相之方也。昔者孟轲好辩，孔道以明，辙环天下㉙，卒老于行。荀卿守正，大论是弘，逃谗于楚，废死兰陵㉚。是二儒者，吐辞为经，举足为法，绝类离伦，优入圣域㉛，其遇于世何如也？今先生学虽勤而不由其统，言虽多而不要其中，文虽奇而不济于用，行虽修而不显于众。犹且月费俸钱，岁靡廪粟㉜。子不知耕，妇不知织。乘马从徒㉝，安坐而食。踵常途之促促，窥陈编以盗窃㉞。然而圣主不加诛，宰臣不见斥，非其幸欤！动而得谤，名亦随之，投闲置散，乃分之宜。若夫商财贿之有亡，计班资之崇庳，忘己量之所称，指前人之瑕疵，是所谓诘匠氏之不以杙为楹，而訾医师以昌阳引年，欲进其豨苓也㉟。"

【注释】①国子先生：韩愈自称。唐朝的国子监是教育主管机构和最高学府，下辖国子、太学、四门、律、算、书七学。韩愈当时任国子博士。行：德行，品德。随：不假思考，随俗因循。②圣贤相逢：圣君贤臣相逢。治具：法令。毕张：都建立起来。③登崇：提拔。畯：通"俊"。④庸：任用。⑤剔抉（tījué）：挑选抉择。刮垢磨光：刮除污垢，使之光亮。喻培养造就人才。⑥有司：主管官吏。⑦六艺：六经，指《诗》《书》《礼》《乐》《易》《春秋》。披：分开、翻阅。百家：诸子百家。⑧钩:钩取、探索。玄:玄妙、深奥。⑨膏油:灯烛。晷(guǐ):日光。兀兀:用心劳苦。⑩觝(dǐ)排:排斥。异端:异端邪说,指与孔孟不合的学说。攘斥:排斥。⑪苴(jū):本义为草做的鞋垫,引申为填塞的意思。张皇:张大、阐发。⑫绪:前人遗留的事业,此指儒学道统。旁搜:四处寻求。绍:继续。⑬狂澜:来势凶猛的波浪,指异端邪说。⑭酴(nóng)郁:香味很浓的酒。英、华:精华。⑮规:学习,取法。姚姒(yáosì):虞舜姓姚,夏禹姓姒。后来遂以"姚姒"指虞舜和夏禹,也指虞、夏时代的作品。此处指《尚书》中的《虞书》和《夏书》。⑯周《诰》:指《尚书》中《周书》的《大诰》《康诰》等。殷《盘》:指《尚书》中《商书》的《盘庚》。佶屈:屈曲,指不通顺。聱(áo)牙:读不顺口。⑰《春秋》:指孔子根据鲁国史记作的史书。《左氏》:指鲁国史官左丘明作的《左氏》,即《左传》。⑱《易》:指《易经》,古代卜筮的著作,通过八卦推演阴阳变化。《诗》:指《诗经》。⑲《庄》《骚》:指战国时庄周的《庄子》和屈原的《离骚》。太史所录:指汉朝司马迁写的《史记》。子云、相如:指西汉辞赋家扬雄和司马相如写的辞赋。⑳闳(hóng):宏大,博大。肆:恣肆奔放。㉑方:方术,道理。㉒跋前踬(zhì)后:进退两难。㉓遂窜南夷:指韩愈由监察御史贬为阳山令事。窜,贬谪。南夷,南方僻远地区。㉔头童:头秃。齿豁:牙齿脱落,露出豁口。裨(bì):补益。㉕宋(máng):屋梁。桷(jué):屋椽。㉖欂栌(bólú):柱上短木,即头拱,承屋梁用。侏儒:梁上短柱。椳(wēi):门臼。闑(niè):古时门中央竖的短木。扂(diàn):门闩。楔(xiē):门两旁的木柱。㉗玉札:中药名,地榆。丹砂:朱砂。赤箭:天麻。青芝:药名,又叫龙芝。牛溲:牛尿,一说是车前草。马勃:药名,又叫马屁菌。败鼓之皮:破鼓的皮。㉘卓荦(luò):突出,超绝。校(jiào):比较。惟器是适:按照才能的大小合理用人。㉙辙(zhé)环天下:坐着车游说天下。㉚荀卿:即荀子,赵国人。战国的思想家和教育家。正:指孔子的学说。兰陵:山东省枣庄市。㉛二儒:指孟轲和荀卿。经:经典。法:法则。绝类离伦:超越同辈。圣域:圣人的领域。㉜靡(mí):耗费。廪粟:指俸禄。㉝从徒:使仆人跟随。㉞踵(zhǒng):跟从。陈编:旧书。盗窃:抄袭。㉟商:商量,计算。财贿:财货,利禄。计:计较。班资:品级。崇庳(bēi):高低。量:能力。称(chèn):相称。瑕(xiá)疵:缺点。杙(yì):小木桩。楹:柱子。訾(zǐ):讥评,毁谤。昌阳:菖蒲,据药书说久服菖蒲可以延年益心智。引年:延年。豨苓(xīlíng):即猪苓,药草名。

【译文】国子先生早晨走进太学,召集学生站在学馆下面,教育他们说:"学业的精通在于勤奋,而它的荒废是由于玩乐;德行的具备由于深思熟虑,而它的败坏在于因循随俗。现在圣君和贤臣相逢在一起,法令都建立了。除掉凶恶奸邪的人,提拔才德优良的人。有小优点的人大都被录取,有一技之长的人没有不被任用的。搜罗挑选,培养造就人才。大概有侥幸被选中的,谁说学问多反而不被举荐呢?你们的学业只担心不能精通,不要担心主管官吏看不清楚;担心的是德行没有成就,不要担心主管官吏办事不公正。"

先生的话还没有说完,有学生在队列中笑着说:"先生在骗我们吧!我们向先生学习,到现在已有多年了。先生口里不停地吟读六经的文章,手里不停地翻阅诸子百家的书。对记事类的文章必定要掌握它的要点,对说理的文章必定要探索出它深奥的道理。总是贪图多学些务必有收获,无论大小都不放弃。经常点燃灯烛,夜以继日,经常用心劳苦地度过一年。先生对学业,可以说是很勤奋。抵制异端邪说,排斥佛教和道教。填补儒学缺漏的地方,阐明儒学的幽深微妙。寻找那茫无头绪衰落了的儒家道统,一个人独自四处寻求以远接孔、孟的学说。防阻百川的水泛滥,使它东流入大海,把倾泻出去的狂澜挽转回来。先生对儒学,可以说是很辛劳的了。沉浸在意味浓厚的典籍里，细细咀嚼体味书中的精华。写出的文章，摆满了房间。向上学习《虞书》《夏书》，内容深远无边际。《尚书》中的《诰》《盘庚》，文辞艰深，读不顺口。《春秋》文辞讲究，《左传》铺张而夸大。《易经》阐明的事理正常、变化奇妙，《诗经》内容纯正而辞藻华美。向下一直到《庄子》《离骚》和太史公的《史记》，扬雄、司马相如的文章，虽然风格不一样，却同样美好。先生的文章，可以说内容博大而文辞恣肆奔放了。先生少年时开始懂得学习，勇于实践。长大后精通治学的道理，做事处处都得心应手。先生的为人，可以说很成熟了。然而办起公事来不被别人信任，办起私事来得不到朋友的帮助。进退两难，一动总是遭到指责。才做了监察御史，就被贬谪到边远的南方。做了三年的国子博士，在闲散的职位上显露不出治政功绩。命运总是在和仇敌打交道，不时遭到失败。冬天很暖和时孩子们却大声喊冷，年成丰收时妻子却为饥饿而哭。先生头顶秃了牙齿松动脱落了，这样到老死又有什么补益呢？你不知道考虑这些事情，却反而来教训别人吗？”

先生说：“唉，你到前面来！那些大木料做屋梁，小木料做屋椽。柱上的短木、梁上的短柱、门臼、门闩、门中和门两旁竖着的木料，它们各自得到合适的安排。用它们建成了房屋，这是木匠的精心安排。地榆、朱砂、天麻、青芝，牛尿、马勃，破鼓的皮，都把它藏好，等到需要用的时候才取出来而不遗漏掉，这就是医师的高明之处。提拔人才看得明白做得公正，好的差的都得到录用，为人含蓄委婉被认为是美好的，为人超绝被认为是杰出，比较人的高下长短，按照才能的大小合理用人，这是宰相用人的方法。从前孟轲善于辩论，使孔子的学说因此得以阐明，他车迹遍天下，终于老死在游说的路途中。荀卿坚守孔子之道，把孔子的学说发扬光大，为了逃避谗言到了楚国，还是丢了官死在了兰陵。这两位大儒，他们的言辞成为经典，行动成了后人的法则，超越了同辈，可进入到圣人的领域，然而他们在当时的遭遇是怎么样呢？现在我钻研学问虽然勤奋，却没有遵循儒学的系统，言论虽多却不能把握住要点，文章虽然写得好，可对实际应用没有帮助，德行虽然有修养，却没有在众人中显露出来。还每月领取俸禄，每年耗费禄米。儿子不会种田，妻子不会织布。我骑马时有仆人跟随，坐着有吃有喝。我只随着世俗的道路谨慎地走，看看旧书抄袭着。然而圣明的君主没有责罚，宰相没有贬斥我，这不是我的幸运吗？我一动就招致毁谤，名声也跟着受到毁坏，我被放在闲散的职位上，是本分所应该的。至于计算利禄的有无，计较官位的高低，忘记了自己的能力和什么位置才相称，却指责前人的毛病，那就是人们所说的责问木匠不把小木料做屋的柱子，讥笑医师用菖蒲做延年益寿的药，却想推荐他自己的猪苓呀。”

【鉴赏】本文借国子先生和学生的问答，表面上是说明治学德行的道理，实际上是曲折地反映了自己有很高的才德却被放在闲散的职位上的怨恨情绪，指责了当时的执政者不识贤愚、大材小用的错误做法。另外，对治学提出了精深的见解，倡导勤奋刻苦，独立思考，长年坚持。“业精于勤，荒于嬉；行成于思，毁于随”和治学应做有系统的研究，文章要有实际意义，对后世有很大的教育和启迪作用。因此历代对此文的评价都很高。

本文属于赋的范畴，但在骈文的形式中夹杂着散文化的句子，显得活泼而富于变化。

圬者王承福传

圬之为技，贱且劳者也，有业之[①]，其色若自得者。听其言，约而尽。问之，王其姓，承福其名，世为京兆长安农夫[②]。天宝之乱，发人为兵，持弓矢十三年，有官勋，弃之来归，丧其土田，手镘衣食[③]，馀三十年，舍于市之主人，而归其屋食之当焉，视时屋食之贵贱，而上下其圬之佣以偿之，有馀，则以与道路之废疾饿者焉。

又曰："粟，稼而生者也，若布与帛，必蚕绩而后成者也；其他所以养生之具，皆待人力而后完也。吾皆赖之。然人不可遍为，宜乎各致其能以相生也。故君者，理我所以生者也[④]，而百官者，承君之化者也。任有小大，惟其所能，若器皿焉。食焉而怠其事，必有天殃，故吾不敢一日舍镘以嬉。夫镘易能，可力焉，又诚有功，取其直，虽劳无愧，吾心安焉。夫力，易强而有功也，心，难强而有智也，用力者使于人，用心者使人，亦其宜也，吾特择其易为而无愧者取焉。"

"嘻！吾操镘以入贵富之家有年矣。有一至者焉，又往过之，则为墟矣；有再至三至者焉，而往过之，则为墟矣[⑤]。问之其邻，或曰：噫！刑戮也。或曰：身既死，而其子孙不能有也。或曰：死而归之官也。吾以是观之，非所谓食焉怠其事而得天殃者邪？非强心以智而不足，不择其才之称否而冒之者邪？非多行可愧，知其不可而强为之者邪？将贵富难守，薄功而厚飨之者邪[⑥]！抑丰悴有时[⑦]，一去一来而不可常者邪？吾之心悯焉，是故择其力之可能者行焉，乐富贵而悲贫贱，我岂异于人哉！"

又曰："功大者其所以自奉也博，妻与子皆养于我者也，吾能薄而功小，不有之可也。又吾所谓劳力者，若立吾家而力不足，则心又劳也，一身而二任焉，虽圣者不可能也。"

愈始闻而惑之，又从而思之，盖贤者也，盖所谓"独善其身"者也[⑧]。然吾有讥焉，谓其自为也过多，其为人也过少，其学杨朱之道者邪[⑨]？杨之道，不肯拔我一毛而利天下，而夫人以有家为劳心[⑩]，不肯一动其心以畜其妻子，其肯劳其心以为人乎哉！虽然，其贤于世之患不得之而患失之者，以济其生之欲，贪邪而亡道以丧其身者，其亦远矣！又其言有可以警余者，故余为之传，而自鉴焉。

【注释】①圬(wū)：涂墙。业之：以之为业，指干泥瓦匠这一行业。②京兆：原意是地方大而人口多的地方，后指京城及其郊区。京，大。兆，众多。长安：今西安市附近一带。③天宝之乱：指唐玄宗天宝十四年(755)边将安禄山、史思明起兵叛唐，史称"安史之乱"。官勋：官家根据军功，授给没有实职的官号，叫勋官。起于南北朝，起初叫散官，到唐代开始别称勋官。手镘（màn）衣食：拿着瓦刀谋取衣食。镘，俗称瓦刀。④理我：治理我们。理，治。因唐高宗名李治，所以唐代人避其讳，多以“理”代“治”字。⑤墟（xū）：原为许多人聚居的村落，现已荒废。⑥薄功而厚飨（xiǎng）：功劳微薄却享受丰厚。飨，通“享”。⑦丰悴有时：盛衰有时。丰，面容丰满美好，引申为兴旺昌盛。悴，憔悴，喻衰落。⑧独善其身：只是使自己操行完美，自我完善。语出《孟子 · 尽心上》：“古之人，得志，泽加于民；不得志，修身见于世。穷则独善其身，达则兼善天下。”⑨杨朱：战国初哲学家。他反对墨子的“兼爱”和儒家的伦理思想，主张“贵生”“重己”，看重个人生命的保存，反对别人对自己的侵夺，也反对侵夺别人。⑩“不肯”句：出自《孟子 · 尽心上》：“杨子取为我，拔一毛而利天下，不为也。”夫（fú）人：这个人，指王承福。

【译文】 粉墙糊壁作为一种手艺，是很平凡、辛苦的。有个从事这种手艺而神态好像洋洋自得的人，听他说话，话语不多，意思却表达得很充分。问他，才知他姓王，名叫承福，世代为京兆府长安县农民。天宝年间战乱发生，征召百姓当兵，他手持弓箭从军十三年，有战功当授予官职，他却放弃官勋回到家乡。由于失去了田地，只好手拿瓦刀做工维持基本生活。此后三十多年来，住在街上的主人家中，付给房东相当的房租和饭钱。他是根据当时房租和伙食费的高低，来增减粉刷墙壁的工价，用以偿还主人。如果还有钱剩下来，就把它拿去送给流落街头的残废、贫病、饥饿的人。

他又说：“谷子，只有播种耕耘才能生长出来；像布匹丝绸，一定要经过养蚕、纺织以后才能制成。其他一切用来维持生活的物品，都是靠人们的劳动然后才完备的。我们都要依赖那些东西，但是每个人不可能样样都去亲手做。最合适的做法是各人尽自己的能力，相互协作来求得生存。所以，国君是治理我们而生存的人，各级官员则是秉承君主的意志推行教化的人。一个人责任有大有小，只有尽自己的能力去做，就好像大小不同的器皿有不同的用途一样。只想吃好而做事懒怠，一定会有天降的灾祸。所以我一天也不敢放下瓦刀去玩乐嬉戏。用瓦刀糊墙的手艺是容易掌握的，可以尽力做好，又确实有成效，还能取得应有的报酬，虽然辛苦却得之无愧，我的心是坦然的。力气是容易用劲使出来并取得成效的，脑子却很难让它变得聪明起来。这样，干体力活儿的人被人使唤，用脑力的人使唤人，也是应该的。我不过是选择了一个容易干而又问心无愧的职业来取得报酬罢了。”

“唉！我拿着瓦刀到富贵人家干活已经有许多年了。有的人家我只去过一次，再从那里经过时，当年的房屋却已成为一片废墟。有的我曾去过两次或三次，后来路过那里时，那里也成了一片废墟。问问那些人家的邻居是怎么一回事？有的说：‘唉！主人已被判刑杀头了。’有的说：‘原主人已经死了，他们的子孙没有能力保住遗产。’也有的说：‘主人死后，财产都充公了。’我从这些情况看来，他们难道不就是光吃饭不做事而遭到天罚的吗？不就是勉强要使自己的脑子变得聪明可是又不够聪明，不选择和自己能力相称的事去做，却冒昧地干力所不能及的事的人吗？不是做了许多问心有愧的事，明知不可行却勉强去做的结果吗？也可能是富贵难以保住，便少贡献多享受造成的结果吧！也许是富贵贫贱、昌盛衰落有一定的时运，一来一去，不能经常保有吧？我心里很同情他们，因此选择了我力所能及的事情去干。为富贵而高兴，因贫贱而悲伤，我难道和一般人有什么不同吗？”

他又说："功劳大的人，他用来供养自己的物品就多，妻子和儿子，都能由自己来供养；我的能力小，贡献少，没有妻室儿女是可以的。又因为我是我所说的那种干体力活的人，如果我成了家却又没有能力去养活他们，那就够操心的了。一个人既要干体力活儿，又要动脑筋，即使是圣人也不可能做到啊！"

我刚听到这些话感到迷惑不解，继而又想了一下，这大概是个有德行的人，大概就是人们所说的"独善其身"的那种人。但是我对他是有指责的，认为他替自己考虑得太多，为别人考虑得太少，他是个学了杨朱学说的人吧？杨朱的主张是，不肯拔掉自己一根毫毛来做有利于天下的事。而这个人因为有了家室会使人费心劳神，竟不肯开动脑筋去养活妻室儿女，那他还愿费心地为别人效劳吗？即使这样，他比世上那些患得患失，只求满足于自己的生活欲望，贪婪奸邪而背离正道，以至于丢掉性命的人，可要好得多了！加上他说的话有可以使我引起警惕的地方，所以我给他写了这篇传记，作为自己的鉴戒。

【鉴赏】 这是一篇以"圬者"的言行设喻、以说理为主的"传"记体散文。作者在首段叙述了王承福的出身和经历后，即在第二、三段借王之口自述其所见所闻及其对社会分工的看法，对"富贵之家"兴衰的感慨，还自述"独善其身"的处世哲学，同时道出了封建社会的痼疾。然后在末段通过评论王承福而揭示写作主旨：肯定他安于"用力者使于人，用心者使人"的儒家社会分工观点，认为他贤于那些患得患失与贪邪亡道之徒，同时又严厉批评他"不肯一动其心，以畜其妻子"的"其自为也过多，其为人也过少"的杨朱思想。本文的特点是面对现实，观察深刻，鞭辟入里，言简意赅，语语相扣，一气而下，通过为泥水匠立传，肯定了自食其力的劳动者，鞭挞了"多行可愧""食焉而怠其事"的剥削者，宣扬了"各致其能以相生"的社会分工论和儒家道统思想。

讳 辩[1]

愈与李贺书[2]，劝贺举进士。贺举进士有名，与贺争名者毁之，曰："贺父名晋肃，贺不举进士为是，劝之举者为非。"听者不察也，和而唱之[3]，同然一辞。皇甫湜曰："若不明白，子与贺且得罪[4]。"愈曰："然。"

律曰："二名不偏讳[5]。"释之者曰[6]："谓若言'征'不称'在'，言'在'不称'征'是也。"律曰："不讳嫌名[7]。"释之者曰："谓若'禹'与'雨'，'丘'与'莀'之类是也。"今贺父名晋肃，贺举进士，为犯二名律乎？为犯嫌名律乎？父名晋肃，子不得举进士，若父名仁，子不得为人乎？

夫讳始于何时？作法制以教天下者，非周公、孔子欤？周公作诗不讳，孔子不偏讳二名，《春秋》不讥不讳嫌名[8]。康王钊之孙[9]，实为昭王。曾参之父名皙，曾子不讳昔[10]。周之时有骐期，汉之时有杜度[11]，此其子宜如何讳？将讳其嫌，遂讳其姓乎？将不讳其嫌者乎？汉讳武帝名"彻"为"通"[12]，不闻又讳车辙之"辙"为某字也。讳吕后名"雉"为"野鸡"[13],不闻又讳治天下之"治"为某字也。今上章及诏,不闻讳"浒""势""秉""饥"也[14]。唯宦官宫妾,乃不敢言"谕"及"机"[15],以为触犯。士君子言语行事,宜何所法守也?今考之于经,质之于律,稽之以国家之典[16],贺举进士为可邪?为不可邪!

凡事父母,得如曾参,可以无讥矣。作人得如周公、孔子,亦可以止矣。今世之士,不务行曾参、周公、孔子之行,而讳亲之名则务胜于曾参、周公、孔子,亦见其惑也。夫周公、孔子、曾参,卒不可胜。胜周公、孔子、曾参,乃比于宦者宫妾[17]。则是宦者宫妾之孝于其亲,贤于周公、孔子、曾参者耶?

【注释】①讳:避讳。古代对君主、祖先及父母的名字,在说话或写文章时避开,或改为同义、同音的字,或就原字故意缺笔书写,叫作避讳。②李贺:字长吉,唐朝福昌(今河南宜阳县)人,著名的浪漫主义诗人。他是唐皇室的后代,家境早已衰落,父亲李晋肃官职很低。因父名晋肃,"晋""进"同音,一些人使用避讳的理由阻止他考进士。韩愈为此写了《讳辩》,予以辩驳。③察:仔细看。和(hè)而唱之:即一唱一和。④皇甫湜(shí):字持正,睦州新安(今浙江新安县)人。曾从韩愈学古文,其文发展了韩文诡怪奇异的一面。且:将要。得罪:蒙受坏名声。⑤律:指《礼记》中避讳上的规则。二名不偏讳:语出《礼记·曲礼上》。指人名中的两个字只需讳一字,可以单言另一字。偏,同"遍"。⑥释之者:指解释《礼记》的人,即郑玄。⑦不讳嫌名:语出《礼记·曲礼上》,原文为:"礼不讳嫌名,二名不偏讳。"指臣子避君父的名讳时,不避讳声音相近的字。郑玄注:"嫌名,谓声音相近,若'禹'与'雨','丘'与'区'也。"⑧周公作诗不讳:《诗经·周颂》中的两首诗《噫嘻》《雝》相传是周公所作,前有"骏发尔私",后有"克昌厥后"。而"发""昌"分别是周武王、周文王的名字。孔子不偏讳二名:如《论语·八佾》中:"子曰:'宋不足征也。'"《论语·卫灵公》中:"某在斯。"孔子的母亲叫颜征在,只要"征""在"没连用,孔子均不避讳。《春秋》不讥不讳嫌名:《春秋》不讥讽不讳声音相近的字。例如卫桓公名完,"桓""完"音近,属于嫌名。⑨康王钊之孙:周康王姓姬,名钊。其子周昭王,名瑕。"钊"和"昭"音近,周人不讳。原文"孙"应为"子"。⑩曾子不讳昔:曾子即曾参,孔子的弟子,非常孝顺父母。他的父亲名点,字皙。《论语·泰伯》记曾子的话:"昔者吾友,尝从事于斯矣。""昔""皙"同音,曾子不讳。原文"名"应为"字"。⑪骐(qí)期:春秋时楚国人。杜度:汉章帝时为齐国的相。⑫汉讳武帝名"彻"为"通":汉武帝名叫刘彻,当时为避武帝讳,把"彻侯"改作"通侯",蒯彻的名字被改为蒯通。⑬吕后:吕后名叫吕雉(zhì),汉高祖刘邦的皇后,曾临朝称制。雉,野鸡,因此避吕后讳,称"雉"为"野鸡"。⑭"浒""势""秉""讥":唐太祖名虎,太宗名世民,世祖名昞(bǐng),玄宗名隆基。"浒""势""秉""饥"四个字分别同"虎""世""昞""基"同音。⑮谕:唐代宗名豫。"谕""豫"二字同音。⑯稽:考核,考查。典:制度,规章。⑰比:相类似。

【译文】我写信给李贺,劝他参加进士科的考试。李贺如去参加进士科考试就会考中,所以和他争名的人就攻击这件事情,说:"李贺父亲名晋肃,李贺不参加进士科的考试才是对的,劝他考进士的人是不对的。"听到这种议论的人没有仔细想,就异口同声,跟着附和。皇甫湜对我说:"如果不把这件事说清楚,你和李贺将要蒙受坏名声。"我说:"是这样的。"

《礼记》上的规定说:"名字的两个字不必都避讳。"解释的人说:"孔子的母亲名'征在',这是说如果说'征'就不说'在',说'在'就不说'征'。"《礼记》上的规定又说："不避讳声音相近的字。"解释的人说："说的是像'禹'和'雨'，'丘'和'莅'之类的字就是这样。"现在李贺的父亲名晋肃，李贺去参加进士科的考试，是违犯了名字的两个字不必都避讳的规定呢，还是违犯了声音相近的字不避讳的规定呢？父亲的名字叫晋肃，儿子就不能参加进士科的考试，假如父亲名"仁"，儿子就不能做人了吗？

避讳这个规定是从什么时候开始的呢？制定礼法制度来教化天下的人，不就是周公、孔子吗？周公作诗不避讳，孔子对人名的两个字也不都避讳，《春秋》也不讥讽不避讳人名声音相近的字。周康王钊的孙子，实际上就是昭王。曾参的父亲名皙，曾参不避讳"昔"字。周朝时有个人叫骐期，汉朝时有个人叫杜度，他们的儿子应怎样避讳？是为了避讳和名字声音相近的字，就连他们的姓也避讳了呢，还是不避讳和名字声音相近的字呢？汉朝避讳武帝的名，把"彻"改为"通"，但没有听说为避讳把车辙的"辙"改作别的字。避讳吕后的名，把"雉"叫作"野鸡"，可没有听说为避讳把治天下的"治"改作别的字。现在上奏章和下诏谕，没有听说避讳"浒""势""秉"和"饥"字。只有宦官宫妾才不敢说"谕"字和"机"字，认为说了就是触犯皇上。君子著书做事，应该遵守什么礼法呢？现在考察经典，查对规定，考核前代避讳的规定，李贺参加进士科的考试，是可以呢，还是不可以呢？

凡是侍奉父母，能做到像曾参那样，就能不被人指责了。做人能像周公、孔子那样，也可以说是到顶点了。现在世上的一些人，不去努力学习曾参、周公、孔子的品行，而在避讳父母名字的事情上，却一定要超过曾参、周公、孔子，这也可以看出他们是糊涂的。周公、孔子、曾参，毕竟是不可能超过的。在避讳上超过了周公、孔子、曾参，就只能和宦官、宫妾一样了。那么这些宦官、宫妾对父母的孝顺，能比周公、孔子、曾参还要好吗？

【鉴赏】 封建社会对君主与尊长的名字不能直接说或直接写出来，叫作"避讳"。在唐朝成了一种极坏的社会风气，成了人们言行的枷锁。李贺在当时是一个很有才华的青年诗人，因父亲名晋肃，不能参加进士科的考试，"晋"与"进"同音，父名应避讳。韩愈致力于培养和推荐有学识的青年，便劝说李贺参加考进士。《讳辩》因李贺而写，韩愈引经据典，对腐朽的社会风气作了激烈的抨击与批评，把假卫道者的面目揭露无遗。

文章在扼要交代写作的原因之后，先引律，后引经，再引国家之典，层层辩驳，逻辑严密，笔锋犀利，说理充分，雄辩而有说服力。

争臣论[①]

或问谏议大夫阳城于愈[②]："可以为有道之士乎哉？学广而闻多，不求闻于人也。行古人之道，居于晋之鄙[③]。晋之鄙人，薰其德而善良者几千人[④]。大臣闻而荐之，天子以为谏议大夫。人皆以为华，阳子不色喜。居于位五年矣，视其德如在野。彼岂以富贵移易其心哉?”

愈应之曰:“是《易》所谓恒其德贞[5],而夫子凶者也。恶得为有道之士乎哉? 在《易 · 蛊》之‘上九’云[6]:‘不事王侯,高尚其事。’《蹇》之‘六二’则曰:‘王臣蹇蹇,匪躬之故[7]。’夫亦以所居之时不一,而所蹈之德不同也。若《蛊》之‘上九’,居无用之地,而致匪躬之节;以《蹇》之‘六二’,在王臣之位,而高不事之心,则冒进之患生,旷官之刺兴[8]。志不可则,而尤不终无也。今阳子在位,不为不久矣;闻天下之得失,不为不熟矣;天子待之,不为不加矣;而未尝一言及于政。视政之得失。若越人视秦人之肥瘠,忽焉不加喜戚于其心。问其官,则曰谏议也;问其禄,则曰下大夫之秩也[9];问其政,则曰我不知也。有道之士,固如是乎哉? 且吾闻之:‘有官守者[10],不得其职则去;有言责者,不得其言则去。’今阳子以为得其言乎哉? 得其言而不言,与不得其言而不去,无一可者也。阳子将为禄仕乎[11]? 古之人有云:‘仕不为贫,而有时乎为贫。’谓禄仕者也。宜乎辞尊而居卑,辞富而居贫,若抱关击柝者可也[12]。盖孔子尝为委吏矣,尝为乘田矣,亦不敢旷其职,必曰会计当而已矣,必曰牛羊遂而已矣[13]。若阳子之秩禄,不为卑且贫,章章明矣[14],而如此其可乎哉?”

或曰:“否,非若此也。夫阳子恶讪上者,恶为人臣招其君之过而以为名者[15]。故虽谏且议,使人不得而知焉。《书》曰:‘尔有嘉谟嘉猷,则入告尔后于内[16],尔乃顺之于外,曰:‘斯谟斯猷,惟我后之德。’夫阳子之用心,亦若此者。”

愈应之曰:“若阳子之用心如此,滋所谓惑者矣[17]。入则谏其君,出不使人知者,大臣宰相者之事,非阳子之所宜行也。夫阳子,本以布衣隐于蓬蒿之下,主上嘉其行谊,擢在此位,官以谏为名,诚宜有以奉其职,使四方后代,知朝廷有直言骨鲠之臣,天子有不僭赏从谏如流之美[18]。庶岩穴之士,闻而慕之,束带结发,愿进于阙下而伸其辞说,致吾君于尧舜,熙鸿号于无穷也[19]。若《书》所谓则大臣宰相之事,非阳子之所宜行也。且阳子之心,将使君人者恶闻其过乎? 是启之也。”

或曰:“阳子之不求闻而人闻之,不求用而君用之,不得已而起,守其道而不变,何子过之深也?”

愈曰:“自古圣人贤士,皆非有求于闻用也。闵其时之不平,人之不乂[20],得其道,不敢独善其身,而必以兼济天下也。孜孜矻矻[21],死而后已。故禹过家门不入,孔席不暇暖,而墨突不得黔[22]。彼二圣一贤者,岂不知自安佚之为乐哉[23]? 诚畏天命而悲人穷也[24]。夫天授人以贤圣才能,岂使自有馀而已,诚欲以补其不足者也。耳目之于身也,耳司闻而目司见,听其是非,视其险易,然后身得安焉。圣贤者,时人之耳目也;时人者,圣贤之身也。且阳子之不贤,则将役于贤以奉其上矣;若果贤,则固畏天命而闵人穷也。恶得以自暇逸乎哉?”

或曰:“吾闻君子不欲加诸人,而恶讦以为直者[25]。若吾子之论,直则直矣,无乃伤于德而费于辞乎? 好尽言以招人过,国武子之所以见杀于齐也[26],吾子其亦闻乎？”

愈曰：“君子居其位，则思死其官。未得位，则思修其辞以明其道。我将以明道也，非以为直而加人也。且国武子不能得善人，而好尽言于乱国，是以见杀。《传》曰[27]：‘惟善人能受尽言。’谓其闻而能改之也。子告我曰：‘阳子可以为有道之士也。’今虽不能及已，阳子将不得为善人乎哉？”

【注释】①争臣：直言敢谏之臣，亦作“诤臣”。②谏议大夫：官名，掌侍从规谏，唐代隶属门下省。阳城：字亢宗，定州北平（今河北顺平县）人。有贤德之名，曾隐居山西中条山，远近敬慕他，多以他为师。唐德宗时召为谏议大夫。阳城当了五年谏议大夫，没有太多的规谏，韩愈为此写《争臣论》以指责。③古人之道：古人立身处世之道。指隐居林泉，不慕功名利禄。晋之鄙：晋，古国名，包括今山西大部、河北西南部、河南北部和陕西一角。鄙，边境地区。④薰：熏陶，影响。几：接近。⑤《易》：《周易》，周朝卜筮吉凶的书，有六十四卦，下文的“蛊”“蹇”都是其中的卦名。恒其德贞：长久保持一种道德节操。贞，卜问。⑥《上九》：爻（yáo）名，每卦有六条爻辞。阴爻为“六”，阳爻为“九”。⑦《六二》：指蹇卦的第二条爻辞。王臣蹇蹇，匪躬之故：臣子不避艰难辅助国君，是由于他能不顾自身的缘故。蹇蹇，忠诚的样子。匪，非。躬，自身。⑧冒进：指贪求仕进。旷官：荒废职守。刺：指责。⑨下大夫：唐朝谏议大夫年俸二百石，秩品为正五品。约相当于古代下大夫。秩：官吏的俸禄。⑩有官守者：居官守职。⑪禄仕：做官只为俸禄。⑫抱关：守关门。击柝（tuò）：打更。柝，打更用的木梆子。⑬委吏：春秋鲁国掌管粮仓的小官。乘（shèng）田：掌管畜牧的小官。会计：管理财物及出纳事宜。遂（suì）：顺利成长。⑭章章：显明的样子。⑮讪（shàn）：诽谤，诋毁。招（qiáo）：举，这里是揭露的意思。⑯《书》：《尚书》，传由孔子删改编成，保存了一些上古历史文献和古代史事资料。谟（mó）：计谋。猷（yóu）：谋略。后：天子。⑰滋：更加。惑：糊涂，困惑。⑱行谊：品行和道义。擢（zhuó）：提拔。骨鲠（gěng）：刚直，刚劲。僭（jiàn）赏：滥用奖赏。从谏如流：非常乐意接受劝谏。⑲岩穴之士：隐居山中的人。束带结发：整理衣带，盘结头发，表示礼貌。阙：宫殿门外两边的高台，借指朝廷。熙：明、显，显耀的意思。鸿号：很大的名声。⑳闵（mǐn）：忧虑，怜悯。乂（yì）：安定，治理。㉑孜孜（zī）矻矻（kū）：勤勉不懈的样子。㉒孔席不暇暖，而墨突不得黔：出自班固《答宾戏》。说孔子回家，席子还没有坐暖便外出；墨子回屋，连烟囱都没有烧黑又离开了家。形容二人专心事业。突，烟囱；黔，黑色。㉓二圣一贤：儒家尊禹和孔子是圣人，墨子是贤人。佚：通“逸”，安逸。㉔天命：古代把天当成神，称天神的意旨为天命。㉕恶讦（jié）以为直者：讦，攻击或揭发。直，正直。㉖国武子：名佐，春秋时齐国国卿。因为直言指责庆尅与齐灵公母亲声孟子私通事，被齐灵公所杀。㉗《传》：指《国语》。相传为春秋时左丘明所著，以记西周末年和春秋时期各国贵族的言论为主。

【译文】有人向我问起谏议大夫阳城：“他可以算是一个有道德的人吗？他学问渊博见识很广，又不想人们知道他的名声。学习古人立身处世的道理，隐居在晋国的边境地区。晋国边境地区的人，受到他德行的影响而品行善良的近千人。大臣听说后就荐举他，天子任用他为谏议大夫。人们都认为荣耀，而阳城的脸上却没见有喜色。他任职已经五年了，看他的德行如同没有做官时一样。他哪里会因富贵而改变心志呢？”

我回答说：“这就是《周易》上说的，长久地保持一种德行，对男人来说是危险的。这哪里能算是有道德的人呢？在《周易·蛊》‘上九’爻辞说：‘不侍奉王侯是一种高尚的行为。'《蹇》卦的'六二'爻辞说：'臣子不避艰难地辅助国君，是由于他能不顾自身的缘故。'人们因为所处的时间不一样，而遵循的道德就会不同。像《蛊》卦《上九》爻辞说的，处于没有任用的境地，却能表现出不顾自身的节操；而像《蹇》卦《六二》爻辞所说，处在大臣的地位，却把不侍奉天子的心志当作高尚的事情，那么贪求官位的祸患就会产生，对于官吏荒废职守的指责就会兴起。这样的志向不可以效法，而他的过失是终于不会避免的。现在阳子身居高位，不能说时间不长了。对国家事情的成败得失了解得不算不熟悉了，天子对他，不能不算重用了。可是他没有一句话涉及朝政。他看待朝政的得失，就好像越国人看待秦国人的胖瘦一样，毫不在意，心里既不感到高兴也不感到忧愁。问他的官位，就说是谏议大夫；问他的俸禄，却说是下大夫的俸禄；问他朝政的事，却回答说我不知道。有道德的人，难道是这样的吗？况且我听说过：'有官职的人，不能称职就应辞去；有进言责任的人，不能进言就应辞职。'现在阳子认为得到了进言的机会，他进言了吗？有进言的机会却不去进言，跟不能进言而不辞职，这没有一种是对的。阳子难道是为俸禄而做官的吗？古人说：'做官不是因为家贫，但有时也是因为贫穷。'这是说的为俸禄而做官的人。这样的人应该辞去高位而担任卑贱的官位，辞去厚禄而安处贫贱的生活，做守关门、打打更那样的差使就可以了。孔子曾经做过掌管粮食的小官，曾经做过掌管畜牧的小官，也不敢荒废职守，总是说一定要财务相符、管理得好才行，一定要使牛羊顺利成长才算了事。像阳子的官职和俸禄，不算是低下和微薄了，这是非常显明的，可他这样地办事，难道是可以的吗？"

有人说："不对，事情不是这样的。阳子是厌恶诽谤皇上的，厌恶那些做臣子的却靠揭露君王的过错而成名的人。所以虽然规谏并且评议政事，却不让人知道。《尚书》中说：'你有好计谋、好谋略，就到宫廷里告诉给君王，你就在外面顺从附和说：'这种计谋、谋略，都是君王的好德行。'阳子的用心，也是像这样的。"

我回答说："如果阳子的用心像这样，那就更加是所说的糊涂了。进入宫里规劝君王，出来后不让人知道，这是大臣、宰相的事，不是阳子所应该做的。阳子本来以平民的身份隐居在草莽，皇上赞扬他的品行和道义，提拔他到这个位置上。官职既然以谏议为名，实在应该有所表现来履行职责，让天下四方的人和子孙后代，都知道朝廷里有直言敢谏的刚直臣子，天子有不滥用奖赏和非常乐意接受劝谏的美德。这样那些隐居山中的人，听说后会很羡慕，而整理衣带、盘结头发，愿意到朝廷，陈述他们的意见，致使君主像尧舜一样圣明，崇高的名声显耀到千秋万代。像《尚书》上所说的，大臣和宰相做的事，不是阳子所应当做的。况且阳子的用意，不是将使做君主的人厌恶听到他有过错的话吗？这是引导君主做错事了。"

有人说："阳子不求人们知道他的名声，可是人们都知道了，不求任用而君主任用了他，他是不得已才出来做官的，保持了他的德行而没有改变，为什么你苛刻地责备他呢？"

我说："自古以来的圣人贤士，都不是要求闻名和任用的。他们忧虑世道的不平，人们的生活得不到安定，有了道德学问后，不敢洁身自好只顾自己，而是一定要救济天下的百姓。勤勉不懈,到死才停止。所以夏禹治理洪水三次经过家门都不进屋,孔子回家连席子都没有坐暖就又出去,墨子回家烟囱还来不及烧黑就离家了。那两位圣人,一位贤人,难道不懂得过安逸生活是很快乐的吗?实在是敬畏天神的意旨而怜悯百姓的困苦啊。上天授予人们贤圣的才能,难道只是让人们才智有余吗?实在是想用来弥补人们的不足的。耳朵、眼睛对于人的身体来讲,耳朵管听,眼睛管看,听清是非,看明安危,这样身体就会平安了。圣人和贤人,是相当于世人的耳朵和眼睛;世人,就相当于圣贤的身体。况且阳子要不是贤人,就应当被贤人所役使来侍奉君主;如果他是一个贤人,那就本应敬畏天神的意旨和怜悯百姓的困苦。怎能贪图个人闲适安逸的生活呢?"

有人说:"我听说君子不想凌驾于别人之上,并且厌恶靠揭露别人的短处而自认为是正直的人。像你这样的评论,直率是够直率了,只怕伤害了道德、浪费了口舌吧?喜欢直言来揭露别人的过错,这是国武子被齐国人杀掉的原因,你大概听说过吧?"

我说:"君子做了官,就应该想到以身殉职。没有做官时,就要想到好好学习文辞用来阐明道理。我就是为了阐明我认为的道理,并不是自以为正直而把我不想要的强加给别人。况且国武子只是没有遇到品德高尚的人,却在昏乱的国家中喜欢直言来揭露别人的过错,因而被杀掉了。《国语》中说:'只有品德高尚的人才能接受直言的批评。'这说的是他听到批评后能够注意改正啊。你告诉我说:'阳子可以认为是有德行的人。'现在虽然没有达到,难道阳子将来不能做一个德行高尚的人吗?"

【鉴赏】《争臣论》是论述如何做一个名副其实的谏议大夫。久享贤名的阳城,被推荐为谏议大夫。在这个重要位置上,整整五年,他超然物外,不认真履行职责,对朝廷大事不闻不问,"未尝一言及于政"。韩愈故作此文激烈地指责,身为谏官有劝谏的重任,却不问政事的得失,这是疏于职守的表现。文章反复论述一个道理,即"君子居其位,则思死其官"。必须忠于职守,努力进谏,做一个直言的刚直臣子。这反映出韩愈积极用世的进取精神。

文章采用问答的形式,通过层层设问,又逐一回答,四问四答,展开议论,步步深入地论述观点,首尾呼应,给人留下深刻的印象。

后十九日复上宰相书[1]

二月十六日,前乡贡进士韩愈,谨再拜言相公阁下[2]:

向上书及所著文,后待命凡十有九日,不得命。恐惧不敢逃遁,不知所为。乃复敢自纳于不测之诛,以求毕其说[3],而请命于左右。

愈闻之:蹈水火者之求免于人也,不惟其父兄子弟之慈爱,然后呼而望之也。将有介于其侧者,虽其所憎怨,苟不至乎欲其死者,则将大其声,疾呼而望其仁之也[④]。彼介于其侧者，闻其声而见其事，不惟其父兄子弟之慈爱，然后往而全之也。虽有所憎怨，苟不至乎欲其死者，则将狂奔尽气，濡手足[⑤]，焦毛发，救之而不辞也。若是者何哉？其势诚急而其情诚可悲也。

愈之强学力行有年矣[⑥]。愚不惟道之险夷，行且不息，以蹈于穷饿之水火，其既危且亟矣[⑦]，大其声而疾呼矣，阁下其亦闻而见之矣，其将往而全之欤？抑将安而不救欤？有来言于阁下者曰："有观溺于水而爇于火者[⑧]，有可救之道而终莫之救也。"阁下且以为仁人乎哉？不然，若愈者，亦君子所宜动心者也。

或谓愈："子言则然矣，宰相则知子矣，如时不可何？"愈窃谓之不知言者，诚其材能不足当吾贤相之举耳。若所谓时者，固在上位者之为耳，非天之所为也。前五六年时，宰相荐闻，尚有自布衣蒙抽擢者[⑨]，与今岂异时哉？且今节度、观察使及防御、营田诸小使等，尚得自举判官，无间于已仕未仕者[⑩]。况在宰相，吾君所尊敬者，而曰"不可"乎？古之进人者，或取于盗，或举于管库[⑪]。今布衣虽贱，犹足以方于此[⑫]。情隘辞蹙，不知所裁，亦惟少垂怜焉[⑬]。

愈再拜。

【注释】 ①复上宰相书：韩愈于唐贞元八年中进士，后于礼部博学鸿词科考试，未中。他曾三次写信给宰相求仕。第一封信写于贞元十一年正月二十七日，这是第二封信，距第一封信的时间为十九日。②乡贡：由州县选举的士子叫作乡贡。进士：参加礼部考试而考中的士子叫作进士。相公：古时对宰相的称呼。③不测之诛：意想不到的责备。毕其说：把话说完。④介：接近。指在旁边的人。仁：施行仁义。⑤濡（rú）：沾湿。⑥强学：努力学习。力行：努力实行。⑦险夷：艰险与平坦。亟（jí）：急迫。⑧溺（nì）于水：被水淹没。爇（ruò）：焚烧。⑨荐闻：向上推荐。抽擢（zhuó）：提拔。⑩节度：即节度使，边疆地区掌管军政大权的官吏。观察使：掌管州县官吏政绩、兼管民事的长官。防御：即防御使，设于西北各镇，"安史之乱"后又设于各军事要地，专掌军事的官吏，以刺史兼任。营田：即营田使，设于边区，专掌屯田的官吏。判官：节度使、观察使、防御使的属官。间（jiàn）：区分，区别。⑪进人：进献人，推荐人。盗：《礼记 · 杂记》中记载，管仲曾将两个盗贼推荐给齐桓公，两个人都做了官。管库：《礼记 · 檀弓》中记载春秋时晋国的赵文子在管仓库的人中提拔了七十余名人才。⑫方：相比。⑬隘（ài）：窘迫。蹙（cù）：急促，急切。裁：剪裁，这里是斟酌的意思。垂怜：爱惜、怜悯。

【译文】 二月十六日，前乡贡进士韩愈，恭敬地禀告相公阁下：

前些日我曾呈上一封书信和所作的文章，等候您的指示已经十九天了，没有得到回音。我惶恐不安不敢离去，不知道怎么办才好。于是我宁愿再次领受意想不到的责备，来要求陈述完我的意见，并向您请教。

我听说：陷入水火之中的人，求人帮忙免除灾难，并不因为那人和自己有父兄子弟一样的慈爱感情，才去呼喊他、指望他。而是希望在他旁边的人，即使与自己有怨恨，只要还不至于希望自己死去的，就要大声呼喊，希望他施行仁义。那在他旁边的人，听见他的呼声和看见这种情形，也不会因为和他有父兄子弟一样的慈爱感情才去保全他的生命。即使与他有怨恨，只要还不至于希望他死去的人，就要拼命跑去用尽力气，弄湿手脚，烧焦毛发，救起他而不会去躲避。这样做是为了什么呢？是因为那情形确实危急，他的心情确实叫人可怜。

我努力学习，并且身体力行有好些年了。我没有考虑道路的艰险和平坦，一直前行没有停止过，以致陷于穷困饥饿的水深火热中，那种情形既危险又急迫，我已经大声呼喊了，阁下大概也听见和看见了，您是前来救我呢，还是安稳地坐着不来救呢？有人对您说："有人看见被水淹和被火烧的人，虽然有可以救人的办法却始终没有人去救。"阁下您认为他是个仁义君子吗？如果不这样认为，那么像我这样的人，也就是君子应该动心同情的了。

有人对我说："你的话是对的，宰相是了解你的，只是时机不合适，怎么办呢？"我认为他不会讲话，实在是他的才能不值得我们贤明宰相的推荐罢了。至于所说的时机，本来就是处在上层地位的人所造成的，并不是上天安排的。前五六年时，宰相向上推荐，尚且有从平民中提拔的，那时和现在，有什么不同吗？况且现在的节度使、观察使、防御使和营田使等地位较低的官员，尚能自己选用判官，而没有区分他已经做过官还是没有做过官的。何况是宰相，我们君主所尊敬的人，却能说"不可"吗？古代推荐人才的人，有的从盗贼中选取，有的从管理仓库的人中推荐。现在，我这个平民虽然地位低贱，但还是足够和这些人相比的。我的情况窘迫，言辞急切，不知道怎样斟酌才合适，只希望您稍微能施以爱惜人才的心。

韩愈再拜。

【鉴赏】 韩愈二十五岁考取礼部进士，但还须经考试，才能被授予官职，可是韩愈三次应试"博学鸿词"科，均未考中。他已二十八岁，已中进士四年，郁郁不得志，要求仕进的心情很急迫。作为一个地位低下的知识分子，为了实现自己的抱负，也只有寄希望于走权贵的门路，想以文章来打动他们，以求得他们的引荐和提拔。这是他写给宰相的第二封信。信中以动人之笔，比喻自己处境艰难如同陷入水深火热之中，以情来说动宰相。

文章紧扣"势""时"着笔，运用比喻、设问、反驳等手法，写得情词恳切，振振有词，跌宕曲折，讲究变化。本文既反映了封建统治集团扼制人才的社会环境和人情冷暖，同时也体现出封建文人乞求仕进的窘态。

后廿九日复上宰相书

三月十六日[①]，前乡贡进士韩愈，谨再拜言相公阁下：

愈闻周公之为辅相，其急于见贤也，方一食三吐其哺，方一沐三握其发[②]。当是时，天下之贤才皆已举用，奸邪谗佞欺负之徒皆已除去[③]。四海皆已无虞，九夷八蛮之在荒服之外者，皆已宾贡[④]。天灾时变，昆虫草木之妖[⑤]，皆已销息。天下之所谓礼乐刑政教化之具[⑥]，皆已修理，风俗皆已敦厚。动植之物，风雨霜露之所沾被者[⑦]，皆已得宜。休征嘉瑞，麟凤龟龙之属[⑧]，皆已备至。而周公以圣人之才，凭叔父之亲，其所辅理承化之功，又尽章章如是[⑨]。其所求进见之士，岂复有贤于周公者哉？不惟不贤于周公而已，岂复有贤于时百执事者哉[10]？岂复有所计议，能补于周公之化者哉？然而周公求之如此其急，惟恐耳目有所不闻见，思虑有所未及，以负成王托周公之意，不得于天下之心。如周公之心，设使其时辅理承化之功，未尽章章如是，而非圣人之才，而无叔父之亲，则将不暇食与沐矣，岂特吐哺握发为勤而止哉？维其如是，故于今颂成王之德，而称周公之功不衰。

今阁下为辅相亦近耳。天下之贤才，岂尽举用？奸邪谗佞欺负之徒，岂尽除去？四海岂尽无虞？九夷八蛮之在荒服之外者，岂尽宾贡？天灾时变，昆虫草木之妖，岂尽销息？天下之所谓礼乐刑政教化之具，岂尽修理？风俗岂尽敦厚？动植之物，风雨霜露之所沾被者，岂尽得宜？休征嘉瑞，麟凤龟龙之属，岂尽备至？其所求进见之士，虽不足以希望盛德[11]，至比于百执事，岂尽出其下哉？其所称说[12]，岂尽无所补哉？今虽不能如周公吐哺握发，亦宜引而进之，察其所以而去就之，不宜默默而已也。

愈之待命四十馀日矣。书再上，而志不得通。足三及门，而阍人辞焉[13]。惟其昏愚，不知逃遁，故复有周公之说焉。阁下其亦察之！古之士，三月不仕则相吊，故出疆必载质[14]。然所以重于自进者，以其于周不可，则去之鲁；于鲁不可，则去之齐；于齐不可，则去之宋，之郑，之秦，之楚也。今天下一君，四海一国，舍乎此则夷狄矣[15]，去父母之邦矣。故士之行道者[16]，不得于朝，则山林而已矣。山林者，士之所独善自养，而不忧天下者之所能安也。如有忧天下之心，则不能矣。故愈每自进而不知愧焉，书亟上[17]，足数及门，而不知止焉。宁独如此而已，惴惴焉惟不得出大贤之门下是惧[18]。亦惟少垂察焉！渎冒威尊[19]，惶恐无已！

愈再拜。

【注释】①三月十六日：唐贞元十一年三月十六日。距写第二封信二十九日。②辅相：相当于后之宰相。方一食三吐其哺，方一沐三握其发：在吃一顿饭之中三次吐出口中的食物，在洗一回头之间有三次挽住头发。指周公起以接见来客，恐失贤士。③谗佞（nìng）：巧语谄媚之人。④虞（yú）：忧虑。九夷八蛮：泛指少数民族。夷，古代对东部少数民族的泛指。蛮，对南方少数民族的泛指。荒服：指极边远的地方。古代统治者曾把天下按远近分为五等，即甸服、侯服、绥服、要服、荒服。宾贡：归顺皇帝，进献物品。⑤时变：异乎时令的变故。妖：变异和反常现象。⑥礼：古代社会的道德规范和礼仪制度。乐：音乐。古代统治者认为它也是维护等级制度、陶冶情志和宣扬统治阶级意识的工具。刑：刑法。政：政治制度。教：政教风化。具：制度的意思。⑦沾被：得到滋润。沾，浸湿。被，覆盖。⑧休征嘉瑞：美好吉祥的征兆。休、嘉，美好之意；征、瑞，征兆之意。麟凤龟龙：古代喻吉祥的动物。⑨辅理：辅佐治理。指辅佐周成王治理国家。章章：显著。⑩百执事：指周公的左右众多侍从。⑪盛德：大德，很高的德行。⑫称说：主张，意见。⑬阍（hūn）：看门人。⑭吊：慰问。疆：边界。质：通“贽”，古代初次求见相送的礼物。⑮夷狄：古代对东方、北方少数民族的蔑称。⑯行道：实行某种政治主张或理想。⑰亟（qì）：屡次。⑱惴惴（zhuìzhuì）：恐惧不安。⑲渎（dú）冒：无礼貌地冒犯。威尊：威风和尊严。

【译文】三月十六日,前乡贡进士韩愈,恭敬地禀告相公阁下:

我听说周公在担任宰相的时候,他急于接待贤才,在吃一顿饭之中三次吐出口中的食物,在洗一回头之间有三次挽住头发。在这时,天下的贤才都推举出来任用了,奸险邪恶、巧言谄媚、反复无常、背信弃义的人都已清除了。天下都已没有忧虑了,边远地方的少数民族也都归顺朝廷进贡了,天灾和异乎时令的变故,昆虫和草木的一些变异、反常现象,都已消失停止。天下称为礼仪、音乐、刑法、政治、教化的制度,都已整治好了,风俗都已诚朴宽厚。动物植物,受着风雨霜露的滋润都已各得其所。美好吉祥的征兆,麟、凤、龟、龙一类的动物,都已全部出现。而周公靠着圣人的才能,凭着他是成王叔父的亲近关系,他辅佐治理秉承先王教化的功绩,又都是这样显著。那些要求进见的人,难道再有比周公更贤明的吗?不仅不能比周公贤明,就是和当时的许多官吏相比,难道还有更贤明的吗?难道还有计谋建议能对周公的教化有所补益的吗?然而周公寻求贤才是这样的急迫,只怕自己的耳朵和眼睛没有听见看到,考虑还有不周到之处,以致辜负了成王委托周公治理天下的用意,不能得到天下的人心。像周公那样的用心,假如那时辅佐治理秉承先王教化的功绩,没有这样显著,而他没有圣人的才能,和成王没有亲近的叔侄关系,就要连吃饭和洗头都没有时间了,哪能仅仅有吐饭挽住头发的勤奋行为就完了呢?正因为他这样,所以到今天人们还一直在歌颂周成王的德行,称赞周公的功绩。

现在阁下作为宰相和周公的地位相接近。天下的贤才难道都被推荐任用了吗?那些奸险邪恶、巧言谄媚、反复无常、背信弃义的人难道都被清除掉了?天下难道都没有忧虑了?边远地方的少数民族难道都归顺给朝廷进贡了?天灾和异乎时令的变故,昆虫和草木的一些变异、反常现象难道都消失停止了?天下称为礼仪、音乐、刑法、政治、教化等制度难道都整治好了?风俗难道都诚朴宽厚?动物植物受着风雨霜露的滋润难道都各得其所?美好吉祥的征兆,麟、凤、龟、龙一类的动物难道都已全部出现?那些要求进见的人,虽然不能期望他们有很高的德行,至于和那些官员相比,难道都在他们之下吗?他们的主张,难道对您的政事都没有补益吗?现在您虽然不能像周公那样吐饭挽发去接待贤才,也应该援引推荐他们,考察他们做得怎么样再决定任用,不应该用默不作声的冷漠态度来对待。

我等候您的回信已经四十多天了。两次写信给您,可我的心意仍然没能使您知晓。三次走到您的门前,都被您府上看门的人挡住了。只因为我糊涂愚钝,不知道应离开这里,所以又有了关于周公的一番议论。请阁下仔细看看它。古时候的士人三个月没能做官就要相互慰问,所以走出边界就要带上相送的礼物。然而他们之所以重视自我推荐,是因为他在周朝若不被任用,便离开那里到鲁国去;在鲁国不被任用,就离开那里到齐国去;在齐国不被任用,就离开那里到宋国去,到郑国去,到秦国去,到楚国去。现在天下只有一个国君,四海之内只有一个国家,离开这里就是边疆夷狄民族的地方,就离开自己的国家了。所以要实行一定政治主张的人,不能在朝廷做官,就只有到山林去隐居。山林是士人中那些独善其身、自我修养,不为天下人民忧虑的人安心居住的地方。如果有为天下人民忧虑操心的,就不会安心地住在那里。所以我每次自我推荐时并不感到羞愧,信屡次呈上,数次走到您的门前也不知道停止。难道只有这样了吗,我恐惧不安害怕不能在您的门下求得仕进,只希望您稍微施以重视的心!我态度轻慢,冒犯了您的威风和尊严,心里惶恐不已!

韩愈再拜。

【鉴赏】韩愈想以情打动宰相,两次上书,要求对自己加以任用。无奈宰相默不作声,冷漠对待。韩愈苦闷不已,又第三次写信给宰相。

在这篇文章里,韩愈用周公急于见贤而一食三吐哺、一沐三握发的典故与当时宰相对待人才的冷淡态度作对比,尖锐讽刺了权贵们不重视任用人才的做法。并说明自己是为忧天下,不愿独善其身才急于求仕的。

文章运用对比、排比、反问的句式,形成了鲜明的对照。语言直切,词锋尖刻激烈,但陈述理由充分,掷地有声。

与于襄阳书[1]

七月三日,将仕郎、守国子四门博士韩愈,谨奉书尚书阁下[2]:

士之能享大名、显当世者,莫不有先达之士,负天下之望者,为之前焉[3]。士之能垂休光照后世者[4],亦莫不有后进之士负天下之望者,为之后焉。莫为之前,虽美而不彰;莫为之后,虽盛而不传[5]。是二人者,未始不相须也[6],然而千百载乃一相遇焉。岂上之人无可援,下之人无可推欤[7]?何其相须之殷而相遇之疏也?其故在下之人负其能不肯谄其上,上之人负其位不肯顾其下。故高材多戚戚之穷,盛位无赫赫之光[8]。是二人者之所为皆过也。未尝干之,不可谓上无其人;未尝求之,不可谓下无其人。愈之诵此言久矣[9],未尝敢以闻于人。

侧闻阁下抱不世之才,特立而独行,道方而事实,卷舒不随乎时[10],文武唯其所用,岂愈所谓其人哉?抑未闻后进之士,有遇知于左右,获礼于门下者[11],岂求之而未得邪?将志存乎立功,而事专乎报主,虽遇其人,未暇礼也?何其宜闻而久不闻也?

愈虽不材,其自处不敢后于恒人[12]。阁下将求之而未得欤?古人有言:"请自隗始[13]。"愈今者惟朝夕刍米仆赁之资是急[14],不过费阁下一朝之享而足也。如曰:"吾志存乎立功,而事专乎报主,虽遇其人,未暇礼焉。"则非愈之所敢知也。世之龊龊者,既不足以语之,磊落奇伟之人[15],又不能听焉,则信乎命之穷也!

谨献旧所为文一十八首,如赐览观,亦足知其志之所存。

愈恐惧再拜。

【注释】 ①于襄阳:名頔(dí),字允元,河南(今河南洛阳)人。曾任湖州、苏州刺史。诏贞元十四年由工部尚书任山南东道节度使(治所在湖北襄阳)。因做过襄州大都督,故称于襄阳。②七月三日:唐贞元十八年,韩愈任国子四门博士,信当写于这年秋天。将仕郎:唐朝的文职散官,级别低。守:低级散官任较高级职务的称"守"。国子:即国子监,当时中央教育机构。四门博士:学官名。奉:两手捧着送上。③先达:地位显达,有声望的前辈。为之前:替他引荐。④垂:流传。休光:美好的德行。⑤彰:显扬。盛:指功业和德行。⑥相须:互相等待。⑦援:攀缘,攀附。推:举荐。⑧戚戚:忧愁。盛位:高位。赫赫:显耀的样子。⑨诵:述说,思考。⑩侧闻:从旁边听说,表谦敬的说法。不世:非凡、非常之意。道方:行为方正。事实:做事实际。卷舒:收与放,屈与伸。指行动、地位的变化、进退。⑪遇知:赏识。获礼:得到礼遇。⑫恒人:一般人。⑬请自隗始:战国燕昭王即位后,为洗去败于齐国的耻辱,向郭隗问计。郭隗说:"王必欲致士,先从隗始,况贤于隗者,岂远千里哉。"燕昭王就为他改筑宫室,敬以为师。于是乐毅等贤才都到了燕国效命。⑭刍(chú):牲口吃的草。仆赁(lìn):雇仆人。⑮龊龊(chuò):拘谨,小心。磊落:胸怀坦白,正大光明。奇伟:奇特雄伟,指才识卓越。

【译文】 七月三日,将士郎、守国子四门博士韩愈,恭敬地把信呈上给尚书阁下:

读书人能够享有大名声,显扬于当代,没有哪一个不是靠在天下有名望、地位显达的前辈替他引荐的。读书人能够把他的美好德行流传下来,照耀后代的,也没有哪一个不是靠在天下有名望的后辈给他做继承人的。没有人给他引荐,即使有出众的才华也不会显扬;没有人做继承人,即使有很好的功业、德行也不会流传。这两种人,未尝不是互相等待的,然而千百年才相逢一次。难道是居于上位的人中没有可以攀缘的人,居于下位的人中没有值得举荐的人吗?为什么他们互相等待那样殷切,而相逢的机会却又那样少呢?其原因在于居于下位的人倚仗自己的才华不肯巴结地位高的人请求引荐,居于上位的人倚仗自己的地位不肯照顾地位低的人。所以很多才学很高的人都为不得志而忧愁,地位高的人没有显耀的声誉。这两种人的行为都是错误的。没有去求取,就不能说上面没有引荐人;没有向下寻找,就不能说下面没有可以举荐的人。我思考这句话已经很久了,没有敢把这句话说给别人听。

我从旁听说阁下具有非凡的才能,不随波逐流、有独到的见识,行为方正做事实际,进退有度不随流俗,文武官员能量才任用。难道您就是我所说的那种人吗?然而没有听说过后辈有得到您的赏识和礼遇的,难道是您寻求而没能得到吗?还是您志在建功立业,而办事一心想报答君主,虽然遇到了可以推荐的人才,也没有空闲来以礼相待呢?为什么应该听到您推荐人才的事却久久没有听到呢?

我虽然没有才能,但要求自己却不敢落后于一般人。阁下将要寻求的人才还没能找到吗?古人说过:"请从我郭隗开始。"我现在只为早晚的柴米和雇仆人的费用着急,这些不过费阁下一顿早饭的费用就足够了。如果您说:"我志在建功立业,办事一心想报答君主,虽然遇到了可以推荐的人才,还没有空闲来以礼相待。"那就不是我敢去知道的了。世间那些拘谨小心的人,既不足以向他们告诉这些话,而胸怀坦白、才识卓越的人，又不听取我的话，那么就真的是我的命运很坏了！

恭敬地呈上我以前作的文章十八篇，如蒙您过目，也足以了解我的志向所在。

韩愈诚惶诚恐，再拜。

【鉴赏】 这是韩愈写给山南东道节度使于頔的信。也是一封求人引荐的信。因当时的社会情况，读书人求仕进常常需要有名望有地位的人作引荐，而有名望有地位的人也需要后进之士作门生，使自己有赫赫之光。他们利害攸关，荣辱相连。处于不得志的韩愈洞悉这一点，又急于仕进，才写了这封信。在议论了先达之士和后进之士相须以存后，紧接着便称颂于頔"特立独行""抱不世之才"的功业，却后继无人，作者用"请自隗始"的典故，大胆地吐露出毛遂自荐的要求。

文章议论透彻，笔力刚健。语气委婉，感情沉郁，显得文情兼妙。虽系乞仕之文，却写得有理有据，冠冕堂皇。

与陈给事书①

愈再拜：愈之获见于阁下有年矣。始者亦尝辱一言之誉②。贫贱也，衣食于奔走③，不得朝夕继见。其后阁下位益尊，伺候于门墙者日益进④。夫位益尊，则贱者日隔；伺候于门墙者日益进，则爱博而情不专。愈也道不加修，而文日益有名。夫道不加修，则贤者不与；文日益有名，则同进者忌。始之以日隔之疏，加之以不专之望⑤，以不与者之心，而听忌者之说。由是阁下之庭，无愈之迹矣。

去年春，亦尝一进谒于左右矣⑥。温乎其容，若加其新也；属乎其言，若闵其穷也⑦。退而喜也，以告于人。其后如东京取妻子⑧，又不得朝夕继见。及其还也，亦尝一进谒于左右矣。邈乎其容，若不察其愚也；悄乎其言，若不接其情也⑨。退而惧也，不敢复进。

今则释然悟，翻然悔曰：其邈也，乃所以怒其来之不继也；其悄也，乃所以示其意也。不敏之诛⑩，无所逃避。不敢遂进，辄自疏其所以，并献近所为《复志赋》以下十首为一卷，卷有标轴⑪。《送孟郊序》一首，生纸写，不加装饰，皆有揩字注字处⑫。急于自解而谢，不能俟更写。阁下取其意，而略其礼可也。

愈恐惧再拜。

【注释】 ①陈给事：名京，字庆复。唐贞元十九年由考功员外升迁为给事中，给事中为门下省重要职务，主管驳正政令的违失。给事，给事中的略称。②辱：谦词，意谓使对方受到屈辱。誉：赞赏，称誉。③衣食于奔走：指为衣食东奔西走。④门墙：古时指师长之门。进：增多。⑤望：埋怨，不满。⑥进谒：前去拜见。⑦温乎其容：脸色温和。加其新：对待新朋友。属（zhǔ）：连续，形容话多，很热情。闵（mǐn）：同"悯"，怜惜。⑧如：到。东京：今河南洛阳。妻子：妻子和儿女。⑨邈（miǎo）：遥远，深远。不接其情：不领受我的情意。⑩敏：聪敏。诛：责备。⑪疏：分条述说。标轴：古时用纸或帛做成卷子，卷子中有棍杆，两头叫轴，一卷就称一轴。标轴即是卷轴上做的标记。⑫《送孟郊序》:孟郊,字东野,湖州武康(今浙江德清县)人,诗人,韩愈的诗友。生纸:未经煮捶等方法制作的纸。经过加工精制的为熟纸。生纸用于丧故或草稿用。韩愈急于书写,无暇择纸,故在信中说明。揩字:涂去的字。注字:附加在旁边的字。

【译文】 韩愈再拜:我认识阁下已经很多年了。开始时也承蒙您说过我一些称赞的话。因为我贫困,地位低,为着生活东奔西走,不能早晚经常见到您。以后阁下的地位更高了,等候在您门下的人一天天地增多。地位更高,那和地位低的人就会一天天地疏远;等候在门下的人一天天地增多,那您喜欢的就会广泛,情意就不能专一了。我在道德修养方面没有加强,可是文章上却一天天地有了名气。在道德修养方面没有加强,那贤明的人就不愿意和我交往;在文章上一天天地有了名气,那同求进用的人就产生妒忌。起初因为日渐隔离疏远,加上认为您不能专一地对待朋友的埋怨,您又有不愿意与人交往的心情,而且听信妒忌我的人说的闲话。因此阁下的门庭,就没有我的足迹了。

去年春天,我也前来拜见您一次。您脸色温和,好似对待新朋友一样;话很多、很热情,好似怜惜我不得志的处境。我辞别回家很高兴,把这些情况告诉了别人。以后我到东京洛阳接妻子儿女,又不能早晚经常见到您了。等到回来,也曾前来拜见您一次。您脸色冷淡,好像不愿体察我;沉默寡言,好像不接受我的情意。辞别回家心里十分不安,不敢再来见您了。

现在,我疑虑消除醒悟了,很快就懊悔起来:您脸色冷淡,是恼火我没能经常见到您;您沉默寡言,就是表示这个意思。我这愚钝的人应受到的责备,是没有什么地方可以逃避的。我不敢立即来见您,就把事情的缘故述说出来,并且呈上近来所写的《复志赋》以下十篇文章,作为一卷,卷上有标记。《送孟郊序》一篇,是用生纸写的,没加装饰,上有涂去或者增加字的地方。因为我急于解释误解而向您道歉,就不能等到重新再抄写。请您明白我的情意,而不要计较我礼节上的不周就好了。

韩愈诚惶诚恐,再拜。

【鉴赏】 这是韩愈写给陈京的信。陈京担任了门下省的重要职务。不得志的韩愈写信的用意,便是为了加深和陈京的关系,以期得到赏识,为仕途打好基础。信中叙述了与陈京多年来的交往经过,反省了双方之间一段不愉快的事情,委婉地对陈京不冷不热的态度表示了不满。同时也表示自己消除了疑虑,改变了看法,要求对方重新了解自己,恢复友谊的心意。

文章运用对比和转折手法,跌宕起伏,婉转地道出了复杂的思想感情。

应科目时与人书①

月日,愈再拜:

天池之滨,大江之濆,曰有怪物焉,盖非常鳞凡介之品汇匹俦也②。其得水,变化风雨,上下于天不难也。其不及水,盖寻常尺寸之间耳③。无高山大陵、旷途绝险为之关隔也，然其穷涸，不能自致乎水，为猵獭之笑者[4]，盖十八九矣。如有力者，哀其穷而运转之，盖一举手一投足之劳也。然是物也，负其异于众也，且曰："烂死于沙泥，吾宁乐之，若俯首帖耳摇尾而乞怜者，非我之志也。"是以有力者遇之，熟视之若无睹也。其死其生，固不可知也。

今又有有力者当其前矣，聊试仰首一鸣号焉，庸讵知有力者不哀其穷[5]，而忘一举手一投足之劳而转之清波乎？其哀之，命也；其不哀之，命也；知其在命而且鸣号之者，亦命也。

愈今者实有类于是，是以忘其疏愚之罪[6]，而有是说焉。阁下其亦怜察之。

【注释】①应科目：参加博学鸿词科考试。唐代科举制度设生徒、乡贡、制举三科取士，取士分秀才、明经、进士、明法、明字等，因名目繁多，故称科目。②天池：大海，南海。见《庄子·逍遥游》："南溟在天池也。"又："穷发之北，有溟海者，天池也。"滨：水边。濆（fén）：堤岸，指江岸、水边。常鳞凡介：平常的水生动物。鱼类为鳞，龟类为介。品汇：同一品类相互聚会，或指同一品类。匹俦（chóu）：相等同。俦，伴侣，匹配。③寻常尺寸：指很小的范围。寻常，古代的度量单位，八尺为寻，倍寻为常。④猵（biān）：小水獭。⑤庸讵（jù）：相当于"岂"，表反诘。一作"庸遽"。⑥疏愚：疏忽愚陋，粗鲁愚昧。

【译文】某月某日，韩愈再三拜上：

南海的水边，大江的岸旁，听说有个怪物，它不是平常那些披鳞戴甲类的水族。它得到了水，就能变风化雨，上天入地都不困难。可是一旦离开了水，哪怕就那么一尺来远，并无高山大丘、长途险关的阻拦，却只能穷愁于干涸，毫无办法把自己趋移到水里去，因而受到水獭之类取笑，则是经常的事。如果有人可怜它的困境，而去帮它挪动一下，只不过是一伸手、一提脚的轻易事情。但这怪物却偏偏因自己与众不同而自负，宣称道："就是死了烂在泥沙里，我也宁愿这样；如果要我低头耷耳，摇着尾巴去向别人求得怜悯和援助，那绝不是我的意愿。"所以有力量的人碰到它，都像没看见一样。这东西到底能继续活下去，还是很快就会死去呢？实在是不清楚了。

现在又有一位有力量的人来到它面前了。姑且试着抬头叫喊他一声吧。但又怎么知道这位有力量的人会不同情它的处境，忽略一伸手、一提脚的工夫，把它送到水里去呢？他能够同情它，是命运；不同情它，也是命运；知道这些都是命中注定而又偏偏要叫喊他，也同样是命运啊！

我今天的处境，确实和上面所说的那个怪物差不多了，所以不顾粗鲁愚陋而说了上面这些话。阁下您也许能够哀怜体察吧。

【鉴赏】这篇富有寓言色彩的信，是韩愈在贞元九年（793）应博学鸿词科考试时写的。作者巧妙地以怪物自喻，而以有力者喻当朝权贵，反映了一个身处困境的士人积极进取、追求功名的精神，抒发了自己空怀奇才而不见重于时的积郁。信中并不直言其事，而是通过描写一个失水即死、得水即活、亟待有力者费举手之劳而转之清波的"怪物"来比喻自己。这种设喻奇特而得体，比直说要生动得多、高明得多。这样构思用笔既使自己虽是求人相助，却显得理直气壮、不卑不亢、很有分寸，又使行文气势磅礴、曲折多变，能打动对方。

送孟东野序[①]

大凡物不得其平则鸣。草木之无声，风挠之鸣[②]。水之无声，风荡之鸣。其跃也，或激之；其趋也，或梗之；其沸也，或炙之。金石之无声，或击之鸣。人之于言也亦然，有不得已者而后言，其歌也有思，其哭也有怀。凡出乎口而为声者，其皆有弗平者乎！

乐也者，郁于中而泄于外者也，择其善鸣者而假之鸣[③]。金、石、丝、竹、匏、土、革、木八者[④]，物之善鸣者也。维天之于时也亦然，择其善鸣者而假之鸣。是故以鸟鸣春，以雷鸣夏，以虫鸣秋，以风鸣冬，四时之相推敚[⑤]，其必有不得其平者乎！

其于人也亦然。人声之精者为言，文辞之于言，又其精也，尤择其善鸣者而假之鸣。其在唐、虞，咎陶、禹[⑥]，其善鸣者也，而假以鸣。夔弗能以文辞鸣，又自假于《韶》以鸣。夏之时，五子以其歌鸣[⑦]。伊尹鸣殷，周公鸣周[⑧]。凡载于《诗》《书》六艺[⑨]，皆鸣之善者也。周之衰，孔子之徒鸣之[⑩]，其声大而远。《传》曰："天将以夫子为木铎[⑪]。"其弗信矣乎！其末也，庄周以其荒唐之辞鸣[⑫]。楚，大国也，其亡也以屈原鸣[⑬]。臧孙辰、孟轲、荀卿以道鸣者也[⑭]。杨朱、墨翟、管夷吾、晏婴、老聃、申不害、韩非、慎到、田骈、邹衍、尸佼、孙武、张仪、苏秦之属，皆以其术鸣[⑮]。秦之兴，李斯鸣之[⑯]。汉之时，司马迁、相如、扬雄[⑰]，最其善鸣者也。其下魏、晋氏，鸣者不及于古，然亦未尝绝也。就其善者，其声清以浮，其节数以急，其辞淫以哀，其志弛以肆，其为言也，乱杂而无章。将天丑其德莫之顾耶？何为乎不鸣其善鸣者也？

唐之有天下，陈子昂、苏源明、元结、李白、杜甫、李观[⑱]，皆以其所能鸣。其存而在下者，孟郊东野，始以其诗鸣。其高出魏、晋，不懈而及于古，其他浸淫乎汉氏矣[⑲]。从吾游者，李翱、张籍其尤也[⑳]。三子者之鸣信善矣，抑不知天将和其声，而使鸣国家之盛耶？抑将穷饿其身，思愁其心肠，而使自鸣其不幸耶？三子者之命，则悬乎天矣。其在上者奚以喜，其在下者奚以悲！东野之役于江南也，有若不释然者，故吾道其命于天者以解之[㉑]。

【注释】 ①孟东野：名郊，湖州武康（今浙江德清县）人，著名诗人。一生贫寒，年五十才做了溧阳县尉，一生不得志。同韩愈交情深。作诗以"苦吟"著称，与贾岛齐名，有"郊寒岛瘦"之称。②挠（náo）：阻挠。③郁于中：在心里郁结的感情。假：借。④金、石、丝、竹、匏（páo）、土、革、木：古代做乐器的八种材料，泛指各种乐器。金，指钟、铃；石，指磬（qìng）；丝，指琴、瑟；竹，指箫、管；匏，指笙、竽；土，指埙（xūn）；革，指鼓等类；木，指柷（zhù）、敔（yǔ）。⑤推敚：推移变化。敚，"夺"的本字。⑥唐、虞：指唐尧和虞舜的时代。咎陶（gāoyáo）：又作"皋陶""咎繇"，相传是舜的臣,掌管刑法。禹:即夏禹。⑦夔(kuí):传说为舜的乐官,作《韶》乐曲,歌颂舜能继承尧的美德。五子:传说中夏王太康的五个弟弟。太康游乐无度,不理政事,因而失国。其五个弟弟怨恨他,作《五子之歌》,陈述夏禹的警戒。⑧伊尹:商汤时的宰相,曾辅佐商汤灭夏,后又辅佐汤的孙子太甲。传伊尹作过《伊训》《太甲》《咸有一德》等。周公:姓姬,名旦,周文王的儿子,曾辅佐他的哥哥武王灭商,后辅佐年幼的成王。传说作《大诰》《无逸》《立政》等文。⑨《诗》《书》六艺:《诗》《书》即《诗经》《尚书》。六艺即《诗经》《尚书》《易》《礼》《乐》《春秋》六经。⑩孔子:名丘,字仲尼,曾编订《诗经》《尚书》等文献,删修《春秋》。他的弟子记录他的谈话,编为《论语》。⑪《传》:指《论语》。天将以夫子为木铎(duó):出自《论语·八佾》。夫子即孔子。木铎,以木为舌的铃。古代施行新的政教,摇木铎召集百姓来听。这里是喻宣扬教化的人。⑫庄周:字子休,战国时宋国蒙人。哲学家,道家学派的代表人物。著写《庄子》一书,文章汪洋恣肆,极富想象力。⑬屈原:名平,字原,战国时楚人,先任左徒,后为三闾大夫,几次遭谗言,被放逐。秦军攻破郢都,屈原不忍看到国家灭亡,投汨罗江而死。著有《离骚》《九歌》等作品。⑭臧孙辰:春秋时鲁国大夫,曾废关卡以利于经商。孟轲:字子舆,战国时邹人,思想家、政治家、孔子学说的继承人。有《孟子》七篇。荀卿:名况,战国时赵国人,思想家,儒家学者。有《荀子》一书。⑮杨朱:字子居,战国初期卫国人,哲学家、思想家,其言论散见于《孟子》《庄子》《列子》等书。墨翟(dí):战国初期的思想家、政治家,鲁国人。墨家学派创始人,主张"兼爱""非攻",著有《墨子》。管夷吾:字仲,春秋时齐国人,政治家,辅佐齐桓公称霸,著有《管子》。晏婴:字平仲,春秋时齐国大夫,有《晏子春秋》。老聃(dān):姓李,名耳,字聃,春秋时楚国人,思想家、道家学派的创始人,著有《老子》。申不害:战国时郑国人,法家,韩国的宰相,主张实行法治加强君主集权,著有《申子》。韩非:战国时韩国人,法家思想的代表人物,有《韩非子》五十五篇。慎到:战国时赵国人,学黄老道德之术,著有《慎子》。田骈(pián):战国时齐国人,哲学家,著有《田子》二十五篇,今已佚。邹衍:战国时齐国人,哲学家,阴阳五行学派的代表人物,著作皆不传。尸佼:战国时晋国人,法家人物,曾和商鞅一起策划变法,著有《尸子》。孙武:春秋时齐国人,著名军事家,著有《孙子兵法》十三篇。张仪:战国时魏国人,纵横家代表,曾任秦惠王的相,游说六国,以连横破苏秦的合纵。苏秦:字季子,战国时洛阳人,纵横家代表人物,曾游说六国,合纵抗秦,挂六国相印,使秦军十五年不敢攻打六国。著有《苏子》,今已佚。术:指政治主张、学说、军事谋略等。⑯李斯:楚国上蔡(今属河南)人,秦国政治家,任丞相,在统一全国、建立中央集权的过程中有所贡献。著有《谏逐客书》《仓颉篇》(今已佚,另有辑本)。⑰司马迁:字子长,夏阳(今陕西韩城人),西汉伟大的史学家、文学家,著有我国第一部纪传体通史《史记》。相如:司马相如,字长卿,成都人,西汉辞赋家。汉武帝时为郎,曾出使西南,后为孝文园令。著有《子虚赋》《上林赋》等。扬雄:字子云,成都人,西汉辞赋家,著有《法言》《太玄》《方言》及《扬子云集》。⑱陈子昂:字伯玉,梓州射洪(今四川射洪县)人,唐朝文学家,诗歌革新的先驱者,代表作有《感遇》诗三十八首,著有《陈拾遗集》。苏源明:字弱夫,京兆武功(今陕西武功县)人,善文辞,唐朝天宝年间进士,官至秘书少监。著有《苏源明前集》三十卷,今不存。元结:字次山,河南(今河南洛阳)人,唐朝文学家,著有《元次山集》。李白:字太白,号青莲居士。祖籍陇西成纪(今甘肃天水),幼年随父迁居绵州,唐朝大诗人,著有《李太白集》三十卷。杜甫:字子美,原籍襄阳,其先代迁居巩义市(今河南巩义市),唐朝大诗人,曾官校检工部员外郎,著有《杜工部集》,存诗一千四百余首。李观:字元宾,赵州(今河北赵县)人,唐朝散文家,但文章未能完全摆脱六朝文风的影响。著有《李元宾文集》。⑲浸淫:逐渐渗透。汉氏:指汉朝的诗歌。⑳李翱(áo):字习之,陇西成纪(今甘肃天水)人,一说赵郡人,唐朝散文家,跟从韩愈学古文,有《李文公集》。张籍:字文昌,原籍江苏吴郡,韩愈的学生,他的乐府诗在当时影响较大,著有《张司业集》。㉑役:服役,指孟郊赴溧阳任县尉。不释:心放不开,苦闷。解:排解、安慰。

【译文】大概各种东西不能处于平静就会发出声音。草木本来是没有声响的,风吹动它,它就发出声响。水本来是没有声响的,风激荡它,它就发出声响。水浪跳跃,是有东西在阻遏水势,水流快速,是有东西阻塞了它。水沸腾了,是有东西在烧它。钟、磬一类乐器本来是没有声音的,有人敲击它就会发出声响。人在言论上也是这样,有了不可抑制的感情,然后才表达出来,他们歌唱是有了思念的感情,他们痛哭是有所怀念。凡是从口中发出来成为声音的,大概都是有不平的原因吧!

音乐,是由在心里郁结的情感然后向外发泄出来的,它常常借用那些发音最好的东西来发出声音。金、石、丝、竹、匏、土、革、木八种乐器,是各种器物中发音最好的。自然界对于时令的变化也是这样,选择那些发音最好的东西借以发出声音。所以用鸟声表示春天,用雷声表示夏天,用虫声表示秋天,用风声表示冬天,四季的推移变化,那必定是有不得平静的原因吧!

对于人来说也是这样。人的声音的精华是语言,文辞对于语言来说,又是其中的精华,尤其要选择善于用文辞发音的人,来借他们发音。在唐尧、虞舜时代,咎陶、夏禹是最善于用文辞发音的,就借他们来发出时代的声音。夔不能用文辞发音,自己就借着《韶》乐来发音。夏朝时,太康的五个弟弟用他们的歌来发音。伊尹为商朝发出了声音,周公为周朝发出了声音。凡是记载在《诗经》《尚书》等六经上的文辞,都是文辞中发音发得最好的。周朝衰落时,孔子一班人发出了声音,他们的声音宏大而且传得长远。《论语》说:"上天要让孔子成为宣扬教化的人。"难道不是真的吗?周朝末期,庄周用他广大无边的文辞来发出声音。楚,是一个大国,到了灭亡时屈原用楚辞来发出声音。臧孙辰、孟轲、荀卿用儒道学说来发出声音。杨朱、墨翟、管夷吾、晏婴、老聃、申不害、韩非、慎到、田骈、邹衍、尸佼、孙武、张仪、苏秦一类人,都用他们各自的学说来发出声音。秦朝兴起时,李斯用文辞来发出声音。汉朝时,司马迁、司马相如、扬雄等是最善于用文辞发出声音的。这以下到魏、晋两朝,用文辞发出声音的人都赶不上古代,但也从来没有中断过。就其中好的来说,他们用文辞发出的声音清丽而浮华,节奏频繁而急促,语言放荡而哀婉,思想松弛而放纵,他们作的文章,杂乱而没有法度。这大概是上天认为他们德行不好而不肯照顾他们吧!为什么不让发音最好的人来发出声音呢?

唐朝得到天下以后,陈子昂、苏源明、元结、李白、杜甫、李观,都是用他们的才能、文辞来发出声音的。那些活在世上晚于他们的人中间,孟郊开始用他的诗来发出声音。他的诗超过魏晋的作品,其中精妙的已经赶得上古代作品,其他作品也逐渐接近汉朝作品的水平了。同我一起交游的人中,李翱和张籍是其中突出的。这三个人用文辞发出声音的确是很好的,但是不知道上天要使他们的声音和谐,而使他们为国家的兴盛发出声音呢?还是要使他们穷困饥饿、心情悲伤愁苦,让他们为自己的不幸发出声音呢?这三个人的命运,就决定于上天了。他们身居高位,有什么可高兴呢,身居下位,又有什么可悲哀呢!东野这次到江南去任职,好像心里放不开似的，所以我讲了命运由上天决定的道理来安慰他。

【鉴赏】文章从“物不得其平则鸣”说起。从自然界的自然规律开始，自然地道出了“鸣”的道理。接着就纵谈历史上善作不平之鸣的众多政治家、思想家、学者、诗人的不同际遇，他们的作品都是时代精神的表现，深刻地说明了作家、作品和时代的紧密联系，也说明了作家必须有真实的情感才能写出好作品。文章暗喻了当政者不能任用人才，埋没人才的恶劣做法。整篇序是为孟郊的不得志而鸣不平的，可见韩愈对他的同情和推崇。

文章论点鲜明，以“鸣”为主线，层层深入，寓意深刻。

送李愿归盘谷序

太行之阳有盘谷①。盘谷之间，泉甘而土肥，草木藂茂，居民鲜少②。或曰：“谓其环两山之间，故曰盘。”或曰：“是谷也，宅幽而势阻，隐者之所盘旋③。”友人李愿居之④。

愿之言曰：“人之称大丈夫者，我知之矣。利泽施于人⑤，名声昭于时。坐于庙朝，进退百官，而佐天子出令⑥。其在外，则树旗旄，罗弓矢⑦，武夫前呵，从者塞途。供给之人，各执其物，夹道而疾驰。喜有赏，怒有刑。才畯满前，道古今而誉盛德，入耳而不烦。曲眉丰颊，清声而便体，秀外而惠中⑧。飘轻裾、翳长袖。粉白黛绿者，列屋而闲居，妒宠而负恃⑨，争妍而取怜。大丈夫之遇知于天子，用力于当世者之所为也。吾非恶此而逃之，是有命焉，不可幸而致也。”

“穷居而野处，升高而望远，坐茂树以终日，濯清泉以自洁。采于山，美可茹⑩；钓于水，鲜可食。起居无时，惟适之安。与其有誉于前，孰若无毁于其后；与其有乐于身，孰若无忧于其心；车服不维，刀锯不加，理乱不知，黜陟不闻⑪。大丈夫不遇于时者之所为也，我则行之。”

“伺候于公卿之门，奔走于形势之途，足将进而趑趄，口将言而嗫嚅⑫，处秽污而不羞，触刑辟而诛戮⑬。侥幸于万一，老死而后止者，其于为人，贤不肖何如也？”

昌黎韩愈⑭，闻其言而壮之。与之酒，而为之歌曰：“盘之中，维子之宫；盘之土，维子之稼；盘之泉，可濯可沿；盘之阻，谁争子所⑮？窈而深，廓其有容；缭而曲，如往而复⑯。嗟盘之乐兮，乐且无央⑰。虎豹远迹兮，蛟龙遁藏。鬼神守护兮，呵禁不祥。饮且食兮寿而康，无不足兮奚所望？膏吾车兮秣吾马，从子于盘兮，终吾生以徜徉⑱。”

【注释】①阳：山的南面。盘谷：山谷名，在太行山。②藂（cóng）茂：同“丛茂”，繁茂。鲜（xiǎn）：少。③宅幽：地方幽静。势阻：地势险阻。盘旋：盘桓，逗留。④李愿：生平事迹不详。⑤利泽：利益，恩泽。⑥庙：宗庙。朝：朝廷。进退：任免，升降。佐：辅助。⑦旄（máo）：古时的一种旗,用牦牛尾做装饰。罗:罗列,排列。⑧清声:清脆的声音。便(pián)体:体态轻盈。惠:通“慧”,聪敏。中:指内心。⑨裾(jū):衣服的前襟。翳(yì):通“曳”,拖曳。粉白黛绿:指女子浓妆艳抹。黛为青黑,近于绿,故言“黛绿”。列屋:罗列着的房屋。妒宠:嫉妒别人受到宠爱。负恃:依仗。⑩茹:吃。⑪车服:车马和服饰,指官位。维:约束。刀锯:指刑罚。理乱:即治乱。黜陟(chùzhì):贬退与晋升。⑫趑趄(zījū):犹豫不前。嗫嚅(nièrú):要说不说的样子。⑬刑辟(bì):刑法。⑭昌黎:古郡名,今辽宁省义县。北朝时韩姓是昌黎郡的贵显家族,韩愈自称“昌黎韩愈”。⑮盘:即盘谷。维:是。宫:房屋。沿:沿着水边漫行。阻:险阻。所:住所。⑯窈(yǎo):幽远。廓:空阔,广大。有容:能够容纳东西。缭:环绕。如往而复:好像走过去了,却又走回来。⑰央:穷尽。⑱膏(gào):在车轴上加油。秣:喂养。徜徉(chángyáng):自由地往来。

【译文】太行山的南面有一个盘谷。盘谷中间,泉水甜美,土地肥沃,草木繁茂,居民很少。有人说:“因为山谷环绕在两山之间,所以称为‘盘’。”也有人说:“这个山谷,地方幽静而地势险阻,是隐士逗留之处。”我的朋友李愿就居住在这里。

李愿说:“人们所称为大丈夫的,我知道他们的原因了。他们把利益恩惠施给别人,在当时名声显著。在朝廷中办事,任免升降百官,辅佐皇帝发布命令。他们在外面,便树起旗帜,排列弓箭,武士们在前吆喝开道,跟随的人塞满了道路。供给物品的仆役各自拿着东西,在路两旁骑马飞快地奔跑。他高兴时就有赏赐,发怒时就处罚。有才能的人聚集在面前,谈古论今称赞他的美德,这些赞美听进耳中他也不厌其烦。那些弯弯的眉毛,丰满的脸颊,清脆的声音和轻盈的体态,外貌秀丽而心里聪敏,飘起轻柔的衣襟,拖曳着长长的衣袖,浓妆艳抹地打扮着。在一排排的房屋里悠闲地住着,嫉妒别人受到宠爱,依仗自己的容貌,争着比美而博取主子怜爱。这就是那些得到君主赏识、在当代施展本事的大丈夫的所作所为。我不是厌恶这些才避开它,是命运所安排的,不可能侥幸地取得的。”

“住在偏僻的荒远地方,登上高处眺望远方,坐在茂密的树荫下度过每一天,在清澈的泉水里洗浴来保持自身的洁净。在山上采集果子,味美可吃;从水里钓的鱼,鲜美好吃。起居没有固定时间,只求安逸舒适。与其在当面受到人的称赞,倒不如在背后没有人毁谤;与其在身体上得到快乐,倒不如在心中没有忧虑。没有官位的约束,不受刑罚的处置,不知道国家的治乱,不管官职的贬退晋升。这是当代不得志的大丈夫所做的事,我就是这样做的。”

“伺候在大官僚的门下,奔走在有地位、有势力的人家的道路上,脚想伸进门里而犹豫不决,口里想说又吞吞吐吐。处在龌龊的地方而没有感到羞耻,触犯了刑法就会受到杀戮。他们万一侥幸地活下去,直到老死才停止这些活动,他们在为人上究竟是贤明还是不贤明呢?”

韩愈听到李愿的话认为很豪迈,给他斟上酒,并且为他写了一首歌:“盘谷中间,是你的屋,盘谷的土地,可以耕种;盘谷的泉水,可以洗浴,可以沿着水边漫行;盘谷地形险阻,谁会争你的住所?盘谷幽远深邃,空阔而宽容;山谷曲折环绕,好像走过去了,却又走回来。啊!盘谷里的快乐啊,真是没有穷尽。虎豹离得远远的,蛟龙逃避藏匿。有鬼神守护着啊,呵斥、禁止不吉祥的事情发生。有喝有吃啊,得以健康长寿，没有不满足的啊，还有什么期望？给我的车轴加油啊，喂养好我的马，跟你到盘谷去啊，让我终生在这里自由地往来。”

【鉴赏】 韩愈在唐贞元十六年（800）失官后，心情苦闷，满腹牢骚，在长安等候调官时，便借送好友李愿归隐盘谷之际，写下这篇文章以宣泄不平。全文主要内容是借李愿的话，讽刺当时玩弄权势、得志纵欲的官僚显贵，奔走权贵之门、追求功名利禄的庸碌小人；赞美不遇于时而退隐山林的高士。实际上表达了作者对权贵们不满的情绪和怀才不遇的抑郁。

这篇文章是散文，行文洋洋，藏蓄不露。但用了不少的齐整偶俪的句子，显得音调优美，语言生动流畅，抒情意味较浓。

送董邵南游河北序①

燕、赵古称多感慨悲歌之士②。董生举进士，连不得志于有司，怀抱利器，郁郁适兹土③。吾知其必有合也④。董生勉乎哉！

夫以子之不遇时，苟慕义强仁者皆爱惜焉⑤。矧燕、赵之士，出乎其性者哉！然吾尝闻风俗与化移易⑥，吾恶知其今不异于古所云邪？聊以吾子之行卜之也。董生勉乎哉！

吾因子有所感矣。为我吊望诸君之墓，而观于其市，复有昔时屠狗者乎⑦？为我谢曰：“明天子在上，可以出而仕矣！”

【注释】 ①董邵南：唐朝寿州安丰（今安徽寿县）人，韩愈的朋友。②燕、赵：战国时期的两个国家，在河北一带地方。③举进士：为乡里所推举，入京应进士科考试。有司：官吏，这里指主考官。利器：精良的工具，比喻有杰出的才华。适：往，去。兹土：这个地方，此指河北地区。④有合：有所遇合，指得到人的赏识重用。⑤慕义强仁者：勉力按仁义行事的人。⑥风俗与化移易：风俗是跟随着教化而改变。⑦望诸君：即乐毅。战国时乐毅帮助燕昭王打败齐国。昭王死后，燕惠王中了齐国的反间计，夺去乐毅的军权。乐毅避难于赵国，赵王封他于观津（今河北武邑），称为望诸君。其墓在邯郸西南。屠狗者：指隐迹于屠夫中间的豪侠义士。指荆轲到了燕国，同隐藏在屠夫中的豪杰及善击筑者高渐离成为好友。

【译文】 燕、赵一带，古时候说有很多慷慨激昂的豪杰。董生应考进士科，连续几次没有被主考官录取，他怀藏着杰出的才华，闷闷不乐地要到这个地方去。我知道他去了那里一定会遇到赏识重用自己的人。董生，好好努力吧！

照你的才华不能为时所用，假如是仰慕正义力行仁道的人，都会同情你的。何况燕赵一带的豪杰奉行仁义是出于他们的本性呢！可是我曾经听说风俗是随着教化改变的，我怎么知道现在那里的风俗和古时候传说的有没有不同呢？暂且通过你这次的出行来验证它吧。董生，好好努力吧！

我因你而产生了一些感触。请你为我到望诸君的坟墓前凭吊一下，并且到那里的街市去看看，还有没有像从前那样隐迹于屠夫中间的豪侠义士？请替我告诉他们说:“圣明的皇帝在上面,可以出来做官了!”

【鉴赏】韩愈的朋友董邵南多次参加进士考试却一再不得志,想离开京城,往河北去寻找出路。当时已是唐朝安史之乱后,河北的藩镇为了巩固割据势力正在招揽人才。在临别时韩愈写了这篇序文赠送他。文中写出“燕、赵古称多感慨悲歌之士”,预测董邵南前去那里必有所际遇。同时文章含蓄委婉地告诉他,时过境迁,恐怕也未必有所遇,那里也不一定是理想之处。并通过怀念古代名将,以及写“明天子在上,可以出而仕矣”,暗示应该留在京城为唐朝出力。

本文虽然仅仅一百余字,但结构紧凑,内容丰富,欲抑先扬,富于变化,音节顿挫,婉转含蓄,耐人寻味。

送杨少尹序①

昔疏广、受二子②,以年老,一朝辞位而去。于时,公卿设供张,祖道都门外,车数百两③。道路观者,多叹息泣下,共言其贤。汉史既传其事④,而后世工画者,又图其迹。至今照人耳目,赫赫若前日事。

国子司业杨君巨源,方以能《诗》训后进⑤,一旦以年满七十,亦白丞相去归其乡。世常说古今人不相及,今杨与二疏,其意岂异也?

予忝在公卿后⑥,遇病不能出。不知杨侯去时,城门外送者几人?车几两?马几匹?道边观者亦有叹息知其为贤与否?而太史氏又能张大其事⑦,为传继二疏踪迹否?不落莫否?见今世无工画者,而画与不画,固不论也。然吾闻杨侯之去,丞相有爱而惜之者,白以为其都少尹⑧,不绝其禄。又为诗歌以劝之。京师之长于诗者,亦属而和之。又不知当时二疏之去,有是事否?古今人同不同未可知也。

中世士大夫⑨,以官为家,罢则无所于归。杨侯始冠,举于其乡,歌《鹿鸣》而来也⑩。今之归,指其树曰:“某树,吾先人之所种也。某水、某丘,吾童子时所钓游也⑪。”乡人莫不加敬,诫子孙以杨侯不去其乡为法⑫。古之所谓乡先生,没而可祭于社者⑬,其在斯人欤!其在斯人欤!

【注释】①杨少尹:名巨源,字景山,唐朝蒲州(今山西永济市)人。唐贞元五年进士,能诗,官至国子监司业。年老辞官归故乡后,又曾任河东郡少尹。②疏广、受:即疏广、疏受,西汉兰陵(今山东枣庄市)人,疏广为汉宣帝时的太子太傅,疏受是疏广的侄儿,为太子少傅。两人同时称病退休。③供张(gòngzhāng):也作“供帐”,陈设帷帐。祖道:古人远行时,在道旁祭祀路神并设宴饯行。都门外:长安城门外。两:同“辆”。④汉史:指《汉书》,其中有《疏广传》。传:记载。⑤国子:即国子监,国家最高教育机构。司业:国子监内的副长官。《诗》:即《诗经》。⑥忝(tiǎn):谦词,辱,有愧于。⑦太史氏:史官。张大:广泛宣传。⑧都:指杨侯的家乡。少尹:官名,相当于郡守的副手。⑨中世:中古时。士大夫:指官僚阶层,亦指有地位有声望的读书人。⑩始冠:刚好成年。古代男子二十岁时行加冠礼,表示成年。举:古代以科考取士之称,也指赴试或考中。乡:指乡试。《鹿鸣》:《诗经 · 小雅》中的一篇。唐朝乡试后,州县长官宴请中举的人,宴会上歌《鹿鸣》诗,后因称鹿鸣宴。⑪钓游:钓鱼和游玩的地方。⑫法:学习的榜样。⑬乡先生:古代称辞官乡居或在乡任教的老人。没:死。社:土地神,指祭祀社神的祠堂。

【译文】 从前疏广和疏受两个人,因为年老了,有一天辞去官职离开了朝廷。当时官员们在都城门外设置帷帐,设了筵席送行,为他们祭祀路神,来的车子有几百辆。路上观看的人不住地叹息和流泪,都在称颂他们的贤德。《汉书》上已经记载了他们的事迹,而且后代擅长绘画的人,又画出了他们的事迹。到现在还照耀着人们的耳朵和眼睛,清楚得就像前几天发生的事情一样。

国子司业杨君巨源,正用他所精通《诗经》的才学来教导学生,突然有一天以年满七十为由,也报告丞相要求离开京城回到他的家乡去。世人常常说现在的人和古代的人是不能相比的,现在杨巨源和疏广、疏受相比,他们的心志难道有什么不同吗?

我很惭愧,官阶排列在公卿后面,当时正生病没能出门送行。不知道杨君离开京城时,在城门外送行的有多少人?车子有多少辆?马有多少匹?在路旁观看的人是否也有人叹息着、知道他是一个贤人吗?而史官又能否广泛宣传他的事迹为他作传,使他能上继二疏之后吗?不会冷落他吧?现在世上没有擅长绘画的人,而画还是不画,姑且不管它吧。然而我听说杨君离开的时候,丞相有爱惜他的意思,就向皇上报告让他担任家乡河东郡的少尹,以不中断他的俸禄。又写诗来勉励他。京城中善于写诗的人,也跟随着作诗应和着。我又不知道当时二疏离开的时候,有这样的事情没有?古代人和现在的人相同或者不相同,是不可能知道的。

中古时的士大夫,是以官为家的,罢免了官职就没有地方可以回去。杨君刚成年,就在乡试中举,在宴会上唱着《鹿鸣》诗然后到京城去做官。现在他回到家乡,指着那些树说:"某棵树是我的先辈种的。某条河、某座山,是我童年时钓鱼和游玩的地方。"乡里的人没有不更加敬重他的,并且告诫子孙们要把杨君不离开家乡作为学习的榜样。古时候所说的乡先生,死后可以进入祠堂享受祭祀的人,大概就是这样的人吧!大概就是这样的人吧!

【鉴赏】 这是一篇送行的序言。文章先略述汉朝贤臣疏广、疏受叔侄因年老同时辞官出京城时官员和百姓送行的盛况,然后想象出现今杨少尹也因年老主动辞官回乡时的送别情形。韩愈意在赞扬杨巨源功成身退、不恋名利的美德,与有的士大夫以做官为终身职业不可同日而语。

文章在写法上采取了古人古事和今人今事相比,在对照中自然生发出议论,写得抑扬婉转,多彩多姿。

送石处士序①

河阳军节度、御史大夫乌公为节度之三月,求士于从事之贤者②。有荐石先生者。公曰:"先生何如?"曰:"先生居嵩、邙、瀍、谷之间,冬一裘,夏一葛③。

食朝夕饭一盂，蔬一盘。人与之钱则辞；请与出游，未尝以事辞，劝之仕，不应。坐一室，左右图书。与之语道理，辨古今事当否，论人高下，事后当成败，若河决下流而东注；若驷马驾轻车就熟路，而王良、造父为之先后也；若烛照数计而龟卜也[④]。"大夫曰："先生有以自老[⑤]，无求于人，其肯为某来邪？"从事曰："大夫文武忠孝，求士为国，不私于家。方今寇聚于恒，师环其疆，农不耕收，财粟殚亡[⑥]。吾所处地，归输之途，治法征谋[⑦]，宜有所出。先生仁且勇，若以义请而强委重焉，其何说之辞？"于是撰书词，具马币，卜日以授使者[⑧]，求先生之庐而请焉。

先生不告于妻子，不谋于朋友，冠带出见客，拜受书礼于门内。宵则沐浴，戒行李，载书册，问道所由，告行于常所来往。晨则毕至，张上东门外[⑨]。酒三行，且起，有执爵而言者曰："大夫真能以义取人，先生真能以道自任，决去就。为先生别。"又酌而祝曰："凡去就出处何常[⑩]？惟义之归。遂以为先生寿。"又酌而祝曰："使大夫恒无变其初，无务富其家而饥其师，无甘受佞人而外敬正士，无昧于谄言，惟先生是听，以能有成功，保天子之宠命。"又祝曰："使先生无图利于大夫而私便其身[⑪]。"先生起拜祝辞曰："敢不敬早夜以求从祝规[⑫]。"于是东都之人士[⑬]，咸知大夫与先生果能相与以有成也。遂各为歌诗六韵[⑭]，遣愈为之序云。

【注释】①石处士：名洪，字濬川，唐朝河阳（今河南孟州市）人。曾做黄州录事参军，罢职后隐居十年。乌重胤到河阳后，召他为幕府参谋，后奉诏任昭应尉、集贤校理。处士，有才德而不做官的读书人。②河阳军：河阳，今河南孟州市。唐朝节度使衙门所在地，因节度使的辖区也是军区，故称"军"。唐朝的节度使，统辖一个道或几个州，有军政、民政大权，世称藩镇。御史大夫：官名，主管弹劾、纠察和掌管图籍秘书。乌公：名重胤（yìn），字保君，张掖（今甘肃张掖）人，初为昭义节度使卢从史的都知兵马史，后升河阳军节度使，参与讨伐淮西节度使吴济，累官横海、太平等镇节度使。从事：指唐朝州府的属员。③嵩（sōng）、邙（máng）：山名。嵩山，五岳之一，在河南登封市北。邙山，在河南西部。瀍（chán）谷：水名。瀍水，源出河南洛阳西北。谷水，源出河南渑池县东北。裘：皮衣服。葛：指葛布做的衣服。④王良：春秋时晋国人，善驾马车。造父：相传为周穆王驾车，驾驭马车的能手。数计：用数理计算。龟卜：古人用火灼龟甲，依据裂纹来判断吉凶。⑤有以自老：指有隐居到老的信念。⑥寇聚于恒：敌寇集结在恒州。唐元和四年，成德节度使王士真死，其子承宗叛乱，朝廷派兵讨伐，没有成功，被迫任命王承宗为成德节度使。恒，州名，在河北正定县，成德军节度使衙门所在地。殚（dān）亡：尽、无。⑦归输：输送粮食和财物。途：路，要道。治法征谋：治理的办法和征讨的谋略。⑧马币：马和币，指礼物。卜日：占卜选择日期。⑨张：供张，指设宴席饯别。⑩去就出处：去、处，指隐居不仕；就、出，指做官。常：常规。⑪图利：谋求私利。⑫祝规：祝愿和规劝。⑬东都：唐建都长安，以洛阳为东都。⑭六韵：六个韵脚。旧体诗一般两句押一个韵，六韵即十二句。

【译文】河阳军节度使、御史大夫乌公，担任节度使以后的第三个月，向属员中的贤能人访求德才兼备的人才。有人推荐了石先生。乌公问道："石先生为人怎么样？"回答说："石先生居住在嵩山、邙山、瀍水、谷水之间，冬天穿一件皮衣服，夏天穿葛布做的衣服。早晚吃饭，总是一碗饭，一盘蔬菜。有人给他钱，他就辞谢不接受；请他一同出去游玩，从没有借故推却；劝他去做官，他没有答应。坐在一间房屋里，两旁都是书。同他谈论道理，辨析古今事情的正确还是不正确，评论人物的高下长短，事情的结局是成功还是失败，他的判断就像河水一定往低处流而东注于海一般准确；又像四匹马拉着轻车，走上了熟悉的道路，而由王良、造父在他前后驾车一样；还像用烛光照明，用数理计算，用龟甲占卜那样准确灵验。”乌公说：“石先生有隐居到老的信念，不想求助于人，难道他肯为我出来做事吗？”那位属员说：“您能文能武，忠孝兼备，为国家寻求人才，不是为个人谋私利，现在叛军集结在恒州，军队环绕在边界上，农民不能耕种收获，财物粮食都快用尽了。我们所处的地方，是输送粮食和财物的要道，治理的办法和征讨的谋略，都应当有人出谋划策，石先生仁爱且果敢，如果用大义去请而且竭力委托他担负起重任，他还有什么话来推辞呢？”于是写好了书信，准备了马匹和礼物，选择了一个好日子，把东西交给使者，寻找到石先生的住处去聘请他。

石先生没有告诉妻子和儿女，也没有跟朋友商量，戴好帽子穿好衣带出来会见客人，在屋里恭敬地接受了书信和礼物，当夜就洗澡，准备好行李，装好书籍，问明了路的走法，并且把消息告诉了往常往来的亲友，第二天早晨大家都来了，在上东门外为他设宴饯行。酒喝过三遍，将要起身时，有人端着酒杯上前说道：“乌大夫真正能够用大义求得人才，先生也真正能够用道义担负起重任，从而决定自己的去留。这杯酒为先生送别。”又斟了一杯酒祝福说：“凡是隐居或者做官，哪里有什么常态？只要合于大义就行。我就用这杯酒祝先生长寿。”又斟了一杯酒祝愿说：“希望乌大夫永远不要改变他的本意，不要去做使自家富贵而使他的军队挨饿的事，不要甘心乐意地喜好巧言献媚的人而只是在表面敬重正直的人，不要被奉承话蒙蔽，只愿他听取石先生的意见，这样就能够获得成功，保住皇上加恩特赐的任命。”又祝愿说：“希望石先生不要在乌大夫那里谋求私利，有方便自己的打算。”石先生起身拜谢，致辞说：“我怎敢不恭敬地从早到晚都按照祝愿和规劝的话去做呢？”于是东都洛阳的人，都知道乌大夫和石先生一定能共同配合，取得成功。于是客人们各自写了十二句诗，叫我为这些诗作序。

【鉴赏】 本文通过记叙乌大夫渴求贤才，盛情邀请石先生为大义而担负起重任，以及石先生毅然告别隐居生活接受邀请的事情，赞扬了乌大夫胸怀宽广、知人善任，以及石先生以国家大事为重、以道自任的美德，并对他们的不谋私利，顺利合作取得成功，寄托了厚重的希望。

文章完全借叙述人物的对话，使石处士的品性才学生动突出。连用比喻，充分地写出了送行者的祝贺、期望、劝勉与忧虑。全文以间接手法表现直接议论，婉转往复，颇有曲变之妙。

送温处士赴河阳军序①

伯乐一过冀北之野②,而马群遂空。夫冀北马多天下,伯乐虽善知马,安能空其群邪?解之者曰:“吾所谓空,非无马也,无良马也。伯乐知马,遇其良辄取之,群无留良焉。苟无良,虽谓无马,不为虚语矣。”

东都③,固士大夫之冀北也。恃才能深藏而不市者,洛之北涯曰石生,其南涯曰温生④。大夫乌公以铁钺镇河阳之三月,以石生为才,以礼为罗,罗而致之幕下⑤。未数月也,以温生为才,于是以石生为媒,以礼为罗,又罗而致之幕下。东都虽信多才士,朝取一人焉,拔其尤;暮取一人焉,拔其尤。自居守河南尹,以及百司之执事,与吾辈二县之大夫⑥,政有所不通,事有所可疑,奚所咨而处焉?士大夫之去位而巷处者,谁与嬉游?小子后生,于何考德而问业焉?缙绅之东西行过是都者,无所礼于其庐⑦。若是而称曰:大夫乌公一镇河阳,而东都处士之庐无人焉。岂不可也?

夫南面而听天下⑧,其所托重而恃力者,唯相与将耳。相为天子得人于朝廷,将为天子得文武士于幕下,求内外无治,不可得也。愈縻于兹,不能自引去,资二生以待老⑨。今皆为有力者夺之,其何能无介然于怀邪⑩?生既至,拜公于军门。其为吾以前所称,为天下贺;以后所称,为吾致私怨于尽取也⑪。留守相公,首为四韵诗歌其事⑫,愈因推其意而序之。

【注释】 ①温处士:名造,字简舆,唐朝并州(今山西太原)人。少喜读书,初隐王屋山,曾做过寿州刺史张建封的参谋。后又隐居洛阳。石处士被乌重胤征召后,温处士也被聘请到河阳军节度使幕下。②伯乐:传说是春秋时秦穆公时一个善于相马的人。姓孙,名阳。冀:古九州之一,今河北、山西一带。③东都:洛阳。④市:买卖,指求官。洛:洛水,源出陕西洛南县,经过洛阳。石生:石洪,见《送石处士序》。温生:即温造。⑤铁钺(fūyuè):同“斧钺”,古代军法用以行刑的斧子。节度使统领军事,掌诛杀之权,指代节度使的身份。罗而致:即罗致,网罗。⑥居守:留守,指东都留守。河南尹:河南府的长官。百司:各官署。执事:指在官署中的小官。二县:指东都所属的洛阳市和河南县。大夫:这里指县官,当时韩愈任河南令。⑦缙绅:指做官或曾做过官的人。礼:拜访。⑧南面:古代帝王之位坐北向南,故称居帝位为“南面”,指代皇上。听:处理,治理。⑨縻(mí):束缚,牵制。引去:引退,辞职。资:借助。⑩介然:耿耿于心。⑪尽取:指把人才都选尽。⑫留守相公:东都留守郑余庆,曾两度为相,故称相公。四韵:四个韵脚,即八句。

【译文】 伯乐一经过冀北的原野,马群里的马就空了。冀北的马比天下其他地方的马加起来还多,伯乐虽然善于识马,怎么能使马群里的马空了呢?解释的人说:“我所讲的空,不是说没有马,而是没有好马。伯乐识马,只要遇到好马,就把它挑走,马群里就没有留下好马。假如没有好马,即使说没有马,也不是不合实际的话。”

东都洛阳，本来就是士大夫的“冀北”。凭借着才能却隐居而不出来求官的，洛水北边的叫石洪，洛水南边的叫温造。御史大夫乌公以节度使的身份镇守河阳的第三个月，认为石洪是个人才，就用礼节做网罗人才的手段，把他网罗到幕府中。没过几个月，又认为温造是个人才，于是通过石洪介绍，用礼节做网罗人才的手段，又把他网罗到幕府中。东都虽然有很多有才能的人，可是早上选取一人，选拔其中优异的；晚上又选取一人，选拔其中优异的。这样从东都留守、河南尹，到各官署的官员，以及我们两县的官员，遇到不好处理的政事，碰到有疑问的事，那到什么地方去找人商量而处理好事情呢？士大夫中离职家居的人，和谁去游玩？青年后辈，到哪里去考究德行和请教学业呢？东西来往经过洛阳的官员们，也没有办法到他们的住处去拜访了。如若把这事说成是：御史大夫乌公，一来镇守河阳，东都处士的住处就没有人了。难道不可以吗？

皇上处理天下大事，他所委托重任而依靠他们出力的人，只是宰相和将军罢了。宰相为皇上选拔人才到朝廷，将军为皇上选拔文人武士到幕府中，这样，要想使国家内外不安定是不可能的。我被这里的职务牵制束缚住了，不能自行辞职，想借助二位先生的帮助以度过晚年。现在他们都被有力的人要走了，怎么能不使我耿耿于心呢？温造到河阳，在军门拜见了乌公。就我前面所讲的情况来说，是值得天下人民庆祝的事；就我后面所讲的情况来说，是因为把人才都要走了而引起了我个人的埋怨。东都留守相公，首先作了八句诗来颂扬这件事情，我就推广他的诗意写了这篇序文。

【鉴赏】石处士和温处士隐居在洛阳一带，韩愈和他们关系密切，都是好朋友。石处士因大义而征召，温处士也因大义应聘出仕。这篇文章就是在送温处士时写的。文章赞扬了温处士出众的才能和乌大夫善于识人、用人的德才。作者惜别了两个老朋友，心里难过，但更希望人尽其才，他们都能得到任用，表达了为朝廷得到人才而欣慰以及自己失友的惋惜心情。

文章用比喻和反衬，从“空”字引出“怨”字，而这“怨”比正面的“颂”乌公识才更具力量。所以，本文笔法巧妙，渲染得当。

祭十二郎文[①]

年月日，季父愈闻汝丧之七日，乃能衔哀致诚，使建中远具时羞之奠[②]，告汝十二郎之灵：

呜呼！吾少孤，及长，不省所怙[③]，惟兄嫂是依。中年，兄殁南方[④]，吾与汝俱幼，从嫂归葬河阳。既又与汝就食江南[⑤]，零丁孤苦，未尝一日相离也。吾上有三兄[⑥]，皆不幸早世。承先人后者，在孙惟汝，在子惟吾，两世一身，形单影只。嫂尝抚汝指吾而言曰：“韩氏两世，惟此而已！”汝时尤小，当不复记忆；吾时虽能记忆，亦未知其言之悲也。

吾年十九，始来京城[7]。其后四年，而归视汝。又四年，吾往河阳省坟墓，遇汝从嫂丧来葬[8]。又二年，吾佐董丞相幕于汴州[9]，汝来省吾，止一岁，请归取其孥。明年，丞相薨，吾去汴州，汝不果来。是年，吾又佐戎徐州，使取汝者始行，吾又罢去[10]，汝又不果来。吾念汝从于东，东亦客也，不可以久，图久远者，莫如西归，将成家而致汝[11]。呜呼！孰谓汝遽去吾而殁乎！吾与汝俱少年，以为虽暂相别，终当久相与处，故舍汝而旅食京师，以求斗斛之禄[12]。诚知其如此，虽万乘之公相，吾不以一日辍汝而就也[13]。

去年，孟东野往[14]，吾书与汝曰："吾年未四十，而视茫茫，而发苍苍，而齿牙动摇。念诸父与诸兄，皆康强而早世，如吾之衰者，其能久存乎？吾不可去，汝不肯来，恐旦暮死，而汝抱无涯之戚也。"孰谓少者殁而长者存，强者夭而病者全乎[15]！呜呼！其信然邪？其梦邪？其传之非其真邪？信也，吾兄之盛德而夭其嗣乎[16]？汝之纯明而不克蒙其泽乎[17]？少者强者夭殁，长者衰者而存全乎？未可以为信也。梦也，传之非其真也，东野之书，耿兰之报[18]，何为而在吾侧也？呜呼！其信然矣！吾兄之盛德而夭其嗣矣！汝之纯明宜业其家者，不克蒙其泽矣！所谓天者诚难测，而神者诚难明矣！所谓理者不可推，而寿者不可知矣！虽然，吾自今年来，苍苍者或化而为白矣，动摇者或脱而落矣。毛血日益衰，志气日益微[19]，几何不从汝而死也！死而有知，其几何离[20]；其无知，悲不几时，而不悲者无穷期矣。汝之子始十岁，吾之子始五岁，少而强者不可保，如此孩提者又可冀其成立邪？呜呼哀哉！呜呼哀哉！

汝去年书云："比得软脚病[21]，往往而剧。"吾曰："是疾也，江南之人常常有之。"未始以为忧也。呜呼！其竟以此而殒其生乎？抑别有疾而至斯极乎？汝之书，六月十七日也。东野云：汝殁以六月二日；耿兰之报无月日。盖东野之使者，不知问家人以月日；如耿兰之报，不知当言月日。东野与吾书，乃问使者，使者妄称以应之耳。其然乎？其不然乎？

今吾使建中祭汝，吊汝之孤与汝之乳母。彼有食可守以待终丧，则待终丧而取以来；如不能守以终丧[22]，则遂取以来。其馀奴婢，并令守汝丧，吾力能改葬，终葬汝于先人之兆[23]，然后惟其所愿。

呜呼！汝病吾不知时，汝殁吾不知日，生不能相养以共居，殁不能抚汝以尽哀，敛不得凭其棺，窆不得临其穴[24]。吾行负神明，而使汝夭，不孝不慈，而不得与汝相养以生，相守以死。一在天之涯，一在地之角，生而影不与吾形相依，死而魂不与吾梦相接，吾实为之，其又何尤[25]！彼苍者天，曷其有极[26]！自今以往，吾其无意于人世矣！当求数顷之田于伊、颍之上[27]，以待馀年。教吾子与汝子，幸其成；长吾女与汝女，待其嫁，如此而已。呜呼！言有穷而情不可终，汝其知也耶？其不知也耶？呜呼哀哉！尚飨[28]。

【注释】 ①十二郎：韩老成，在韩族中排行十二，韩愈二哥韩介之子，韩愈的大哥韩会无子,老成就过继给他。韩愈三岁丧父,由大哥大嫂抚养,从小和十二郎生活在一起,叔侄间的感情非常深。十二郎死时,尚未满四十岁,韩愈十分悲痛,和泪写下了这篇祭文。②季父:最小的叔父。衔哀:含着悲哀。致诚:表达心意。建中:韩愈的仆人。时羞:应时的美味食物。奠:祭品。③省(xǐng):知道。怙(hù):依靠。代指父亲。④中年:韩愈大哥死于韶州贬所,仅四十二岁。⑤就食江南:因中原兵乱,韩愈随大嫂郑氏迁移江南宣州谋生。⑥三兄:韩愈有大哥韩会,二哥韩介,另一兄长不详。另一说,“三”为“二”的笔误。⑦始来京城:韩愈在唐贞元二年,由宣州游京城长安,应进士举。⑧从嫂丧来葬:指十二郎护送母亲郑氏的灵柩到河阳安葬。⑨董丞相:名晋,字混成。曾任御史中丞、御史大夫,兼任汴州刺史。汴州:治所在今河南开封。⑩佐戎徐州:在徐州帮助料理军务。韩愈离开汴州后,宁武节度使张建封聘他为徐州节度推官。吾又罢去:指张建封去世,韩愈离职到洛阳。⑪东:指徐州。西:指河阳。成家:把家安顿好。致:招致,接取。⑫斗斛之禄:很少的俸禄。⑬乘(shèng):一车四马为一乘。万乘,万辆车。公相:公侯宰相,泛指大官。辍(chuò):停止,舍去。⑭孟东野:名郊,唐朝著名诗人,和韩愈是至交。指孟东野去江南做溧阳县尉。溧阳离宣州不远。⑮夭(yāo):短命。⑯盛德:很好的德行。⑰纯明:纯正聪明。泽:福泽。⑱耿兰:十二郎的仆人。⑲毛血:指体质。志气:指精神意志。⑳其几何离:即“其离几何”的倒装。离,分离。㉑比(bǐ):近来。软脚病:脚气病。㉒终丧:结束服丧期。古时子女为父母守丧有时间期限。㉓兆:墓地。㉔窆(biǎn):下葬。㉕何尤:抱怨谁。㉖彼苍者天:那青青的上天。语出《诗经·秦风·黄鸟》。曷(hé)其有极:语出《诗经·唐风·鸨羽》。我的悲痛哪里有尽头。曷,何。极,尽头。㉗顷:量词,一顷为一百亩。伊、颍(yǐng)之上:伊河、颍河的旁边。伊河,源出河南西部。颍河源出河南东部。代指韩愈的故乡。㉘尚飨(xiǎng):希望魂灵来享受祭品。尚,表示希望的语气。飨,同“享”。

【译文】 某年某月某日,叔父韩愈听到你去世消息的第七天,才得以含着悲哀来表达心意,派建中从远处办好应时的美味食物作为祭品,来告慰你十二郎的魂灵:

唉!我从小就是孤儿,等到长大了,还不知道父亲的样子,只能依靠哥哥和嫂嫂抚养。哥哥在中年时死于南方,我和你都很年幼,跟着嫂嫂把哥哥的灵柩送回河阳安葬。随后又和你去江南谋生。孤苦伶仃,我们从来没有一天离开过彼此。我上面有三个哥哥,都不幸早早地去世。继承先人的后代,在孙子辈里只有你,在儿子辈里只有我,子孙两代都只有一个人,形影孤孤单单的。嫂嫂曾经抚摸着你指着我说:“韩家两代,只有你们这两人了。”你当时很小,当然不会记得;我当时虽然能够记住,也不会懂得她话里面的悲哀。

我十九岁时,才来到京城。四年以后,我回家去看你。又过了四年,我到河阳去祭扫坟墓,碰见你护送嫂嫂的灵柩到河阳安葬。又过了两年,我在汴州辅助董丞相,你来看望我,住了一年,你要回去接妻子儿女。第二年,董丞相去世,我离开了汴州,结果你没能来。这年,我在徐州帮助料理军务,派去接你的人才走,我又离职了,结果你又没能来。我考虑到,你跟我到东边去,在东边也是客居他乡,不可能住得很久,想住得久远,不如回到西边去,打算安排好家庭后再来接你。唉!谁会想到你突然离开我就去世了呢!我和你都还年轻,以为虽然只是暂时分别,终究会长久住在一起的,所以我离开了你到京城旅居,来求得微薄的俸禄。假如真的知道事情会这样,即使让我做拥有万辆车子的公卿宰相,我也不愿离开你一天而去就任的。

去年,孟东野去南方时,我写信给你说:“我年龄还未满四十岁,可是视力模糊,头发灰白,牙齿松动。想到各位父兄,都在身体健康的盛年早早去世,像我这样衰弱的人,难道能长久地活着吗?我不能离开职守,你又不肯来,只怕早晚我死了,你就会抱着无穷的悲哀。”谁能想到年轻的人死了,年长的人却还活着,身体强壮的短命死了,患病的人反而活着!唉!难道真是这样呢?还是做梦呢?还是传来的消息不是真实的呢?如若是真的,我大哥有很好的德行却要使他的后代短命吗?你纯朴贤明却不能承受他的福泽吗?年轻强壮的却短命死去,年长衰弱的却要活着吗?不能把它当作是真的。也许是梦,也许传来的消息不是真实的,可是东野的来信,耿兰的报丧的信,为什么在我身旁呢?唉!大概是真的了!我哥哥有很好的德行,而他的后代短命死了!你纯朴贤明应当继承他的家业,却不能承受他的福泽了!这正是所说的天命确实难以预测,而神的意思确实难以明白!也就是所说的事理不能推究,而年寿不可能知道!虽然这样,我从今年以来,灰白的头发变得全白了,松动的牙齿有的也脱落了。体质越来越衰弱,精神意志越来越衰颓,没有多久也要随着你死去啊!如果死后有知觉,那么我们的分离能有多久?如果死后没有知觉,那么悲哀也不会有多久,而不悲哀的时间却是没有穷尽的。你的儿子才十岁,我的儿子才五岁,年轻强壮的都不能保全,像这样的小孩又怎能希望他长大立业呢?唉,伤心啊!唉,伤心啊!

你去年来信说:“近来得了脚气病,常常发作得厉害。”我说:“这种病,是江南人常常都有的。”没有把它作为忧虑的事。唉!难道竟因为这种病就丧失了你的命吗?还是有另外的病而导致这样子的呢?你的信,是六月十七日写的。东野说你死在六月二日;耿兰报丧的消息,没有写明月、日。大概东野派的人,不知道问明家里人你去世的月、日;而耿兰的报丧,又不知道应该说清月、日。东野给我写信,才去问派的人,派的人随便乱说了月、日来回答。是这样的呢?还是不是这样的呢?

现在我派建中来祭你,安慰你的孤儿和你的奶妈。假若他们有粮食可以守到丧期结束,就等到丧期结束后再接他们过来;如若不能守到丧期结束,就马上接他们过来。其他的仆人,叫他们守你的丧,我有能力改葬,最终会把你葬在先人的墓地上,这样才算了却我的心愿。

唉!你患病我不知道时间,你去世我也不知道日期,活着不能互相照顾,一起共同居住生活,死时不能抚摸你的遗体,来充分表达我的悲哀,入殓时没有靠近你的棺旁,下葬时我又没有亲临你的墓穴。我的行为辜负了神灵,因此使你短命死去,我对上不孝,对下不慈,没能和你互相照顾一起生活,也没能互相厮守到死。一个在天边,一个在地角,你活着时身影没能和我的身影相依傍,死去后魂灵又不跟我的睡梦相接触,这些都是我造成的事情,还能抱怨谁呢?那青青的上天啊,我的悲痛哪里是尽头!从今以后,我在世上已没有什么可留念的了!打算回故乡,在伊河、颍河的旁边买几顷土地,来度过我的余年。教育我的儿子和你的儿子,希望他们成长起来；抚养我的女儿和你的女儿，等待她们出嫁，像这样罢了。唉！话能说得完，可是我悲哀的心情却没有完结的时候，你是知道呢，还是不知道呢？唉，伤心啊！希望你的魂灵来享受祭品吧！

【鉴赏】这是一篇感人肺腑的祭文。韩愈幼年丧父，依靠大哥大嫂为生，从小和侄子十二郎生活在一起，感情特别浓厚。文章深沉真挚地追忆自己和十二郎孤苦伶仃，相依为命，“未尝一日相离也”。长大后，为了生活和前程，各自忙碌地东奔西走。得到噩耗后无尽的伤悲以及告慰死者，对后事的一些妥帖的安排。其间有淡淡的叙说，有深深的慨叹，有无声的哭泣，有哀哀的长号，字字血，声声泪，是那么凄楚而又苍凉。

在写法上摒弃了传统的祭文四言句的格式和空话套话，用散文朴实自然之语细致地表达，完全抒发了作者的思想感情，语不惊人，却动人肺腑，被后人誉为“祭文中千年绝调”。

祭鳄鱼文

维年月日，潮州刺史韩愈，使军事衙推秦济，以羊一、猪一，投恶溪之潭水[①]，以与鳄鱼食，而告之曰：

昔先王既有天下，列山泽，罔绳擉刃，以除虫蛇恶物为民害者，驱而出之四海之外[②]。及后王德薄，不能远有，则江汉之间尚皆弃之，以与蛮、夷、楚、越；况潮，岭海之间[③]，去京师万里哉！鳄鱼之涵淹卵育于此[④]，亦固其所。今天子嗣唐位，神圣慈武，四海之外，六合之内，皆抚而有之；况禹迹所揜，扬州之近地[⑤]，刺史、县令之所治，出贡赋以供天地、宗庙、百神之祀之壤者哉！鳄鱼其不可与刺史杂处此土也。

刺史受天子命，守此土，治此民；而鳄鱼睅然不安溪潭，据处食民畜、熊、豕、鹿、獐以肥其身，以种其子孙，与刺史亢拒[⑥]，争为长雄。刺史虽驽弱，亦安肯为鳄鱼低首下心，伈伈睍睍，为吏民羞[⑦]，以偷活于此邪！且承天子命以来为吏，固其势不得不与鳄鱼辨。

鳄鱼有知，其听刺史言：潮之州，大海在其南，鲸、鹏之大，虾、蟹之细，无不容归，以生以食，鳄鱼朝发而夕至也。今与鳄鱼约：尽三日，其率丑类南徙于海，以避天子之命吏。三日不能，至五日；五日不能，至七日；七日不能，是终不肯徙也，是不有刺史，听从其言也。不然，则是鳄鱼冥顽不灵[⑧]，刺史虽有言，不闻不知也。夫傲天子之命吏，不听其言，不徙以避之，与冥顽不灵而为民物害者，皆可杀。刺史则选材技吏民，操强弓毒矢，以与鳄鱼从事，必尽杀乃止。其无悔！

【注释】①维：此处是句首语气词，无实义。或作“在”“于”解。此句有的版本是“维元和十四年四月二十四日”。潮州：唐代州名，治所在今广东省潮安县。刺史：秦代设置刺史，监督各郡。隋代以后,刺史为一州的行政长官。隋炀帝和唐玄宗时曾两度改州为郡,改刺史为太守,不久又复旧。衙推:唐代军府或州郡的属官。节度使、观察使、团练使属下皆有衙推。又刺史领诸军使时,所属下亦有衙推,位在推官、巡官之次。恶溪:指今广东潮安县境内的韩江。②先王:指上古时代的五帝三王。列山泽:用烈火焚烧山野里的草木。列,同“烈”,放火烧。用典见《孟子·滕文公上》:“舜使益掌火,益烈山泽而焚之,禽兽逃匿。”罔绳:结绳为网,用于捕捉。典出《易·系辞》:“作结绳而为罔罟,以佃以渔。”擉(chuō)刃:用锋利的刀枪刺杀。擉,同“戳”,刺。《庄子·则阳》:“冬则擉鳖于江。”四海:古人认为中国四面都是海,四海之外便是异域。③后王:指东周以后的历代君王。德薄:德业威望衰落降低。蛮、夷、楚、越:古人对我国东南部外族的泛称。蛮、夷,古人对少数民族的简称。楚、越,原都是周朝诸侯国。岭海之间:指五岭以南、南海以北的广大区域。岭,指大庾、越城、都庞、萌渚、骑田五岭。唐玄宗时,潮州改为潮阳郡,地处岭海之间。④涵淹:潜藏。卵育:繁殖,生育。⑤神圣慈武:用典见《书·大禹谟》:“乃圣乃神,乃武乃文。”据孔颖达疏:“乃圣而无所不通,乃神而微妙无方,乃武能克定祸乱,乃文能经纬天地。”揜:同“掩”,掩盖,遮蔽。近地:禹分天下为九州,扬州是其一。潮州属古扬州地域,相对于四海和六合的辽阔无边而言,潮州是天子的近地。⑥睅(hàn)然:通“悍然”。凶狠貌。睅,眼睛瞪大、凸出,无所畏惧的样子。亢拒:通“抗拒”。⑦低首下心:形容屈服顺从。下心,是降下心志屈服于人之意。伈伈(xǐnxǐn):恐惧貌。覞覞(xiànxiàn):小视貌,即不敢睁大眼睛正视。为吏民羞:意即如果我屈服于鳄鱼,就是在黎民和属吏面前丢脸,使他们感到耻辱。或解为“给治民的官员丢脸”。⑧冥顽不灵:形容愚昧无知,不开窍,即“顽固不化”。

【译文】某年某月某日,潮州刺史韩愈,派军事衙推秦济,把一只羊、一头猪丢进恶溪的深水中去给鳄鱼吃,并且告诫它说:

上古的帝王统治天下时,焚烧山野里的草木,结绳为网,使用锋利的刀剑消灭危害百姓的虫蛇一类凶恶动物,将它们赶到四海以外的异域。到了东周以后的历代君王,德行都很浅薄,不能领有远处的地区,就是长江和汉水流域的土地,尚且抛弃给了蛮、夷、楚、越,何况潮州处在五岭和大海的中间,距离京城还有万里之遥呢!鳄鱼潜伏繁殖在这里,也本来是适当的地方。而今真命天子继承了大唐的帝位,才能出众,仁慈英武,四海以外、宇宙以内的地方,都属大唐安抚和统治。何况潮州是大禹的足迹所曾到达过的古代扬州相邻的地方,是刺史、县令所治理的区域,是进呈贡物,缴纳赋税,以供君王祭祀土地、祖宗和各种神灵的地方呢!鳄鱼是不能跟刺史同住在这个地方的。

刺史受了天子的命令,来镇守这块土地,治理这里的百姓,鳄鱼却凶暴地不安居在溪潭中,反而盘踞在栖身的地方,抢吃百姓的牲畜和狗熊、野猪、鹿子、獐子这些猎物,来养肥它的身体,来繁殖它的后代;和刺史对抗,想要争个高低雌雄。刺史即使无能懦弱,又怎么肯对鳄鱼低头拜服,心怀恐惧,睁只眼闭只眼不敢行动,在百姓和属吏面前丢脸,苟且偷生在这个地方呢?况且我是奉了皇上的命令到这里来做官的,这样的情势本来就不能不和鳄鱼明辨是非。

鳄鱼你如果有知觉,请听听刺史的话:潮州这个地方,大海在它的南边,鲸鱼和鹏鸟那般大,虾子和螃蟹那般小,没有不被容纳而各自得到归宿,借助大海维持自己的生存饮食。那么鳄鱼你早晨从这里出发,晚上就可以到达那里。今天我和鳄鱼约定:三天之内,请你率领同伙向南迁移到大海里去,以便避开皇上任命的官吏;三天时间如不够,延到五天;五天不够,延到七天;七天时间还没做到,就是最终不肯迁移了,这是眼中没有刺史,不听从他的命令了!要不然,就是你鳄鱼太愚昧顽固,不堪教化,刺史即使有言在先,听不到也不知道。对抗皇上的命官,不听从他的话,不迁移躲避,和那愚昧顽固、不堪教化、害民害物的东西,都是可以杀的。那么,刺史就要选派有才干和技艺的官吏与民众,拿起强弓毒箭,跟鳄鱼进行战斗,定要杀光才罢休。可不要后悔啊!

【鉴赏】这篇奇文貌似"游戏文字",却以小见大,发人深省,寄寓了鲜明的主题和严峻的现实意义,是一篇气势雄迈的"讨贼檄文"。

作者通过回顾历史、先后比较,揭示了鳄鱼虐民害物的罪行与跋扈之态,指出其长期肆虐的原因是先王能为民除害,后王浅薄,不能统治远方,连江汉之间都放弃了。韩愈虽未直斥当时君王,但却为文讽谏,可见他很有胆识。从行文手法来看,这是欲擒故纵,欲合先开,为后面蓄势。文中陡然折笔,以今非昔比晓谕鳄鱼,以极力宣扬大唐天子、刺史、县令、天地、宗庙、百神的声威震慑鳄鱼,使之失去再行肆虐的借口。读此文,使人感到字字跳跃、流贯如珠、雄辩有力。作者对鳄鱼待之以礼、晓之以理之后,紧接着又凌之以威、绳之以法,义正词严地宣布了驱逐鳄鱼的命令。这段判决书写得可谓宽严有度,恩威并施,仁至义尽,果决犀利,势不可当,最后落到"杀"字上似有雷霆万钧之力。"操强弓毒矢""必尽杀乃止",表明作者疾恶如仇,为民除害、敢于斗争的精神。以"其无悔"三字戛然结尾,尤显韩文的峭劲。

柳子厚墓志铭[①]

子厚讳宗元。七世祖庆,为拓跋魏侍中,封济阴公[②]。曾伯祖奭,为唐宰相,与褚遂良、韩瑗,俱得罪武后[③],死高宗朝。皇考讳镇,以事母弃太常博士[④],求为县令江南。其后以不能媚权贵,失御史;权贵人死,乃复拜侍御史[⑤]。号为刚直,所与游皆当世名人。

子厚少精敏,无不通达。逮其父时,虽少年,已自成人,能取进士第[⑥],崭然见头角,众谓柳氏有子矣。其后以博学鸿词授集贤殿正字[⑦]。俊杰廉悍[⑧],议论证据今古,出入经史百子,踔厉风发[⑨],率常屈其座人,名声大振,一时皆慕与之交。诸公要人争欲令出我门下[⑩],交口荐誉之。

贞元十九年,由蓝田尉拜监察御史[⑪]。顺宗即位,拜礼部员外郎[⑫]。遇用事者得罪,例出为刺史,未至,又例贬永州司马[⑬]。居闲,益自刻苦,务记览,为词章,泛滥停蓄,为深博无涯涘,而自肆于山水间。元和中,尝例召至京师,又偕出为刺史,而子厚得柳州[⑭]。既至,叹曰:"是岂不足为政耶!"因其土俗,为设教禁,州人顺赖[⑮]。其俗以男女质钱,约不时赎,子本相侔[⑯],则没为奴婢。子厚与设方计[⑰],悉令赎归。其尤贫力不能者,令书其佣[⑱],足相当,则使归其质。观察使下其法于他州，比一岁[19]，免而归者且千人。衡、湘以南为进士者[20]，皆以子厚为师，其经承子厚口讲指画为文词者，悉有法度可观。

其召至京师而复为刺史也，中山刘梦得禹锡亦在遣中，当诣播州[21]。子厚泣曰："播州非人所居，而梦得亲在堂，吾不忍梦得之穷，无辞以白其大人[22]，且万无母子俱往理。"请于朝，将拜疏[23]，愿以柳易播，虽重得罪，死不恨。遇有以梦得事白上者[24]，梦得于是改刺连州。呜呼！士穷乃见节义！今夫平居里巷相慕悦，酒食游戏相征逐，诩诩强笑语以相取下[25]，握手出肺肝相示，指天日涕泣，誓生死不相背负，真若可信。一旦临小利害，仅如毛发比，反眼若不相识；落陷阱，不一引手救，反挤之又下石焉者，皆是也。此宜禽兽夷狄所不忍为[26]，而其人自视以为得计，闻子厚之风，亦可以少愧矣！

子厚前时少年，勇于为人，不自贵重顾藉，谓功业可立就，故坐废退[27]。既退，又无相知有气力得位者推挽，故卒死于穷裔[28]，材不为世用，道不行于时也！使子厚在台、省时，自持其身，已能如司马、刺史时，亦自不斥；斥时，有人力能举之，且必复用不穷[29]。然子厚斥不久，穷不极[30]，虽有出于人，其文学辞章，必不能自力以致必传于后，如今无疑也。虽使子厚得所愿，为将相于一时，以彼易此，孰得孰失，必有能辨之者。

子厚以元和十四年十一月八日卒[31]，年四十七。以十五年七月十日归葬万年先人墓侧[32]。子厚有子男二人，长曰周六，始四岁；季曰周七，子厚卒乃生。女子二人皆幼。其得归葬也，费皆出观察使河东裴君行立[33]。行立有节概，重然诺[34]，与子厚结交，子厚亦为之尽，竟赖其力。葬子厚于万年之墓者，舅弟卢遵[35]。遵，涿人[36]，性谨慎，学问不厌。自子厚之斥，遵从而家焉，逮其死不去。既往葬子厚，又将经纪其家[37]，庶几有始终者。

铭曰：是惟子厚之室，既固既安，以利其嗣人[38]。

【注释】①柳子厚：即柳宗元，河东（今山西永济市）人。唐朝杰出的文学家、哲学家和政治家，古文运动的倡导者之一，是王叔文革新运动的中坚人物，失败后屡遭贬谪，死于贬所柳州。墓志铭：古时的一种文体，一般分为"志"和"铭"两部分。"志"用散文形式写，叙述死者简明的生平事迹。"铭"用韵文形式写，是赞颂和悼念死者之词。②拓跋魏：即南北朝时的北魏，北方鲜卑族拓跋氏建立的政权。侍中：官名，地位较高，相当于宰相。封济阴公：柳庆曾任北魏侍中，入北周。他的儿子柳旦为北周中书侍郎，封为济阴公。说柳庆封济阴公，是作者误记。③奭（shì）：柳奭，字子燕，唐朝初年曾任中书令，因得罪武后被贬官，又遭到权臣的诬陷，被杀。柳奭实际是柳宗元的高伯祖，作者误记为曾伯祖。褚遂良：字登善，杭州钱塘人。做过宰相，因反对立武则天为皇后，被贬斥，卒于官所。韩瑗（yuàn）：字伯玉，雍州三原人。做过宰相，因救褚遂良亦被贬职，后卒于官所。④皇考：古代对已死的父亲叫考，也叫皇考。皇，大。柳镇是柳宗元的父亲。太常博士：唐朝太常寺掌管宗庙礼仪的属官。⑤权贵：指窦参。柳镇升任殿中侍御史，因不愿跟中书侍郎窦参一起陷害别人，被窦参借故贬职，由殿中侍御史贬为夔州司马。权贵人死：唐贞元八年，窦参因罪被赐死，柳镇又任侍御史。侍御史：官名，朝中纠察群臣的监察官。⑥进士第：唐贞元九年，柳宗元考中进士，年二十一岁。⑦博学鸿词：唐朝设博学鸿词科，选取博学能文才士。

柳宗元于唐贞元十二年中博学鸿词科。集贤殿正字:官名。集贤殿是集贤殿书院的略称,属中书省,为收藏整理图书的机关。正字,掌校正书籍等职务。⑧俊杰廉悍:为人才能出众,正直,勇敢。⑨踔(chuō)厉风发:精神振奋,议论纵横。⑩出我门下:做我的学生、门人。⑪蓝田尉:蓝田县尉,蓝田,即今陕西省蓝田县。监察御史:官名,御史台的属官,掌监察百官、巡视郡县、视察刑狱、整肃朝仪等事。⑫顺宗:即李诵,于公元805年即位,在位仅一年。礼部员外郎:官名。唐朝尚书省下分部,礼部是其中的一个部,员外郎是部下面的司的副长官。⑬用事者:指当权的王叔文。唐顺宗时,王叔文任户部侍郎,深得皇上信任,力图改革政治,引用了一些新人,如柳宗元、刘禹锡等。但改革触犯了一些人的利益,他们联合起来逼顺宗退位。唐宪宗即位后对王叔文等很不满意,罢免了王叔文,后被杀。柳宗元等被株连、贬职。例出:按照成例。贬永州司马:柳宗元贬为邵州(湖南邵阳县)刺史,在去邵州的路上又被贬为永州(今湖南零陵县)司马。司马,刺史的属官,闲职。⑭元和:唐宪宗年号。召至京师:唐元和十年(815),柳宗元等八人被贬十年后,同被召进长安。柳州:今广西柳州市。⑮教禁:教化、禁令。顺赖:顺从、信赖。⑯质:抵押。侔(móu):相等。⑰与:为,替。方计:想方设法。⑱佣:指奴婢应得的酬劳。⑲观察使:官名,掌观察州县官吏政绩。比:到。⑳衡、湘:衡山、湘江,均在湖南省。㉑中山:今河北省定县一带。刘梦得禹锡:刘禹锡字梦得,祖籍中山,著名的文学家,也因参与王叔文集团的政治改革而遭贬职。播州:今贵州省遵义市。㉒亲在堂:言母亲健在。白:禀告。㉓拜疏:向朝廷上奏疏。㉔以梦得事白上者:御史中丞裴度以刘母年事已高不能一起去为由,请唐宪宗贬他到较近的地方,于是改任刘禹锡为连州(今广东连州市)刺史。㉕征逐:相互邀请宴饮。诩诩(xǔxǔ):很融洽地聚集在一起。强:勉强。取下:采取谦逊低下的态度。㉖夷狄:泛指少数民族。㉗为(wèi)人:帮助人,指帮助王叔文搞改革事。顾藉:爱惜。坐:因罪或受牵连。废退:被贬职。㉘得位者:居高位的官员。推挽:推举提拔。穷裔(yì):荒凉边远的地方。指柳州。㉙台、省:台,御史台。省,尚书省。指柳宗元在御史台任监察御史,在尚书省任礼部员外郎。持:约束。复用:重新被任用。穷:穷困潦倒。㉚穷不极:穷困不到极点。㉛元和十四年:公元819年。㉜万年:县名,今陕西省西安市长安区境内。㉝河东裴君行立:裴行立,绛州稷山(今山西稷山县)人,元和十二年任桂管观察使,是柳宗元的上司。河东,郡名,治所在今山西永济市蒲州镇。㉞节概:气节。重然诺:重视诺言。㉟舅弟:表弟。柳宗元的母亲姓卢,卢遵是柳宗元舅舅的儿子。㊱涿:唐朝州名,今河北省涿州市。㊲经纪:安排料理。㊳室:墓室。嗣:后人。

【译文】 子厚名宗元。七世祖柳庆,当过北魏的侍中,被封为济阴公。曾伯祖柳奭,做过大唐的宰相,和褚遂良、韩瑗都得罪了武后,在唐高宗时死去。父亲名叫镇,因为要侍奉母亲,放弃了太常博士的职位,要求到江南去做县令。以后又因为不愿讨好权贵失去了御史的职位,那个权贵人死后,才重新被任命为侍御史,为人以刚强正直著称,同他交往的都是当代的知名人士。

子厚小时候就精明敏捷,没有什么事不明白通晓的。当他父亲在世时,他虽然年纪很轻,但已经是个大人,能考中进士,突出地显现了才华,大家都说柳家有了一个好儿子。后来又通过博学鸿词科的考试,被任命为集贤殿正字。他为人才能出众、正直勇敢,发表议论时引用古今例子作为证据,灵活运用儒家的经典和历史著作以及诸子百家学说。议论纵横、精神振奋,常常使在座的人折服。于是他的名声很大,当时人们都仰慕他,同他交往。许多有权势的显要人物,都争着想让他做自己的门生,众口一词地称赞、推荐他。

唐贞元十九年,他从蓝田县尉被任命为监察御史。顺宗继承帝位后,任命他为礼部员外郎。遇上了当权的人犯了罪,按照惯例被贬职去做刺史,还没到任,又照例被贬职做永州司马。身居闲职,他更加刻苦,努力记诵和阅读书籍、写作诗文,他的文章像水一样汪洋恣肆,浑厚凝练,精深博大,无边无际,他自己常常纵情于山水之间。元和年间,他曾经照例被召回京城,但又同其他的人一道被遣去做刺史,子厚被派到柳州。到任后他感叹说:"这里难道不能够做出政绩吗!"他按照当地风俗,替他们设定了教化和禁令,柳州人都顺从和信赖他。那个地方有个风俗习惯,用子女作抵押借钱,约定时间如不能按时赎回,到利息和本钱相等的时候,子女就没收充当奴仆或婢女。子厚替他们想方设法,使他们都能被赎回去。其中那些特别穷苦没有能力的人,就命令债主记下子女在债主家做工的工钱,等到工钱和借的钱相等,就责令债主归还作抵押的子女。观察使把这个办法推广到其他州去,到了一年,免除了奴婢身份回到家的有近千人。衡山、湘江以南考进士的人,都拜子厚做老师,其中经过子厚亲口讲解、指点而写文章的人,所写的文章都很有章法,值得观赏。

他被召回到京城又再被任命为刺史时,中山刘梦得(禹锡)也在被遣出的人当中,他被贬去播州。子厚流着泪说:"播州不是人居住的地方,而梦得家里母亲健在,我不忍心看到梦得的困境,他也无法向他的母亲说明,而且也万万没有母子都去边远地方的道理。"准备向朝廷请求,向朝廷上奏疏,愿意用柳州换播州,虽然将再次得罪,死了也不会悔恨。刚好遇到有人把刘梦得的事报告了皇上,于是刘梦得改任连州刺史。唉!人在困境时才能显现节操和道义!今天有些人平时住在同一条巷子,相互敬慕、和颜悦色,吃喝玩乐相互邀请宴饮,融洽地聚集在一起,有意做作地说笑,相互采取谦逊低下的态度,握手时像要掏出心肝给对方看,指着天日流泪,发誓到死也不做背弃朋友的事,真是像可以信得过一样。一旦碰到极小的利害冲突时,哪怕小得只能用毛发来比较,就翻眼像不认识你似的;你掉落了陷阱,他也不伸手来救,反倒把你挤下去,还往井里扔石头,这种人到处都是啊。这些事连野兽和夷狄人都不忍心做,而那些人却自认为做得好,他们听到了子厚为人的风格,也可以因此稍微有些惭愧了吧!

子厚年轻时,勇于帮助人,自己不知道保重和爱惜自己,认为功业可以立刻取得,所以受牵连被贬职。贬职后,又没有一个知己、有权力的高官推举提拔,所以终于死在荒凉边远的地方,才能不能在当时发挥,理想也不能在当时实现。假使子厚在御史台、尚书省任职的时候,自己约束自己,也能像做司马、刺史时那样,也自然不会被贬斥;被贬斥时,假如有人有力量能保举他,也一定会重新任用而不至于穷困潦倒。然而如果子厚被贬斥的时间不长,穷困不到极点,虽然才能超过了别人,但是他在文学著作上,必定不能自己刻苦努力以至于一定会流传到后代像现在这样,这是毫无疑问的。即使让子厚得到所希望的,在一个时期内做将军做宰相,用那个换这个,哪个好些,哪个差些,必定有人能辨别清楚的。

子厚于元和十四年十一月八日逝世,终年四十七岁。在元和十五年七月十日,安葬在万年县祖墓旁边。子厚有两个儿子,大的叫周六,才四岁,小的叫周七,子厚逝世后才出生。两个女儿,都还幼小。子厚安葬在故乡,费用都是观察使河东裴行立先生出资的。裴行立有气节,重视诺言,同子厚结交朋友,子厚也为他尽心尽力,子厚最后还是依靠了他的力量。安葬子厚在万年县墓地的,是他的舅表弟卢遵。卢遵是涿州人,性格谨慎,钻研学问不知厌倦,从子厚被贬斥后,卢遵就跟着他住在一起,直到他死去也没有离开。卢遵既把子厚安葬在故乡,又打算安排料理他的家事,可以说是个有始有终的人。

铭文是:这是子厚安息的墓室,既坚固,又安静,有利于他的后人。

【鉴赏】韩愈为柳宗元写的墓志铭,勾画出柳宗元年轻时意气风发大有作为的鲜明形象。称颂了他屡遭贬谪后关心百姓的疾苦,为百姓做好事的政绩,以及对朋友真诚重义气的美德。高度赞扬了他刻苦自学的严谨态度和文学上的高度成就。并对他长期被贬,“材不为世用”,以至于在四十七岁的盛年“卒死于穷裔”的际遇,表示深切的惋惜。

文章感情真挚,夹叙夹议,语言委婉含蓄,颇具感人之力。

柳宗元(773—819),唐朝河东解(今山西运城市解州镇)人。二十一岁中进士,二十六岁中博学鸿词科,任集贤殿正字、监察御史里行(见习御史)等职。他积极参与了以王叔文为首的政治革新活动,失败后,屡遭贬谪,在永州做了十年的司马,又任柳州刺史直至病逝。他是唐代古文运动的主将,写下了大量的散文、寓言、传记、游记等,许多作品有很高的艺术成就,对后代文学产生过积极的影响。著作有《柳河东集》。

驳复仇议

臣伏见天后时,有同州下邽人徐元庆者,父爽,为县尉赵师韫所杀,卒能手刃父仇,束身归罪[①]。当时谏臣陈子昂建议,诛之而旌其闾,且请编之于令,永为国典[②]。臣窃独过之。

臣闻礼之大本,以防乱也,若曰“无为贼虐,凡为子者杀无赦”;刑之大本,亦以防乱也,若曰“无为贼虐,凡为治者杀无赦”[③]。其本则合,其用则异。旌与诛莫得而并焉。诛其可旌,兹谓滥,黩刑甚矣[④]。旌其可诛,兹谓僭[⑤],坏礼甚矣。果以是示于天下,传于后代,趋义者不知所向,违害者不知所立[⑥],以是为典,可乎?

盖圣人之制,穷理以定赏罚,本情以正褒贬,统于一而已矣。向使刺谳其诚伪[⑦],考正其曲直,原始而求其端,则刑礼之用,判然离矣。何者?若元庆之父不陷于公罪,师韫之诛,独以其私怨,奋其吏气,虐于非辜,州牧不知罪,刑官不知问,上下蒙冒,吁号不闻。而元庆能以戴天为大耻,枕戈为得礼,处心积虑,以冲仇人之胸,介然自克[⑧],即死无憾。是守礼而行义也。执事者宜有惭色[⑨],将谢之不暇,而又何诛焉?其或元庆之父不免于罪,师韫之诛,不愆于法[⑩],是非死于吏也,是死于法也。法其可仇乎?仇天子之法,而戕奉法之吏,是悖骜而凌上也[⑪]。执而诛之,所以正邦典[⑫],而又何旌焉?

且其议曰:“人必有子,子必有亲,亲亲相仇,其乱谁救?”是惑于礼也甚矣。礼之所谓仇者,盖其冤抑沉痛而号无告也,非谓抵罪触法,陷于大戮[⑬]。而曰“彼杀之,我乃杀之”,不议曲直,暴寡胁弱而已[⑭]。其非经背圣,不亦甚哉!

《周礼》:“调人[⑮],掌司万人之仇。”“凡杀人而义者,令勿仇,仇之则死。”“有反杀者,邦国交仇之。”又安得亲亲相仇也?《春秋公羊传》曰:“父不受诛,子复仇可也。父受诛,子复仇,此推刃之道,复仇不除害[⑯]。”今若取此以断两下相杀,则合于礼矣。且夫不忘仇,孝也;不爱死,义也。元庆能不越于礼,服孝死义,是必达理而闻道者也。夫达理闻道之人,岂其以王法为敌仇者哉?议者反以为戮,黩刑坏礼,其不可以为典,明矣。

请下臣议附于令。有断斯狱者,不宜以前议从事[⑰]。谨议。

【注释】 ①伏：古时下对上的谦词。天后：即武则天（624—705），唐高宗的皇后，公元690年改国号为周，自称“圣神皇帝”，史称“武周”，在位十五年。同州：治所在今陕西省大荔县。下邽（guī）：县名，今属陕西省渭南市。手刃父仇：徐元庆的父亲被县尉赵师韫（yùn）杀死后，徐元庆改了姓名到驿站附近帮工。后赵师韫升任御史，外出时住在驿站里，徐元庆刺杀了他。束身归罪：自己捆绑起自己投案认罪。②陈子昂：诗人，武后时任右拾遗。旌：表彰。闾（lǘ）：里巷的大门，借指乡里。令：法令。国典：国家的法律制度。③礼：古时社会规范和道德规范的泛称。大本：根本。贼虐：杀人的残暴事情。为治者：做官的人。④黩（dú）刑：滥用刑法。⑤僭（jiàn）：过分。⑥趋义者：追求正义的人。违害者：躲避祸患的人。⑦刺：考察。谳（yàn）：审判定罪。⑧戴天：和仇人共同在天底下。语出《礼记》：“父之仇，不与共戴天。”冲（chòng）：向。刺进的意思。介然：坚定的样子。⑨执事者：负责的官员。⑩愆（qiān）：违反。⑪戕（qiāng）：杀害。悖骜（bèi ào）：逆乱傲慢。凌上：犯上。⑫邦典：国法。⑬大戮：死刑。⑭暴寡：欺压孤寡。胁弱：胁迫弱者。⑮《周礼》：也叫《周官》，儒家经典之一。调人：古代官名。⑯推刃：往来相杀。不除害：不能根除自身的祸害。⑰从事：办理。

【译文】 我看到在则天皇后执政时，有一个同州下邽县人徐元庆，他的父亲徐爽被县尉赵师韫杀死，最后他能够亲手杀死父亲的仇人，自己捆绑起来投案认罪。当时谏官陈子昂建议，杀掉他，但在他的家乡给予表彰，并且请求把这种处理办法编进法令，永远作为国家的法律制度。我私自认为这样做是错误的。

我听说礼的根本，是用来防乱的，比如说“不要做杀人的残暴事情，凡是做儿子的替父报仇杀了不该当作仇人的人，都应当处死而不能赦免”；刑法的根本，也是用来防乱的，比如说“不要做杀人的残暴事情，凡是做官的杀了不该杀的人，要处以死刑而不能赦免”。它们的根本是一致的，它们运用的方式却不同。表彰和处死不能同时并存。处死可用来作表彰的，这叫作乱杀，滥用刑法太过分了。表彰可以处死的，这叫作奖赏过分，破坏礼制太厉害了。果真把这种做法向天下人明示，传到后代，那追求正义的人就不知道正确的方向，躲避祸患的人就不知道怎样立身行事，用这个作为法典可以吗？

大凡圣人制定礼法，是要深究事理来决定其赏罚，根据情况来确定褒贬，不过是把礼和法结合在一起罢了。假使能考察、审明案情的真伪，研究、确定它的是非，追究它的根源，进而找到问题产生的原因，那么刑法和礼制的作用，便清楚地区别开来了。为什么呢？假若徐元庆的父亲，没有陷入法律规定的罪刑里，赵师韫杀死他，只是由于他私人的怨仇，发泄他做官的蛮横气势，对无罪的人施以残害，州牧不去治赵师韫的罪，执法官员也不去过问，上下蒙蔽包庇，对鸣冤叫屈不过问。然而徐元庆能把与父亲的仇人共同活在世上作为极大的耻辱，把枕着兵器睡觉，随时准备复仇当作符合礼法的事，处心积虑，用刀刺进仇敌的胸膛，很坚定地克制着自己，即使死了也不感到遗憾。这是遵守礼制，实行正义的行为。负有责任的官员应该有所惭愧，去向他道歉怕来不及，可为什么还要处死他呢？或者徐元庆的父亲，真的犯了罪不能赦免，赵师韫处死他不违反法令，这就不是死于官员的私怨了，而是死于法令上。难道可以仇恨法令吗？仇恨国家法令、杀害执法的官员，这是逆乱、傲慢,犯上的行为。应当抓起来处死他,用来整肃国法,为什么还要表彰他呢?

而且陈子昂还议论说:“人必有儿子,儿子必有父母亲,为了爱亲人就互相仇杀,这种混乱谁来纠正呢?”这种对礼的糊涂观念实在是太严重了。礼所说的报仇,原来是指冤屈很深、悲痛难忍而大声呼叫又没有地方申诉的人,不是指以身抵罪、犯了法,而判处死刑的人。他却说“他杀死了我的父母亲,我就要杀死他”,不问是非曲直,只是欺压孤寡胁迫弱者罢了。这种违反经典、背离圣人的做法,不是太过分了吗?

《周礼》说:“调人,是掌管调解众人的仇怨的。”“凡是杀人而符合礼义的,就规定了不要报仇,要是报仇杀人就处死刑。”“有人再反过来杀死人,全国的人就共同把他当作仇人。”又哪里会因为爱亲人而互相仇杀呢?《春秋公羊传》说:“父亲不应当被处死而被处死,儿子报仇是可以的。父亲应当处死而被处死,儿子去报仇,这是往来相杀的办法,这样的报仇是不能根除相互仇杀的祸害的。”现在假若根据这个标准来判断赵师韫和徐元庆的相互杀人,那就符合礼制了。再说不忘记父仇,这就是孝道;不吝惜死,这是义。徐元庆能不超越礼的范围,遵守孝道和死于义,他必定是一个通晓事理、懂得道义的人。通晓事理、懂得道义的人,难道会把王法当作仇敌吗?可是议事的官员反而认为要杀他,滥用刑法,破坏礼制,这种意见不能把它作为法典,是很清楚的。

请把我的意见发下去,附在法令的后面。凡是有断这类案件的,不应再按以前的意见办理。谨发表以上意见。

【鉴赏】本文是柳宗元针对陈子昂的《复仇议》所做的奏议。陈子昂认为,徐元庆杀人当处死刑,但报杀父之仇是孝,符合礼义。所以既要判处死刑,又应该表彰。柳宗元认为礼和法虽然作用不同,但并不矛盾。关键在于对复仇案例要作具体的分析,是非曲直清楚了,再做出正确的处理。他指出不能既表彰又处死刑,肯定了徐元庆的合理行动,驳斥了陈子昂的错误意见。

文章论驳透辟,引经据典,条分缕析,有很强的说服力。

桐叶封弟辨[①]

古之传者有言:成王以桐叶与小弱弟戏,曰:“以封汝[②]。”周公入贺。王曰:“戏也。”周公曰:“天子不可戏。”乃封小弱弟于唐[③]。

吾意不然。王之弟当封邪,周公宜以时言于王,不待其戏而贺以成之也;不当封邪,周公乃成其不中之戏,以地以人与小弱弟者为之主,其得为圣乎?且周公以王之言不可苟焉而已,必从而成之邪?设有不幸,王以桐叶戏妇寺[④],亦将举而从之乎?

凡王者之德,在行之何若。设未得其当,十易之不为病;要于其当,不可使易也,而况以其戏乎!若戏而必行之,是周公教王遂过也[⑤]。吾意周公辅成王,宜以道,从容优乐,要归之大中而已[⑥],必不逢其失而为之辞。又不当束缚之,驰骤之[⑦],使若牛马然,急则败矣。且家人父子,尚不能以此自克,况号为君臣者邪!是直小丈夫缺缺者之事[⑧],非周公所宜用,故不可信。

或曰:"封唐叔,史佚成之[⑨]。"

【注释】 ①桐叶封弟:史传周成王把桐叶削成珪(guī)形给弟弟叔虞,作为封地的凭据。辨:也作"辩",辨明是非之议论文。②传(zhuàn):书传。指《吕氏春秋》和《说苑》中均载有成王戏以桐叶封弟,周公促成的事。成王:周成王,姓姬,名诵,周武王的儿子。即位时年幼,由叔叔周公摄政。小弱弟:小弟弟,指叔虞。封:帝王赐给臣子土地或爵位。③唐:古国名,今山西翼城县西。④妇寺:妇人和太监。⑤遂过:铸成过错。遂,成。⑥大中:正大适中。⑦驰骤:奔驰,指忙碌不停。⑧缺缺:小聪明。⑨唐叔:即叔虞。史佚(yì):周武王时的史官。《史记 · 晋世家》载,史佚促成桐叶封弟的故事。

【译文】 古书上记载说:周成王把削成珪形的桐树叶跟小弟弟开玩笑,说:"把它封给你。"周公进去祝贺。成王说:"我是开玩笑的。"周公说:"天子不可以开玩笑。"于是,成王把唐地封给了小弟弟。

我认为事情不会是这样的,成王的弟弟应该受封的话,周公就应当及时对成王说,不应该等到他开玩笑时才用祝贺的方式来促成它;不应该受封的话,周公竟促成了他那不合适的玩笑,把土地和百姓给予了小弟弟,让他做了君主,周公这样做能算是圣人吗?况且周公只是认为君王说话不能随便罢了,难道一定得要遵从办成这件事吗?假设有这样不幸的事,成王把削成珪形的桐树叶跟妇人和太监开玩笑,周公也会提出来照办吗?

凡是帝王的德行,在于他的行为怎么样。假设他做得不恰当,即使多次改变它也不算是缺点,关键在于恰当,恰当就使它不能更改,何况是用它来开玩笑的呢!假若开玩笑的话也一定要照办,这就是周公在教成王铸成过错啊,我想周公辅佐成王,应当拿不偏不倚的道理去引导他,使他的举止行动以至玩笑作乐都要符合中庸之道就行了,必定不会去逢迎他的过失,为他巧言辩解。又不应该管束成王太严,使他终日忙碌不停,对他像牛马那样,管束得太紧太严就要坏事。况且在一家人中,父子之间,还不能用这种方法来自我约束,何况名分上是君臣关系呢!这只是小丈夫耍小聪明做的事,不是周公应该采用的方法,所以这种说法不能相信。

有的史书记载说:"封唐叔的事,是史佚促成的。"

【鉴赏】《吕氏春秋》和《史记》对周成王以桐树叶封小弱弟的故事有不同的记载,柳宗元在这篇辨伪文章中借题发挥,认为周公不当做也不会做这类事,说明君主的言行应该仔细考虑,"不可戏",可以修改,直至正确。而重臣则不能用巧言逢迎君主,也不应当操之过急,要耐心地启发诱导,使君主走上正确的道路。

文章上半篇是驳论,下半篇是立论,批驳了把君主言行绝对化的所谓"天子无戏言"的谬论,并借古喻今,揭露了唐代某些政治势力企图利用这一谬论来把持朝政的阴谋。指出君主言行不当,"十易之不为病"。文章立意新颖,结构严谨。

箕子碑①

凡大人之道有三②:一曰正蒙难,二曰法授圣,三曰化及民。殷有仁人曰箕子,实具兹道以立于世。故孔子述六经之旨③,尤殷勤焉。

当纣之时,大道悖乱,天威之动不能戒④,圣人之言无所用。进死以并命⑤,诚仁矣,无益吾祀,故不为。委身以存祀⑥,诚仁矣,与亡吾国,故不忍。具是二道,有行之者矣。是用保其明哲,与之俯仰,晦是谟范,辱于囚奴⑦。昏而无邪,隤而不息⑧。故在《易》曰:"箕子之明夷⑨。"正蒙难也。及天命既改,生人以正,乃出大法⑩,用为圣师。周人得以序彝伦⑪,而立大典。故在《书》曰:"以箕子归作《洪范》⑫。"法授圣也。及封朝鲜,推道训俗,惟德无陋,惟人无远,用广殷祀,俾夷为华⑬。化及民也。率是大道,丛于厥躬⑭,天地变化,我得其正,其大人欤!

于虖!当其周时未至,殷祀未殄,比干已死,微子已去,向使纣恶未稔而自毙,武庚念乱以图存⑮,国无其人,谁与兴理?是固人事之或然者也。然则先生隐忍而为此⑯,其有志于斯乎?

唐某年,作庙汲郡⑰,岁时致祀。嘉先生独列于《易·象》⑱,作是颂云。

【注释】①箕子:商纣王的叔父,名胥余,太师。封于箕,故叫箕子。纣王昏乱无道,箕子因劝谏被囚。周灭商后才释放。相传他向周武王陈述《洪范》大法。他封于朝鲜,不向周王朝称臣。②大人:道德高尚的人。道:立身处世之道。③六经:指六部儒家经典《诗》《书》《易》《礼》《乐》《春秋》。④纣:商朝的末代君主,名辛,是暴君。悖(bèi)乱:违背常理而乱。天威:天怒。⑤进死以并命:冒死进谏,舍弃生命。指纣王的叔父比干,直言谏纣王,被剖心而死。⑥委身心存祀:指纣王的庶兄微子,因多次劝谏纣王不听,他就出走。周武王灭商,微子自缚降周,被封于宋,保存了商的宗族。⑦谟范:谋略、计划。囚奴:囚指囚徒,奴指奴隶。⑧隤(tuí):跌倒。⑨明夷:卦名。见于《易经·明夷》。卦象说"明入地中",它象征暗主在上,明臣在下,明臣不敢显露自己的明智。⑩大法:重大的法典,指《洪范》。⑪序:制定。彝(yí)伦:人与人之间必须遵守的道德准则。⑫《书》:指《尚书》。上古历史文件和部分追述古代历史事迹著作的汇编。《洪范》:《尚书》中的一篇,传为禹时文献,箕子予以增订向周武王陈述的"天地之大法"。内容是帝王统治人民的各项政治经济原则。⑬及封朝鲜:《史记》说,箕子陈述《洪范》以后,周武王把他封在朝鲜,不把他当臣子看待。推道:推行礼义之道。训俗:引导改变当地风俗。俾(bǐ):使。夷:东方的少数民族。⑭率:遵循。丛:聚集,集中。⑮殄(tiǎn):灭绝。稔(rěn):成熟。武庚:纣王的儿子,商灭亡后受周王封为殷君,后反叛被杀。⑯隐忍:勉力忍耐,不露真情。⑰汲郡:治所在今河南省汲县。⑱《易·象》:《易经》的《象》辞。

【译文】凡是品德高尚的人,他的立身处世之道有三个方面:一是蒙受苦难而能坚持正道;二是把法典传授给圣王;三是将教化施及人民。殷朝有个仁人叫箕子,他确实具备了这种立身处世之道,在世上很有成就。所以孔子阐述六经大义的时候,特别恳切地提起他。

在殷纣王当政的时候,真理被颠倒混乱了,上天震怒不能引起他的警戒,圣人的话也没有什么作用。冒死去进谏,不怕舍弃生命,这确实可以称得上仁人了,但对我们的宗族没有好处,所以箕子不这样做。托身于新王朝来保存殷商的宗族,这确实可以称得上仁人了,但先要离开国家出走,所以箕子又不忍心那样做。这两种办法,已经有人实行了。因此,箕子保持了自己的明智,跟纣王周旋,隐藏起自己高明的谋略,甘愿在囚犯奴隶中受到屈辱。在黑暗的环境中没有奸邪的行为,跌倒了仍然不停止前进。所以在《易经》中说:"箕子不敢显露自己的明智。"这就是蒙受苦难而能坚持正道。等到天命已经改变,百姓生活走上了正轨,箕子便拿出了《洪范》大法,因此成了圣君的老师。周朝统治者便能够用这个东西制定出人与人之间的道德准则,从而建立国家的典章制度。所以在《尚书》上说:"由于箕子归来了,才制定了《洪范》大法。"这就是把法典传授给了圣君。等到他在朝鲜受封后,他便推行礼义之道,引导改变当地风俗,有德行就不怕风气鄙陋,有人民就不怕地方偏远,用来延续了殷朝的政治文化,使东方的少数民族同华夏民族一样。这就是把教化施及人民。遵循这种圣人之道,使它在自己的身上集中,天地间事物变化无常,而自己却能够坚守正道,这就是品德高尚的人吧!

唉!当那周朝兴起的时机还没有到来,殷朝的国运还没有灭绝,比干已死了,微子已经离开。假使纣尚未罪恶到极点就自己死去了,武庚考虑到当时的混乱局面而设法保住殷朝的江山,国家没有杰出的人才,将同谁来振兴和治理呢?这本来就是人事方面可能出现的情况。那么,先生勉力忍耐这样做,也许是希望在这方面有所打算吧?

大唐某年,在汲郡建立了箕子庙,逢年过节按时祭祀。我赞美先生独能列名在《易经》的《象》辞中,就写了这篇颂。

【鉴赏】这是柳宗元为祠庙中的箕子碑作的碑文。作者鲜明地说明,品德高尚的人立身处世要蒙受苦难,坚守正道;把法典传授给明君;将教化施及人民。再进行了逐条记述。文章高度赞颂了箕子既忠贞又富有智慧,忍辱负重,辅助圣王建立国家典章制度,推崇教化治理人民的重大业绩。结尾说到隐忍图存,指出了箕子的本意,表示了对箕子的崇敬心情。

捕蛇者说

永州之野产异蛇,黑质而白章,触草木,尽死,以啮人,无御之者①。然得而腊之以为饵,可以已大风、挛踠、瘘、疠,去死肌,杀三虫②。其始,太医以王命聚之③,岁赋其二。募有能捕之者,当其租入。永之人争奔走焉。

有蒋氏者,专其利三世矣。问之,则曰:"吾祖死于是,吾父死于是,今吾嗣为之十二年④,几死者数矣。"言之,貌若甚戚者。

余悲之,且曰:"若毒之乎?余将告于莅事者,更若役,复若赋,则何如?"

蒋氏大戚,汪然出涕曰:“君将哀而生之乎?则吾斯役之不幸,未若复吾赋不幸之甚也。向吾不为斯役,则久已病矣。自吾氏三世居是乡,积于今六十岁矣;而乡邻之生日蹙,殚其地之出,竭其庐之入,号呼而转徙,饥渴而顿踣,触风雨,犯寒暑,呼嘘毒疠,往往而死者相藉也⑤。曩与吾祖居者,今其室十无一焉;与吾父居者,今其室十无二三焉;与吾居十二年者,今其室十无四五焉。非死则徙尔,而吾以捕蛇独存。悍吏之来吾乡,叫嚣乎东西,隳突乎南北⑥,哗然而骇者,虽鸡狗不得宁焉。吾恂恂而起,视其缶,而吾蛇尚存,则弛然而卧⑦。谨食之,时而献焉,退而甘食其土之有,以尽吾齿⑧。盖一岁之犯死者二焉,其馀则熙熙而乐⑨,岂若吾乡邻之旦旦有是哉?今虽死乎此,比吾乡邻之死则已后矣,又安敢毒耶?”

余闻而愈悲。孔子曰:“苛政猛于虎也⑩。”吾尝疑乎是,今以蒋氏观之,犹信。呜呼!孰知赋敛之毒有甚是蛇者乎!故为之说,以俟夫观人风者得焉⑪。

【注释】①永州:唐代时属江南西道,州治在今湖南省零陵县。野:郊野。质:质地,本体,此处指底色。章:文采,此处指花纹。啮(niè):咬。御:抵挡,此处指医治、抢救。②腊(xī):干肉,此处指晾成干肉。饵:药饵。已:止,治好。大风:大麻风,麻风病。挛踠(luánwǎn):手脚蜷曲不能伸直的病。瘘(lòu):脖颈肿大,颈部生疮,久而不愈,常出脓水。疠(lì):癞病,麻风,一说恶疮。死肌:感觉迟钝麻木的肌肤。此处指失去机能的腐烂肌肉。三虫:指蚘、赤、蛲三虫,泛指人体内的寄生虫。③太医:御医,太常寺太医署的御用医生。④嗣为之:继承父业干捕蛇这一差事。⑤日蹙(cù):日益困窘。顿踣(bó):颠仆,仆倒。毒疠:疫气,南方山林地区的瘴气。相藉(jiè):互相压着,形容死尸很多。藉,衬垫。⑥隳(huī)突:骚扰冲撞。隳,毁坏。⑦恂恂:此处形容小心谨慎的样子。缶(fǒu):大肚小口的瓦罐。弛然:放心的样子。弛,放松。⑧齿:人寿之数,天年。⑨熙熙:和乐的样子。⑩孔子语出自《礼记·檀弓》。苛政:严酷的政治,残酷的征敛。⑪观人风者:观民风、考察民情的人。此处避太宗李世民的讳,改“民”为“人”。

【译文】永州的野外生有一种特别毒的蛇,全身黑底白花。它碰着草木,草木就全都枯死;要是咬了人,就没有药可以救治。但是,捉到之后,将它晒干制成药饵,可以治好麻风病、手脚抽搐、大脖子病和恶疮,能除去坏死的肌肉,杀死体内的三种寄生虫。开始,太医用皇帝的命令征集这种蛇,每年征收两次。招募有能力捕到这种蛇的人,可以用蛇抵他应缴的租税。永州的人都争着去干这种差事。

有个姓蒋的人,独享捕蛇抵税的好处已有三代了。问他,他却说:“我祖父死在捉蛇这个差事上,我父亲也死在这个差事上,现在我继续干这种事已十二年,遇到几乎丧命的情况好几次了。”他说这些话时,样子像是很悲伤。

我很同情他,就说:“你怨恨这个差事吗?我打算向管事的官员反映一下,更换你捕蛇的差事,恢复征收你的赋税,那么如何呢?”

姓蒋的人更加悲伤,他眼泪汪汪地说:“您是可怜我而想让我活下去吗?那么,我干这个差事虽然不幸,还没有像恢复征收我的赋税那样更为不幸哩。假如我不干这个差事,那就早已困苦不堪了。自从我家三代居住在这个乡里,累积到现在已六十年了。乡亲们的生活一天比一天困苦。为抵赋税,他们交完了地里的出产,耗尽了家里的收入,哭喊着辗转流亡,饥渴劳累跌倒在地,遭受风吹雨打,冒着严寒酷暑,呼吸着有毒的疫气,常常是死人成堆啊!早年和我祖父居住在一起的人,现在是十家剩不到一家了;和我父亲住在一起的,现在是十家剩不到两三家了;和我同住过十二年的,现在是十家没有四五家了。他们不是死去就是逃亡到外地去了,唯独我靠着捕蛇抵租这差事才幸存下来。凶狠的官吏来到我们乡间,四方呼喊叫嚣,八方奔闯破坏,喧哗叫嚷惊扰乡间的气势,闹得连鸡犬都不得安宁。这时我小心翼翼地爬起来,看看那瓦罐,如果我的蛇还在,就可以放心睡去。平时小心地喂养它,到时候就交上去。交后回到家里,就可以舒舒服服地吃我土地上种出的东西,以此度完我的岁月。大概一年之中冒着死亡危险的只有两次啊;其余时间,就可以高高兴兴地过日子。哪里像我的乡亲们那样天天都有死亡的威胁呢!现在即使因捕蛇而死,比起我乡亲们的死,那又晚得多了,我又怎么敢怨恨这差事呢?"

我听了这一席话更加同情和悲伤。孔子说:"残暴的统治比猛虎还凶残。"我曾经怀疑过这句话,现在从蒋家的遭遇来看,还是真实可信的。唉!谁知道征收赋税的灾害有比这毒蛇更厉害的呢!因此,我为这件事写了这篇文章,用来等待那些考察民情的官员看到它。

【鉴赏】柳宗元参与王叔文为首的永贞革新运动失败后被贬永州,有机会深入下层,了解民生疾苦,遂借捕蛇者之口,以捕蛇之事论苛政,深刻地揭露了中唐社会农民破产流亡的惨状,以及"赋敛之毒有甚是蛇"的黑暗现实,既深切表达了作者对人民苦难的同情,还曲折反映了他想坚持改革的意愿。全篇采用边叙边议间或抒情的手法,大量运用了对比、衬托和卒章点题的技法。文中对蒋氏和难民的描绘栩栩如生、有血有肉:他不愿放弃冒死捕蛇这一险差的大段申述既有具体事实,又有确切数据;既有所见所闻,又有个人体会;既有祖辈的经历,又有自己当时的想法;既痛陈了自家的不幸,又诉说了乡邻的苦难,无情地抨击了鱼肉百姓的暴政和贪官污吏。篇末的议论犹如画龙点睛,"苛政猛于虎"强调的是"猛",本文紧扣的则是个"毒"字;既写了蛇毒,又写了赋毒,并以前者衬托后者,得出"赋敛之毒"甚于蛇毒的有力结论!

种树郭橐驼传

郭橐驼,不知始何名。病偻,隆然伏行[①],有类橐驼者,故乡人号之驼。驼闻之曰:"甚善,名我固当。"因舍其名,亦自谓橐驼云。

其乡曰丰乐乡,在长安西。驼业种树,凡长安豪富人为观游及卖果者,皆争迎取养。视驼所种树,或移徙,无不活,且硕茂,早实以蕃[②]。他植者虽窥伺效慕,莫能如也。

有问之,对曰:"橐驼非能使木寿且孳也,能顺木之天,以致其性焉尔[③]。凡植木之性，其本欲舒[④]，其培欲平，其土欲故，其筑欲密。既然已，勿动勿虑，去不复顾。其莳也[⑤]，若子；其置也，若弃。则其天者全而其性得矣。故吾不害其长而已，非有能硕茂之也；不抑耗其实而已，非有能早而蕃之也。

"他植者则不然。根拳而土易，其培之也，若不过焉则不及。苟有能反是者，则又爱之太殷，忧之太勤，旦视而暮抚，已去而复顾。甚者爪其肤以验其生枯[⑥]，摇其本以观其疏密，而木之性日以离矣。虽曰爱之，其实害之；虽曰忧之，其实仇之，故不我若也。吾又何能为哉！"

问者曰："以子之道，移之官理[⑦]，可乎？"驼曰："我知种树而已，官理非吾业也。然吾居乡，见长人者好烦其令[⑧]，若甚怜焉，而卒以祸。旦暮吏来而呼曰：'官命促尔耕，勖尔植，督尔获，蚤缫而绪，蚤织而缕，字而幼孩，遂而鸡豚[⑨]。'鸣鼓而聚之，击木而召之，吾小人辍飧饔以劳吏者[⑩]，且不得暇，又何以蕃吾生而安吾性耶？故病且怠。若是，则与吾业者其亦有类乎？"

问者嘻曰："不亦善夫！吾问养树，得养人术[⑪]。"传其事以为官戒也。

【注释】 ①橐(tuó)驼：骆驼。偻(lóu)：佝偻病人，即驼背。隆然伏行：背脊高耸，走路伏着身子。②蕃：多，指果实繁多。③寿：活得长，不死。孳(zī)：繁殖。天：自然天性。致：尽。④本：根本，指树根。舒：舒展。⑤莳(shì)：种植，移栽。⑥爪其肤：用手指甲掐树皮。生枯：生死。⑦官理：指官治，即为官治民。唐代人因避高宗李治的讳，"治"字多写为"理"。⑧长(zhǎng)人者：当官的。⑨勖(xù)：勉励，勉力。缫(sāo)：煮茧抽丝。而：同"尔"。绪：丝的头绪，代指丝。缕(lǚ)：线，此处代指布。字：抚养。遂：使之成长顺利。豚(tún)：小猪，泛指猪。⑩木：古代巡夜敲的木梆。飧饔(sūnyōng)：晚饭和早饭。⑪养人：养民。唐代避太宗李世民的讳，将"民"字改写成"人"。

【译文】 郭橐驼这个人，不知道当初叫什么名字。他因为有佝偻病，后背高耸，伛着腰走路，有点像骆驼的样儿，所以同乡人称他为橐驼。他听到这个叫法说："很好，用这个名字叫我，本来就很恰当。"因而放弃了原来的名字，也自称为橐驼。

他的家乡叫丰乐乡，在京城长安西边。郭橐驼的职业是种树。凡是长安的富豪人家为了观赏和卖水果而种植树木的，都争着把橐驼请到家中供养着。看橐驼所种的树，或者移植的树，没有不活的；而且长得高大茂盛，果实结得又早又多。其他以种树为职业的人，尽管暗中观察仿效，却没有人能比得上他。

有人向他请教，他回答说："橐驼我并不是能够强使树木长寿繁殖，不过是能够顺应树木的生长规律而使它尽着本性发育罢了。凡是所栽植的树木的本性是，它的根要求舒展，培土要平匀，用土要原来的，筑土要密实。已经这样做了之后，就不要去摇动它，也不必担心，离开它而不要牵挂。在栽植的时候，要像抚育自己的小孩一样细心；栽完离开时，要放在一边，丢得下。那么它的天性就得到了顺应和保全，就能按照它的生长规律自然成长、自由发展。所以我只是不妨害它的生长罢了，并不是有什么其他能力使树木长得高大茂盛；只是不抑制和减损它结果罢了，并不是有本事使它结果又早又多。

"别的种树人却不是这样。栽植时,树根卷曲而且换用新土;培土时,不是超过限度,就是达不到要求。如果有能够和上述做法相反的人,却又对树爱得过分,担心得太多,早晨看了,晚上又去摸,虽已离开却又放心不下,再回去看。更糟糕的是,抓破树皮验看它活着还是枯死了,摇晃根株看它是栽得松还是紧,这样就一天天背离了树木自然生长的本性要求。这种做法虽然说是爱护它,其实是伤害它;虽然说是担心它,其实是仇恨它。所以他们种的树不如我的,其实我又有什么本事呢?"

请教的人说:"把你的种树的道理,用于为官治民上,可以吗?"橐驼说:"我只知道种树罢了,为官治民不是我的行业。不过我住在乡村,看到官吏们喜欢不断地发布命令,好像是十分爱护乡民,而结果却带来灾祸。从早到晚,差吏来了就呼叫:'长官有命,催促你们快耕田,勉励你们快下种,督促你们快收割,早些缫你们的丝、织你们的布,要养育好你们的小孩,喂好你们的鸡猪。'一会儿打鼓叫人们集合,一会儿又敲梆把大家招来,我们这些小百姓停下晚饭和早饭去慰劳那些差吏还忙不过来,又怎么能使我们生产兴旺、生活安定呢?所以大家既困苦又疲乏。像这样的为官治民,那就和我所从事的职业,和我那些同行们,大概也有点相似吧?"

请教的人听后赞叹道:"这不是很好吗?我请教种树之道,却得到了管理人民的方法。"于是,把这件事记下来,让其流传,以作为官吏们的鉴戒。

【鉴赏】本文采用问答形式,以种树为喻,通过郭橐驼介绍的成功经验,说明了顺应自然规律的重要性,从而告诫为官者要关心百姓疾苦,与民休息,不要使政令烦苛,侵扰百姓。本文在思想和技法上深受庄子的影响,所写人物虽带残疾却怀特技,类似佝偻丈人却像善解牛的庖丁一样精于种树,作者将郭橐驼外表的丑陋和心灵的美集于一身。主人公在介绍种树经验时采用了对比写法,先从种植的当与不当进行对比,接着从管理的善与不善进行对比。在这两层对比写法中,句式富于变化:介绍主人公的正确方法时用整齐的排比句;写其他人的不当方法时用散句,使行文显得错落有致,还用押韵的词句使重点突出,如"虽曰爱之,其实害之;虽曰忧之,其实仇之"的句型系由《庄子·马蹄》中脱化而出。尽管柳文深受老庄学派的思想影响,但他还是儒道两家思想的结合,并不主张一味地听之任之的"顺乎自然",而是提倡在掌握事物内部发展规律的前提下适应自然。作者通过对话,借主人公之口将种树的道理从正反两面讲清楚后,就在最后一段自然而然地从正面揭示题旨:用"养树"与"养人"互相映照的写法,把种树、管树的道理引申到吏治上去。

梓人传

裴封叔之第[①],在光德里。有梓人款其门[②],愿佣隙宇而处焉。所职寻引、规矩、绳墨,家不居砻斫之器[③]。问其能,曰:"吾善度材,视栋宇之制[④],高深圆方短长之宜,吾指使而群工役焉。舍我,众莫能就一宇。故食于官府,吾受禄三倍;作于私家,吾收其直太半焉。”他日,入其室,其床阙足而不能理,曰:“将求他工。”余甚笑之,谓其无能而贪禄嗜货者。

其后京兆尹将饰官署,余往过焉。委群材[5],会众工。或执斧斤,或执刀锯,皆环立向之。梓人左持引,右执杖,而中处焉。量栋宇之任,视木之能举,挥其杖曰:“斧!”彼执斧者奔而右;顾而指曰:“锯!”彼执锯者趋而左。俄而斤者斫,刀者削,皆视其色,俟其言,莫敢自断者[6]。其不胜任者,怒而退之,亦莫敢愠焉。画宫于堵,盈尺而曲尽其制,计其毫厘而构大厦,无进退焉。既成,书于上栋曰:“某年某月某日某建。”则其姓字也。凡执用之工不在列。余圜视大骇,然后知其术之工大矣[7]。

继而叹曰:彼将舍其手艺,专其心智,而能知体要者欤[8]?吾闻劳心者役人,劳力者役于人,彼其劳心者欤?能者用而智者谋,彼其智者欤?是足为佐天子相天下法矣,物莫近乎此也。彼为天下者,本于人。其执役者,为徒隶,为乡师里胥[9]。其上为下士,又其上为中士,为上士。又其上为大夫,为卿,为公[10]。离而为六职,判而为百役[11]。外薄四海,有方伯连帅[12];郡有守,邑有宰,皆有佐政。其下有胥吏,又其下皆有啬夫版尹[13],以就役焉。犹众工之各有执伎以食力也。彼佐天子相天下者,举而加焉,指而使焉,条其纲纪而盈缩焉[14],齐其法制而整顿焉,犹梓人之有规矩绳墨以定制也。择天下之士,使称其职;居天下之人,使安其业。视都知野,视野知国,视国知天下,其远迩细大,可手据其图而究焉。犹梓人画宫于堵而绩于成也。能者进而由之,使无所德;不能者退而休之,亦莫敢愠。不炫能,不矜名,不亲小劳,不侵众官,日与天下之英才讨论其大经[15],犹梓人之善运众工而不伐艺也。夫然后相道得而万国理矣。相道既得,万国既理,天下举首而望曰:“吾相之功也。”后之人循迹而慕曰:“彼相之才也。”士或谈殷、周之理者,曰伊、傅、周、召[16],其百执事之勤劳,而不得纪焉。犹梓人自名其功,而执用者不列也。大哉相乎!通是道者,所谓相而已矣。其不知体要者反此,以恪勤为公,以簿书为尊,炫能矜名,亲小劳,侵众官,窃取六职百役之事,听听于府廷[17],而遗其大者远者焉,所谓不通是道者也。犹梓人而不知绳墨之曲直、规矩之方圆、寻引之短长,姑夺众工之斧斤刀锯,以佐其艺,又不能备其工,以至败绩,用而无所成也,不亦谬欤?

或曰:“彼主为室者,傥或发其私智,牵制梓人之虑,夺其世守而道谋是用[18],虽不能成功,岂其罪耶?亦在任之而已。”余曰不然。夫绳墨诚陈,规矩诚设,高者不可抑而下也,狭者不可张而广也。由我则固,不由我则圮[19]。彼将乐去固而就圮也,则卷其术,默其智,悠尔而去,不屈吾道,是诚良梓人耳!其或嗜其货利,忍而不能舍也;丧其制量,屈而不能守也。栋桡屋坏[20],则曰:“非我罪也。”可乎哉?可乎哉?

余谓梓人之道类于相,故书而藏之。梓人,盖古之审曲面势者,今谓之都料匠云[21]。余所遇者杨氏,潜其名。

【注释】①裴封叔:裴瑾,柳宗元的姐夫,曾任长安县令。②梓(zǐ)人:古代木工之一,专造饮器、箭靶和钟磬的架子。文中指搞建筑的木匠。款:叩,敲打。③寻引:古代的长度单位,八尺为一寻,十丈为一引;此处借指木工度量长短的工具。规矩:画圆形、方形和直角的工具,如圆规、曲尺。绳墨:墨斗,用以定直线的工具。居:放置。砻(lóng):磨东西。斫:砍削。④度(duó):衡量、计算。栋宇:房屋的脊檩和屋檐,泛指房屋。制:规模,式样;古代长度单位,合一丈八尺。此指房屋的结构样式和尺寸要求。⑤京兆尹:管理京都及附近属县的地方长官。唐开元元年改雍州为京兆府,以亲王担任雍州牧,雍州长史称京兆尹,治所在长安。委:堆积。⑥俟(sì):等待。自断:自作判断、决定。⑦圜(huán):围绕。工:巧妙、精深。⑧体要:大体、概要。⑨徒隶:本指在狱中服役的犯人,此指下层劳动者。乡师里胥:古代社会行政组织最下层的官吏,分别为一乡或一里之长。⑩《孟子 · 万章下》谈到周朝规定的官爵、俸禄制度时说,“天子一位,公一位,侯一位,伯一位,子、男同一位,凡五等也。君一位,卿一位,大夫一位,上士一位,中士一位,下士一位,凡六等。”⑪离:分开。六职:指礼、户、吏、刑、兵、工六部。百役:百工。⑫方伯连帅:古代一方诸侯的领袖称为方伯,十国诸侯的领袖称为连帅。见《礼记 · 王制》:“千里之外设方伯,五国以为属,属有长。十国以为连,连有帅。”⑬啬(sè)夫:秦汉时的乡官,掌管诉讼和赋税。版尹:乡中掌管户籍的小吏。版,版籍,指户籍。⑭纲纪:法制、典章。⑮大经:重大方针、根本的法则。⑯伊:伊尹,商初大臣,曾辅佐商汤灭夏。傅:傅说(yuè),殷王武丁的大臣。周:周公,姓姬名旦,武王之弟,辅佐成王平乱封侯,制定典章制度。召(shào):召公,名奭(shì)。他和周公都是周初开国功臣,都曾辅佐武王灭纣,武王死后又共同辅佐成王治理天下。⑰恪(kè)勤:勤恳认真地做一些小事情。听听(yǐnyǐn):笑声。⑱道谋是用:典见《诗经 · 小雅 · 小旻》:“如彼筑室于道谋,是用不溃于成。”朱熹解:“如将筑室而与行道之人谋之,人人得为异论,其能有成也哉?”指采用过路人不负责任的建议。⑲圮(pǐ):倒塌。⑳栋桡(náo):屋梁折断。㉑审曲面势:审察木材的曲直和正面反面的形状。都料匠:大木匠,总管木工和材料并计划用料和施工的匠人。

【译文】裴封叔的宅院在长安城光德里巷。有个木匠去敲他的门,说是想租一间空屋居住。木匠带的工具只有长尺、圆规、角尺、墨斗,屋里没有放磨刀石和斧头、凿子、锯子之类的器具。问他的技能是什么,他讲:“我擅长计算安排材料,根据房屋设计的结构图样,选择高矮、进深、方圆、长短相当的木料,指挥木工们按我的要求去做。离开了我,大伙儿连一间房屋也建不成。所以,在官府里干活,我获得的薪水是一般木工的三倍;给私人盖房,我要收取全部工钱的一大半。”有一天,我走进他的卧室,发现他睡的床缺了一只脚,自己却不会修理,说是要找其他人帮忙修。我很想嘲笑他,认为他是个没有本事而贪财,只会骗吃混食的人。

后来,京城长官要装修衙门,我有事到那里去。只见满地堆放着材料,各种工匠正在集合,有的拿斧头,有的拿刀锯,都围着他站成一圈听候吩咐。那个木匠左手拿着长尺,右手拿着棍子,站在人群中间。他估量房屋栋梁所需的用料,根据木料的承受能力,举起棍子向右说声:“斧头上!”那些拿斧头的木工就跑到右边去砍。他回头指着左边说声:“锯子上!”那些拿锯子的木工快步奔向左边就开锯。一会儿,拿小斧子的也开始砍斫了,拿刀的也开始削割了,都是在看那个木匠的脸色行事,等他吩咐后动手,没有谁敢自作主张。那些不能胜任的,木匠一发怒,就撤换下来,也没有谁敢怨恨他。他将官衙的建筑蓝图画在墙壁上,大小不过一尺见方,却把整个建筑的结构要求,清清楚楚地展现出来,根据蓝图上的尺寸成比例地放大而构筑的高大官室,落成后竟然没有一点儿走样。官衙建成后,就在栋梁上写上"某年某月某日某人建",落的竟是他的姓名,那些具体操作的工匠一概都没列名。我环绕这座建筑物仔细看过一遍后,不由得大吃一惊,此时才体会到这个木匠技艺的高深,个人价值之大啊!

接着我感叹道:他大概是个抛开手艺,专门使用自己的脑筋,而能把握事物的主体和要领的人物吧?我听说干脑力活的人役使他人,干体力活的人被人役使,他莫非就属于干脑力活的一类人吗?有技能的人专门施展技能干活,而有智慧的人则出谋划策,他大概算个有智谋的人吧?这是完全可以供辅佐天子治理天下的人效法啊,再没有比这更相似的事情了。那治理天下的根本问题,在于合理地任用人才。那些干具体事情的人,是差役,是乡长、里正。在他们上面是下士,再上是中士,是上士。再继上是大夫,是上卿,是诸侯。分开则为六部,细分则有各级各类上百种的官员。向外延伸直达四海,设有封疆大吏;郡有太守,县有县令,又都有辅佐政事的官员。他们之下有办理文书的小吏,再下面有掌管诉讼、赋税的乡官和掌管户籍的小吏,来承担各种差事;犹如工匠们各自具有自己的技艺靠着劳动来换得衣食啊。那辅佐国君治理天下的人,荐举一些人委托一定的工作,指挥使用他们。使朝纲条目清楚而酌情增减,使法制统一而加以整顿。犹如木匠有圆规、曲尺、墨斗,用它们来确定房屋的规模一样。选择天下的人才,使他们担任相称的工作;安顿天下的老百姓,使他们各自安居乐业。视察都城的情况就能掌握乡村的情况,视察了乡村的情况就能了解各个封国诸侯的情况;视察了封国的情况就能明了天下的情况;无论远近大小的地方,都可以手按地图完全掌握。犹如那个木匠在墙上画成房屋图样而按图完成工程一样。有才能的人就提拔上来加以使用,要让他不能自我得意;没有才能的予以辞退罢免,也没有谁敢怨恨。宰相本人不炫耀个人的才能,不夸耀自己的名声,不亲自去做具体琐细的事务,不侵犯官员们的职权,每天和天下的杰出人才讨论治理国家的大政方略,犹如那位木匠善于指挥众木工而不去卖弄自己的技艺一样啊。这样一来,才算是掌握了当宰相的法则而使天下得到治理。既然掌握了当宰相的法则,国家得到了治理,天下的人都会抬头仰望说:"这是我们宰相的功劳啊!"后来的人才会根据他的事迹而怀着仰慕的心情说:"那人真是具有良相的才能啊!"读书人有时谈到殷、周时出现的盛世,只提起伊尹、傅说、周公和召公的政绩,当时那些干具体事务的百官的辛勤劳苦,却没有记载下来。犹如木匠在屋梁上写上自己的名字和功劳,而那些具体干活的木工却不能列上自己的名字一样。宰相真伟大啊,通晓这个道理的人,也只是起到所谓辅佐天子的宰相作用而已。那些不能识大体、抓要领的人却与此相反,认为谨慎勤苦便是一心为公,把处理公文当作崇高的工作,炫耀才能,夸耀名声,亲手干一些琐碎的事务,侵犯众官的权限,包揽了六部和百官的事务,在相府中洋洋自得,却丢弃了那些重大的原则和事关长远利益的问题，这就是所谓不明白为相之道的人啊！犹如那位木匠不会用墨线画曲线直线，不会用圆规、曲尺来校正圆形、方形，不会用直尺来量长短，姑且夺过木工们手中的斧头、刀子和锯子来帮他们干活，却又不具备他们的手艺，以至于把事情做坏，因而不能有什么成就，这不是很荒唐的吗？

有人说："那些主持修建房屋的人，倘若要表现他个人的聪明，牵制木匠的计划，违背他世代相传的守则，却采用过路人随便发表的意见，虽然不能成功，难道能算是那位木匠的罪过吗？看来成败的关键，也在于任用是否专一啊！"我说不是这样。墨线确实画好了，圆规、曲尺也确实量好了，应该高的就不能压低，应该窄的就不能加宽，根据我的意见办，房子就可修得坚固；不根据我的意见修，房子就会倒塌。假如那人甘愿放弃修得坚固的方案而采用会造成房屋倒塌的主张，那我就收起自己的技术，藏起自己的才智，远远地离开，绝不放弃我的原则，这样才真是一个优秀的木匠啊！如果他贪图主人的钱财，忍受委屈而不能离开；放弃自己的设计方案，委屈自己而不能坚持原则，等到屋梁断折、房子倒塌了，却说："这不是我的过错啊。"可以这样吗？可以这样吗？

我认为这位木匠施工的方法和做宰相的方法很相类似，所以就将他的事迹写成文章收藏起来。这个木匠，大概就是古书上说的那种审视度量木材的曲直形状的人，就是现在所称的"都料匠"。我遇见的这位木匠姓杨，名潜。

【鉴赏】这是柳宗元初入仕途写的散文。他见当时朝廷政出多门、吏治混乱，认为要改变现状就要使执政者弄清为相之道，以便统揽全局，善于用人。为此，便借亲见的真实人物为喻，引出大段议论。因而，本文虽是人物传记却具有浓厚的政论色彩，人物行事和所发议论之间又有着类比的关系，其讽喻时事的手法带有寓言色彩。

本文善于抓住人物的性格特征，精心选择能反映主人公性格的思想言行加以集中表现。作者写梓人并没随意铺叙其行事，而是集中笔墨描述其特殊见识与才能，并通过人物自述道出；然后又以白描手法细写梓人指挥施工的场面，使其奇才得到生动再现。作者在叙写和夸赞梓人之道中暗应了为相之道，点明了为相的职能。本文实是"一篇大臣论，借梓人以发其端，由宾入主"，叙事是宾，议论是主，富有革新精神的年轻的作者，实是以相才自许、自励！

愚溪诗序

灌水之阳，有溪焉，东流入于潇水①。或曰："冉氏尝居也，故姓是溪曰冉溪。"或曰："可以染也，名之以其能，故谓之染溪。"余以愚触罪，谪潇水上。爱是溪，入二三里，得其尤绝者家焉。古有愚公谷，今余家是溪，而名莫能定，土之居者犹龂龂然②，不可以不更也，故更之为愚溪。

愚溪之上，买小丘，为愚丘。自愚丘东北行六十步，得泉焉，又买居之，为愚泉。愚泉凡六穴，皆出山下平地，盖上出也。合流屈曲而南，为愚沟。遂负土累石，塞其隘为愚池。愚池之东为愚堂。其南为愚亭。池之中为愚岛。嘉木异石错置，皆山水之奇者，以余故，咸以“愚”辱焉。

夫水，智者乐也。今是溪独见辱于愚，何哉[③]？盖其流甚下，不可以灌溉；又峻急多坻石[④]，大舟不可入也。幽邃浅狭，蛟龙不屑，不能兴云雨，无以利世，而适类于余，然则虽辱而愚之，可也。

宁武子“邦无道则愚”，智而为愚者也；颜子“终日不违如愚”[⑤]，睿而为愚者也。皆不得为真愚。今余遭有道，而违于理，悖于事，故凡为愚者莫我若也。夫然，则天下莫能争是溪，余得专而名焉。

溪虽莫利于世，而善鉴万类，清莹秀澈，锵鸣金石[⑥]，能使愚者喜笑眷慕，乐而不能去也。余虽不合于俗，亦颇以文墨自慰，漱涤万物[⑦]，牢笼百态，而无所避之。以愚辞歌愚溪，则茫然而不违，昏然而同归，超鸿蒙，混希夷[⑧]，寂寥而莫我知也。于是作《八愚诗》，纪于溪石上[⑨]。

【注释】①灌水：在今广西境内，源出灌阳县西南，流经全州注入湘江。潇水：源出湖南道县的潇山，流经零陵县城，注入湘江。②愚公谷：在今山东临淄（zī）县西。刘向《说苑·政理篇》载：齐桓公外出打猎，进了一个山谷，遇见一位老翁，问山谷名字，老翁回答叫愚公谷，并说明是因邻居认为他愚，称之愚公，并把他所在山谷取名为愚公谷。桓公回去告诉管仲，管仲说，不是老翁愚，而是政治不明的结果。作者借此事暗示他自称为愚，并以愚名溪，也是因当时的政治腐败。龂龂（yínyín）然：争辩的样儿。③此句出自《论语·雍也》：“知者乐水，仁者乐山。”④坻（chí）：水中小洲。⑤宁武子：春秋时卫国大夫宁俞，谥号武。《论语·公冶长》载孔子说：“宁武子，邦有道则智；邦无道则愚；其智可及也，其愚不可及也。”意思是，宁俞在国内稳定的时候就尽力显示才智，当统治不稳定时就装作愚蠢。他那种才智别人可以学到，他那种愚蠢别人就学不到。颜子：孔子的得意弟子颜回。见《论语·为政》：“吾与回言终日，不违如愚。退而省其私，亦足以发，回也不愚。”孔子给颜回讲学，颜回整天不提不同意见，好像很愚笨。孔子考察他私下的言行，发现他不但完全理解了，而且能有所发挥，认为他并不愚蠢。⑥金石：指钟、磬一类乐器。⑦漱涤：洗涤。这句形容各种景物通过作者选择、刻画，像被洗涤过一样更鲜明生动。⑧鸿蒙：宇宙形成前的混沌状态。此处指尘世。希夷：语出《老子》：“视之不见名曰夷，听之不闻名曰希。”意即产生宇宙的道是看不见、听不到的虚无。这里指太空。⑨纪：通“记”。记载，写。

【译文】灌水的北面有一条溪水，向东流入潇水。有人说：“有户姓冉的人家在那里住过，所以那条溪水被称为冉溪。”也有人说：“那溪里的水可以用来染布，是根据水的这种性能取的名字，所以称它为染溪。”我因为愚昧而犯了罪，被贬谪到潇水边。我喜爱这条溪水，往里走了二三里路，发现一个景色绝佳的地方，就在那里安了家。古代有个愚公谷，现在我住在这溪水旁，而溪水的名字没有谁能确定下来，当地的居民还在争论不休，不能不换个名字，因此给它改名叫愚溪。

在愚溪上游，我买了个小丘，称为愚丘。从愚丘朝东北方向走六十步，发现一处泉水，又将它买了下来，称为愚泉。愚泉共有六个泉眼，都是出自山下平地，往上冒出来的。六股泉水合流在一起后弯弯曲曲向南流去，我将它称为愚沟。于是堆土砌石，堵住愚沟的狭窄部位，形成了一个愚池。愚池的东面是愚堂。它的南面是愚亭。愚池的中央是愚岛，美好的树木和奇异的石块间杂其上。这些都是山水中的奇景，因为我的缘故，都用愚字玷辱了它们。

水是聪明人喜欢的。现在这条溪水却被"愚"字玷辱，那是什么原因呢？因为它水位很低，不能用来灌溉；又加上水流险峻湍急，中间有许多小洲和石头，大船无法驶入；它幽深狭窄，蛟龙不愿住在里面，因为不能在池水中兴云化雨，不能给世人带来任何好处。而这些却正好和我相似，既然如此，即使是玷辱了它，用"愚"字称呼它，也是可以的。

宁武子"在国家混乱时就装傻"，那是聪明人故意装作愚昧；颜回"整天听孔子讲学，从来不提相反的见解，像个愚蠢的人"，那是智商很高而在表面上显出愚昧。他们都不是真正的愚笨。现在我身逢政治清明的时世，却违反常理，做了蠢事，所以凡是愚蠢的人都没有一个像我这样愚蠢的了。这样，那天下就没有谁能和我争这条溪水，我就可以单独占有并给它取这个名字了。

这条溪水虽然没有给世人带来什么利益，但它善于映照各类物象；它清净、明亮、秀美、澄澈，水声铿锵，像钟磬在响，能使愚人喜笑颜开、眷恋爱慕，高兴得不愿离开。我虽然不合于世俗，也很能用写诗作文来安慰自己；我描写的各种事物像用水洗涤过一样，鲜明生动，又能概括各种形态，没有什么能逃过我的笔端。我用愚昧的诗歌唱愚溪，便感到茫茫然和愚溪不相背离，昏昏然和愚溪找到了同样的归宿，超越天地人间，进入了虚无空寂的境界，在四周静谧无声混沌无形之中自己忘却了自己。于是我写了《八愚诗》，将它刻在溪边的石头上。

【鉴赏】这是柳宗元为其所作《八愚诗》（已佚）写的序文。他以一个有悖常理的"愚"字驱驾全篇，说明将溪、丘、泉、沟、池、堂、亭、岛八物一概以"愚"题名的缘由。作者虽怀奇才却因不愿投机逢迎而遭贬谪，可谓很"愚"；溪水虽美却地处荒远而于世无用，也算是"愚"的。作者巧妙地采用曲笔来嘲溪和自嘲，写溪也是写己，溪与己打成一片，顺理成章地讥刺了当权者排斥异己、颠倒贤愚，强烈地表达了他对埋没"美景"、压抑人才的黑暗社会的不满与抗争。

这篇"清莹秀澈，锵鸣金石"的散文精品不仅立意超拔，富有哲理意味，而且妙趣横生，情文并茂；虽未直抒愁肠，却借所居山水发挥奇想；行文千回百折、舒徐委婉、跌宕生姿、含蓄深沉，句式骈散相间，抑扬顿挫，有一唱三叹之妙，使人读后既能在审美上感到愉悦，又可在思想上受到启发。

永州韦使君新堂记①

将为穹谷、嵁岩、渊池于郊邑之中，则必辇山石，沟涧壑，凌绝险阻②，疲极人力，乃可以有为也。然而求天作地生之状，咸无得焉。逸其人，因其地，全其天，昔之所难，今于是乎在。

永州实惟九疑之麓[3]。其始度土者[4],环山为城。有石焉,翳于奥草;有泉焉,伏于土涂[5]。蛇虺之所蟠[6],狸鼠之所游,茂树恶木,嘉葩毒卉,乱杂而争植,号为秽墟。

韦公之来既逾月,理甚无事。望其地,且异之。始命芟其芜,行其涂,积之丘如,蠲之浏如[7]。既焚既酾,奇势迭出,清浊辨质,美恶异位[8]。视其植,则清秀敷舒;视其蓄,则溶漾纡馀[9]。怪石森然,周于四隅,或列或跪,或立或仆,窍穴逶邃,堆阜突怒[10]。乃作栋宇,以为观游。凡其物类,无不合形辅势,效伎于堂庑之下[11]。外之连山高原,林麓之崖,间厕隐显[12]。迩延野绿,远混天碧,咸会于谯门之内[13]。

已乃延客入观,继以宴娱。或赞且贺,曰:"见公之作,知公之志。公之因土而得胜,岂不欲因俗以成化[14]?公之择恶而取美[15],岂不欲除残而佑仁?公之蠲浊而流清[16],岂不欲废贪而立廉?公之居高以望远,岂不欲家抚而户晓?夫然,则是堂也,岂独草木、土石、水泉之适欤?山原、林麓之观欤?将使继公之理者,视其细,知其大也。"

宗元请志诸石,措诸屋漏,以为二千石楷法[17]。

【注释】①永州:今湖南省零陵县。韦使君:韦彪,永州刺史。使君,是汉代以来对州郡长官的尊称。②穹(qióng)谷:深谷。嵁(kān)岩:峭壁。渊池:深池。辇(niǎn):运载。沟涧壑:沟通山涧沟壑。凌绝:跨越。③九疑:即九嶷山,位于湖南省宁远南。④度(duó):测量。⑤翳(yì):遮蔽。奥草:深草。土涂:泥土。⑥虺(huǐ):毒蛇。蟠(pán):同"盘",盘曲地伏着。⑦芟(shān):割。丘如:像座小山那样。蠲(juān):使之清洁。浏如:泉水清澈。⑧酾(shī):疏通。清浊辨质:辨别水流的清浊。美恶异位:美景代替了荒凉。⑨敷舒:舒展。溶漾:水流动荡漾。纡馀:曲折萦回。⑩窍穴:石洞。逶邃(suì):曲折幽深。堆阜:堆出来的石山。突怒:高耸突出。⑪合形辅势:相互辅助,适应地形地势。伎:同"技",技艺。庑(wǔ):堂下四周的房子。⑫间厕:交错。⑬谯(qiáo)门:城门。古代建筑在城上用以了望的楼。⑭因土:顺着地势。因俗:顺着风俗。⑮择:剔除。⑯蠲:挖除。⑰二千石:汉朝刺史的俸禄为二千石,后以二千石代指刺史一级官吏。楷法:模范。

【译文】假如在城郊营造深谷、峭壁和深池,那就一定要运载山石,开凿山涧沟壑,跨越险阻,耗尽人力,才可能有成功的希望。然而要寻求天造地设的形状,那是办不到的。使人比较安逸,能顺应地形、能保持天然之美,这在从前是难以做到的事情,现在在这里就有了。

永州实际上是九嶷山的山脚。最初测量地势的人,环绕着山建起了一座城。那里有山石,被深草遮蔽着;有泉水,被泥土埋没着。毒蛇在那里盘曲地伏着,野狸、田鼠在那里出没,茂盛的树木和长得不好的树,美丽的花和有毒的草,混杂在一起争着生长,人们把这里称为荒芜的丘墟。

韦公任职来到永州,过了一个月,州里政事治理好了,没有多少事情。他看到了这个地方,感觉它很奇异,才派人去割去那些荒草,挖去那里的泥土。堆积的荒草和泥土像座小山一样，淘清了泉水，泉水是那样晶莹清澈。烧掉了荒草，疏通了泉水，奇异的景致就不断地出现了，水流的清、浊辨别得清楚了，美景代替了荒凉。看那生长的树木，则清秀舒展；看那积蓄的水，则流动荡漾，曲折萦回。奇异的石头繁密地遍布四周，有的像人在排列，有的像人跪着，有的像人在站立，有的像人卧起，石洞曲折幽深，堆出来的石山高耸突出。于是在这里修建了一栋房屋，把它作为观赏游览的地方。一切在那里的各类景物，无不相互辅助、适应地形地势，在厅堂之下献出各自的技艺。厅堂外面，连绵的山、高原，林木覆盖的山脚山崖，相互交错，或隐或现。近处的一直延伸到碧绿的田野，远处混合着碧蓝的天空，所有的景色都聚集在城门的里面。

新堂建好后，韦公就邀请客人进去参观，接着又设酒宴娱乐。有人边称赞边祝贺说："看到韦公建的新堂，就明白了韦公的志向。韦公顺着地势得到了美景，难道不是想顺着风俗来推行教化吗？韦公剔除丑恶而保存美好的东西，难道不是想除掉残暴保护善良吗？韦公挖除污泥使清泉流淌，难道不是想废去贪污而树立廉正的风气吗？韦公站在高处而眺望远方，难道不是想家家都受到安抚、户户都富裕吗？这样，那么修造这座厅堂，难道仅仅是草木、土石、水泉使人畅快吗？群山、高原和长满树木的山麓的景色仅仅供人观赏吗？希望让接替韦公治理永州的人，从观看细小的事从而认识到治民理政的大道理。"

我请求把这篇文章镌刻在石头上，把它嵌置在堂的西北角，作为刺史的模范。

【鉴赏】本文记述了韦使君修建新堂的过程和前后的深刻变化，赞颂了他居高望远、顺应民情、铲除残暴、废除贪污、保护贤良和富民的政策。这些过誉之词实则表现了柳宗元对如何当好一方官员的看法，寓示了在被贬谪的困苦中他仍然坚持政治改革的主张和理想，表现了他远大的政治抱负。

文章恰切地运用了记叙和议论交叉的方法，在记叙中赋以很深的思想意义。

钴鉧潭西小丘记

得西山后八日，寻山口西北道二百步，又得钴鉧潭①。潭西二十五步，当湍而浚者为鱼梁②。梁之上有丘焉，生竹树。其石之突怒偃蹇③，负土而出，争为奇状者，殆不可数。其嵚然相累而下者，若牛马之饮于溪；其冲然角列而上者，若熊罴之登于山④。

丘之小不能一亩，可以笼而有之⑤。问其主，曰："唐氏之弃地，货而不售。"问其价，曰："止四百。"余怜而售之。李深源、元克己时同游⑥，皆大喜，出自意外。即更取器用，铲刈秽草⑦，伐去恶木，烈火而焚之。嘉木立，美竹露，奇石显，由其中以望，则山之高，云之浮，溪之流，鸟兽之遨游，举熙熙然回巧献技⑧，以效兹丘之下。枕席而卧，则清泠之状与目谋，瀯瀯之声与耳谋，悠然而虚者与神谋，渊然而静者与心谋⑨。不匝旬而得异地者二⑩，虽古好事之士，或未能至焉。

噫！以兹丘之胜，致之沣、镐、鄠、杜，则贵游之士争买者[11]，日增千金而愈不可得。今弃是州也，农夫渔父，过而陋之，贾四百，连岁不能售。而我与深源、克己独喜得之，是其果有遭乎！书于石，所以贺兹丘之遭也。

【注释】①西山：在湖南省零陵县西。钴鉧（gǔmǔ）潭：潭名。钴鉧，熨斗。因潭形像熨斗，故名。②鱼梁：拦截水流的坝，中开缺口，以放置捕鱼的工具，以便捕鱼。③偃蹇（yǎnjiǎn）：山石起伏高耸的姿态。④嵚（qīn）然：高峻。相累：相互重叠。冲然：向上，向前的样子。角列：像兽角一样排列。熊罴（pí）：熊和罴是两种野兽。罴属于熊类。⑤笼：装进笼子。⑥李深源、元克己：作者的友人。⑦刈（yì）：割。秽草：乱草。⑧熙熙然：快乐的样子。回巧：呈现出各种美好的姿态。献技：献出各自的特色。⑨清泠：景色清凉。瀯瀯（yíng yíng）：水回流的声音。渊然：静默的样子。⑩匝（zā）：满。⑪沣（fēng）：水名。镐（hào）：地名，在陕西省西安市西南，周武王的都城。鄠（hù）：地名，在陕西省户县北。杜：地名，在陕西省西安市长安区东南。唐朝时豪门贵族聚居在沣、镐、鄠、杜附近。贵游之士：爱游玩的贵族豪门子弟。

【译文】我发现西山以后的第八天，便沿着山口向西北方向走了二百余步，又发现了钴鉧潭。潭的西边二十五步处，在急流深水的地方有一道水坝。坝上有一个小丘，长着竹子和树木。小丘上的石头有的凸出高耸，有的起伏直立，都顶着泥土钻出来，争着做出各种奇怪的样子，几乎多得数不清。那些高耸的，互相重叠而向下倾斜的石头，好像一群牛马在溪边喝水；那些凸起的像兽角排列向上的石头，就像熊和罴在攀登山岭。

山丘很小，不到一亩，可以用一个笼子把它全部装下。问起小丘的主人时，有人回答说："这是唐家废弃了的土地，要卖却卖不出去。"问起它的价钱，回答说："只要四百文钱。"我爱这个地方就买下了它。李深源、元克己当时和我一同来游玩，也都很高兴，感到这是出乎意料的好事情。我们就轮流拿着工具，铲割掉乱草，砍掉不好的树，燃起了大火烧毁它们。于是美的树木挺立，秀美的竹子露出来了，奇特的山石显露出来了。从小山丘中间向外望去，就看见山峰高峻，云彩飘浮，溪水飞流，飞鸟走兽在遨游走动，它们全部都快乐地呈现出各种美好的姿态，尽力显出各自的特色，在这小山丘的上下表演着。在这里，铺开席子放上枕头躺在上面，于是清凉的景色就会和眼睛接触，潺潺的流水声就传入耳中，幽远空阔的境界就会和神思融合，静默的境界就会沁入心灵。不到十天的时间就发现两处奇异的地方，即使是古时爱好山水的人，也许也没遇到过这种情况吧。

唉！小山丘这样秀美的风景，如果把它搬移到沣、镐、鄠、杜等处，那些爱游玩的贵族豪门子弟都会争着要买，即使每天价钱增加到千金，也越发不能买到。现在却被抛弃在永州，连农民渔夫从它旁边路过都瞧不起它，价钱仅仅四百文，竟连年卖不掉。而我和深源、克己唯独很高兴地买下它，难道这小山丘果然有运气吗？在这岩石上写下这些话，用以祝贺这个小山丘碰上了好运气。

【鉴赏】柳宗元政治上失意，贬谪到永州，写下八篇著名的游记，《钴鉧潭西小丘记》是其第三篇。作者用简练生动的语言对小土丘作了逼真的描写。把奇石非常形象地比作"若牛马之饮于溪""若熊罴之登于山",就把呆石写活了。勾描小土丘的自然形态而又传神的写法,把景色写得像一幅精美的浮雕,令人有深刻的印象。另一方面写小土丘因乱草、恶木的包围遮掩,成为弃地,借以自喻受到排挤,贬谪远方,表达了怀才不遇的沉重心情。

本文写景和抒情巧妙地融合在一起,多用拟人手法,静物动写,栩栩如生,情景交融。

小石城山记[①]

自西山道口径北,逾黄茅岭而下,有二道:其一西出,寻之无所得;其一少北而东,不过四十丈,土断而川分,有积石横当其垠[②]。其上为睥睨梁欐之形,其旁出堡坞[③],有若门焉。窥之正黑,投以小石,洞然有水声,其响之激越,良久乃已。环之可上,望甚远,无土壤而生嘉树美箭,益奇而坚,其疏数偃仰[④],类智者所施设也。

噫!吾疑造物者之有无久矣。及是,愈以为诚有。又怪其不为之中州,而列是夷狄[⑤],更千百年不得一售其伎,是故劳而无用。神者倘不宜如是,则其果无乎?或曰:"以慰夫贤而辱于此者。"或曰:"其气之灵不为伟人,而独为是物,故楚之南少人而多石[⑥]。"是二者,余未信之。

【注释】 ①小石城山:在今湖南省零陵县境,本文是《永州八记》中的最后一篇。②西山:在今湖南省零陵县西南潇水边。径:一直。黄茅岭:在今湖南零陵县城西面。垠(yín):边。③睥睨(bìnì):女墙,城墙上的矮墙。梁欐(lì):屋梁。堡坞:土筑的小城堡。④箭:一种竹名,可做箭杆。泛指竹子。疏数:疏、密。偃仰:俯仰,高低。⑤中州:中原地区,指黄河中下游文化发达地区。夷狄:古时候称东方少数民族为"夷",称北方少数民族为"狄"。这里泛指边远地区。⑥其气之灵:指天地的灵秀之气。古人认为它赋予人,就会造就伟大杰出的人物。楚之南:战国时楚国的南部即今之湖南一带。

【译文】 从西山路口一直向北走,翻越黄茅岭下山,有两条路:一条向西去,沿路搜寻风景,没有发现什么景色;另一条偏北向东去,不到四十丈远,山路中断了,被河水分开了,有一堆积石形成的小山横挡在边上。上面的石头像城墙上的矮墙和屋梁的形状,它的旁边又突出了一座像土筑的小城堡,那里有一个像门一样的石洞。朝里看很黑,投一块石头进去,咚咚地发出水响声,那水响声激扬清脆,许久才停止。绕着它可以登上山,在顶上可以眺望很远,上面没有土壤然而却生长出美好的树木和竹子,显得格外的奇特和坚实,它们长得有疏有密,高低适中,就像是有智慧的人安排布置在那里似的。

唉!我怀疑创造万物的神灵是有还是没有,已经很久了。到了这里,我更加相信确实是有的。可是又奇怪,它不在中原地区安置这种美景,却要安排在边远地区,它经历了千百年也没有一次呈献美好姿态的机会,这实在是花费了劳动却没有用处。神灵或许是不应该这样做的，那么神灵果真是没有的吧？有人说："这样做是用它来安慰那些贤才却被辱没在这里的人的。"也有人说："这里天地的灵秀之气不造就伟大的人物，却偏偏创造出这种美好的景物，所以楚国的南部很少有贤人，却有很多奇异的石头。"对这两种说法，我不相信。

【鉴赏】文章以简练、准确的笔墨记叙了小石城山优美奇特的景致，并且感叹这样奇妙的山水却不在繁荣兴盛的中原地区，偏偏被弃置在边远的蛮荒之地，由此引出作者对有无造物主的一番感想，表现出对天命的怀疑。

文章抓住景物特征，生动逼真地描绘，并借景抒情，含蓄地表现了自己怀才不遇，贬谪永州的愤懑心情，以吐胸中之气。

贺进士王参元失火书[①]

得杨八书，知足下遇火灾[②]，家无馀储。仆始闻而骇，中而疑，终乃大喜，盖将吊而更以贺也。道远言略，犹未能究知其状，若果荡焉泯焉而悉无有[③]，乃吾所以尤贺者也！

足下勤奉养，乐朝夕，惟恬安无事是望也。今乃有焚炀赫烈之虞，以震骇左右，而脂膏滫瀡之具[④]，或以不给，吾是以始而骇也。

凡人之言皆曰：盈虚倚伏[⑤]，去来之不可常。或将大有为也，乃始厄困震悸，于是有水火之孽，有群小之愠[⑥]。劳苦变动，而后能光明，古之人皆然。斯道辽阔诞漫[⑦]，虽圣人不能以是必信，是故中而疑也。

以足下读古人书，为文章，善小学[⑧]，其为多能若是。而进不能出群士之上，以取显贵者，盖无他焉。京城人多言足下家有积货，士之好廉名者，皆畏忌不敢道足下之善。独自得之，心蓄之，衔忍而不出诸口[⑨]。以公道之难明，而世之多嫌也。一出口，则嗤嗤者以为得重赂[⑩]。

仆自贞元十五年[⑪]，见足下之文章，蓄之者盖六七年未尝言。是仆私一身而负公道久矣，非特负足下也。及为御史、尚书郎，自以幸为天子近臣，得奋其舌，思以发明足下之郁塞[⑫]。然时称道于行列[⑬]，犹有顾视而窃笑者。仆良恨修己之不亮，素誉之不立，而为世嫌之所加，常与孟几道言而痛之[⑭]。

乃今幸为天火之所涤荡，凡众之疑虑，举为灰埃。黔其庐，赭其垣[⑮]，以示其无有。而足下之才能，乃可以显白而不污，其实出矣。是祝融、回禄之相吾子也[⑯]。则仆与几道十年之相知，不若兹火一夕之为足下誉也。宥而彰之，使夫蓄于心者，咸得开其喙；发策决科者[⑰]，授子而不栗。虽欲如向之蓄缩受侮[⑱]，其可得乎？于兹吾有望于子，是以终乃大喜也。

古者列国有灾[⑲]，同位者皆相吊。许不吊灾，君子恶之[⑳]。今吾之所陈若是，有以异乎古，故将吊而更以贺也。

颜、曾之养，其为乐也大矣，又何阙焉[㉑]？

【注释】 ①王参元:唐濮阳(今河南省濮阳县)人,鄜坊节度使王栖曜(yào)的小儿子,唐元和二年进士。王家富有积财,不幸遇火灾,家产荡然无存。②杨八:名敬之,排行第八,故称杨八。作者的亲戚,王参元的挚友。足下:敬词,下对上或平辈之间均可称足下。③荡:涤荡。泯(mǐn):尽,彻底。④焚炀(yáng):焚烧。赫烈:火势猛烈的样子。左右:指对方。脂膏:脂肪,泛指肉一类的东西。滫瀡(xiǔsuǐ):滫,淘米水。瀡,使柔滑的东西。这是泛指饮食。⑤盈虚:吉凶祸福。倚伏:《老子》:"祸兮福之所倚,福兮祸之所伏",言祸福可以相互转化,相互依存。⑥愠(yùn):怨恨。⑦诞漫:漫无边际。⑧小学:旧时对文字学、音韵学、训诂学的统称。⑨衔:含,指藏在心里。⑩嗤(chī)嗤者:讥笑别人的人。⑪贞元:唐德宗年号。贞元十五年,即公元799年。⑫御史、尚书郎:御史台、尚书省礼部员外郎的简称。奋其舌:积极发言。郁塞:郁闷不乐。⑬行列:指同僚。⑭孟几道:孟简,字几道,平昌(今四川平昌县)人。善诗尚节义,曾为谏官,官至户部侍郎加御史中丞。后被排挤为山南东道节度使。柳宗元的好朋友。⑮黔:黑色,烧黑。赭(zhě):红色,烧红。⑯祝融:传说帝喾(kù)时的火官,尊为火神。回禄:传说中的火神。⑰宥(yòu):谅解,宽容。喙(huì):鸟兽的嘴,借指人的嘴。发策决科者:主持考试的人。发策,出题目。决科,录取的意思。⑱蓄缩:指做事懈怠、畏缩不前。⑲列国:春秋时期各个诸侯国。⑳许不吊灾,君子恶之:《左传》载,鲁昭公十八年,宋、卫、陈、郑四国发生火灾,许国没有去慰问,有人据此预测,许国先要被灭亡。许,国名,在今河南省许昌一带。㉑颜、曾:即颜回、曾参,都是孔子的学生。孔子称赞颜回能安贫乐道,是个贤人。孔子认为曾参通孝道。阙:同"缺"。

【译文】 收到杨八的信,知道您家遇到火灾,家里没有一点东西留存。我刚听到时感到震惊,接着又有点怀疑,最后却感到非常高兴,本来打算慰问你的,现在却改成祝贺了。因为路途遥远,书信写得简略,还未能确切了解您的具体情况,假如果真是涤荡得彻底而什么都没有了,那我就更要向您表示祝贺了。

您勤勤恳恳地奉养父母,安静地过日子,只希望恬静平安不出事。现在竟然遇到烈火焚烧的意外事情,使您受到很大的震惊,以致连饮食上的必要东西,或许都供给不上了,因此我刚听到时感到震惊。

大凡人们的话都这样说:吉凶祸福是相互依存、相互转化的,来去不可能永远不变。有的人将会大有作为,最初却处于困境灾难中使人受到震惊,于是就有水火的灾害,有众小人的怨恨。历经了辛劳和生活变动后,才能够看到光明,古代的人都是这样的。这个道理深远广阔、漫无边际,即使是圣人也不会认为它是一定可信的,所以我心中是怀疑的。

以您能攻读古人的书,会作文章,又精通"小学",像这样有多方面的才能,可是在做官方面却不能超出众人之上,来取得显赫尊贵的地位,这里没有其他缘故。就因为京城的人大多说您家积聚了很多财产,那些爱廉洁名声的士大夫,都害怕和顾忌,不敢说您的才能。只是自己了解您,藏在心中,忍耐着而不说出口。这是因为公正的道理难以说清楚,而世上又有很多人爱猜疑。只要话一出口,那些爱讥笑别人的人就会认为是您得了很多贿赂。

我从贞元十五年就看见您的文章,赞誉的话藏在心里大概有六七年时间没有说出。这是我偏爱自己辜负公道已经很多了,不仅仅是对不住您。等到我在御史、尚书郎任上时,自以为有幸成了皇上的近臣,得到了积极发言的机会,便想使您的郁闷心情变得开朗。然而当我在同僚中称赞了您时，还有人回头来看而暗自发笑。我深恨自己修养还不显著，平常声誉没有树立，因此遭到世人的猜忌，我常常和孟几道谈论这事，并感到痛心。

现在幸好你家被大火烧得精光，所有众人的怀疑顾虑全部变为了灰烬。您家的房子烧黑了，您家的墙烧红了，表示您家中什么都没有了。而您的才能，才可以显露明白，不被玷污，您的真才实学也就表现出来了。这完全是火神祝融、回禄在帮助您啊。那么我同孟几道十年来对您的了解，还不如这场大火一个晚上就替您造成了声誉。这样大家就会谅解您、表扬您，使那些有话藏在心里的人，都能张开嘴巴了。主持考试的人，把官职授给你也不会害怕了。即使想象从前那样被人疑忌而畏缩不前、受人讥笑，难道还能做得到吗？在这方面我对您抱有很大的希望，因此最终我便非常的高兴。

古代诸侯国中如果发生灾祸，同等地位的国家都要去慰问。许国没有派人去慰问，君子们都憎恨它。现在我所说的这些情况，有些和古人的看法不同，所以我把本要去慰问的改为了祝贺。

颜回、曾参那样奉养父母，那是有很大的乐趣，和他们相比，您还缺少什么呢？

【鉴赏】王家颇有积财，不幸遭火灾，家产荡然无存，乃至连饮食的供给也发生了困难。友人家里遇到灾祸，不去慰问，却认为是大好事，应该去祝贺。作者在这里说出了“幸灾乐祸”的道理：“始闻而骇”“中而疑”“终乃大喜”，写得既合情又入理，使人感到确实应去祝贺。

信中可以清楚地显现当时习俗的败坏，以及作者愤世嫉俗和不向命运屈服的反抗精神。

王禹偁(954—1001)，字元之，济州巨野(今属山东)人。宋太宗太平兴国八年(983)举进士，端拱初(988)擢右拾遗、直史馆，拜左司谏、知制诰。未几，判大理寺。以请论妖尼道安罪，贬商州团练副使。至道元年(995)，为翰林学士知审官院。以谤讪，罢为工部郎中，知滁州。真宗即位，复知制诰，预修《太宗实录》，与时宰张齐贤、李沆不协，出知黄州，复涉蕲州，卒于黄州任上，人称王黄州。遇事刚直敢言，多所规讽，故为流俗所不容，屡遭贬谪。他鄙弃唐末以来的浮艳文风，推崇韩、柳、李、杜、白的文风与诗风，是宋初倡导文学革新的先行者。他的作品多反映民生疾苦和针砭时弊，风格平易简明、朴素自然，也不乏清新活泼之作。著有《小畜集》《小畜外集》《五代史阙文》。

待漏院记①

天道不言，而品物亨、岁功成者②，何谓也？四时之吏，五行之佐③，宣其气矣。圣人不言，而百姓亲、万邦宁者，何谓也？三公论道，六卿分职，张其教矣④。

是知君逸于上，臣劳于下，法乎天也。古之善相天下者，自咎、夔至房、魏[5]，可数也。是不独有其德，亦皆务于勤耳。况夙兴夜寐，以事一人，卿大夫犹然，况宰相乎！

朝廷自国初，因旧制，设宰相待漏院于丹凤门之右[6]，示勤政也。乃若北阙向曙，东方未明，相君启行，煌煌火城[7]。相君至止，哕哕鸾声[8]。金门未辟[9]，玉漏犹滴。撤盖下车，于焉以息。待漏之际，相君其有思乎？

其或兆民未安，思所泰之；四夷未附，思所来之；兵革未息，何以弭之[10]；田畴多芜，何以辟之；贤人在野，我将进之；佞人立朝，我将斥之；六气不和，灾眚荐至，愿避位以禳之[11]；五刑未措，欺诈日生，请修德以厘之[12]。忧心忡忡，待旦而入。九门既启，四聪甚迩[13]。相君言焉，时君纳焉。皇风于是乎清夷[14]，苍生以之而富庶。若然，则总百官，食万钱，非幸也，宜也。

其或私仇未复，思所逐之；旧恩未报，思所荣之；子女玉帛，何以致之；车马玩器，何以取之；奸人附势，我将陟之[15]；直士抗言，我将黜之，三时告灾[16]，上有忧色，构巧词以悦之；群吏弄法，君闻怨言，进谄容以媚之。私心慆慆[17]，假寐而坐。九门既开，重瞳屡回[18]。相君言焉，时君惑焉。政柄于是乎隳哉[19]，帝位以之而危矣。若然，则死下狱，投远方，非不幸也，亦宜也。

是知一国之政，万人之命，悬于宰相，可不慎欤！复有无毁无誉，旅进旅退[20]，窃位而苟禄，备员而全身者，亦无所取焉。棘寺小吏王禹偁为文[21]，请志院壁，用规于执政者。

【注释】①待漏院：百官清晨进宫等候上朝的休息处，唐元和初年开始设置。大臣须等到漏尽时才能入朝，故名。漏，漏壶，古代以滴水计时所用的铜壶，此处指代时间。②天道：指大自然。岁功：一年中寒暑换代的自然功能。③四时之吏：掌管四季节令的天神。上古设官，就曾以天地四时为名，如天官、地官、春官、夏官、秋官、冬官，分掌教育、军事、司法、财政等职。五行之佐：辅助掌管金、木、水、火、土的天神。④三公：泛指朝廷最高长官，即太师、太傅、太保。六卿：泛指中央各部长官，有太宰、司徒、宗伯、司马、司寇、司空。张其教：张扬、推广圣人的教化。⑤咎（gāo）、夔（kuí）：即皋陶（yáo）和后夔，都是舜的贤臣。⑥丹凤门：北宋国都汴京皇城的正南门。⑦北阙：皇帝接见群臣议政的宫殿。大臣办公处所一般在皇宫之南，故称皇宫为北阙。阙，宫门前的望楼，代指宫殿。向曙：天快亮了。相君：对宰相的敬称。火城：封建时代百官早朝时，车骑周围布满华烛数百炷，使皇城像一片火海。⑧哕哕（huìhuì）：象声词，此处指有节奏的车铃声。⑨金门：金马门，汉代一宫门，因门旁有铜马而得名，此处借指宫门。⑩兵革：兵器盔甲，指战事。弭（mǐ）：平息，消除。⑪六气：指阴、阳（晴）、风、雨、晦（昏暗）、明这六种自然现象。灾眚（shěng）：灾祸。荐至：重复、频繁发生。禳（ráng）：古代以祭祷消除灾祸的一种迷信活动。⑫五刑：五种轻重不同的刑罚（笞、杖、徒、流、死）。措：废止。厘：治理，改正。⑬九门：天子宫廷内设九门，此处泛指宫门。四聪：能听到四面八方反映的人，指国君。聪，听觉灵敏。⑭皇风：朝廷的风气。⑮陟（zhì）之：提升他（坏人）。⑯三时：春、夏、秋三个农忙季节。⑰私心慆慆（tāotāo）：个人打算没完没了。⑱重瞳（tóng）：相传舜的眼睛有两个瞳仁，此处泛指皇帝的眼睛。屡回：时时回顾、注视。⑲隳（huī）：毁坏。⑳旅进旅退：随众人进退。旅，共同、一起。㉑棘寺：掌管司法的中央机构大理寺在宋代的别称。

【译文】老天默默无语,可是万物却能顺利而繁茂地生长,庄稼每年按时获得丰收,这是为什么呢?是因为掌管四季和五行的天官天吏在疏通运行它的元气啊。圣明的君王从不宣扬自己的德政,然而老百姓却甘愿亲附,普天下也能太平,这又是什么道理呢?是因为朝廷的最高长官在研讨治国之道,而六部的官员也分别履行了自己的职责,推广了君王的教化啊。由此便可以了解君王在上面安逸无为,而臣子在下面辛勤劳苦,是取法于天的缘故啊!自古以来善于辅佐国君治理天下的相才,从皋陶、后夔,到房玄龄、魏徵,是屈指可数的。他们不仅具有美好的德行,也都是尽力辛勤奉公的。况且早起晚睡,侍奉国君,百官还都这样做,更何况是宰相呢!

朝廷从建国初期,就因袭唐朝旧有的制度,在皇城丹凤门的右边设立了宰相的待漏院,表示要辛勤料理政事。当那宫殿望楼微见曙光,东方还没有大亮的时候,宰相已经起身赴朝,辉煌的灯光将皇城照耀得光亮通明。宰相的车驾来到,鸾铃发出清脆的声响。这时宫门还没有打开,玉壶里的更漏水还在不停地流滴。于是,宰相撤除车上的篷盖,下车后在待漏院里休息。在等候上朝的时刻,宰相大概是在考虑许多问题吧?

他或许想到:众多的百姓还没有过上太平的日子,应考虑怎样使他们得以安宁;边疆的异族还没有归附朝廷,想什么办法使得他们诚服、朝贡;战火还没有停息,用什么方法去平乱息兵;许多田地都荒芜了,怎样才能重新开垦、种植;贤明的人啊还屈身草野,我将要举荐重用他们;奸诈的小人正在朝做官掌权,我将要把他们罢免贬斥;阴晴、风雨、晦明这六气不能调和,灾祸接连发生,我情愿辞去相位来祈求上天消除灾殃;笞、杖、徒、流、死这五种刑罚运用不当,欺哄诈骗的行为天天发生,应请求皇上修明德化来把它整顿好。忧国忧民的心啊是这样不安,期待着天亮啊入宫上朝。宫门终于打开了,能耳听四方的国君就在近前。宰相说出了心里话,国君采纳了他的意见。国家的政治风气因此而清明平静,黎民百姓也因此而富裕安乐。如果能像这样,那么统领百官,享受优厚的俸禄,就不是侥幸得来,而是理应如此啊。

他或许想到:私仇还没报复,得设法将仇人赶走;旧日的恩情尚未报答,得想法使恩人荣耀;奴仆美女金玉丝绸,怎样才能搜刮到手;香车骏马古玩珍器,怎样才能巧取掠得;奸佞小人趋附我的权势,我就要尽力提拔他;正直的人敢于说真话顶撞我,我就要削除他的官职;春、夏、秋三季都有报告灾情的,皇上面露愁容,要编造花言巧语使他高兴;官员们滥用王法欺压百姓,君主听到了怨言,就要装出奉承的样子去讨好他。满脑子私念纷至沓来,坐在待漏院闭目养神。宫门已经打开,国君时时环顾四周。宰相进了谗言,国君受了迷惑。国家的政权因此衰败毁坏,国君的位置也因此而摇摇欲坠。如果像这样,那么死在牢中,充军到很远的地方,并不是运气不好啊,而是理应如此。

由此就可以看出,一个国家的政权,亿万人民的性命,都系在宰相的身上,能不小心谨慎吗?还有那种既没有好名声,也没有坏名声,跟着群臣一道上朝,又一起退朝,白白地占着宰相的位置,享受宰相的俸禄,只是滥充官数而一心想保全自家性命的宰相,也是没有什么可取的地方。大理寺的小官员王禹偁写出这篇文章,请求刻在待漏院的墙壁上,用来劝诫那些掌管国家大权的人。

【鉴赏】本文通过对大臣们在待漏院临朝前的不同心态的对比描写,颂扬了忧国忧民、敢于直谏的贤相,鞭挞了营私弄权、谄上欺下的奸臣,指责了窃据高位、碌碌无为的庸员,从而抒发了自己的政治抱负,明确指出要使国家清平、百姓富足,就只能任用一心为国为民、勤政谨慎的宰相。

首段从天道到圣人,从自然到社会,从宏观到微观,由远及近,以古论今,自问自答,步步深入,环环相扣,起笔便以"勤"字作为全篇立论的依据,给人以大气凛然、堂堂正正之感。接着紧扣"勤"字,简介待漏院的来历、作用,其中穿插了宰相入院待漏的动态、情景的细腻传神的描写,绘声绘色的细节刻画使这篇以议论为主的文章生动鲜活,毫无枯燥说教之感。第三段自然地引出"思"字,以之为线索,展开了丰富的联想。文中细致设想的贤相忧国忧民,寄寓了作者的愿望。第四段曲曲勾绘出权奸、庸臣丑恶阴暗的心态,表现了作者的疾恶如仇、憎爱分明。在第三、第四段中,作者分别用八个"之"字,将当时存在的各种社会问题和官场腐败现象作了精当的简述,给人以鞭辟入里、庄严整肃、高度概括、对比强烈之感。第五段总结说明一国的政治、万人的性命系在宰相一人之手,为相者务须小心谨慎。本段的"慎"字与起笔的"勤"字遥相呼应,使全文收得紧束周密。末句的风趣谦称点明自己为文的良苦用心,给人以余音缭绕之感。

细读本文,不难看出,尽管文章"似箴似铭""非骈非散"都继承了韩愈"文从字顺"的一面,具有平易晓畅、结构严密、条理清晰、逻辑性强等特色。作者在行文中既注意了句式的整饬,句法又根据内容的不同而有所变化,前后注意了对比、呼应,两相参照、妥帖配搭。

黄冈竹楼记

黄冈之地多竹,大者如椽,竹工破之,刳去其节[①],用代陶瓦。比屋皆然[②],以其价廉而工省也。

子城西北隅,雉堞圮毁,蓁莽荒秽[③]。因作小楼二间,与月波楼通[④]。远吞山光,平挹江濑,幽阒辽夐[⑤],不可具状。夏宜急雨,有瀑布声;冬宜密雪,有碎玉声。宜鼓琴,琴调虚畅;宜咏诗,诗韵清绝;宜围棋,子声丁丁然;宜投壶[⑥],矢声铮铮然:皆竹楼之所助也。

公退之暇,披鹤氅[⑦],戴华阳巾,手执《周易》一卷,焚香默坐,消遣世虑。江山之外,第见风帆沙鸟、烟云竹树而已。待其酒力醒,茶烟歇,送夕阳,迎素月,亦谪居之胜概也。

彼齐云、落星,高则高矣;井幹、丽谯[8],华则华矣。止于贮妓女,藏歌舞,非骚人之事,吾所不取。

吾闻竹工云:"竹之为瓦仅十稔[9],若重覆之得二十稔。"噫!吾以至道乙未岁自翰林出滁上,丙申移广陵,丁酉又入西掖,戊戌岁除日,有齐安之命,己亥闰三月到郡[10]。四年之间,奔走不暇,未知明年又在何处,岂惧竹楼之易朽乎?幸后之人与我同志,嗣而葺之[11],庶斯楼之不朽也。

【注释】①椽(chuán):架在桁条上铺设屋面板和瓦片的木条,俗称椽子。刳(kū):剖开,挖空。②比屋:挨家挨户。比,并列。③子城:大城所属的小城,如内城、月城。隅(yú):角落。雉堞(zhìdié):城墙上排列如齿状的矮墙。圮(pǐ)毁:坍塌,毁坏。蓁(zhēn)莽:丛树杂草。④月波楼:作者所建,在黄冈城西北角。⑤吞:吸纳,收入眼底之意。挹(yì):酌取,援引。江濑(lài):江上湍急的水流。幽阒(qù):幽僻静寂。辽敻(xiòng):辽阔遥远。⑥投壶:古代宴会时宾主相娱的游戏,宾主依次投矢在一个壶里,投中的罚未投中的喝酒。⑦鹤氅(chǎng):用鹙鸟羽毛制成的裘,魏晋时人曾穿。⑧齐云:唐代曹恭王所建楼名,后又叫飞云阁。落星:三国时孙权所建楼名,在建业(今江苏南京市)东北。井幹:汉武帝时建的楼名,高五十丈。丽谯(qiáo):魏武帝曹操所建楼名。⑨稔(rěn):一年。⑩至道乙未岁:宋太宗至道元年(995)。翰林:翰林学士院,掌管在内廷起草诏旨的官署。出滁(chú)上:作者因"谤讪朝廷"罪被贬谪为滁州刺史。丙申:至道二年(996)。广陵:扬州市。丁酉:至道三年(997)。西掖(yè):中书省,朝廷最高行政机关。作者任中书省刑部郎中、知制诰。戊戌岁:宋真宗咸平元年(998)。齐安:即黄州。己亥:咸平二年(999)。⑪嗣(sì)而葺(qì)之:继续修理竹楼。

【译文】黄冈一带有许多竹子,大的像椽子那么粗。竹匠将它剖开,削掉节疤,用来代替泥土烧制的瓦块盖房。挨家挨户都是这样,因为它价格便宜又省工。

小城的西北角上,矮墙毁坏,草木丛生,杂乱荒芜。于是我就地建起两间小竹楼,和月波楼相连接。登上小楼远眺,可以尽览西山风光,平视可以把江滩、碧波尽收眼底。那清幽静谧、辽阔绵远的景象,实在难以完全描述出来。夏天最适宜在这里欣赏急雨下注,人在楼上好像听见瀑布的轰响;冬天适宜在这儿静听密集的雪花飘落,好像碎琼乱玉的敲击声;这里适宜弹琴,琴声清虚和畅;这里适宜吟诗,声韵清雅绝妙;这里适宜下围棋,棋子落下叮叮动听;这里适宜做投壶游戏,箭声铮铮悦耳。这一切都是竹楼所助成的。

办完公事回家后的空闲时间,披上鸟羽编织的衣服,戴上道士头巾,手拿一卷《周易》,点燃香后静静地坐在楼上,能消除一切世俗的杂念。这里江山形胜以外,只见轻风扬帆,沙上禽鸟,云烟竹树一片罢了。等到酒醒之后,茶炉的烟火已经熄灭,送走落日,迎来皓月,这也是贬居生活中的一种佳景乐事。

那古代的齐云楼、落星楼,说高是够高的了;那井幹楼、丽谯楼,论华丽也算是非常华丽的了,可惜只是用来蓄养妓女,安顿歌儿舞女,供帝王们享乐罢了,那就不是风雅之士的所作所为,我是不羡慕的。

我听竹匠说:"竹制的瓦只能用十年,如果铺两层,就可以用二十年。"唉,我是在至道元年(995),由翰林院的学士被贬到滁州;至道二年(996),从滁州移守扬州;至道三年(997),又调回京城,重返中书省做官;咸平元年(998)除夕那天,接到贬谪齐安的命令,今年闰三月,我到了齐安郡。四年当中,不停地奔波,不知道明年我又将在什么地方,难道还怕竹楼容易朽坏吗?希望接任我的人和我志趣相同,继我爱楼之意而常常修缮它,那么这座竹楼就可以长久地保持完好而不会朽烂了。

【鉴赏】竹子虽是一种平凡植物,但它对于中华民族来说,却常常是作为一种人格力量和人格理想的象征物。千百年来,文人雅士爱以之吟诗作画,表现自己的狷介人格或隐逸意趣。本文作者在叙写新建竹楼和它给自己带来恬适宁静的生活中着意描写了竹楼之胜和江山烟云之妙;在将竹楼与历史上的四大名楼的对比中,作者衬托了象征自身的竹楼的高洁不俗,暗讽了象征朝廷的名楼外表高华却藏污纳垢;竹楼是作者自身的写照:地位虽卑下却拥有竹的清高与昂然自信。最后借竹工的话,引发了奔波不定的身世之叹,吐露了宦游遭贬的哀怨心声,隐隐透露出自己对屡遭打击的激愤不平。

通篇自始至终紧扣竹楼,行文质朴简练,语句长短错落,笔调轻快而又蕴藉,在叙写竹楼生活时由远及近、由虚而实,由视觉到听觉,连用排比和整齐的句式反复渲染,既富有清幽自然的诗情画意,又具有匀整重叠与和谐之美,排比中有变化,连用六个"宜"字而不觉呆板。在整齐的短句后又适当地继以单行长句,以之舒缓文气,给人以转承巧妙之感。难怪王安石认为"《竹楼记》胜《醉翁亭记》"。

李格非　生卒年不详,北宋著名学者,字文叔,山东济南章丘市明水镇人。幼聪俊,有司方以诗赋取士,他独用意于经学。神宗熙宁九年(1076)中进士。以文章受知于苏轼,与廖正一、李禧、董荣并列苏门,人称"后四学士"。元祐末为国子博士。绍圣初召他编元祐章奏,不就,忤执政意,出为广德军通判。不久召为校书郎,迁著作佐郎。崇宁元年入元祐党籍,其女李清照上诗赵挺之救父,未几,远谪岭外。终年六十一岁。他工于辞章,主张为文须有真情实感,即"文不可以苟作,诚不著焉,则不能工",要"字字如肺肝出"。除《洛阳名园记》外,其著述如《礼记说》等皆散佚。

书《洛阳名园记》后

洛阳处天下之中,挟殽、渑之阻,当秦、陇之襟喉,而赵、魏之走集[①],盖四方必争之地也。天下当无事则已,有事则洛阳必先受兵。予故尝曰:"洛阳之盛衰,天下治乱之候也[②]。"

方唐贞观、开元之间,公卿贵戚开馆列第于东都者,号千有馀邸[③]。及其乱离,继以五季之酷,其池塘竹树,兵车蹂践,废而为丘墟;高亭大榭[④],烟火焚燎,化而为灰烬。与唐共灭而俱亡者，无馀处矣。予故尝曰："园囿之兴废⑤，洛阳盛衰之候也。"

且天下之治乱，候于洛阳之盛衰而知；洛阳之盛衰，候于园囿之兴废而得。则《名园记》之作，予岂徒然哉？

呜呼！公卿大夫方进于朝，放乎一己之私意以自为，而忘天下之治忽⑥，欲退享此乐，得乎？唐之末路是矣。

【注释】 ①殽（xiáo）：山名，在今河南省洛宁县北，是函谷关的东端，地势险要。渑（miǎn）：古时的"九塞"之一，在今河南渑池县。秦、陇：秦，今陕西一带；陇，指今陕西西部和甘肃东部，因陇山而得名。赵、魏：赵，今河北省南部和山西省东部一带；魏，今河南省北部和山西省西南部一带。走集：原指边境上的堡垒，因往来必经而得名。此处指交通枢纽。②候：征兆、标志。③贞观：唐太宗李世民的年号（627—649）。开元：唐玄宗李隆基的年号（713—741）。东都：唐代建都长安，称洛阳为东都。邸（dǐ）：府邸，王侯贵官的住宅。④五季：五代，指唐朝以后的后梁、后唐、后晋、后汉、后周五个朝代。榭（xiè）：建在高土台上的敞屋。⑤囿（yòu）：畜养野兽的园林。⑥治忽：治乱。忽，荒怠，犹乱。

【译文】 洛阳位于全中国的中心，拥有崤山和渑池一带的险要地势，正堵着秦川和陇西的咽喉，又是赵、魏两国的往来要道，历来就是天下兵家必争的战略要地。全中国保持太平没有战事也就罢了；一旦有动乱，那么洛阳必定首先遭受兵灾。我因此说过："洛阳的兴旺或衰落，就是全中国太平或动乱的标志呀。"

在唐朝贞观、开元年间，朝廷高官和皇亲国戚在东都洛阳营造官邸的，号称有一千多家。等到唐朝政治发生变化，接着又遭受到五代战争的残酷破坏：洛阳的池塘、竹林、花树，在兵车的践踏下，变成了废墟；高耸的亭台、开阔的楼阁，在烈火浓烟中焚烧后，变成一堆堆灰烬。那些官邸同唐王朝一起烟消云散，没有一处完好地保存下来。我因此说过："园林花卉的繁盛或毁灭，就是洛阳的兴旺或衰落的标志啊。"

既然说全中国的太平或动乱，从洛阳地区的兴旺或衰落的迹象上可以看出来；而洛阳地区的兴旺或衰落，可以从当地馆阁园林的繁盛或毁灭的迹象上看出来，那么《洛阳名园记》的写作，我难道是徒劳无益、白费笔墨吗？

唉，达官显贵们正在朝廷上得意受宠时，大都放纵自己的私欲，任意而为，而把天下的治理与荒乱抛在一边。他们想在告老回家后安享园林之乐，办得到吗？有唐一代的没落之路就是前车之鉴啊！

【鉴赏】 洛阳园林在宋代号称天下第一。《洛阳名园记》记述了十九处洛阳名园，本篇是记述这些名园后的总结。作者由洛阳名园的兴废看到洛阳全城的盛衰，又从洛阳的盛衰看到天下的治乱，同时还从公卿大夫放意乎园林的佚乐生活"以小及大""见微知著"，看出他们必将没落的命运。通篇行文简洁、论事精辟，采用由小见大、"因典型而明全局"的论证角度和逐层严密推理的方法；卒章显志，明确亮出真正的写作意图：借古鉴今，批判现实。其笔力"陵轹直前"，笔端饱含感情，"警世”的语气极为严厉深沉，具有很强的逻辑说服力和现实针对性。李格非能在号称“太平盛世”的北宋中期尖锐地揭露掩盖在表面繁荣下严重的社会危机，预见到达官显贵的放纵享乐必将导致亡国，而后的“靖康之乱”即使人惊叹其识见之深远和文笔的犀利。南宋初流落江南的洛阳士人邵博重读此文后，曾为之痛哭流涕，并在其《闻见后录》中特意重录此记，由此可见其影响之大。

范仲淹(989—1052)，字希文，苏州吴县(今江苏苏州市)人，北宋初期著名的政治家、文学家。幼年丧父，发奋读书。宋真宗祥符八年进士，官至枢密副使、参知政事。政治上他要求简省官员，改革任官制度，注意农桑，修整武备，减轻徭役等。曾与富弼、韩琦一道，共同推行一系列改革，史称“庆历新政”。因遭到守旧派的反对，没能实行。后出任陕西路安抚使等职，镇守西北边境，抵御西夏的侵扰，为官清正，关心国计民生。著有《范文正公集》。

严先生祠堂记

先生，光武之故人也①。相尚以道②。及帝握《赤符》，乘六龙，得圣人之时，臣妾亿兆③，天下孰加焉？惟先生以节高之。既而动星象，归江湖，得圣人之清，泥涂轩冕④，天下孰加焉？惟光武以礼下之。

在《蛊》之《上九》：“众方有为，而独不事王侯，高尚其事⑤。”先生以之。在《屯》之《初九》：“阳德方亨，而能以贵下贱，大得民也⑥。”光武以之。盖先生之心，出乎日月之上；光武之量，包乎天地之外。微先生，不能成光武之大；微光武，岂能遂先生之高哉⑦？而使贪夫廉，懦夫立，是大有功于名教也⑧。

仲淹来守是邦⑨，始构堂而奠焉。乃复为其后者四家⑩，以奉祠事。又从而歌曰：“云山苍苍，江水泱泱⑪。先生之风⑫，山高水长！”

【注释】①先生：严先生，严光，字子陵，一名遵，东汉余姚(今浙江余姚市)人。曾与汉光武帝刘秀同学。刘秀即帝位后，他改名隐居。后召进京城，授他为谏议大夫。他不肯接受，又回富春山，靠耕钓为生。他耕钓过的地方叫严陵山、严陵濑、严陵钓坛。光武：即刘秀，出身皇族。西汉末王莽篡汉，义军纷起。他起兵加入绿林起义军，逐渐扩大自己的势力，于公元25年即帝位，史称东汉。②尚：尊重。③《赤符》：即《赤伏符》。据载，刘秀军至鄗(hào)地(今河北柏乡县北)，儒生强华从关中来献《赤伏符》。《赤伏符》大意是，刘秀起兵伐王莽，正合恢复汉朝的日子。于是刘秀就自立为皇帝。赤符，是用隐语来记录征兆的迷信文书。乘六龙：《易经·乾》卦：“时乘六龙以御天。”意思是乘着六爻(yáo)的阳气来控御天下。《易经》以六十四卦为目，每卦由六条或单或双的横画组成，“—”是阳爻，“− −”是阴爻。这六条横画称六爻。“乾”是六十四卦的第一卦，它的六爻都是阳爻，古人比之为六龙。圣人之时：指圣人在位的时候。臣妾：西周、春秋时，男奴隶叫臣，女奴隶叫妾，这里指皇帝的臣民。亿兆：古时十万为亿，十亿为兆。泛指多。④动星象：古代迷信，常把星象与人事相附会。据载，刘秀和严光一起睡觉，严光把脚伸到刘秀的肚子上，天上就出现客星犯帝座星的现象。第二天观察天象的太史来报告，刘秀笑道："这是我和老朋友严子陵睡在一起的缘故。"归江湖：指严光不肯接受谏议大夫官职，归隐富春山。轩冕：本指古时大官坐的车和戴的帽，此借指官爵或者显贵身份。⑤《蛊》(gǔ)之《上九》："蛊"是《周易》的卦名。《上九》是该卦的第六爻中的阳爻。前五爻象辞显示整治其事的意思，只有第六爻象辞说"不事王侯，高尚其事"，表示独善其身。⑥《屯》(zhūn)之《初九》："屯"是《周易》的卦名，《初九》是该卦的第一爻中的阳爻。初九爻的象辞"以贵下贱，大得民也"，表示"能以贤下人，深得民心"。⑦微：无。遂：实现。⑧名教：封建社会的礼仪教化。⑨是邦：指严州，治所在今浙江省桐庐县。⑩复：免除徭役。后：后代。⑪泱泱(yāngyāng)：水深广的样子。⑫风：品德。

【译文】先生，是光武帝的老朋友。他们以道义相互尊重。等到光武帝握住《赤符》，乘着六龙的阳气，获得了圣人在位的时机，做了皇帝，有着亿万的臣民，天下有哪一个能超过他呢？只有先生凭节操来高出他。后来先生惊动了天上的星象，归隐到富春山，达到了圣人那样自然清静的境界，把官爵显贵视如泥土一般，天下有哪一个能超过他呢？只有光武帝能用礼节来对待他。

在《蛊》卦的上九爻说："当人们有所作为的时候，有人独不愿服侍王侯，以使自己的气节更高尚。"先生正是这样的。在《屯》卦的初九爻说："有的人阳气正通，却能谦虚地对待地位低下的人，是深得民心的。"光武帝正是这样的。可以说先生的胸怀比日月还高；光武帝的气量，比天地还要宏大。没有先生，就不能成就光武帝的宏大气量；没有光武帝，难道能实现先生高尚的心愿吗？先生的为人，使贪婪的人转变为廉洁，胆怯的人变得意志坚强，这对于维护礼仪教化是有很大功劳的。

我到这个地方任职，才开始修建祠堂来祭奠先生。于是免除了先生后代的四户人家的徭役，让他们负责祠堂祭祀的事。随后我又写了一首歌来赞颂先生："云山青青，江水深广。先生的好品德，比山还高，比水还长！"

【鉴赏】作者在严光的故乡任职时，专门为严光修造了祠堂，并为祠堂作记。"相尚以道"是全文的核心，文章处处将严光与光武帝并列，写光武帝"以礼下之"，礼贤下士，有宏大的气量，实际上写出了严光"以节高之"，鄙视显贵，为人高洁的气节。文章隐隐地批评了当时社会钻营官场、追求名利，贪污腐化的恶习；赞颂了严光不慕富贵、不图名利，视官爵如泥土的高尚品德；也赞扬了光武帝能以礼待人的优良作风。

文章结构精巧，虚实结合，以虚衬实，相得益彰。

岳阳楼记[①]

庆历四年春，滕子京谪守巴陵郡[②]。越明年，政通人和，百废具兴。乃重修岳阳楼，增其旧制，刻唐贤、今人诗赋于其上，属予作文以记之[③]。

予观夫巴陵胜状[④]，在洞庭一湖。衔远山，吞长江，浩浩汤汤[⑤]，横无际涯。

朝晖夕阴,气象万千,此则岳阳楼之大观也,前人之述备矣。然则北通巫峡,南极潇湘,迁客骚人⑥,多会于此,览物之情,得无异乎?

若夫霪雨霏霏,连月不开;阴风怒号,浊浪排空;日星隐曜,山岳潜形;商旅不行,樯倾楫摧⑦;薄暮冥冥,虎啸猿啼。登斯楼也,则有去国怀乡,忧谗畏讥,满目萧然⑧,感极而悲者矣。

至若春和景明,波澜不惊;上下天光,一碧万顷;沙鸥翔集,锦鳞游泳;岸芷汀兰⑨,郁郁青青。而或长烟一空,皓月千里;浮光跃金,静影沉璧⑩;渔歌互答,此乐何极!登斯楼也,则有心旷神怡,宠辱皆忘,把酒临风,其喜洋洋者矣。

嗟夫!予尝求古仁人之心,或异二者之为,何哉?不以物喜,不以己悲。居庙堂之高,则忧其民;处江湖之远⑪,则忧其君。是进亦忧,退亦忧。然则何时而乐耶?其必曰"先天下之忧而忧,后天下之乐而乐"乎?噫!微斯人,吾谁与归⑫!

【注释】①岳阳楼:在今湖南省岳阳市洞庭湖边。传为唐朝开元年间修建。②庆历四年:北宋仁宗庆历四年,即公元1044年。滕子京:名宗谅,河南(今河南洛阳市)人。和范仲淹是同年进士,在镇守庆州(今甘肃庆阳)时,被人诬告私用官钱,被降职,后又贬为岳州知州。谪(zhé):古时官员降职调任外官或犯罪流放。巴陵郡:岳州郡。宋废郡称州,此沿袭宋以前的称呼。③属(zhǔ):通"嘱",嘱托。④胜状:胜景,美好的景色。⑤衔:用嘴含。洞庭湖中小岛甚多,数君山最著名,湖水绕山,故用"衔"。吞:洞庭湖北入长江,故用"吞"。汤汤(shāngshāng):水流急的样子。⑥巫峡:长江三峡之一,在湖北巴东县西、巫山县境内。潇湘:潇水和湘水,二水合流后又向北流入洞庭湖。迁客:降职降官的人。骚人:诗人。屈原被逐作长诗《离骚》,后世即称诗人为骚人。⑦樯(qiáng):桅杆。楫(jí):船桨。⑧国:指京城。萧然:凄凉萧条的样子。⑨锦鳞:美丽的鱼。芷:香草名称。汀(tīng):水中小洲或水边平地。⑩沉璧:沉在水中的玉璧。用玉璧比喻月亮。⑪庙堂:宗庙、明堂,古时帝王祭祀的地方,借指朝廷。江湖:意贬谪在外或在野不为官。⑫微:假如没有。斯人:这样的人,指仁人。谁与归:即"与谁归"。归,同道。

【译文】庆历四年(1044)的春季,滕子京被贬职为巴陵郡太守。到了第二年,政事推行畅通,百姓和睦,各种废弛的事业都兴办起来了。于是重新修造岳阳楼,扩大了旧有的规模,把唐朝和当代名人的诗赋刻在楼上,嘱托我写篇文章记叙这件事。

我看巴陵郡的美好景色,就集中在洞庭湖。它连接着远山,吞吐着长江,湖水浩浩荡荡,宽广得没有边际。早晨的阳光和傍晚的夕照,气象千变万化,这就是岳阳楼雄伟壮丽的景象,前人的描述十分详尽了,既然这样,那么它的北面通向巫峡,往南直达潇水和湘水,那些降职降官的人和吟诗作赋的文人,很多相会在这里。他们观赏自然景色的感受,能没有不同吗?

当那久雨的季节,细雨绵绵,一连几个月也不放晴,阴冷的风狂叫着,浑浊的浪涛直扑到天空,太阳和星星都隐没了光辉,山也潜藏起形迹;桅杆被风刮倒,船桨被折断,商人和旅客都不能通行了;傍晚时天色昏暗,只听见老虎的吼叫和猿猴的悲啼。这时登上岳阳楼,便会感到远离京城,怀念家乡,担忧诽谤,怕人讥笑,满眼的凄凉萧条，感慨到极点而十分悲伤。

至于和煦的春天，景色明媚，湖上波平如镜，天光和水色相互辉映，一片碧绿的颜色，非常广阔；沙鸥时而飞翔时而聚止，美丽的鱼儿在水里自由地游来游去，岸边的芷草和沙洲上的兰花，香气浓郁，生长茂盛。有时候长空云雾完全消失，皎洁的月光一泻千里，湖面闪动着耀眼的金色光辉，月影映在静静的水中，像沉在水中的玉璧。渔民的歌声互相应答着，这样的乐趣真是没有穷尽的啊！在这个时候登上岳阳楼，就会心胸开阔、精神愉快，荣宠和屈辱全都忘掉了，对着清风畅快地饮酒，高兴而得意扬扬的了。

唉！我曾经探求过古时候品德高尚的人的心，或许有不同于这两种思想感情，这是什么缘故呢？这是因为他们不因景物的优美而喜悦，也不因个人的失意而悲伤。处在朝廷的高官显位，便为百姓忧虑；处在僻远的江湖村野，便为君主忧虑。这样入朝做官要担忧，不做官也要担忧。那么到什么时候才能快乐呢？他们一定会说"在天下人担忧之前先担忧，在天下人都快乐之后才快乐"吧！唉，假如没有这样的人，我能和谁同道呢！

【鉴赏】 本文作于"庆历六年九月十五日"，《范文正公集》中本文最后还有这句。时值"庆历新政"失败，作者被贬谪，居远州。但作者胸怀宽广，志向远大，因此写作《岳阳楼记》，写景是虚，而着重在通过写景来阐发议论。他对那些"迁客骚人"只囿于个人狭窄圈子的思想感情作了批评，鲜明地提出"不以物喜，不以己悲""先天下之忧而忧，后天下之乐而乐"的正确人生态度，这对于当时以及后世的有志之士有很大影响，到现在仍然具有深深的启迪。

文章分叙事、写景、议论三部分，事、景、论紧密结合，立意高远，语言简练生动，骈散融合，富有韵味和诗意，是古今传诵的名文。

司马光（1019—1086），北宋著名史学家，字君实，陕州夏县（今属山西省涑水乡）人。世称涑水先生。宋仁宗宝元初年中进士，后任天章阁待制兼侍讲知谏院。治平三年（1066）撰成《通鉴》八卷上进，英宗时设局续修，神宗时赐书名为《资治通鉴》。王安石行新政，他竭力反对，神宗不从其议，任为枢密副使，坚辞不就，后出知永州军。次年退居洛阳，续撰《资治通鉴》，元丰七年（1084）成书。次年哲宗即位，太后听政，入京主国政。元祐元年（1086）任尚书左仆射，兼门下侍郎，废新法，为相八月病死。追封温国公，谥为"文正"。著有《司马文正公集》《稽古录》《涑水纪闻》等。

谏院题名记[①]

古者谏无官，自公、卿、大夫至于工、商，无不得谏者。汉兴以来，始置官。夫以天下之政，四海之众，得失利病，萃于一官使言之，其为任亦重矣。居是官者，当志其大，舍其细，先其急，后其缓，专利国家而不为身谋。彼汲汲于名者，犹汲汲于利也，其间相去何远哉！

天禧初，真宗诏置谏官六员[②]，责其职事。庆历中[③]，钱君始书其名于版。光恐久而漫灭，嘉祐八年[④]，刻著于石。后之人将历指其名而议之曰："某也忠，某也诈，某也直，某也曲。"呜呼！可不惧哉！

【注释】 ①谏院：用言语规劝人叫谏，后专指臣子对皇帝的规劝。汉代开始设谏议大夫，隶属光禄勋；唐代谏官分属门下、中书二省。宋仁宗时才设置谏院，是谏官供职的官署。②天禧：宋真宗的年号（1017—1021）。谏官六员：宋初谏官称为左、右司谏，左、右谏议大夫，左、右正言。真宗时并入谏院，以左、右谏议大夫为长官，共有六名官员。③庆历：宋仁宗的年号（1041—1048）。④嘉祐：宋仁宗最末一个年号（1056—1063）。

【译文】 古时候向君王进谏没有专职官员，从朝廷的公卿大夫，到下面的工匠商贾，没有不可以进谏的。汉朝建立以来，才开始设置专门的谏官。把关系到国家大政方略和广大民众的得失利弊，集中到一名官员身上让他向君王进言，他担负的责任是够重大的了。担任这种官职的人，应该经常察记大事，舍弃细节，先谈紧急的要务，后言可以缓办的公事，只求有利于国家而不为个人谋私利。那些一心为个人争名的人，也就是一心为个人谋私利的人。这种人和对谏官的要求相差是多么远啊！

天禧初年，真宗皇帝下发命令设置六名谏官，明确地规定了他们专负进言的职责。庆历年间，钱先生才把所有谏官的名字题写在版册上。我怕年深日久了字迹会消失，因而在嘉祐八年，又把谏官之名刻在石碑上。后代的人将挨个儿指着上面的名字评论他们说："某人忠诚，某人奸诈，某人正直，某人不公正。"啊，能不使人害怕吗？

【鉴赏】 欧阳修在景祐三年（1036）写了《与高司谏书》，痛斥了身为"耳目之官"（指谏官）的高若讷"惜官位，惧饥寒而顾利禄"，以至"不复知人间有羞耻事"。二十七载后的嘉祐八年（1063），司马光在知谏院任上写出这篇杂记可谓有感而发，阐明了谏官责任的重大及应具的品德，确有其现实意义。全篇两段，仅一百六十余字，起笔突兀，引人注目；收笔凛然，警策动人；议论周详无遗，记叙简洁利落。首段从"无（谏）官"到"置（谏）官"，追述了谏官的来历，说明了它在历史上的重要地位，接着从方法和品德两方面来阐述谏官应怎样尽职尽责。次段以天禧、庆历、嘉祐三个年号冠头，把设置谏官、谏院题名、易版为石这三件事交代得一清二楚，短短四十个字，时间跨度却有四十多年，既做到面面俱到，又惜墨如金。通篇议论风生、感情充沛、曲折多变、文意丰厚。

钱公辅(1023—1074),字君倚,常州武进(今江苏武进区)人。仁宗时中进士,曾任知州等地方官,后官至天章阁待制。英宗即位,曾献治平十议,主张政治改良。因得罪权贵,两次被贬谪。

义田记

范文正公①,苏人也。平生好施与,择其亲而贫、疏而贤者,咸施之。方贵显时,置负郭常稔之田千亩②,号曰“义田”,以养济群族之人。日有食,岁有衣,嫁娶凶葬皆有赡③。择族之长而贤者主其计④,而时共出纳焉。日食,人一升,岁衣,人一缣⑤。嫁女者五十千,再嫁者三十千。娶妇者三十千,再娶者十五千。葬者如再嫁之数,葬幼者十千。族之聚者九十口,岁入给稻八百斛⑥。以其所入,给其所聚,沛然有馀而无穷⑦。屏而家居俟代者,与焉;仕而居官者,罢莫给。此其大较也⑧。

初,公之未贵显也,尝有志于是矣,而力未逮者二十年。既而为西帅,及参大政⑨,于是始有禄赐之入,而终其志。公既殁,后世子孙修其业,承其志,如公之存也。公虽位充禄厚,而贫终其身,殁之日,身无以为敛,子无以为丧,惟以施贫活族之义,遗其子而已。

昔晏平仲敝车羸马,桓子曰⑩:“是隐君之赐也。”晏子曰:“自臣之贵,父之族无不乘车者,母之族无不足于衣食者,妻之族无冻馁者,齐国之士待臣而举火者三百馀人。如此,而为隐君之赐乎?彰君之赐乎?”于是,齐侯以晏子之觞而觞桓子⑪。

予尝爱晏子好仁,齐侯知贤,而桓子服义也。又爱晏子之仁有等级,而言有次第也。先父族,次母族,次妻族,而后及其疏远之贤。孟子曰⑫:“亲亲而仁民,仁民而爱物。”晏子为近之。今观文正公之义田,贤于平仲,其规模远举,又疑过之。

呜呼!世之都三公位,享万钟禄,其邸第之雄、车舆之饰、声色之多、妻孥之富⑬,止乎一己而已,而族之人不得其门者,岂少也哉?况于施贤乎?其下为卿,为大夫,为士,廪稍之充,奉养之厚,止乎一己而已,而族之人操壶瓢为沟中瘠者⑭,又岂少哉?况于他人乎?是皆公之罪人也。

公之忠义满朝廷,事业满边隅,功名满天下,后世必有史官书之者,予可无录也。独高其义,因以遗其世云。

【注释】 ①范文正公:即范仲淹,字希文,北宋初期著名的政治家、文学家,官至参知政事。“文正”是他死后的谥号。②负郭:靠近外城。负,背靠。郭,在城外围所筑的一道城墙,叫外城。常稔(rěn):常熟,即年年有好收成。稔,庄稼成熟。③赡(shàn):供给。④计:计簿,账目。⑤缣

(jiān):细绢。一缣,即一匹绢。⑥斛(hú):计量单位,北宋时十斗为一斛。⑦沛然:充足的样子。⑧屏(bǐng):退隐。较:概略。⑨为西帅:指范仲淹出任陕西经略安抚招讨副使等职,镇守西北边境。参大政:参与国政。范仲淹曾任枢密副使,参知政事,是为宰臣。⑩晏平仲:名婴,春秋时齐国大夫、相臣。敝:破旧。羸(léi):瘦。桓子:姓田,名无宇,春秋时齐国大夫。"桓子"是他死后的谥号。⑪齐侯:指齐景公。晏子之觞(shāng)而觞桓子:前一个"觞",作名词,酒。后一个"觞",作动词,罚酒。⑫孟子:名轲,字子舆,战国时邹人,思想家、政治家,孔子学说的继承人。⑬三公:汉朝以丞相、太尉、御史大夫,称为三公,以后泛指居高位的官员。万钟禄:指俸禄优厚。钟,古代的一种量器,可盛酒或粮食,此作计量单位。声色:歌舞、女色。孥(nú):儿女。⑭廪(lǐn)稍:粮仓,指官府发给的粮食。壶瓢:葫芦做的瓢。壶,通"瓠",即葫芦。瘠(jí):瘦弱,指病死、饿死。

【译文】 范文正公,是苏州人。他一生乐于施舍,选择亲人中穷困的人或关系虽然疏远而有才德的人,都周济他们。当他刚做高官的时候,便买了靠近外城能常年丰收的良田一千亩,叫作"义田",用它来养活、周济众多同族的人。使他们每天有饭吃,每年有衣穿,嫁女儿、娶妻子、受灾祸、安葬等等都有供给。选择族中年纪大而又贤能的人主管义田的账目,按期公布支出和收入的情况。粮食每天每人给一升,衣服每年每人给一匹绢。嫁女儿的给钱五十千,再嫁的给钱三十千。娶妻的给钱三十千,再娶的给钱十五千。安葬死人的钱同再嫁人的钱是一样的数目,埋葬孩子给钱十千。同族住在一起的满了九十人,每年收粮食时,给稻谷八百斛。拿这些收入,供给同族住在一起的人,非常充足有余而不会欠缺。退隐回家等待任用的人也供给,做官有职位的停止供给,这就是"义田"的大概情况。

当初,范文正公还没有做高官的时候,就曾经有志于这件事了,可是力量上不能达到,这样过了二十年。后来他做了西北边境的军事统帅,并参与国政,于是才有了俸禄和赏赐的收入,终于实现了他的志向。他逝世后,后代子孙继续完成他的事业,继承他的遗志,像范文正公活着时一样。范文正公虽然官高俸禄优厚,然而他自己终身安于清贫,死时,遗体没有好衣服装殓,儿子也没有钱办好丧事,他只是把救济贫穷、周济亲族的道义留传给他的子孙罢了。

从前,晏平仲乘用破旧的车和瘦弱的马,桓子说:"这是隐瞒了君主给他的赏赐。"晏子回答说:"自从我做了大官,父亲一族没有不乘车的,母亲一族没有衣食不富足的,妻子一族没有挨冻受饿的,齐国的士人等待我的接济才能生火做饭的有三百多人,像这样,是隐瞒了君主的赏赐呢,还是显扬了君主的赏赐呢?"于是齐侯就拿晏子的酒来罚桓子喝。

我曾爱晏子喜好仁德,齐侯赏识贤才,桓子服从大义。又爱晏子的仁德有等级,说话有次序:先是父族,其次是母族,再其次是妻族,然后才说到那些关系疏远的贤人。孟子说:"亲近亲人就仁爱百姓,仁爱百姓就能爱惜万物。"晏子的行事是近于这话了。现在看范文正公的"义田"这件事情,比晏子更贤德,那规模的远大恐怕超过了晏子。

唉!世上身居三公高位的人,享受着优厚的俸禄,他们的住宅雄伟、车轿华丽、歌舞女色众多、妻子儿女富有,不过在一个人享用罢了,可是他们族里的人不能进他们大门的,难道少吗?何况施舍给关系疏远的贤人呢!其次那些做卿、做大夫、做一般官的人,官粮充足,俸禄优厚,也不过在一个人享用罢了,可是他们族里的人拿着葫芦瓢乞讨、病死饿死在沟中的,难道还少吗?何况对待其他的人呢!这些在范文正公面前都是罪人。

范文正公的忠义传遍了朝廷,功业遍布边疆,功名传遍天下,后世一定有史官记录的,我可以不记录了。只是推崇他的道义,因此就记下来留传给后代。

【鉴赏】本文记叙了"义田"的概略情况,显出了范仲淹年轻时的志向。他位崇禄厚时,大力实施"施贫活族"的行动,表现出他同情贫苦人民,积极为他们办实事的精神。但兴办"义田",不过是缓和一些贫富不均的矛盾,要改善人民的境遇,其实是不可能真正实现的。作者不仅仅只是赞美范仲淹,更重要的是呼吁达官贵人们应效法范仲淹,做一些有利于百姓的事情。

全文以对比叙议,一是范仲淹自身的清贫与族人受到救济而生活安定的对比;二是与晏子的对比,正面衬托;三是与一毛不拔的士大夫对比,从反面衬托。通过对比,范仲淹实施"义田"的高尚品德卓然可见。

李觏(1009—1059),北宋思想家。字泰伯,南城(今江西南城县)人。哲学家。家贫好学,初在乡里教学,颇有名气,被称为"盱(xū)江先生",后经范仲淹推举为太学助教、直讲。著有《盱江文集》,又称《直讲李先生文集》。

袁州州学记①

皇帝二十有三年,制诏州县立学②。惟时守令,有哲有愚③。有屈力殚虑,祗顺德意④;有假官借师,苟具文书。或连数城,亡诵弦声⑤。倡而不和,教尼不行⑥。

三十有二年,范阳祖君无择知袁州⑦。始至,进诸生,知学宫阙状,大惧人材放失,儒效阔疏,亡以称上意旨⑧。通判颍川陈君侁⑨,闻而是之,议以克合。相旧夫子庙⑩,狭隘不足改为,乃营治之东。厥土燥则,厥位面阳,厥材孔良。殿堂门庑,黝垩丹漆,举以法⑪。故生师有舍,庖廪有次,百尔器备⑫,并手偕作。工善吏勤,晨夜展力,越明年成。

舍菜且有日,盱江李觏谂于众曰⑬:"惟四代之学⑭,考诸经可见已。秦以山西鏖六国,欲帝万世,刘氏一呼⑮,而关门不守,武夫健将,卖降恐后,何耶?诗书之道废,人惟见利而不闻义焉耳。孝武乘丰富,世祖出戎行,皆孳孳学术,俗化之厚,延于灵、献⑯。草茅危言者⑰,折首而不悔。功烈震主者,闻命而释兵。群雄相视,不敢去臣位，尚数十年。教道之结人心如此。今代遭圣神，尔袁得圣君，俾尔由庠序[18]，践古人之迹。天下治，则谭礼乐以陶吾民；一有不幸，尤当仗大节，为臣死忠，为子死孝。使人有所赖，且有所法。是惟朝家教学之意[19]。若其弄笔墨以徼利达而已[20]，岂徒二三子之羞，抑亦为国者之忧。”

【注释】①袁州：治所在今江西省宜春市。州学：州办的学馆。②皇帝：指宋仁宗。皇帝二十有三年指宋仁宗庆历五年（1045）。制诏：皇帝颁发的命令。③守令：太守、县令。哲：聪明。④屈力：尽力。祇（zhī）：恭敬。⑤亡（wú）：同“无”。诵弦：古时读诗可配音乐诵读，有的只是口诵的。泛指读书。⑥教：教化。尼：阻止。⑦三十有二年：宋仁宗三十二年（1054）。范阳：今河北省涿州市。祖君无择：即祖无择，字择之，上蔡（今河南上蔡县）人，进士。做地方官时，积极兴办教育。⑧称：符合。⑨通判：官名，地位略次于州府长官。颍川：今河南许昌市。陈侁（shēn）：福州长乐（今福建省长乐市）人，进士。⑩相：察看。夫子庙：即孔庙。⑪庑（wǔ）：堂下的廊屋。垩（è）：白色土，指白色。丹漆：红漆。举：全部。法：规定。⑫百尔：一切。百，言多。⑬舍（shì）菜：舍，通“释”，陈设；菜，指芹藻类菜疏。古代学堂开学时，用芹藻之类的菜疏祭祀先圣先师的典礼仪式。谂（shěn）：告诉。⑭四代：虞、夏、商、周。⑮山西：崤山以西，当时秦国的所在地。六国：指战国时期函谷关以东的韩、魏、赵、齐、楚、燕六个国家。刘氏：指西汉开国皇帝刘邦。⑯孝武：指汉武帝刘彻。世祖：指东汉光武帝刘秀。孳（zī）孳：同“孜孜”。努力不懈。灵、献：指东汉末灵帝刘宏、献帝刘协。⑰草茅：指在野无官职的人。危言：直言。⑱庠（xiáng）序：学堂。夏代称学堂为校，商代称庠，周代称序。⑲朝家：朝廷。⑳徼：通“邀”，谋求。

【译文】宋仁宗即位二十三年，颁发命令，命各州县设立学馆。那时的太守、县令，有聪明的，也有昏庸的。有的尽心尽力，恭敬地遵从皇上的恩德旨意办事；有的空设学官，假借教化，马虎地写个奉诏文书，应付了事。有的接连几座县城，没有一点读书的声音。皇上在倡导，可是官员在下面不响应，教化受到阻碍，不能顺利推行。

仁宗三十二年（1053），范阳人祖无择来做袁州的知州。他刚上任，就召集儒生们，了解到学馆残缺败坏的情况。他很怕人才荒废散失，儒学的功效会日益淡漠，不能符合皇上的旨意。通判官颍川人陈侁，听说后认为的确是这样，他们的意见能相合一处。于是察看了旧夫子庙，那里狭窄，不宜改建成学馆，便在州府的东面建造新学馆。那地方的土质干燥坚固，那地方的地势向阳，要用的建筑材料都很好。学馆的殿堂、大门、廊屋，涂抹成黑色、白色、红色等各种颜色，全部都按规矩做。因此学生和老师都有各自的房屋，厨房和仓库排列有序，一切器具都准备好了，大家动手一齐操作。因工匠技术好，主管官员勤快，昼夜尽力工作，到第二年学馆就建好了。

举行开学祭祀先圣先师的日子要到了，盱江人李觏告诉大家说：“虞、夏、商、周四个朝代的办学情况，查考各种经书就可以知道了。秦国凭借崤山以西的力量，和六国激烈战斗，想万代称帝，然而刘邦一声号召，函谷关就守不住了，秦国的强兵健将，投降时唯恐落后，这是什么原因呢？这是因为诗书的道义久已废弃了，人们只看得见私利而不懂得道义。汉武帝即位于国家富足之时，东汉光武帝出身行伍，却都努力不懈地推行儒家学说，风俗教化的醇厚，一直延续到东汉灵帝、献帝的时候。那时身居草野却敢于直言的人，即便被杀头也不会后悔。功绩显赫使皇上不安的人，也都能一听到命令就交出兵权。割据称霸的各路群雄互相观望着，不敢丢去臣子的地位，还经历了几十年。教化团结人心到了这样的程度。今天这个时代遇到了圣明的皇帝，你们袁州得到了贤明的长官，使你们通过学馆的学习以沿着古人的足迹前进。天下太平，就讲习礼乐用以陶冶我们的百姓，一旦发生变故，尤其应该坚守道义节操，做臣子的要为皇上尽忠而死，做儿子的要为父亲尽孝而死，使得人们有所取法，并且有所信赖，这就是朝廷兴教立说的根本用意。如果只是玩弄笔墨用来谋求富贵官爵，这难道只是你们几个人的羞耻？也还是治理国家的人的忧患。"

【鉴赏】本文记叙了袁州学馆建立的经过，大力称赞了有儒家思想、刚上任的袁州知州和通判官齐心合力办学的行动。紧接着举证历史上强秦遽亡汉朝兴盛的故事，深刻地说明兴教立学的重要性：可以"结人心"。尤其是"一有不幸"，"为臣死忠，为子死孝。使人有所赖，且有所法"，效果是那样的显著。由此可以看出儒家学说对人心的影响十分巨大，兴办儒学就是非常重要的事了。

文章结合秦汉两代的教训与经验进行对比论述，有说服力。语言平实，行文简洁，颇有深意。

欧阳修(1007—1072)，字永叔，号醉翁，又号六一居士。吉州庐陵(今江西吉安县)人。父亲去世早，家贫无依，发奋读书。二十四岁中进士，官至枢密副使，参知政事，死后谥"文忠"。他是北宋文学革新运动的领袖，在散文、诗词和文学批评上有很高成就，为唐宋八大家之一。对古代散文的发展有着深刻的影响。他积极参加政治改革运动，但屡遭保守派的打击。著有《欧阳文忠公集》等。

朋党论

臣闻朋党之说，自古有之，惟幸人君辨其君子小人而已[①]。大凡君子与君子，以同道为朋[②]；小人与小人，以同利为朋。此自然之理也。

然臣谓小人无朋，惟君子则有之。其故何哉？小人所好者，利禄也；所贪者，货财也。当其同利之时，暂相党引以为朋者[③]，伪也；及其见利而争先，或利尽而交疏，则反相贼害，虽其兄弟亲戚，不能相保。故臣谓小人无朋，其暂为朋者，伪也。君子则不然，所守者道义，所行者忠信，所惜者名节。以之修身，则同道而相益；以之事国，则同心而共济，始终如一，此君子之朋也。故为人君者，但当退小人之伪朋，用君子之真朋，则天下治矣。

尧之时，小人共工、驩兜等四人为一朋，君子八元、八恺十六人为一朋[④]。

舜佐尧[⑤]，退四凶小人之朋，而进元、恺君子之朋，尧之天下大治。及舜自为天子，而皋、夔、稷、契等二十二人并立于朝[⑥]，更相称美，更相推让，凡二十二人为一朋，而舜皆用之，天下亦大治。

《书》曰："纣有臣亿万[⑦]，惟亿万心；周有臣三千，惟一心。"纣之时，亿万人各异心，可谓不为朋矣，然纣以亡国。周武王之臣，三千人为一大朋，而周用以兴。后汉献帝时，尽取天下名士囚禁之[⑧]，目为党人。及黄巾贼起[⑨]，汉室大乱，后方悔悟，尽解党人而释之，然已无救矣。唐之晚年，渐起朋党之论[⑩]。及昭宗时，尽杀朝之名士，或投之黄河，曰："此辈清流，可投浊流[⑪]。"而唐遂亡矣。

夫前世之主，能使人人异心不为朋，莫如纣；能禁绝善人为朋，莫如汉献帝；能诛戮清流之朋，莫如唐昭宗之世，然皆乱亡其国。更相称美、推让而不自疑，莫如舜之二十二臣，舜亦不疑而皆用之；然而后世不诮舜为二十二人朋党所欺[⑫]，而称舜为聪明之圣者，以能辨君子与小人也。周武之世，举其国之臣三千人共为一朋，自古为朋之多且大，莫如周，然周用此以兴者，善人虽多而不厌也。

嗟呼，兴亡治乱之迹，为人君者，可以鉴矣！

【注释】 ①朋党：旧指因相同的目的而结成的派系。幸：希望。②道：一定的政治主张或思想。③党引：勾结。④尧：唐尧，也叫"帝尧"。传说古代的部落联盟领袖。共工、驩兜（huāndōu）等四人：指共工、驩兜、鲧（gǔn）、三苗，是四个部落的首领，被称为"四凶"，后都被舜放逐。八元、八恺：八元，传说是上古高辛氏的八个有才能的臣子：伯奋、仲堪、叔献、季仲、伯虎、仲熊、叔豹、季貍。八恺，传说是上古高阳氏的八个有才能的臣子：苍舒、隤敳（tuíái）、梼戭（chóuyǐn）、大临、尨（máng）降、庭坚、仲容、叔达。高辛氏，即帝喾（kù），传说的古代部落的首领。高阳氏，即颛顼（zhuānxū），传说的古代部落的首领。元、恺，都是美称，善良、能干的意思。⑤舜：虞舜，也叫"帝舜"。传说古代的部落联盟的领袖。⑥皋（gāo）、夔（kuí）、稷（jì）、契（xiè）：皋陶（yáo）、后夔、后稷、契，传说是舜的贤臣，分别为刑法、音乐、农事和教育的长官。⑦《书》：即《尚书》，是上古时期文献的汇编。纣（zhòu）：殷商末代帝王。⑧后汉献帝：指东汉最后一个皇帝。献帝名刘协，公元189—220年在位。尽取天下名士囚禁之：指史称"党锢之祸"事。汉桓帝时，宦官专权，李膺、杜密、陈实等名士因反对宦官被诬告为营私结党，被下狱。后获赦免，但终身不得为官。到了汉灵帝时，大兴党狱，杀死陈蕃、李膺等一百多人，禁锢六七百人。文中说是汉献帝时的事，有误。⑨黄巾贼起：公元184年，张角兄弟数万人起义，义军头裹黄巾以为标志，被称作"黄巾军"。"贼"是封建统治阶级对起义军的污称。⑩朋党之论：指唐朝穆宗至宣宗年间，以牛僧孺和李德裕为首的两大官僚集团互相倾轧的斗争，历时四十余年，史称"牛李党争"或"朋党之争。"⑪此辈清流、可投浊流：唐哀帝天佑二年（905），重臣朱温一夜间将大臣裴枢等三十多人杀死在白马驿（今河南洛阳附近）。谋士李振深恨官绅，向朱温进言："此辈常自谓清流，宜投之黄河，使为浊流。"于是投尸于黄河。文中说是唐昭宗时的事，有误。⑫诮（qiào）：讥笑。

【译文】 我听关于朋党的说法，自古以来就有了，只希望君主能辨明他们是君子或是小人罢了。大致君子和君子是因为共同的道义结成朋党的；小人和小人是因为共同的私利结成朋党的。这是很自然的道理。

但是，我认为小人没有朋党，只有君子才有朋党。这是什么缘故呢？小人爱的是禄位和私利,贪图的是财物。当他们的私利一致时,便暂时相互勾结结成朋党,这种朋党是假的;等他们看到了利益时就抢先争夺,有的时候没有利益,也就交往疏远,甚而会反过来相互残害,即使是兄弟亲戚,也不能互相保全。所以我认为小人没有朋党,他们暂时结成朋党是假的。君子就不是这样了,他们坚守的是道义,所实行的是忠诚信用,所珍惜的是名誉气节。用这些来修养品德,便能道义一致而且相互得益;用这些来从事国家大事,就能同心协力、通力合作;自始至终一个样,这就是君子的朋党。因此作为君主,只应该退除小人的假朋党,任用君子的真朋党,就能使天下治理好。

唐尧时,小人共工、驩兜四个人结成一党,君子八元、八恺十六个人结成一党。舜辅佐唐尧,退除了四凶结成的小人朋党,任用了八元、八恺结成的君子朋党,唐尧的天下治理得非常好。到了舜自己做了天子,皋陶、后夔、后稷、契等二十二人一齐在朝堂做官,互相尊重,互相谦让,共二十二人结成一党,舜都重用他们,天下也治理得非常好。

《尚书》上说:"商纣王有亿万个臣子,就有亿万条心;周武王有三千个臣子,却只有一颗心。"商纣王时,亿万人各有异心,可以说没有结成朋党,商纣王却因此而亡国。周武王的三千臣子结成了一个大朋党,周朝却因此兴起了。东汉献帝时,全部把天下的名臣逮捕囚禁起来,看成是党人。等到黄巾军起义,汉朝的天下大乱,这才后悔醒悟,把全部党人都释放出来,然而此时汉朝已经无法挽救了。唐朝晚期,逐渐兴起了朋党的议论。到唐昭宗时,朱温把朝廷的名士杀尽了,将尸体全部扔进了黄河,说:"这班人自称'清流',可以投进'浊流'。"唐朝就因此灭亡了。

前代的君主,能使人人各怀异心不结成朋党,没有谁比得上商纣王;能够禁绝贤能的人结成朋党,没有谁比得上汉献帝;能够残杀"清流"结成的朋党,没有哪个朝代比得上唐昭宗时代,但是他们的国家都动乱灭亡了。互相尊重、互相谦让而不自相疑忌,没有谁比得上舜的二十二个臣子,舜也不疑心而且都重用他们,可是后代的人们不讥笑舜被二十二人结成的朋党所欺骗,反而称赞舜是聪明的圣人,因为他能够明辨君子和小人。周武王时代,他国家的三千个臣子共同结成一个朋党,自古以来结成朋党的人之多、规模之大,没有比得上周武王时期的。然而周朝却因此而兴起了,原因就在于贤能的人虽然很多却还没能满足啊。

唉,历史上兴盛灭亡、安定动乱的事,做君主的,是可以用来借鉴的啊。

【鉴赏】北宋仁宗时,以范仲淹、韩琦为首的革新派和保守派的斗争非常激烈。保守派以夏竦、吕夷简为代表,不甘心失势,大肆制造舆论,用"朋党"的罪名来诬陷打击革新派人士;欧阳修用《朋党论》,针锋相对地进行反击。文章鲜明地提出"君子与君子以同道为朋,小人与小人以同利为朋"的论点,然后历数不用君子之党而遭到灭亡,用君子之党而获大治的事例,说明禁绝君子的朋党是混乱亡国的愚蠢做法,以及君主要明辨贤愚。

文章论点明确,论据充分,通过正反史事的对比,论辩剀切,有很强的说服力。

纵囚论[1]

信义行于君子，而刑戮施于小人。刑入于死者，乃罪大恶极，此又小人之尤甚者也。宁以义死，不苟幸生，而视死如归，此又君子之尤难者也。

方唐太宗之六年，录大辟囚三百余人[2]，纵使还家，约其自归以就死。是以君子之难能，期小人之尤者以必能也。其囚及期，而卒自归无后者[3]。是君子之所难，而小人之所易也。此岂近于人情哉？

或曰："罪大恶极，诚小人矣。及施恩德以临之，可使变而为君子。盖恩德入人之深，而移人之速，有如是者矣。"

曰："太宗之为此，所以求此名也。然安知夫纵之去也，不意其必来以冀免，所以纵之乎？又安知夫被纵而去也，不意其自归而不必获免，所以复来乎？夫意其必来而纵之，是上贼下之情也；意其必免而复来，是下贼上之心也[4]。吾见上下交相贼以成此名也，乌有所谓施恩德与夫知信义者哉？不然，太宗施德于天下，于兹六年矣，不能使小人不为极恶大罪。而一日之恩，能使视死如归，而存信义。此又不通之论也。"

然则何为而可？曰："纵而来归，杀之无赦。而又纵之，而又来，则可知为恩德之致尔。然此必无之事也。若夫纵而来归而赦之，可偶一为之尔。若屡为之，则杀人者皆不死。是可为天下之常法乎？不可为常者，其圣人之法乎？是以尧、舜、三王之治，必本于人情，不立异以为高，不逆情以干誉[5]。"

【注释】 ①纵囚：释放囚犯。②唐太宗：李世民（公元626—649年在位），在位期间实施了许多改革措施，使唐王朝繁荣兴盛，国力强大。六年：即贞观六年（632），贞观，唐太宗的年号。录：审查，记录。大辟：死刑。③卒：终于。④贼：偷窃，引申为窥探。⑤尧、舜、三王：指唐尧、虞舜、夏禹王、商汤王、周文王。一说三王为夏禹王、商汤王、周文王和周武王。干：求得。

【译文】 信用和礼义在君子中间通行，而刑法和杀戮在小人中间施行。判刑为死罪的，就是罪恶大到了极点，是小人中特别坏的人。宁愿为了信义去死，不愿随便侥幸地活着，把牺牲看成如回家一样，这又是君子中最难得的。

当唐太宗贞观六年，审查了被判死刑的囚犯三百多人，释放他们回家，约定他们自动回来接受死刑。这是拿君子都难以做到的事，来希望小人中特别坏的一定要做到。那些囚犯到了期限，终于全部回来了，没有一个超过期限。这是君子所难以做到的事，而小人却轻易地做到了。这难道近于人情吗？

有人说："罪恶大到了极点，的确是小人；但等施用恩德来对他们，就可以使他们转变成为君子。因为恩德进入人心很深入，改变人的品行就迅速，是有像这种情况的。"

我说："唐太宗之所以这样做，是因为要求得到这种好名声。然而怎么能知道释放他们回去，不是预料他们一定会回来希望获得赦免，所以才释放他们的呢？又怎么能知道他们被释放回去，不是预料到他们自动回来一定能够获得赦免，所以才再回来的呢？如果是预料他们一定会回来才释放他们，这就是上面窥探下面的心思；如果是预料一定能够获得赦免才再回来，这就是下面窥探上面的心思。我看见的是上面和下面互相窥探来成就了这个好名声，哪里有所说的施加恩德和知道信义的事情呢？如若不是这样，唐太宗在天下施行恩德，到这时已经有六年了，却不能使小人不去做最坏的事、不犯最大的罪。而一天的恩德，就能使罪犯视死如归，而且还坚守了信用和道义。这又是讲不通的理呀。”

那么怎么做才可以呢？我说：“释放了再回来的，就杀掉他们，不能赦免。然后又释放一批罪犯，如若他们又按期归来，就可以知道是上面的恩德感召使他们回来了。但是，这是一定没有的事。至于释放后能按期归来就赦免他们的死罪，只可以偶尔做一次。如果屡次这样做，那杀人的都可以不会被处死。这可以作为国家的正常法律吗？不能成为正常的法律，难道是圣人的法律吗？因此，唐尧、虞舜、夏禹王、商汤王、周文王治理国家，一定是根据人情为根本出发点，不用标新立异来表示高明，不违背情理来求得名誉。”

【鉴赏】本文对历史上唐太宗释放罪犯回家，罪犯回去后又按期回归，获得了“仁德”的好名声的事，提出了批评。作者鲜明地指出，这种做法不近人情。接着剖析了这个事例，指出是投机行为，是一种“上下交相贼”的行为。紧接着推论出后果，“若屡为之，则杀人者皆不死”，国家没有正常的法律，不是乱套了吗？因而指出国家的法律必须“不立异以为高，不逆情以干誉”。

文章条理清晰，层层剖析，反复辩驳，明快简洁，有很强的说服力。

释秘演诗集序①

予少以进士游京师②，因得尽交当世之贤豪。然犹以谓国家臣一四海，休兵革，养息天下以无事者四十年，而智谋雄伟非常之士，无所用其能者，往往伏而不出③，山林屠贩，必有老死而世莫见者。欲从而求之不可得。

其后得吾亡友石曼卿④。曼卿为人，廓然有大志⑤。时人不能用其材，曼卿亦不屈以求合。无所放其意，则往往从布衣野老，酣嬉淋漓⑥，颠倒而不厌。予疑所谓伏而不见者，庶几狎而得之⑦，故尝喜从曼卿游，欲因以阴求天下奇士。

浮屠秘演者，与曼卿交最久，亦能遗外世俗⑧，以气节相高。二人欢然无所间。曼卿隐于酒，秘演隐于浮屠，皆奇男子也。然喜为歌诗以自娱。当其极饮大醉，歌吟笑呼，以适天下之乐⑨，何其壮也！一时贤士，皆愿从其游，予亦时至其室。

十年之间，秘演北渡河，东之济、郓⑩，无所合，困而归。曼卿已死，秘演亦老病。嗟夫！二人者，予乃见其盛衰，则予亦将老矣。

曼卿诗辞清绝，尤称秘演之作，以为雅健有诗人之意。秘演状貌雄杰，其胸中浩然，既习于佛，无所用，独其诗可行于世，而懒不自惜。已老，胠其橐[11]，尚得三四百篇，皆可喜者。

曼卿死，秘演漠然无所向。闻东南多山水，其巅崖崛崒[12]，江涛汹涌，甚可壮也，遂欲往游焉。足以知其老而志在也。于其将行，为叙其诗，因道其盛时，以悲其衰。

【注释】 ①释：和尚。秘演：山东人，作者友人。②京师：京城。指北宋国都汴梁（今河南开封市）。③臣一：统一。臣，臣服。一，统一。四海：指天下。古人以为中国处在四海之中，故四海指天下。休兵革：停止战争。伏：隐居不求功名。④石曼卿：名延年，宋州宋城（今河南商丘市）人。诗人，有"天下奇才"之称，但累举进士不中，以后得到官职，一生不得志。⑤廓然：开朗豪放的样子。⑥酣嬉（xī）：尽兴喝酒游玩。淋漓：形容欢乐痛快。⑦狎（xiá）：亲近，亲热。⑧浮屠：佛教徒，和尚。梵文佛陀的音译，即佛。遗外世俗：把世俗看作外物而遗忘它，即超脱世俗的意思。⑨适：达到，求得。⑩河：指黄河。济、郓（yùn）：济州、郓州，均在山东省内。⑪胠（qū）：打开。橐（tuó）：口袋，指诗囊。⑫崛崒（juélù）：高峻，陡绝。

【译文】 我年轻时以进士的身份游历京城，因而能够广泛结识当代的贤人豪杰。然而，我还是认为国家统一天下，停止战争，天下休养生息太平无事的时间已有四十年了，但智谋出众、志向雄伟的不平凡的人，往往没有地方施展他们的才能，便隐居着不出来做官，在山林中、在屠夫商贩里面，必定有直到老死还没有被世人发现的人才。我想去追随他们、寻找他们，却无法办到。

后来，我终于找到那已死去的朋友石曼卿。曼卿为人，开朗豪放有远大的志向。当时掌权的人不能用他的才能，曼卿也不肯委屈自己去求得苟合。他没有地方抒发意愿，就常常和平民百姓、乡村老人，痛快地尽兴喝酒游玩，到了癫狂的地步也毫不厌倦。我疑心那些隐居而没有被发现的人才，也许只有亲近他们才能找到他们，所以我常常喜欢跟曼卿交往，想通过他来暗暗地寻求天下杰出的人才。

和尚秘演，和曼卿交往时间最久，也能超脱世俗，以讲求气节来自守清高。他们两人相处欢娱，没有一点隔阂。曼卿在饮酒中隐蔽自己，秘演隐居在寺庙中，他们都是有奇才的男子。然而他们都喜欢作诗来自己取乐。当他们尽情饮酒而大醉时，唱歌吟诗欢笑狂呼，来求得天下最大的快乐，那种情景是多么豪壮啊！当时的贤人，都愿意跟他们交往，我也时常到他们的住处去。

在十年中，秘演向北渡过黄河，向东到了济州、郓州一带，没有遇上合意的事情，不得志地回来了。曼卿已经去世了，秘演也年老多病。唉！这两个人，我竟然亲眼看见他们的盛年和衰老，而我也快衰老了。

曼卿的诗极为清新，可是他特别称道秘演的作品，认为它高雅雄健，有诗人的意趣。秘演相貌魁伟，他的胸怀宽阔刚直，他既然学习佛教，就没有地方施展才能了，只有他的诗可以在世上流传，可是他懒散，不会珍惜自己的作品。他已经老了，打开他的诗囊，还找到了三四百篇，都是令人喜爱的作品。

曼卿死后，秘演寂寞茫然，没有了去向。他听说东南多奇山丽水，山顶悬崖高峻陡绝，江水波涛汹涌澎湃，非常的壮观，就想到那里去游历。这可以知道他年纪虽然老了，而志向还依旧存在。在他将要远行时，我给他的诗集写了这篇序，因此说到他盛年时的情景来悲叹他的衰老。

【鉴赏】本文不落诗序的俗套，对诗以几笔带过，而着重从死生聚散，秘演的旷达、胸有大志、闲散方面来叙写，用简练的传神之笔，使人物形象呼之欲出。为了突出秘演的不得志，作者用"不屈以求合""以气节相高"的石曼卿作陪衬，既表现了两个人的境遇，更表现出对当权者不重视人才，压抑打击人才的不满。

文章写得含蓄深刻，一往情深，惋惜之情溢于言表。

《梅圣俞诗集》序

予闻世谓诗人少达而多穷，夫岂然哉？盖世所传诗者，多出于古穷人之辞也。凡士之蕴其所有，而不得施于世者，多喜自放于山巅水涯之外[①]，见虫鱼草木、风云鸟兽之状类，往往探其奇怪；内有忧思感愤之郁积，其兴于怨刺，以道羁臣寡妇之所叹[②]，而写人情之难言。盖愈穷则愈工。然则非诗之能穷人，殆穷者而后工也[③]。

予友梅圣俞，少以荫补为吏，累举进士，辄抑于有司[④]，困于州县，凡十馀年。年今五十，犹从辟书[⑤]，为人之佐，郁其所蓄，不得奋见于事业。其家宛陵[⑥]，幼习于诗。自为童子，出语已惊其长老。既长，学乎六经仁义之说。其为文章，简古纯粹，不求苟说于世。世之人徒知其诗而已。然时无贤愚，语诗者必求之圣俞；圣俞亦自以其不得志者，乐于诗而发之；故其平生所作，于诗尤多。世既知之矣，而未有荐于上者。昔王文康公尝见而叹曰[⑦]："二百年无此作矣！"虽知之深，亦不果荐也。若使其幸得用于朝廷，作为雅颂，以歌咏大宋之功德，荐之清庙，而追商、周、鲁颂之作者[⑧]，岂不伟欤？奈何使其老不得志，而为穷者之诗，乃徒发于虫鱼物类、羁愁感叹之言？世徒喜其工，不知其穷之久而将老也，可不惜哉！

圣俞诗既多，不自收拾。其妻之兄子谢景初，惧其多而易失也，取其自洛阳至于吴兴已来所作，次为十卷[⑨]。予尝嗜圣俞诗，而患不能尽得之；遽喜谢氏之能类次也，辄序而藏之。

其后十五年，圣俞以疾卒于京师。余既哭而铭之[⑩]，因索于其家，得其遗稿千余篇。并旧所藏，掇其尤者六百七十七篇[⑪]，为一十五卷。呜呼！吾于圣俞诗论之详矣，故不复云[⑫]。

【注释】 ①所有：此指才能、抱负。放：这里指游山玩水之意。该句实写隐居生活。②兴于怨刺：兴起怨恨、讽刺的念头。羁臣：羁旅之臣，即在外地游宦的官吏，亦指贬谪在外的官员。③殆：大概，几乎。工：好。④荫补为吏：梅圣俞因他叔父的官勋得到恩荫而做过河南知县主簿。荫，封建社会的一种承袭制度。补，指官吏有缺额，选人授职。有司：负有专职的官吏，此指主考官。⑤今：通"近"，即将。辟书：招聘之书，即聘书。辟，征召。⑥宛陵：今安徽宣城。⑦王文康公：王曙，字晦叔，谥号文康，宋仁宗时的丞相，生前举荐过欧阳修等人。⑧雅颂：《诗经》分《风》《雅》《颂》三部分。此泛指一般颂功颂德的诗歌。荐：奉献。清庙：宗庙。商、周、鲁颂：指《诗经》中的《商颂》《周颂》《鲁颂》。⑨谢景初：字师厚，浙江富阳人。吴兴：县名，在今浙江省嘉兴县。次：编。⑩铭：此指作墓志铭。⑪掇：选取。⑫欧阳修在他的《六一诗话》和《书梅圣俞诗稿后》等文中多次评论梅圣俞的作品。

【译文】 我听世人在说诗人的境遇顺利的少，穷困的多。难道真是这样吗？大概是世间流传的诗歌，大多出于穷困之人的作品吧。大凡士子们怀有才智而又不能施展于社会的,多乐意让自己放浪于山头水边这种人世之外的地方,遇到虫鱼草木、风云鸟兽之类的自然事物,往往探究它们的奇特怪异;而内心又有忧然感慨积郁,当他兴起怨恨讽刺的念头而进行创作,宣泄流放的臣子或寡妇的那种慨叹,进而表达出一般人所难以表达的感受来。大概是越穷困就越能写出好作品。既然这样,那么不是写诗使人穷困的,而是因为穷困了才把诗写好的。

我的朋友梅圣俞,年轻时因承上辈恩荫而补受官职,虽多次被举荐进士,但总被主考官压制,困顿在外州县十多年。年纪快要五十了,还靠着别人下聘书,当个辅助人员。一向积累的才能只得积郁,不能奋起而表现在事业上。他家在宛陵,幼年就学诗,当还是一个儿童时,写的诗句就已使父老长辈们惊异。长大了,学习了六经仁义的学说后,所写文章简古纯粹,不苟且迎合社会风气而求世人喜爱。世人只知其诗歌罢了。但当世人们不论贤愚,谈论诗歌,必求教于圣俞;圣俞也把自己不得志的感受,喜欢通过诗歌来表达,因此他平生所作诗歌尤其多。社会上已经知其名了,但无人向朝廷推荐他。先前王文康公曾见到他的诗作,感慨地说:"二百年来没有这样的好作品了!"虽然相知很深,但最后还是没推荐成。如果他有幸得到朝廷重用,能够写出像雅、颂那样的诗作来歌颂大宋的功德,奉献给皇家宗庙,以媲美于《商颂》《周颂》《鲁颂》的作者,难道不是很伟大吗?怎能让他老不得志,写些穷困者所作的诗歌,只抒发些关于虫鱼之类、困于边远地区之叹的词句呢?多么可惜啊!

圣俞的诗作虽多,自己却不爱收拾保存。他妻子的哥哥的儿子谢景初怕遗失太多,选取他自洛阳到吴兴以来的作品,编为十卷。我曾嗜读圣俞的诗,但担心不能全部得到它,很高兴谢景初的分类编排,马上就写了序言并保存起来了。

又过了十五年,圣俞因病逝世于京城。我哀痛地为他写了墓志铭,并向他家求索,得其遗稿一千余篇,加上从前所保存的,总共选择其中最好的六百七十七篇,编成十五卷。唉!我对圣俞的诗歌已经评论得很详细了,所以不再多说了。

【鉴赏】 梅圣俞即梅尧臣,北宋著名诗人,诗风清新质朴,有人誉之为宋诗的"开山祖师"。欧阳修的诗歌创作深受其影响,两人志同道合,都反对讲究辞藻、无病呻吟的西昆体。梅圣俞死后一年,即公元1061年,欧阳修为他的诗集写了这篇序言。文章着重提出一个关于诗歌创作与生活实践关系的观点:并非写诗使作者穷困,而是穷困使诗人对生活理解更深切,进而才写出好诗来,即"穷而后工"。"穷而后工"是本文首次使用,成为后世一个成语,也是一个影响深远的文学观点。这一观点继承了司马迁"发愤著书"的思想,以及韩愈"和平之音淡薄,而愁思之声要妙;欢愉之辞难工,而穷苦之言易好"的主张,正确提示了许多优秀作家的生活与创作的密切关系。但在文中,作者又惋惜梅圣俞没有被朝廷发现和重用,没有以其诗才为朝廷歌功颂德,这与前一观点相背。这种矛盾是作者对梅圣俞的感情所致:希望梅圣俞的生活富贵显达,而不是穷困一生。这种矛盾正好表现了欧阳修对他的一生穷困的痛惜和不平。文章立论在前,将议论、叙事、抒情糅为一体,语言简洁平易,情感低昂顿挫,观点深刻而又抒情浓烈。

送杨寘序

予尝有幽忧之疾[①]，退而闲居，不能治也。既而学琴于友人孙道滋，受宫声数引[②]，久而乐之，不知疾之在其体也。

夫琴之为技，小矣。及其至也，大者为宫，细者为羽[③]，操弦骤作，忽然变之。急者凄然以促，缓者舒然以和。如崩崖裂石，高山出泉，而风雨夜至也；如怨夫寡妇之叹息，雌雄雍雍之相鸣也[④]。其忧深思远，则舜与文王、孔子之遗音也[⑤]；悲愁感愤，则伯奇孤子、屈原忠臣之所叹也[⑥]。喜怒哀乐，动人心深；而纯古淡泊，与夫尧、舜三代之言语、孔子之文章、《易》之忧患、《诗》之怨刺无以异[⑦]。其能听之以耳，应之以手。取其和者，道其堙郁[⑧]，写其忧思[⑨]，则感人之际，亦有至者焉。

予友杨君，好学有文，累以进士举，不得志。及从荫调，为尉于剑浦[⑩]。区区在东南数千里外，是其心固有不平者。且少又多疾，而南方少医药，风俗、饮食异宜。以多疾之体，有不平之心，居异宜之俗，其能郁郁以久乎？然欲平其心以养其疾，于琴亦将有得焉。故予作琴说以赠其行，且邀道滋酌酒，进琴以为别。

【注释】 ①幽忧之疾：过度忧伤而成病。幽，深。②受宫声数引：学习宫、商等声调和几支歌曲。宫，古代五音（宫、商、角、徵、羽）之一，这里泛指声调。引，乐曲体裁之一。③宫是最低音，羽是最高音；声音宏大的音低，声音尖细的音高。④雍雍：鸟和鸣声。⑤传说舜曾弹五弦琴，歌唱《南风歌》，天下大治；周文王曾作琴曲《拘幽操》，表达被纣王囚禁之忧；孔子更是把音乐作为教化天下的手段。⑥伯奇：周宣王大臣尹吉甫的儿子。吉甫听其后妻之言，将伯奇逐出家门；伯奇自伤无过，弹作《履霜操》，投河自尽。⑦《易》之忧患：写作《易经》的忧患，亦即周文王被囚和孔子周游不遇的忧患。传说《易经》是伏羲画卦，文王作辞，孔子作传。⑧堙郁：阻塞。⑨写：通"泻"，快速地流，这里指抒发的意思。⑩荫调：凭先辈官勋而受封，又改调另外的官职。尉：县尉，官名，辅佐县令，管军事。剑浦：县名，今福建南平市。

【译文】 我曾患过内心过度忧伤的疾病，回家闲住静养，还是不能治好。后来，跟着朋友孙道滋学习弹琴，学会了几支歌曲，时间长了就更喜爱它，也不觉得疾病在身了。

弹琴这种技艺，是微不足道的了。但达到最高水平时，从最低的宫音，到最高的羽音，骤然拨动琴弦，就会迅速出现变化多端的状态；快拍子的凄惨而急促，慢拍子的舒展而缓和。有时像山崩石裂、高山涌泉、大风急雨深夜忽降；有时像怨夫、寡妇的叹息、雌雄鸟儿的唱和。那种忧思的深远，是舜、周文王和孔子流传下来的啊！那种悲愁感愤之情，又是那孤儿伯奇和忠臣屈原所哀叹的啊！喜怒哀乐，感人诚然很深；而那纯朴淡泊的情调，却和《尚书》记载的尧、舜、夏、商、周时期的文字，孔子所写的《春秋》文章，写作《易经》的忧患，以及《诗经》的怨恨讽刺等没有什么区别。如果能凭耳朵听出来，能随手弹出来，选取与自己心情相和谐的音调，以疏导忧郁，宣泄忧思,那么当感触于人心之际,也会获得人生真谛吧。

我的朋友杨君,好学习,又有文采,多次被举荐应考进士,都不能如愿。等到依靠祖上的功勋,才调到剑浦去做了县尉。小小地方,在东南数千里以外,这样他的心情自然会不平的;他从小多病,而南方缺医少药,风俗饮食又不适宜。他以多病的身躯,怀着不平之心,居住在不适应的风习之地,怎能郁郁寡欢地长久下去呢?然而要平复他的心思,疗养他的疾病,琴艺也许会使他有所得吧。因此,我写了谈琴的文章作为赠言来给他送行,并邀请孙道滋,一起饮酒弹琴,作为告别。

【鉴赏】这是欧阳修为朋友杨寘送行写的一篇赠序,作于1047年。作者认为音乐能抒泄、调和不平衡的感情,故建议杨寘学琴以慰,平衡失意之心理。文章构思别具一格,写法富有变化。开篇一字不提杨寘,而是写自己如何通过学琴以忘掉忧郁,治愈"幽忧之疾"。紧接着,又着力描写琴声陶冶感情的力量,从多方面展开比喻和联想,状写琴声传达出的复杂、抽象的感情,生动具体。当写了大半篇幅后,作者才写到杨寘的遭遇和失意,以及远在南方之苦,并为此作"琴说"以赠其行。这时,读者才明白,前面极力写琴,正是为杨寘排遣忧郁而用。全文结构巧妙而紧凑,行文简洁又不失形象具体,抒情含蓄而又感人。

五代史伶官传序

呜呼!盛衰之理,虽曰天命,岂非人事哉!原庄宗之所以得天下[①],与其所以失之者,可以知之矣。

世言晋王之将终也,以三矢赐庄宗而告之曰:"梁,吾仇也;燕王,吾所立;契丹[②],与吾约为兄弟,而皆背晋以归梁。此三者,吾遗恨也。与尔三矢,尔其无忘乃父之志!"庄宗受而藏之于庙。其后用兵,则遣从事以一少牢告庙[③],请其矢,盛以锦囊,负而前驱,及凯旋而纳之。

方其系燕父子以组,函梁君臣之首[④],入于太庙,还矢先王,而告以成功,其意气之盛,可谓壮哉!及仇雠已灭,天下已定,一夫夜呼,乱者四应,仓皇东出[⑤],未及见贼,而士卒离散,君臣相顾,不知所归。至于誓天断发,泣下沾襟[⑥],何其衰也!岂得之难而失之易欤?抑本其成败之迹[⑦],而皆自于人欤?

《书》曰:"满招损,谦得益。"忧劳可以兴国,逸豫可以亡身[⑧],自然之理也。故方其盛也,举天下之豪杰莫能与之争;及其衰也,数十伶人困之而身死国灭[⑨],为天下笑。夫祸患常积于忽微,而智勇多困于所溺[⑩],岂独伶人也哉!

【注释】①原:推究。庄宗:指五代后唐庄宗李存勖(xù),晋王李克用之子。后梁龙德三年(923)称帝,后沉溺于声色,重用伶官,终被伶官叛乱所杀。②晋王:即李克用,沙陀族,因帮助唐朝镇压黄巢起义有功,封晋王。梁:指后梁太祖朱温,原是黄巢起义军的将领,叛变降唐,唐僖宗赐名全忠,封为梁王。他企图谋杀李克用,李克用也多次上表唐僖宗讨伐他,彼此结下世仇。天祐四年(907)朱温篡夺了唐朝的政权,改名"晃",建都汴(今河南开封),国号梁。燕王:指刘守光的父亲刘仁恭。李克用曾向唐朝保举刘仁恭为卢龙节度使,后来刘仁恭的儿子刘守光兵力渐强,被朱温封为燕王,公元911年,又自称大燕皇帝。契丹:古代少数民族。此指契丹族首领耶律阿保机,即辽王朝的建立者辽太祖。公元907年,李克用与他拜为兄弟,结成军事同盟,希望共同举兵攻打朱温。后来耶律阿保机背约,遣使与朱温通好。③从事:官名。原指三公及州郡长官的僚属,这里指一般属官。少牢:祭祀用猪、羊二牲,称少牢。④方其系燕父子以组:系,捆绑。组,绳索。刘守光自称大燕皇帝的第二年(912),李存勖派兵攻打燕,生擒刘守光父子,并用绳索捆绑送到晋王的太庙以祭灵。函梁君臣之首:函,木匣子,此作动词。后唐同光元年(923),李存勖攻梁,梁末帝朱友贞(朱温的儿子)命其部将皇甫麟把他杀了,皇甫麟也刎颈自杀。李存勖把君臣二人的头装入木盒。⑤仇雠(chóu):仇敌。一夫夜呼,乱者四应:一夫,指皇甫晖。同光四年(926),李存勖妻刘皇后听信宦官诬告,杀死大臣郭崇韬,一时人心浮动。皇甫晖作乱,攻入邺都(今河南安阳市)。仓皇东出:皇甫晖作乱后,李存勖命令元行钦进行讨伐,但久而无功;又派李嗣源率兵讨伐,李嗣源去邺都后也叛变了,李存勖只好从洛阳仓皇出逃到汴州(今河南开封一带)。⑥誓天断发,泣下沾襟:李存勖到达汴州时,李嗣源早已进入汴京(今开封市)。李存勖眼见诸军离散,十分沮丧,面对元行钦等随行臣属痛哭流泪。这时诸将都相顾号泣,并拔刀断发,发誓以死效忠后唐。⑦抑:或是。本:此为考察义。⑧满招损,谦得益:语出《尚书·大禹谟》,"谦得益",原作"谦受益"。逸豫:安逸享乐。⑨数十伶人困之,而身死国灭:公元926年,伶人郭从谦(艺名"郭门高")指挥一部分禁卫军作乱,李存勖中流矢而死。李存勖死后,李嗣源称帝,国号未改,但李嗣源是李克用的养子,故说"身死国灭"。⑩忽微:形容极其细小。忽,是寸的十分之一;微,是寸的百分之一。所溺:所溺爱的人或事物。

【译文】 啊!国家的兴盛与衰败的道理,虽说是天意,难道不是人为的缘故吗?探究庄宗得天下和失天下的原因,就可以知道了。

世人传言晋王李克用临死时,曾把三支箭交给庄宗,并对他说:"梁是我的仇人,燕王是我扶持的,契丹与我结为兄弟,但都背叛了我而归附于梁。这三件事,是我的遗恨。给你三支箭,希望你不要忘记你父亲报仇的心愿。"庄宗收下箭藏在宗庙里,此后打仗时,就派官员以少牢之礼祭祀于宗庙,恭敬地取出箭,放入锦缎织的袋子里,背着它冲杀在前,等打了胜仗,又把箭放回宗庙。

当庄宗用绳子捆着燕王父子,用木匣装着梁王君臣的头颅,进宗庙,把箭交还先王,禀告报仇成功的消息的时候,他意气之盛,可以说是豪壮啊!等仇敌已灭,天下平定,一个人在夜间呼喊,叛乱的人四方响应,庄宗慌张东逃,还没等见到敌人,官兵们就离散了,只剩下君臣互相瞧着,不知投奔哪里是好,以至于剪断头发,对天发誓,眼泪沾湿了衣裳,这又是多么衰败啊!难道真是得天下难而失天下易吗!还是推究他成功或失败的原因,都在于人为的缘故呢?

《尚书》说:"满招损,谦得益。"忧患与勤劳可以使国家兴盛,贪图安逸享乐可丧失性命,这是很自然的道理。所以当庄宗气势旺盛时,天下所有豪杰无人能同他对抗,等到衰败时,几十个伶人就可使他命丧国亡,为天下人所耻笑。可见祸患常常是由微小的事情积累而成的,聪明勇敢的人反而常被所溺爱的人困扰,难道这仅仅是伶人的事吗?

【鉴赏】 本文节选自欧阳修编修的《新五代史·伶官传》开头的导论,题目是后人所加。这是一篇传记的绪论，也是一篇史论。伶官，是宫中表演乐舞杂艺并授有官职的艺人。《伶官传》记载了后唐庄宗李存勖宠幸宦官，只做了三年皇帝就因沉溺声色而死于作乱伶官之手的史实。这篇序就是对此而发的议论。作者通过后唐盛衰过程的分析，阐明了国家兴亡在于人事的道理，总结出“忧劳可以兴国，逸豫可以亡身”的历史教训，提出“祸患常积于忽微，而智勇多困于所溺”等精辟见解，影响深远。

文章开门见山，提出全文主旨：盛衰之理，决定于人事。然后便从“人事”下笔，叙述庄宗由盛转衰、骤兴骤亡的过程，以史实具体论证主旨。具体写法上，采用先抑后扬和对比论证的方法，先极赞庄宗成功时意气之盛，再叹其失败时形势之衰，兴与亡、盛与衰前后对照，强烈感人，最后再辅以《尚书》古训，更增强了文章的说服力。全文紧扣“盛衰”二字，夹叙夹议，史论结合，笔带感慨，语调顿挫多姿，感染力很强，成为历来传诵的佳作。

五代史宦者传论

自古宦者乱人之国，其源深于女祸①。

女，色而已。宦者之害，非一端也。盖其用事也近而习，其为心也专而忍。能以小善中人之意，小信固人之心，使人主必信而亲之。待其已信，然后惧以祸福而把持之。虽有忠臣硕士列于朝廷②，而人主以为去己疏远，不若起居饮食、前后左右之亲为可恃也。故前后左右者日益亲，则忠臣硕士日益疏，而人主之势日益孤。势孤，则惧祸之心日益切，而把持者日益牢。安危出其喜怒，祸患伏于帷闼③，则向之所谓可恃者，乃所以为患也。患已深而觉之，欲与疏远之臣图左右之亲近，缓之则养祸而益深，急之则挟人主以为质。虽有圣智，不能与谋。谋之而不可为，为之而不可成，至其甚，则俱伤而两败。故其大者亡国，其次亡身，而使奸豪得借以为资而起④，至抉其种类，尽杀以快天下之心而后已。此前史所载宦者之祸常如此者，非一世也。

夫为人主者，非欲养祸于内，而疏忠臣硕士于外，盖其渐积而势使之然也。夫女色之惑，不幸而不悟，则祸斯及矣；使其一悟，捽而去之可也⑤。宦者之为祸，虽欲悔悟，而势有不得而去也。唐昭宗之事是已⑥。故曰“深于女祸”者，谓此也。可不戒哉！

【注释】 ①宦者：即宦官，也叫太监。女祸：指由女人造成的灾祸。女人是祸水，是夫权社会形成的历史偏见。②硕士：旧指学问渊博的人。③帷闼：指宫室之内、皇帝身边。帷，帷幕。闼(tà)，小门，此指宫廷之门。④资：口实，资本。⑤斯：副词，就。捽(zuó)：拔，揪。⑥唐昭宗时，宦官刘季述作乱，曾囚禁昭宗。刘失败死后，宦官照样把持皇帝，于是宰相崔胤外结梁王朱温以诛杀宦官。

【译文】 自古以来，宦官败乱国家，根源比女人造成的祸害要深。

女人,单靠美貌取宠,而宦官的危害,可不是单单一种原因啊。由于他们的差事是亲近又经常的,他们的用心是专一而能忍耐的,故能用一些小小的好事使人满意,用一些小小的忠诚来巩固人们对他的信任,这就使帝王必然信任亲近他们。等帝王已经相信他们了,就用祸福利害来把持帝王。虽有忠臣贤士在朝廷,但帝王认为离自己远,不如那些在起居饮食、前后左右亲近的人可靠。所以前后左右贴身的人一天天更加亲近,而忠臣贤士一天天更加疏远。帝王的处境就一天天更孤立。处境越孤单,恐惧祸乱之心就更迫切,进而把持帝王的人的地位就一天天更牢固。于是君王的安危决定于宦官的喜怒,祸患就潜伏在宫廷之内了。而过去所谓可依靠的,却正是祸患所在了。等危害已深才觉察时,想与疏远的大臣图谋身边左右的亲信,办缓了,则纵容祸患越深;搞急了,则会被宦官挟持君王做人质。即使有圣人智士,也没法替他谋划。即使谋划了也不可能实行,如果施行了也不能成功;到了极点,则两败俱伤。所以,危害大的亡国,其次也会害死自身;并且使奸猾的豪贵以此为借口起事,以至挖尽宦官同类,杀光他们以使天下人心大快才算完。这是以前历史所记载的宦官之祸经常如此,并非一朝一代啊。

那做帝王的,并非愿意在宫内纵养祸害而在宫外疏远忠臣贤士,是由于逐渐积累而成的情势迫使他这样。至于女色的诱惑,不幸如不觉悟,则祸害就到了;如一旦觉悟,提起扔掉就可以了。但是宦官的危害,即使想悔悟,那处境也让你去不掉啊。唐昭宗的事情就是这样的。所以说:宦官危害比女祸深,就是指这种情况。不应该以此为戒吗!

【鉴赏】本文是节选《新五代史·宦者传》评论的一部分,题目为后人所加。宦官专权是中国封建王朝政治中反复出现的现象;女人乱政,也是封建专制统治中常有之事。宦女之祸,究其根源在于封建帝王为驾驭独裁统治而产生的极端私心,以为妻妾、宦官不会危及统治,可以信任纵容。宦女本身不应承担主要责任。欧阳修作为封建文人,没有指出这一点,而把封建王朝的衰亡归咎于宦官和女人,是有其局限性和片面性的。

文章开宗明义:“自古宦者乱人之国,其源深于女祸。”然后具体描述了宦官的习性和通过小善、小信逐步把持政权的过程,分析了帝王纵养、积重难返的后果,最后比较与女色之祸的不同特点,得出结论:“故曰深于女祸。”全文首尾照应,分析细密,逻辑严谨,有较强的说服力。

相州昼锦堂记

仕宦而至将相,富贵而归故乡,此人情之所荣,而今昔之所同也。

盖士方穷时,困厄闾里[①],庸人孺子皆得易而侮之。若季子不礼于其嫂,买臣见弃于其妻[②]。一旦高车驷马,旗旄导前,而骑卒拥后,夹道之人,相与骈肩累迹,瞻望咨嗟;而所谓庸夫愚妇者,奔走骇汗,羞愧俯伏,以自悔罪于车尘马足之间。

此一介之士,得志于当时,而意气之盛,昔人比之衣锦之荣者也。

惟大丞相魏国公则不然[3]。公,相人也,世有令德,为时名卿。自公少时,已擢高科、登显仕,海内之士,闻下风而望馀光者,盖亦有年矣。所谓将相而富贵,皆公所宜素有。非如穷厄之人,侥幸得志于一时,出于庸夫愚妇之不意,以惊骇而夸耀之也。然则高牙大纛,不足为公荣;桓圭衮裳[4],不足为公贵;惟德被生民而功施社稷,勒之金石,播之声诗,以耀后世而垂无穷。此公之志,而士亦以此望于公也。岂止夸一时而荣一乡哉?

公在至和中,尝以武康之节[5],来治于相,乃作昼锦之堂于后圃。既又刻诗于石,以遗相人。其言以快恩仇、矜名誉为可薄,盖不以昔人所夸者为荣,而以为戒。于此见公之视富贵为何如,而其志岂易量哉?故能出入将相,勤劳王家,而夷险一节[6]。至于临大事、决大议,垂绅正笏,不动声色,而措天下于泰山之安,可谓社稷之臣矣!其丰功盛烈,所以铭彝鼎而被弦歌者[7],乃邦家之光,非闾里之荣也。

余虽不获登公之堂,幸尝窃诵公之诗,乐公之志有成,而喜为天下道也。于是乎书。

【注释】 ①闾里:周代以二十五家为闾或里,后用作乡里的通称。②见《战国策·苏秦以连横说秦》。季子:即苏秦。买臣:见《汉书·朱买臣传》。朱买臣家贫而妻子离他另嫁,后朱买臣中考任家乡太守,妻子请求复婚被拒,羞愧自缢。③魏国公:韩琦的封号。韩琦,相州(今河南安阳)人,任相州长官时,正所谓"衣锦还乡",故为堂舍起名为"昼锦堂"。④高牙大纛:形容高官的威仪。牙,牙旗,置于军前。大纛(dào),当时军队或仪仗队的大旗。桓圭:帝王授给三公的圭器。衮裳:皇帝或三公所穿的龙饰的衣服。⑤至和:宗仁宗的年号,公元1054—1056年。武康之节:韩琦曾任武康节度使并兼任相州长官。⑥夷险一节:太平时和险难时表现一样。⑦彝鼎:即钟鼎,宗庙用的一种礼器。被弦歌:谱成乐歌。

【译文】 做官做到将相,富贵而回老家,这是大家都认为非常荣耀的事,也是古今都公认的。

一般当读书人穷困时,在乡里过着贫苦日子,平民儿童都可轻视甚至侮辱他。如苏秦不被嫂子礼待,朱买臣被妻子抛弃。一旦坐着四匹马拉的高大的车子,旗帜在前开道,又有骑兵卫队拥着,在街边观看的人,挤在一起肩并肩脚挨脚的,一边仰望一边赞叹;而所谓平头男女,又跑又蹿又惊又慌,汗水都出来了,甚至惭愧得低头弯腰,跪在车轮辗起的灰尘和马蹄子中间,向新贵人悔过请罪。这就是一个普通士子,成功得志时,那意气的旺盛,是以前人们所比方的穿着锦绣的荣耀事啊!

唯有大丞相魏国公不是这样。魏国公,相州人。祖辈起代代都有美好的德行,都是有名的高官。魏国公从年轻时就考取科举高榜,登上显要的位置。海内人士听其传布四方的德音,仰望其传播的风采,已有多年了。所说的做将相,得富贵,都是魏国公早就应有的。不像那些穷困的人,一时侥幸得志,出乎庸男和愚妇的意料而使他们惊异,并向他们夸耀。既然这样,那么仪仗大旗,不足为魏国公的光荣;桓圭和礼服,不足为魏国公的显贵。只有恩德遍及百姓,功勋建于国家,事迹刻入钟鼎碑石,传播在声乐和文章里,光耀后世,永世不朽,才是魏国公的心志。读书人也是在这点上寄望魏国公啊。哪里只是荣耀于一时一乡呢?

魏国公在仁宗至和年间,曾以武康节度使身份,管理相州,就在后园建了“昼锦堂”。后又刻诗于石碑上,留给相州的人们。诗篇说的是快意于感恩报仇,夸耀个人多誉,都是值得鄙薄的。他不以昔日人们所夸耀的为荣,反而作为自己的警戒。从此可见魏国公是如何看待富贵,而志向哪能轻易测量啊!因此他能出为大将入为丞相,勤劳地为朝廷办事,不论平顺时还是险难时都一样。至于面对重大事件,决策重要议题,垂着衣带,拿着手板,不动声色,把天下放置得像泰山一样安稳,可谓是国家重臣了。他的丰功伟业,被刻上钟鼎,谱成歌曲,是国家的光荣,而不单是乡里的光荣啊。

我虽无机会登上魏国公的厅堂,却庆幸曾诵读他的诗篇,很高兴他大志有成,并向天下宣告。于是就写下以上的文字。

【鉴赏】本文是欧阳修为宰相韩琦在故乡相州修建的昼锦堂写的一篇记,作于1065年。作者围绕“昼锦”(白天穿锦衣,无比荣耀之意)二字发挥,先说明富贵还乡,衣锦而荣,是古今所同,并生动描述了古人衣锦还乡、得意扬扬的场面,然后避实就虚,不写昼锦堂本身,而是着重写昼锦堂主人的高尚品德。作者用苏秦、朱买臣等炫耀富贵的庸俗行为作陪衬,盛赞韩琦不以夸耀富贵为荣,反而引以为戒的行为,讽劝权贵们不要“夸一时而荣一乡”,而以“德被生民而功施社稷”为志,进而“耀后世而垂无穷”。全文写得迂回起伏,含蓄隽永,是历来公认的名篇。

丰乐亭记

修既治滁之明年[①],夏,始饮滁水而甘。问诸滁人,得于州南百步之近。其上则丰山,耸然而特立;下则幽谷,窈然而深藏;中有清泉,滃然而仰出。俯仰左右,顾而乐之。于是疏泉凿石,辟地以为亭,而与滁人往游其间。

滁于五代干戈之际,用武之地也。昔太祖皇帝,尝以周师破李景兵十五万于清流山下[②],生擒其将皇甫晖、姚凤于滁东门之外,遂以平滁。修尝考其山川,按其图记[③],升高以望清流之关,欲求晖、凤就擒之所。而故老皆无在者,盖天下之平久矣。自唐失其政,海内分裂,豪杰并起而争,所在为敌国者,何可胜数。及宋受天命,圣人出而四海一。向之凭恃险阻,铲削消磨。百年之间,漠然徒见山高而水清。欲问其事,而遗老尽矣。今滁介江淮之间,舟车商贾,四方宾客之所不至;民生不见外事,而安于畎亩衣食,以乐生送死。而孰知上之功德,休养生息,涵煦于百年之深也[④]!

修之来此,乐其地僻而事简,又爱其俗之安闲。既得斯泉于山谷之间,乃日与滁人仰而望山,俯而听泉。掇幽芳而荫乔木,风霜冰雪,刻露清秀,四时之景,无不可爱。又幸其民乐其岁物之丰成,而喜与予游也。因为本其山川,道其风俗之美,使民知所以安此丰年之乐者,幸生无事之时也。夫宣上恩德,以与民共乐,刺史之事也⑤。遂书以名其亭焉。

【注释】①滁:滁州,今安徽滁县。②尝以周师破李景兵:宋太祖赵匡胤在称帝前是后周世宗(柴荣)的大将。956年,他率军在滁州西南的清流山击败南唐中主李景(璟)的部队。③图记:地图和文字记载。④涵煦:滋润化育。此指宋王朝功德无量,养育万物。⑤刺史:本为汉代的州官,此代指宋朝的知州。

【译文】我管治滁州的第二年夏天,才喝出滁州水的甜美。询问滁州本地人,知这水源就在州城南面大约百步的近处。那儿上面是丰山,高耸独立;下面是幽深的山谷,黑幽幽地藏着;中间有清泉,翻滚涌冒出来。无论仰望俯视,还是左右顾盼,都很悦目。于是我疏通泉水,凿开乱石,开辟一块地作为亭子,与滁州人来往游玩其间。

滁州在五代战乱年代,是战争要地。从前宋太祖曾率后周的军队打败南唐李景的十五万军队于清流山下,活捉了他的将领皇甫晖和姚凤于滁州城东门外,从而平定了滁州。我曾考察过它的山河地形,根据它的地图和文字记载,登高眺望清流山关口,想找到皇甫晖和姚凤被擒的地方。而老年人都已不在了,真的是天下的平定已很久很久了。自唐朝失去统治,海内分裂,豪杰纷起争夺,在各地建立起的国家,数不胜数。直到宋王朝承接天命,圣人一出,四海就统一了。过去所凭持的高山险地,都铲削消磨了,百年来人们只是淡漠地观看这些高山清水了。想打听有关历史的事迹,可遗老们都去世了。今日的滁州处于江淮之间,车船商贩、四方宾客都不来,百姓不知外边的事而安心于田土谋生,并乐于这样生老终死。有谁知道皇上的功德使人们休养生息,承受皇恩已百年之久呢!

我来此地,喜欢它的地方僻静、事务简少,又喜爱它的风俗安闲。发现这处山谷间的泉水后,就天天和滁州人仰望高山、俯听泉流,采摘幽香的花草,在大树的浓荫下休息,风霜冰雪,清秋显露,四季景色无不可爱。又幸运地碰到当地人民由于连年丰收而欢乐,喜欢跟我同游。于是我根据这里的山河地理,说出它风俗的美好,使百姓知道安然享受丰年快乐的原因,是幸运生在无动乱的时期。宣扬皇上恩德,并与民同乐,这是刺史的本职。于是就把“丰乐”作为这个亭子的题名了。

【鉴赏】本文作于仁宗庆历六年(1046),即欧阳修因参与“庆历新政”的改革而被贬到滁州的第二年。作者虽政治上失意,但仍关心国家的改革,因此全文主旨并不在记述丰乐亭的美景,而在于以赞颂皇上功德、人民安乐,婉讽保守派,提醒人们居安思危,勿忘国家大计。文章先简单交代了发现泉水和修建丰乐亭的经过。然后放开文笔,追叙五代战乱时期发生在滁州的史迹,说明此地乃战争要地,由于“圣人”赵匡胤的出现,才结束了长期的纷乱,并由于宋王朝百余年的休养生息政策,才使滁州人民享受“丰年之乐”。最后描述自己与民忘情山水的快乐,并点明亭子命名的意义。全文夹叙夹议,今昔对比,从容不迫又蕴含感慨和寄寓。

醉翁亭记

环滁皆山也①。其西南诸峰，林壑尤美。望之蔚然而深秀者，琅琊也②。山行六七里，渐闻水声潺潺，而泻出于两峰之间者，酿泉也③。峰回路转，有亭翼然临于泉上者，醉翁亭也。作亭者谁？山之僧智仙也。名之者谁？太守自谓也。太守与客来饮于此，饮少辄醉，而年又最高，故自号曰醉翁也。醉翁之意不在酒，在乎山水之间也。山水之乐，得之心而寓之酒也。

若夫日出而林霏开，云归而岩穴暝，晦明变化者，山间之朝暮也。野芳发而幽香，佳木秀而繁阴，风霜高洁，水落而石出者，山间之四时也。朝而往，暮而归，四时之景不同，而乐亦无穷也。

至于负者歌于途，行者休于树，前者呼，后者应，伛偻提携，往来而不绝者，滁人游也。临溪而渔，溪深而鱼肥；酿泉为酒，泉香而酒洌。山肴野蔌④，杂然而前陈者，太守宴也。宴酣之乐，非丝非竹⑤。射者中，弈者胜，觥筹交错，坐起而喧哗者，众宾欢也。苍颜白发，颓然乎其中者，太守醉也。

已而夕阳在山，人影散乱，太守归而宾客从也。树林阴翳⑥，鸣声上下，游人去而禽鸟乐也。然而禽鸟知山林之乐，而不知人之乐；人知从太守游而乐，而不知太守之乐其乐也。醉能同其乐，醒能述以文者，太守也。太守谓谁？庐陵欧阳修也⑦。

【注释】①滁：滁州。②琅琊（lángyá）：山名，在今安徽滁州西南面。③酿泉：泉水名，在琅琊山里。④蔌（sù）：野菜。⑤丝竹：借指音乐。丝，弦乐器；竹，管乐器。⑥阴翳（yì）：树荫遮蔽着。⑦庐陵：县名，今江西吉安市。

【译文】环绕滁州都是山啊。它西南面的各个山峰，丛林溪谷尤其优美。远望葱郁秀丽的，就是琅琊山了。沿山道走六七里，渐渐听到水声潺潺，倾泻流出于两山之间的，就是酿泉了。峰回路转，在泉边像飞鸟展翅一样的那座亭子，就是醉翁亭了。建亭的是谁？山上的智仙和尚啊；命名的是谁？太守自己的别号啊。太守同客人来此饮酒，喝一点儿就醉，而他年纪又最大，所以自号"醉翁"了。醉翁之意不在酒，在于山水之间啊。山水之乐，是领会在心寄托在酒啊。

那早晨太阳升起，树林里的雾气散开，傍晚烟云聚拢，山石洞穴昏暗，这种明暗变化就是山里的早晚了。野花开放发出幽香，佳木秀丽繁茂成荫，风霜高洁，水浅石出，这是山里的四季了。早上去，傍晚回，四季景色各异，而乐趣也无穷啊！

至于背着东西的人在路上唱歌，行人在树下歇息，前面的人在呼喊，后面的人在答应，老人小孩来往不断，这都是滁州人在游山啊。到溪水里捕鱼，溪水深，鱼儿肥；用泉水酿酒，泉水清纯而酒味清醇。野味野菜，纷纷摆上桌，这是太守的宴席啊。沉浸于宴席的快乐，不在于音乐。投壶的投中了，下棋的下赢了，酒杯酒筹交互错杂，时坐时起，喧声不断，这是各位宾客在欢乐啊。苍老的容颜，花白的头发，倒在他们中间的，是太守喝醉了。

不久，夕阳落下山，人影散乱，这是太守回家，宾客随后。树林浓密成荫，鸟声一片，这是游人离去而鸟儿在欢乐。但是鸟儿只知道山林的快乐，却不知道游人的快乐；游人只知道随太守游玩的快乐，却不懂得太守为他们的快乐而感到快乐。醉了能同他们一起快乐，醒了能用文章叙述的，是太守啊。太守是谁？就是庐陵的欧阳修呀。

【鉴赏】本文是《丰乐亭记》的姊妹篇，写于同一年。文章生动地描述了滁州山水之美和作者与民同游宴之乐，表达了作者寄情山水以遣官场失意的达观精神。在写作上，本文结构精巧，语言畅达优美，描写生动，情景交融，充满诗情画意，是历代公认的名篇，广为传诵。具体地说，首先是结构精美。全篇以“乐”为纲，写景抒情都紧扣它。先由散到聚写景，从“环滁皆山”到西南诸峰，到琅琊，到酿泉，最后集中到醉翁亭，景美人也乐，醉乐其间，流连忘返；而后分别描述太守与民游山之乐、宴饮之乐和醉归之乐。文首伏笔：醉翁之意不在酒，而在山水之乐并“得之心”；文尾呼应：醉能乐其乐，醒能述以文。后面各段开头分别以“若夫”“至于”“已而”等虚词承上启下，相互联结。每段内部，有分有总，层次清晰。其次是意境优美。醉翁亭所在，有山水相映之美，有朝暮变化之美，有四季转换之美，也有动静对比之美，还有鸟鸣山林之美。美景做伴，游人欢乐，宾客宴乐，太守醉乐，情景交融，充满诗情画意。第三，语言畅美。全文字斟句酌，骈散结合，尤其是二十一个“也”字构成的反复咏叹的句式的运用，使文章充满节奏感和抒情性，读来十分流畅优美。

秋声赋

欧阳子方夜读书，闻有声自西南来者，悚然而听之，曰：“异哉！”初淅沥以萧飒，忽奔腾而澎湃。如波涛夜惊，风雨骤至。其触于物也，𨱔𨱔铮铮，金铁皆鸣；又如赴敌之兵，衔枚疾走[①]，不闻号令，但闻人马之行声。予谓童子：“此何声也？汝出视之。”童子曰：“星月皎洁，明河在天[②]，四无人声，声在树间。”

予曰：“噫嘻，悲哉！此秋声也。胡为而来哉？盖夫秋之为状也，其色惨淡，烟霏云敛；其容清明，天高日晶；其气栗冽，砭人肌骨[③]；其意萧条，山川寂寥。故其为声也，凄凄切切，呼号奋发。丰草绿缛而争茂，佳木葱茏而可悦；草拂之而色变，木遭之而叶脱；其所以摧败零落者，乃一气之馀烈[④]。夫秋，刑官也，于时为阴；又兵象也，于行为金。是谓天地之义气[⑤]，常以肃杀而为心。天之于物，春生秋实。故其在乐也，商声主西方之音；夷则为七月之律[⑥]。商，伤也，物既老而悲伤；夷，戮也，物过盛而当杀。”

“嗟夫！草木无情，有时飘零；人为动物，惟物之灵。百忧感其心，万事劳其形。有动于中，必摇其精，而况思其力之所不及，忧其智之所不能。宜其渥然丹者为槁木，黟然黑者为星星[7]。奈何以非金石之质，欲与草木而争荣？念谁为之戕贼，亦何恨乎秋声！"

童子莫对，垂头而睡。但闻四壁虫声唧唧，如助予之叹息。

【注释】 ①鏦（cōng）鏦铮（zhēng）铮：金属互相撞击声。枚：开头如箸，两端有带，可系于颈后。古代行军袭击敌人，常令士兵衔于口中，防止喧哗。这种做法叫"衔枚"。②明河：明亮的天河，也称银河。③砭（biān）：古代用来治病的石针。此为针刺义。④绿缛（rù）：绿草茂密。缛，繁茂。气：古人认为大自然中弥漫着一种气，这气一年四季会发生变化，如春天是阳和之气，秋天是肃杀之气。⑤刑官：周朝设官，以天地四季为名，掌管刑法、狱讼的官为秋官，取其杀戮之义。阴：古人以春夏为阳，秋冬为阴，所以这里说秋天"于时为阴"。金：古人把五行（金木水火土）分配于四季，认为四季是五行相生的结果，秋天属金。义气：《礼记 · 乡饮酒义》说：天地肃杀之气，从西南方开始，到西北方是极盛顶点，"此天地之义气也。"由西南方至西北方，正是秋的方位。⑥商声：古代将乐声分为宫商角徵羽五声，并分配于四季，角属春，徵属夏，商属秋，羽属冬，宫属中央。同时，五声和五行相配，商声属金，主西方之音。夷则：《礼记 · 月令》以十二律分配十二月，七月为夷则。⑦渥（wò）然丹者：指红润容颜，此指年轻人。黟（yī）然黑者：指乌黑的头发，这里比喻健壮。黟然，黑色的样子。星星：点点白色，这里形容鬓发花白。

【译文】 欧阳修正在夜晚读书，听到有声音从西南方向来，惊讶地倾听。说道："奇怪啊！起初淅淅沥沥，凄凉萧飒，突然又奔腾澎湃，好像波涛在晚上惊骇汹涌，狂风暴雨突然来到。这风碰到物件上，叮叮咚咚，金属都碰响了。又像奔向敌方的士兵，口含禁枚急跑，听不到号令声，只听到人马行走之声。"我对童子说："这是什么声音啊？你出去看看。"童子说："星月洁白，银河挂天，四处无人声，声音来自树林里。"

我说："啊！令人悲伤啊！这就是秋声了，它为什么要来呢？说起秋天的形状，它的颜色惨淡，烟云都聚积；它的容貌清明，天显得高，太阳也亮；它的空气凛冽，刺人肌骨；它的情意萧条，山河荒寂。所以它发出的声音，凄凄切切，呼喊号叫，奋发而起。茂盛的花草绿油油地相互争茂，大树葱郁而可爱。但这些花草被秋风一吹拂就变了颜色，树木一遭遇秋风就落叶子。秋风能使它摧败零落的原因，不过是它'气运'的余威罢了。这秋季，是代表执法的官府，在季节中配属于阴；又代表军事现象，在运行上配属于五行的金。这就是所谓的天地间的'义'气，常以严厉为本。大自然对待万物，使它们春天生长秋天结果。所以秋在音乐方面，商声代表西方的音调，夷则是七月的乐律。商，就是伤啊，万物衰老而悲伤。夷，就是刈啊，万物过盛而当杀戮。"

"唉！草木无情，有时飘零。人属动物，唯有他是万物之灵。千百种忧虑感发他的心，千万种事情劳累他的形体，只要有什么感动在胸，一定会摇撼他的精神，更何况思虑他力量不及、智力不够的事情呢？这只会使容光焕发的红颜变成枯木，漆黑的头发变成花白。为何不是金石材料，想与草木争茂盛？想想是谁危害了我们，又何必恨这秋声？"

童子没有回答，低头而睡。只听得满屋虫声唧唧，就像助伴我的叹息。

【鉴赏】这是一篇感怀秋天的著名文赋,作于宋仁宗嘉祐四年(1059)。肃杀秋景,是古代文人常用来抒写感伤怨怀的题材,本文正是这类作品的代表。作者以秋声起笔,由秋风所到,山川寂寞、草木零落的景象,联想到人生易老,抒发了对人世感伤、人生劳顿坎坷的悲情愁绪。文章紧扣秋声,写景、抒情、叙事、议论,融为一体,不露痕迹,尤其是写景状物,技法高超。开篇描绘秋声,以风声、雨声、涛声、金鸣声、人马声等加以类比,使无形的秋声可闻、可见、可感;然后又用两段篇幅,从秋色、秋容、秋气、秋意、秋声等多方面,生动具体地展示肃杀萧条的秋景;最后落到人世,发出“物既老而悲伤”,“物过盛而当杀”的慨叹。在文章形式上,既保留了传统辞赋中的一问一答、骈偶押韵、铺陈排比等特点,又增加了散文成分,使句法整齐而富于变化,语言具有音乐美,感染力很强。

祭石曼卿文

维治平四年七月日,具官欧阳修,谨遣尚书都省令史李敭,至于太清,以清酌庶羞之奠①,致祭于亡友曼卿之墓下,而吊之以文,曰:

呜呼曼卿!生而为英,死而为灵。其同乎万物生死,而复归于无物者,暂聚之形②;不与万物共尽而卓然其不朽者,后世之名。此自古圣贤,莫不皆然;而著在简册者,昭如日星。

呜呼曼卿!吾不见子久矣,犹能仿佛子之平生。其轩昂磊落、突兀峥嵘,而埋藏于地下者,意其不化为朽壤,而为金玉之精;不然,生长松之千尺,产灵芝而九茎③。奈何荒烟野蔓,荆棘纵横,风凄露下,走磷飞萤④;但见牧童樵叟,歌吟而上下,与夫惊禽骇兽,悲鸣踯躅而咿嘤。今固如此,更千秋而万岁兮,安知其不穴藏狐貉与鼯鼪⑤?此自古圣贤亦皆然兮,独不见夫累累乎旷野与荒城!

呜呼曼卿!盛衰之理,吾固知其如此;而感念畴昔⑥,悲凉凄怆,不觉临风而陨涕者,有愧夫太上之忘情。尚飨!

【注释】①维:发语词。治平四年:1067 年。治平,北宋英宗的年号。具官:唐宋以来,在公文底稿上不直接写明官爵品位,而代称“具官”。太清:地名,在今河南商丘,石曼卿的故乡和葬地。庶羞:各色食品。品种叫庶,味美叫羞。②形:身体。古人认为天地事物都是由“气”积聚而成,人体也是如此。③九茎:一秆九茎,是灵芝中最好的一种。④走磷:闪动的磷火,俗称“鬼火”。⑤貉(hé):一种像狐狸的野兽。鼯(wú):飞鼠。鼪(shēng):黄鼠狼。⑥畴昔:从前。

【译文】治平四年七月的一天,朝廷命官欧阳修特派尚书都省令史李敭到太清,用清酒和多种美味等祭品,在亡友石曼卿墓前祭奠,并以下文吊唁他:

啊!曼卿,你生前是英杰,死后必成神灵。那同万物一样由生而死,终复归于无物之境,是暂时聚集的形体,不同万物共亡而伟立不朽的,是流传后世的美名。这是自古圣贤,无不如此的。那载入史册的,辉煌如太阳和星星。

啊!曼卿,我不见你已经很久了,但还能想象出你平时的样子。你气宇轩昂,光明磊落，才能突出，而你埋藏地下的遗体，想必也不会腐化成土，而是变成金玉的精华。不是这样，也会生长为青松挺拔千尺，产生出九茎这样的灵芝。可为什么偏是荒烟野莽，荆棘纵横，风凄露湿，磷火闪闪，萤火丛飞，只见牧童和柴夫歌吟墓间，还有受惊的飞鸟和惊慌的野兽在这里徘徊惨叫，咿咿嘤嘤？今天就已这般样子，经过千百年后，怎么知道狐狸、老鼠和黄鼠狼不在这里打洞藏身呢？这是自古圣贤，也都这样的啊！难道单单不见空旷的野外和一个挨一个的坟墓？

啊！曼卿，万物由盛而衰的道理，我本已知道如此。但怀念过去，悲凉凄怆，不觉当风掉泪的我，有愧于不能像圣人那样忘情。请你享用吧！

【鉴赏】 本文是欧阳修在好友石曼卿死后二十多年悼念他时写的一篇祭文。石曼卿为人豪爽，喜欢喝酒，工诗善书，但一生冷落不遇，中年即亡。作者十分怀念这位志同道合的朋友，在文中三呼曼卿，惋其生前怀才不遇，悲其死后墓地凄凉。文章不为死者作生平概括，而是着力渲染墓地的荒凉，颂其身虽亡而名长存，以告慰亡灵，写得凄凉哀婉，荡气回肠。全文采用辞赋形式，文句散中有骈，通篇押韵，更增强了文章的抒情性和感染力。

泷冈阡表

呜呼！惟我皇考崇公卜吉于泷冈之六十年，其子修始克表于其阡[①]。非敢缓也，盖有待也。

修不幸，生四岁而孤。太夫人守节自誓，居穷，自力于衣食，以长以教，俾至于成人[②]。太夫人告之曰："汝父为吏，廉而好施与，喜宾客。其俸禄虽薄，常不使有馀，曰：'毋以是为我累。'故其亡也，无一瓦之覆，一垅之植，以庇而为生。吾何恃而能自守邪？吾于汝父，知其一二，以有待于汝也。自吾为汝家妇，不及事吾姑[③]，然知汝父之能养也。汝孤而幼，吾不能知汝之必有立，然知汝父之必将有后也。吾之始归也[④]，汝父免于母丧方逾年。岁时祭祀，则必涕泣曰：'祭而丰，不如养之薄也。'间御酒食，则又涕泣曰：'昔常不足，而今有馀，其何及也！'吾始一二见之，以为新免于丧适然耳。既而其后常然，至其终身未尝不然。吾虽不及事姑，而以此知汝父之能养也。汝父为吏，尝夜烛治官书，屡废而叹。吾问之，则曰：'此死狱也，我求其生不得尔！'吾曰：'生可求乎？'曰：'求其生而不得，则死者与我皆无恨也；矧求而有得邪[⑤]！以其有得，则知不求而死者有恨也！夫常求其生，犹失之死；而世常求其死也。'回顾乳者，抱汝而立于旁，因指而叹曰：'术者谓我岁行在戌将死[⑥]。使其言然，吾不及见儿之立也，后当以我语告之。'其平居教他子弟，常用此语，吾耳熟焉，故能详也。其施于外事，吾不能知；其居于家，无所矜饰[⑦]，而所为如此。是真发于中者邪！呜呼！其心厚于仁者邪！此吾知汝父之必将有后也。汝其勉之！夫养不必丰，要于孝；利虽不得博于物[⑧]，要其心之厚于仁。吾不能教汝，此汝父之志也。"修泣而志之，不敢忘。

先公少孤力学，咸平三年进士及第，为道州判官，泗、绵二州推官，又为泰州判官，享年五十有九，葬沙溪之泷冈[⑨]。太夫人姓郑氏，考讳德仪，世为江南名族。太夫人恭俭仁爱而有礼，初封福昌县太君，进封乐安、安康、彭城三郡太君[⑩]。自其家少微时，治其家以俭约，其后常不使过之。曰："吾儿不能苟合于世，俭薄所以居患难也。"其后修贬夷陵[⑪]，太夫人言笑自若，曰："汝家故贫贱也，吾处之有素矣。汝能安之，吾亦安矣。"

自先公之亡二十年，修始得禄而养。又十有二年，列官于朝，始得赠封其亲。又十年，修为龙图阁直学士、尚书吏部郎中、留守南京[⑫]。太夫人以疾终于官舍，享年七十有二。又八年，修以非才，入副枢密，遂参政事[⑬]。又七年而罢。自登二府，天子推恩，褒其三世。故自嘉祐以来，逢国大庆，必加宠锡[⑭]。皇曾祖府君，累赠金紫光禄大夫、太师、中书令。曾祖妣，累封楚国太夫人。皇祖府君，累赠金紫光禄大夫、太师、中书令兼尚书令[⑮]。祖妣，累封吴国太夫人。皇考崇公，累赠金紫光禄大夫、太师、中书令兼尚书令。皇妣，累封越国太夫人。今上初郊[⑯]，皇考赐爵为崇国公，太夫人进号魏国。

于是，小子修泣而言曰："呜呼！为善无不报，而迟速有时，此理之常也。惟我祖考，积善成德，宜享其隆，虽不克有于其躬，而赐爵受封，显荣褒大，实有三朝之锡命[⑰]。是足以表见于后世，而庇赖其子孙矣。"乃列其世谱，具刻于碑。既又载我皇考崇公之遗训，太夫人之所以教而有待于修者，并揭于阡，俾知夫小子修之德薄能鲜，遭时窃位；而幸全大节，不辱其先者，其来有自。

熙宁三年，岁次庚戌，四月，辛酉朔，十有五日，乙亥，男推诚、保德、崇仁、翊戴功臣，观文殿学士，特进，行兵部尚书，知青州军州事，兼管内劝农使，充京东路安抚使，上柱国，乐安郡开国公，食邑四千三百户，食实封一千二百户[⑱]，修表。

【注释】①皇考：旧时对亡父的敬称。崇公：即崇国公，欧阳修的父亲名观，字仲宾，卒于大中祥符三年(1010)，追封崇国公。卜吉：占卜吉地。此指占卜吉地后埋葬。阡：墓道。②太夫人：即魏国太夫人，欧阳修母亲的封号。俾：使。③姑：婆母，此指欧阳修的祖母。④始归：才嫁过来的时候。古时女子出嫁曰"归"。⑤矧(shěn)：何况。⑥术者：旧指占卜星相、推算人事吉凶的人。岁行在戌：指岁星(木星)经行正在戌年。古代干支纪年，欧阳修的父亲死于宋真宗大中祥符三年庚戌(1010)年。⑦矜饰：夸饰，文饰。⑧博于物：普及于人。⑨咸平：宋真宗赵恒的年号(998—1003)。道州：州治在今湖南道县。判官：官名。宋代在各州、府设置，为州、府佐吏。泗、绵二州：泗州治所在今安徽泗县，绵州治所在今四川绵阳市。推官：宋代州、府长官的属官，常管司法。泰州：治所在今江苏姜堰市。沙溪：地名，在今江西永丰县南。⑩福昌县：今河南宜阳县。乐安：郡名，郡治在今山东博兴县。安康：郡名，郡治在今陕西汉阴县。彭城：郡名，郡治在今江苏徐州市。⑪夷陵：县名，今湖北宜昌市。⑫龙图阁直学士：侍从皇帝的内官。龙图阁，保管皇帝的御书、典籍等物的阁名。留守南京：宋代，西京、南京、北京各置留守一人，以知府兼任。南京为应天府，治所在今河南商丘市。⑬副枢密：即枢密副使，是中央军事机关的副长官。

参政事:宋初以资历较浅的官加参知政事衔,为实际的副宰相,与宰相同议政事。⑭锡:通“赐”。⑮府君:旧时子孙对其祖先的敬称。尚书令:宋代无实职,为赠官,班次在太师之上。⑯郊:郊祀,皇帝祭天大典,常在这时对臣下加官赠封。⑰三朝:指宋仁宗、英宗、神宗三朝。锡命:指皇帝封赠的诏书。⑱熙宁三年:宋神宗熙宁三年(1070),庚戌年。辛酉这一天是四月初一。朔,每月开头。乙亥:四月十五日。推诚、保德、崇仁、翊(yì)戴:这些都是宋代皇帝赐给臣僚的褒奖之词。特进:官阶名,正二品。行:兼。宋制以高职兼低职称为“行某官”。开国公:宋代封爵十二等中的第六等。食邑:享用封地的租税。食实封:实际封给的食邑。

【译文】啊!在我先父崇国公选择吉日下葬于泷冈六十周年之际,他的儿子欧阳修才立碑于墓道。这不是我敢于迟缓不办,而是有所等待啊。

我不幸,出生四岁丧父。母亲——魏国太夫人立志守节,家穷,靠自力谋生,养我教我,使我长大成人。太夫人曾告诉我:“你父亲做官清廉,又好助人,还喜欢招待客人。他的俸禄虽少,却还不节约。他说:‘别让钱财成我负担。’所以他死后,没有一片瓦一席地可依赖着为生。我是仗着什么守节的呢?我对你父亲也略知一二,那是对你寄寓着希望啊!从我成为你们家媳妇,没赶上侍候婆婆,但知道你父亲是个能孝顺养亲的人。你父亲死时你还小,我不能预知你一定能成家立业,但知道你父亲一定会有后人。我刚嫁来时,你父亲服完母丧才一年多。每年祭祀时,都会流着泪说:‘祭奠再丰厚,也不如生前供养微薄啊!’有时吃一顿好酒好饭,又会流泪说:‘以前常不够吃,现在丰足有余了,娘又赶不上了。’我起初见了一两回,以为是他丧事刚过才这样,结果以后经常这样,一直到死,无一回不如此。我虽没能赶上侍候婆婆,可从这事看出你父亲是孝顺养亲的。你父亲做官,有一次晚上点灯赶办衙门的文书,几次放下在那里叹气。我问他,他说:‘这是死案啊,我想为他寻条活路却找不到啊!’我说:‘活路可以找出来吗?’他说:‘为他找活路却找不到,那死者和我都没有遗恨了;况且确有寻找到活路的呢!要是有活路却不去找,那死者就有遗恨了。常想为死刑犯找活路还有人被误处死的,可世上有的人却想方设法把人处死呢。’他说着回头见乳母抱着你站在旁边,就指着你叹息说:‘算命的说我在戌年就要死去。如果他的话说对了,我就来不及看见儿子自立成人了,今后应把我的话告诉他。’他平日里教育其他的后辈,也常说这些话。我耳朵听熟了,所以能记得这么详细。他在外面做的事情,我不能知道;他在家里,没有一点虚夸做作,做的事都这样。这是真正发自内心的啊!唉!他的心是很讲仁道的,这就是我知道你父亲一定会有好的后人的原因。你要以此勉励自己。奉养长辈不一定要丰厚的衣食,关键在于孝顺;对人有利的事虽不能遍及每一个,但最重要的是心中重视仁道。我没有什么教导你,上面说的是你父亲的期望啊。”我流着泪记住它,不敢忘记。

我的先父小时候便死了父亲,他用功读书,在咸平三年考中进士,曾任道州判官,泗、绵两州的推官,又做过泰州判官,终年五十九岁,葬在沙溪的泷冈。太夫人姓郑,她的父亲名德仪,世代都是江南有名的大族。太夫人恭敬勤俭,宽仁慈爱,待人有礼,起初封福昌县太君,后进封为乐安、安康、彭城三郡太君。从家里贫穷时起,她就勤俭持家,后来也不让超过这个限度,说:“我的儿子不能苟且迎合社会,勤俭节约，是为准备过患难日子。"后来我被贬为夷陵县令，太夫人谈笑自如，说："你家里本来就贫贱，我过惯了。你能安适，我也就安适了。"

从先父逝世二十年后，我才得到俸禄供养母亲。又过了十二年，我任龙图阁直学士、尚书吏部郎中，留守南京。太夫人因病在官邸去世，享年七十二岁。又过了八年，我作为一个无才无能的人，竟能任副枢密，做参知政事。又过了七八年，才免除参知政事。自从我进入枢密院和中书省，皇上就赐予恩惠，褒奖我家三代。从嘉祐年间以来，每逢国家大庆，必定加以恩宠赏赐。先曾祖父，连续赠封金紫光禄大夫、太师、中书令，先曾祖母，连续封楚国太夫人；先祖父一再受封金紫光禄大夫、太师、中书令兼尚书令，先祖母一再受封至吴国太夫人；先父崇国公，连续赠金紫先禄大夫、太师、中书令兼尚书令，先母连续封越国太夫人。现在皇上即位初次祭天，赠封先父为崇国公，先母晋封为魏国太夫人。

于是我流泪说道："唉！做了好事没有不获好报的，只是时间有早有晚罢了。这是常理啊。我的祖辈与先父积累善行，成就仁德，理应享有这隆厚的回报，虽不能活着享受，死后却能受封，显扬光荣，嘉奖大德，荣享三朝的恩宠诏命，这足以留名后世，庇护子孙了。"于是我列上世代家谱，刻在碑上。连同父亲的遗训和母亲教导寄望于我的话一并在碑上刻出来，使人们知道我的德行微薄，才能欠缺，但遇着清明的时代，担任官职，能幸运保全大节，不至于辱没祖先，这是有根源的。

熙宁三年，庚戌年四月初一辛酉日，十五乙亥日，男推诚、保得、崇仁、翊戴功臣，观文殿学士，特进，兼兵部尚书，知青州军州事，兼管内劝农使，充京东路安抚使，上柱国，乐安郡开国公，食邑四千三百户、食实封一千二百户，欧阳修撰写表文立碑。

【鉴赏】本文是欧阳修在他父亲死后六十年为其父墓碑写的一篇墓表。泷冈，在今江西永丰县凤凰山。阡表，即墓表，是表彰墓主生平事迹的文体。作者着重记述父母的言传身教及其对自己成长的巨大影响。这种注重以言传身教培养后代的思想和事例，今天仍有积极的现实意义。文章突破墓表写作中常见的套用成话、内容空洞的模式，注重表述人物生前的具体事例。如写父亲的孝顺养亲，对"死狱"的慎重仁道，以及母亲的教诲等，都是通过一些言谈琐事，细细叙述，让读者亲切真实地感受到父亲的清廉仁厚、母亲的节俭安贫等美德，以及对作者的良好影响。这种记叙日常琐言细事来表彰亡灵的写法，真切感人，对后世文人如归有光等影响很大。

苏洵(1009—1066),字明允,眉山(今四川省眉山市)人。1047年进京参加科考落榜,从此返乡闭户读书十年。1056年携子苏轼、苏辙再次进京,以所写的文章呈示当时的名人,为欧阳修赏识,苏洵得以成名。曾任秘书省校书郎、霸州文安县主簿等低级官职。其文章擅长议论,多有新见;文笔流畅犀利,耳目一新。与儿子苏轼、苏辙并称"三苏",同列于唐宋八大家之中。著有《嘉祐集》。

管仲论

管仲相威公[①],霸诸侯,攘夷狄,终其身齐国富强,诸侯不敢叛。管仲死,竖刁、易牙、开方用[②]。威公薨于乱,五公子争立,其祸蔓延,讫简公[③],齐无宁岁。

夫功之成,非成于成之日,盖必有所由起;祸之作,不作于作之日,亦必有所由兆。故齐之治也,吾不曰管仲,而曰鲍叔[④]。及其乱也,吾不曰竖刁、易牙、开方,而曰管仲。何则?竖刁、易牙、开方三子,彼固乱人国者,顾其用之者[⑤],威公也。夫有舜而后知放四凶,有仲尼而后知去少正卯[⑥]。彼威公何人也?顾其使威公得用三子者,管仲也。仲之疾也,公问之相。当是时也,吾意以仲且举天下之贤者以对,而其言乃不过曰"竖刁、易牙、开方三子,非人情,不可近"而已。呜呼!仲以为威公果能不用三子矣乎?仲与威公处几年矣,亦知威公之为人矣乎?威公声不绝于耳,色不绝于目,而非三子者,则无以遂其欲。彼其初之所以不用者,徒以有仲焉耳。一日无仲,则三子者可以弹冠而相庆矣。仲以为将死之言,可以絷威公之手足耶[⑦]?夫齐国不患有三子,而患无仲;有仲,则三子者三匹夫耳。不然,天下岂少三子之徒哉?虽威公幸而听仲,诛此三人,而其馀者,仲能悉数而去之耶?呜呼!仲可谓不知本者矣!因威公之问,举天下之贤者以自代,则仲虽死,而齐国未为无仲也。夫何患三子者?不言可也。

五伯莫盛于威、文[⑧]。文公之才,不过威公,其臣又皆不及仲。灵公之虐,不如孝公之宽厚。文公死,诸侯不敢叛晋;晋袭文公之馀威,犹得为诸侯之盟主百馀年。何者?其君虽不肖,而尚有老成人焉[⑨]。威公之薨也,一败涂地,无惑也。彼独恃一管仲,而仲则死矣。夫天下未尝无贤者,盖有有臣而无君者矣。威公在焉,而曰天下不复有管仲者,吾不信也。仲之书,有记其将死,论鲍叔、宾胥无之为人,且各疏其短[⑩]。是其心以为数子者,皆不足以托国,而又逆知其将死[⑪],则其书诞谩不足信也。

吾观史鳅,以不能进蘧伯玉而退弥子瑕,故有身后之谏[⑫]。萧何且死,举曹参以自代[⑬]。大臣之用心,固宜如此也。夫国以一人兴,以一人亡。贤者不悲其身之死,而忧其国之衰。故必复有贤者,而后可以死。彼管仲者,何以死哉?

【注释】①威公:齐桓公,避宋钦宗赵桓讳而改称。②竖刁、易牙、开方:三人自阉以进宫,杀子背亲以换取君主信任,成为宠臣。管仲死后,三人专权。桓公死后,诸子争位,齐国内乱。③五公子:桓公的五个儿子。简公:齐简公。在位三年即被左相田常杀害。④鲍叔:即鲍叔牙,齐国大夫。⑤顾:但,但是。⑥四凶:共工、驩兜、三苗、鲧为尧时四凶。少正卯:春秋时鲁国人。他聚徒讲学,被孔子所杀。⑦絷:绊住,束缚。⑧五伯:即春秋五霸齐桓公、晋文公、楚庄王、宋襄公、秦穆公。⑨老成人:年老成德之人。⑩宾胥无:齐桓公的贤臣。疏:陈述,列举。⑪逆知:预先测知。⑫史鰌:春秋时卫国大夫。蘧(qú)伯玉:卫国贤臣。弥子瑕:卫灵公宠臣。身后之谏:卫灵公不用蘧伯玉而宠弥子瑕,史鰌多次进谏无效。史死前令儿子把自己的尸体放在窗下以示仍要进谏。灵公吊丧知情后悔改。⑬萧何:刘邦的谋臣,汉丞相。死前推荐曹参继任相位。曹参:刘邦的大将,汉丞相,恪守萧何成法。

【译文】管仲做丞相辅助桓公,称霸诸侯,打击夷、狄等异族,到死时都使齐国富强,诸侯不敢背叛。管仲死后,竖刁、易牙、开方被重用。桓公死于宫廷内乱,五位公子争抢君位,此祸蔓延,直到齐简公,齐国无一年安宁。

功业的成就,不是成功于完成之日,必有一定的因素引起;祸乱的产生,不是发生于作乱之时,也必有根源预兆。因此,齐国的安定强盛,我不认为是由于管仲,而是由于鲍叔。至于齐国的祸乱,我不认为是竖刁、易牙、开方,而是管仲。为什么呢?竖刁、易牙、开方三人本就是乱国者,但重用他们的是齐桓公。有了舜才知道流放四凶,有了仲尼才知道杀掉少正卯。那桓公是什么人,回头看来,使桓公重用这三个人的是管仲啊!管仲病危时,桓公问及丞相人选。此时,我想管仲将推荐天下最贤能的人来作答,但他的话不过是"竖刁、易牙、开方三人,不讲人情,不能亲近"罢了。唉,管仲以为桓公真的能不用这三个人吗?管仲和桓公相处多年了,该知道他的为人了吧。桓公是个音乐不停歇于耳,美色离不开眼的人。如无此三人,就无法满足他的欲望。他开始不重用他们,只是由于管仲在,一旦管仲没了,这三人就弹冠相庆了。管仲以为自己的遗言就可束缚桓公吗?齐国不怕有这三人,而是怕无管仲。有管仲在,那这三人就只是普通人罢了。若不是这样,天下难道缺少跟这三人一样的人吗?即使桓公幸而听了管仲的话,杀了这三人,但其余的这类人,管仲能全部列出而除掉吗?唉!管仲是不懂得从根本上着眼的人啊!如果齐桓公问询时,推荐天下贤人来代替自己,那么管仲虽死,齐国却不能说没有管仲了。这三人又有什么可怕的,不说也可明白啊!

五霸中没有比齐桓公、晋文公再强的了。晋文公的才能不及齐桓公,他的大臣也都不及管仲。晋灵公暴虐,不如齐孝公宽厚。可晋文公死后,诸侯不敢背叛晋国,晋国承袭文公的余威,还能在一百多年里充当盟主。为什么呢?因为它的君主虽不贤明,但还有老成练达的大臣存在。桓公死后,齐国一败涂地,这不足为奇啊!他仅靠一个管仲,可管仲死了。天下并非无贤人,而是有好臣子却不被君主使用啊。桓公在世时,竟说天下不再有管仲一样的人才。这种话,我不相信。管仲的书里记载说,管仲临死前,论及鲍叔牙、宾胥无的为人,并列出他们的短处。这是他心中认为这几个人都不能托以国家重任,而且预料自己将死。《管子》一书实在荒诞,不值得相信。

我看史䲡，因活着不能荐用蘧伯玉斥退弥子瑕，为此，死后用自己的尸体摆在廊下劝谏卫灵公。萧何临死，推荐曹参代替自己。大臣的用心本应如此啊！国家往往因一个人兴盛，因一个人灭亡；贤人不悲自己的死亡，而忧国家衰败。所以一定要在生前找到贤人接班才能死去。那管仲，凭什么可以死掉呢？

【鉴赏】本文是一篇史论，以管仲死而齐国乱为例，论证了举贤任能是保障国家长治久安的根本，指明了政治家培养选拔接班人的重要性。作者的立论正确，但只归罪于管仲一人的做法是苛刻和片面的。文章细致分析了齐国内乱的人为因素，认为表面上是竖刁、易牙、开方三人导致，实为管仲死后，无贤人执政，并批评了管仲临死前没有荐贤以代为“不知本”。同时以晋国在文公死后有“老成人”执政为例来对照论述，还以史䲡荐蘧伯玉、萧何荐曹参作对比证明。全文析理精细，反复对比，层层深入，笔锋流畅犀利，见识独特，很有说服力。

辨奸论

事有必至，理有固然。惟天下之静者[①]，乃能见微而知著。月晕而风，础润而雨[②]，人人知之。人事之推移，理势之相因[③]，其疏阔而难知，变化而不可测者，孰与天地阴阳之事，而贤者有不知，其故何也？好恶乱其中，而利害夺其外也。

昔者，山巨源见王衍[④]，曰：“误天下苍生者，必此人也！”郭汾阳见卢杞[⑤]，曰：“此人得志，吾子孙无遗类矣！”自今而言之，其理固有可见者。以吾观之，王衍之为人，容貌言语，固有以欺世而盗名者，然不忮不求[⑥]，与物浮沉。使晋无惠帝[⑦]，仅得中主，虽衍百千，何从而乱天下乎？卢杞之奸，固足以败国，然而不学无文，容貌不足以动人，言语不足以眩世，非德宗之鄙暗[⑧]，亦何从而用之？由是言之，二公之料二子，亦容有未必然也[⑨]。

今有人，口诵孔、老之言，身履夷、齐之行，收召好名之士、不得志之人，相与造作言语，私立名字，以为颜渊、孟轲复出，而阴贼险狠，与人异趣，是王衍、卢杞合而为一人也，其祸岂可胜言哉！夫面垢不忘洗，衣垢不忘浣，此人之至情也。今也不然，衣臣虏之衣，食犬彘之食，囚首丧面而谈诗书[⑩]，此岂其情也哉？凡事之不近人情者，鲜不为大奸慝[⑪]。竖刁、易牙、开方是也！以盖世之名，而济其未形之患，虽有愿治之主，好贤之相，犹将举而用之。则其为天下患，必然而无疑者，非特二子之比也。

孙子曰：“善用兵者，无赫赫之功[⑫]。”使斯人而不用也，则吾言为过，而斯人有不遇之叹，孰知祸之至于此哉？不然，天下将被其祸，而吾获知言之名。悲夫！

【注释】①静者：道家指清静守虚、不为外物干扰的人。②础：基础，即柱子下面的石墩。

③理势:中国哲学术语。理,法则;势,发展变化的趋势。④山巨源、王衍:西晋大臣,均好老庄清静无为思想。王衍曾任宰相,但不理国事,后为石勒所杀。⑤郭汾阳:即郭子仪,唐大将。卢杞:唐德宗时任宰相,陷害忠良,搜刮百姓,后被贬谪。《旧唐书·卢杞传》记载,郭子仪病,卢杞来看他,他让姬妾都回避,独自等候。有人问为什么要这样做,郭子仪回答说:卢杞貌丑,姬妾见了,会发笑。这人心地险恶,以后得志,会斩杀我全家。⑥忮(zhì):忌恨,嫉妒。⑦惠帝:即司马衷(259—306)。在位期间,由其妻贾后专权,酿成"八王之乱"。相传306年被东海王司马越毒死。⑧德宗:即李适(kuò)(742—805),唐代皇帝。在位期间力图改革,加强中央集权,但又猜忌有功大臣,而信任卢杞等人,故无成效。⑨容:或许。⑩彘(zhì):猪。囚首丧面:头发不梳如囚犯,脸面不洗如居丧。⑪慝(tè):邪恶。⑫善用兵者,无赫赫之功:《孙子兵法·形篇》:"善战者之胜也,无智名,无勇功。"曹操注:"敌兵形未成,胜之,无赫赫之功也。"古代论战功,以斩首多少来评定。孙子以为,善用兵者往往退事于未临,故从表面上看没有显著的战功。

【译文】凡事有必然发展至此的原因,情理有必定如此的根源。只有天下那些达到清静守虚境界的人,才能从细微中预知显著后果。月亮有晕,就要起风;石基潮湿,就要下雨,这是人所共知的现象。人事的变迁,"理"与"势"相互因循,虽疏远难知,变化莫测,但怎能比得上天地阴阳这种自然现象呢,可能贤能的人有时也不清楚,这是什么原因呢?是因为好恶乱了他的内心,利害干扰了他的行为。

从前,山巨源看到了王衍,说:"贻误天下百姓的,一定会是这个人。"郭子仪看到了卢杞,说:"此人得志,我的子孙没有活得下来的。"从现在说来,其中的道理本是有预见的。据我的观察,王衍的为人,容貌言语,本可用以欺世盗名,而且他不忌恨人、不过分贪,随波逐流。假如晋朝没有惠帝这样的昏君,反遇上有中等才能的皇帝,即使有千百个王衍,又凭什么能搞乱天下呢?卢杞的奸险,诚然可以败国,但他不学无文,容貌不能打动人,言语不能迷惑当世,倘若不是唐德宗的鄙陋昏庸,又怎会重用他呢?由此说来,山、郭二人预料的那两个人,或许也不是必然的吧。

现在有这么一个人(暗指王安石),嘴上念诵着孔子、老子的话,却亲自实践着伯夷、叔齐那样的行为,网罗那些好名和不得志的人,一起制造舆论,私立名望,以为颜渊、孟轲在世;而他阴险狠毒,与众不同,别有用心。这是王衍、卢杞合二为一个人,他的祸害哪里说得完啊!脸脏不忘擦,衣脏不忘洗,这是最起码的人性。而今却不是这样,穿着奴仆的衣服,吃着猪狗的食物,囚犯似的一头乱发,居丧一样的污脸,却谈论《诗经》《尚书》,这难道是他的真情吗?大凡做事不近人情的,很少不是特别奸诈,竖刁、易牙、开方就是这种人啊。以盖世之名,来图谋他还未暴露的祸害,即使有想有所作为的君主、爱惜贤才的宰相,也会提拔重用他的。那样,他成为天下的祸患,是必定无疑的,不仅仅是王、卢二人能比得了的。

孙子说:"善于用兵的,并无显赫战功。"假使此人不被重用,那我的话就说错了,而此人也会有怀才不遇的慨叹,也没有谁知道他会危害国家的了。如若不是这样,天下将遭受其祸,而我获得"知言"之名,那就可悲了!

【鉴赏】1069年,王安石开始推行新法,遭到保守人士的反对。保守派为打击王安石,传出了这篇文章,并署名为已死去的苏洵,借以显示作者早在王安石变法之前就“见微知著”，预见到他得志必为奸。本文是否为苏洵所作，学术界有不同观点。文章先抬出“事有必至，理有固然”，万事均可“风微而知著”，预测规律，作为立论基础。然后以山巨源预见王衍、郭子仪预见卢杞为例证，类比王安石“衣臣虏之衣，食犬彘之食，囚首丧面而谈诗书”的行为“不近人情”，进而推导出王安石得志必为奸臣、为害国家的结论。这种以人的生活习惯和个别缺点来判断其政治品质的逻辑，是非常错误的。这种影射咒骂、攻击人身的写作手段也是非常低劣的。

心　术

为将之道，当先治心[①]。泰山崩于前而色不变，麋鹿兴于左而目不瞬，然后可以制利害，可以待敌。

凡兵上义[②]；不义，虽利勿动。非一动之为害，而他日将有所不可措手足也。夫惟义可以怒士，士以义怒，可与百战。

凡战之道，未战养其财，将战养其力，既战养其气，既胜养其心。谨烽燧，严斥堠[③]，使耕者无所顾忌，所以养其财；丰犒而优游之，所以养其力；小胜益急，小挫益厉，所以养其气；用人不尽其所欲为，所以养其心。故士常蓄其怒，怀其欲而不尽。怒不尽则有馀勇，欲不尽则有馀贪。故虽并天下，而士不厌兵，此黄帝之所以七十战而兵不殆也。不养其心，一战而胜，不可用矣。

凡将欲智而严，凡士欲愚。智则不可测，严则不可犯，故士皆委己而听命，夫安得不愚？夫惟士愚，而后可与之皆死。

凡兵之动，知敌之主，知敌之将，而后可以动于险。邓艾缒兵于蜀中，非刘禅之庸，则百万之师可以坐缚，彼固有所侮而动也[④]。故古之贤将，能以兵尝敌，而又以敌自尝，故去就可以决。

凡主将之道，知理而后可以举兵，知势而后可以加兵，知节而后可以用兵。知理则不屈，知势则不沮，知节则不穷。见小利不动，见小患不避；小利小患，不足以辱吾技也，夫然后有以支大利大患。夫惟养技而自爱者，无敌于天下。故一忍可以支百勇，一静可以制百动。

兵有长短，敌我一也。敢问：“吾之所长，吾出而用之，彼将不与吾校；吾之所短，吾蔽而置之，彼将强与吾角，奈何？”曰：“吾之所短，吾抗而暴之，使之疑而却；吾之所长，吾阴而养之，使之狎而堕其中。此用长短之术也。”

善用兵者，使之无所顾，有所恃。无所顾，则知死之不足惜；有所恃，则知不至于必败。尺棰当猛虎，奋呼而操击；徒手遇蜥蜴，变色而却步，人之情也。知此者，可以将矣。袒裼而按剑，则乌获不敢逼[⑤]，冠胄衣甲，据兵而寝，则童子弯弓杀之矣。故善用兵者以形固，夫能以形固，则力有馀矣。

【注释】 ①心：指战争中胆略、智谋、忍耐心、吃苦精神等军事与思想素养。②上：通“尚”，崇尚。③烽燧:边防报警的烽火。斥堠(hóu):放哨、了望的土堡。④指三国魏大将邓艾秘密攻蜀,途经险路,将士用绳子系着放下山去,最后突袭成都,灭蜀。⑤袒裼(tǎnxī):脱衣露体。乌获:战国时期秦国大力士。

【译文】做将领的方略,应当首先在于培养军事思想与意志。做到泰山在眼前崩塌而面不改色,麋鹿在身边跳动而不眨眼,然后才可以节制利弊,可以对付敌人。

大凡战争要崇尚正义;没有正义,虽有利也不要发动。不是一动就有什么利害关系,而是将来可能出现无法应付的局面。只有正义可以激发士兵,士兵因为正义而奋发,可带领他们作战千百次。

大凡作战的规律,未战之时要储养物资,临战之前要蓄养士兵力量,战争中要培养士兵的锐气,胜利之后要保养士兵的斗志。谨慎做好烽火预报,加强放哨了望,使耕田的放心无忧地生产,这样来储养物资;供给丰厚,多加犒赏,使士兵悠闲休息,以培养他们的战斗力。小胜更要抓紧,小败更要鼓励,以便保持士气;用人不要让他所想做的都实现,以便培养他的进取心。所以,士兵经常保持奋激精神,抱着希望而不能满足。奋激精神不消,就有多余的勇气,希望不能满足就有多余的贪心。所以,虽是统一天下,士兵也不会厌战,这就是黄帝经过七十次战争而士兵不倦怠的原因。不培养其心志,战胜一次就不能用了。

凡是将领,要聪明而威严,凡是士兵,要使之愚钝。聪明则不能揣测,威严则不能冒犯,所以士兵都献身听命,这样怎么能不要求其愚钝呢?只有士兵愚钝,然后才可带他们去拼命。

凡是军队要行动,要先了解敌方的君主,了解敌人的将领,然后才可以在险境中行动。邓艾用绳子把士兵吊下山而进攻蜀国,不是刘禅的昏庸,即使有百万大军也可束手就缚,那是欺侮蜀中无人才行动的。所以古代能干的将领,能用小兵力去试探敌人,又利用敌人来检验自己。因此,是避开还是应战,就可以决断了。

大凡做主帅的方法,明白军事原理才可起兵,了解形势然后才可交战,知道节制然后才可用兵。明白原理则不屈辱,了解形势则不失败,知道节制则不会陷入绝境。见小利不轻动,见小害不逃避;小利小害,不足以玷辱我的才技,这以后才可能支撑大患大利。只有培养才能而自爱的人,才天下无敌。所以忍一时可以应付上百次的勇猛,冷静一时可以制服百次行动。

军队有专长和短处,敌我都一样。有人问:"我的长处,我把它发挥出来加以运用,敌人将不跟我较量;我的短处,我把它隐藏放置起来,敌人硬要跟我斗,怎么办?"答:"我的短处,我偏要高举暴露出来,使敌疑惑而退却;我的长处,我暗中养护它,使敌麻痹而落入圈套,这就是运用长处短处的方法。"

善于用兵的人,使人无所顾忌,有所依凭。无所顾忌,就知道死不足惜;有所依靠,就知道不至于必败。手中有一尺长的鞭子,面对猛虎,也会振奋呼叫,与之搏斗;如果空手遇着蜥蜴,也会变了脸色而后退。这是人之常情啊!懂这个道理,就可带兵了。脱衣露体,紧握剑柄,就是乌获也不敢逼近;戴盔披甲,倚靠着武器睡觉,就是小孩拉弓也可杀死他。所以善于用兵的人,凭借各种形势条件来巩固自己。能凭借形势巩固自己,那么就有多余的力量了。

【鉴赏】本文是苏洵题为《权书》的十篇策论之一,也是一篇军事论文。作者喜欢“纸上谈兵”,根据历代军事经验和理论,归纳提出了自己的一些体会,如“为将之道,当先治心”“兵上义”“未战养其财,将战养其力,既战养其气,既胜养其心”的原则,以及理、势、节三者的运用和以忍制勇、以静制动的道理等等,包含了朴素的军事辩证法思想,具有借鉴意义。文章以“为将之道,当先治心”为全篇纲领和中心,故标题叫“心术”。但八条用兵意见“……逐节自为段落,非一片起伏首尾议论也。然先后不紊,由治心之养士,由养士而审势,由审势而出奇,由出奇而守备,段落鲜明,井然有序,文之善变化者也”(吴楚材等人评语)。全文层次分明,言简意赅,文笔洗练,又多用排比与对偶,增强了气势;而战例和比喻的插入,又增强了形象感和说服力。只是“怀其欲而不尽”“凡士欲愚”等封建权术,应予批判。

张益州画像记

至和元年秋[①],蜀人传言,有寇至边。边军夜呼,野无居人。妖言流闻,京师震惊。方命择帅,天子曰:“毋养乱,毋助变。众言朋兴[②],朕志自定。外乱不足,变且中起。既不可以文令,又不可以武竞,惟朕一二大吏,孰为能处兹文武之间,其命往抚朕师。”乃推曰:“张公方平其人。”天子曰:“然。”公以亲辞,不可,遂行。冬十一月,至蜀。至之日,归屯军,撤守备。使谓郡县:“寇来在吾,无尔劳苦。”明年正月朔旦,蜀人相庆如他日,遂以无事[③]。又明年正月,相告留公像于净众寺。公不能禁。

眉阳苏洵言于众曰:“未乱易治也,既乱易治也。有乱之萌,无乱之形,是谓将乱,将乱难治。不可以有乱急,亦不可以无乱弛。惟是元年之秋,如器之攲,未坠于地[④]。惟尔张公,安坐于其旁,颜色不变,徐起而正之。既正,油然而退,无矜容。为天子牧小民不倦,惟尔张公。尔繄以生[⑤],惟尔父母。且公尝为我言:‘民无常性,惟上所待。人皆曰:“蜀人多变。于是待之以待盗贼之意,而绳之以绳盗贼之法。重足屏息之民,而以砧斧令[⑥],于是民始忍以其父母妻子之所仰赖之身,而弃之于盗贼,故每每大乱。夫约之以礼,驱之以法,惟蜀人为易。至于急之而生变,虽齐鲁亦然。吾以齐鲁待蜀人,而蜀人亦自以齐鲁之人待其身。若夫肆意于法律之外,以威劫齐民[⑦],吾不忍为也。’呜呼!爱蜀人之深,待蜀人之厚,自公而前,吾未始见也。”皆再拜稽首曰:“然。”

苏洵又曰:“公之恩在尔心,尔死,在尔子孙。其功业在史官,无以像为也。且公意不欲。如何?”皆曰:“公则何事于斯?虽然,于我心有不释焉。今夫平居闻一善,必问其人之姓名,与其邻里之所在,以至于其长短、小大、美恶之状,甚者,或诘其平生所嗜好,以想见其为人。而史官亦书之于其传,意使天下之人,思之于心,则存之于目。存之于目,故其思之于心也固。由此观之,像亦不为无助。”苏洵无以诘,遂为之记。

公,南京人,为人慷慨有大节,以度量雄天下。天下有大事,公可属。系之以诗曰:

天子在祚[⑧],岁在甲午。西人传言,有寇在垣。庭有武臣,谋夫如云。天子曰嘻,命我张公。公来自东,旗纛舒舒[⑨]。西人聚观,于巷于涂。谓公暨暨,公来于于[⑩]。公谓西人:“安尔室家,无敢或讹。讹言不祥,往即尔常;春尔条桑,秋尔涤场。”西人稽首,公我父兄。公在西囿,草木骈骈[⑪]。公宴其僚,伐鼓渊渊[⑫]。西人来观,祝公万年。有女娟娟,闺闼闲闲[⑬]。有童哇哇,亦既能言。昔公未来,期汝弃捐。禾麻芃芃,仓庾崇崇[⑭]。嗟我妇子,乐此岁丰。公在朝廷,天子股肱[⑮]。天子曰归,公敢不承?作堂严严,有庑有庭。公像在中,朝服冠缨。西人相告:“无敢逸荒。公归京师,公像在堂。”

【注释】 ①至和:北宋仁宗的年号。至和元年,即公元1054年。②朋兴:一同兴起。朋,一齐,一同。③“蜀人”二句:时张方平以侍讲学士从滑州移知益州,尚未到任。当时谣传侬智高(已归附朝廷的壮族首领)在南诏(今云南省境内),将侵犯益州。于是地方官调兵筑城,百姓惊扰。朝廷闻报,调发陕西步骑兵到蜀郡防守,并催促张方平赴任平乱。张方平断定是谣言,把戍卒送回陕西;正月十五灯节,又故意三个晚上不关城门。后来抓到造谣的人杀了,益州的人心便安定了下来。④敧(qī):倾侧不平。⑤繄(yī):是,这,此。指代张方平的措施。尔繄以生,即尔以繄生。即你们靠他的措施活下来。⑥砧(zhēn):古代刑具,即铡刀下面的砧板。砧斧:代指严刑峻法。⑦齐民:平民。齐,相等,无贵贱之别,都是平民。⑧祚(zuò):此指皇位。⑨纛(dào):古时军队或仪仗队的大旗。舒舒:伸展飘扬的样子。⑩暨暨(jì):果敢刚毅的样子。于于:行动舒缓自得的样子。⑪囿(yòu):园林。骈骈(pián):茂盛的样子。⑫渊渊:鼓声。⑬闺闼(tà):闺房,内室。闲闲:娴静从容的样子。⑭芃芃(péng):茂密丛杂的样子。仓庾(yǔ):即仓廪,储藏谷物的场所。庾,露天堆谷的地方。崇崇:高大。⑮股肱(gōng):比喻帝王左右的得力大臣。股,大腿;肱,手臂从肘至腕的部分。

【译文】 至和元年秋天,蜀人传言,有敌寇侵犯到了边境,边防驻军也在夜里惊呼乱叫,野外的人家都走光了。谣言传开,京城也震惊。正好碰上在选择统帅益州的人选。天子说:“不要延误养成祸乱,也不要助长叛变发生。大家意见纷纷,但朕自有主张。外敌不足为忧,担忧的是叛变从当地发生。既不可单作礼乐教化,又不可只仗武力镇压。只从朕的几个大臣里选,谁能办好这件夹在文武间的事,就派谁去那里安抚朕的军队。”于是都推荐说:“张方平就是这样的人。”天子说:“就这样。”张公以父母年老为由来推辞,不准,就立即赴任。当年冬天十一月,来到四川。到任那天,就遣回集结的军队,撤除战备。派人告知各郡县官员:“外敌来由我处理,无须你们辛苦了。”第二年正月初一清晨,四川人和往年一样欢庆春节,得以平安无事。又过一年的正月,人们告知将为张公留像于净众寺,张公禁止不住。

眉山苏洵对大家说:“还未叛乱时容易治理,已经叛乱也容易治理。有叛乱苗头还不见叛乱的形迹,这叫‘将乱’,将乱最难治理,既不可用治乱方法操之过急,又不能认为无敌而放松治理。至和元年秋季,就像器皿倾斜,但还没有掉地一样,只有你们张公，安定地坐在它旁边，脸色不变，慢慢地起来把它扶正了；扶正后，又慢悠悠地退回去，没有骄傲神情。替天子管理百姓不知疲倦，是你们的张公。你们靠他的措施活下来，张公就是你们的重生父母。张公曾对我说：‘百姓无固定习性，只看上面怎么对待。人们都说：蜀人多变。于是就以对付盗贼之心对待他们，用惩治盗贼的方法惩治他们。对那些并起脚不敢喘大气的老百姓，却用砧板铡刀等酷刑严法对待。于是老百姓才开始狠心把自己借以养活父母妻小的身体，捐给盗贼，所以蜀地常常大乱。若用礼教约束，用法律管理，唯有蜀人最容易管了。至于逼急了发生变乱，即使齐鲁这些地方也会如此的。我用对待齐鲁的心意来对待蜀人，蜀人也会像齐鲁人那样来要求自己。像那种肆意超出法律之外，用威严劫扰平民，我是不忍心做的。’啊！爱蜀人这么深，待蜀人这么厚的，在张公之前，我从没有见过。”大家都拜了又拜，磕头说：“是这样啊！”

苏洵又说：“张公的恩情在你们心头，你们死了，会传给你们的子孙；他的功勋会有史官记载，用不着画像来流传，何况张公也不愿意，怎么样？”大家都说：“张公哪在乎这个？虽如此，但在我们心里放不下。如今平日里听到一件好事，必问那人姓名，连他居住在哪里，以至于他的高矮胖瘦美丑等形状，甚至询问他平生嗜好，以想象他的为人。而史官也记载这些在他的传记里，目的是让天下的人将他想在心里，就现在眼前；现在眼前，所以想在心里就更牢固。从这点看，画像也不是没有帮助啊。”苏洵没有话反驳他们了，就替他们记载下来。

张公是南京人（今河南商丘），为人慷慨，保持大节，宽宏大量，闻名天下。国家有大事发生，张公是可以托付的。我写了首诗来称颂他的事迹：

天子在位，甲午那年。蜀人谣言，有敌寇侵扰边疆。朝廷文武，谋士纷纷如云。天子一哼，派遣张公。张公从东方来，旗帜飞舞。蜀人围观，充塞小巷大路。说张公坚毅，他来得自如。张公对蜀人说：“安抚你的家室，不要听传谣言。谣言不吉祥，还是去跟平常一样：春天采你们的桑，秋天扫你们的场。”蜀人叩头：“张公是我们的父兄。”张公住在西园，草木茂盛。张公宴请同僚，击鼓声声。蜀人前来观看，祝愿张公万寿无疆。如今美丽的姑娘，在闺房悠闲；牙牙学语的孩子，已能说话。但张公没来时，等待你们的是被丢弃。禾麻繁茂，谷仓高高。感慨我们的妇女孩子，为丰年快乐。张公在朝廷，是天子的得力助手。天子叫回，张公怎不遵命？建了座庄严的大堂，有厅有回廊。张公的画像安放中间，穿着朝服，帽上缀着长缨。蜀人互相告勉：“不敢荒废贪安。张公虽回京城，但画像还在厅堂。”

【鉴赏】张益州，即张方平，曾任益州（今四川成都）知州，所以有此称谓。宋仁宗至和元年（1054）秋，益州地区流言四起，秩序骚乱，朝廷选派张方平前往治理，很快恢复了平静。张方平任满返京时，益州人民画其像于净众寺，以表达爱戴怀念之情。本文记述的就是这一事迹。文章先记叙张方平平定蜀乱的政绩和蜀人为其画像的经过。然后以作者与民众对话形式就平乱、治蜀展开议论，认为“将乱难治，不可以有乱急，亦不可以无乱弛”，治蜀要“约之以礼，驱之以法”，不可“威劫齐民”，“急之而生变”，进而阐明留像的意义。最后仿《诗经》雅颂风格作颂辞一首，盛赞张方平治蜀政绩，勉励蜀人。全文叙事简明，用笔刚健；议论一问一答，深入具体；颂辞华贵典雅。三者有机结合，构成了这篇庄重堂皇的歌颂文章。

苏轼(1037—1101)，字子瞻，号东坡居士。眉州眉山(今四川眉山市)人。宋仁宗嘉祐二年(1057)进士。曾任密州、徐州、湖州知州。因反对王安石变法，宋神宗元丰二年(1079)下狱，后被贬任黄州团练副使。神宗死后，保守派司马光得势，又提任杭州知州、礼部尚书兼翰林学士。后又因不满保守派的政策遭疏远。宋哲宗时改革派重新执政，又被远贬惠州、琼州。宋徽宗即位获赦，北还途中病死常州。他仕途坎坷，终身不得志。他的思想复杂，以儒家为主，又间杂道、佛思想。其文学成就很高，是继往开来的文学大家。与欧阳修并称“欧苏”，又与其父、弟并称“三苏”，同列唐宋八大家之中；其词开豪放之风，与辛弃疾并称“苏辛”。另外，他的书法、绘画、学术成就也很突出。其人其文，对后代影响深远。著有《东坡全集》。

刑赏忠厚之至论

尧、舜、禹、汤、文、武、成、康之际，何其爱民之深，忧民之切，而待天下以君子长者之道也[①]。有一善，从而赏之，又从而咏歌嗟叹之，所以乐其始而勉其终；有一不善，从而罚之，又从而哀矜惩创之，所以弃其旧而开其新。故其吁俞之声，欢休惨戚，见于虞、夏、商、周之书[②]。成、康既没，穆王立而周道始衰，然犹命其臣吕侯，而告之以祥刑[③]。其言忧而不伤，威而不怒，慈爱而能断，恻然有哀怜无辜之心，故孔子犹有取焉[④]。

传曰[⑤]：“赏疑从与，所以广恩也；罚疑从去，所以慎刑也。”当尧之时，皋陶为士。将杀人，皋陶曰杀之三，尧曰宥之三[⑥]。故天下畏皋陶执法之坚，而乐尧用刑之宽。四岳曰：“鲧可用。”尧曰：“不可，鲧方命圮族[⑦]。”既而曰：“试之。”何尧之不听皋陶之杀人，而从四岳之用鲧也？然则圣人之意，盖亦可见矣。《书》曰：“罪疑惟轻，功疑惟重。与其杀不辜，宁失不经[⑧]。”呜呼！尽之矣！可以赏可以无赏，赏之过乎仁；可以罚可以无罚，罚之过乎义。过乎仁不失为君子，过乎义则流而入于忍人。故仁可过也，义不可过也。

古者赏不以爵禄，刑不以刀锯。赏以爵禄，是赏之道行于爵禄之所加，而不行于爵禄之所不加也；刑以刀锯，是刑之威施于刀锯之所及，而不施于刀锯之所不及也。先王知天下之善不胜赏，而爵禄不足以劝也；知天下之恶不胜刑，而刀锯不足以裁也。是故疑则举而归之于仁，以君子长者之道待天下，使天下相率而归于君子长者之道，故曰忠厚之至也。

《诗》曰：“君子如祉，乱庶遄已。君子如怒，乱庶遄沮[⑨]。”夫君子之已乱，岂有异术哉？时其喜怒，而无失乎仁而已矣。《春秋》之义，立法贵严，而责人贵宽。因其褒贬之义以制赏罚，亦忠厚之至也。

【注释】①唐尧、虞舜、夏禹、商汤，周朝的文王、武王、成王、康王都是儒家标榜的理想政治家。即本文中统称的“先王”。②《尚书》按时代分虞书、夏书、商书、周书四部分。有的篇章多用“吁”“俞”等语气词。俞，表示同意。③祥刑：善刑，好的法律。④传说古《尚书》三千，孔子删选定为百篇。⑤传：解说经义的书传。⑥宥（yòu）：宽恕。这里皋陶与尧的对话，系作者误记或杜撰。⑦方命：负命，违抗命令。圮（pǐ）族：毁族。⑧宁失不经：宁愿失职，犯不遵守成法的错误。不经，不遵守成规定法。⑨祉：喜欢。庶：差不多。遄（chuán）已：快速停止。沮：终止。

【译文】尧、舜、禹、汤、文、武、成、康之际，是多么深爱人民、关切人民，并用仁人君子的方式对待天下啊！只要有一件好事，就给予奖励，进而用歌曲来赞叹他，以此表彰他善始，鼓励他善终；做了一件坏事，就给予处罚，进而以痛心惩罚鞭策他，以此使他弃旧从新。所以圣贤们的“否否是是”的感叹声，欢乐悲伤之情，常见于《尚书》的虞、夏、商、周各书之中。成王、康王逝世后，周穆王即位，周朝的传统开始衰落，但他仍命大臣吕侯，宣告了好的法律。穆王的话忧虑而不悲伤，威严而不愤怒，慈爱而果断，充满了怜惜无辜之心。因此，孔子删定《尚书》时，还是选取了这篇《吕刑》。

书传说：“赏赐如遇可疑者仍要赏，以此扩大恩泽；惩罚如遇可疑者不要罚，以此严谨刑律啊。”在尧的时候，皋陶任司法长官。将要杀人时，皋陶三次说“执行死刑”，而尧三次都说“宽恕他”。因此天下都害怕皋陶执法的坚定，而高兴尧用刑宽大。四岳说：“鲧可以任用。”尧说：“不行。鲧违抗命令，败坏家族。”后来又说：“试用一下吧。”为什么尧不听从皋陶杀人而同意四岳任用鲧呢？那么圣人的心意，从此也可看见了。《尚书》说：“判刑时有疑惑，只能轻判；授功时有疑惑，只能重赏。与其杀掉无罪的人，宁可自己犯不遵守成规定法的过错。”啊！这话说得详尽了。可赏可不赏的，奖赏他是超过了仁；可罚可不罚的，惩罚他是超过了义。超过了仁，还不失为君子；坚持义过了火，就成为残忍的人。所以仁可以过度，义却不能过分啊！

古时候奖赏不只用爵位俸禄，刑罚不只用刀锯之类。用爵禄赏赐，只能作用于具有授予爵禄条件的人，不能施行于不具备条件的人；只用刀锯刑罚，其威力只作用于够得上服刑条件的罪犯，不能施加于够不上受刑条件的人。先王知道天下的善行是赏赐不完的，不能都一一用爵位俸禄来奖励，也知道天下的恶行是惩罚不完的，不能都一一用刀锯来制裁。因此，赏罚中有疑者都纳入仁慈宽厚，用仁人君子的道理对待天下，使天下人都相互牵领，归向仁人君子的行列。所以说是“忠厚之至”啊。

《诗经》说：“君子如果喜欢好的，祸乱就要迅速结束；君子如果怒斥坏的，祸乱将要很快停止。”君子的“结束祸乱”，难道有什么特殊的办法吗？不过适时喜怒，而不离开仁德的原则罢了。《春秋》的要义是：立法要严格，而责人要宽大；根据褒贬规则来制定或赏或罚。这也是"忠厚之至"啊!

【鉴赏】本文是苏轼二十二岁考进士的试卷,深得主考官欧阳修的赏识。题目出自《尚书·大禹谟》,仿孔安国的注文:"刑疑附轻,赏疑从重,忠厚之至。"为了扣题,其立论无非是儒家的施仁政、行至道,推崇尧舜周孔,并无新意;但这是应试文字,不一定是作者的真实见解。文章论述的是儒家的仁义如何运用于刑赏的问题,认为刑罚与奖赏都要从仁爱出发,以忠厚之心量刑惩赏,使刑赏达到忠厚的绩效,进而引导天下归于"君子长者之道"。作者紧扣题目谋篇布局,广泛引用圣贤经传结合史事评述,不时生发议论,技巧高明,说理透彻。论题涉及刑与赏两方面,故作者又多作两面分析,使得文句也两相并行,形式骈丽。虽是应试作文,但用笔简练酣畅,说理透彻。

范增论

汉用陈平计,间疏楚君臣[①]。项羽疑范增与汉有私,稍夺其权。增大怒,曰:"天下事大定矣,君王自为之。愿赐骸骨归卒伍!"归未至彭城[②],疽发背死。

苏子曰:增之去,善矣!不去,羽必杀增。独恨其不早耳!然则当以何事去?增劝羽杀沛公,羽不听,终以此失天下,当于是去耶?曰:否。增之欲杀沛公,人臣之分也;羽之不杀,犹有君人之度也。增曷为以此去哉?《易》曰:"知几其神乎[③]?"《诗》曰:"相彼雨雪,先集维霰[④]。"增之去,当于羽杀卿子冠军时也[⑤]。

陈涉之得民也[⑥],以项燕、扶苏。项氏之兴也,以立楚怀王孙心[⑦]。而诸侯叛之也,以弑义帝。且义帝之立,增为谋主矣。义帝之存亡,岂独为楚之盛衰,亦增之所与同祸福也。未有义帝亡,而增独能久存者也。羽之杀卿子冠军也,是弑义帝之兆也。其弑义帝,则疑增之本也,岂必待陈平哉?物必先腐也,而后虫生之。人必先疑也,而后谗入之。陈平虽智,安能间无疑之主哉?

吾尝论义帝,天下之贤主也。独遣沛公入关,不遣项羽;识卿子冠军于稠人之中,而擢以为上将;不贤而能如是乎?羽既矫杀卿子冠军,义帝必不能堪;非羽弑帝,则帝杀羽,不待智者而后知也。增始劝项梁立义帝,诸侯以此服从。中道而弑之,非增之意也。夫岂独非其意,将必力争而不听也。不用其言而杀其所立,羽之疑增必自是始矣。方羽杀卿子冠军,增与羽比肩而事义帝,君臣之分未定也。为增计者,力能诛羽则诛之,不能则去之,岂不毅然大丈夫也哉?增年已七十,合则留,不合则去。不以此时明去就之分,而欲依羽以成功名,陋矣!

虽然,增,高帝之所畏也。增不去,项羽不亡。呜呼!增亦人杰也哉!

【注释】①陈平计:公元前204年,楚王项羽与谋臣范增围攻荥阳的汉军,刘邦采信陈平反间计,使项羽疏远范增。②彭城:今江苏徐州,是当时项羽的都城。③几(jī):事物发生变化的细小迹象。④相(xiàng):视,看。霰(xiàn):小雪珠。此引诗说明事情总有征兆。⑤卿子冠军:楚怀王封给大将宋义的称号。公元前206年,秦攻赵,楚将宋义率兵相救,行至途中畏缩不前。副将项羽杀死宋义,率兵破釜沉舟,在巨鹿消灭秦军主力。⑥陈涉:陈涉起义时假借楚将项燕、秦太子扶苏之名号召众人。⑦楚怀王孙心:即楚义帝,名心。

【译文】 刘邦采用陈平的计策,离间了楚国君臣之间的关系。项羽怀疑范增同刘邦有勾结,逐步削弱了范增的权力。范增大怒,说:"天下事大体已定,君王你自己去办吧,请将这把老骨头赏我回乡里去吧。"范增回去,没走到彭城,恶疮便发作而死。

苏轼说:范增离开是好事。如果不走,项羽必然杀他,只恨他不早一点走呢。那么范增因为什么事离开呢?范增劝项羽杀沛公(刘邦),项羽不听,最终因此失掉了天下,到那个时候才离开吗?答:不对。范增想杀沛公,是做臣子的本分;项羽不杀沛公,还有君王的度量。范增为什么因为这事离开呢?《易经》上说:"知道事物变化的微迹,大概算是神明吧!"《诗经》上说:"看那下雪,先像结的是细小的雪珠。"范增离开,应当早在项羽杀害卿子冠军的时候啊。

陈涉得到百姓拥护,是因为假托了项燕、扶苏的名义。项氏的兴起是因为立了楚怀王的孙子熊心当义帝。诸侯背叛他,是因为杀了义帝;而立义帝,范增是主谋。义帝的存亡,难道只是楚国的盛衰,也是和范增同一祸福呀。没有义帝死了,而范增能长期活着的道理。项羽杀卿子冠军,是杀义帝的先兆。他杀义帝,就是怀疑范增的根本原因。难道一定要等陈平来离间吗?物体必定是先腐败,然后才有虫生出来。人必定是先有疑心,然后才有谗言进入。陈平虽然聪明,又怎能离间没有疑心的君主呢?

我曾评议义帝为天下的贤君。单派沛公进入关中,不派项羽;从众人中赏识卿子冠军,提升为上将。不贤明能做到这样吗?项羽假托义帝的命令杀了卿子冠军,义帝一定不能忍受。因此不是项羽杀死义帝,就是义帝杀死项羽。这是不等聪明人指点就知道的。范增起初劝项梁立义帝,诸侯因此服从;中途项羽杀了他,并非范增的本意,那岂止不是他本意,还定会尽力谏争,而项羽仍然不听从。不信他的话而杀掉他所立的君主,项羽怀疑范增,定是从此开始了。当项羽杀卿子冠军时,范增跟项羽并肩服侍义帝,君臣的名分还没确定。为范增设想,如果当时有力量杀项羽,就杀掉,不能就离开他,岂不是坚毅的大丈夫吗?范增年已七十,合得来,就留下,不合就离开。不在这时弄明离与留的利害分别,而想靠项羽成就功名,浅陋啊!

虽然这样,但范增,是高帝刘邦所畏怕的。范增不离开,项羽就不会灭亡。唉!范增也是人中的豪杰啊!

【鉴赏】 楚汉战争时,刘邦的谋士陈平施反间计,离间项羽与谋臣范增的关系,使得范增离开项羽。本文就是对这件史事展开的一篇评论。作者认为项羽早已不满范增,即使无陈平离间也要除掉范增,故提出范增早该离开项羽,并分析出离开的最佳时机。其主旨在于以范增为例,论证封建士大夫应掌握处世原则和进退时机。虽立论翻新,见解新颖,但选例偏颇,多有臆测,大有科举习作中哗众不实之风;这可能也是在早未编入作者文集的原因。但是,就文章写作而言,先简述范增离开项羽的事实经过,接着就在赞同范增应该离开的基础上,进而提出自己的中心论点:范增离开项羽的最佳时机应在项羽杀卿子冠军的时候;然后就义帝、范增、卿子冠军三人的关系,推论项羽杀义帝是疑心范增的根源;最后批评范增没有适时退身。这种论述有事实,有设想;有正写,有反写;环环相扣,层层深入;多方论证,起伏跌宕;加之语言的简明畅达,使其文章逻辑性和论辩力很强。

留侯论

古之所谓豪杰之士者,必有过人之节。人情有所不能忍者,匹夫见辱,拔剑而起,挺身而斗,此不足为勇也。天下有大勇者,卒然临之而不惊,无故加之而不怒。此其所挟持者甚大,而其志甚远也。

夫子房受书于圯上之老人也[①],其事甚怪。然亦安知其非秦之世,有隐君子者,出而试之?观其所以微见其意者,皆圣贤相与警戒之义,而世不察,以为鬼物,亦已过矣。且其意不在书。当韩之亡,秦之方盛也,以刀锯鼎镬待天下之士[②],其平居无事夷灭者,不可胜数。虽有贲、育[③],无所复施。夫持法太急者,其锋不可犯,而其势未可乘。子房不忍忿忿之心,以匹夫之力,而逞于一击之间[④]。当此之时,子房之不死者,其间不能容发,盖亦已危矣。千金之子,不死于盗贼,何者?其身之可爱,而盗贼之不足以死也。子房以盖世之才,不为伊尹、太公之谋,而特出于荆轲、聂政之计,以侥幸于不死,此固圯上之老人所为深惜者也。是故倨傲鲜腆而深折之[⑤],彼其能有所忍也,然后可以就大事。故曰:"孺子可教也。"

楚庄王伐郑,郑伯肉袒牵羊以逆[⑥]。庄王曰:"其君能下人,必能信用其民矣。"遂舍之。勾践之困于会稽,而归臣妾于吴者,三年而不倦。且夫有报人之志[⑦],而不能下人者,是匹夫之刚也。夫老人者,以为子房才有馀而忧其度量之不足,故深折其少年刚锐之气,使之忍小忿而就大谋。何则?非有平生之素,卒然相遇于草野之间,而命以仆妾之役,油然而不怪者[⑧],此固秦皇帝之所不能惊,而项籍之所不能怒也。

观夫高祖之所以胜,项籍之所以败者,在能忍与不能忍之间而已矣。项籍唯不能忍,是以百战百胜,而轻用其锋;高祖忍之,养其全锋而待其弊,此子房教之也。当淮阴破齐[⑨],而欲自王,高祖发怒,见于词色。由是观之,犹有刚强不能忍之气,非子房其谁全之?

太史公疑子房以为魁梧奇伟,而其状貌乃如妇人女子,不称其志气。呜呼,此其所以为子房欤!

【注释】 ①子房:张良的字。张良被刘邦封于留(今徐州附近),故又称留侯。圯(yí):桥。此句说的是张良桥上遇老人,老人验其品性并赠其兵书一事,参见《史记·留侯世家》。②刀锯鼎镬:古代施酷刑的刑具。鼎镬(huò),大锅。③贲(bēn)、育:战国时卫国的两个勇士。④一击:指张良在博浪沙(今河南原阳东南)狙击秦始皇的行动。⑤鲜腆:这里指没有恭维话。鲜,少。腆,丰厚,美好。⑥郑伯:指春秋时郑襄公。⑦报人:向人报仇。⑧油然:顺从的样子。⑨淮阴:指韩信。

【译文】 古时候所说的豪杰人物,必有过人的节制力,能忍受一般人所不能忍受的。一般人受辱,拔剑而起,挺身搏斗,这不能算是勇敢。天下有一种大勇的人,突遇危险而不惊慌,无故受辱而不发怒。这是因为他们的抱负很大,志向很远啊!

张良接受桥上老人的赠书,这事很怪。但又怎知不是秦朝时代,有隐居的君子,出来试探他?考察那老人用来略微显露他用心的行为,都包含着圣贤给予警戒的意思。但世人不懂,以为桥上老人是鬼物,这也太错了啊!况且他的用意不在赠书而在于测试张良的节制力。当韩国灭亡、秦国正在兴盛的时候,秦皇用酷刑对待天下贤士,那平白无事遭杀灭的,不可胜数。即使有孟贲、夏育那样的勇士,也无法施展。那执法太急切时,它的锋芒不可触犯,它的形势没有可趁之机。张良忍不住心中愤怒,以普通人的力量,逞能于一次刺杀。当这个时候,张良能不死,那生死之间小到容不下一根头发,也够危险啊!富贵子弟,不与盗贼拼死,为什么?他们的身体可爱,不值得为盗贼而死。张良有盖世之才,不用伊尹、太公那样的谋略,而单想出荆轲、聂政那样的方法,因为侥幸才没有死,这是桥上老人为他深深惋惜的。因此,老人用傲慢无礼来狠狠挫伤他。他能忍受得住,然后可以成就大事。所以老人说:"这孩子可以教育。"

楚庄王攻打郑国,郑襄公脱衣露体牵着羊去迎接。庄王说:"他能向别人低头,一定会受到百姓的信任。"于是放弃了攻打。越王勾践被围困在会稽,归顺吴国,像臣子小妾一样,三年不知厌倦。哪有报仇之志,而不能向人低头的,是普通人的刚强。那老人家,以为张良才能有余而担心他度量不够,所以狠狠挫伤他的少年刚锐之气,使他忍小恨而成就大业。为什么?没有平生交情,突然野外相遇,而被当作奴婢一样使唤,竟顺从而不责怪,这就是秦皇不能惊吓、项羽不能激怒的人啊!

考察汉高祖得胜、项羽失败的原因,在于能忍和不能忍这两者之间罢了。项羽只因为不能忍,所以百战百胜,但轻率地消耗了锐气;汉高祖能忍,养足全部锐气,等待敌人疲敝,这是张良教他的啊!当韩信灭了齐国,想自立为王的时候,高祖发怒,表现在言语脸色上。由此看来,高祖还有刚强不能忍耐的脾气,不是张良谁能成全他?

太史公司马迁曾疑惑:原以为张良是魁梧奇伟的人,没想到其相貌好像妇人女子,认为和他的志向气度不相称。唉,这正是张良之所以为张良啊!

【鉴赏】 本文是苏轼在二十五岁为应制科考试而呈上的《进论》之一。《史记·留侯世家》记载:张良刺秦始皇未遂而逃命,途经桥上遇一老人。老人故意掉鞋于桥下，令张良拾取；张良忍气捡上来，老人又要他替自己穿上，张良又忍气照办。老人满意地说"孺子可教矣"，并于五天后送张良一部《太公兵法》。后世又传说为黄石公"纳履受书"的故事。苏轼对此事生发议论，一反张良靠老人赠书以助刘邦取天下的旧论，认为桥上老人给张良的教益不在赠书，而在于考验启发张良学会了"忍小忿而就大谋"的道理，进而又影响了后来刘邦的战略。这种翻新立论，虽有为科考争胜之嫌，但也不无道理，有其价值。文章以"忍"字为纲，征引史实，深入析理，夹叙夹议，有正有反；结构首尾呼应，文气流转变化，说服力很强。

贾谊论

非才之难，所以自用者实难。惜乎！贾生王者之佐，而不能自用其才也。

夫君子之所取者远，则必有所待；所就者大，则必有所忍。古之贤人，皆负可致之才，而卒不能行其万一者，未必皆其时君之罪，或者其自取也。

愚观贾生之论，如其所言，虽三代何以远过？得君如汉文，犹且以不用死，然则是天下无尧、舜，终不可有所为耶？仲尼圣人，历试于天下，苟非大无道之国，皆欲勉强扶持[①]，庶几一日得行其道。将之荆，先之以冉有，申之以子夏[②]。君子之欲得其君，如此其勤也。孟子去齐，三宿而后出昼[③]，犹曰："王其庶几召我。"君子之不忍弃其君，如此其厚也。公孙丑问曰："夫子何为不豫[④]？"孟子曰："方今天下，舍我其谁哉？而吾何为不豫？"君子之爱其身，如此其至也。夫如此而不用，然后知天下果不足与有为，而可以无憾矣。若贾生者，非汉文之不能用生，生之不能用汉文也。

夫绛侯亲握天子玺而授之文帝，灌婴连兵数十万以决刘、吕之雌雄[⑤]，又皆高帝之旧将，此其君臣相得之分，岂特父子骨肉手足哉？贾生，洛阳之少年，欲使其一朝之间，尽弃其旧而谋其新，亦已难矣。为贾生者，上得其君，下得其大臣，如绛、灌之属，优游浸渍而深交之，使天子不疑，大臣不忌，然后举天下而唯吾之所欲为，不过十年，可以得志。安有立谈之间，而遽为人痛哭哉[⑥]！观其过湘为赋以吊屈原，萦纡郁闷，趯然有远举之志[⑦]。其后以自伤哭泣，至于夭绝[⑧]，是亦不善处穷者也。夫谋之一不见用，则安知终不复用也？不知默默以待其变，而自残至此。呜呼！贾生志大而量小，才有馀而识不足也。

古之人，有高世之才，必有遗俗之累。是故非聪明睿智不惑之主，则不能全其用。古今称苻坚得王猛于草茅之中[⑨]，一朝尽斥去其旧臣而与之谋。彼其匹夫略有天下之半，其以此哉！愚深悲生之志，故备论之。亦使人君得如贾生之臣，则知其有狷介之操，一不见用，则忧伤病沮，不能复振。而为贾生者，亦谨其所发哉[⑩]！

【注释】①勉强：勉力去做。②"将之荆"三句：语出《礼记·檀公上》，原文是"将之荆，盖先之以子夏,又申之以冉有"。荆,楚国。子夏、冉有,都是孔子的学生。③三宿而后出昼:事见《孟子·公孙丑下》。孟子在齐为客卿,政治主张不被齐王采纳,便辞官而去,但在昼邑留了三天,想等齐王重新召他回去。昼,齐地名,在今山东淄博西北。④豫:高兴,快乐。⑤绛侯:西汉初年大臣周勃。秦末从刘邦起义,封绛侯,后平诸吕作乱,迎立文帝。文帝刘恒回京城路过渭桥时,周勃向他跪献天子玺。灌婴:西汉初年大臣。与刘邦转战各地,封颍阴侯。后与周勃共谋,与齐哀王联合,平定诸吕作乱。故此言"灌婴连兵"。⑥指贾谊在《治安策》序中说:"臣窃惟事势,可为痛哭者一,可为流涕者二,可为长太息者六。"此批评贾谊操之过急。⑦趯(tì)然:高超出俗的样子。远举:原指高飞,此为隐退。⑧夭绝:早死。贾谊死时才三十三岁。夭,短命。⑨苻坚:十六国时期前秦皇帝。王猛:年轻时隐居华山,后被苻坚征召重用。⑩所发:所作所为,引申为处世。

【译文】 不是才能难得,而是自己运用才能太难。可惜啊!贾谊,君王的辅佐,却不能运用好自己的才能啊。

君子想成就深远,就必须有所等待,想成就大,就一定要有所忍耐。古代的贤人,都具有可致成功立业的才能,但最终不能运用他的万分之一,这未必都是当时君王的错,或者是他们自找的吧。

我看贾谊的议论,如果真像他所说的那样,即使是三代盛世又怎么超过?得到像汉文帝这样的贤君,尚且不被重用而死去,难道天下没有尧舜,就始终不能有所作为了吗?圣人孔子,试求任用游遍天下,只要不是过于无道的国家,都想勉力扶持,希望某天得以实行自己的主张。他将去楚国,先叫学生冉有去,又派子夏去。君子想得到君主的信任,是如此的殷切啊。孟子离开齐国,连住了三晚然后才走出昼邑,还说:"齐王可能要召回我的。"君子不忍心放弃他向往的君主,是如此的深厚啊。公孙丑问道:"夫子为何不愉快?"孟子说:"如今的天下,除了我还有谁呢?而我为什么不愉快?"君子爱惜自己,是如此之极啊。如此做了都还得不到重用,然后才知道天下真的不能有所作为,这才可以不留遗憾了。像贾谊,不是汉文帝不能重用他,而是他不会利用汉文帝啊!

绛侯周勃亲自握着天子印玺交给汉文帝,灌婴联合几十万军队来决定刘、吕两家的胜负,他们又都是汉高祖的旧将。这种君臣相知相助的情分,岂止是父子骨肉手足的感情?贾谊,洛阳的一个青年,想在一朝之间,除旧布新,也太难了吧。作为贾谊来说,应对上争取君主,对下团结大臣,像绛侯、灌婴等人,从容地浸润,从而深深地结交他们,使天子不怀疑,大臣不猜忌,然后使全天下都只照我的主张办,不出十年,理想就可以实现。怎么会在站立谈话的瞬间就为人家痛哭流涕呢?看他经过湘江作赋文凭吊屈原时,萦回郁闷,然有退隐之意。其后又因自我感伤哭泣,以至于早死,这也是不善于与穷相处啊。建议一次不被采用,又怎知始终不被采用呢?不懂得默默等待变化,而自我摧残到这种地步!唉!贾谊志向大而气量小,才能有余而见识不足啊。

古代的人,有超世的才气,定有被世俗遗弃的忧患。因此不是聪明智慧而不疑的君主,则不能充分发挥他的作用。从古至今都说苻坚在茅屋篱舍之间得到王猛，一时间把旧臣全部排斥，而只与他谋划。他不过是一个普通人却夺占天下的一半，就是因为这样做了啊！我深深痛惜贾谊的志向，所以详细地评论他，也提醒君主们如果得到像贾谊这样的臣子，应知道他有狷洁耿介的节操，一旦不被重用，就忧伤沮丧，不能再振作了。然而作为贾谊，也要慎重地处世啊！

【鉴赏】贾谊才能卓越，汉文帝时曾任太中大夫，但最终怀才不遇，未得大志，英年早逝。对此结果，历代学者文人多寄予同情，认为是汉文帝不会用人，或责怪群臣嫉贤进谗。苏轼力排众议，认为主要是由于贾谊“不能自用其才”，“志大而量小，才有余而识不足”，“不善处穷”，不知“待”与“忍”，才造成他的悲剧结局。文中提出的关于政治家要实现远大理想，必须“有所待”和“有所忍”的观点，颇有见地，发人深省。但作者只认定贾谊性格弱点等主观原因，又有失片面。文章立论新颖高远，论述旁征博引，正反对比，设身处地，析理详明，又笔带感情，文气贯通，是历代传诵的名篇。

晁错论

天下之患，最不可为者，名为治平无事，而其实有不测之忧。坐观其变，而不为之所[①]，则恐至于不可救；起而强为之，则天下狃于治平之安[②]，而不吾信。惟仁人君子豪杰之士，为能出身为天下犯大难，以求成大功。此固非勉强期月之间，而苟以求名之所能也。天下治平，无故而发大难之端。吾发之，吾能收之，然后有辞于天下。事至而循循焉欲去之[③]，使他人任其责，则天下之祸必集于我。

昔者晁错尽忠为汉，谋弱山东之诸侯[④]。山东诸侯并起，以诛错为名，而天子不之察，以错为之说。天下悲错之以忠而受祸，不知错有以取之也。古之立大事者，不惟有超世之才，亦必有坚忍不拔之志。昔禹之治水，凿龙门[⑤]，决大河，而放之海。方其功之未成也，盖亦有溃冒冲突可畏之患[⑥]。惟能前知其当然，事至不惧而徐为之图，是以得至于成功。夫以七国之强而骤削之，其为变岂足怪哉？错不于此时捐其身，为天下当大难之冲[⑦]，而制吴、楚之命，乃为自全之计，欲使天子自将而己居守。且夫发七国之难者谁乎[⑧]？己欲求其名，安所逃其患？以自将之至危，与居守之至安，己为难首，择其至安，而遗天子以其至危，此忠臣义士所以愤怨而不平者也。当此之时，虽无袁盎[⑨]，亦未免于祸。何者？己欲居守，而使人主自将。以情而言，天子固已难之矣，而重违其议，是以袁盎之说得行于其间。使吴、楚反，错以身任其危，日夜淬砺[⑩]，东向而待之，使不至于累其君，则天子将恃之以为无恐，虽有百盎，可得而间哉？

嗟夫！世之君子，欲求非常之功，则无务为自全之计。使错自将而讨吴、楚，未必无功。惟其欲自固其身，而天子不悦，奸臣得以乘其隙。错之所以自全者，乃其所以自祸欤！

【注释】①所:处所。这里是解决问题的措施。②狃(niǔ):满足。③循循:徘徊不前的样子。④山东:秦汉时指崤山和华山以东的地区为山东。七国叛乱,发生在这里。诸侯:指当时的诸侯王。⑤龙门:即禹门口。⑥溃冒冲突:大水冲破堤防,奔腾泛滥,不可遏止。溃,水冲破堤防。冒,冲犯。冲突,猛烈奔闯。⑦冲:交通要道,这里指要害。⑧七国:指西汉时吴、胶西、胶东、甾川、济南、楚、赵等七个王国。⑨袁盎:楚国人,字丝,曾任吴、齐、楚王国的丞相,七国反叛时,他借机建议汉景帝杀掉晁错。后被梁孝王刘武派人刺死。⑩淬砺:磨炼兵刃。淬(cuì),把铁烧红放入水中使之坚硬。砺,把刀磨快。

【译文】天下的祸患,最不好处理的,是表面上政治平静无事,其实有难料之忧。坐观其变,而不为此采取措施,就恐怕要发展到不可挽救的地步。起来强行处理,则天下已习惯了政治平安而不相信我们。唯有仁人君子、豪杰之士才能挺身为天下去犯大患难,以求成就大功业。这本不是勉强一个月之间,随便为求取名誉所能办得到的啊!天下政治平稳,无故触发大难事端,我引发了它,我能收服它,然后有话交代给天下人。事情来了却想顺当地躲开它,使他人来承担责任,那天下祸害必然集中到我身上。

过去晁错尽忠汉朝,谋求削弱崤山以东的诸侯。崤山以东的诸侯以诛杀晁错为名,共同起兵。而君主不认真考察,就杀了晁错来说服诸侯。天下人都为晁错因尽忠而遭祸感到悲痛,却不知晁错有自取其祸的一面。古代那些成大事者,不但有超世之才干,还必有坚忍不拔的意志。从前大禹治水,凿通了龙门,决开了黄河,使洪水奔向大海。当他的工作还没有完成时,大概也有水冲堤防、奔腾泛滥的可怕灾患吧。只是他能预知灾难必然要发生,事情来了就不害怕,而慢慢地计划安排,因此才得到成功。以七国的强大,而突然要削弱它,它们因此叛乱难道值得奇怪吗?晁错不在此刻豁出自己,为天下挡住大难的要道,置吴、楚等国于死命;而是采用保全自己的策略,想使天子亲自带兵而自己留守后方。何况引发七国之乱的是谁呢?他自己既是想以此博取名声,又怎能逃过这祸难?对于亲自率军的极度危险和居守后方的极度安全两种情况,自己是罪魁祸首,却选择安全,把危险留给天子,这正是忠臣义士所愤愤不平的。当这个时刻,即使没有袁盎,也难逃此祸。为什么?自己想留守,而叫君主带兵打仗。按常情来说,天子本已为此事作难了,又难以违背晁错的建议,因此袁盎的谗言,得以通行。假如吴、楚等国造反时,晁错亲临危难,日夜磨练,向东迎敌,使君主不受其累,那么天子将靠他而不怕,即使有一百个袁盎,能有漏洞可钻吗?

唉!世上的君子,想求不寻常的功业,就不要做自我保全的考虑。假使晁错自己带兵讨伐吴、楚等叛军,未必就不会成功。只是他想保全自身而使天子不愉快,奸臣才得以钻了这空隙。晁错自我保全的算计,正是他自取其祸的原因。

【鉴赏】汉景帝为巩固中央集权,采信大臣晁错建议,削弱各分封王国的权力。吴、楚等七国借口请诛晁错以清君侧,发动叛乱,史称“七国之乱”。由于七国的压力和袁盎等人的谗言,景帝诛杀了晁错。本文总结这一历史教训,提出晁错之死,既有天子失察等外在原因,更有晁错咎由自取的主观原因。作者关于晁错操之过急,事先未考虑好政令遇急时的相应措施等见解,是正确的;但他认为主要原因在于晁错有发起事端之谋,无平息动乱之勇,保全自己,推卸重担,这种论点虽有刻意翻新、取悦考官之功效,但终究论据不足,有失偏颇。文章先就一般道理起笔,引出中心论点,然后紧紧围绕晁错其人其事进行分析推理,阐发史实,最后得出祸由自取的结论。全文不求引经据典,只求推理细密,逻辑性很强。

上梅直讲书①

轼每读《诗》至《鸱鸮》，读《书》至《君奭》，常窃悲周公之不遇②。及观《史》，见孔子厄于陈、蔡之间，而弦歌之声不绝；颜渊、仲由之徒，相与问答③。夫子曰："'匪兕匪虎④，率彼旷野。'吾道非耶⑤？吾何为于此？"颜渊曰："夫子之道至大，故天下莫能容⑥。虽然⑦，不容何病？不容然后见君子。"夫子油然而笑曰："回！使尔多财，吾为尔宰⑧。"夫天下虽不能容，而其徒自足以相乐如此，乃今知周公之富贵⑨，有不如夫子之贫贱。夫以召公之贤，以管、蔡之亲⑩，而不知其心，则周公谁与乐其富贵？而夫子之所与共贫贱者，皆天下之贤才，则亦足以乐乎此矣。

轼七八岁时，始知读书。闻今天下有欧阳公者，其为人如古孟轲、韩愈之徒；而又有梅公者⑪，从之游，而与之上下其议论。其后益壮，始能读其文词，想见其为人，意其飘然脱去世俗之乐而自乐其乐也⑫。方学为对偶声律之文，求升斗之禄，自度无以进见于诸公之间⑬。来京师逾年，未尝窥其门。今年春，天下之士群至于礼部，执事与欧阳公实亲试之⑭。诚不自意⑮，获在第二。既而闻之人，执事爱其文，以为有孟轲之风。而欧阳公亦以其能不为世俗之文也而取焉，是以在此。非左右为之先容，非亲旧为之请属，而向之十馀年间⑯，闻其名而不得见者，一朝为知己。退而思之，人不可以苟富贵，亦不可以徒贫贱。有大贤焉而为其徒，则亦足恃矣。苟其侥一时之幸，从车骑数十人，使闾巷小民，聚观而赞叹之，亦何以易此乐也⑰！

《传》曰⑱"不怨天，不尤人"，盖"优哉游哉，可以卒岁"。执事名满天下，而位不过五品，其容色温然而不怒，其文章宽厚敦朴而无怨言。此必有所乐乎斯道也，轼愿与闻焉。

【注释】①梅：梅尧臣，字圣俞，宣州宣城（今安徽宣城）人。宣城古名宛陵，故世称梅宛陵。他在仕途上极不得意，但在诗坛上却享有盛名，是宋初大诗人。直讲：官名，梅尧臣当时任国子监直讲。书：信。②轼：自称名，谦称。《诗》：指《诗经》。本只称《诗》，后世称为《诗经》，编成于春秋时代，共三百零五篇，分为"风""雅""颂"三大类，是我国最早的诗歌总集。《鸱鸮》(chīxiāo)：《诗经·豳(bīn)风》篇名，旧说成王对周公有误会，周公为鸟言以自比，以赠成王，明其忠爱王室之情。《书》：《尚书》，又称《书经》。君：尊称。奭(shì)：召公名。成王幼，召公和周公共同辅佐成王，而管叔和蔡叔散布流言，说周公企图篡夺王位，召公对周公也深表怀疑，于是周公便撰写《君奭篇》，以剖白心迹。窃：暗暗地、偷偷地意思。周公：名旦，周文王（姬昌）之子。他辅佐兄武王（姬发）灭殷，建立周王朝。③《史》：《史记》。它为西汉史学家司马迁所著，是我国最早的通史，也是优秀的传记文学作品。孔子：孔丘，字仲尼，鲁国陬邑（今山东曲阜）人。儒家的创始人，春秋末期思想家、教育家和政治家。陈、蔡：春秋时代陈国和蔡国。颜渊：颜回，字子渊，春秋时鲁人，孔子的学生。仲由：字子路，春秋时卞人，孔子的学生。④夫子：孔子。匪兕(sì)匪虎：匪同"非"。兕，雌犀牛。⑤道：治国平天下的政治主张。⑥至：最极。容：采纳，容纳。

⑦虽然:古汉语中的“虽然”是由两个词组成。“虽”相当于现代汉语的“虽然”,“然”相当于现代汉语的“如此”“这样”。此处可译为“虽然如此”“虽然这样”。⑧宰:家臣。⑨徒:学生,门徒,徒弟。乃:代词,表示时间,相当于“就”“才”“于是”。⑩管、蔡:管叔、蔡叔。管叔名鲜,蔡叔名度,都是周武王之弟。⑪欧阳公:欧阳修,字永叔,吉水(今江西)人。北宋文学家、史学家。公,敬称。孟轲:字子舆,战国时邹(今山东邹县一带)人。他在儒家学派中的地位仅次于孔子。韩愈:字退之,河南河阳(今河南孟州市西)人。唐文学家、哲学家。他力反六朝以来的骈偶文风,提倡散体,为古文运动的倡导者之一。梅公:梅尧臣。⑫飘然:人神态潇洒或事物飘摇的样子。⑬对偶声律之文:诗和骈文。升斗:一升一斗,言其甚少。度(duó):推测,估计。⑭礼部:古代管理国家的典章法度、祭祀、学校、科举和接待四方宾客事务的官制。执事:在书信中对收信人的敬称。此指梅尧臣。⑮不自意:自己没有想到。⑯先容:事先请人介绍、说情。请属:属,通“嘱”,请托的意思。向:过去,以前。⑰闾巷:里巷。易:换。⑱《传》:泛指经书。

【译文】我每读《诗经》读到《鸱鸮》篇,读《尚书》读到《君奭篇》,常常暗地里悲伤周公的不遇。等到读了《史记》,看见孔子在陈国和蔡国两国之间被围困,可是弹琴唱歌的声音不断,还跟颜渊、仲由一类学生互相问答。孔子说:“我不是犀牛,不是老虎,却在那旷野里奔跑,是我的政治主张不对吗?我为什么到这样地步?”颜渊说:“老师的道理很远大,所以天下的人不能够容纳;虽然这样,但是不能容纳又有什么害处呢?不能容纳这才显现出您是品德高尚的人。”孔子自然而然地笑着说:“回,假使你有很多钱,我愿为你管账。”天下虽然不能容纳孔子的政治主张,可是他和他的学生已感到满足,是这样的互相快乐。于是,我现在知道周公的富贵,有时候反而不如孔子的贫贱。以召公的贤明,以管叔、蔡叔的亲近,然而不知道周公的心思,那么周公有谁和他一同享受这富贵?可是孔子之所以和他共处贫贱的,都是天下的贤才,那么在这方面也足以快乐了。

我七八岁的时候,才开始知道读书。听说现在天下有欧阳公这人,他的为人像古代的孟轲、韩愈一样;而又有梅公这个人,跟从他交游,并且同他议论古今。后来到了壮年,才能诵读他们的文章辞赋,仿佛看见他们的为人,想必他们一定是飘然地脱去世上尘俗的快乐而自得其乐吧?正在学习诗、词、赋,求得一升一斗的薪水,自己估计没有机会进见诸公的面。来京城一年多,不曾看见他的大门。今年春天,天下的读书人多聚集在礼部考试,您和欧阳公亲自来考试我们,我自己也没有想到获得第二名。后来听说,您喜爱我的文章,认为有孟轲的风格,欧阳公也因我能够不作世俗的文章而录取我。因此录取的原因就在这里了。没有左右的人替我事先说情,也没有亲朋好友替我请托,而过去十多年只听到名字而不能见到的人,一下子就成为知己。退一步思考这件事,一个人不可以苟且地求富贵,但也不可以只求贫贱,有大贤人在这里,自己能成为他的学生,就也足以自负了。如果求一时的侥幸,跟从许多车马和数十个人,使里巷的小百姓聚集起来观看并且赞叹,怎能换取这种快乐呢!

经书上说:“不埋怨天,不埋怨人。”因为悠闲无事,可以度过所有的岁月。您的声名充满天下,而官位不过五品,您的面色温和不恼怒,您的文章宽厚、敦重、朴实却没有怨言。这必定有所快乐吧！正是这个道理。我愿意参与和听听你的教诲。

【鉴赏】宋仁宗嘉祐二年，苏轼应试进士考试时，撰写了《刑赏忠厚之至论》一文。这次考试，欧阳修是主考官，梅尧臣为参评官。欧阳修和梅尧臣对苏轼的应试之文极为赞颂，因欧阳修不知其文“皋陶曰杀之三，尧曰宥之三”的出处，录为第二名。苏轼对于欧阳修、梅尧臣的认可，十分感激，因而撰写了这封感谢信。撰写这封感谢信时，梅尧臣担任国子监直讲，所以称他为“梅直讲”。

本文先交代了撰写感谢信的缘由。苏轼撰写这封感谢信的主要缘由，是获得了贤人做知己。先以富贵如周公的不遇，贫贱如孔子有弟子为知己，两相对照，引出了自己遇欧阳修、梅尧臣知己之乐，表达了“窥其门”的心愿。接着，叙说了欧阳修、梅尧臣为何值得作者感谢。主要原因有二：其一，苏轼被欧阳修、梅尧臣试之，“诚不自意，获在第二。”其二，梅尧臣和欧阳修对苏轼的文章给予了高度评价。梅尧臣评价为，“以为有孟轲之风”；欧阳修评价为，“不为世俗之文”。从而肯定了欧阳修、梅尧臣的公平正直，客观求实的品格。最后，赞扬了欧阳修、梅尧臣的可贵精神，并表示将向他们学习，“轼愿与闻”。全篇意境深远，委婉有致，言辞恳切，用语得体，不亢不卑。

喜雨亭记

亭以雨名，志喜也①。古者有喜，则以名物，示不忘也。周公得禾，以名其书；汉武得鼎，以名其年；叔孙胜狄，以名其子②。其喜之大小不齐，其示不忘一也。

予至扶风之明年，始治官舍③，为亭于堂之北，而凿池其南，引流种树，以为休息之所。是岁之春，雨麦于岐山之阳，其占为有年④。既而弥月不雨⑤，民方以为忧。越三月，乙卯乃雨，甲子又雨，民以为未足；丁卯大雨，三日乃止。官吏相与庆于庭，商贾相与歌于市，农夫相与忭于野。忧者以乐，病者以愈，而吾亭适成⑥。

于是举酒于亭上，以属客而告之⑦，曰：“五日不雨可乎？”曰：“五日不雨则无麦。”“十日不雨可乎？”曰：“十日不雨则无禾。无麦无禾，岁且荐饥，狱讼繁兴，而盗贼滋炽⑧。则吾与二三子，虽欲优游以乐于此亭，其可得耶？今天不遗斯民，始旱而赐之以雨，使吾与二三子，得相与优游而乐于此亭者，皆雨之赐也，其又可忘邪？”

既以名亭，又从而歌之，曰：“使天而雨珠，寒者不得以为襦；使天而雨玉，饥者不得以为粟⑨。一雨三日，伊谁之力？民曰太守，太守不有；归之天子，天子曰不；归之造物，造物不自以为功；归之太空，太空冥冥⑩，不可得而名。吾以名吾亭。”

【注释】①名:命名。志:记,记住。②周公得禾,以名其书:相传周成王的同母弟唐叔得到一种生长奇异的禾,就献给周成王。周成王又转送给周公。周公就撰写了《嘉禾》这篇文章。汉武得鼎,以名其年:汉武帝元狩六年夏,在汾水得到宝鼎,于是改年号为“元鼎元年”。叔孙胜狄,以名其子:春秋时期鲁文公十一年冬,鲁文公命叔孙率兵抵抗侵犯鲁国的鄋(sōu)瞒族,在咸地大败鄋瞒部队,俘获其首领侨如。叔孙为纪念这次胜利之战,于是给自己的儿子起名“侨如”。③扶风:凤翔府,今陕西凤翔等地。治:治理,管理。④雨麦:雨(yù),动词,落下的意思。雨麦是龙卷风把地面的麦粒卷入空中而掉下的一种自然现象。岐山:今陕西岐山县。阳:山的南面。占:占卜。有年:丰收。⑤弥月:整月。⑥相与:一道,共同。商贾(gǔ):古代起初运货贩卖的叫“商”,囤积营利的叫“贾”。后来二字才渐渐没有了区别。泛指做买卖。忭(biàn):喜乐,欢乐。适:恰好。⑦属(zhǔ):劝酒、饮酒。⑧滋:更加,增添。炽:盛。⑨雨:动词,落下。襦(rù):短衣,短袄,泛指衣服。粟(sù):谷子,泛指粮食。⑩造物:指创造万物的天。冥冥(míng):深远,渺茫。

【译文】亭子用“雨”命名,是为记住下雨这一喜事。古代有喜事,就用它来命名,表示永不忘记的意思。周公得周成王送的生长奇异的禾,就用“嘉禾”两字取为书名;汉武帝获得了宝鼎,就用“鼎”命名年号;叔孙战胜敌人,俘获其首领侨如,就用“侨如”给自己的儿子取名。他们的喜事大小不一样,但是他们表示不忘记的意思是一致的。

我到扶风的第二年,开始治理官员住的房屋,在厅堂的北面建造了一座亭子,并且在亭子的南面开凿了池塘,引进流水,种植树木,把亭子作为休息的地方。这年的春天,在岐山的南面天上落下了麦子,占卜的结果是丰年的预兆。后来整月不下雨,百姓正感到忧虑。过了三月,四月二日就下雨了;十一日又下雨了,百姓认为不够;十四日又下大雨,下了三天才停止。官吏在庭中共同庆贺,商人在市场上共同唱歌,农民在田野里共同欢乐。忧虑的人因此喜悦,患病的人因此痊愈,而我的亭子恰好建成。

于是在亭子里备酒宴,我问来饮酒的客人说:“五天不下雨可以吗?”回答说:“五天不下雨便没有麦子了。”又问:“十天不下雨可以吗?”回答说:“十天不下雨便没有稻子了。”“没有麦子,没有稻子,年岁将要接连有饥荒,诉讼就会多起来,并且盗贼也就会更加厉害,那么,我和大家即使想悠闲地在这亭子里快乐,难道能办得到吗?现在老天爷不忘记这里的百姓,开始干旱,然而还是把雨赏赐给他们,使我和大家能够一道悠闲地在这亭子里快乐,都是雨的赏赐呀!难道又可以忘记吗?”

已经用“喜雨”命名亭子,接着又歌唱它,说:“假使天上落下明珠,寒冷的人不能够拿来做衣服;假使天上落下美玉,饥饿的人不能够拿它来做粮食。一场大雨下了三天,这是谁的力量?百姓说是太守,太守没有这力量;把这力量归功于皇帝,皇帝说不是这样;把这力量归功于太空,太空渺茫,不能够有名分。我就用‘喜雨’来命名我的亭子。”

【鉴赏】宋仁宗嘉祐七年,苏轼任凤翔府(今陕西凤翔县)签书判官时,撰写了《喜雨亭记》。

全文紧扣“喜雨”两字,共分四个自然段。第一段,叙说“喜雨亭”的命名,是沿袭“古者有喜则以名物”的传统观念；第二段，叙说久旱逢喜雨，而“吾亭适成”，上下庆贺；第三段，叙说喜雨给农业生产、人民生活和社会治安带来的种种益处；第四段，叙说用歌以“喜雨”命亭。此文寓意深刻，客观自然，笔调灵活，把“喜”“雨”“亭”三层意思，通过分写和合写，顺写和倒写，虚写和实写，从不同角度表现得淋漓尽致，笔态风趣活泼，充分体现了作者乐观向上的喜悦之情。

凌虚台记

国于南山之下①，宜若起居饮食与山接也。四方之山，莫高于终南；而都邑之丽山者②，莫近于扶风。以至近求最高，其势必得。而太守之居，未尝知有山焉。虽非事之所以损益③，而物理有不当然者。此凌虚之所为筑也。

方其未筑也，太守陈公杖履逍遥于其下④。见山之出于林木之上者，累累如人之旅行于墙外而见其髻也⑤。曰：“是必有异。”使工凿其前为方池，以其土筑台，高出于屋之危而止⑥。然后人之至于其上者，恍然不知台之高，而以为山之踊跃奋迅而出也。公曰：“是宜名凌虚。”以告其从事苏轼⑦，而求文以为记。

轼复于公曰：“物之废兴成毁，不可得而知也。昔者荒草野田，霜露之所蒙翳，狐虺之所窜伏⑧。方是时，岂知有凌虚台耶？废兴成毁，相寻于无穷⑨，则台之复为荒草野田，皆不可知也。尝试与公登台而望，其东则秦穆之祈年、橐泉也，其南则汉武之长杨、五柞，而其北则隋之仁寿、唐之九成也⑩。计其一时之盛，宏杰诡丽，坚固而不可动者，岂特百倍于台而已哉？然而数世之后，欲求其仿佛，而破瓦颓垣，无复存者，既已化为禾黍荆棘丘墟陇亩矣⑪，而况于此台欤！夫台犹不足恃以长久，而况于人事之得丧，忽往而忽来者欤！而或者欲以夸世而自足，则过矣。盖世有足恃者，而不在乎台之存亡也。”

既已言于公，退而为之记。

【注释】 ①国：城市。南山：终南山，位于陕西西安西南。②都邑：大都市。丽：依附，附着，靠近。③损：损害。益：益处。④陈公：陈希亮，字公弼，青神（今四川青神）人。宋仁宗天圣进士，官至京东转运使。杖履：杖，拐杖。履，行走。泛指老人出游，散步。逍遥：没有什么约束，自由自在。⑤累（léi）累：接连成串。髻（jì）：发髻，挽束在头顶上的发。⑥危：屋脊。⑦从事：官名，此处指属员。⑧蒙翳（yì）：遮蔽，遮盖。虺（huǐ）：毒蛇。窜伏：潜伏。⑨相寻：连续不断，相互循环。⑩秦穆：秦穆公，春秋时代秦国的国君。祈年：祈年宫，是秦惠公所建。橐（tuó）泉：橐泉宫，是秦孝公所建。汉武：汉武帝刘彻。长杨：长杨宫，本秦旧宫，汉时重修。五柞（zuò）：五柞宫，汉朝的离宫，有五柞树，故称此名。仁寿：仁寿宫，隋文帝杨坚开皇十三年造。九成：九成宫，本隋仁寿宫，唐太宗李世民贞观五年重修，因山有九重，故称此名。⑪颓（tuí）：坍塌。垣（yuán）：墙。禾黍：禾，谷子。黍，黍子，碾成的米叫黏黄米。泛指庄稼。荆棘：泛指山野丛生的带刺的小灌木。丘：土堆，小土山。墟：荒废的地方。陇亩：田地。

【译文】 在终南山下修建城市，起居饮食应当都与山接触。四面的山，没有比终南山更高；而靠近终南山的大城市，没有比扶风更近的。凭极近的扶风去寻求最高的终南山，大概从地势来说，一定能找到。但是太守住在扶风，不曾知道有山在那里。虽然不是对事情有害处或者有益处的缘故，然而从事物的道理上讲是不应当这样的。这就是凌虚台建筑的原因。

当凌虚台没有建筑的时候，太守陈公在它的下面逍遥自在地手拿拐杖散步，看见山岭露出在树林上面，接连成串，好像人们旅行在墙外走而显露出他们的发髻一样。陈公说："这里必定有奇特的景色。"于是派遣工人开凿它的前面，成为个方形的池子，把开凿的泥土建筑成一座台，高出于屋檐为止。然后人到这台上，恍恍惚惚不知道是台高，却以为是山在跳跃、振奋中迅速地长出来的。陈公说："这座台应当取名为'凌虚'。"他把这意思告诉了他的属员苏轼，要求写篇文章记下建台的事情。

苏轼答复陈公说："事物的荒废、兴盛、成功和毁灭，是不可预测的。过去这里是荒草野田，是霜冻露水遮盖的，狐狸毒蛇潜伏的。在这时，难道知道有凌虚台吗？事物的荒废、兴盛、成功和毁灭，在无穷无尽的相互循环，那么台再变为荒草野地，都是不可预测的。我曾经尝试和您登台眺望，台的东方就是秦穆公的祈年宫和橐泉宫，台的南方就是汉武帝的长杨宫和五柞宫，而台的北方就是隋文帝的仁寿宫和唐朝的九成宫，估计它们在一个时期的盛况，宏伟、杰出、奇异、壮丽，坚固而不可动摇，岂止胜过凌虚台的百倍呢？然而几代之后，想要寻求它们类似的样子，却连破瓦坍墙，都不再存在，已经变为庄稼地、灌木丛、小土堆和田地了，何况这座凌虚台呢！这座台尚且不能够依靠它的坚固长久存在，更何况人事的得失，忽然去又忽然来呢！假使有人想依靠这座台向世人夸耀和自满，就过分了。世上有足够依靠的，并不在乎一座台的存在和消亡。"

我把这意思向陈公谈了不久，返回家就撰写了这篇记事文章。

【鉴赏】苏轼在担任凤翔府（今陕西省凤翔县）签书判官时，他的上司凤翔府知府陈希亮建筑了一座登高眺望的台。本篇就是苏轼为这座台所撰写的一篇记事文章。

这篇"记"可分两大部分。前一部分实写，记叙了建筑凌虚台的缘起，选择的建台地点的优势和命名"凌虚"的由来；后一部分虚写，借物抒情，抒发了"物之废兴成毁，不可得而知也"和"台犹不足持以长久，而况于人事之得丧，忽往而忽来者"的思想感情，充分表现了苏轼对人生价值的求实态度。这篇"记"的内容具体实在，直陈其事，严谨畅达，有实有虚，实虚结合，含意颇深，发人深省。

超然台记

凡物皆有可观。苟有可观，皆有可乐，非必怪奇伟丽者也。餔糟啜醨[①]，皆可以醉；果蔬草木，皆可以饱。推此类也，吾安往而不乐？

夫所谓求福而辞祸者，以福可喜而祸可悲也。人之所欲无穷，而物之可以足吾欲者有尽。美恶之辨战乎中②，而去取之择交乎前，则可乐者常少，而可悲者常多。是谓求祸而辞福。夫求祸而辞福，岂人之情也哉？物有以盖之矣！彼游于物之内，而不游于物之外。物非有大小也，自其内而观之，未有不高且大者也。彼挟其高大以临我，则我常眩乱反覆③，如隙中之观斗，又焉知胜负之所在？是以美恶横生，而忧乐出焉，可不大哀乎！

余自钱塘移守胶西，释舟楫之安，而服车马之劳；去雕墙之美，而蔽采椽之居④；背湖山之观，而行桑麻之野。始至之日，岁比不登，盗贼满野，狱讼充斥，而斋厨索然，日食杞菊，人固疑余之不乐也⑤。处之期年⑥，而貌加丰，发之白者，日以反黑。余既乐其风俗之淳，而其吏民亦安余之拙也。于是治其园囿，洁其庭宇，伐安丘、高密之木，以修补破败，为苟完之计⑦。而园之北，因城以为台者旧矣，稍葺而新之⑧。时相与登览，放意肆志焉⑨。南望马耳、常山⑩，出没隐见，若近若远，庶几有隐君子乎？而其东则卢山，秦人卢敖之所从遁也⑪。西望穆陵，隐然如城郭，师尚父、齐威公之遗烈⑫，犹有存者。北俯潍水，慨然太息，思淮阴之功⑬，而吊其不终。台高而安，深而明，夏凉而冬温。雨雪之朝，风月之夕，余未尝不在，客未尝不从。撷园蔬，取池鱼，酿秫酒，瀹脱粟而食之⑭，曰："乐哉游乎！"

方是时，余弟子由，适在济南⑮，闻而赋之，且名其台曰："超然。"以见余之无所往而不乐者，盖游于物之外也。

【注释】 ①铺：吃。糟：酒糟。啜(chuò)：饮，吃。醨(lí)：薄酒。②中：心中，内心。③挟(xié)：挟制。临：对付，面对。眩：眼睛昏花。④钱塘：县名，为杭州府治所在地，苏轼时任杭州太守。移守：调任。胶西：山东胶州。释：放弃，释放。舟楫：船只。服：适应，习惯。雕墙：彩画装饰的墙壁。采椽(chuán)：采，亦作"棌"，即栎(lì)木，以栎木用作放在檩上架着屋顶的木条，言其简陋、朴素。⑤登：庄稼成熟。斋厨：厨房。杞：枸杞，中医入药，有滋补作用。固：固然，本来。⑥期(jī)年：一年。⑦园囿(yòu)：园林，园子。安丘、高密：两个县名。苟：随便。完：修缮，修补。⑧葺(qì)：修补。新之：使之新。⑨相与：共同，互相。放意肆志：即"放肆意志"。⑩马耳、常山：两个山名。⑪卢山：在诸城市南三十里，因卢敖而得名。卢敖：秦博士，相传秦始皇命他去东海寻找仙人仙药未得，他逃到卢山隐居起来。所从遁：逃避的地方。⑫穆陵：关名，故址在山东临朐东南大岘山。城郭："城"与"郭"并称时，"城"指内城，"郭"指外城。"城""郭"连用时，泛指城。师尚父：姜太公吕望，他辅佐周武王建立周朝，周武王尊之为师尚父。齐威公：齐桓公，春秋五霸之一。烈：功绩。⑬潍水：潍河，山东东部。太息：叹息。淮阴：汉韩信曾封淮阴侯，后被吕后杀害。⑭撷(xié)：摘下，采摘。蔬：同"蔬"。秫(shú)：黏高粱，可以做烧酒。瀹(yuè)：煮。脱粟：去掉皮壳的米，即糙米。⑮子由：苏轼弟苏辙的字。当时苏辙在济南做官。适：恰巧，刚好。

【译文】 凡是景物都有可以观赏的。如果有可以观赏的，就都有可以令人愉快的，不一定要古怪、稀奇、雄伟和美丽的景色。吃酒糟，饮薄酒，都可以使人醉；瓜果、蔬菜和草木，都可以使人饱。照这样类推，我往什么地方去会不愉快呢？

人们追求幸福，不接受灾祸的原因，因为幸福是可喜的，灾祸是可悲的。人的欲望是没有穷尽的，而事物中可以满足自己欲望的却很有限。美好和丑恶的辨别在心中斗争，舍去、取得的选择交错在面前，那么可快乐的事常常甚少，可悲伤的事常常甚多。这叫作追求灾祸，不接受幸福。追求灾祸，不接受幸福，难道是人的常情吗？是由于事物蒙蔽了他们。他们在事物的里面交往，却不在事物的外面交往。事物并非有大有小，从它的内部来观察，不是又高而且又大的。它挟制它的高大来对付我，那么我常常眼花缭乱、反反复复，好像从缝隙中看争斗，又怎么知道胜负的所在呢？因为这样，美好的、丑恶的事物纵横发生，而忧愁、快乐就产生了，能不大大的悲哀吗？

我从杭州调任胶西，放弃了乘船的安逸，而适应了车马的劳苦；离开装饰华美的住宅，而住进简陋朴素的居室；背弃了有湖水有高山的景观，而行走在桑麻的田野上。当初到的时候，年岁接连没有收成，盗贼遍地，狱中犯人常满，打官司的人很多，并且厨房里毫无生气，每天吃枸杞和菊花，人们一定怀疑我不快乐。可是我住了一年，面貌更加丰满，头发里的白发，一天天反而变黑了。我已经喜欢这里风俗的朴质，而这里的官吏和百姓也适合我这个笨拙的人。于是修理这个园林，打扫庭院屋宇，砍伐安丘、高密的树木，来修补破旧衰败的地方，作为随便地修缮的安排。园林的北边，有一座依靠着城墙的台认为破旧了，稍微修补了一下，使它变新了。我时常和人一起登台观赏，在那里放纵意志。南边望马耳山和常山，时隐时现，好像又近又远，大概有隐居的君子吧！台的东边就是卢山，秦朝卢敖逃避的地方。西边望穆陵，隐隐约约地像座城，师尚父、齐威公遗留下的功绩，还有存在的。向北边低头看到潍水，感慨地叹息起来，思念淮阴侯韩信的功绩，凭吊他不得善终。这座台高大并且安稳，深广并且明亮，夏季凉爽，冬季温暖；下雨飘雪的早晨，清风明月的晚上，我未曾不在，客人未曾不跟从我，我采摘园中的蔬菜，捞取池中的鱼，酿高粱酒，煮糙米饭吃，说："游玩得多快乐啊！"

我的弟弟子由，恰巧在济南，听到了这件事就写了一篇赋，并且命名这个台叫："超然。"来显现我无论往哪里去，没有不快乐的，大概是超脱于世俗纷扰之外啊！

【鉴赏】 宋神宗熙宁三年，苏轼调任密州（今山东省诸城市）知州。第二年，苏轼修缮了一座高台。其弟苏辙闻而赋之，且名其台曰"超然"。于是，苏轼就撰写了《超然台记》。

全篇紧紧围绕"超然"两字来议论、抒情和描写。整篇分为两大部分，文章前半部分，先从正面议论，以"凡物皆有可观"议起，指出做到超然物外，将"安往而不乐"；然后又从反面议论，以"夫所谓求福而辞祸者，以福可喜而祸可悲也"议起，指出做不到超然物外，将导致祸患缠身，"是以美恶横生，而忧乐出焉，可不大哀乎"；文章后半部分，记叙了作者在恶劣的境遇中，如何超然处世，随遇而安，结果"余既乐其风俗之淳，而其吏民亦安余之拙"，"乐哉游乎"。总的说来，这篇文章宣扬了"超然"的思想感情，这和苏轼政治上的失意分不开，因此文中自然蒙上了一层虚无缥缈、超然避世的色彩，表现了作者试图寻求从自然美的抚慰中得到排遣和解脱的思想感情。此文在写作上熔议论、抒情、描写于一炉，笔意爽健，格调流畅，倾注了作者的生活情趣，有飘忽“超然”的意绪。

放鹤亭记①

熙宁十年秋，彭城大水，云龙山人张君之草堂，水及其半扉②。明年春，水落，迁于故居之东，东山之麓。升高而望，得异境焉，作亭于其上。彭城之山，冈岭四合，隐然如大环，独缺其西一面，而山人之亭，适当其缺③。春夏之交，草木际天，秋冬雪月，千里一色。风雨晦明之间，俯仰百变。山人有二鹤，甚驯而善飞。旦则望西山之缺而放焉，纵其所如，或立于陂田，或翔于云表，暮则傃东山而归④，故名之曰“放鹤亭”。

郡守苏轼⑤，时从宾客僚吏，往见山人，饮酒于斯亭而乐之。挹山人而告之曰：“子知隐居之乐乎？虽南面之君⑥，未可与易也。《易》曰：‘鸣鹤在阴，其子和之⑦。’《诗》曰：‘鹤鸣于九皋⑧，声闻于天。’盖其为物，清远闲放，超然于尘垢之外，故《易》《诗》人以比贤人君子。隐德之士，狎而玩之，宜若有益而无损者，然卫懿公好鹤则亡其国⑨。周公作《酒诰》，卫武公作《抑戒》，以为荒惑败乱，无若酒者；而刘伶、阮籍之徒，以此全其真而名后世⑩。嗟夫！南面之君，虽清远闲放如鹤者，犹不得好，好之则亡其国。而山林遁世之士⑪，虽荒惑败乱如酒者，犹不能为害，而况于鹤乎？由此观之，其为乐未可以同日而语也。”

山人欣然而笑曰：“有是哉？”乃作《放鹤》《招鹤》之歌，曰：

“鹤飞去兮，西山之缺。高翔而下览兮，择所适。翻然敛翼，宛将集兮，忽何所见，矫然而复击⑫。独终日于涧谷之间兮，啄苍苔而履白石。”

“鹤归来兮，东山之阴⑬。其下有人兮，黄冠草履，葛衣而鼓琴⑭。躬耕而食兮，其馀以汝饱。归来归来兮，西山不可以久留。”

【注释】①放鹤亭：在今江苏徐州云龙山。②熙宁：宋神宗赵顼的年号。彭城：今江苏徐州市。云龙山：在今江苏徐州市南，南北耸立，长约两公里，峰峦起伏，如龙状。张君：隐士张天骥，别号“云龙山人”。扉（fēi）：门。③冈：山脊。适：刚好，恰巧。④旦：早晨，早上。纵：放纵，放任。陂（bēi）：山坡、池塘。表：外。傃（sù）：向着。⑤郡守：始置于春秋战国时，初为武职，防守边郡。秦统一全国后，以郡为最高的地方行政区划，每郡置守，掌治其郡，后改称太守。⑥挹（yì）：舀，斟，把液体盛出来。南面：古代以朝南为最尊重的座位，帝王都朝南坐。⑦《易》：《易经》，由卦、爻两种符号和卦辞、爻辞两种文字构成，都是为着占卦用的。和（hè）：声音相应。⑧《诗》：《诗经》，编成于春秋时代，是我国最早的诗歌总集。九皋（gāo）：水泽深处。⑨狎（xié）：亲近，亲热。卫懿（yì）公好鹤则亡其国：春秋时期，卫懿公极喜鹤，鹤能坐大夫的车。鲁闵公二年，狄人伐卫。卫懿公将战，国人皆曰，鹤有禄位，应当叫鹤去打仗。结果卫国大败，卫懿公战死，卫国被狄人所灭。⑩周公作《酒诰》：相传殷纣王酗酒，妹邦（地名，位于纣的都城朝歌的北边）受到极大影响，百姓也爱喝酒。殷亡后，周武王（姬发）把妹邦封给康叔，所以周公（姬旦）撰写了《酒诰》以告诫他。卫武公作《抑戒》:卫武公95岁时,还要求臣子给他提意见,并作《懿戒》以告诫自己。韦昭注:"懿"就是《大雅》的"抑"。刘伶:字伯伦,西晋沛国(今安徽宿县)人,"竹林七贤"之一。晋武帝泰始初,对朝廷策问,强调无为而治,以无能被罢免,嗜酒作《酒德颂》,对"礼法"表示蔑视,但宣扬了老庄思想和纵酒放诞生活。阮籍:字嗣宗,陈留尉氏(今属河南)人。三国魏文学家、思想家,"竹林七贤"之一。与当权的司马氏集团有一定的矛盾。蔑视礼教,尝以"白眼"看待"礼俗之士";后期则变为"口不臧否人物",常用醉酒方式,在当时复杂的政治斗争中保全自己。真:本性,本质。⑪遁(dùn):逃、隐去。⑫翻:鸟飞回。敛(liǎn):收拢,聚集。集:群鸟停。矫:昂起,举起。⑬阴:山的北面。⑭履:鞋。葛衣:葛布做的衣服。鼓琴:弹琴。

【译文】熙宁十年的秋天,彭城涨大水,云龙山人张君的草堂,水涨及其门的一半。第二年春天,洪水退落,张君搬迁到旧居的东边,东山的山脚下。张君登上高处眺望,得到一块奇异的境地,就在它的上面建造了一座亭子。彭城的山,山脊和山岭四面合拢,隐隐约约好像一个很大的玉环,它向西的一面唯独缺少,然而张君的亭子恰巧当着缺口。春夏之交,草木茂盛,好像接近了天空,秋冬的月光雪色,使大地一片白色。在吹风、下雨、昏暗、明朗的时候,景色瞬息千变万化。张君有两只白鹤,很驯服,并且善于飞翔。早晨,张君就望着西山的缺口去放白鹤,让它们自由地飞到任何地方。有的立在池塘边,有的翱翔在云天外,傍晚就向着东山归来,所以取名叫"放鹤亭"。

太守苏轼时常后面跟随了宾客、辅佐的官吏去看望张君,在这座亭子里饮酒,非常快乐。苏轼斟酒给张君并且告诉他说:"您知道隐居的快乐吗?纵然朝南面坐的君王,也不可以置换这个快乐啊!《易经》说:'叫着的白鹤在阴暗处,它的雏鹤会应和它。'《诗经》说:'白鹤在低洼的地方叫,声音可以传达到天上。'因为白鹤这种动物清高、远大、闲适和自由自在,超然在尘世的外面,所以《易经》《诗经》的作者把它比作贤人君子。隐居而有高尚品德的人,跟它亲近,应当有利而无损害的;然而卫懿公喜爱白鹤,便亡了自己的国家。周公撰写《酒诰》,卫武公撰写《抑戒》,都认为荒废光阴、迷惑人心、败坏声誉、扰乱国家,没有像酒再厉害了。然而刘伶、阮籍这一类人,因喝酒保全了自己的本性,从而传名后世。唉!朝南面坐的君王,即使像白鹤那样清高、远大、闲适和自由自在的飞禽,也还不能爱好,如果爱好它,就要亡了自己的国家。然而隐居山林、逃避世俗的人,即使像饮酒那样荒废光阴、迷惑人心、败坏声誉、扰乱国家的东西,也还不能成为祸害,何况爱白鹤呢?由此看来,君王和隐士的乐趣是不可以相提并论的呀!"

张君愉快地笑着说:"有这样的事吗?"我于是作《放鹤》和《招鹤》的歌,歌道:

"白鹤飞去啊,到西山的缺口。高高地飞翔并且往下看啊,选择所去的地方。飞回来收拢翅膀,似乎准备停下来啊,忽然看见了什么东西,矫健地又冲击上天。唯独整天在山间的沟道中间徘徊啊,嘴啄着深绿色的苔藓,脚踩着白石。"

"白鹤归来啊,回到东山的北边。那边山下有个人啊,头戴黄色帽子,脚穿草鞋,身穿葛衣,坐着弹琴。他亲自耕田过活啊,用多余的粮食喂饱你。归来吧!归来吧!西山不可以长久停留。"

【鉴赏】全文共有三个自然段：第一段，记叙亭子的主人张君、张君建亭以及取名"放鹤亭"的原因；第二段，记叙不同阶层的人喜爱饮酒和白鹤，将导致不同的结果。如果君王去做，就会"以为荒惑败乱"；如果隐居者去做，就会"以此全其真而名后世"；第三段，作《放鹤》《招鹤》之歌，含有招隐之意。本文极言隐居之乐，这仍然反映了苏轼避世闲适的思想。写作上，叙事、议论与写景错杂并用，动荡流走，不落平板，笔致凝练，文情酣畅。

石钟山记

《水经》云："彭蠡之口，有石钟山焉①。"郦元以为下临深潭②，微风鼓浪，水石相搏，声如洪钟。是说也，人常疑之。今以钟磬置水中③，虽大风浪不能鸣也，而况石乎？至唐李渤，始访其遗踪，得双石于潭上，扣而聆之，南声函胡，北音清越，枹止响腾，馀韵徐歇④。自以为得之矣。然是说也，余尤疑之。石之铿然有声者⑤，所在皆是也，而此独以钟名，何哉？

元丰七年六月丁丑，余自齐安舟行适临汝，而长子迈将赴饶之德兴尉，送之至湖口⑥，因得观所谓石钟者。寺僧使小童持斧，于乱石间择其一二扣之，硿硿然⑦，余固笑而不信也。至莫夜月明，独与迈乘小舟，至绝壁下。大石侧立千尺，如猛兽奇鬼，森然欲搏人。而山上栖鹘，闻人声亦惊起，磔磔云霄间⑧。又有若老人欬且笑于山谷中者，或曰：此鹳鹤也⑨。余方心动欲还，而大声发于水上，噌吰如钟鼓不绝⑩。舟人大恐。徐而察之，则山下皆石穴罅，不知其浅深，微波入焉，涵澹澎湃而为此也⑪。舟回至两山间，将入港口，有大石当中流，可坐百人，空中而多窍，与风水相吞吐，有窾坎镗鞳之声⑫，与向之噌吰者相应，如乐作焉。因笑谓迈曰："汝识之乎？噌吰者，周景王之无射也；窾坎镗鞳者，魏庄子之歌钟也⑬。古之人不余欺也。"

事不目见耳闻，而臆断其有无，可乎？郦元之所见闻，殆与余同，而言之不详；士大夫终不肯以小舟夜泊绝壁之下，故莫能知；而渔工水师，虽知而不能言，此世所以不传也。而陋者乃以斧斤考击而求之⑭，自以为得其实。余是以记之，盖叹郦元之简，而笑李渤之陋也。

【注释】①《水经》：书名，共三卷。它是我国第一部以水道为纲的地理书籍。这部书提纲挈领地记载了我国 137 条河流的分布情况。其作者，或是汉代桑钦，或是晋代郭璞，或是三国时某人所作。彭蠡（lǐ）：即今江西省鄱阳湖。彭蠡之口，鄱阳湖水北流至江西湖口县旁注入长江，湖口县即以此得名，亦即彭蠡之口。石钟山：位于鄱阳湖与长江的交汇处。峭壁悬崖临水耸立，崖下洞穴遍布，因水石相击，发出如钟之声，故名石钟山。石钟山分上石钟山和下石钟山，两山相距数百米，以下石钟山名气最大。②郦（lì）元：郦道元，字善长，范阳涿鹿（今河北涿州市）人。北魏地理学家、散文家。好学博览，遍访北方，留心观察水道等地理现象，其《水经注》一书，文笔深峭，描写生动，为有文学价值之地理巨著。③磬（qìng）：古代一种打击乐器，形状像曲尺，用玉或石制成。④李渤:字浚之,唐代洛阳(今河南洛阳市)人。曾做过江洲(今江西九江)刺史,寻访过石钟山,并撰写《辨石钟山记》。函胡:厚重而模糊。清越:清亮而高扬。枹(fú):鼓槌。⑤铿(kēng)然:声音响亮有力。⑥元丰:宋神宗赵顼的年号。齐安:当时的黄州,今湖北黄冈。临汝:当时的汝州,今河南临汝县。迈:苏迈,苏轼的大儿子,字伯达。饶:当时的饶州,今江西鄱阳县。德兴:今江西德兴市。尉:县尉,县的副长官。湖口:今江西湖口县。⑦硿(kōng)硿:石块撞击的声音。⑧鹘(hú):又名隼,是一种凶猛的鸟。磔(zhé)磔:形容凶猛鸟类的鸣声。⑨鹳(guàn):一种与鹤相似的鸟,也像鹭,顶部不红,颈与嘴很长。⑩噌吰(chēnghóng):形容钟鼓洪亮的声音。⑪涵澹(hándàn):水动荡的样子。⑫两山:石钟山为南北两座山,南面叫上石钟山,北面叫下石钟山。窍(qiào):窟窿。窾(kuǎn)坎:击物的声音。镗鞳(tāngtà):敲钟击鼓的声音。⑬周景王:姓姬名贵,东周时代的王,景是他死后的谥号。无射:钟名。此钟铸成于周景王二十四年(前521)。《左传》昭公二十一年载:"天王将铸无射。"魏庄子:名绛,春秋时代晋国大夫,死后号谥庄。《左传》鲁襄公十一年载:郑人以歌钟和其他乐器献给晋侯,晋侯分一半赐给大夫魏绛。歌钟:钟名,古代的一种乐器。⑭陋者:知识浅薄的人。此处指李渤。斧斤:斧头。刃纵的叫斧,刃横的叫斤。

【译文】《水经》说:"鄱阳湖的出口,有石钟山。"郦道元认为下面靠近深潭,微风吹起波浪,水和石头相互撞击,发出的声音如同大钟。这个说法,人们时常怀疑它。现在把钟和磬两种打击乐器放到水中,纵然有大风大浪也不能鸣叫啊,何况是石头呢?到了唐朝的李渤,才开始寻访它过去留下的踪迹。在潭上找到一对岩石,敲打岩石细听它的声音,南面的一块声音厚重而模糊,北面的一块声音清亮而高扬,鼓槌停止了,音响还腾跃,和谐悦耳的余音才慢慢地消失。他自己认为得到石钟山命名的缘故了。然而这种说法,我更加怀疑它。岩石的铿锵的声响,到处都是这样,可是这座山唯独用"钟"来命名,是什么缘故呢?

元丰七年六月初九,我从齐安乘船到临汝去。长子苏迈将要赴饶州府的德兴县任县尉,我就送他到了湖口,因此能够有机会去看看所说的石钟山了。寺庙的和尚叫一个小和尚拿着斧头,在乱石中间选择其中一两块敲打,石头发出硿硿的声音,我本来觉得可笑,并不相信。到了夜里,月光明亮,我独自和苏迈乘了小船,到悬崖峭壁的下面。只见大石头倾侧地站立着,有一千多尺高,像凶猛的野兽和奇异的鬼,阴森森的好像要抓人。在山上栖息的鹘鸟,听见人的声音也惊吓得飞了起来,在云霄中磔磔地鸣叫。又有声音像老人在山谷中一边咳嗽一边发笑一样,有人说:这是鹳鹤啊!我心里正有些惊恐,想要返回,可是有大的声音从水面上发出来,噌噌地响着,好像敲钟击鼓,声音连续不断。船夫大惊。我慢慢地考察这种声音,原来山下都是些石头窟窿和裂缝,不知道它们的深浅,微小的波浪冲入进去,波浪互相撞击,发出响声,就造成这种声音。小船回转到两座山的中间,刚要进入港口,有一块大石,挡立在流水中间,上面可以坐一百来人,当中是空的,并且有许多窟窿,同风浪互相吞吐,发出击物和敲钟打鼓的声音,这些声音跟刚才听到的钟鼓洪亮的声音互相应和着,好像演奏音乐那样。于是,我笑着对苏迈说:"你知道吗?钟鼓洪亮的声音,正像周景王的无射钟啊!击物和敲钟打鼓的声音,正像魏庄子的歌钟啊!古代的人不欺骗我们啊!"

事情如果不是亲眼所见，亲耳听到，就凭主观猜测来断定它的有或者没有，可以吗？郦道元看到和听到的，大概和我相同，但是他说得不详细；士大夫始终不肯在夜晚把小船停泊在悬崖峭壁的下面，所以没有人能够知道石钟的真相，渔夫、船夫虽然知道这种情况，但是不能说清楚，这就是世上没有流传下石钟山得名的缘故啊！可是那些知识浅薄的人，却拿着斧头去敲敲打打来寻找石钟山得名的缘故，自以为得到了石钟山得名的真实情况。我所以记下这件事情，是因为叹惜郦道元的简略，又耻笑李渤的浅陋啊！

【鉴赏】这篇文章通过记叙"石钟山"得名缘由的探究过程，说明要了解事物真相，必须要亲自进行实地调查，切不可轻信传说和主观臆断。全文有三个自然段：第一段，叙说郦道元、李渤对石钟山命名的解说以及作者对其解说的质疑；第二段，叙说作者和他的大儿子苏迈乘船夜游，亲自实地考察石钟山命名的情景；第三段，对前人那种单凭主观想象、自以为是的思维方式进行评述，指出实地考察、寻根究底的重要性。

这篇文章突出的写作特色是记叙、议论和写景相结合。第一段，对郦道元、李渤两种不同的说法和根据提出质疑，并含有说理论断，暗示了作者的看法；第二段，把理性分析与形象描绘完全融合起来，说明水石相击、振荡作声的道理。在描述实地考察见到的情况时，又写得生动形象，绘声绘色，使写景和说理巧妙地融为一体；第三段，在前文记叙的基础上，直接议论，一针见血地指出，"事不目见耳闻，而臆断其有无，可乎"，慨叹郦道元的简略，耻笑李渤的浅陋。这三大自然段是议从记发，记从议起，融情入景，景中生情，前呼后应，承转有致，结构严谨，笔意轻灵，文情酣畅，既有感染力，又富有说服力。尤其是在描写怪石、禽叫、涛音、石声时，都惟妙惟肖，使人如身临其境。

潮州韩文公庙碑[①]

匹夫而为百世师，一言而为天下法。是皆有以参天地之化，关盛衰之运，其生也有自来，其逝也有所为。故申、吕自岳降，傅说为列星[②]，古今所传，不可诬也。孟子曰："我善养吾浩然之气。"是气也，寓于寻常之中，而塞乎天地之间[③]。卒然遇之，则王公失其贵，晋、楚失其富，良、平失其智，贲、育失其勇，仪、秦失其辩[④]。是孰使之然哉？其必有不依形而立，不恃力而行，不待生而存，不随死而亡者矣。故在天为星辰，在地为河岳，幽则为鬼神，而明则复为人。此理之常，无足怪者。

自东汉以来，道丧文弊，异端并起，历唐贞观、开元之盛，辅以房、杜、姚、宋而不能救[⑤]。独韩文公起布衣，谈笑而麾之，天下靡然从公[⑥]，复归于正，盖三百年于此矣。文起八代之衰，而道济天下之溺；忠犯人主之怒，而勇夺三军之帅[⑦]。岂非参天地、关盛衰、浩然而独存者乎？

盖尝论天人之辨，以谓人无所不至，惟天不容伪。智可以欺王公，不可以欺豚鱼；力可以得天下，不可以得匹夫匹妇之心[⑧]。故公之精诚，能开衡山之云，而不能回宪宗之惑；能驯鳄鱼之暴，而不能弭皇甫镈、李逢吉之谤；能信于南海之民，庙食百世，而不能使其身一日安于朝廷之上[⑨]。盖公之所能者天也，所不能者人也。

始潮人未知学，公命进士赵德为之师[⑩]。自是潮之士，皆笃于文行，延及齐民[⑪]，至于今，号称易治。信乎孔子之言："君子学道则爱人，小人学道则易使也。"潮人之事公也，饮食必祭，水旱疾疫，凡有求必祷焉。而庙在刺史公堂之后[⑫]，民以出入为艰。前太守欲请诸朝作新庙，不果。元祐五年，朝散郎王君涤来守是邦[⑬]。凡所以养士治民者，一以公为师。民既悦服，则出令曰："愿新公庙者，听！"民欢趋之，卜地于州城之南七里，期年而庙成[⑭]。

或曰："公去国万里，而谪于潮，不能一岁而归。没而有知，其不眷恋于潮也，审矣[⑮]。"轼曰："不然！公之神在天下者，如水之在地中，无所往而不在也。而潮人独信之深，思之至，焄蒿凄怆[⑯]，若或见之。譬如凿井得泉，而曰水专在是，岂理也哉？"元丰元年，诏封公昌黎伯[⑰]，故榜曰："昌黎伯韩文公之庙。"潮人请书其事于石，因作诗以遗之，使歌以祀公。其辞曰：公昔骑龙白云乡，手抉云汉分天章，天孙为织云锦裳[⑱]。飘然乘风来帝旁，下与浊世扫秕糠。西游咸池略扶桑[⑲]，草木衣被昭回光。追逐李、杜参翱翔，汗流籍、湜走且僵，灭没倒影不可望[⑳]。作书诋佛讥君王，要观南海窥衡、湘，历舜九嶷吊英、皇[㉑]。祝融先驱海若藏，约束蛟鳄如驱羊。钧天无人帝悲伤，讴吟下招遣巫阳[㉒]。犦牲鸡卜羞我觞，于餐荔丹与蕉黄。公不少留我涕滂，翩然被发下太荒[㉓]。

【注释】 ①潮州：州名，今广东潮安县。韩文公：韩愈，唐文学家、哲学家。碑：石上刻着文字，作为纪念物或标记。②申、吕：即申伯和吕侯，都姓姜，尧时四岳的后代，是周朝的重臣。傅说(yuè)：殷代的贤相。相传傅说死后化为星宿，称作"傅说星"。③孟子：孟轲，战国时的思想家、教育家。浩然之气：正大刚直的精神，正气。塞：充满。④卒(cù)：同"猝"。突然，忽然。王公：王爵和公爵，泛指显贵的大臣。良、平：张良、陈平，西汉的谋士。贲(bēn)、育：孟贲、夏育。古代传说中的两名勇士。仪、秦：张仪、苏秦，战国时期著名的论辩家。⑤贞观：唐太宗李世民的年号。开元：唐玄宗李隆基的年号。房、杜：即房玄龄、杜如晦，唐太宗的宰相。姚、宋：即姚崇、宋璟，都是唐玄宗的宰相。⑥麾(huī)：指挥。靡(mǐ)然：倾力朝向之貌。⑦八代：指东汉、魏、晋、宋、齐、梁、陈、隋八个朝代。这期间盛行骈偶文风，韩愈主张散体，倡导古文运动。溺(nì)：沉迷不悟。犯人主之怒：唐宪宗李纯信佛，迎佛骨入宫，排场奢侈，韩愈上《谏迎佛骨表》诤谏，唐宪宗大怒，几被处死。唐宪宗贬韩愈至潮州任刺史。勇夺三军之帅：唐穆宗李恒时，镇州发生兵变，杀死节度使田弘正，立王延凑。唐穆宗派韩愈抚之。王延凑陈兵接待韩愈，威胁韩愈。韩愈向他们晓之以理，平息了这次兵变。⑧豚(tún)鱼：《易经·中孚》载："豚、鱼吉，信及豚、鱼也。"意思是说，不欺豚、鱼，卦象才吉兆。豚，小猪。匹夫匹妇：平常的男女。⑨衡山：五岳中的南岳，在湖南衡山县西。弭(mǐ)：消除、停止。皇甫镈(bó)：唐宰相，曾在唐宪宗面前说韩愈疏狂，只可内调，阻止唐宪宗召还韩愈。李逢吉：唐宰相，曾故意在韩愈和李绅之间制造不和，导致韩愈调任,李绅离开朝廷。南海:潮州。庙食:建庙祭祀。⑩赵德:秀才,通五经,能文章,斥佛、老,尊孔、孟。韩愈赞他"沉雅专静,颇通经,有文章,能知先王之道,论说且排异端,而宗孔氏,可以为师。"⑪齐民:平民。⑫刺史:官名。公堂:官吏审理案件的地方。⑬元祐:宋神宗赵煦的年号。朝散郎:官名。王君涤:即王涤,君是尊称。⑭卜(bǔ)地:选择地基。期年:一年。⑮没(mò):同"殁",终,死。审:明白,清楚。⑯焄蒿(xūnhāo):语出《礼记·祭义》,孔颖达疏云:"焄,谓香臭也。蒿,谓蒸出貌。"此处是香烟缭绕的意思。凄怆:凄凉悲惨。⑰元丰:宋神宗赵顼的年号。诏:诏书,指皇帝的命令或文告。⑱白云乡:古代神话传说中神仙居住的地方。抉(jué):抉择,剔出。云汉:天河。天孙:织女星。⑲秕(bǐ)糠:秕谷、米皮。比喻没有价值的东西。咸池:古代神话中的地名。略:巡行,巡视。扶桑:古代神话中的海外的大桑树,据说太阳从这里出来。⑳李:李白,字太白,号青莲居士,唐代大诗人。杜:杜甫,字子美,自称少陵野老,唐代大诗人。籍:张籍,字文昌,唐代诗人。湜(shí):皇甫湜,字持正,唐代文学家。僵:仆倒,僵仆。灭没:隐没。㉑衡、湘:衡山、湘江。韩愈曾路过之地。九嶷:九嶷山,传说大舜葬于九疑山附近。英、皇:女英、娥皇,传说中唐尧的两个女儿。㉒祝融:古代神话中的南海之神。海若:古代神话中的北海之神名。钧天:古代神话传说为天的中央。巫阳:巫师。㉓犦(bó)牲:牦牛。鸡卜:古代的一种占卜方法,即用鸡骨卜卦。羞:献。觞(shāng):古代喝酒用的器具。引申为敬酒、劝饮。涕滂:形容泪下如雨。翩然:形容动作轻快的样子。被(pī)发:头发披在肩上。大荒:古代神话中的山名。

【译文】一个平常人能成为世世代代的榜样,一句话能被天下人效法。这都是由于他有顶天立地的造化,关系到事物兴盛衰亡的命运。他的产生是有所来历的,他的去世是有所作为的。所以,申伯、吕侯从山岳降生,傅说死后化为列星,从古至今传说的事,是不可捏造的。孟子说:"我善于修养我的正气。"这种正气寓于寻常之中,充满在天地之间,突然遇到它,王公会失去他们的显贵,晋国、楚国会失去他们的富有,张良、陈平会失去他们的才智,孟贲、夏育会失去他们的勇敢,张仪、苏秦会失去他们的辩才。这是谁使他们这样的呢?那必定有不依靠形体就能站立,不依靠力量就能行走,不等待出生就能存在,不跟随死就能消灭的东西。所以,它在天上是星辰,在地上是河山,在幽暗的地方是鬼神,而在明亮的地方又是人。这是道理上的正常现象,没有什么值得奇怪的。

自东汉以来,道德丧失,文风败坏,异端邪说一起兴起,经历了唐代贞观、开元的兴盛时期,房玄龄、杜如晦、姚崇、宋璟这些宰相辅佐,都不能挽救。唯独韩文公崛起于平民,谈笑着指挥古文运动,天下人无不跟从他,道德和文风又回到正道,大概到现在有三百年了。韩愈的文章挽回八个朝代衰败的文风,他的道德挽救了天下人的沉迷不悟,他的忠心冒犯了皇帝的恼怒,以勇气夺取了三军的统帅。这难道不是顶天立地,关系到兴盛衰亡的命运,浩然正气独自存在的人吗?

有人曾经议论过天和人的分别,以为人是什么事都能做的,只有天不容许人做假。智慧可以欺骗王公,却不可以欺骗小猪和鱼;实力可以得到天下,却不可以得到平常的男人和平常的妇女的心。所以,韩公的一片真诚,能够拨开衡山的乌云,却不能挽回唐宪宗的迷惑;能够驯服鳄鱼的凶暴,却不能消除皇甫镈、李逢吉的诽谤;能够在南海的人民中得到信任,建庙祭祀,世代相传,却不能使自己在朝廷上有一天的安身。大概由于韩公能感动的是天,而不能感动的是人啊!

起初潮州人不知道学习，韩公命进士赵德做他们的老师。从此以后，潮州的读书人，都专心学习文章和品行，影响到一般平民，直到现在，潮州号称容易治理的地方。孔子的话是可证实的，“君子学习了儒道就能够爱护人民，小人学习了儒道就能够容易使唤。”潮州人侍奉韩公，饮食必去祭祀，水灾旱灾瘟疫，凡是有要求，必定到那里祈祷。可是庙在刺史公堂的后面，人民认为出入艰难。前任太守想把这个情况向朝廷反映，建座新庙，没有结果。元祐五年，朝散郎王涤来此地做官。凡是教育读书人、治理人民的措施，完全以韩公作为老师。人民已经心悦诚服，他就发出命令说：“愿意新建韩文公新庙的，听便！”人民欢喜地奔向庙地，在潮州城的南方七里选择了一块地方，一年就把庙建成了。

有人说：“韩公离开京城，万里迢迢，贬谪在潮州，不足一年就回去了。韩公死后如果有知觉，那他也不会依恋于潮州的，这道理是明白的啊！”我回答说：“不是这样的。韩公的神灵存在于天下，宛如水存在于地中，没有什么地方不存在。然而潮州人唯独信仰他这样的深沉，思念他到极点，祭祀时香烟缭绕，凄凉悲切，好像看见韩公一样。譬如，开凿水井得到了泉水，就说水专门在这里，难道合理吗？”元丰元年，皇帝诏封韩公为昌黎伯，所以庙门的额上题为“昌黎伯韩文公之庙”。潮州人请我书写此事刻在石碑上，我就作了一首诗赠送给他们，让他们用歌唱来祭祀韩公。那歌词说：您从前骑着龙在白云飘浮的仙乡，亲手掘开了天河，分为天下的文章，织女替您织出云锦的衣裳。飘飘然乘着仙风来到上帝身旁，降临人间为污浊的世上扫除秕糠。西边游览了咸池，巡行了扶桑，被及草木普照金光。追赶李白、杜甫一起翱翔，张籍、皇甫湜跑得汗流腿又僵，隐没的倒影不能望。作书斥责佛教讥讽君王，要看看南海观察衡、湘。经过舜埋葬的九嶷山，凭吊女英和娥皇。祝融在前面引导，海神也躲藏，管教蛟龙像驱赶群羊。天上缺少人才，上帝悲伤，派来了一位巫阳，吟唱着下凡。用牦牛做祭品，用鸡骨来占卜，进献酒觞，啊！祭品有荔枝红红、香蕉黄黄。韩公稍不停留，我们就眼泪涕滂，但愿您翩然而来，披拂着长发走下太荒。

【鉴赏】 这篇庙碑是苏轼于宋哲宗元祐七年，应潮州人士的请求而撰写的。

苏轼以儒家的眼光，对韩愈在儒学、文学和政绩方面的成就，作了中肯的概括和高度的评价，对韩愈的坎坷遭遇给予深厚的同情。同时，也渗透着作者自己政治上的苦闷和牢骚。这篇庙碑共有五个自然段：第一段，赞颂韩愈的正气，“匹夫而为百世师，一言而为天下法”；第二段，概述韩愈这种文气的表现，如“文起八代之衰，而道济天下之溺；忠犯人主之怒，而勇夺三军之帅”；第三段，叙说韩愈的正气，能感动的是天，不能感动的是那种冥顽不灵的人；第四段，肯定韩愈对潮州人的影响，以及建造韩公新祠庙的缘由；第五段，强调潮州人对韩愈的崇敬之情和作者“使歌以祀公”。本文为历代古文家所重视和称道，这是与其奇崛、雄浑、遒劲和豪放的风格分不开的。

乞校正陆贽奏议进御札子[1]

臣等猥以空疏，备员讲读[2]。圣明天纵[3]，学问日新。臣等才有限而道无穷，心欲言而口不逮，以此自惭，莫知所为。

窃谓人臣之纳忠，譬如医者之用药，药虽进于医手，方多传于古人，若已经效于世间，不必皆从于己出。

伏见唐宰相陆贽，才本王佐[4]，学为帝师。论深切于事情，言不离于道德。智如子房，而文则过；辨如贾谊[5]，而术不疏。上以格君心之非，下以通天下之志[6]。但其不幸，仕不遇时。德宗以苛刻为能，而贽谏之以忠厚；德宗以猜忌为术，而贽劝之以推诚；德宗好用兵，而贽以消兵为先；德宗好聚财[7]，而贽以散财为急。至于用人听言之法，治边御将之方，罪己以收人心，改过以应天道，去小人以除民患，惜名器以待有功[8]，如此之流，未易悉数。可谓进苦口之药石，针害身之膏肓[9]。使德宗尽用其言，则贞观可得而复[10]。

臣等每退自西阁[11]，即私相告，以陛下圣明，必喜贽议论。但使圣贤之相契[12]，即如臣主之同时。昔冯唐论颇、牧之贤，则汉文为之太息；魏相条晁、董之对，则孝宣以致中兴[13]。若陛下能自得师，则莫若近取诸贽。夫六经三史，诸子百家[14]，非无可观，皆足为治。但圣言幽远，末学支离，譬如山海之崇深，难以一二而推择。如贽之论，开卷了然。聚古今之精英，实治乱之龟鉴[15]。

臣等欲取其奏议，稍加校正，缮写进呈。愿陛下置之坐隅[16]，如见贽面；反复熟读，如与贽言，必能发圣性之高明，成治功于岁月。臣等不胜区区之意，取进止[17]。

【注释】①陆贽：字敬舆，苏州嘉兴（今浙江嘉兴）人。唐代宗李豫大历年间进士，任翰林学士、中书侍郎、同平章事，参与机谋，曾上疏反对两税法，因被裴延龄所谗，罢相，后遭贬为忠州别驾，居忠州十年抑郁而死。著有《翰苑集》，又名《陆宣公奏议》，内容多为改革弊政的建议。进御：进献皇帝。札子：古时的一种公文。②空疏：学问浅薄。备员：谦词，凑数、充数。讲读：官名。③天纵：天所放任。④佐：辅佐。⑤子房：张良，字子房，汉高祖的谋士。贾谊：洛阳（今河南洛阳东）人，世称贾生。西汉政论家、文学家。⑥格：正，纠正。通：通报，传达。⑦德宗：唐朝皇帝李适死后进入太庙奉祀时所封的尊号。⑧法：制度。名器：代表统治阶级的等级、地位的爵号和车服仪制。⑨药石：药品和砭石（古人治病用的石针）。膏肓（huāng）：我国古代医学上把心尖脂肪叫“膏”，心脏和膈膜之间叫“肓”；据说“膏肓”是药力达不到的地方。⑩贞观：唐太宗李世民的年号。公元627—649年，共二十三年，这是唐代的极盛时期，人称“贞观之治”。⑪西阁：衙门。⑫契：相合，投合。⑬冯唐：汉初郎中署长，他曾经对汉文帝介绍战国时期赵国的名将廉颇和李牧的战绩，汉文帝听后叹息说：“我独不得颇、牧为将，何忧匈奴哉！”魏相：人名，汉宣帝时任丞相。史称其“好观汉故事及便宜章奏”，“数条汉兴已来国家便宜行事，及贤臣贾谊、晁错、董仲舒等所言，奏请施行之。”孝宣：汉宣帝刘询。⑭六经：《诗》《书》《礼》《乐》《易》《春秋》。三史：《史记》《汉书》《后汉书》。诸子百家：泛指先秦两汉的各学派著作。⑮龟鉴：龟是卜卦，鉴是镜子。比喻借鉴。⑯坐隅：座位的旁边。⑰进止：听候决定。

【译文】臣等人低劣，凭着空虚的本事，凑数做个侍讲侍读的官员。可是皇上的聪慧是上天赋予的，学问日新月异。臣等人才华有限，然而圣道没有穷尽，心中想说，然而词不达意，因此，自己感到惭愧，不知道怎么办。

私下里认为，臣子进纳忠言，譬如医生的用药，药虽然从医生的手里来，但是处方大多传自古人，倘若已经在世上用了见效，就没必都要由医生自己重新开出处方。

我们见到唐朝宰相陆贽，本有辅佐皇上的才能，学问可以做皇帝的师傅。议论事情深刻切合实际，说话不背离道德。智慧像张子房，然而文章胜过他；论辩像贾谊，然而方法不像他那么粗疏。上面可以纠正君王意念的不是，下面可以传达人民的心意。但他不幸运，做官没有遇到好时机。唐德宗以苛刻为能干，可是陆贽用忠厚待人劝他；唐德宗以猜忌为手段，可是陆贽用推诚布公去劝他；唐德宗喜好用兵打仗，可是陆贽却把消除战争作为首要任务；唐德宗喜欢聚敛钱财，可是陆贽认为散发钱财是当务之急。至于用人，听取意见的方法，治理边疆，统御将帅的制度，归罪自己来收拾人心，改正过错来顺应天道，除去小人来消除人民的忧虑，珍惜爵号等待封赏有功的人，像这样的意见，是不容易全部列举出来的。可说是进献了苦口的良药和刺中了病人身体膏肓的石针。假若唐德宗完全采用他的意见，那么贞观之治就可以重现。

臣等人每次从西阁退朝下来，就私下谈论，像陛下这样圣明，必然喜欢陆贽的议论。但是，如果圣主和贤臣互相投合，那么就犹如君臣处在同一时代了。从前冯唐评论廉颇、李牧的贤能，汉文帝为不遇贤才而叹息；魏相分条陈述晁错、董仲舒的对策，汉宣帝就用这些对策，以致中兴。假若陛下能够自己得到良师，不如就近选取陆贽。六经三史，诸子百家，不是没有可看的，都足够用来治理国家。但是圣人的言论幽深高远，后人又学习得支离破碎，譬如山高海深，很难一一推求选择。像陆贽的论文，打开书就一目了然。它聚集了古今的精华，实在是国家治乱的借鉴。

臣等人想选取他的奏议，稍加校正，抄写完进献呈上。愿陛下放在座位旁边，像和陆贽见面一样；反复熟读，像和陆贽面谈一样，必定能够启发圣上性灵的高明，在短时间内成功地治理国家。臣等人不胜区区之意，请决定此札或留或退。

【鉴赏】这篇进御札子是苏轼在宋哲宗元祐期间，担任翰林学士兼侍读时所撰写的一篇奏文。当时，宋哲宗年幼，由太后执政，苏轼兼侍读，负有为皇帝教学的责任，因此他和吕希哲、范祖禹等请准允许其将校正后的陆贽的《奏议》进呈皇帝阅读。

全文极力颂扬了陆贽的政治才干。此文有五个自然段：第一段，以退为进，为下文进御札子铺垫；第二段，叙说进呈校正了的《陆宣公奏议》的缘由；第三段，赞颂了陆贽富有远见卓识的政治见解；第四段，指出圣主和贤臣相契的重要性，并肯定陆贽的渊博学识；第五段，强调进御札子的目的。此文运用排比、对偶、比喻和古人事例来行文，使文章气势澎湃，跌宕起伏，婉转含蓄，情真意切，笔力纵横，娓娓而谈，显示了苏轼娴熟的写作技巧。

前赤壁赋

壬戌之秋，七月既望，苏子与客泛舟游于赤壁之下[①]。清风徐来，水波不兴。举酒属客，诵明月之诗，歌窈窕之章[②]。少焉，月出于东山之上，徘徊于斗牛之间[③]。白露横江，水光接天。纵一苇之所如，凌万顷之茫然。浩浩乎如冯虚御风，而不知其所止；飘飘乎如遗世独立，羽化而登仙[④]。

于是饮酒乐甚，扣舷而歌之。歌曰："桂棹兮兰桨，击空明兮溯流光[⑤]。渺渺兮予怀，望美人兮天一方[⑥]。"客有吹洞箫者，倚歌而和之。其声呜呜然，如怨如慕，如泣如诉，余音袅袅，不绝如缕。舞幽壑之潜蛟，泣孤舟之嫠妇[⑦]。

苏子愀然，正襟危坐而问客曰："何为其然也？"客曰："'月明星稀，乌鹊南飞'，此非曹孟德之诗乎[⑧]？西望夏口，东望武昌，山川相缪，郁乎苍苍，此非孟德之困于周郎者乎[⑨]？方其破荆州，下江陵，顺流而东也，舳舻千里，旌旗蔽空，酾酒临江，横槊赋诗[⑩]，固一世之雄也，而今安在哉？况吾与子渔樵于江渚之上，侣鱼虾而友麋鹿，驾一叶之扁舟，举匏樽以相属[⑪]。寄蜉蝣于天地[⑫]，渺沧海之一粟。哀吾生之须臾，羡长江之无穷。挟飞仙以遨游，抱明月而长终。知不可乎骤得，托遗响于悲风。"

苏子曰："客亦知夫水与月乎？逝者如斯，而未尝往也；盈虚者如彼，而卒莫消长也。盖将自其变者而观之，则天地曾不能以一瞬；自其不变者而观之，则物与我皆无尽也，而又何羡乎？且夫天地之间，物各有主，苟非吾之所有，虽一毫而莫取。惟江上之清风，与山间之明月，耳得之而为声，目遇之而成色，取之无禁，用之不竭，是造物者之无尽藏也[⑬]，而吾与子之所共适。"

客喜而笑，洗盏更酌。肴核既尽，杯盘狼藉[⑭]。相与枕藉乎舟中，不知东方之既白。

【注释】①壬戌：宋神宗赵顼元丰五年。既望：既，过了。望，阴历每月十五日。苏子：苏轼自称。赤壁：三国时代，孙权、刘备联军大败曹操的赤壁，在今湖北省嘉鱼县东南、长江南岸。作者游览的是现在湖北省黄冈的赤壁，俗称赤鼻矶。②属（zhǔ）：斟酒劝人喝。明月之诗：指的是《诗经·陈风·月出》篇，有"月出皎兮，佼（jiǎo）人僚兮，舒窈纠（jiǎo）兮"的句子。窈窕之章：指的是《诗经·周南·关雎》，诗中有"窈窕淑女，君子好逑"之句，与后文"思美人"相呼应。③斗牛：指北斗星和牵牛星。④冯虚：冯同"凭"。腾空，升空。御风：乘风，驾风。遗世独立：抛开人间，了无牵挂。羽化：成仙。⑤棹（zhào）、桨：划船工具。前推的叫桨，后推的叫棹。桂、兰：是对划船工具的美称。溯（sù）：逆流而上。⑥美人：古人常用来作为贤君圣人或美好理想的象征。⑦嫠（lí）妇：寡妇。⑧月明星稀，乌鹊南飞：曹操《短歌行》中的诗句。曹孟德：曹操，字孟德。⑨夏口：今湖北武汉市。武昌：今湖北鄂州市。缪（liáo）：连接，环绕。周郎：三国时代吴的名将周瑜,他二十四岁为中郎将,吴中称其为“周郎”。⑩破荆州,下江陵,顺流而东也:指汉建安十三年,曹操在荆州打败刘琮,刘琮向曹操投降,曹操从江陵向东进军赤壁。荆州,郡名,今湖北江陵县。舳舻(zhúlú):船尾和船头。酾(shī):滤,洒,斟。横槊(shuò):横执着长矛。⑪江渚:江中的小洲。麋(mí):鹿的一种。匏(páo)樽:葫芦做成的酒器。属(zhǔ):敬酒。⑫蜉蝣(fúyóu):昆虫。夏秋之交生在水边,一般只能活数小时。⑬造物者:指天,因为古人认为万物是由天生成的。⑭肴核:菜肴和果品。狼藉:杂乱。

【译文】元丰五年的秋天,七月十六日,我和客人划着小船在赤壁的下面游玩。清凉的风缓缓地吹来,江水静静地连波浪也不起。我举起酒杯劝客人饮酒,吟诵明月的诗篇,歌唱窈窕的乐章。一会儿,月亮从东山上面升起,在北斗星和牵牛星的上空徘徊。白蒙蒙的露水弥漫江上,水光和天色相连接。纵放一片苇叶似的小船,随它漂浮,越过茫茫无边的江面。浩浩荡荡宛如腾空驾风而行,不知道到哪里才止;飘飘摇摇宛如抛开人间而独立,变成仙人,登入仙境。

在这个时候,酒饮得很欢畅,敲打着船边唱起歌来。歌词是:“桂木的棹啊木兰的桨,击破月光映照下的清澈的江水啊,船在浮动着月光的江面上逆流而进。深远无穷啊我的情怀,眺望美人啊,天各一方。”客人中有会吹洞箫的,配着歌曲节拍应和起来。那箫声呜呜咽咽,好像是哀怨,又好像是眷恋,余音没有断绝,宛如细丝一般。箫声能使潜伏在深渊里的蛟龙起舞,使在孤舟上的寡妇哭泣。

苏子显得忧愁变容的样子,理直衣襟,端正地坐着,问客人说:“为什么箫声这样凄凉呢?”客人说:“‘月明星稀,乌鹊南飞’,这不是曹孟德的诗句吗?向西望是夏口,向东望是武昌,山河互相环绕,一片苍翠,这不是曹孟德被周郎所围困的地方吗?当他破了荆州,直下江陵,沿着长江顺流而东进时,战船前后衔接,千里不绝,旗帜遮蔽了天空。他面对长江饮酒,横执着长矛赋诗,固然是一代英雄啊!可是如今在哪里呢?况且我与你在江中的小洲之上捕鱼打柴,和鱼虾做伴侣,和麋鹿做朋友。驾了一片叶子似的小船,举着葫芦做成的酒器互相敬酒。像蜉蝣那么短促地寄生在天地之间,渺小得像大海里的一颗谷粒。悲叹我人生的短暂,羡慕长江流水的无穷无尽。希望携同飞仙在宇宙遨游,怀抱明月而永久长存。明知道不可以立即实现,只好把表达这种心情的箫声余音寄托在悲凉的秋风之中。”

苏子说:“客人也知道那江水与月亮吗?不断流去的水,像这样不断地流,然而没有流去;时圆时缺的月亮,像那样不断地变化,然而始终没有增减。原来从它变化的一面来观察,那么天地间的事物连一眨眼的工夫都不能保持原样;从它不变化的一面来观察,那么天地间的事物和我都是无穷无尽的,却还有什么值得羡慕呢?况且,天地之间,物各有主,假如不是我所有的,纵然一丝一毫也不能获取。只有江上的清风,与山间的明月,耳朵听到它就成为声音,眼睛遇见它就形成颜色,获取它没有禁令,享用它也不会枯竭,这是上天赐给我们无穷无尽的宝藏啊!却是我与你共同享受的。”

客人喜悦得笑起来,洗干净酒杯,重新再饮。菜肴和果品吃光了,杯子和盘子杂乱地摆着。大家你靠我,我挨你地睡在船里,却不知道东方天色已经发白。

【鉴赏】宋神宗元丰二年，苏轼的政敌谏官何正臣、舒亶、李定等出面，摘录了苏轼讽刺新法的诗句，以诽谤朝廷罪，将其逮捕下狱，制造了宋代有名的“乌台诗案”（乌台，即御史府，专门弹劾百官的中央机关）。次年，苏轼出狱，被贬黄州任团练副使这个虚职，实则流放。苏轼其抑郁感愤自不待言。元丰五年，苏轼在黄州撰写了《前赤壁赋》《后赤壁赋》和《念奴娇·赤壁怀古》等，反映了他这个时期怀古忧今、抑郁感叹和有志无成的思想状况。

这篇赋的精髓，在于通过虚拟的“主”与“客”的问答，运用水与月的比喻，探讨宇宙与人生的哲理，表现苏轼怀才不遇的苦闷心情，观察宇宙与人生的洒脱态度。从内容上看，它主要是言理，借泛舟赤壁，抒发自己贬官后内心的苦闷和不平，同时也表现了作者旷达乐观的胸襟。因此，全文的内在线索是写人物思想感情的变化，即由乐到悲，再由悲至乐。前一部分，主要是写景抒情，情景交融；后一部分，以情入理，情理相彰。它表达了苏轼感情的波折、挣扎和解脱的全过程。从形式上看，这是一篇“赋”，赋是很讲究押韵和对偶的。但是，这篇赋既有赋的特点，又有散文的笔法。赋中有散，散中有赋，长短句相间，整齐又参差，辞章华美，声韵铿锵，形成了行文流畅而又跌宕多姿的艺术风格。

后赤壁赋

是岁十月之望，步自雪堂，将归于临皋[①]。二客从予，过黄泥之坂[②]。霜露既降，木叶尽脱。人影在地，仰见明月。顾而乐之，行歌相答。

已而叹曰：“有客无酒，有酒无肴。月白风清，如此良夜何？”客曰：“今者薄暮，举网得鱼，巨口细鳞，状如松江之鲈[③]。顾安所得酒乎[④]？”归而谋诸妇。妇曰：“我有斗酒，藏之久矣，以待子不时之需。”

于是携酒与鱼，复游于赤壁之下。江流有声，断岸千尺；山高月小，水落石出。曾日月之几何，而江山不可复识矣！予乃摄衣而上，履巉岩，披蒙茸，踞虎豹，登虬龙，攀栖鹘之危巢，俯冯夷之幽宫[⑤]。盖二客不能从焉。划然长啸，草木震动，山鸣谷应，风起水涌。予亦悄然而悲，肃然而恐，凛乎其不可留也。返而登舟，放乎中流，听其所止而休焉。

时夜将半，四顾寂寥。适有孤鹤，横江东来。翅如车轮，玄裳缟衣，戛然长鸣，掠予舟而西也。

须臾客去，予亦就睡。梦一道士，羽衣蹁跹[⑥]，过临皋之下，揖予而言曰：“赤壁之游乐乎？”问其姓名，俯而不答。“呜呼噫嘻！我知之矣。畴昔之夜，飞鸣而过我者，非子也耶？”道士顾笑，予亦惊寤[⑦]。开户视之，不见其处。

【注释】①是岁：这年。承前赋而言，指宋神宗赵顼元丰五年。十月之望：农历十月十五。雪堂：作者在黄冈城东所建的住所。堂在大雪中落成，四壁均画雪景，故此命名。临皋：临皋亭，在黄冈市南长江边。作者初到黄州时，寓居定惠院，后迁居于此。②黄泥坂：在黄冈市东，是雪堂、临皋亭之间往来必经之路。③松江:江名,今江苏吴淞江。鲈:产于松江,此鱼四腮,无鳞,味极鲜美。④安所:什么地方,从哪儿。⑤摄衣:撩起衣服。古人衣长,故登高必须提起衣服的下摆。履巉岩:走上险峻的山崖。披蒙茸:拨开丛生的野草、灌木。踞虎豹:踞坐在状如虎豹的石头上。虬龙:状如虬(有两角的龙)龙盘曲的古木。鹘(hú):一名隼,猛禽类,俗称所谓崖鹰者。冯(féng)夷:河伯,传说中的水神名。⑥羽衣:道士的道服。蹁跹(piánxiān):状如舞蹈的旋行姿态。⑦寤(wù):睡醒。

【译文】这年的十月十五日,我从白雪堂步行,将要回到临皋去。两位客人随从我,路过了黄泥坂。这时霜露已经降下,树木的叶子全部脱落。人的影子倒映在地面,仰头一看,明月当空。大家回头观看,欣赏夜间景色,一边走一边唱,互相酬和。

不久,我叹息说:“有了客人却没有美酒,有了美酒又没有佳肴。月色银白,微风清和,如何度过这美好的夜晚呢?”客人说:“今天傍晚,举起网来捕得一条鱼,大嘴细鳞,形状像松江的鲈鱼。但是从哪儿能得到酒呢?”回家跟妻子商量这件事。妻子说:“我有一斗酒,收藏很久了,预备着等待你随时的需要。”

于是携带着酒和鱼,又游览于赤壁的下面。江里的流水发出声响,江岸峭壁陡立,高达千尺。山显得高了,月亮显得小了,水位降了,礁石显露了。时间没隔多久,然而江山的面貌再也不认识了!我就撩起衣服上岸,登上险峻的山崖,拨开丛生的野草、灌木,踞坐在状如虎豹的石头上,爬上形如虬龙盘曲的古树,攀登鹘鸟巢居的悬崖壁上,下看水神冯夷的深宫。两位客人不能随从我到这里。我高声长啸,草木震动起来,高山共鸣,深谷回应,风吹起来,江水涌流。我也忧愁悲伤,严肃恐惧,害怕得不可再停留了。我回转身来登上船,船放在水流中央,任凭它随便漂流,停在哪里就歇息在哪里。

这时候将近半夜,四面环顾,寂静寥廓。刚巧有一只白鹤,从东面飞来,横过江面,翅膀像车轮一样,尾部羽毛像黑色的裙子,前面羽毛像白色的衣衫,戛然长叫一声,拂过我的船向西方飞去。

一会儿客人离去,我也就回家睡觉了。梦见一位道士,身穿羽衣道袍,蹁跹起舞,走过临皋的下面,向我拱手施礼,说:“赤壁的游玩快乐吗?”我问他的姓名,他低着头不回答。“唉!我知道你的情况了!昨天夜里,又飞又叫拂过我船边的,不就是你吗?”道士回头一笑,我也惊醒了,开门看他,不见道士去处。

【鉴赏】宋神宗元丰五年七月,苏轼第一次泛游赤壁。同年十月,苏轼再次游览赤壁。两次赤壁之游的“赋”有何异同呢?相同之处是:两赋中都设有虚拟的“主”与“客”;两赋都具有诗情画意。不同之处是:前赋写的是初秋季节,字字秋色;后赋写的是初冬季节,句句冬景。前赋写水光月色,气氛安谧幽静,令人赏心悦目;后赋写山,除了写“复游于赤壁之下”,还写了“履巉岩”,渲染了“悄然而悲,肃然而恐”的阴森气氛。一样风月,两种境界。

这篇赋分两大部分。第一部分,写作者复游赤壁的雅兴及其游中情景;第二部分,写作者与白鹤化成的道士的对话与幻觉。总之,它反映了苏轼无力面对现实社会,企图超尘绝俗、飘然离世的思想感情。

三槐堂铭[①]

天可必乎？贤者不必贵，仁者不必寿。天不可必乎？仁者必有后。二者将安取衷哉[②]？

吾闻之申包胥曰："人众者胜天，天定亦能胜人。"[③]世之论天者，皆不待其定而求之，故以天为茫茫。善者以怠，恶者以肆。盗跖之寿，孔、颜之厄[④]，此皆天之未定者也。松柏生于山林，其始也，困于蓬蒿，厄于牛羊；而其终也，贯四时，阅千岁而不改者，其天定也。善恶之报，至于子孙，则其定也久矣。吾以所见所闻考之，而其可必也审矣[⑤]。

国之将兴，必有世德之臣，厚施而不食其报[⑥]，然后其子孙能与守文太平之主，共天下之福。故兵部侍郎晋国王公，显于汉、周之际，历事太祖、太宗[⑦]，文武忠孝，天下望以为相，而公卒以直道不容于时。盖尝手植三槐于庭，曰："吾子孙必有为三公者[⑧]。"已而其子魏国文正公，相真宗皇帝于景德、祥符之间[⑨]。朝廷清明，天下无事之时，享其福禄荣名者十有八年。今夫寓物于人，明日而取之，有得有否。而晋公修德于身，责报于天，取必于数十年之后，如持左契[⑩]，交手相付。吾是以知天之果可必也。

吾不及见魏公，而见其子懿敏公，以直谏事仁宗皇帝，出入侍从将帅三十馀年，位不满其德[⑪]。天将复兴王氏也欤？何其子孙之多贤也！世有以晋公比李栖筠者[⑫]，其雄才直气，真不相上下。而栖筠之子吉甫，其孙德裕[⑬]，功名富贵略与王氏等，而忠信仁厚不及魏公父子。由此观之，王氏之福，盖未艾也[⑭]。

懿敏公之子巩，与吾游，好德而文，以世其家[⑮]，吾是以录之。铭曰：

呜呼休哉[⑯]！魏公之业，与槐俱萌。封植之勤[⑰]，必世乃成。既相真宗，四方砥平，归视其家，槐荫满庭。吾侪小人，朝不及夕，相时射利，皇恤厥德[⑱]，庶几侥幸，不种而获。不有君子，其何能国？王城之东，晋公所庐，郁郁三槐，惟德之符[⑲]。呜呼休哉！

【注释】 ①铭：古代的一种文体。古人常把它刻在石碑上歌功颂德，或刻在器物上记述生平、事业，警戒自己。②衷（zhòng）：通"中"。适当，恰当。③申包胥：春秋时代楚国大夫。姓公孙，封地在申，故叫申包胥。伍子胥为报杀父之仇，助吴国灭楚国。申包胥使人对伍子胥云："子之报仇，其以甚乎！吾闻之：人众者胜天，天定亦能胜人。"④盗跖（zhí）：古代传说中春秋末期反抗贵族统治的起义军领袖。姓柳下，名跖。"盗"是统治者对其的诬称。孔：孔子。颜：颜回，字子渊，春秋时鲁人，孔子的学生。⑤审：清楚，明白。⑥食：享受。⑦兵部：古代中央行政机构共设六部，即吏部、户部、礼部、兵部、刑部、工部。其中，兵部掌管全国武官选用和兵籍、军械、军令等事务。侍郎：六部所设长官之副职。晋国：晋国公，王祐字景叔，莘（今属山东省）人，五代末至宋初人。他死后封晋国公。太祖：北宋开国皇帝赵匡胤（yìn）的庙号。太宗：北宋第二代皇帝赵炅（jiǒng），本名匡义，又名光义。⑧三公：古代不同朝代有不同说法。宋时以太尉、司徒、司空合称三公，为共同负责军政的最高长官。⑨魏国文正公：即王旦，王佑的次子，字子明，宋真宗时任给事中、同知枢密院事、工部尚书、同中书门下平章事（宰相），魏国公是他的封号。真宗皇帝：北宋第三代皇帝赵恒。景德、祥符：宋真宗的年号。⑩晋公：晋国公的简称。左契：古时契约分左右两联，双方各执一联。⑪魏公：魏国公的简称。懿（yì）敏公：王素，字仲仪，官至工部尚书，死后谥号懿敏。仁宗皇帝：北宋第四代皇帝赵祯。满：全。此处含相符、相称的意思。⑫李栖筠：字贞一。官至浙江观察使。他善于奖拔人才和听取意见，深受士大夫尊重。唐代宗拟任命他为宰相，元载竭力阻止，未成。后李栖筠忧愤而死。⑬吉甫：李吉甫，字弘宪。唐宪宗李纯时任宰相。德裕：李德裕，字文饶。唐武宗李炎时为宰相。⑭艾：停止，完结。⑮巩：王巩，字定国，苏轼的学生。世：继承。⑯休：美善，美好。⑰封：加土培育树木。⑱相：察。射：追求，攫取。皇：同“遑”。闲暇，空闲。恤：担忧，忧虑。⑲王城：京城汴京（今河南开封）。庐：居住。符：凭据，见证。

【译文】 天意必定可靠吗？有贤德的人不一定必然显贵，仁慈的人不一定必然长寿。天意不是必定可靠的吗？但是仁慈的人必定有后人。这两者将怎样求得恰当的解释呢？

我听见申包胥说：“人一定可以胜过天，天一定也能胜过人。”世上谈论天意的人，都不等待天定局后而去求他，所以认为天意是无边无际的。善良的人因此懒惰，恶劣的人因此肆无忌惮。盗跖的长寿，孔子、颜回的困苦，这都是天意没有最终决定的。松树、柏树生长在大山树林之间，它们初始的时候，被飞蓬、蒿子围困，遭牛羊践踏。可是它们最终通过四季，经历了千年而长青不改，这是天意决定的呀！善良或恶劣的报应，到了子孙，那天意的定局很久了。我用所见所闻去考察他，那可以料定必然是明白的。

国家将要兴旺起来，必定有世代积德的臣子，厚重的布施却不接受他的报答，然后，他的子孙才能和遵守文治、太平的君主共享天下的幸福。去世的兵部侍郎晋国王公，在后汉、后周时官位显赫，又在宋太祖、宋太宗两朝任职，能文能武，忠孝双全，天下人都希望他做宰相，然而他始终由于直率正道不被当权者容纳。他曾经亲手在庭院里种植三棵槐树，说：“我的子孙将来必定有做三公的。”不久，他的儿子魏国文正公，在景德、祥符年间担任宋真宗皇帝的宰相。朝廷政治清明，天下太平无事的时期，享受其幸福、薪俸和荣誉名声有十八年。现在在别人那里寄存了物品，第二天去取物品，有的得着，有的得不着。然而晋公在自己身上修养德行，向天索取报答，在数十年之后必定拿到，好像拿着“左契”，亲手相互交割一样。我因此知道天意果然可以说是必定有的。

我没有赶上见魏公，可是见过他的儿子懿敏公。懿敏公以直言规劝侍奉仁宗皇帝，朝内担任侍从，朝外担任将帅共有三十多年，职位虽高，但和其德行不相符合。天意将要使王家再兴起啊！为什么有许多贤德子孙呢？世上有的人把晋公比作李栖筠，他们的雄略大才和刚直气概不相上下。然而李栖筠之子李吉甫，他的孙子李德裕，功名富贵大致和王家相等；然而忠恕仁厚不及魏公父子。由这样看来，王家的福禄，没有穷尽呢！

懿敏公的儿子巩，同我交往，好修德行，好写文章，来继承他的家业，我因此记

录他。铭云:

唉,多么美好啊!魏公的伟业,同三棵槐树一起萌发。培植树木的勤劳,必定隔几世才成功。既任真宗的宰相,全国太平,回归看看他的家,家里的三棵槐树浓荫遮满庭院。我辈小人,早上看不到晚上的事,观察时机攫取名利,没有空闲来考虑自己的德行,也许图个侥幸,不去种植就收获。没有君子,那怎么能够治理国家?京城的东面,是晋公所居住的地方,郁郁苍苍长着三棵槐树,这就是积德的见证。唉,多么美好啊!

【鉴赏】“三槐堂”是北宋宰相王旦住宅的堂号。之所以名为“三槐”,其父王祐“尝手植三槐于庭”,是因为象征朝廷中太师、太傅、太保三公,以求“吾子孙必有为三公者”。苏轼应其孙王巩的请求,故作《三槐堂铭》。

此铭文赞赏了王氏的功绩和美德,肯定了“善恶之报”,“是以知天之果可必也”的因果报应论和天命论,其观点是不可取的。但在写法上,穿插了比喻、衬托、设问等修辞手段,造成了极好的艺术效果和气势,显示出作者高超的艺术才能。

方山子传

方山子,光、黄间隐人也①。少时慕朱家、郭解为人,闾里之侠皆宗之②。稍壮,折节读书③,欲以此驰骋当世,然终不遇。晚乃遁于光、黄间,曰岐亭④。庵居蔬食,不与世相闻;弃车马,毁冠服,徒步往来山中,人莫识也。见其所著帽,方耸而高,曰:“此岂古方山冠之遗像乎⑤?”因谓之方山子。

余谪居于黄,过岐亭,适见焉⑥。曰:“呜呼!此吾故人陈慥季常也。何为而在此?”方山子亦矍然⑦,问余所以至此者。余告之故。俯而不答,仰而笑,呼余宿其家。环堵萧然,而妻子奴婢,皆有自得之意。

余既耸然异之。独念方山子少时,使酒好剑,用财如粪土。前十有九年,余在岐山,见方山子从两骑,挟二矢⑧,游西山。鹊起于前,使骑逐而射之,不获;方山子怒马独出,一发得之。因与余马上论用兵及古今成败,自谓一世豪士。今几日耳,精悍之色犹见于眉间,而岂山中之人哉?

然方山子世有勋阀⑨,当得官,使从事于其间,今已显闻。而其家在洛阳,园宅壮丽,与公侯等。河北有田,岁得帛千匹⑩,亦足以富乐。皆弃不取,独来穷山中,此岂无得而然哉?

余闻光、黄间多异人,往往佯狂垢污,不可得而见。方山子傥见之欤⑪?

【注释】①方山子:姓陈,名慥(zào),字季常,宋代永嘉人。光、黄:宋代的光州和黄州,光州在今河南潢川。黄州在今湖北黄冈。②朱家:西汉鲁(今山东曲阜)人,游侠。郭解:西汉轵(zhǐ)(今河南济源)人,游侠。宗:尊奉。③折节:改变作风。④岐亭:镇名,在当时的黄州。⑤方山冠:前高七寸,后高三寸,长八寸,按五方的地位施以五色,为唐、宋时隐士戴的帽子。⑥谪(zhé):贬谪。适见:苏轼《岐亭》诗序:“元丰三年正月,余始谪黄州,至岐亭北二十五里,山上有白马青盖来迎者，则余故人陈慥字季常也，为留五日，赋诗一篇而去。”⑦矍(jué)然：惊视的样子。⑧岐山：今陕西岐山县。挟(xié)：用胳膊夹住。⑨勋阀：功勋、功绩。⑩帛(bó)：丝织品的总称。匹：量词，计算布和绸缎的长度单位。⑪傥(tǎng)：倘若，倘或，或许。

【译文】方山子是在光州和黄州之间的隐居者。年少时仰慕朱家、郭解的为人，乡里的豪侠都尊奉他。慢慢地进入壮年时，改变了作风，努力读书，想凭借这条途径在当代干一番事业，然而始终没有机遇。晚年就隐居在光州和黄州之间叫“岐亭”的镇上。住草屋，吃蔬菜，不和世上互相往来；抛弃车子和马，毁坏了帽子和衣服，来来去去靠步行，山里的人没有一个认识他，看见他所戴的帽子，方方地高耸，而且很高，说：“这莫非是古时方山冠的遗像吗？”因此称呼他为“方山子”。

我贬谪到黄州居住，路过“岐亭”，恰巧遇见他。说：“唉！这就是我的老朋友陈慥字季常呀！你为什么在这里？”方山子也表现出惊视的样子，问我到这里的缘故。我就把缘故告诉了他。他低下头不回答，仰头大笑，招呼我住他家。他家周围环着四堵墙，寂寞冷落的样子，然而妻子奴婢，都有自得其乐的神态。

我既惊奇地发现他和以往不同了，独自回想起方山子年少时，纵酒、任性、喜好舞剑，用钱像粪土一样。从前十九年的时候，我在岐山，看见两个骑马的家丁跟随着方山子，他挟着两副弓箭，游历西山。一只喜鹊在前面惊飞起来，方山子叫骑马的家丁追赶上去射喜鹊，没有射中；方山子跃马出击，一箭就射中了。于是，他骑着马和我谈论起用兵方法以及古今战争成败的事情，自称是当代豪杰。现在想起来，才隔几天，精壮强悍的面色，还在眉宇之间显现出来，这难道是山林中隐居的人吗？

但是，方山子世代都有功勋，应当得到官位，假使在这期间让他从事政事，那么现在已经官位显赫了。他的家本在洛阳，花园住宅，壮观富丽，和官僚相等同。他的家在河的北岸有庄田，每年得到上千匹的丝织品，也足够他享受富裕快乐的生活。他都放弃不拿，独个来到贫穷的山里，这难道是没有心得的人能够这样的吗？

我听说光州、黄州之间有许多奇异的人，常常假装癫狂，一身弄得肮脏，不能见到他们。方山子或许遇见过他们吧！

【鉴赏】这篇传通过对方山子独具特色的生活片段的记叙，表现了他早年游侠，晚岁避世，不图升官耀祖，不取富乐和独居穷山的高尚品德。全传有五个自然段：第一段，叙述方山子一生的主要经历，溯其“方山子”的来历；第二段，通过作者所见，叙述了满足于现实贫困生活的方山子；第三段，追忆年轻时自谓一时豪士的方山子；第四段，记叙方山子世有勋阀的家世；第五段，提出自己的看法，点明他“佯狂垢污”，是有托而逃。此传构思极为巧妙，选取典型事件，注重细节描写，对比鲜明，因小见大，用笔含蓄，令人回味咀嚼。

苏辙(1039—1112),字子由,号颍滨遗老。眉州眉山(今四川眉山)人。苏洵次子。宋仁宗嘉祐二年(1057)进士。官至尚书右丞、门下侍郎。苏辙的一生是在王安石参知政事、创置三司条例司、议行新法和以司马光为首的强大的变法反对派两者的激烈政治斗争中度过的。随着两股政治势力的较量和更替,苏辙的遭遇也几起几落。王安石执政时,贬谪到筠州监盐酒税。司马光当政时,官升尚书右丞、门下侍郎。王派复起后降职外放,初任知州,后来又斥降为化州别驾、雷州安置。晚年居颍州。撰有《诗传》《春秋传》《论语拾遗》《孟子解》《老子解》《栾城文集》等。苏辙与其父苏洵、兄苏轼,合称"三苏",又同号称"唐宋八大家"之一。

六国论[①]

尝读六国世家,窃怪天下之诸侯,以五倍之地,十倍之众,发愤西向,以攻山西千里之秦[②],而不免于灭亡。常为之深思远虑,以为必有可以自安之计。盖未尝不咎其当时之士,虑患之疏而见利之浅,且不知天下之势也。

夫秦之所与诸侯争天下者,不在齐、楚、燕、赵也,而在韩、魏之郊;诸侯之所与秦争天下者,不在齐、楚、燕、赵也,而在韩、魏之野。秦之有韩、魏,譬如人之有腹心之疾也。韩、魏塞秦之冲,而蔽山东之诸侯[③],故夫天下之所重者,莫如韩、魏也。

昔者范雎用于秦而收韩,商鞅用于秦而收魏[④]。昭王未得韩、魏之心,而出兵以攻齐之刚、寿[⑤],而范雎以为忧,然则秦之所忌者可见矣。秦之用兵于燕、赵,秦之危事也。越韩过魏,而攻人之国都,燕、赵拒之于前,而韩、魏乘之于后,此危道也。而秦之攻燕、赵,未尝有韩、魏之忧,则韩、魏之附秦故也。夫韩、魏,诸侯之障,而使秦人得出入于其间,此岂知天下之势耶?委区区之韩、魏[⑥],以当强虎狼之秦,彼安得不折而入于秦哉!韩、魏折而入于秦,然后秦人得通其兵于东诸侯,而使天下遍受其祸。

夫韩、魏不能独当秦,而天下之诸侯藉之以蔽其西,故莫如厚韩亲魏以摈秦[⑦]。秦人不敢逾韩、魏以窥齐、楚、燕、赵之国,而齐、楚、燕、赵之国因得以自完于其间矣。以四无事之国,佐当寇之韩、魏,使韩、魏无东顾之忧,而为天下出身以当秦兵。以二国委秦[⑧],而四国休息于内,以阴助其急。若此,可以应夫无穷,彼秦者将何为哉?不知出此,而乃贪疆埸尺寸之利[⑨],背盟败约,以自相屠灭。秦兵未出,而天下诸侯已自困矣。至于秦人得伺其隙,以取其国,可不悲哉!

【注释】①六国:齐、楚、燕、赵、韩、魏六个国家。②世家:司马迁著《史记》,把记叙诸侯王的世系称为"世家"。山西:崤山以西。③山东:崤山以东。④范雎(jū):字叔,战国时魏人。他改姓名为张禄,去秦国游说,劝说秦昭王以远交近攻之策而强,封为秦相。商鞅:亦魏人,卫公子鞅,后任秦相,主张变法以强秦,封商君,故称商鞅。⑤昭王:名稷,秦国君主昭襄王。刚:地名,今山东兖州附近。寿:地名,今山东东平县北。⑥委:托付,委托。⑦摈(bìn):排斥,抛弃。⑧委:对付。⑨疆场:边界。

【译文】我曾经阅读六国的《世家》,奇怪天下的诸侯,用五倍的土地,十倍的民众,发愤向西进兵,攻打崤山西边的有千里之地的秦国,不免被秦国灭亡。我常常为这事深沉思考,认为必定有可以自安的计策。我不能不责怪当时的谋士,考虑祸患的疏忽,看待利益的短浅,并且不知道天下的形势。

秦国和诸侯争夺天下的地方,不是在齐、楚、燕、赵,而是在韩国、魏国的城郊;诸侯和秦国争夺天下的地方,不是在齐、楚、燕、赵,而是在韩国、魏国的野外。秦国有韩国、魏国存在,譬如人有心腹的疾病。韩国、魏国阻塞了秦国的交通要道,遮掩着崤山以东的诸侯,所以那时天下最重要的,没有像韩国、魏国的了。

从前,范雎被秦国重用后主张收买韩国,商鞅被秦国重用后主张收买魏国。秦昭王没有收得韩国、魏国的人心,就出去攻打齐国的刚、寿两地,范雎为这件事忧虑,那么,秦国所忌讳的事情就可以看清楚了。秦国在燕国、赵国用兵,这是秦国危险的事情。越过了韩国、魏国,去攻打别国的国都,燕国、赵国在前面抵御它,韩国、魏国在后面追逐它,这是很危险的事啊!然而秦国进攻燕国、赵国,不曾有韩国、魏国追逐的忧虑,就因为韩国、魏国归附秦国的缘故。韩国、魏国是诸侯的屏障,却使得秦国人在其间随便出入,这难道是知道天下的形势吗?托付小小的韩国、魏国来阻挡强大如虎狼一般的秦国,他们怎么会不受挫折,投降秦国呢!韩国、魏国受了挫折,投降了秦国,然后秦国人可以通行他的军队,攻打东面诸侯,却使得天下普遍遭到他的祸害。

韩国、魏国不能单独抵挡秦国,而天下的诸侯凭借他遮掩西面的秦国,所以不如厚待韩国、亲近魏国来抗拒秦国。秦国人不敢越过韩国、魏国窥视齐、楚、燕、赵四国,而齐、楚、燕、赵四国因而能够在中间保全自己了。拿四个没有战事的国家,帮助抵挡入侵的韩国、魏国,使韩国、魏国没有来自东面的后顾之忧,从而替天下挺身来抵挡秦军。拿两个国家对付秦国,而齐、楚、燕、赵四国休养生息,在里面暗地帮助韩国和魏国的急需。假若这样,就可以应敌无穷,那秦国又有什么办法呢?不知道做出这个考虑,却贪图边界尺寸的利益,背弃盟誓,毁坏缔约,来互相屠杀、吞并。秦国的军队还没有出击,而天下诸侯就已经自我困乏了。致使秦国人能够利用这个机会来夺取这些国家,这能不令人悲伤吗?

【鉴赏】苏辙撰写《六国论》时,北宋正面临东北的契丹、西北的西夏的严重威胁。但是,北宋统治者没有积极抗御外族的入侵,反而每年向他们送币纳绢,乞取苟安。在这种严峻的形势下,苏辙以古论今,阐述了六国被秦灭亡的历史及其教训。

这篇史论,首先,开门见山地提出齐、楚、燕、赵、韩、魏六国被千里之秦灭亡的论点,在于"虑患之疏而见利之浅,且不知天下之势"。接着,分别从六国失去韩、魏两地的后果,造成"秦人得通其兵于东诸侯,而使天下遍受其祸"和六国不团结,

"贪疆场尺寸之利,背盟败约,以自相屠灭"。最后,做出总结,呼应开端,"秦兵未出,而天下诸侯已自困","秦人得伺其隙,以取其国"。此论观点鲜明,先提出了自己的论点,然后举出例证,层层推进,肯定了自己见解的正确性,说服力强,有明确的针对性和现实性。

上枢密韩太尉书[①]

太尉执事[②]:辙生好为文,思之至深。以为文者气之所形,然文不可以学而能,气可以养而致。孟子曰:"我善养吾浩然之气[③]。"今观其文章,宽厚宏博,充乎天地之间,称其气之小大。太史公行天下[④],周览四海名山大川,与燕、赵间豪俊交游,故其文疏荡,颇有奇气。此二子者,岂尝执笔学为如此之文哉?其气充乎其中而溢乎其貌,动乎其言而见乎其文,而不自知也。

辙生十有九年矣。其居家所与游者,不过其邻里乡党之人[⑤]。所见不过数百里之间,无高山大野,可登览以自广。百氏之书[⑥],虽无所不读,然皆古人之陈迹,不足以激发其志气。恐遂汩没[⑦],故决然舍去,求天下奇闻壮观,以知天地之广大。过秦、汉之故都,恣观终南、嵩、华之高[⑧];北顾黄河之奔流,慨然想见古之豪杰。至京师,仰观天子宫阙之壮,与仓廪、府库、城池、苑囿之富且大也[⑨],而后知天下之巨丽。见翰林欧阳公[⑩],听其议论之宏辩,观其容貌之秀伟,与其门人贤士大夫游,而后知天下之文章聚乎此也。太尉以才略冠天下,天下之所恃以无忧,四夷之所惮以不敢发,入则周公、召公,出则方叔、召虎[⑪],而辙也未之见焉。

且夫人之学也,不志其大,虽多而何为?辙之来也,于山见终南、嵩、华之高,于水见黄河之大且深,于人见欧阳公,而犹以为未见太尉也。故愿得观贤人之光耀,闻一言以自壮,然后可以尽天下之大观而无憾者矣。

辙年少,未能通习吏事。向之来,非有取于斗升之禄,偶然得之,非其所乐。然幸得赐归待选,使得优游数年之间,将归益治其文,且学为政。太尉苟以为可教而辱教之,又幸矣。

【注释】 ①枢密:枢密使。宋代以枢密使为枢密院长官,与中书省之同平章事(宰相)等合称"宰执",并肩负责军国要政。韩太尉:韩琦,字稚圭,自号赣叟,相州安阳(今河南安阳县)人。宋仁宗天圣二年(1027)进士,曾任枢密使,封魏国公,死后谥"忠献"。太尉,宋代定为武官的高级官阶。一般用作对武官的尊称。②执事:官僚的下属人员,相当于现在的秘书。"执事"是当时书信中对收信人表示尊敬的称谓。③浩然之气:正大刚直的精神。④太史公:司马迁,字子长,夏阳(今陕西韩城)人,史学家、文学家和思想家。曾任太史令,故称"太史公"。⑤邻里乡党:古代五户为邻,二十五户为里,五百户为党,一万二千五百户为乡。⑥百氏之书:诸子百家的专著。⑦汩没(gǔmò):埋没。⑧秦、汉之故都:秦都咸阳(今陕西咸阳市),西汉都长安(今陕西西安市),东汉都洛阳(今河南洛阳市)。终南:终南山,秦岭的主峰,位于陕西西安市西南。嵩:嵩山,又称中岳,坐落在河南登封市西北。华:华山,又称西岳,劈地立于陕西华阴市南。⑨苑囿(yòu):帝王的花园。⑩翰林:翰林学士。唐代始以文学侍从官选任,专掌内命,参与机要,号称"内相"。北宋始设为专职。欧阳公:欧阳修。⑪四夷:四方外族。周公、召公:周公名旦,召公名奭(shì)。他俩是周文王之子,成王年幼,周召辅政。方叔、召虎:周宣王良将。周宣王曾命方叔平定荆蛮、猃狁(xiǎnyǔn)之乱,命召虎平定淮夷之乱。

【译文】太尉执事:辙生性就喜好作文章,对这件事情思考得很深。我认为文章是作者精神气质的外在体现,但是文章是不能只学文辞技巧就能作好的,而气质可以靠加强修养得到。孟子说:"我善于培养我浩然的气质。"今天观看他的文章,内容宽广、深厚、宏大、广博,充满在天地之间,同他浩然之气的大小相称。太史公旅行天下,遍及游览四海的名山大川,和燕国、赵国的豪杰英俊交游,所以他的文章疏放豪荡,颇有奇伟的气质。这两位夫子,难道曾经执笔学习作这样的文章吗?那种气质充满在他们的心中,洋溢在他们的面貌上,反映在他们的言谈中,表现在他们的文章里,他们自己也不知道啊!

辙出生已经有十九年了。我居住在家里,和我交游的,不过是自己的邻居同乡的人。看见的不过是几百里之内的事情,没有高山旷野可以登上游览来开拓自己广阔的胸怀。诸子百家的书,虽然无所不读,但是都是古人陈旧的著作,不足以激发自己的志气。我恐怕就此埋没,所以决心断然地舍去,访求天下的奇闻壮观,来了解天地的广大。路过秦朝、汉朝的故都,纵情地观看终南山、嵩山、华山的高峻;向北眺望黄河的奔腾激流,慨然地想象着古代的英雄豪杰。到了京城,抬头观看皇帝宫殿的壮美,和粮仓、兵库、城池、花园的富有且巨大,而后才知道天下的巨大和壮丽。看见翰林欧阳公,听见他的议论是那样的宏博,看到他容貌的清秀魁伟,跟他的学生贤明的士大夫一起交游,而后知道天下的文章全汇聚在这里。太尉的雄才大略冠盖天下,国家有所依靠因而没有担忧,四地的外族有所畏惧因而不敢侵犯,在朝廷里你便是贤臣周公、召公,在外打仗便是良将方叔、召虎,但是辙尚未见到您啊!

况且,一个人的学习,不记住那大的方面,虽学得多但又有什么用处呢?辙这次来,在山的方面,看见了终南山、嵩山、华山的高峻;在水的方面,看见了黄河的宏大且深渊;在人的方面,看见了欧阳公,可是还没有看见太尉。所以,深愿得以观瞻贤人的光彩,听您一句话来壮自己的志气,然后可以说,看完了天下的伟大景观,而没有什么遗憾的事了。

辙年纪轻,没有能够通晓熟悉官场上的事务。从前来京,不是为获取斗升的俸禄,偶然得到的东西,不是能使自己快乐的。但是,幸而得到皇帝恩赐,归家等待选拔,使得有悠闲几年的时间,将愈加研究学问,并且学习治理政务。太尉如果认为我可以教诲,不以为耻辱来教诲我,就更加幸运了。

【鉴赏】宋仁宗嘉祐二年,苏辙考中进士。返乡时,苏辙给枢密院使韩琦呈上了这封信。此信着意表示对韩琦的仰慕求见之心,阐明了修养气质、生活实践、文章风格与写作水平有着必然的关系。全文分四个自然段：第一段，劈头提出作文必须具有养气之功，"文者气之所形"的观点，接着以孟子、太史公为例就如何养气的问题，作了具体阐明；第二段，阐明一般人与自身养气的问题；第三段，叙说欲见太尉之意及其目的；第四段，强调自己入京不是为了仕禄，以及自励与求教之意。全文理直气壮，层层深入，步步逼近，既论证了所要说明的问题，又充分表达了欲见太尉之意，顺理成章，文情奔放，挥洒自如，用语得体而自然。

黄州快哉亭记[①]

江出西陵[②]，始得平地，其流奔放肆大。南合湘、沅，北合汉、沔，其势益张[③]。至于赤壁之下[④]，波流浸灌，与海相若。清河张君梦得谪居齐安[⑤]，即其庐之西南为亭，以览观江流之胜，而余兄子瞻名之曰"快哉"。

盖亭之所见，南北百里，东西一舍。涛澜汹涌，风云开阖。昼则舟楫出没于其前，夜则鱼龙悲啸于其下。变化倏忽，动心骇目，不可久视。今乃得玩之几席之上，举目而足。西望武昌诸山，冈陵起伏，草木行列，烟消日出，渔夫、樵父之舍，皆可指数。此其所以为"快哉"者也。至于长洲之滨，故城之墟，曹孟德、孙仲谋之所睥睨，周瑜、陆逊之所驰骛[⑥]。其流风遗迹，亦足以称快世俗。

昔楚襄王从宋玉、景差于兰台之宫[⑦]，有风飒然至者，王披襟当之，曰："快哉此风！寡人所与庶人共者耶？"宋玉曰："此独大王之雄风耳，庶人安得共之？"玉之言，盖有讽焉。夫风无雄雌之异，而人有遇不遇之变。楚王之所以为乐，与庶人之所以为忧，此则人之变也，而风何与焉？士生于世，使其中不自得，将何往而非病？使其中坦然，不以物伤性，将何适而非快？今张君不以谪为患，窃会稽之馀功[⑧]，而自放山水之间，此其中宜有以过人者。将蓬户瓮牖，无所不快，而况乎濯长江之清流，揖西山之白云[⑨]，穷耳目之胜以自适也哉！不然，连山绝壑，长林古木，振之以清风，照之以明月，此皆骚人思士之所以悲伤憔悴而不能胜者，乌睹其为快也哉！

【注释】 ①黄州：今湖北黄冈。快哉亭：旧址在黄冈市城南。②西陵：西陵峡，长江三峡之一。③湘、沅：湘江源出广西东北部的海洋山西麓，全长八百一十七公里；沅江源出贵州东部云雾山。两江北流入洞庭湖，汇入长江。汉、沔：汉水、沔水，本为一条河流，流经勉县名沔水，至汉中合褒水后名汉水，流经湖北后，汇入长江。张：使合拢的东西分开或可使紧缩的东西放开。④赤壁：今湖北黄冈，又称赤鼻矶。⑤清河：县名，今河北清河县。齐安：郡名，即黄州，今湖北黄冈。⑥曹孟德：曹操，字孟德。孙仲谋：孙权，字仲谋。睥睨（pìnì）：眼睛斜着看，即窥视夺取。周瑜、陆逊：三国时代吴的将军。驰骛（wù）：逞威。⑦楚襄王：战国时代楚国君王，楚顷襄王的简称。宋玉：战国时代楚国辞赋家。或称屈原弟子，曾事顷襄王。景差：战国时代楚国辞赋家。⑧会稽：即会计，指征收钱谷等事。⑨蓬户瓮牖（yǒu）：蓬户，指用蓬草编的门。瓮牖，指用破瓮做窗。表明生活贫困。濯（zhuó）：洗。揖（yì）：取。

【译文】 长江流出西陵峡后,开始遇到平地,它的水流疾驰浩大。南面汇合湘江、沅江,北面汇合汉水、沔水,它的水势更加放大。到了赤壁的下面,水流浸灌,和大海一样。清河张梦得君贬谪后居住在齐安,就在他住宅的西南面修建了一座亭,用以观览长江奔流的优美景致,我的兄长子瞻为它命名为"快哉"。

站在亭子里能望到长江,从南至北有百里宽,从东到西有三十里长。波涛汹涌,风云变幻忽开忽合。白天看见船只在亭子面前出没,夜晚听见鱼龙在亭子下面悲鸣。变化疾速,惊心骇目,不可久看。现在才得以坐在席位旁欣赏景色,一抬眼就看完。西边眺望武昌的许多山,冈峦起伏,草木一行行地排列,烟云消散,太阳出来,打鱼的、砍柴的房舍,都可以指点数清。这就是命名"快哉"的缘故。至于长洲的水滨,故域的废墟,是曹孟德、孙仲谋觊觎对方的地方,是周瑜、陆逊驰骋逞威的战场。他们的风流遗迹,也足够在世上一般人称为快事。

从前,楚襄王跟从宋玉、景差在兰台宫游玩,有一阵风飒飒地吹来,楚襄王敞开衣襟迎着风,说:"这阵风好快活呀!这阵风是我与老百姓共同享受的吧?"宋玉说:"这是大王独有的雄风,老百姓怎么能够跟大王共同享受呢?"宋玉的话,大概含有讥讽的意思吧。风没有雄雌的差异,可是人有遇合不遇合的变化。楚襄王之所以认为快乐,同老百姓之所以认为忧虑,这就是人事差别,跟风有什么关系呢?读书人生活在世上,假使他的心中不得意,那么他往哪里会没有心病呢?假使他的心中坦然,不因物欲伤害本性,那么将往哪里会不快乐呢?现在张君不认为贬谪是忧患,征收完钱粮,剩余下来的工夫,让自己放荡在山水的中间,这是他心中应有超过常人的地方。就是用蓬草编门,用破瓮做窗,也没有什么不快乐,更何况洗涤了长江的清流,掠取了西山的白云,穷尽了耳目的胜景,从而使自己得到舒适呢!要不是这样,相连的山,幽绝的沟,高大的森林,古老的树木,清风去吹动它们,明月去照亮它们,这都是诗人和忧思的人悲伤憔悴而不能忍受的缘故,怎么能目睹到它有什么快乐的地方呢?

【鉴赏】 宋神宗元丰六年,苏辙被执政的王安石改革派贬谪到筠州(今江西省高安县)监盐酒税,政治上极为失意。当时,与其兄苏轼同贬谪黄州的张梦得建筑了一座亭子,请苏轼命名,苏辙为亭作记。

《黄州快哉亭记》紧紧围绕"快哉"两字行文,从亭之所见和亭之所议来分,前一部分,记观赏美景,其景"变化倏忽,动心骇目","足以称快世俗",表明作者试图从大自然中寻求人生的快乐;后一部分,在写景的基础上,进行议论,赞颂了"张君不以谪为患,窃会稽之馀功,而自放山水之间,此其中宜有以过人者。将蓬户瓮牖,无所不快"的广阔胸怀与随遇而安的品格。同时,也是作者被贬后抑郁不平情绪的一种泄愤。全文情景交融,触景生情,引古喻今,既歌咏了自然的景物,又抒发了人物的情怀。

曾巩(1019—1083),字子固,建昌南丰(今江西南丰县)人。宋仁宗嘉祐进士,历任越州通判、福州知州等,官至中书舍人。尝奉召编校史馆书籍,校勘《战国策》《列女传》等古籍。曾巩深于经术,散文平易,为"唐宋八大家"之一。有些文章曾对当时在位者的因循苟且表示不满,提出"法者所以适变也,不必尽同;道者所以立本也,不可不一",主张在"合乎先王之意"的前提下,对"法制度数"进行一些改易更革。撰有《元丰类稿》。

寄欧阳舍人书①

去秋人还,蒙赐书及所撰先大父墓碑铭②,反复观诵,感与惭并。

夫铭志之著于世③,义近于史,而亦有与史异者。盖史之于善恶无所不书,而铭者,盖古之人有功德、才行、志义之美者,惧后世之不知,则必铭而见之。或纳于庙,或存于墓,一也。苟其人之恶,则于铭乎何有?此其所以与史异也。其辞之作,所以使死者无有所憾,生者得致其严。而善人喜于见传,则勇于自立;恶人无有所纪,则以愧而惧。至于通材达识④,义烈节士,嘉言善状,皆见于篇,则足为后法。警劝之道,非近乎史,其将安近?

及世之衰,人之子孙者,一欲褒扬其亲,而不本乎理。故虽恶人,皆务勒铭以夸后世⑤。立言者既莫之拒而不为,又以其子孙之请也,书其恶焉,则人情之所不得,于是乎铭始不实。后之作铭者,当观其人,苟托之非人⑥,则书之非公与是,则不足以行世而传后。故千百年来,公卿大夫至于里巷之士,莫不有铭,而传者盖少。其故非他,托之非人,书之非公与是故也。

然则孰为其人,而能尽公与是欤?非畜道德而能文章者⑦,无以为也。盖有道德者之于恶人,则不受而铭之;于众人,则能辨焉。而人之行,有情善而迹非,有意奸而外淑⑧,有善恶相悬而不可以实指,有实大于名,有名侈于实。犹之用人,非畜道德者,恶能辨之不惑,议之不徇?不惑不徇,则公且是矣。而其辞之不工,则世犹不传。于是又在其文章兼胜焉⑨。故曰:非畜道德而能文章者,无以为也。岂非然哉?

然畜道德而能文章者,虽或并世而有,亦或数十年,或一二百年而有之。其传之难如此,其遇之难又如此。若先生之道德文章,固所谓数百年而有者也。先祖之言行卓卓⑩,幸遇而得铭,其公与是,其传世行后无疑也。而世之学者,每观传记所书古人之事,至其所可感,则往往衋然不知涕之流落也⑪,况其子孙也哉!况巩也哉!其追睎祖德,而思所以传之之由,则知先生推一赐于巩,而及其三世⑫。其感与报,宜若何而图之?抑又思若巩之浅薄滞拙,而先生进之,先祖之屯蹶否塞以死,而先生显之,则世之魁闳豪杰不世出之士⑬,其谁不愿进于门?潜遁幽抑之士,其谁不有望于世?善谁不为,而恶谁不愧以惧?为人之父祖者，孰不欲教其子孙？为人之子孙者，孰不欲宠荣其父祖？此数美者，一归于先生。

既拜赐之辱，且敢进其所以然。所论世族之次，敢不承教而加详焉。愧甚，不宣⑭。

【注释】①欧阳：欧阳修，字永叔，号醉翁、六一居士，北宋文学家、史学家。舍人：官名。宋代舍人主要是主管中书六房（吏、户、礼、兵、刑、工），承办各项文书，起草有关诏令。②先大父：祖父。曾巩的祖父曾致尧，字正臣。宋太宗赵炅太平兴国进士，官至吏部郎中。墓碑铭：曾巩请欧阳修撰写的《曾公神道碑铭》。③铭：在器物上记述事实、功德等的文字。④通材：兼有多种才能的人。⑤勒：刻。⑥非人：不正派的人。⑦畜（xù）：积聚，储藏。⑧淑：良善。⑨兼胜：都好，同样好。⑩卓卓：卓著，突出的好。⑪衋（xì）：悲伤，悲痛。⑫睎（xī）：仰慕，想望。三世：祖曾致尧、父太常丞博士曾易占、曾巩。⑬屯：《周易》卦名。谓处境险难。蹶（jué）：挫折。否：《周易》卦名。谓天地不交，万物不通之义。魁闳（hóng）：高大。⑭不宣：古人信函常用的结束语。

【译文】去年秋天有人回来，承蒙您赐给我一封书信，以及您撰写的先祖父的《曾公神道碑铭》，我反复观看诵读，感激与惭愧的心情并存。

铭志这类文章昭著在世上，意义和史书接近，却也有和史书不同的地方。因为历史上对于善恶的事情，没有不写的，然而铭志，大概由于古代的人，有的有功勋、道德、才能、品行、志向、气节的美德，恐怕后代的人不知道，就有必要写铭志来显扬他。有的纳入在宗庙，有的存放在坟墓，用意是一样的。如果这个人是恶棍，那么在铭文上有什么记载呢？这就是他与史书不同的地方。那种词句的撰写，是为了使死者没有遗憾，生者能够表达对他的尊敬。善人喜欢被后人传颂，便勇于自立；恶人没有什么好事记载，就因而惭愧惧怕。至于兼备多种才能和高明见识的人，义气壮烈和具有节操的人，好的言语、善良的表现，都表现在篇章里，就足以为后世效法。警恶劝善的道理，不和史书接近，那将会接近什么呢？

到了世道的衰败，做子孙的人，一味想到表扬他的先辈，就不根据本来的事理。所以，纵然是坏人，都务必刻上铭志来夸耀后世。撰写铭志的人既没法拒绝不作，又因为他的子孙的请求，书写他的恶事，那么，从人情上说不过去，于是乎铭文开始不真实了。后世撰写铭志的人，应当看他的为人，如果请托的是不正派的人，那么撰写的铭志就不公正、不正确，就不能够在当世流行，在后代传诵。所以，千百年来，从公卿大夫到小街小巷的人，没有人没有铭文，然而流传的铭文大概很少。这个缘故没有别的，就是请托的是不正派的人，撰写的铭志不公正、不正确的缘故。

既然这样，那么谁是那种正派的人，并且能够完全做到公正和正确呢？不是具有高尚道德修养，并且能够撰写文章的人是没有办法做到的。因为有道德的人，对于坏人就不肯接受而替他撰写铭文；对于一般人，就能辨别他们。然而，人的行为，有的思想好但事迹不好，有的心意奸诈但外貌良善，有的好坏相差悬殊但不能够实实在在地指出，有的实际超过虚名，有的虚名超过实际。如同用人一样，不是具有高尚道德修养的人，怎么能辨别他们不迷惑，评论他们不徇私情呢？不迷惑，不徇私情,便是秉公并且正确了。然而,他的言词不精工,便还不能传世。于是还要求文章写得好。所以说,不是具有高尚道德修养,并且能够撰写文章的人是没有办法做到的,难道不是这样吗?

然而,具有高尚道德修养,并且能够撰写文章的人,虽然或者同时代有几个,或者隔了几十年、一两百年才有。这个铭志的流传是这样的困难,这种遇到会写铭志的人又是这样的困难。像先生的道德文章,确实是所谓几百年才有一个。先祖的言论和行动卓著,幸亏遇到您并且得到您撰写的铭文,这篇铭文的评价是公正和正确的,这篇铭文传播、流行后世是毫无疑问的。但是,世上的学者,每逢观看传记所写的古人的事迹,见到那些可以感动人的事迹,就往往悲痛得不知不觉地流下眼泪了,何况是他的子孙呢?何况是曾巩呢?那种追念先祖的德行,思考能传世的原因,就知道先生在曾巩身上推广,也是对我及我家三代的一种赏赐。我的感激和报答,应当怎样来实施它呢?但是,又想到像曾巩这样学识浅薄、个性愚笨,先生却鼓励他,先祖的一生艰难挫折,不得志直到郁郁死去,先生却传扬他,那么世间的伟大的豪杰,避世隐居的读书人,哪一个不愿意到您的门下呢?潜藏避世、隐蔽抑郁的读书人,哪一个不希望在世上出人头地的呢?善事谁不愿做,而恶事谁不感到惭愧和惧怕?做父亲、祖父的人,谁不想教育他的子孙?做儿子、孙子的人,谁不想荣耀显扬他的父亲、祖父?这几多美事,完全归功于先生。

已经拜受赏赐,并且说明自己为什么这样感激。先生所说我的氏族的辈次,怎敢不奉承您的教诲,并且详细地写出来。非常惭愧,书信不能表达我的感激之情。

【鉴赏】宋仁宗庆历六年,欧阳修为曾巩的祖父曾致尧撰写了《曾公神道碑铭》。曾巩是欧阳修的门下士,写了《寄欧阳舍人书》对欧阳修表示感谢。由于庆历八年至翌年,欧阳修任起居舍人地方官吏,此信称之为“舍人”。

这封感谢信叙写了铭志的主要作用、重要性和写作要求,也表达了对欧阳修的感激之情。全信六个自然段:第一段,简述撰写《寄欧阳舍人书》的缘由;第二段,叙说铭文与史书的同异之处,突出铭文的作用和特点;第三段,抨击有的铭文撰写者为徇私情而夸大其词,导致铭文不公正和不真实;第四段,阐明铭文撰写者应具备的基本素质:要有很高的道德修养和较强的写作能力;第五段,在上文强调撰写铭文的高难度之后,对欧阳修大加推崇,充分肯定此碑铭“传播、流行后世是毫无疑问的”;第六段,再次陈述对欧阳修的感谢之意。此信婉转曲折,疏密有致,迂缓流畅,层层推进,语言得体。

赠黎安二生序[①]

赵郡苏轼,予之同年友也[②]。自蜀以书至京师遗予[③],称蜀之士曰黎生、安生者。既而黎生携其文数十万言,安生携其文亦数千言,辱以顾予。读其文,诚闳壮隽伟,善反复驰骋[④],穷尽事理,而其材力之放纵,若不可极者也。二生固可谓魁奇特起之士，而苏君固可谓善知人者也。

顷之，黎生补江陵府司法参军⑤，将行，请予言以为赠。予曰："予之知生，既得之于心矣，乃将以言相求于外邪？"黎生曰："生与安生之学于斯文，里之人皆笑以为迂阔。今求子之言，盖将解惑于里人。"予闻之，自顾而笑。

夫世之迂阔，孰有甚于予乎？知信乎古，而不知合乎世；知志乎道，而不知同乎俗。此予所以困于今而不自知也。世之迂阔，孰有甚于予乎？今生之迂，特以文不近俗，迂之小者耳，患为笑于里之人。若予之迂大矣，使生持吾言而归，且重得罪，庸讵止于笑乎？然则若予之于生，将何言哉？谓予之迂为善，则其患若此；谓为不善，则有以合乎世，必违乎古，有以同乎俗，必离乎道矣。生其无急于解里人之惑，则于是焉必能择而取之。

遂书以赠二生，并示苏君以为何如也。

【注释】①赠……序：这是古人常用的一种赠言文体。黎安二生：姓黎和姓安的两位青年人。②赵郡：今河北赵县。苏轼的远祖苏味道为唐代赵州人。同年：科举考试同年考中的人。苏轼和曾巩同为宋仁宗嘉祐二年（1057）进士，故称同年。③京师：宋朝京都汴梁（今河南开封市）。遗（wèi）：给予，赠送。④闳（hóng）：宏大，宽广。隽伟：意味深长而壮大。驰骋（chěng）：骑马奔驰。此处比喻文章气势奔放。⑤江陵：今湖北江陵县。司法参军：地方长官的下属官员。

【译文】赵郡苏轼，是我的同年朋友。他从四川写信到京师给我，称道四川的两位叫黎生和安生的年轻人。不久，黎生携带了他的几十万字的文章，安生也携带了他的几千字的文章，不以为耻辱来拜访我。我读了他们的文章，的确是宽广雄壮、意味深长，善于照应，气势奔放，充分表达了事实和道理，而他们的才力豪放纵逸，好像没有尽头。二生固然可以算得是魁首、奇特和杰出的读书人，苏君因此也可以说是善于知晓人才的人了。

不久，黎生补缺江陵府的司法参军，将要走的时候，请我以言相赠。我说："我知道你，已经在内心明白了，竟然还要求我用言语从形式上来表述吗？"黎生说："我和安生都学习这种骈文，同乡都讥笑我们，认为不切合实际。现在请求您赠言，拟将解除乡里人的疑惑。"我听了这些话，连自己都克制不住笑了。

世间不切合实际的人，有谁比我更严重的吗？只知道相信古人，却不知道迎合世俗；只知道记住圣贤之道，却不知道和世俗要同流合污。这就是我现在还遭受困厄的缘故，而且自己还不知道啊！世间不切合实际的人，有谁比我更严重的吗？如今您的不切实际，仅仅是由于文章不接近世俗，是不切合实际中的小事罢了，担忧同乡讥笑。像我的不切合实际可就大了，假使你拿着我的文章归去，将要重重的得罪，难道只是被讥笑就为止吗？那么像我这样的人，对于你们将要说些什么呢？如果说我的不切合实际算好，那么它的后患就是这样；如果说它不好，那么就可以符合世俗，必定违背古人，就要随同世俗，必定背离圣贤之道了。你还是不要急于解除同乡的疑惑，那么这样，必定能够选择而取其正确的途径。

于是，我书写这些话来赠送给两位，并给苏君看看，认为我的话怎么样呢？

【鉴赏】这是曾巩撰写给同年好友苏轼推荐的两位青年（黎生和安生）的赠序。这篇赠序有三层意思：第一层，赞赏了黎生和安生的文章和其人；第二层，继由黎生之口，提出了迂滞疏阔——不合时宜、不切实际的问题；第三，针对上述问题，阐明古与今、道与俗的矛盾，并以自己为例，激励二生要“信乎古”和“志乎道”，不要与世俗苟同。此序作者态度鲜明，说理精辟，层次清晰，侃侃而谈，文笔酣畅。

王安石（1021—1086），北宋政治家、文学家、思想家。字介甫，晚号半山，抚州临川（今江西省临川县）人，宋仁宗庆历进士。宋仁宗嘉祐三年，向朝廷上万言书，主张政治改革。他提出变法主张，要求改变“积贫积弱”的局面，推行富国强兵的政策。宋神宗熙宁二年，被任为参知政事，次年任宰相。他积极推行青苗、均输、市场、免役、农田水利等新法，抑制大官僚地主和豪商的特权，以期富国强兵。由于保守派固执反对，新政推行屡遭阻碍。宋神宗熙宁七年，他被辞退。次年，又担任宰相。宋神宗熙宁九年，他又被辞退，退居江宁（今江苏省南京市），封为舒国公，旋改封荆，世称荆公。卒谥文。他的诗文能揭露时弊、反映社会矛盾，体现了他的政治主张和抱负。其散文雄健峭拔，在“唐宋八大家”中仅次于韩愈、柳宗元、欧阳修和苏轼。诗歌遒劲清新，风格高雅。所著《字说》《钟山日录》等，多已散失。今存的著作有《王临川集》《临川集拾遗》等。

读《孟尝君传》①

世皆称孟尝君能得士，士以故归之，而卒赖其力，以脱于虎豹之秦②。

嗟乎！孟尝君特鸡鸣狗盗之雄耳，岂足以言得士？不然，擅齐之强，得一士焉，宜可以南面而制秦③，尚何取鸡鸣狗盗之力哉？

夫鸡鸣狗盗之出其门，此士之所以不至也。

【注释】①孟尝君：战国时代齐国贵族田文的封号，曾任齐相。②能得士，士以故归之，而卒赖其力，以脱于虎豹之秦：《史记·孟尝君列传》中有记载：孟尝君在秦国被囚禁，秦昭王想杀他。于是孟尝君请自己的士去求助秦昭王的宠姬，宠姬想要一件狐白裘，自己的士有善狗盗者，就从王库中偷窃了一件狐白裘献给宠姬。秦昭王释放了孟尝君。孟尝君就急忙离开秦国，但途经函谷关时，正逢夜半。按照出关规定，必须鸡鸣后才开关门。这时秦昭王已悔，派兵前来追捕孟尝君。孟尝君心急如焚，自己的士有善仿鸡鸣者，于是这一叫而使守关的士兵都以为是真正的鸡叫了，马上打开关门。孟尝君才得以出关脱难。③擅（shàn）：独揽，拥有，据有。宜：应当，当然。南面：古代皇帝的座位是向南面的。此处用来泛指皇帝。

【译文】世人都称赞孟尝君能够得到士人，士人因此归附他，他终于依靠士人的力量，从虎豹似的秦国脱险。

唉！孟尝君不过是鸡鸣狗盗的头目罢了，哪里能够说是得到士人呢？要不是这样，他拥有齐国的强大国力，只要得到一个士人，应当可以去南面制服秦国，还要用什么鸡鸣狗盗的力量呢？

鸡鸣狗盗之流出现在他的门下，这就是士人不到那里的缘故啊！

【鉴赏】这篇“读后感”字少而抑扬吞吐，曲尽其妙。全文有四个层次。第一层，开宗明义地提出论题：“世皆称孟尝君能得士，士以故归之，而卒赖其力，以脱于虎豹之秦。”先树立起“靶子”，下文则针对这个“靶子”一一加以反驳。“嗟乎，孟尝君特鸡鸣狗盗之雄耳，岂足以言得士？”这是本文的第二层，作者亮明自己的观点，驳倒“孟尝君能得士”的说法。“不然，擅齐之强，得一士焉，宜可以南面而制秦，尚何取鸡鸣狗盗之力哉？”这是本文的第三层，作者以假设和反问的手法驳倒“而卒赖其力，以脱于虎豹之秦”。“鸡鸣狗盗之出其门，此士之所以不至也。”这是本文的第四层，作者批驳了“士以故归之”的论调，着重指出真正的士是绝不会投靠孟尝君的门下的。这篇文章从侧面反映了作者的气魄和自负的情绪。

此文很有创见，古人评价颇高，例如，说它“尺幅千里”，“语语转，笔笔紧，千秋绝调”，还说它“寥寥数言，而文势如悬崖断壁，于此见介甫笔力”。

同学一首别子固①

江之南有贤人焉，字子固，非今所谓贤人者，予慕而友之。淮之南有贤人焉，字正之②，非今所谓贤人者，予慕而友之。

二贤人者，足未尝相过也，口未尝相语也，辞币未尝相接也③。其师若友，岂尽同哉？予考其言行，其不相似者何其少也！曰：学圣人而已矣④。学圣人，则其师若友，必学圣人者。圣人之言行，岂有二哉？其相似也适然。

予在淮南，为正之道子固，正之不予疑也。还江南，为子固道正之，子固亦以为然。予又知所谓贤人者，既相似又相信不疑也。子固作《怀友》一首遗予，其大略欲相扳以至乎中庸而后已⑤。正之盖亦尝云尔。

夫安驱徐行，辚中庸之庭，而造于其堂⑥，舍二贤人者而谁哉？予昔非敢自必其有至也，亦愿从事于左右焉尔，辅而进之其可也。

噫！官有守，私有系，会合不可以常也。作《同学》一首别子固，以相警，且相慰云。

【注释】①同学：指曾巩、孙正之和作者。子固：曾巩的表字。②正之：孙侔，字正之，一字少述，吴兴（今浙江吴兴县）人。知扬州刘敞荐之，授校书郎扬州州学教授。③币：古人用作礼物的丝织品。④圣人：古代指品德高尚之人。⑤扳（pān）：同“攀”，拉，牵，挽。中庸：儒家的一种主张，待人接物采取不偏不倚，调和折中的态度。⑥安驱：安稳地前进。辚（lìn）：车轮碾过。造于：到达，进入。

【译文】长江的南面有一位贤人，表字子固，不是现在所说的一般贤人，我敬仰他，和他交友。淮河的南面有一位贤人，表字正之，也不是现在所说的一般贤人，我也敬仰他,和他交友。

这两位贤人,不曾相互来往,也不曾相互讲话,书信和礼物也不曾接受过。他们的老师或朋友,难道完全相同吗?我考察他们的言论和行为,那些不相似的地方多么少啊!说:学习圣人罢了。学习圣人,那么他们的老师或朋友,必定是学习圣人的。圣人的言论和行为,难道会有两样吗?他们的相似也是自然的。

我在淮南,向正之提起子固,正之对我不怀疑。我回到江南,向子固提起正之,子固也以为对的。我又知道所说的贤人,既是相似的又是互相信任和深信不疑的。子固作《怀友》一首诗赠送我,这首诗的大致意思是希望互相帮助,拉着我以至于到达中庸的境界罢了。正之大概也曾经这样讲过。

安稳地前进,慢慢地行走,车轮碾过中庸之道的庭上,就进入他的家,舍弃这两位贤人还有谁呢?我过去不敢自信必定能达到的,今天也愿意在你们左右干,帮助我进家就可以了。

哎!官员有职守,私家有牵扯,我们不能够经常会面啊!因此写作《同学》一首向子固告别,来互相警戒,并且互相安慰。

【鉴赏】宋仁宗庆历三年,王安石在扬州任签书淮南判官时,撰写了《同学一首别子固》。曾巩,字子固,是王安石的好友,他们都是有志青年。起初是曾巩撰写《怀友》一文赠王安石的,然后王安石即撰写此文作答。

本文开篇简约地介绍了二贤人曾巩和孙侔;中间叙述曾巩和孙侔虽然素不相互交往,但是都学圣人,所以能相识,又相信不疑,彼此勉励,"欲相扳以至乎中庸而后已";最后说明回赠《同学一首别子固》的意图,是为了互相告诫和互相慰勉。此文感情真挚,言简意赅,层次分明,采用陪衬手法,以孙侔陪衬曾巩,则更加突出了曾巩,同时又把自己的看法融入其中,使之互相映衬,令人回味无穷。

游褒禅山记

褒禅山,亦谓之华山①。唐浮图慧褒始舍于其址,而卒葬之,以故其后名之曰褒禅②。今所谓慧空禅院者,褒之庐冢也③。距其院东五里,所谓华山洞者,以其乃华山之阳名之也④。距洞百馀步,有碑仆道,其文漫灭⑤,独其为文犹可识,曰"花山"。今言"华",如"华实"之"华"者,盖音谬也。

其下平旷,有泉侧出,而记游者甚众,所谓前洞也。由山以上五六里,有穴窈然⑥,入之甚寒,问其深,则其好游者不能穷也,谓之后洞。余与四人拥火以入,入之愈深,其进愈难,而其见愈奇。有怠而欲出者,曰:"不出,火且尽。"遂与之俱出。盖予所至,比好游者尚不能十一,然视其左右,来而记之者已少。盖其又深,则其至又加少矣。方是时,予之力尚足以入,火尚足以明也。既其出,则或咎其欲出者⑦,而予亦悔其随之,而不得极夫游之乐也。

于是予有叹焉。古人之观于天地、山川、草木、虫鱼、鸟兽,往往有得,以其求思之深而无不在也。夫夷以近[8]，则游者众；险以远，则至者少。而世之奇伟瑰怪非常之观，常在于险远，而人之所罕至焉，故非有志者不能至也。有志矣，不随以止也，然力不足者，亦不能至也。有志与力，而又不随以怠，至于幽暗昏惑，而无物以相之，亦不能至也。然力足以至焉，于人为可讥，而在己为有悔；尽吾志也，而不能至者，可以无悔矣，其孰能讥之乎？此予之所得也。

余于仆碑，又有悲夫古书之不存，后世之谬其传而莫能名者，何可胜道也哉！此所以学者不可以不深思而慎取之也。

四人者：庐陵萧君圭君玉，长乐王回深父，余弟安国平父、安上纯父[9]。

【注释】①褒禅山：在今安徽省含山县北。华山：是褒禅山的别名。按照本文所讲，"华山"应读作"花山"。②浮图：印度古代文字梵文的音译，也写作"浮屠""佛图"。本意为"佛""佛教"。此处指和尚。慧褒：唐代和尚。据记载"慧褒喜含山县北麓之胜，结庐其下，寒暑不出"。舍：动词。有筑舍定居的意思。褒禅：褒，指慧褒和尚。禅，古时对和尚的尊称。③慧空禅院：寺院名。庐冢（zhǒng）：即"庐墓"。庐，屋宇。冢，坟墓。④阳：山的南面。⑤漫灭：模糊不清。⑥窈（yǎo）然：深远幽静的样子。⑦咎（jiù）：责怪，责备。⑧夷：平坦。⑨庐陵：今江西吉安。长乐：今福建长乐。安国：王安石的大弟。安上：王安石的小弟。

【译文】褒禅山，也叫华山，唐朝和尚慧褒最初在这里建筑庙舍居住，并且死后葬在那里，因此，以后称呼它叫"褒禅"。现在所说的慧空禅院，是慧褒的墓旁的屋子。距离慧褒禅院东面五里，所说的华山洞，因为它在华山的南面，称它为"华山洞"。距离华山洞百多步，有块石碑倒在道路上，石碑碑文已模糊不清了，只有从碑文残留的文字还可以辨认出"花山"的名称。现在读"华"，如"华实"的"华"，大概是读音错了。

它的下面平坦宽广，有泉水从旁边涌出来，而且题记游览的人很多，这就是所说的前洞了。沿着山坡往上走五六里，有个幽暗深邃的洞穴，进入洞穴十分寒冷，打听它有多深，就是那些好游的人，也不能走到洞的尽头，这个洞叫后洞。我和四个人拿着火把进入，进洞越深，那前进就越困难，可是看到的景致就越奇妙。有个懒于前进而想退出洞的人，说："不出去，火把快要烧完了。"大家就和他一起出来了。大概我所到的地方，比起好游的人来，还不及他们的十分之一，可是看看洞的左右石壁上，来到这里并且记游的人已经少了。大约是那更深的地方，到的人更加少了吧。正当这个时候，我的气力还足够用来继续前进，火把还足够用来照明。大家已经出来了，就有人责怪那个主张退出来的人，而我也后悔自己跟随着他退出，因而不能极尽游览的快乐了。

于是，我有这样的感叹。古人对于天地、山川、草木、虫鱼、鸟兽，往往大有收获，是因为他们探求思索的深刻而且无所不在。那些路平坦而且近的地方，游览的人就众多；危险而且远的地方，到的人就少。但是世间的奇妙雄伟、珍奇怪异、异乎寻常的景象，常常在又危险又遥远的地方，而且是人们很少到的地方，所以不是有志向的人就不能到达。有志向了，就不会随着别人而中止，然而气力不足够的，也不能到达。有了志向和气力,而且又不随之而怠惰,到达幽暗昏惑的地方,却没有外物来帮助他,也不能到达。然而力量足以到达却没有能到达那里,在别人看来是可以讥笑的,而在自己是后悔的;尽到了我的志向,却不能到达的,便可以没有后悔了。难道谁又能讥笑我呢?这就是我的体会收获。

我对于倒下的石碑,又有些感叹许多古书不存在了,后世的人又以讹传讹,而没有谁能说明白的,哪里能尽说呢?这就是学者不可以不深入思考,而且谨慎地采取它的缘故啊!

同游的四人是:庐陵的萧君圭,字君玉;长乐的王回,字深父;我的弟弟安国,字平父;安上,字纯父。

【鉴赏】王安石三十四岁时担任舒州通判,撰写了《游褒禅山记》这篇游记。通过游华山洞一事,说明治学或建功立业,必须尽志,不畏险远,采取深思而慎取的态度,才能达到高深的境界。全文有五个自然段:第一段,说明"褒禅山"这个名称的由来以及又称它"华山"的原因;第二段,叙说"前洞"与"后洞"的景况、作者等人游历的经过;第三段,记叙作者这次游历所得到的启示;第四段,从仆碑记讹说明为学应当持有的正确态度;第五段,记同游者。此文是一篇游记文,在写作方法上,采取了记叙和议论紧密结合的手法。前半部记事,后半部议论,而前半部记事为后半部议论做了铺垫,后半部议论提高了前半部记事的思想意义。其次是重点突出,本文重点是写游华山洞所得到的启示,尤其是游洞的经过,使作者得到深层次的体会,因此,记事部分和议论部分都把它写得十分详尽具体,既让人有身临其境之感,又加强了此文的思想深度。

泰州海陵县主簿许君墓志铭①

君讳平,字秉之,姓许氏。余尝谱其世家②,所谓今泰州海陵县主簿者也。君既与兄元相友爱称天下,而自少卓荦不羁,善辩说,与其兄俱以智略为当世大人所器③。宝元时,朝廷开方略之选④,以招天下异能之士。而陕西大帅范文正公、郑文肃公,争以君所为书以荐,于是得召试,为太庙斋郎⑤;已而选泰州海陵县主簿。贵人多荐君有大才⑥,可试以事,不宜弃之州县。君亦常慨然自许,欲有所为。然终不得一用其智能以卒。噫!其可哀也已!

士固有离世异俗,独行其意,骂讥笑侮,困辱而不悔,彼皆无众人之求,而有所待于后世者也,其龃龉固宜⑦。若夫智谋功名之士,窥时俯仰,以赴势物之会,而辄不遇者⑧,乃亦不可胜数。辩足以移万物,而穷于用说之时;谋足以夺三军,而辱于右武之国⑨。此又何说哉?嗟乎!彼有所待而不悔者,其知之矣!

君年五十九,以嘉祐某年某月某甲子,葬真州之扬子县甘露乡某所之原⑩。夫人李氏。子男瓌,不仕;璋,真州司户参军⑪;琦,太庙斋郎;琳,进士。女子五人,已嫁者二人,进士周奉先,泰州泰兴县令陶舜元。

铭曰:“有拔而起之,莫挤而止之。呜呼许君!而已于斯,谁或使之?”

【注释】①泰州海陵县:今江苏省泰州市。主簿:又称典簿。官名,以典领文书,办理事务。墓志:刻在器物上记叙生平、事业或警戒自己的文字。有的有韵语结尾的铭,称作“墓志铭”。②谱:家谱。此处“谱”作动词,有“编排”“撰写”的意思。③元:许元,字子春,宋宣州宣城(今安徽省宣城)人。卓荦(luò):卓越,杰出。羁(jī):拘束,束缚。大人:有权有势的人。④宝元:宋仁宗赵祯的年号。方略:《宋史·仁宗纪》载:“宝元二年五月癸巳,诏近臣举荐方略材武之士各二人。”⑤范文正公:范仲淹的谥号,字希文,吴县(今江苏省苏州市)人。郑文肃公:郑戬(jiān)的谥号,字天休,吴县(今江苏省苏州市)人。太庙斋郎:官名,管理太庙和陵墓祭祀等事务。太庙,皇帝列祖列宗之庙。⑥贵人:达官贵人。⑦龃龉(jǔyǔ):本意是上下牙齿不齐,比喻意见不合。⑧辄(zhé):总是,常常。⑨右武:古代尊崇右,右武,尚武。⑩某甲子:古人用“天干”即甲乙丙丁戊己庚辛壬癸,“地支”即子丑寅卯辰巳午未申酉戌亥,互相搭配,组合成“甲子”“乙丑”……共六十个干支数,用来纪年、纪月、纪日,周而复始,循环使用。某甲子,此处泛指某日。原:墓地。⑪司户参军:官名,主管户籍。

【译文】先生名叫平,字秉之,姓许。我曾经编写过他的家族世系,就是所说的如今任泰州海陵县主簿的。先生和兄许元互相友爱,被天下人称赞,而且从小卓然超绝,不拘小节,善于辩论,和他的兄长都以有智慧、有谋略被当世大人先生们所器重。宝元年间,朝廷开创方略科,用这种制度招考天下优异的人士。陕西大帅范文正公、郑文肃公争抢着把先生所书写的文章向朝廷推荐,于是得到征召进京应试,担任太庙斋郎;不久,又选任泰州海陵县主簿。达官贵人大多推荐先生有大才,可以试用担当政事,不应当把他弃置在州、县里。先生也曾经慷慨地自信,想有所作为。然而最终不能得到一次使用先生的智慧和才能的机会就死了。唉!这是多么可悲哀呀!

读书人固然有脱离当世、与世俗相违背,依照个人意志去行动,受到咒骂、讥讽、嘲笑、侮辱,遭受穷困也不后悔的,他们没有一般人的追求,而对后世有所期待,因此,他们和世人意见不合本来是应当的。至于有智谋求功名的读书人,他们随时窥测时机,上下逢迎,去奔赴权势利禄的会合,然而总是不遇的,他们的人,多得数都数不清。辩论能够改变万物,却在重用能言善辩者的时代受到窘困;足智多谋能够夺取三军统帅,却在崇尚武力的国家受到屈辱。这还有什么可说的呢?唉!那有所等待却不后悔的人,恐怕知道这个道理了。

先生享年五十九岁,在嘉祐某年某月某日,安葬在真州的杨子县甘露乡某处的墓地。夫人李氏。长子叫瓌,不曾做官;次子叫璋,担任真州司户参军;三子叫琦,担任太庙斋郎;叫琳的,是进士。女儿五个,已出嫁二人:一位嫁给进士周奉先,一位嫁给泰州泰兴县县令陶舜元。

铭辞云:“只有提拔而起用了你的,没有排挤而阻止了你的。唉!许先生呀,竟然最终落到这种地步,是谁使你这样的呢?”

【鉴赏】这篇墓志铭客观地评价了许平的一生。全文分成四个自然段:第一段,简明地记叙了许平的生平;第二段,慨叹当时科举制度的不合理,埋没人才,致使许平这样的"智谋功名之士"也"辄不遇";第三段,交代了许平卒年、安葬地及其家庭成员状况;第四段,借铭辞之言,表达作者的愤激之情。此文既客观地评价了许平失意的一生,又表达了作者愤懑的思想感情,含蓄隐晦,迂回曲折,多用疑问句,又问而不答,文情若疑若信,若近若远,令人深思和遐想。

宋濂（1310—1381），明初著名的文学家。字景濂，号潜溪，谥文宪，浦江（今浙江义乌市西北）人。幼年家贫，借书苦读，曾受业于元末著名理学家吴莱、黄溍，元至正年间被荐举授翰林院编修，以父母年老为由辞不赴召，隐居于龙门山中安贫著书。明初受朱元璋征召，拜江南儒学提举，命授太子经，修《元史》，累官至翰林学士承旨，知制诰，后以年老致仕。他“于学无所不通”（《明史》本传），与元末另一理学家王祎并称“江南二儒”，朱元璋称之为“开国文臣之首”，其道学、文章不啻为元末明初之耳目。文名远播，外国使臣来中土朝贡时，常问：“宋先生安否？”高丽、日本都出重价购买他的文集。其散文写作，笔法简洁流畅，传记文和记叙文极富特色。

送天台陈庭学序

西南山水，惟川蜀最奇。然去中州万里，陆有剑阁栈道之险，水有瞿塘、滟滪之虞①。跨马行，则竹间山高者，累旬日不见其巅际；临上而俯视，绝壑万仞，杳莫测其所穷，肝胆为之掉栗②。水行，则江石悍利，波恶涡诡，舟一失势尺寸，辄糜碎土沉，下饱鱼鳖。其难至如此，故非仕有力者，不可以游；非材有文者，纵游无所得；非壮强者，多老死于其地。嗜奇之士恨焉。

天台陈君庭学，能为诗，由中书左司掾，屡从大将北征，有劳，擢四川都指挥司照磨③，由水道至成都。成都，川蜀之要地，扬子云、司马相如、诸葛武侯之所居，英雄俊杰战攻驻守之迹，诗人文士游眺饮射、赋咏歌呼之所④，庭学无不历览。既览必发为诗，以纪其景物时世之变，于是其诗益工。越三年，以例自免归，会余于京师⑤。其气愈充，其语愈壮，其志意愈高，盖得于山水之助者侈矣。

余甚自愧，方余少时，尝有志于出游天下，顾以学未成而不暇。及年壮可出，而四方兵起，无所投足。逮今圣主兴而宇内定，极海之际，合为一家，而余齿益加耄矣⑥。欲如庭学之游，尚可得乎？

然吾闻古之贤士，若颜回、原宪⑦，皆坐守陋室，蓬蒿没户，而志意常充然，有若囊括于天地者。此其故何也，得无有出于山水之外者乎？庭学其试归而求焉。苟有所得，而以告余，余将不一愧而已也。

【注释】①中州：即中原。剑阁：在今四川剑阁县东北的大、小剑山之间，它是古代连接川陕的主要通道。栈道：是指古代在山间峭壁上凿孔架设的可通人马的一种道路。瞿塘：即长江三峡中的瞿塘峡，在今重庆市奉节县东三十里，是古代进入川渝的门户。滟滪：指瞿塘峡江口的一座巨大礁石。②掉栗：恐惧而心惊胆战。栗，通“慄”。③中书：即中书省，明初曾置中书省，后于洪武十三年废除。左司：官署名，明初曾于中书省下置左右司。掾：古代属官的通称。擢（zhuó）：提升官职。都指挥司：即都指挥使司，军事机构名称，与布政使司、按察使司合称“三司”。照磨：都指挥司下属官吏，为掌管文书的职务。④扬子云：即西汉著名的文学家扬雄，字子云，蜀郡成都人。司马相如：字长卿，西汉著名的文学家，擅长写赋。诸葛武侯：即诸葛亮，字孔明，是三国时期著名的政治家和军事家，官至蜀汉丞相，封为武乡侯。射：即射覆，古时一种谜语游戏。⑤京师：指明初的都城金陵，在今南京市。⑥齿：年龄。耄（mào）：年老。⑦颜回：即颜渊，字子渊。原宪：字子思。二人都是孔子的弟子。

【译文】西南地区的山水，只有四川最为奇异。然而它与中原地区远隔万里，陆路有剑阁栈道的险途，水路又有瞿塘峡、滟滪堆的忧虑。骑着马，在竹林和崇山峻岭中穿行，常常是几十天都看不到峰顶。站在高处向下俯视，高峻的山谷深不可测，令人胆战心惊。从水路走，那江中的礁石凶险尖利，波涛旋涡诡异险恶，小船一旦有尺寸差池，往往粉身碎骨，沉入江底而葬身鱼腹。既然是如此艰险，因而那些没有体能的官员不可以去游历，那些有文采而无材质（感受力）的人，即使去游历也不会有收获。不是身强体壮的人，大多会老死在这个地方，为此，那些爱好奇异山水的人都会感到遗憾。

天台陈庭学君，擅长作诗，多次以中书左司掾之职而随从大将北征，建有功劳，提拔为四川都指挥司照磨，经过水路到成都。成都，是四川的要地，扬雄、司马相如、诸葛亮曾经在此生活过，英雄豪杰曾在此攻伐征战、驻扎防守过，诗人文士也曾在此游历观览、饮酒射覆、赋诗吟咏。庭学无处不去游历观览，之后必定发而为诗，用来记录这些地方景物和时序的变化，由此他的诗艺更加精湛。三年之后，庭学依惯例自己辞职归来，在京师和我相聚。他的精神更加饱满，语气更加豪壮，志趣理想更加高远，这大概是他多得益于山水帮助的缘故吧。

我内心很是惭愧，正当我年少时，曾经立志要出游天下，只是由于学业未成而不得空闲。等到可以出游的壮年时，四方战乱，我无处落脚容身。到现在圣主兴起，天下太平，四海成为一家，然而我却越来越老了。想要像庭学那样游历天下，还有可能吗？

然而，我听说过古代的那些贤士，像颜回、原宪，他们都处在野草都长得埋没了门户的陋室之中，而志向和意气却始终非常高远充沛，仿佛有一种囊括天地宇宙的胸怀。这是什么原因呢？难道有超出山水之外的东西吗？庭学大概就是尝试着回去探索这方面的东西吧。如果庭学有什么收获，就要告诉我，那样的话我将不只是因为庭学君曾经游历川蜀这一点惭愧而已。

【鉴赏】宋濂其人，身为“开国文臣之首”，好奖掖后进，对后进士子多有赠序加以勉励。其所作赠序，常以自身经历感受出发，娓娓而谈，浅近生动，如话家常，以勉励士子立志当高远，学业骛精进。本文即宋濂写给天台陈庭学的一篇赠序。文章先叙川蜀山水之奇，以“西南山水，惟川蜀最奇”开篇，领起下文，接着历叙陆路、水路之奇险，以引出“非仕有力者，不可以游；非材有文者，纵游无所得；非壮强者，多老死于其地。嗜奇之士恨焉”，以衬出陈庭学为“仕有力者”“材有文者”和“壮强者”，由此下文写陈庭学在四川的游宦则显得水到渠成了。然后写宋濂的夙愿和感受，以及古圣贤的典故，以此来表明他对陈庭学的勉励和期望。本文主旨鲜明，措辞委婉，脉络井然，序次有条不紊，语言简洁不繁缛，不啻为古代赠序中的典范。

阅江楼记

金陵为帝王之州[①]。自六朝迄于南唐[②],类皆偏据一方,无以应山川之王气。逮我皇帝,定鼎于兹[③],始足以当之。由是声教所暨,罔间朔南;存神穆清,与道同体。虽一豫一游[④],亦思为天下后世法。

京城之西北有狮子山,自卢龙蜿蜒而来[⑤]。长江如虹贯,蟠绕其下。上以其地雄胜,诏建楼于巅,与民同游观之乐。遂锡嘉名为“阅江”云[⑥]。

登览之顷,万象森列,千载之秘,一旦轩露。岂非天造地设,以俟大一统之君,而开千万世之伟观者欤?当风日清美,法驾幸临[⑦],升其崇椒,凭栏遥瞩,必悠然而动遐思。见江汉之朝宗[⑧],诸侯之述职,城池之高深,关阨之严固,必曰:“此朕栉风沐雨、战胜攻取之所致也。中夏之广[⑨],益思有以保之。”见波涛之浩荡,风帆之上下,番舶接迹而来庭,蛮琛联肩而入贡,必曰:“此朕德绥威服,覃及内外之所及也。四陲之远,益思所以柔之。”见两岸之间,四郊之上,耕人有炙肤皲足之烦,农女有捋桑行馌之勤[⑩],必曰:“此朕拔诸水火,而登于衽席者也。万方之民,益思有以安之。”触类而推,不一而足。臣知斯楼之建,皇上所以发舒精神,因物兴感,无不寓其致治之思,奚止阅夫长江而已哉!

彼临春结绮,非不华矣;齐云落星[⑪],非不高矣。不过乐管弦之淫响,藏燕、赵之艳姬,不旋踵间而感慨系之[⑫],臣不知其为何说也。虽然,长江发源岷山,委蛇七千馀里而始入海,白涌碧翻。六朝之时,往往倚之为天堑。今则南北一家,视为安流,无所事乎战争矣。然则,果谁之力欤?逢掖之士[⑬],有登斯楼而阅斯江者,当思圣德如天,荡荡难名,与神禹疏凿之功同一罔极。忠君报上之心,其有不油然而兴者耶?

臣不敏,奉旨撰记。欲上推宵旰图治之功者,勒诸贞珉[⑭]。他若留连光景之辞,皆略而不陈,惧亵也。

【注释】①金陵:即今南京市。②六朝:指历史上在南京建都的六个封建王朝,即三国时期的吴、东晋和南朝时期的宋、齐、梁、陈。南唐:五代十国之一,也建都金陵。③我皇帝:指明朝开国皇帝太祖朱元璋,公元1368年到1398年在位。定鼎:传说中大禹铸九鼎象征天下九州之土,以后的夏、商、周三代都把它作为传国之宝,随都迁徙,后世王朝即把建都称为“定鼎”。④罔间:没有间隔。穆清:醇和清明。豫:娱乐。⑤卢龙:即卢龙山,在今江苏江宁县西北。⑥锡:通“赐”。⑦法驾:指天子的车驾。⑧朝宗:即诸侯朝见天子,在春季朝见叫朝,在夏季朝见叫宗。⑨中夏:即中华。⑩行馌(yè):给田里耕作的人送饭。⑪临春结绮:南朝陈后主在位时修建的楼阁名。陈后主和他的宠妃张丽华曾在此居住宴乐,不理政事,最后被隋军所杀。齐云:楼名,唐朝时修建,在当时的江苏吴县,朱元璋率军攻占长江时,吴王张世诚的诸姬在此楼焚死。落星:楼名,三国时吴国修建,在江苏江宁县东北的落星山上。⑫旋踵:指时间极短。旋,转动。踵,脚后跟。⑬逢掖:本为古代读书人穿的一种袖子宽大的衣服,文中指读书人。⑭宵旰(gān):即宵衣旰食的省称,指天未明就穿衣服起床,到日暮时才吃饭。勒:刻。贞珉:指刻碑的美石。

【译文】 金陵为帝王们建都的地方。从六朝到南唐,大抵都是偏安一方,都不能同此地山川的王气相称。到了我朝皇帝,在这里定都,才与山川王气相当。从此,王朝的声威教化遍及全国各地,不分南北。天地之间,神清气和。即使一次娱乐一次游玩也足以让天下后世效法。

在京城的西北方有座狮子山,它从卢龙山蜿蜒而来。长江如一条彩虹,萦绕在它的山下。皇上因这里地势雄伟壮丽,诏令在山巅修造楼宇,与百姓同游观之乐,于是赐给它一个美好的名字叫"阅江"。

每当登上阅江楼眺望之时,各种景物纷纷映入眼帘,仿佛千百年来的奥秘一下全部显露出来。这难道不是天造地设,以待那一统天下的君主,而展现千百年不遇的奇伟壮观之景吗?正当微风和煦、阳光明媚的时候,圣驾光临,登上高山的顶峰,凭栏观望,必定会产生悠然的遐思。看到那长江、汉水滔滔东去,各地的官员纷纷前来述职,城池高深,关隘险固,必定会说:"此是我栉风沐雨,征战攻取才得到的呀!中华疆域辽阔,更要想办法来保住它啊!"看到那波涛浩浩荡荡,帆船来来往往,海外的船舶接连不断地来朝,南方的珍宝争相入贡,必定会说:"这就是我用仁德安抚,凭威力降服,声威遍及远近才达到的。四面边境,何等广远,更要想方设法用怀柔政策来使天下人心安抚。"看到长江两岸,四面原野上,耕田的农人有烈日烤晒皮肤、寒风冻裂双脚的痛苦,农家女子有采桑送饭的辛劳,也一定会说:"这些劳苦民众,都是我从水火中拯救出来,安置在床席上的啊。天下的百姓,更要想方设法让他们过上安定的生活啊!"以此类推,皇上在阅江楼的感慨一定还有很多,不只是某些方面。臣下我由此体会到此楼的兴建,是由于皇上要用它来抒发怀抱,通过观览景物而触发感想,所见所感无不蕴含着政治清平的考虑,岂止是为了想用它来眺望长江之景呢?

当年的临春阁、结绮阁,不能不说是很华美了。那齐云楼、落星楼也不是不高大。可惜的是它们只不过是用来演奏淫靡之音,藏纳从燕、赵等地收罗来的美艳女子,而最终转瞬之间家国破亡,令人心生感慨。对此臣下我真不知该怎样来评说当年的人和事。虽然这样,长江发源于岷山,蜿蜒曲折流经了七千多里才进入东海,白浪汹涌,碧波翻卷,六朝时候,往往把它作为一道天堑。现在,天下一统,南北一家,长江才被视为维系国家安定的江流,不再发挥它在战争上的作用了。然而,这究竟是依靠了谁的力量呢?那些读书士子,登上此楼而观览江景,应当想到圣明天子恩德如青天,浩荡无边难以言表,这就像当年的神圣的大禹开凿山石疏浚江水的功德一样。一想到这,忠君报主之心不油然而生了吗?

臣下我资质愚钝,奉圣旨撰写这篇阅江楼记,本意是要推求圣上日夜操劳图谋政治清平的功德,然后把它刻写在精美的碑石上。因此,其他那些流连光景赞美山水的言辞一概省略,不在这里加以陈说,因为我担心那样的话会亵渎圣明天子建造阅江楼的本意啊!

【鉴赏】明太祖朱元璋在金陵狮子山上修建了一座阅江楼,命宋濂为此楼作一篇文字,本篇即宋濂奉旨而作的楼记。文章首先概述六朝、南唐的偏据一方,反衬出明朝的声威教化足以应山川之王气,以"一豫一游,亦思为天下后世法"作一小结。第二段接叙建楼由来及阅江楼形胜,以及皇帝登楼之思。第三段引临春、结绮、齐云、落星典故,托出"今则南北一家,视为安流"云云,归入"宵旰图治"。本文既属于应制文字,故而多正大庄重之言和颂圣之语。然而若将文中"圣德如天,荡荡难名,与神禹疏凿之功同一罔极"等语仅仅视为颂圣,堪为皮相之论。本文婉而有讽,对朱元璋多规箴之语。如文中第三段三处"必曰",写皇帝登楼遐思,一思有以安天下,二思有以柔远人,三思有以保庶民,后又用陈后主与吴王覆辙以警醒当今圣上,登楼览胜之心与致治之思两相结合,大有深意焉。

刘基(1311—1375),字伯温,处州青田(今属浙江)人。元文宗至顺四年(1333)进士,官至行枢密院经历,有廉直声,后弃官归隐于青田山中,著《郁离子》以见志。后应朱元璋之聘,辅佐朱元璋取天下,为朱元璋开国功臣之一,官至御史中丞,封诚意伯,为宰相胡惟庸所构陷,忧愤而卒,谥"文成"。有《诚意伯文集》二十卷。他"博通经史",所学重在经世之略,明初诸大典制,皆由他与宋濂等议定。其文"气昌而奇""闳深肃括",与宋濂并为一代文宗。

司马季主论卜

东陵侯既废,过司马季主而卜焉[①]。

季主曰:"君侯何卜也?"东陵侯曰:"久卧者思起,久蛰者思启,久懑者思嚏[②]。吾闻之,蓄极则泄,闷极则达[③],热极则风,壅极则通。一冬一春,靡屈不伸;一起一伏,无往不复。仆窃有疑,愿受教焉。"季主曰:"若是,则君侯已喻之矣,又何卜为?"东陵侯曰:"仆未究其奥也,愿先生卒教之。"

季主乃言曰:"呜呼!天道何亲?惟德之亲。鬼神何灵?因人而灵。夫蓍[④],枯草也;龟,枯骨也;物也。人,灵于物者也,何不自听而听于物乎?且君侯何不思昔者也?有昔者必有今日。是故碎瓦颓垣,昔日之歌楼舞馆也;荒榛断梗,昔日之琼蕤玉树也;露蛬风蝉,昔日之凤笙龙笛也;鬼磷萤火,昔日之金釭华烛也[⑤]。秋荼春荠,昔日之象白驼峰也;丹枫白荻,昔日之蜀锦齐纨也[⑥]。昔日之所无,今日有之不为过;昔日之所有,今日无之不为不足。是故一昼一夜,华开者谢[⑦];一秋一春,物故者新。激湍之下,必有深潭;高丘之下,必有浚谷[⑧]。君侯亦知之矣,何以卜为?"

【注释】①东陵侯:邵平,秦时封东陵侯,汉朝时被废黜,在长安城东种瓜。司马季主:西汉初一个善于占卜的人。②蛰:指动物的冬眠。懑(mèn):郁闷。③阏(bì):堵塞,不通达。④蓍(shī):蓍草,古人用来占卜。⑤琼蕤(ruí):美好的花。蕤,草木花叶下垂的样子。蛩(qióng):同"蛩",蟋蟀。釭:即灯。⑥象白:象的脂肪。驼峰:骆驼的肉峰。象白驼峰,都是美味食品。蜀锦:蜀地(即今四川)出产的锦缎。齐纨:齐地(在今山东境内)出产的白细绢。⑦华:古"花"字。⑧浚:深。

【译文】东陵侯被废黜以后,到司马季主那里去占卜。

司马季主问道:"君侯您要占卜什么事呢?"东陵侯答:"久卧在床的人总想起床,长期冬眠的动物想要醒来,长期郁闷的人总想要发泄。我听说蓄积太多就需要发泄,郁闷久了就需要通达,热得太厉害就需要吹风,堵塞到了极致就需要通畅。一冬一春之间,不会总是屈而不伸的,事物间总是一起一伏,没有去而不复的。我内心对此还是有疑惑,希望得到你的指教。"司马季主说道:"照你刚才这么说,说明君侯您已经很懂得事理了,何必还要来占卜呢?"东陵侯说:"我还是觉得我还没有懂得其中的奥秘,恳请先生就此好好开导我一下。"

司马季主这才说道:"唉!天道会亲近什么人啊?它只会亲近那些有德行的人!鬼神有什么灵验呢?鬼神只是靠人事才显示出灵验来!占卜用的蓍草,只不过是枯草,龟甲也只不过是枯骨,它们都只不过是物罢了。人,总比物要有灵性,为什么不相信自己而去相信物呢?况且,君侯您为什么不想想过去呢?有一种过去就有一种今天。因而,那些碎瓦断墙,曾经是过去的舞台歌榭,那些荒木断枝,也曾经是过去的玉树琼枝。今天在风露中哀鸣的蟋蟀和蝉,也曾是以往的华美的笙笛之音,幽暗的磷光鬼火,正是过去的金灯华烛,那秋日的苦菜和春天的荠菜,也正是过去的象白驼峰,那丹枫白荻,也是过去的蜀锦齐纨。以往没有的,今天有了,这并不为过,而以往有的,今天失去了也并非显得不足。因此,一日一夜之间,花开又花落,一春一秋之间,万物凋零又复苏。湍急的流水下必定有深潭,高山之下必有深谷。这些道理,君侯您是明白的,那么您何必占卜呢?"

【鉴赏】本文采用对话的形式,借汉初东陵侯被废黜而思复用,向司马季主问卜一事发表议论,极写物极必反、因果循环,提出"天道何亲?惟德之亲。鬼神何灵?因人而灵",借天道及鬼神之事怀疑和否定天道鬼神,寓意深刻,文思新巧,且善作譬论,亦多骈句,排比铺陈,令文章气势流注,大有先秦荀子、孟子散文特色。《明史》本传称刘基"气昌而奇",《四库全书总目提要》称其散文"闳深肃括",由此可见一斑。

卖柑者言

杭有卖果者[①],善藏柑,涉寒暑不溃,出之烨然,玉质而金色,剖其中,干若败絮。予怪而问之曰:"若所市于人者,将以实笾豆,奉祭祀,供宾客乎?将炫外以惑愚瞽乎[②]?甚矣哉为欺也!"

卖者笑曰："吾业是有年矣。吾赖是以食吾躯。吾售之，人取之，未闻有言，而独不足子所乎？世之为欺者不寡矣，而独我也乎？吾子未之思也。今夫佩虎符、坐皋比者，洸洸乎干城之具也，果能授孙、吴之略耶③？峨大冠、拖长绅者，昂昂乎庙堂之器也，果能建伊、皋之业耶④？盗起而不知御，民困而不知救，吏奸而不知禁，法斁而不知理，坐糜廪粟而不知耻⑤。观其坐高堂，骑大马，醉醇醲，而饫肥鲜者⑥，孰不巍巍乎可畏、赫赫乎可象也？又何往而不金玉其外、败絮其中也哉！今子是之不察，而以察吾柑！"

予默默无以应。退而思其言，类东方生滑稽之流⑦。岂其愤世疾邪者耶，而托于柑以讽耶？

【注释】 ①杭：即今杭州。②笾（biān）豆：古代宴会或祭祀时用来盛食品的容器，竹制的叫笾，木制的叫豆。瞽（gǔ）：盲人。③虎符：即兵符，古代用来调遣军队的凭证。皋比（pí）：即虎皮。洸（guāng）洸：威武的样子。干城：指保卫国家。干，盾牌。城，指城墙。孙、吴之略：孙武、吴起的谋略。孙，指孙武，即春秋时期齐国人，著名的军事家。吴，指吴起，战国时期的卫人，著名的军事家。④峨：高耸的样子。长绅：腰上系的长带。高冠、长绅是古代官员的装束。伊、皋之业：指伊尹、皋陶的功业。伊，指伊尹，商时的贤臣，曾辅佐商汤讨伐商桀。皋，指皋陶（yáo），相传为舜时的贤臣。⑤法斁（dù）：法制、纲常败坏。斁，败坏。坐糜廪粟：白白耗费粮仓里的粮食。糜，耗费。廪，公家粮仓。⑥醇醲（nóng）：指味道醇厚的美酒。饫（yù）：饱食。⑦东方生：指东方朔，汉武帝时的近臣，字曼卿，以滑稽多智而著称。

【译文】 杭州有一个卖水果的小贩，很会贮藏柑橘，他的柑橘经过一冬一夏之后也不会腐烂，拿出来依然光鲜，质地像玉一样，柑皮金光灿灿。可是，剖开后就发现里面干枯得像破败的棉絮一样。我感到奇怪，问他："你卖出去的柑橘，是供人们盛放在笾豆里用来供奉神灵，让人们拿去招待宾客，还是炫耀它的外表，用来欺骗傻子和瞎子呢？你这样骗人也太过分了！"

卖柑橘的人笑着说："我卖这样的柑橘已有很多年了，我就是依靠它来养活自己。我卖人买，从来没有听说过什么意见，而你难道有什么不满吗？世上骗人的事可多了，难道只有我一个人吗？我的先生，您也不想想看，当今那些佩戴虎符、端坐虎皮交椅的人，外表威威武武像是保家卫国的样子，他们果真能拿出像孙武、吴起那种谋略吗？那些峨冠博带的高官，气宇轩昂，像是朝廷的栋梁之材，他们真的能够建立伊尹、皋陶的功勋吗？盗贼四起，他们不知道防御；百姓穷困他们也不知道去救民水火；官吏作奸犯科，他们也不知道去禁止；纲常败坏而不知道整治；白白耗费公粮却不知耻。你看他们，坐高堂骑大马，醉美酒，享美食，哪个不是威风凛凛令人望而生畏、气势显赫而不可一世的样子？他们又何尝不是外表如金玉、腹中满是败絮呢！现在您却对此熟视无睹，却来挑剔我柑橘的毛病！"

我默默地无话可说，回来后细细体会他说的话，觉得他很像东方朔那样一类滑稽多智、能言善辩的人物。莫非他是一个愤世嫉俗的人，而借柑橘来讽刺世俗？

【鉴赏】 本文是一篇有名的寓言性散文，篇幅短小而寓意深刻，通过卖柑者的言论，以“金玉其外、败絮其中”的柑橘喻元末社会之欺世盗名者，尤其是那些佩虎符、坐皋比、峨大冠、拖长绅的身居高位者。作者愤世之意，溢于言表，然而刘基本人经历过元末社会大动乱，对家国乱离、生灵涂炭多耳闻目见，于社会动乱之源亦深有体会和认识，故卖柑者言，寄托遥深，非仅为愤世之意。

方孝孺(1357—1402)，字希直，一字希古，号正学，别号逊志，时称正学先生，宁海(今浙江象山)人。明太祖时以荐授汉中府教授，建文中，官至翰林侍讲学士，改文学博士。燕王朱棣(即明成祖)发动“靖难之役”政变，因不肯为朱棣起草登极诏书而被杀。有《逊志斋集》二十四卷。他曾拜宋濂为师，《四库全书总目提要》云其“学术醇正，而文章乃纵横豪放，颇出入于东坡、龙川之间，盖其志在驾轶汉唐，锐复三代，故其毅然自命之气，发扬蹈厉，时露于笔墨之间”。

深虑论

虑天下者，常图其所难，而忽其所易。备其所可畏，而遗其所不疑。然而祸常发于所忽之中，而乱常起于不足疑之事。岂其虑之未周与？盖虑之所能及者，人事之宜然，而出于智力之所不及者，天道也。

当秦之世，而灭诸侯，一天下，而其心以为周之亡在乎诸侯之强耳，变封建而为郡县①。方以为兵革可不复用，天子之位可以世守，而不知汉帝起陇亩之中②，而卒亡秦之社稷。汉惩秦之孤立，于是大建庶孽而为诸侯，以为同姓之亲，可以相继而无变，而七国萌篡弑之谋③。武、宣以后，稍剖析之而分其势，以为无事矣，而王莽卒移汉祚④。光武之惩哀、平⑤，魏之惩汉，晋之惩魏，各惩其所由亡而为之备，而其亡也，盖出于所备之外。唐太宗闻武氏之杀其子孙，求人于疑似之际而除之，而武氏日侍其左右而不悟⑥。宋太祖见五代方镇之足以制其君⑦，尽释其兵权，使力弱而易制，而不知子孙卒困于敌国。此其人皆有出人之智，盖世之才，其于治乱存亡之几，思之详而备之审矣。虑切于此而祸兴于彼，终至乱亡者何哉？盖智可以谋人，而不可以谋天。良医之子，多死于病。良巫之子，多死于鬼。岂工于活人而拙于谋子也哉？乃工于谋人而拙于谋天也。

古之圣人知天下后世之变，非智虑之所能周，非法术之所能制，不敢肆其私谋诡计，而唯积至诚，用大德以结乎天心，使天眷其德，若慈母之保赤子而不忍释。故其子孙，虽有至愚不肖者足以亡国，而天卒不忍遽亡之，此虑之远者也。夫苟不能自结于天，而欲以区区之智笼络当世之务，而必后世之无危亡，此理之所必无者，而岂天道哉！

【注释】①封建：即封邦建国制，它源于周朝分封疆土，建立诸侯国的制度。郡县：即郡县制，秦朝建立的郡县两级的中央集权制度。②汉帝：指汉高祖刘邦，公元前206年到公元前195年在位。③庶孽：妾媵所生的子女，文中泛指亲属。七国：指汉景帝时分封的吴、楚、赵、胶东、胶西、济南、淄川等七个诸侯国。④武：即汉武帝刘彻，公元前141年至公元前87年在位。宣：即汉宣帝刘询，公元前74年至公元前49年在位。王莽：于西汉八年篡夺西汉政权称帝，改国号为"新"，于公元23年被绿林、赤眉农民军所杀。⑤光武：即东汉光武帝刘秀，于公元25年至57年在位。哀：即汉哀帝刘欣，公元前6年至公元前1年在位。平：即汉平帝刘衎，公元1年至5年在位。⑥武氏：即武则天，名曌（zhào），唐高宗皇后。公元690年废睿宗，称神圣皇帝，改国号为周。相传，贞观二十二年，有传言称"女主武王代有天下"，唐太宗欲杀可疑者，后由于太史令李淳风劝谏而作罢。⑦宋太祖：即赵匡胤，北宋的开国皇帝，于公元960年至976年在位。五代：指唐朝衰落后兴起的后梁、后唐、后晋、后汉、后周等五个政权。

【译文】考虑天下大事的人，常常谋求解决那些困难的问题，而忽略了那些容易解决的问题；防范那些可怕的事情，却疏忽了那些没有引起怀疑的事情。然而灾祸常常发生在所忽略的事情上，变乱也常常萌生在不值得怀疑的事情上。莫非是他们考虑事情不周全吗？原因在于人们在考虑问题时所能想到的，都是人世间本应如此的事情，而超出了人们智力所及的范围，那就是天道了。

当年秦始皇消灭诸侯、统一天下之时，他心里想周朝灭亡的原因就在于诸侯的强大，于是变封建制改成了郡县制。正当他以为世上从此不用进行战争，皇帝之位可以代代相传的时候，却未曾料到汉高祖在田野间兴起势力，而最终推翻了秦朝政权。汉朝吸取了秦朝皇帝孤立无援的教训，就封子弟为诸侯王，以为同姓的血缘关系可以使汉家天下代代相传而不会发生变乱，最终却萌生了七国诸侯篡权弑君的阴谋。汉武帝、汉宣帝之后，逐渐分割诸侯封地，而削弱其势力，以为从此可以相安无事了，岂料王莽终于篡夺了汉家天下。光武帝对西汉哀帝、平帝，曹魏对东汉，晋朝对曹魏，都从前代的失败中吸取教训从而制定了防范措施。但是，他们后来的灭亡都是出乎他们所防范的事情的意料。唐太宗听说将来有武姓的人来杀害他的子孙，就搜捕并杀掉有嫌疑的人，然而武则天在他的身边却没有觉察到。宋太祖见到五代时藩镇的势力强大到足以挟制他们的君王，就在建立宋朝后解除了武将的兵权，削弱他们的力量以便于控制，却没有想到他的子孙最终受困于敌国。上述这些人都有超人的智慧和盖世的才能，他们对于治乱存亡的先机都考虑得非常的周全，防备得也十分的审慎。他们在这一方面谋划周详，祸患却萌生在另一方面，最终导致动乱与灭亡。这到底是什么原因呢？那就是智慧可以用来谋划人事，却不能用来谋划天意。高明的医生的子女，多死于疾病，高明的巫师的子女大多死于鬼祟，难道他们善于救活别人却不善于救活自己的子女吗？原因也在于他们精于谋划人事却不能谋划天意。

古代的圣人，懂得天下后世的变化不是人的聪明才智所能考虑周全的，也不是任何巧妙方法所能控制得了的，因此不敢任意施展他们的谋略智慧，而是积累最大的诚意，用最高的道德来迎合天意，使上天就像慈母抚育婴儿那样来眷顾他们的美德，而不会舍弃他们。因此，即使他们子孙中有足以使国家灭亡的愚蠢和不肖者，然而上天却不忍心让它立即覆亡。这才是深谋远虑的人。如果不能迎合天意，却一心想用小聪明去经营当世的事务，而让子孙无衰亡的危险，这在道理上是说不通的，难道还会符合天道吗！

【鉴赏】 本文是方孝孺所作的著名史论《深虑论》十篇中的第一篇。开篇即以“虑天下者，常图其所难，而忽其所易。备其所可畏，而遗其所不疑”，揭出深虑论之主旨。然后以各朝灭亡的教训为证，推出“智可以谋人，而不可以谋天”的论点，并进一步以“良医之子，多死于病。良巫之子，多死于鬼”之喻来说明其道理。从人事出发，最终归之为天道，似乎陷入天命论，然作者提出“唯积至诚，用大德以结乎天心，使天眷其德”，实以仁政德治替为政者深虑，似又不可与天命论一概而论。

豫让论

士君子立身事主，既名知己，则当竭尽智谋，忠告善道，销患于未形，保治于未然，俾身全而主安。生为名臣，死为上鬼，垂光百世，照耀简策，斯为美也。苟遇知己，不能扶危于未乱之先，而乃捐躯殒命于既败之后，钓名沽誉，眩世炫俗，由君子观之，皆所不取也。

盖尝因而论之。豫让臣事智伯①，及赵襄子杀智伯②，让为之报仇，声名烈烈，虽愚夫愚妇莫不知其为忠臣义士也。呜呼，让之死固忠矣，惜乎处死之道有未忠者存焉。何也？观其漆身吞炭，谓其友曰：“凡吾所为者极难，将以愧天下后世之为人臣而怀二心者也。”谓非忠可乎？及观斩衣三跃，襄子责以不死于中行氏③，而独死于智伯，让应曰：“中行氏以众人待我，我故以众人报之。智伯以国士待我，我故以国士报之。”即此而论，让有馀憾矣。

段规之事韩康，任章之事魏献④，未闻以国士待之也，而规也章也，力劝其主从智伯之请，与之地以骄其志，而速其亡也。郄疵之事智伯⑤，亦未尝以国士待之也，而疵能察韩、魏之情以谏智伯，虽不用其言以至灭亡，而疵之智谋忠告，已无愧于心也。让既自谓智伯待以国士矣，国士，济国之士也。当伯请地无厌之日，纵欲荒暴之时，为让者正宜陈力就列，谆谆然而告之曰：“诸侯大夫，各安分地，无相侵夺，古之制也。今无故而取地于人，人不与，而吾之忿心必生。与之，则吾之骄心必起。忿必争，争必败；骄必傲，傲必亡。”谆切恳至，谏不从，再谏之；再谏不从，三谏之；三谏不从，移其伏剑之死，死于是日。伯虽顽冥不灵，感其至诚，庶几复悟，和韩、魏，释赵围，保全智宗，守其祭祀。若然，则让虽死犹生也，岂不胜于斩衣而死乎？让于此时，曾无一语开悟主心，视伯之危亡，犹越人视秦人之肥瘠也。袖手旁观，坐待成败，国士之报，曾若是乎？智伯既死，而乃不胜血气之悻悻，甘自附于刺客之流，何足道哉！何足道哉！

虽然，以国士而论，豫让固不足以当矣。彼朝为仇敌，暮为君臣，靦然而自得者⑥，又让之罪人也。噫！

【注释】①豫让:春秋末年人,曾为晋国贵族范氏、中行氏家臣,后投奔智伯。在赵、魏、韩三家贵族灭智伯之后,他屡次刺杀赵襄子未遂,伏剑自杀。智伯:春秋时晋国贵族,曾联合韩、赵、魏三家吞并瓜分了范氏、中行氏的土地,后与赵襄子因土地发生矛盾,引起战争,被赵、魏、韩所灭,并三分其地。②赵襄子:春秋时晋国贵族。③中行氏:复姓中行,春秋时晋国大夫荀林父因掌中行军,后遂以官为姓。④段规:韩康的谋臣。韩康:春秋时晋国贵族。任章:魏献的谋臣。魏献:春秋时晋国的贵族。⑤郄疵(xìcī):智伯的家臣。⑥靦(tiǎn)然:不以为羞,厚着脸皮的样子。

【译文】士人君子要树立节操和才能去侍奉君主,既然与君主有知遇之恩,就理所当然地应拿出全部的智慧和计谋来,对主上进忠告,巧妙地为主上开导,防患于未然,在动乱未发生前就善加治理,不仅自身不受伤害,主上也没有危险。活着是有名的臣子,死了也是高尚的鬼魂,流芳百世,彪炳史册,这才是完美的士人君子。如果有了知遇之恩,不能拯救危难于动乱之前,却在事情失败之后才献出自己的性命,沽名钓誉,掩人耳目,用士人君子的标准来看,这是不足取的。

我曾经用这个标准来评论豫让。豫让身为智伯的家臣,等到赵襄子杀了智伯,豫让为他报仇,声名显赫,即使是那些没有知识的平民百姓也没有不知道他是忠臣义士。唉!豫让的死固然算得上是忠了,只可惜他在如何处理死亡的方式上还存在着不忠的行为。为什么呢?试看他满身涂漆,口吞火炭,改变了声音和容貌,并对他的朋友说:"我所做的这些事,都是一般人难以做到的,我是想用这种行为来让天下后代做臣子怀有二心的人都感到羞愧啊!"这能不叫忠吗?等看到他接连三次跃起用剑去斩赵襄子衣服,赵襄子责备他不为中行氏去死,却仅仅为智伯而死的时候,他回答说:"中行氏像对待一般人那样对待我,所以我用一般人的行为报答他。智伯以国士待我,所以我也就像国士那样去报答他。"就凭这一点来说,他的行为还是让人遗憾的。

段规臣事韩康,任章臣事魏献,也从没有听说把他们当作国士来对待,而段规和任章却尽力劝告他们的主人顺从智伯的要求,割让土地给智伯,来让智伯志骄意满,从而加速他的灭亡。当郄疵侍奉智伯时,也没有被当作国士来对待,而郄疵能够察觉到韩、魏两家的意图,并对智伯进行规劝。虽然智伯没有采纳他的意见而导致灭亡,但是郄疵的智谋和忠告已经无愧于心了。豫让既然已经自以为智伯用国士的礼节来对他,而所谓国士正是能够解救国家危难的人。当智伯要求别人割让土地而从不满足的时候,当智伯放纵欲望荒废政务暴虐的时候,作为豫让,他应当发挥能力,尽自己应尽之责,恳切地劝告智伯:"诸侯大夫们,都应知足地守着自己的封地,不要相互侵夺,这是自古以来的规矩。现在无缘无故地夺取别人的土地,别人不给,而自己必然产生怨愤情绪。如果别人给了,那自己的骄纵心理必然由此而生。有怨愤,就必然会有争斗,有争斗,也必然会有失败。骄心有了,也就会傲慢,有傲慢必然会有灭亡。"须非常恳切地劝告对方,如果劝告不行,就再规劝;再规劝不行,就又再规劝;若这个时候还不行,那就把他伏剑自杀的行为改到这一天来进行。即便智伯昏愦顽固,然而对他的一番至诚所动,也可能醒悟过来,同韩、魏两家交好，解除对赵地的围困，保全智伯的宗族，保住对宗庙的祭祀。如果这样，那么豫让纵然死了也像活着一样，难道不胜过斩击赵襄子衣服后再自杀身死吗？豫让在这个关头，竟然没有说一句话来开导主上，眼睁睁地看着智伯的危难和灭亡，就像越地的人看着秦地人的肥瘦一样。袖手旁观，徒然看着他的成功和失败，难道国士对有知遇之恩的主上竟是这样的吗？在智伯死了之后，这才禁不住头脑发热地冲动，情愿加入到刺客之流中，这哪里值得称赞！哪里值得称赞呀！

用国士的标准来衡量豫让，他是自然不够称得上国士的。即使这样，同那些早晨还是仇敌，到了晚上就变成君臣，还厚着脸皮洋洋得意的人相比，他们又是豫让的罪人。唉！

【鉴赏】本文是评论春秋时豫让其人其事的一篇有名的史论。作者认为豫让为报答智伯之恩一再行刺赵襄子，最后伏剑自杀的行为不值得称道，而认为"士君子立身事主，既名知己，则当竭尽智谋，忠告善道，销患于未形，保治于未然，俾身全而主安。生为名臣，死为上鬼"，这与历来人们对豫让的看法是相左的。本文思路，是从豫让一事生发开去，由此而概括出士君子如何"立身事主"这一议题，他认为豫让在智伯未败之时应当"忠告善道"，"谆切恳至，谏不从，再谏之；再谏不从，三谏之；三谏不从，移其伏剑之死，死于是日"，其所提倡的仍属尽忠主上的职责范围。在"靖难之役"中，方孝孺因不肯为朱棣起草登极诏书而不惜身家性命，身遭极刑，可知文中所论"生为名臣，死为上鬼"，非为书生空谈，惜哉！

本文写作极具特色，一开篇即正面提出全文中心论点，然后再切入到豫让之事，先认为"让之死固忠矣"，再指出"让有馀憾矣"，先扬后抑，极具高屋建瓴、文笔纵横之妙。

王鏊（1450—1524），字济之。吴县（今江苏）人。成化进士，授编修，弘治中，历任侍讲学士，充讲官，正德初累进户部尚书、文渊阁大学士。时刘瑾等阉党乱政，他与韩文等大臣谋诛刘瑾，为阉党忌恨排挤，后辞官归隐，及刘瑾被诛，朝廷多次征召起复，他坚辞不受。其人颇有识鉴，为文议论明畅。

亲政篇

《易》之《泰》曰："上下交而其志同。"其《否》曰："上下不交而天下无邦[①]。"盖上之情达于下，下之情达于上，上下一体，所以为"泰"。下之情壅阏而不得上闻[②]，上下间隔，虽有国而无国矣，所以为"否"也。交则泰，不交则否，自古皆然，而不交之弊，未有如近世之甚者。君臣相见，止于视朝数刻；上下之间，章奏批答相关接，刑名法度相维持而已。非独沿袭故事，亦其地势使然。何也？国家常朝于奉天门,未尝一日废,可谓勤矣。然堂陛悬绝,威仪赫奕,御史纠仪,鸿胪举不如法,通政司引奏③,上特视之,谢恩见辞,惴惴而退,上何尝治一事,下何尝进一言哉?此无他,地势悬绝,所谓堂上远于万里,虽欲言无由言也。

愚以为欲上下之交,莫若复古内朝之法。盖周之时有三朝:库门之外为正朝④,询谋大臣在焉;路门之外为治朝,日视朝在焉;路门之内曰内朝,亦曰燕朝。《玉藻》云:"君日出而视朝,退适路寝听政⑤。"盖视朝而见群臣,所以正上下之分;听政而适路寝,所以通远近之情。汉制:大司马、左右前后将军、侍中、散骑诸吏为中朝,丞相以下至六百石为外朝⑥。唐皇城之北南三门曰承天,元正、冬至,受万国之朝贡,则御焉,盖古之外朝也。其北曰太极门,其西曰太极殿,朔望则坐而视朝,盖古之正朝也。又北曰两仪殿,常日听朝而视事,盖古之内朝也。宋时常朝则文德殿,五日一起居则垂拱殿,正旦、冬至、圣节称贺则大庆殿⑦,赐宴则紫宸殿或集英殿,试进士则崇政殿。侍从以下,五日一员上殿,谓之轮对,则必入陈时政利害。内殿引见,亦或赐坐,或免穿靴,盖亦有三朝之遗意焉。盖天有三垣,天子象之。正朝,象太极也⑧;外朝,象天市也;内朝,象紫微也,自古然矣。

国朝圣节、正旦、冬至大朝会⑨,则奉天殿,即古之正朝也。常日则奉天门,即古之外朝也。而内朝独缺。然非缺也,华盖、谨身、武英等殿,岂非内朝之遗制乎?洪武中如宋濂、刘基,永乐以来如杨士奇、杨荣等,日侍左右;大臣蹇义、夏元吉等⑩,常奏对便殿。于斯时也,岂有壅隔之患哉?今内朝未复,临御常朝之后,人臣无复进见,三殿高闳⑪,鲜或窥焉。故上下之情,壅而不通;天下之弊,由是而积。孝宗晚年⑫,深有慨于斯,屡召大臣于便殿,讲论天下事。方将有为,而民之无禄,不及睹至治之美,天下至今以为恨矣。

惟陛下远法圣祖,近法孝宗,尽划近世壅隔之弊。常朝之外,即文华、武英二殿,仿古内朝之意。大臣三日或五日一次起居,侍从、台谏各一员上殿轮对⑬,诸司有事咨决,上据所见决之,有难决者,与大臣面议之。不时引见群臣,凡谢恩辞见之类,皆得上殿陈奏。虚心而问之,和颜色而道之,如此,人人得以自尽。陛下虽深居九重,而天下之事灿然毕陈于前。外朝所以正上下之分,内朝所以通远近之情。如此,岂有近世壅隔之弊哉?唐虞之时⑭,明目达聪,嘉言罔伏,野无遗贤,亦不过是而已。

【注释】 ①《易》:也叫《易经》《周易》,原为古代卜卦之书,后来与《诗》《书》《礼》《春秋》合为儒家"五经"。《泰》《否》:同为《易》中的两个卦名。②壅阏(è):堵塞。③御史:官名,负责纠劾百官。鸿胪(lú):官名,明代所设的鸿胪专门掌管朝廷礼仪。通政司:官署名,负责掌管内外章疏,凡送呈皇帝的文件都由它转交。④三朝:相传周代天子与群臣谋议政事之处有三:外朝,在库门外、皋门内;内朝有两处,一在路门外,一在路门内,统称三朝。库门:宫门。周代王宫宫门的顺序,说法不一,依据汉代郑玄《周礼·秋官·朝士》注,五道宫门从外到内的顺序是:皋门、雉门、库门、应门、路门(也叫"寝门")。⑤《玉藻》:即《礼记》中的篇名。路寝:古代君主处理政事及入寝的宫室。路，是大的意思。⑥大司马：官名，为古代三公之一。汉武帝时废太尉，设置大司马，为辅佐皇帝的最高武官，掌管全国军事。将军：武官名。汉代在大司马之下设有各种名称的将军，如大将军、车骑将军、前将军、后将军等。侍中、散骑：均为汉代皇帝的侍从，出入宫廷，随时应对的顾问。外朝：汉代朝官，从武帝以后分为内（中）朝和外朝。内朝由皇帝的近臣组成，成为决策机构。外朝指丞相和所属机构，虽为法定行政机构，诏令亦由此发出，但已无实权。⑦起居：指日常生活，文中是问候之意。圣节：指皇帝的生日。⑧三垣（yuán）：我国古代天文学家分周天恒星为三垣二十八宿。三垣即太微、紫微、天市。太极：指太微垣。⑨国朝：这里指明朝。⑩洪武：明太祖朱元璋的年号（1368—1398）。下文的永乐是明成祖朱棣的年号（1403—1424）。杨士奇：名寓。明朝建文年间（1399—1402），任翰林院编纂官，修《太祖实录》，永乐初，入主内阁，在宣宗朝至英宗初年，长期辅政。杨荣：初名子荣，字勉仁。官至文渊阁大学士。历仕仁宗、宣宗、英宗三朝。蹇（jiǎn）义：字宜之。原名瑢，后明太祖赐名为“义”。官至少师，历仕五朝，谥“忠定”。夏元吉：字维喆，官至户部尚书，经历五朝。⑪阏（bì）：关闭。⑫孝宗：名朱祐樘，年号“弘治”，公元1488年至1505年在位。⑬台谏：台官和谏官。台官指御史台官员，掌管纠劾百官。谏官指谏议大夫、给事中等。⑭唐虞：指唐尧和虞舜，是远古时代氏族社会部落联盟的首领，相传他们在位的时代天下大治。

【译文】《周易》的《泰》卦说：“君臣上下沟通就会志向一致。”它的《否》卦上又说：“君臣上下不沟通就不会成其为国家了。”因为上情下达，下情上呈，君臣上下成为一个整体，才可以称得上“泰”。而下情受到阻隔无法上达，上下不相沟通，那么有国家也形同虚设，这就是“否”呀。上下沟通叫泰，不然则叫否，自古以来莫不如此。然而上下阻隔，没有比近世更严重的了。君臣相见，仅仅是上朝那点儿时间，上下之间，也只是以奏章批复为纽带，靠法令和制度来维持而已。这并非只是沿袭了旧例，也是上下地位悬殊所造成的。为什么这样说呢？国家总是在奉天门举行朝会，从来都是如此，这可以称得上勤政了。然而殿堂台阶高峻，仪礼威严显赫，有御史来督察朝仪、鸿胪卿来检举失礼违法的人，通政司来引导上奏，皇帝只不过是看看而已，臣僚就谢恩告退，诚惶诚恐地退朝。照此看来，皇帝何曾办过一件事，臣僚又何曾进献过一言呢？这没有其他原因，只是因为君臣地位悬殊，关系隔绝所致，这正是人们所说的：君臣同处一殿，却犹如万里的阻隔，臣僚即便有意见要陈说也无由陈说啊。

我认为，要做到君臣上下沟通，不如恢复古代内朝的制度。在周朝时候，有三种朝制：在库门外所设的为正朝，君主在这里向臣僚咨询和谋划政事；在路门外所设的叫治朝，天子每天在这里视朝；路门内所设的叫内朝，也叫燕朝。《玉藻》上说：“君主待日出时就视朝，退朝后在路寝听政理事。”这是由于在朝会上接见群臣，是为了正君臣上下的名分，而在路寝听政理事，是为了沟通远近各地的情况。按汉朝制度，有大司马、左右前后将军、侍中、散骑等官员的朝会叫中朝，有丞相以下至六百石官员参加的朝会叫外朝。唐朝皇城的北面的南三门叫承天门，在每年的元旦、冬至，皇帝驾临这里接受各国的朝贡，这大概就是古代的外朝吧。它的北面是太极门，西面是太极殿，每月初一、十五，皇帝在这里坐朝，这大概就是古代的正朝吧。再往北面是两仪殿，皇帝平时在这里坐朝理事，这大概就是古代的内朝。宋朝时，皇帝平时在文德殿听朝，臣僚每五天向皇帝的请安就在垂拱殿，元旦、冬至和皇帝寿辰的庆典，在大庆殿举行，而赐宴则安排在紫宸殿或是集英殿，进士考试则在崇政殿。侍从以下的官员，每五天就有一位上殿，叫作轮对，他要向皇帝陈说当前政事的得失利害。在内殿引见臣僚，有时也赏赐他们座位，有时免去他们穿朝靴的礼节，这大概还保留着三朝制度的遗风吧。原来上天有太微、紫微、天市三垣，天子效法它们。设立正朝，这是效法太微一垣，外朝是效法天市一垣，内朝是效法紫微一垣，自古以来都是这样的。

本朝皇帝寿辰、元旦、冬至等大朝会，在奉天殿举行，这就相当于古代的正朝。而平时在奉天门设朝，这就相当于古代的外朝。可是唯独缺少内朝，然而也不是缺少，那华盖、谨身、武英等殿举行的朝会，难道不是古代的内朝的遗制吗？洪武年间，如宋濂、刘基，以及永乐年以来如杨士奇、杨荣等人，每天侍奉在皇帝身边。大臣蹇义、夏元吉等人，常常在便殿启奏应答政事。在那时，难道有上下阻隔的弊病吗？现在内朝还没有恢复，皇帝驾临平常的朝会后，众位臣僚就不再进见了，三大殿门高峻深闭，很少人能入内一见。因而君臣上下的情况，阻隔难通，天下的弊病就由此累积起来。孝宗晚年时，对此深有感触，多次在便殿召大臣商议政事。正将有所作为时，他便去世了，百姓无福分，没等到眼见天下大治的美好形势，臣民至今还对此深感遗憾。

长远而论，愿皇上效法圣明的先祖，就近而论，要仿效孝宗，全部铲除近世以来上下阻隔的所有弊端。在平常的朝会之余，再到文华、武英两殿设立朝会，以此效法古代内朝的制度。大臣们每三天或是五天就请安一次，侍从和台谏各一员上殿轮流奏对政事，各部有事请示皇帝裁定，皇上依据所掌握的情况来裁决，遇到有难以裁决的问题，就同大臣们当面商议。要经常引见群臣，凡是谢恩、告辞、觐见一类的，都要上殿向皇上陈说启奏。皇上虚心地向他们询问，和颜悦色地指导他们，如此一来，人人都能够畅所欲言。皇上即使深居九重内宫，但天下事情都能够鲜明地全部展现在眼前。外朝制度是用来正君臣名分的，而内朝制度是用来沟通远近情况的。这样一来，难道还会发生近世那样的上下阻隔的弊病吗？尧舜时代，圣上心明眼亮，好意见都不会被埋没，贤才全部为君王所用，也不过如此而已。

【鉴赏】本文是王鏊在明世宗即位后，所作的一篇答谢世宗慰问的奏疏。中心论点在于“亲政”二字，亲政即皇帝亲自处理朝政之意，在文中表述为“远法圣祖，近法孝宗，尽划近世壅隔之弊”，即要他仿效古今圣贤，亲自处理政事，并与大臣商议，沟通上下意见。王鏊所论是有鉴于明朝自英宗以来，皇帝很少亲身过问政事，致使大权旁落宦官的政治现实，由此反映出王鏊的政治远见。在文章写作上，作者善于引经据典，对古代内朝制度与亲政之关系能条分缕析，对现实政治有劝惩，对世宗皇帝的颂扬中寄寓期望，内容十分充实，态度十分鲜明，议论也十分允当，语言的质朴反映出作者务实的政治作风。

王守仁（1472—1528），字伯安，号阳明，浙江余姚人。弘治进士，授刑部主事，改兵部，因忤宦官刘瑾，谪贵州龙场驿丞。刘瑾被诛后，历官至太仆寺少卿、鸿胪寺卿、兵部尚书等，封新建伯。尝筑室阳明洞，自号阳明子，学者称阳明先生。有《王文成全书》三十八卷。他平大帽山、断藤峡诸贼，平定朱宸濠叛乱，勋业事功，彪炳一代。他又是明代著名的理学大师，文章学术并为后世所景仰。其散文健劲不乏文采，上承宋濂、方孝孺，下开王慎中、唐顺之、归有光，在明代散文中独树一帜。

尊经阁记

经，常道也[①]。其在于天谓之"命"，其赋于人谓之"性"，其主于身谓之"心"。心也，性也，命也，一也。

通人物，达四海，塞天地，亘古今，无有乎弗具，无有乎弗同，无有乎或变者也，是常道也。其应乎感也，则为恻隐，为羞恶，为辞让，为是非；其见于事也，则为父子之亲，为君臣之义，为夫妻之别，为长幼之序，为朋友之信。是恻隐也，羞恶也，辞让也，是非也；是亲也，义也，别也，序也，信也，皆所谓心也，性也，命也。

通人物，达四海，塞天地，亘古今，无有乎弗具，无有乎弗同，无有乎或变者也，是常道也。以言其阴阳消长之行[②]，则谓之《易》；以言其纪纲政事之施[③]，则谓之《书》；以言其歌咏性情之发，则谓之《诗》；以言其条理节文之著[④]，则谓之《礼》；以言其欣喜和平之生，则谓之《乐》；以言其诚伪邪正之辨，则谓之《春秋》。是阴阳消长之行也，以至于诚伪邪正之辨也，一也，皆所谓心也，性也，命也。

通人物，达四海，塞天地，亘古今，无有乎弗具，无有乎弗同，无有乎或变者也，夫是之谓六经。六经者非他，吾心之常道也。是故《易》也者，志吾心之阴阳消息者也；《书》也者，志吾心之纪纲政事者也；《诗》也者，志吾心之歌咏性情者也；《礼》也者，志吾心之条理节文者也；《乐》也者，志吾心之欣喜和平者也；《春秋》也者，志吾心之诚伪邪正者也。君子之于六经也，求之吾心之阴阳消息而时行焉，所以尊《易》也；求之吾心之纪纲政事而时施焉，所以尊《书》也；求之吾心之歌咏性情而时发焉，所以尊《诗》也；求之吾心之条理节文而时著焉，所以尊《礼》也；求之吾心之欣喜和平而时生焉，所以尊《乐》也；求之吾心之诚伪邪正而时辨焉，所以尊《春秋》也。

盖昔圣人之扶人极[⑤]，忧后世，而述六经也。犹之富家者之父祖，虑其产业库藏之积，其子孙者或至于遗亡散失，卒困穷而无以自全也，而记籍其家之所有以贻之[⑥]，使之世守其产业库藏之积而享用焉，以免于困穷之患。故六经者，吾心之记籍也，而六经之实，则具于吾心。犹之产业库藏之实积，种种色色，其存于其家，其记籍者，特名状数目而已。而世之学者，不知求六经之实于吾心，而徒考索于影响之间，牵制于文义之末，硁硁然以为是六经矣[7]。是犹富家之子孙，不务守视享用其产业库藏之实积，日遗亡散失，至为窭人丐夫，而犹嚣嚣然指其记籍曰[8]："斯吾产业库藏之积也。"何以异于是？

呜呼！六经之学，其不明于世，非一朝一夕之故矣。尚功利，崇邪说，是谓乱经。习训诂，传记诵，没溺于浅闻小见，以涂天下之耳目，是谓侮经。侈淫词，竞诡辨，饰奸心盗行，逐世垄断，而犹自以为通经，是谓贼经。若是者，是并其所谓记籍者，而割裂弃毁之矣，宁复知所以为尊经也乎？

越城旧有稽山书院[9]，有卧龙西冈，荒废久矣。郡守渭南南大吉，既敷政于民，则慨然悼末学之支离，将进之以圣贤之道，于是使山阴令吴君瀛[10]，拓书院而一新之。又为尊经之阁于其后，曰："经正则庶民兴，斯无邪慝矣。"阁成，请予一言以谂多士[11]。予既不获辞，则为记之若是。呜呼！世之学者，得吾说而求诸其心焉，则亦庶乎知所以为尊经也已。

【注释】 ①常道：经久不变的真理。②阴阳消长之行：指自然界万物的发展变化。阴阳，自然界的两种对立变化的力量。消长，消歇和生长。③纪纲政事：法制和政治事务。④条理：指礼仪的一些准则。节文：礼仪制度。⑤人极：指封建社会的道德准则。极，准则。⑥记籍：即登记用的册簿。这里作动词用。⑦硁（kēng）硁然：浅陋固执的样子。⑧窭（jù）人：贫穷的人。嚣嚣然：自得的样子。⑨越城：在今浙江省绍兴市。⑩郡守：一郡的长官，这里指绍兴知府。南大吉：字元善，明武宗正德年间进士，曾任绍兴知府，王守仁的门生。敷政：即施政。吴君瀛：吴瀛，山阴县令。⑪谂（shěn）：规谏。

【译文】 经是永恒的真理。当它存在于天时就叫作"命"，它赋予人后就叫作"性"，变成人身主宰时就叫作"心"。心、性、命，三者是同一的。

沟通人与万物，遍及四海各地，充塞天地之间，贯穿古往今来，无处不有，无所不同，不会有任何变化的，就是永恒的真理。它体现在人的情感上，就成了怜悯心、羞耻心、谦让心、是非心。它体现在事理上，就会变成父子亲情、君臣大义、夫妇间的差异、长幼间的伦次和朋友间的信义。这些怜悯、羞耻、谦让、是非之心，以及父子亲情、君臣大义、夫妇差异、长幼伦次、朋友信义都是上面所说的心、性、命。

沟通人与万物，遍及四海各地，充塞天地之间，贯穿古往今来，无处不有，无所不同，不会有任何变化的，就是永恒的真理。依据它来讲论万事万物的阴阳变化、生长消亡的运行，就称作《易经》；依据它来讲论国家法纪政事的实施，就称作《尚书》；用它来抒发情感的歌咏，就成了《诗经》；用它来讲论礼仪典章制度的规定，就成了《礼记》；用它讲论欢乐中和之音的生成，就成了《乐经》；用它来讲论真诚和诡伪、邪恶和正义的区别，就成了《春秋》。这些阴阳变化、生长消亡的运行直至真诚诡伪、邪恶正义的区别，都是一个道理，就是上述的心、性、命。

沟通人与万物，遍及四海之内，充塞天地之间，贯穿古往今来，无处不有，无所不同，不会有任何变化的，就是那称作"六经"的典籍。六经并非别的东西，它是我们心中存在的永恒真理。因此，那称作《易经》的，是记述我们心中的阴阳消长的；

那叫作《尚书》的，是记载我们心中的法纪政事的；那叫作《诗经》的，是记录我们心中的情感歌咏的；那称作《礼记》的，是记述我们心中的礼仪制度的；那叫作《乐经》的，是记录我们心中的欢喜中和的；那叫作《春秋》的，是记载我们心中的诚伪邪正的。君子对于六经，从自己心中去探求矛盾变化并适时实践的，就是在尊崇《易经》；能够从我们心中去寻求法纪政事而适时地施行的，就是在尊崇《尚书》；能从我们心中去寻求情感歌咏而适时抒发出来的，就是在尊崇《诗经》；能从我们心中去探求礼仪制度而能适时遵奉的，这就是在尊崇《礼记》；能从我们心中去探求欢喜中和而适时生成的，就是在尊崇《乐经》；能从我们心中去探求诚伪邪正而适时加以明辨的，就是在尊崇《春秋》。

古代圣人坚持维护做人的法则，为后世而忧患，从而著述六经。这就像富裕人家的父、祖辈，担心他的产业和积蓄到了子孙手里有遗失耗费殆尽的可能，以至于最后穷困到无法生存，因此将家产全部登记在册后再传给他们，让子子孙孙守住并享受这些资财储蓄，以避免穷困的忧患。所以，六经就是我们心中的账簿，而六经的根本实质就存在于我们心中。这就好比资财储蓄，林林总总，存储在家中，而账簿上登记的只不过是它们的名称、形状和数目罢了。而当今的读书人，不从自己心中去探究六经的根本实质，却只是在一些注疏上去考证求索，受制于文句字义的细枝末节，浅薄而又固执地认为这就是六经了。这就好比那些富家子孙，不设法保住和享用他们的资财储蓄，而是一天天挥霍下去，以至于成了穷人乞丐时，还很自得地指着他们的账簿说："这些是我们的资产储蓄。"当今的那些读书人同这种富家子孙相比有什么不同呢！

唉！六经上的学问，不能为世人所明确理解，已经不是一天两天的事了。急功近利，崇尚异端邪说，这就叫"乱经"。专注于训诂考据，讲求记忆背诵，沉溺在浅薄的认识里面，遮掩天下人的耳目，这就叫"侮经"。夸饰辞藻，争相诡辩，掩饰奸邪心理和盗贼行为，排斥异己，专断谋利，而且还自以为博通经义，这就叫"贼经"。像这些人，就连上面所说的账簿都一同割裂毁弃，难道还懂得重视六经的道理吗？

越城原来有一座稽山书院，坐落在卧龙山的西面山冈上，很早就荒废了。知府渭南人南大吉，在对百姓施行政教之余，慨叹痛惜那种末流学术的支离破碎，准备用圣贤之道来施行教化，于是就让山阴县令吴瀛拓展并修整书院，又在书院后面修建了一座尊经阁，称："六经经义一旦正确领会，百姓就会奋发向上，就不会有邪恶的人了。"尊经阁落成，要我写一些话来规箴读书人。我既然推辞不了，就写了这样一篇记。唉！世上的读书人，若领会了我讲的道理，并能从自己心里得到印证，那么也就差不多懂得之所以重视六经的原因了。

【鉴赏】尊经阁，是建立在会稽山阴（今浙江绍兴）的一座藏书楼。全文文意即从题目上的"尊经"二字生发开去，借此来阐发他的心学思想。他认为六经是永恒的真理，与人的"心""性""命"本同，六经是心的记录，故尊经应当首先从自己内心上去认识、体会六经的精义，而非"乱经""侮经""贼经"。在文章写作上，开篇即以"心""性""命"三字提出通篇纲领,接着阐述六经与"心""性""命"之关系及尊经的作用,最后切入到本文的写作缘由及主旨上来,结构十分缜密,议论也十分明白晓畅而不乏文采。

象祠记

灵博之山,有象祠焉①。其下诸苗夷之居者,咸神而祠之②。宣尉安君因诸苗夷之请,新其祠屋③,而请记于予。予曰:"毁之乎,其新之也?"曰:"新之。""新之也何居乎?"曰:"斯祠之肇也,盖莫知其原。然吾诸蛮夷之居是者,自吾父、吾祖溯曾、高而上,皆尊奉而禋祀焉,举而不敢废也④。"予曰:"胡然乎?有鼻之祀⑤,唐之人盖尝毁之。象之道,以为子则不孝,以为弟则傲。斥于唐,而犹存于今;坏于有鼻,而犹盛于兹土也。胡然乎?"

我知之矣。君子之爱若人也,推及于其屋之乌,而况于圣人之弟乎哉?然则祠者为舜,非为象也。意象之死,其在干羽既格之后乎⑥?不然,古之骜桀者岂少哉?而象之祠独延于世。吾于是盖有以见舜德之至,入人之深,而流泽之远且久也。

象之不仁,盖其始焉耳,又乌知其终之不见化于舜也?《书》不云乎:"克谐以孝,烝烝乂,不格奸⑦。""瞽瞍亦允若⑧。"则已化而为慈父。象犹不弟,不可以为谐。进治于善,则不至于恶。不底于奸,则必入于善。信乎象盖已化于舜矣。《孟子》曰:"天子使吏治其国⑨。"象不得以有为也。斯盖舜爱象之深而虑之详,所以扶持辅导之者之周也。不然,周公之圣,而管、蔡不免焉⑩。斯可以见象之见化于舜,故能任贤使能,而安于其位,泽加于其民,既死而人怀之也。诸侯之卿,命于天子,盖《周官》之制⑪,其殆仿于舜之封象欤?

吾于是盖有以信人性善,天下无不可化之人也。然则唐人之毁之也,据象之始也;今之诸苗之奉之也,承象之终也。斯义也,吾将以表于世。使知人之不善,虽若象焉,犹可以改;而君子之修德,及其至也,虽若象之不仁,而犹可以化之也。

【注释】①灵博之山:即灵博山,在今贵州黔西县。象:传说为舜的同父异母弟,与其父瞽瞍多次谋害舜而未遂。舜即位后,他被封为有鼻国君。②苗夷:旧时对苗族的蔑称。祠:春祭叫祠,这里泛指祭祀。③宣尉:即宣慰使。明代少数民族地区设有由当地土人世袭的土司,掌军民事务。宣慰使是最高的土司武职。新:修葺、翻新。④禋(yīn)祀:祭祀。举:进行。⑤有鼻:在今湖南道县北。相传象封于此。⑥干羽:舞具。干,盾;羽,雉尾。相传舜曾命禹征伐南方的部落有苗,有苗不服,舜于是"舞干羽于两阶",表示偃武修文,于是有苗归服。格:来,引申为归顺。⑦烝烝:淳厚的样子。格:至。奸:邪恶。⑧瞽瞍(gǔsǒu):瞎眼。此指舜的父亲。传说舜的父亲有眼却不辨善恶,故称瞽瞍。允:信实。若:和顺。⑨天子使吏治其国:见《孟子·万章上》。原话是:"象不得有为于其国,天子使吏治其国而纳其贡税焉。"使,派遣。其国,指象的封国有鼻。

⑩周公:西周初的政治家,周武王的弟弟,名旦,因采邑在周(今陕西岐山东北),称为周公。他曾辅佐武王灭商。武王死,成王年幼,他代理国政,镇压了武庚和管叔、蔡叔的叛乱。成王成年后,他即把政权还给成王。管、蔡:周公的弟弟。周公代理周成王执政时,二人伙同武庚反叛,被周公镇压。⑪《周官》:即《周礼》,记载了周代制度。

【译文】 灵博山上有一座象祠。住在山下的苗民,都把它当作神灵来祭祀。宣慰使安先生,依照苗民的要求,将象祠的祠堂加以整修,并且请我来作一篇记文。我问道:"毁掉它呢还是整修它?"他回答:"整修。""又为什么要整修呢?"他说:"这座祠庙的来历,大概是没有人能够知道的了。然而我们这些住在这里的居民,自我父亲祖父上推到曾祖高祖以上,都一直在尊崇而且祭祀它,从未废止过。"我说:"为什么要这样呢?有鼻那地方的象祠,唐代人曾经毁掉过。按象的品行,做儿子就不会尽孝,做弟弟就会傲慢不敬兄长。对象的祭祀,在唐代就已经废止了,至今却还有存在的;在有鼻那里被废止了,而在这地方却还盛行,这是为什么呀?"

我知道了,有道德的人爱戴某一个人时,就会推广到爱他屋上的乌鸦,更何况是圣人的弟弟呢?如此看来,祭祀的对象是舜,而不是象了。我猜想象的死,是在舜用德政来使有苗归顺以后吧。不然的话,古代那些桀骜不驯的人难道还少吗?可是对于象的祭祀偏偏还能在世上延续下来。我从这里也能看出,舜德行完美,已深入人心,恩泽流播广远且长久。

象的不仁,大概只是他的前期表现吧,又怎么能知道他后来没有被舜感化呢?《尚书》不是这样说过吗:"舜能以孝让全家和谐,孝德淳善和美,使人不至奸邪。"还说"舜的父亲瞽瞍还变得和顺了",这就说明瞽瞍已经变成慈父了。象要是还不敬爱兄长,就不能认为是全家和谐。不断地进步,一心向善,就不至于恶。不犯奸恶,就会发展到善。如此看来象确实已经被舜感化了。《孟子》说:"舜派遣官吏治理象的封国。"是因为象在他的封国里无所作为。这大概就是舜深切地爱护象而慎重地为他考虑吧,他所用来帮助他的办法也是很周到的。不然的话,像周公那样的圣明,他的兄弟管叔、蔡叔却还免不了身败名裂。由此可见象被舜感化,所以能任用贤能的人,并且安于自己的职守,把恩惠施加给自己的百姓,死后人们才怀念他的。诸侯属下的卿,是由天子直接任命的,这是《周官》的规定,大概也是仿照舜封象的做法吧。

我从这里可以相信,人的本性是善的,不可以感化的人在这个世上是不存在的。那么唐代人毁掉象祠,是依据象的前期表现。现在这里的苗民敬奉象祠,是根据象的后期表现。这个道理,我将向世人阐明,要让人们知道,一个人有象那样的不善表现也是可以改正的。而且,德行高尚的人对品德的修养,当达到完美境界时,即使遇到像象那样不仁的人,也还是可以把他感化过来的。

【鉴赏】 象,传说是舜的同父异母兄弟,在他父亲瞽瞍的支持下,曾多次企图杀害舜都没有成功。舜却不计前嫌,继位后仍封他为有鼻国君。本文即从贵州苗民为象立祠祭祀谈起,认为象之所以被苗民纪念,是因为他在圣人的感化下能弃恶扬善的缘故，由此而提出观点，即君子必须修德以感化恶人，而恶人也能够弃恶扬善。此即其心学思想的反映。由祠记入手而阐发心学思想，可谓小处见大，立意不凡。语言平正典雅，能引经据典为论点作注脚，此亦本文又一特色。

瘗旅文[①]

维正德四年秋月三日，有吏目云自京来者，不知其名氏，携一子一仆将之任，过龙场[②]，投宿土苗家。予从篱落间望见之，阴雨昏黑，欲就问讯北来事，不果。明早，遣人觇之[③]，已行矣。薄午，有人自蜈蚣坡来，云："一老人死坡下，傍两人哭之哀。"予曰："此必吏目死矣。伤哉！"薄暮，复有人来云："坡下死者二人，傍一人坐叹。"询其状，则其子又死矣。明日，复有人来云："见坡下积尸三焉。"则其仆又死矣。呜呼伤哉！

念其暴骨无主，将二童子持畚锸往瘗之[④]。二童子有难色然。予曰："噫！吾与尔犹彼也。"二童悯然涕下[⑤]，请往。就其傍山麓为三坎，埋之。又以只鸡、饭三盂，嗟吁涕洟而告之曰：

呜呼伤哉！繄何人？繄何人？吾龙场驿丞余姚王守仁也[⑥]。吾与尔皆中土之产，吾不知尔郡邑。尔乌乎来为兹山之鬼乎？古者重去其乡，游宦不逾千里。吾以窜逐而来此，宜也。尔亦何辜乎？闻尔官吏目耳，俸不能五斗，尔率妻子躬耕可有也，乌为乎以五斗而易尔七尺之躯？又不足，而益以尔子与仆乎？呜呼伤哉！尔诚恋兹五斗而来，则宜欣然就道，乌为乎吾昨望见尔容蹙然[⑦]，盖不胜其忧者？夫冲冒霜露，扳援崖壁，行万峰之顶，饥渴劳顿，筋骨疲惫，而又瘴疠侵其外[⑧]，忧郁攻其中，其能以无死乎？吾固知尔之必死，然不谓若是其速，又不谓尔子、尔仆亦遽然奄忽也。皆尔自取，谓之何哉？吾念尔三骨之无依而来瘗耳，乃使吾有无穷之怆也。呜呼伤哉！纵不尔瘗，幽崖之狐成群，阴壑之虺如车轮[⑨]，亦必能葬尔于腹，不致久暴尔。尔既已无知，然吾何能为心乎？自吾去父母乡国而来此三年矣，历瘴毒而苟能自全，以吾未尝一日之戚戚也。今悲伤若此，是吾为尔者重，而自为者轻也，吾不宜复为尔悲矣。吾为尔歌，尔听之！

歌曰：连峰际天兮飞鸟不通，游子怀乡兮莫知西东。莫知西东兮维天则同，异域殊方兮环海之中。达观随寓兮莫必予宫，魂兮魂兮无悲以恫。

又歌以慰之曰：与尔皆乡土之离兮，蛮之人言语不相知兮。性命不可期，吾苟死于兹兮，率尔子仆，来从予兮。吾与尔遨以嬉兮，骖紫彪而乘文螭兮[⑩]，登望故乡而嘘唏兮。吾苟获生归兮，尔子尔仆尚尔随兮。道傍之冢累累兮，多中土之流离兮，相与呼啸而徘徊兮。餐风饮露，无尔饥兮。朝友麋鹿，暮猿与栖兮。尔安尔居兮，无为厉于兹墟兮。

【注释】 ①瘗(yì)旅：即埋葬客死异乡的人。瘗，埋。本文属祭文。作者被贬为贵州龙场驿丞时,曾目睹吏目主仆三人惨死赴任途中,不禁触景伤怀,亲自让人收尸,并作了这篇祭文。②正德:明武宗年号。正德四年,即公元1509年。吏目:掌管官府文书的小吏。龙场:地名,在今贵州修文。③觇(chān):察看。④畚锸(běnchā):畚箕和铁锹。⑤悯然:忧伤的样子。⑥驿丞:明代所设掌管邮递迎送的官员。正德二年,王守仁因触犯宦官刘瑾,而贬为龙场驿丞。余姚:地名,今属浙江。⑦蹙(cù)然:忧愁的样子。⑧扳:同"攀"。瘴疠:指南方山林间可致疾病的湿热之气。⑨虺(huǐ):毒蛇。⑩骖(cān):一车驾三匹或四匹马时,两旁的两匹马叫骖。紫彪:紫色斑纹的虎。文螭(chī):有花纹的蛟龙。

【译文】正德四年秋季某月初三日,有一个不知姓名、自称是从京城来的吏目,带着一个儿子和一个仆人在赴任途上,路过龙场,寄宿于当地一个苗人家里。我从篱笆的缝隙中看见了他,这时天气阴雨昏黑,我准备到他那里去打听北方的消息,却没有去成。第二天早晨,派人去看他,却说已经走了。将近中午,有人从蜈蚣坡来,说:"一个老人死在山坡下,旁边有两人哭得十分悲痛。"我说:"这一定是那吏目死了,真令人伤心啊!"傍晚,又有人来说:"山坡下死了两个人,有一个人在旁边哭着。"去询问那情形,才知又是吏目的儿子死了。又过了一天,又有人来说:"看见坡上堆着三个尸体。"那个仆人又死了。唉,这真太令人悲伤啊!

我想到他们的尸骨在野外无人收殓,就带着两个童仆拿着畚箕和铁锹去埋葬他们。两个童仆脸上露出为难的脸色。我说:"唉,我和你们就像他们一样啊!"两个童仆潸然泪下,愿意前去。我们在尸骸旁边的山脚下挖了三个坑,把他们埋葬了。又用一只鸡、三碗饭供上,边叹息边流泪,祭告他们说:

唉,让人悲痛啊!你是什么人?你是什么人?我是龙场驿丞余姚人王守仁啊!我和你都生在中原,我不知道你的家乡。你为什么要来做这座山的鬼呢?古时候人们是不轻易离开家乡的,外出做官也不会超过千里远。我因为被放逐才来到这里,是应该的。你又有什么罪过呢?听说你的官职只是个吏目,俸禄不过五斗,你带着妻儿亲自耕种土地也能得到一点收成,又何必为这五斗米的俸禄而葬送你七尺之躯呢?这还不够,还把你的儿子和仆人也搭上?唉,令人悲痛啊!你如果真的贪恋这五斗米而来,你就应该高高兴兴地上路,为什么昨天我看见你满面愁容,难过得似乎不堪忍受呢?冒着风霜雨露,攀岩过山,越过重重山峰,饥渴劳顿,疲惫不堪,再加上瘴疠从体外侵袭,忧伤在心中煎熬,这怎能不死呢?我本来就知道你一定会死的,但没有料到竟然这样突然,更没有想到你的儿子、仆人也跟着猝然死去。这都是你自取的灾祸,你还能说什么呢!我是想到三具尸骸无人埋葬才来收殓的,这让我产生了无限的悲怆。唉!真令人悲伤啊!纵然我不来收殓你们,深山里狐狸成群,阴谷里的毒蛇像车轮那样粗,也一定能把你们葬身在他们腹中,不至于让你们的尸骨长久地暴露在荒郊野外。你们虽然没有知觉,然而我怎么能够忍心那样呢?自从我离开父母家乡来到这里已经三年了,经历了瘴疠毒气而得以勉强地活下来,是由于我不曾有一天悲伤。现在我却如此悲伤,这是我为你想得太多,为我自己想得太少,我不应该为你再悲伤了。让我为你作一首歌,你听听吧。

歌唱道:山峰连天啊飞鸟不通,游子思念家乡啊不辨西东。不辨西东啊苍天却总相同，置身异乡啊却总在四海之中。敞开心胸啊四海为家，未必要居留在自己的家中。游魂啊游魂，请不要悲伤惊恐！

我又作歌安慰道：你我都是离乡之人，听不懂他乡蛮人的言语。人的生命长短哪能预料，我万一死在这里，你要带着儿子仆人来跟随。你我遨游作乐，驾猛虎乘蛟龙，登高望故乡，禁不住阵阵哽咽。假如我苟且活着回去，你的儿子仆从也还要跟随你。道边的坟茔一个又一个，多半是中原流落的人啊。你们一起呼啸而徘徊，餐风饮露，不致让你们饥饿。早上伴着麋鹿，晚间与猿猴一起歇宿。你们要在这里安心居住，可不要变成这个荒丘的厉鬼啊！

【鉴赏】本文是王守仁所作的著名祭文，作者罪谪龙场，已处政治困境，而眼见吏目主仆三人之死，触景伤怀，悲不自胜，这种悲已超出对个人身世浮沉的感叹之上，足见作者悲天悯人的宽大胸襟，并透露出对阉党的愤懑和不屈服于恶劣环境的意志。全文言辞恳切真挚，抒情纡徐委婉，文情并茂，数百年来声有余哀。

唐顺之（1507—1560），字应德，一字义修。武进（今江苏）人。嘉靖八年（1529）进士第一，曾以郎中之职视师浙江，率军民多次抗击倭寇的骚扰。之后任左佥都御史、巡抚凤阳等职，学者称为“荆川先生”。其学问渊博，致力于经世之略。在文学上，唐顺之与同时的王慎中、茅坤、归有光等人结成“唐宋派”，主张学习唐宋古文，对于人们认识、学习唐宋以来古文传统和成就，曾起到积极的作用。

信陵君救赵论

论者以窃符为信陵君之罪[①]，余以为此未足以罪信陵也。夫强秦之暴亟矣，今悉兵以临赵，赵必亡。赵，魏之障也。赵亡，则魏且为之后。赵、魏，又楚、燕、齐诸国之障也。赵、魏亡，则楚、燕、齐诸国为之后。天下之势，未有岌岌于此者也[②]。故救赵者，亦以救魏。救一国者，亦以救六国也[③]。窃魏之符以纾魏之患[④]，借一国之师以分六国之灾，夫奚不可者？

然则，信陵果无罪乎？曰：“又不然也。”余所诛者，信陵君之心也。

信陵一公子耳，魏固有王也。赵不请救于王，而谆谆焉请救于信陵，是赵知有信陵，不知有王也。平原君以婚姻激信陵[⑤]，而信陵亦自以为婚姻之故欲急救赵，是信陵知有婚姻，不知有王也。其窃符也，非为魏也，非为六国也，为赵焉耳。非为赵也，为一平原君耳。使祸不在赵，而在他国，则虽撤魏之障，撤六国之障，信陵亦必不救。使赵无平原，或平原而非信陵之姻戚，虽赵亡，信陵亦必不救。则是赵王与社稷之轻重，不能当一平原公子。而魏之兵甲所恃以固其社稷者，只以供信陵君一姻戚之用。幸而战胜，可也；不幸战不胜，为虏于秦，是倾魏国数百年社稷以殉姻戚。吾不知信陵何以谢魏王也。

夫窃符之计,盖出于侯生⑥,而如姬成之也。侯生教公子以窃符,如姬为公子窃符于王之卧内,是二人亦知有信陵,不知有王也。余以为信陵之自为计,曷若以唇齿之势,激谏于王。不听,则以其欲死秦师者,而死于魏王之前,王必悟矣。侯生为信陵计,曷若见魏王而说之救赵。不听,则以其欲死信陵君者,而死于魏王之前,王亦必悟矣。如姬有意于报信陵,曷若乘王之隙,而日夜劝之救。不听,则以其欲为公子死者,而死于魏王之前,王亦必悟矣。如此,则信陵君不负魏,亦不负赵。二人不负王,亦不负信陵君。何为计不出此?信陵知有婚姻之赵,不知有王。内则幸姬,外则邻国,贱则夷门野人,又皆知有公子,不知有王。则是魏仅有一孤王耳。

呜呼!自世之衰,人皆习于背公死党之行⑦,而忘守节奉公之道。有重相而无威君,有私仇而无义愤。如秦人知有穰侯,不知有秦王⑧。虞卿知有布衣之交,不知有赵王⑨。盖君若赘旒久矣⑩。由此言之,信陵之罪,固不专系乎符之窃不窃也。其为魏也,为六国也,纵窃符犹可。其为赵也,为一亲戚也,纵求符于王而公然得之,亦罪也。

虽然,魏王亦不得为无罪也。兵符藏于卧内,信陵亦安得窃之。信陵不忌魏王而径请之如姬,其素窥魏王之疏也。如姬不忌魏王而敢于窃符,其素恃魏王之宠也。木朽而蛀生之矣。古者人君持权于上,而内外莫敢不肃,则信陵安得树私交于赵?赵安得私请救于信陵?如姬安得衔信陵之恩?信陵安得卖恩于如姬?履霜之渐⑪,岂一朝一夕也哉?由此言之,不特众人不知有王,王亦自为赘旒也。

故信陵君可以为人臣植党之戒⑫,魏王可以为人君失权之戒。《春秋》书葬原仲、翚帅师⑬。嗟夫!圣人之为虑深矣!

【注释】 ①符:指兵符,是古代用于调动军队的凭证。信陵君:即魏公子无忌,战国时魏安釐王之弟,当时任魏相,其姐为赵相平原君夫人。公元前258年,秦攻赵,赵求救于魏,魏王派晋鄙救赵,但又按兵不动。信陵君听从侯生之计,通过魏王宠姬如姬窃得兵符,杀晋鄙,与赵国合兵击退秦兵。②岌(jí)岌:危险的样子。③六国:指齐、赵、燕、魏、韩、楚。④纾:解除。⑤平原君:姓赵名胜,赵惠文王的弟弟,当时任赵相。晋鄙按兵不动,赵国形势十分危急,平原君派使者告诉信陵君,如果赵国被攻陷,他的姐姐也会遭受灾祸,以此来激信陵君出兵。⑥侯生:姓侯名嬴,本是魏国的隐士,曾看管夷门即魏国都城大梁的东门,后为信陵君的食客,为信陵君谋划窃符救赵之计。下文的"夷门野人"即指侯生。⑦背公死党:背弃公道,为私人朋党而死。⑧穰侯:即魏冉,秦昭襄王母宣太后之弟,曾任秦国将军、相国等职。秦王:指秦昭襄王,公元前306年至公元前251年在位。⑨虞卿:战国时游说之士,赵孝成王时曾任赵相,后来为了帮助朋友脱险,主动放弃相位,与友人一齐逃走。赵王:指赵孝成王,公元前265年至公元前245年在位。⑩旒(liú):同"瘤"。⑪履霜之渐:《周易·坤》曰"履霜坚冰至",意即踩到霜,就可以知道严冬就要来了。⑫植党:培植私党。⑬原仲:陈国大夫。他死后,他的朋友季友私自到陈国收殓他。孔子认为这是结党营私的表现。翚(huī):即羽父,鲁国大夫。宋国等伐郑,鲁隐公不应宋国等出兵之请，翚却执意带兵参战。孔子认为这是目无君主的行为。

【译文】 有评论者认为盗窃兵符是信陵君的罪过，我却认为这还不足以构成他的罪责。因为强大的秦国的暴力是最为逼人的，如果动用全部军队来攻打赵国，赵国必然会灭亡。而赵国是魏国的屏障，赵国灭亡了，魏国必将跟着灭亡。而赵国、魏国又是楚、燕、齐等国的屏障，赵国、魏国不保，那么它们也会跟着灭亡。天下的形势，到了这种地步是最为危急的了。因此，救赵国也是为了救魏国，挽救一国就等于挽救了六国。盗窃魏国的兵符来解救赵国的危难，借助一国的军队来解救六国的灾祸，这难道不可以吗？

然而，信陵君就果真没有罪过了吗？我认为，又不是这样。我要指责的是信陵君的私心。

信陵君只是一个公子罢了，而魏国本来就有君主。赵国不向魏王求救，而再三向信陵君求救。这说明赵国只知道有信陵君而不知道有魏王。平原君通过婚姻关系来激信陵君，而信陵君也私下因姻亲关系的缘由忙着救赵，这是信陵君只知有姻亲而不知有魏王。可见他窃取兵符，不是为了救魏国，也不是为了救六国，而只是为了赵国。说到底，他也不是为了救赵国，只不过是为了一个平原君罢了。假如这场灾祸不是在赵国，而是在别国，那么即便是拆除了魏国及六国的屏障，信陵君也必然不会去救的。假如赵国没有平原君，或者平原君不是信陵君的姻亲，那么赵国行将灭亡，信陵君也必然不会加以援救。如此看来，赵王和国家还比不上一个平原公子重要。而魏国用来保卫国家的军队，也只不过是用来保护信陵君一人的姻亲罢了。侥幸战胜了秦国，还算可以。如果不幸战败了，兵士做了秦国的俘虏，这就是将魏国几百年来建立起来的基业做了他姻亲的陪葬品。到那时，我不知道信陵君将用什么来向魏王请罪了。

窃符的计策是侯生提出来的，是由如姬促成的。侯生教信陵君窃兵符，如姬替信陵君从魏王的卧室里窃出兵符，他们两人也是只知有信陵君而不知有君王。我认为，信陵君自己去想办法，倒不如以唇亡齿寒的危急形势来向魏王激烈地进谏。如果魏王不听从，就拿出准备死于秦军的勇气，死在魏王的面前，那魏王一定会醒悟过来。侯生为信陵君出谋划策，不如去求见魏王，劝说魏王出兵救赵。如果魏王不听，就拿出他准备为信陵君而死的勇气，死在魏王的面前，魏王也必然会醒悟的。如姬有心要报答信陵君的恩情，不如利用各种机会，日夜劝说魏王去救赵。如果魏王不听，就拿出她准备为信陵君死的勇气，死在魏王的面前，魏王也一定会醒悟的。这样一来，信陵君就既对得起魏国，又对得起赵国。侯生和如姬两个人，也同样是既对得起魏王，又对得起信陵君。为什么不从这方面来想办法呢？信陵君只知有婚姻关系的赵国而不知有魏王。在内的宠姬，在外的邻国，以及地位卑贱的夷门野人，又都只知有信陵君而不知有魏王。那么这个魏国就只有一个孤立的君王了。

唉！自从世道衰落以来，人们都习惯了那些背公徇私、为私党而死的行为，却忘记了守节奉公的道理，宰相往往手握重权，君王却失去威信，有私仇却没有公愤，好比秦国人只知有穰侯，却不知有秦王，虞卿只知同平民有交情，却不知有赵王，君王成了赘瘤，已由来已久。如此看来，信陵君的罪责，本来不仅仅在于他窃不窃兵符。为了魏国和六国，纵然窃取兵符也是情有可原的。他如果为了赵国，为了他一人的姻亲，纵然用一种公开的手段向魏王求得兵符，这也是有罪的。

虽然是这样，魏王也不能算是没有过错的。兵符藏在卧室内，信陵君又怎么能窃得它呢？信陵君不怕魏王，敢于直接向如姬请求，是因为他平时就窥视到了魏王的疏漏。如姬不怕魏王，敢于盗窃兵符，是因为她一向倚仗魏王对她的宠爱。木头腐朽了就会生出蛀虫，古代君主在上掌握着大权，宫廷内外无不尊崇，在这种情况下，信陵君怎么能跟赵国有私交呢？赵国怎么能私下向信陵君求救呢？如姬又怎么能一直想着报答信陵君的恩情呢？信陵君又怎么能利用对如姬的恩情来获取如姬的帮助呢？寒冬的到来，岂是一朝一夕所致吗？如此说来，不仅仅是大家眼里没有君王，就是连君王自己也使自己成为赘瘤啊！

因此，信陵君可引以为臣子植党营私的教训，魏王也可引以为君王丧失权力的教训。《春秋》中就已经记载了葬原仲、翚帅师的事情。唉，圣人的考虑是多么深远啊！

【鉴赏】 这是唐顺之所作的一篇有名的史论。信陵君窃符救赵，是历来人们所熟知的战国故事，然而作者对信陵君的功过是非却提出了异议，认为他擅盗兵符救赵，是目无君主，是为了个人的姻戚而非国家利益。最后鲜明地表明自己反对人臣结党营私，要求加强君主权力的政治态度。我们若联系明中叶以来出现的内阁专权、互相倾轧的朝政时局，可见唐顺之这篇史论为有感而发，非纯为信陵君窃符救赵就事论事。文章的立论较有特色，先是开篇驳斥了以窃符来指责信陵君的说法，接着笔头一转，又指出信陵君仍然是有罪的，然后逐步论证信陵君的罪过，最后鲜明地提出自己的政治主张，并引孔子编定《春秋》之意来加强自己的论点，论述上显得有气势。

宗臣（1525—1560），字子相，明代扬州兴化（今属江苏）人。嘉靖二十九年（1550）进士，曾任刑部主事、吏部文选司、稽勋员外郎等职。生性耿直，不阿权贵。因作文悼祭被害死的杨继盛而触犯权奸严嵩，被贬为福建布政司左参议，后又因抗击倭寇有功，迁提学副使。在文学上，与李攀龙、王世贞等结为“嘉靖七子”（即“后七子”）。

报刘一丈书

数千里外，得长者时赐一书，以慰长想，即亦甚幸矣；何至更辱馈遗，则不才益将何以报焉[①]？书中情意甚殷，即长者之不忘老父，知老父之念长者深也。

至以“上下相孚[②]，才德称位”语不才，则不才有深感焉。夫才德不称，固自知之矣。至于不孚之病，则尤不才为甚。

且今之所谓孚者何哉？日夕策马候权者之门。门者故不入，则甘言媚词作妇人状，袖金以私之。即门者持刺入[③]，而主者又不即出见，立厩中仆马之间，恶气袭衣袖，即饥寒毒热不可忍，不去也。抵暮，则前所受赠金者出，报客曰：“相公倦[④]，谢客矣，客请明日来。”即明日又不敢不来。夜披衣坐，闻鸡鸣即起盥栉[⑤]，走马抵门。门者怒曰：“为谁？”则曰：“昨日之客来。”则又怒曰：“何客之勤也！岂有相公此时出见客乎？”客心耻之，强忍而与言曰：“亡奈何矣，姑容我入。”门者又得所赠金，则起而入之，又立向所立厩中。幸主者出，南面召见[⑥]，则惊走匍匐阶下。主者曰：“进。”则再拜，故迟不起，起则上所上寿金。主者故不受，则固请；主者故固不受，则又固请。然后命吏纳之。则又再拜，又故迟不起，起则五六揖始出。出，揖门者曰：“官人幸顾我[⑦]，他日来，幸亡阻我也！”门者答揖。大喜，奔出。马上遇所交识，即扬鞭语曰：“适自相公家来，相公厚我，厚我！”且虚言状。即所交识亦心畏相公厚之矣。相公又稍稍语人曰：“某也贤，某也贤。”闻者亦心计交赞之。此世所谓上下相孚也。长者谓仆能之乎？

前所谓权门者，自岁时伏腊一刺之外[⑧]，即经年不往也。间道经其门，则亦掩耳闭目，跃马疾走过之，若有所追逐者。斯则仆之褊衷[⑨]。以此长不见悦于长吏[⑩]，仆则愈益不顾也。每大言曰：“人生有命，吾惟守分而已。”长者闻之，得无厌其为迂乎？

【注释】 ①长者：对年纪大的长辈的尊称，这里指刘一丈。馈遗（kuìwèi）：赠送。不才：自谦之辞，意思即不成材的人。②孚（fú）：信任。③刺：谒见时用的名片。④相公：对宰相的一种称呼，这里指权贵。⑤盥栉（guànzhì）：梳洗。⑥南面：古代以面向南为尊位。⑦官人：这里是对守门人的尊称。⑧岁时伏腊：指一年中逢年过节的日子。岁时，一年四季，春夏秋冬叫四时。伏腊，夏天的伏日和冬天的腊日。⑨褊（biǎn）衷：狭隘的心胸。⑩长吏：即长官。

【译文】 在几千里之外能时常得到您的书信，我久久思念的心情得以慰藉，这已经让人感到非常欣慰了，又怎么能再让您破费馈赠礼物呢？这叫我用什么来报答您呢！来信中情意极其深厚，表明您不曾忘了我的老父，也知道我的老父也深深地念记着你的缘故。

至于信中用“上下之间要互相信任，才能品德应和职位相称”的话来劝勉我，那我确实是深有感触的。我的才能品德与职位不相称，我本来就了解这一点。至于说到上下之间不能相互信任的毛病，在我身上表现得尤为突出。

那么，现在所说的上下信任究竟是怎么一回事呢？那就是，从早到晚骑着马去恭候在权贵的门前。当看门人故意刁难不肯进去禀报时，他就甜言蜜语，做出妇人的媚态，把藏在袖子里的金钱偷偷送给他。等到看门人拿着名片进去后，主人却不立刻出来接见，他就只得站在马棚里，处在仆人和马群中间，臭气熏着衣服，即便有不可忍受的饥寒或是闷热，也不敢离开。等到傍晚，先前那个曾接受金钱的看门人出来,告诉客人说:"相公已经疲倦了,谢绝会客了,请客人明天再来吧。"而明天又不敢不来。当天晚上披衣坐着,一听到鸡叫就连忙起来梳洗,然后骑马赶去叫门。看门人怒问:"是哪个?"他就回答说:"是昨天来过的那个客人又来了。"看门人发怒道:"客人怎么来得这样勤,哪有相公这个时候出来会客的道理?"他内心感到羞辱不已,强行忍耐着对他说:"没有办法啊,姑且让我进去吧。"看门人又得到了他送的金钱,才起身让他进去。他又站在昨天站过的马棚中。好不容易主人出来,朝南面坐着传唤他进去。他就诚惶诚恐地跑过去,趴在台阶下。主人说:"进来吧。"他就连拜两拜,故意迟迟不站起来,站起后就献上进见的礼金。主人故意不接受,他只得一再请求。主人又故意不接受,他又得一再恳求。然后主人才叫手下人把礼金收下。他只得又接连跪拜,故意迟迟不起来。起身后又连作五六个揖后才出来。出来后,对看门人作揖说:"承蒙官人关照我,今后我再来,希望你不要阻拦我啊。"看门人还了礼后,他就欣喜不已跑出去。骑着马遇到他的熟人,就高举马鞭告诉他们说:"刚才我从相公家里出来,相公极其优待我,他真是优待我啊!"而且还编造出当时的情状。就连那些熟人也心里担心相公真的厚待他。相公又偶尔稍微对人说道:"某人有才能,某人有才能。"听说的人也心里盘算着怎样附和称赞他。这就是世上所说的上下之间互相信任了。您说,我能这样做吗?

前面所说的那个有权有势的人家,我除了逢年过节投张名片以外,就整年不去了。有时经过他的家门,也是捂住耳朵、闭上眼睛,快马赶过去,好像有人在后面追赶一样。这就是我狭隘的心胸。由此我长期以来得不到上级的欢心,而我则更加不在意了。常常还骄傲地说:"人生自有命运,我只是安守自己的本分罢了。"您听了我这样的话,不会讨厌我的迂腐吧?

【鉴赏】《报刘一丈书》属书信体散文,是宗臣的代表作。刘一丈的生平不详,据文意似是作者父亲的好友。作者在这封信中,以漫画式的手法,淋漓尽致地揭露了当时封建士人奔走于权贵之门,寡廉鲜耻、极尽谄媚的丑态。同时对权奸及其奴才的赫赫气焰、贪财纳贿的卑劣行径,也作了生动的描画,以此来表明自己坚持傲岸不阿,绝不同流合污的立身处世态度,作者愤世嫉俗之意溢于言表。

归有光(1506—1571),字熙甫,吴郡(今属江苏苏州市)人。少年时即勤奋好学,而科举屡不如意,后徙居江苏嘉定安亭江上,读书讲学二十余年,远近从学者甚众,人称"震川先生"。嘉靖四十四年(1565)时始中进士,出任长兴知县,官至南京太仆寺丞。他是明代著名的散文家,与王慎中、唐顺之、茅坤等人结成散文流派——唐宋派,主张学习唐宋以来古文运动的传统和成就。其散文,往往能融进自己的真情实感,不事雕琢,写得质朴感人。

吴山图记

吴、长洲二县[1],在郡治所,分境而治。而郡西诸山,皆在吴县。其最高者,穹窿、阳山、邓尉、西脊、铜井。而灵岩,吴之故宫在焉,尚有西子之遗迹[2]。若虎丘、剑池及天平、尚方、支硎,皆胜地也。而太湖汪洋三万六千顷,七十二峰沉浸其间,则海内之奇观矣。

余同年友魏君用晦为吴县,未及三年,以高第召入为给事中[3]。君之为县有惠爱,百姓扳留之不能得,而君亦不忍于其民,由是好事者绘《吴山图》以为赠。

夫令之于民诚重矣。令诚贤也,其地之山川草木亦被其泽而有荣也;令诚不贤也,其地之山川草木亦被其殃而有辱也。君于吴之山川盖增重矣。异时吾民将择胜于岩峦之间,尸祝于浮屠、老子之宫也固宜[4]。而君则亦既去矣,何复惓惓于此山哉[5]?昔苏子瞻称韩魏公去黄州四十馀年[6],而思之不忘,至以为思黄州诗,子瞻为黄人刻之于石。然后知贤者于其所至,不独使其人之不忍忘,而己亦不能自忘于其人也。

君今去县已三年矣,一日与余同在内庭,出示此图,展玩太息,因命余记之。噫!君之于吾吴有情如此,如之何而使吾民能忘之也?

【注释】 ①吴、长洲:吴县与长洲县均为吴郡辖县,治所同在今江苏苏州。②西子:即西施,春秋时吴王夫差的妃子。③同年:即科举制度中同榜考中的人。高第:指考试或官吏考核时被列入较高的等第。给事中:明代掌监察六部、侍中规谏之职的官职。④尸祝:指祭祀。尸是代表鬼神享祭的人,祝是传告鬼神旨意的人。浮屠:指佛教。老子:指道教。老子是春秋时人,被认为是道教始祖。⑤惓(quán)惓:恳切的样子。⑥苏子瞻:北宋时文学家苏轼,字子瞻。韩魏公:韩琦,北宋大臣,封魏国公。黄州:治所在今湖北黄冈。

【译文】 吴县、长洲二县,都在吴郡郡治所在地划界分治。郡的西面有许多山,都在吴县境内。其中最高的有穹窿、阳山、邓尉、西脊、铜井等山。而灵岩山,曾经是当年吴国宫殿所在的地方,那里至今还保存着西施的遗迹。至于说到虎丘、剑池,以及天平、尚方、支硎,都是风景美好的地方。而三万六千顷浩瀚的太湖中,有七十二峰坐落其间,则更称得上天下奇观了。

我的同年好友魏用晦君任吴县长官不到三年,就因为政绩赫赫而被朝廷召入任给事中。魏君治理吴县时对百姓很有恩惠,百姓苦留不得,魏君也不忍离去,于是有热心人就画了一幅《吴县图》,来作为临别留念赠给他。

县令对于百姓确实是很重要的。如果县令贤能,那当地的山川草木也会受到他的恩泽,荣耀一方;如果县令不贤能,就会祸及当地的山川草木,使其受到耻辱。魏君对吴县的山川草木,算是增加了它们的光彩吧!有朝一日这里的百姓将在山间选择一处风景优美之地,在佛堂和道观里祭祀他,这本来也是在情理之中。可是魏君已经离开了吴县，为什么仍然会眷恋当地的山川呢？过去苏子瞻称道韩魏公离开黄州任上已经四十多年，往事依然时时不忘，以致写下了思念黄州的诗，苏子瞻为黄州的人把这首诗刻在石碑上。这以后人们才明白贤能的人对于他所到的地方，不仅使那里的百姓不忍忘怀自己，而且连他自己也不会忘记那里的百姓。

如今魏君离开吴县已经三年了，有一天他和我同在内庭，拿出这幅《吴山图》，边欣赏边感叹，于是让我为这事作一篇记文。啊！魏君对吴县的百姓有如此深厚的情谊，吴县的百姓怎么能忘记他呢？

【鉴赏】《吴山图》是作者的朋友魏用晦离任吴县县令时，当地百姓送给他的一幅山水画。本文即以这幅画为线索，先寥寥数笔概写吴县的风物名胜和湖光山色，然后自然而然地写出魏用晦在担任县令时与当地百姓结下的难以忘怀的深厚感情，并以北宋苏轼和韩琦的故事，揭示出“然后知贤者于其所至，不独使其人之不忍忘，而已亦不能自忘于其人也”的论点，以此来称颂魏用晦对吴县的缱绻深情。作者不刻意雕饰文字而写得清新淡雅，着眼吴县山水画而寓意于山水画外，构思颇为新巧。

沧浪亭记

浮图文瑛，居大云庵，环水，即苏子美沧浪亭地也[①]。亟求余作《沧浪亭记》，曰：“昔子美之记，记亭之胜也，请子记吾所以为亭者。”

余曰：“昔吴越有国时，广陵王镇吴中，治园于子城之西南，其外戚孙承佑[②]，亦治园于其偏。迨淮南纳土[③]，此园不废。苏子美始建沧浪亭，最后禅者居之。此沧浪亭为大云庵也。有庵以来二百年，文瑛寻古遗事，复子美之构于荒残灭没之馀，此大云庵为沧浪亭也。夫古今之变，朝市改易。尝登姑苏之台，望五湖之渺茫，群山之苍翠，太伯、虞仲之所建，阖闾、夫差之所争，子胥、种、蠡之所经营[④]，今皆无有矣，庵与亭何为者哉？虽然，钱镠因乱攘窃，保有吴、越，国富兵强，垂及四世，诸子姻戚，乘时奢僭，宫馆苑囿，极一时之盛，而子美之亭，乃为释子所钦重如此。可以见士之欲垂名于千载，不与澌然而俱尽者[⑤]，则有在矣。”

文瑛读书喜诗，与吾徒游，呼之为沧浪僧云。

【注释】①浮图：梵语的音译，这里指和尚。苏子美：即北宋文学家苏舜卿的字，他曾修沧浪亭，并作《沧浪亭记》。②吴越：五代十国之一。广陵王：钱元璙，吴越王钱镠的儿子。吴中：泛指今太湖流域一带。孙承佑：钱镠的孙子钱俶的岳父。③淮南纳土：指吴越国降宋，献出淮南一带的土地。④姑苏台：在今江苏西南的姑苏山上，为春秋时吴王夫差所建。五湖：泛指太湖带所有湖泊。太伯、虞仲：周太王古公亶父的长子、次子，传说是吴国的开创者。阖闾、夫差：春秋时相继就任的两代吴王，夫差为阖闾之子。子胥：即伍子胥，春秋时人，曾辅佐吴王夫差伐越。种：即文种，春秋时越国大夫。蠡：即范蠡，春秋时越国大夫。⑤澌(sī)然：冰快融化的样子。

【译文】文瑛和尚，居住在大云庵，四周环水，这里就是苏子美所造的沧浪亭的故地。文瑛多次请我写一篇《沧浪亭记》,说:"过去苏子美的《沧浪亭记》,写的只是亭子的胜景,请你记下我修建这个亭子的缘由吧。"

我说:"从前吴越立国的时候,广陵王镇守吴中,在内城的西南面修建南园,他的外戚孙承佑,也在那旁边修了一座园子。到了淮南之地成了宋朝土地时,这个园子也未被荒废。这时苏子美开始修建沧浪亭,后来一些和尚住在这里。沧浪亭就变成大云庵了。自从有庵以来已达二百年了,文瑛寻访当年遗事,在荒芜残破的废墟上修复了苏子美时的建筑,这样大云庵就又变成了沧浪亭。历史经历了巨大的变化,朝廷和集市也都发生了沧桑巨变。我曾登上姑苏台,眺望浩渺的五湖,苍翠的群山,所见之处,太伯、虞仲曾经在那里建国,阖闾、夫差曾经在那里征战,子胥、文种和范蠡曾经在那里经营他们的事业,然而这一切都已消失了,庵和亭子又算得了什么呢!虽然这样,钱镠只是趁着天下大乱的时候窃夺了权位,占有了吴越,国富兵强,延续了四代,子孙姻戚趁机而起,奢侈无度,修造的宫殿园囿盛极一时,而子美的亭子,却被一个和尚如此看重。由此可见,士人想要留名千载,不像冰块那样一下就完全消失,是有其原因的。"

文瑛喜欢读书作诗,跟我们这些人交往,大家称他为沧浪僧。

【鉴赏】沧浪亭,在今江苏苏州,为宋代文学家苏舜卿所建,后来人们在它的遗址上修建了大云庵,明代文瑛和尚又重新修建了沧浪亭。本文即仿照当年苏舜卿《沧浪亭记》而为文瑛和尚作的亭记。本文采用朴素简洁的语言,自然流畅的笔调,历述了沧浪亭的修造与兴废变迁,以及唐代末年钱镠割据杭州,自称吴越王,延续四代的吴越国的兴衰成败。相形之下,表明朝代有兴衰,人事有变迁。古人古事已灰飞烟灭,而沧浪亭屡经朝代改易却保留至今,四面环水,风景依然,浩渺的五湖、苍翠的群山尽收眼底。行文极其巧妙地托出亭记的主旨,寓深长的历史兴亡感慨于其间。观江山胜迹、览亭记文字,可引人生出不尽之遐思。

茅坤(1512—1601),字顺甫,号鹿门,归安(今浙江吴兴)人。明嘉靖十七年(1538)进士,累官广西兵备佥事、大名兵备副使,后因仕途受挫,被贬归乡。他是明代著名的散文家,与当时的王慎中、唐顺之、归有光等人一起,结成唐宋派。在文学上,主张复古,不过他与前后"七子"主张的"文必秦汉"的观点不同,要求学习唐宋古文。为宣传他的文学主张,他曾编选《唐宋八大家文钞》,对明中叶以来的古文创作有着重大影响。

青霞先生文集序

青霞沈君,由锦衣经历上书诋宰执[①]。宰执深疾之,方力构其罪,赖天子仁圣,特薄其谴,徙之塞上。当是时,君之直谏之名满天下。已而,君累然携妻子,出家塞上。会北敌数内犯，而帅府以下束手闭垒，以恣敌之出没，不及飞一镞以相抗。甚且及敌之退，则割中土之战没者与野行者之馘以为功[②]。而父之哭其子，妻之哭其夫，兄之哭其弟者，往往而是，无所控吁。君既上愤疆埸之日弛，而又下痛诸将士日菅刈我人民以蒙国家也。数呜咽欷歔，而以其所忧郁发之于诗歌文章，以泄其怀，即集中所载诸什是也。

君故以直谏为重于时，而其所著为诗歌文章又多所讥刺，稍稍传播，上下震恐，始出死力相煽构，而君之祸作矣。君既没，而一时阃寄所相与谗君者，寻且坐罪罢去[③]。又未几，故宰执之仇君者亦报罢[④]。而君之门人给谏俞君，于是裒辑其生平所著若干卷[⑤]，刻而传之。而其子以敬，来请予序之首简。

茅子受读而题之曰：若君者，非古之志士之遗乎哉？孔子删《诗》，自《小弁》之怨亲，《巷伯》之刺谗以下，其忠臣、寡妇、幽人、怼士之什[⑥]，并列之为"风"，疏之为"雅"，不可胜数。岂皆古之中声也哉？然孔子不遽遗之者，特悯其人，矜其志，犹曰"发乎情，止乎礼义"，"言之者无罪，闻之者足以为戒"焉耳。予尝按次《春秋》以来，屈原之《骚》疑于怨，伍胥之谏疑于胁，贾谊之疏疑于激，叔夜之诗疑于愤，刘蕡之对疑于亢。然推孔子删《诗》之旨而裒次之，当亦未必无录之者。君既没，而海内之荐绅大夫至今言及君[⑦]，无不酸鼻而流涕。呜呼！集中所载《鸣剑》《筹边》诸什，试令后之人读之，其足以寒贼臣之胆，而跃塞垣战士之马，而作之忾也，固矣。他日国家采风者之使出而览观焉，其能遗之也乎？予谨识之。

至于文词之工不工，及当古作者之旨与否，非所以论君之大者也，予故不著。

【注释】①青霞沈君：沈君，指沈炼，字纯甫，别号青霞山人，会稽（治所在今浙江绍兴）人，明世宗嘉靖十七年（1533）进士，先后出任溧阳花平知县，后又任锦衣卫经历。锦衣经历：明官职名，即锦衣卫的经历官。锦衣卫原是皇室亲军，明代起兼管刑狱、巡捕，明中叶以后，和东厂、西厂同为特务机构。宰执：指宰相严嵩。②馘（guó）：被杀者的左耳。③阃寄：指担任军职。阃，是外城城门的门槛，古代常把军事职务称作阃外之事。坐罪：触犯法律、犯下罪行。④报罢：古代官吏、百姓上书言事，朝廷拒不采纳，宣令退去叫作"报罢"。这里是指罢官、撤职的意思。⑤裒（póu）辑：搜集、编辑。⑥幽人：幽居之人，即隐士。怼（duì）士：心怀怨恨的人。怼，怨恨。⑦荐绅：同缙绅。古代士大夫垂绅搢笏，因以此称士大夫。绅，大带。

【译文】青霞沈炼君，以锦衣卫经历的身份向皇帝上书斥责宰相。宰相因此非常忌恨他，正当宰相要极力罗织罪名陷害他时，幸亏皇帝仁慈圣明，特地减轻他的罪罚，只把他贬谪到塞上。当时，沈君直谏的声名传遍天下。不久，沈君满怀郁懑，携带家小，迁居塞上。正逢北方的敌人多次侵犯内地，而帅府以下的各级官员都束手无策，关闭城垒，任由敌人往来出没，连向敌人发一支箭来抵抗都做不到。甚至等到敌人退走以后，他们就割下在战争中阵亡的中原士兵和在郊野中赶路的人的耳朵来当作军功。而百姓中父亲哭儿子、妻子哭丈夫、哥哥哭弟弟的，到处都是，怨愤之情无处可诉。沈君既对上愤慨于边疆防务的日益懈怠,对下又痛心于将士们肆意残害百姓、欺骗国家。他多少次为之哭泣哀叹,于是就将他满腔郁愤表现在诗歌文章中,从而抒发他的情怀,文集中所载录的各篇就是这类作品。

沈君本来就因为敢于直谏而为当世人所敬重,而他所作诗文又多所讥刺,稍一传播,上下都感到震惊恐慌。于是他们就竭力造谣、陷害,而大祸也就落到了沈君头上。沈君遇害之后,那些曾身居军中要职、一同陷害沈君的人,不久也都因罪被罢官。又不久,过去仇视沈君的宰相也被罢官。而沈君的门人、给事中兼谏议大夫俞君,就搜集编纂了沈君生前的著述若干卷,并加以刊刻流传。沈君的儿子沈以敬,来请我为文集作序并放在文集前面。

我拜读了沈君文集后,题写道:像沈君这样的人,难道不就是古代那些志行高尚的一类人吗?孔子删定《诗经》,从怨恨亲人的《小弁》、讽刺奸谗的《巷伯》以下,那些忠臣、寡妇、隐居之士、愤世嫉俗者的作品,一概被列入"国风",并入"小雅",这样的作品不可胜数。难道这些都是古代的合乎音律的诗歌吗?然而孔子之所以不轻易删掉它们,只是怜悯那些受谗害的人,彰显他们的志向,他还说过"这些诗歌都是发自真情实感,都合乎礼义的要求","说话的人没有罪,听的人完全可以把它作为借鉴"。我曾依次考察了自《春秋》以来的作品,发现屈原的《离骚》好像是在发泄怨恨,伍子胥的劝谏像是在进行威胁,贾谊的奏疏很激切,叔夜的诗歌又像是在抒发愤恨,刘蕡的对策像是在表现亢直的个性。然而按照孔子删定《诗经》的原则而收集、编辑它们,应该是未必没有值得收录的。沈君虽然已经作古,然而海内的官员大夫们,直至今日谈到他,没有一个不感到酸涩流泪的。唉!文集中所载的《鸣剑》《筹边》等篇,假使让后人读了,那么它们完全可以使奸臣胆寒心折,令守边将士战马腾跃,振奋起同仇敌忾的义愤,这是必然的。今后,国家负责采诗的官员看到这些诗篇,难道会把它们给遗漏掉吗?在此,我怀着一片恭谨之情记在这里。

至于说到文采辞藻精工与否,以及是否符合古代作家的题旨,这些都不是能够说明沈君大节的东西,所以在这里我就不再论述了。

【鉴赏】本文是作者为同时代的锦衣卫经历沈炼诗文集所作的一篇序言。文章始论沈炼的生平大节,次论沈炼诗文集的由来及写作主旨。论生平大节,盛称沈炼忧国忧民,敢于抗颜直谏,疏攻权臣,而获罪流徙塞外,"累然携妻子,出家塞上",不以个人得失为怀,而"以其所忧郁发之于诗歌文章,以泄其怀",感慨"若君者,非古之志士之遗乎哉"。论其诗文主旨,指出其与诗骚同义,"足以寒贼臣之胆,而跃塞垣战士之马,而作之忾也"。写至感情激越处,不禁一唱而三叹,感慨涕零之状如跃纸上。

王世贞(1526—1590),字元美,号凤洲,又号弇州山人,太仓(今属江苏)人。嘉靖二十六年(1547)进士,官至南京刑部尚书。明代著名文学家,明中叶文坛上复古文学流派"后七子"中的核心人物。在文学上,主张"文必西汉,诗必盛唐"。其学问赡博,著述甚丰。

蔺相如完璧归赵论

蔺相如之完璧①,人皆称之,予未敢以为信也。

夫秦以十五城之空名,诈赵而胁其璧。是时言取璧者,情也,非欲以窥赵也。赵得其情则弗予,不得其情则予;得其情而畏之则予,得其情而弗畏之则弗予。此两言决耳,奈之何既畏而复挑其怒也!

且夫秦欲璧,赵弗予璧,两无所曲直也。入璧而秦弗予城,曲在秦。秦出城而璧归,曲在赵。欲使曲在秦,则莫如弃璧;畏弃璧,则莫如弗予。夫秦王既按图以予城,又设九宾②,斋而受璧,其势不得不予城。璧入而城弗予,相如则前请曰:"臣固知大王之弗予城也。夫璧非赵璧乎?而十五城秦宝也,今使大王以璧故,而亡其十五城,十五城之子弟皆厚怨大王以弃我如草芥也。大王弗予城,而绐赵璧③,以一璧故,而失信于天下,臣请就死于国,以明大王之失信。"秦王未必不返璧也。今奈何使舍人怀而逃之,而归直于秦?是时秦意未欲与赵绝耳。令秦王怒,而僇相如于市,武安君十万众压邯郸④,而责璧与信,一胜而相如族,再胜而璧终入秦矣。吾故曰,蔺相如之获全于璧,天也。若其劲渑池,柔廉颇⑤,则愈出而愈妙于用。所以能完赵者,天固曲全之哉。

【注释】 ①蔺相如:战国时赵人。完璧:指完璧归赵。完,保全。璧,美玉,即和氏璧。②九宾:即《周礼》九仪,是一种隆重的礼仪,指设傧相九人接待来人。宾,通"傧"。③绐(dài):欺骗。④僇:即"戮"。武安君:秦国名将白起,封武安君。⑤劲渑(miǎn)池:赵惠文王二十年(前278),秦昭襄王邀请赵惠文王在渑池(今属河南)会盟,秦君臣几次侮辱赵王,都遭到了蔺相如的还击。柔廉颇:蔺相如立功拜为上卿,位在大将廉颇之上,廉颇不服,蔺相如就处处谦让,终于感动了廉颇。

【译文】 蔺相如完璧归赵,人人都称道他。但是,我却不敢苟同。

秦国用十五座城的空名,来欺骗赵国,并且勒索它的和氏璧。这时说它要骗取璧是实情,但不是想要借此窥视赵国。赵国如果知道了这个实情就不给它,不知道这个实情就给它。知道了这个实情而害怕秦国就给它,知道这个实情而不害怕秦国就不给它。这只要两句话就解决了,怎么能够既害怕秦国又去激怒秦国呢?

况且,秦国想得到这块璧,赵国不给它,双方本来都没有什么曲直是非。赵国交出璧而秦国不给城池,秦国就理亏了。秦国给了城池,而赵国却拿回了璧,就是赵国理亏了。要想使秦国理亏,不如就放弃璧。害怕丢掉璧,就不如不给它。秦王既然按照地图给了城池，又设九宾的隆重礼仪，斋戒之后才来接受璧，那种形势是不得不给城池的。如果秦王接受了璧而不给城池，蔺相如就可以上前质问他："我本来就知道大王是不会给城池的，这块璧不是赵国的吗？而十五座城池也是秦国的宝物。现在假使大王因为一块璧的缘故而抛弃了十五座城池，十五座城中的百姓都会深恨大王，说把我们像小草一样抛弃了。大王不给城池，而骗夺了赵国的璧，因为一块璧的缘故，在天下人面前失去信用，我请求死在这里，来表明大王的失信。"这样，秦王未必不归还璧。但是当时为什么要派手下人怀揣着璧逃走而把秦国处在理直的一方呢？那时秦国并不想与赵国断绝关系。假如秦王发怒，在街市上杀掉蔺相如，派武安君率领十万大军进逼邯郸，追问璧的下落和赵国的失信，一次获胜就可以使相如灭族，再次获胜而璧最终还是要落到秦国手里。因此我认为，蔺相如能保全这块璧，那是上天的保佑。至于他在渑池以强硬的态度对付秦国，在国内以谦和的姿态对待廉颇，那是策略上越来越高明了。所以说赵国之所以能得以保全，的确是上天在偏袒它啊！

【鉴赏】本文为王世贞所作的一篇有名的史论，对蔺相如完璧归赵这一史事发表了不同的看法。蔺相如是战国时赵国人，赵惠文王得到稀有美玉和氏璧，秦昭王诈以十五座城相交换，赵王于是令蔺相如奉璧入秦，见秦王无意兑现诺言，终不辱使命而完璧归赵。文章始以"蔺相如之完璧，人皆称之，予未敢以为信也"，即表示了异议，然后以分析秦、赵时势入手，指出赵国有诸多失策之处，而蔺相如完璧归赵实为"天固曲全之哉"。王世贞此论，言辞咄咄，非纯为凿空之谈。

袁宏道（1568—1610），字中郎，公安（今湖北公安县）人，万历年间进士，历任吴县县令、国子博士、吏部郎中等，与兄袁宗道、弟袁中道并称"三袁"，在散文上以"独抒性灵，不拘格套"相标榜，自成一派，称"公安派"。其诗文写得极为清新活泼，真率自然中见性情。

徐文长传

徐渭，字文长，为山阴诸生①，声名籍甚。薛公蕙校越时②，奇其才，有国士之目。然数奇，屡试辄蹶。中丞胡公宗宪闻之③，客诸幕。文长每见，则葛衣乌巾，纵谈天下事，胡公大喜。是时公督数边兵，威镇东南，介胄之士，膝语蛇行，不敢举头，而文长以部下一诸生傲之，议者方之刘真长、杜少陵云④。会得白鹿，属文长作表，表上，永陵喜⑤。公以是益奇之，一切疏记，皆出其手。文长自负才略，好奇计，谈兵多中，视一世士无可当意者。然竟不偶。

文长既已不得志于有司，遂乃放浪曲蘖⑥，恣情山水，走齐、鲁、燕、赵之地，穷览朔漠。其所见山奔海立、沙起雷行、雨鸣树偃、幽谷大都、人物鱼鸟，一切可惊可愕之状，一一皆达之于诗。其胸中又有勃然不可磨灭之气，英雄失路、托足无门之悲，故其为诗，如嗔如笑，如水鸣峡，如种出土，如寡妇之夜哭、羁人之寒起。虽其体格时有卑者，然匠心独出，有王者气，非彼巾帼而事人者所敢望也。文有卓识，气沉而法严，不以模拟损才，不以议论伤格，韩、曾之流亚也⑦。文长既雅不与时调合，当时所谓骚坛主盟者，文长皆叱而怒之，故其名不出于越。悲夫！

喜作书，笔意奔放如其诗，苍劲中姿媚跃出，欧阳公所谓"妖韶女老自有余态"者也⑧。间以其馀，旁溢为花鸟，皆超逸有致。

卒以疑杀其继室，下狱论死。张太史元汴力解⑨，乃得出。晚年愤益深，佯狂益甚，显者至门，或拒不纳。时携钱到酒肆，呼下隶与饮。或自持斧击破其头，血流被面，头骨皆折，揉之有声。或以利锥锥其两耳，深入寸馀，竟不得死。周望言⑩：晚岁诗文益奇，无刻本，集藏于家。余同年有官越者，托以抄录，今未至。余所见者，《徐文长集》《阙编》二种而已。然文长竟以不得志于时，抱愤而卒。

石公曰：先生数奇不已，遂为狂疾。狂疾不已，遂为囹圄⑪。古今文人牢骚困苦，未有若先生者也。虽然，胡公间世豪杰，永陵英主，幕中礼数异等，是胡公知有先生矣；表上，人主悦，是人主知有先生矣，独身未贵耳。先生诗文崛起，一扫近代芜秽之习，百世而下，自有定论，胡为不遇哉？

梅客生尝寄余书曰⑫："文长吾老友，病奇于人，人奇于诗。"余谓文长无之而不奇者也。无之而不奇，斯无之而不奇也。悲夫！

【注释】 ①诸生：即生员，明清时代经过本省各级考试入府、州、县学的学生。②薛蕙（1489—1541）：字君采，亳州（今属安徽）人，明武宗正德年间进士，官至吏部考功郎中。校：校官，即学官。③中丞：原为汉代御史大夫的属官名。明代设都察院，掌管监察，其中副都御史之职与御史中丞略同，故称。胡宗宪：明嘉靖年间浙江巡抚，因抗击倭寇有功，被加右都御史衔，后得罪被杀。④膝语蛇行：形容畏服的样子。膝语，跪着说话。蛇行，伏地爬行。刘真长：即刘惔（tán），东晋简文帝时的宰相，字真长。杜少陵：即唐代大诗人杜甫。杜甫曾居少陵（今陕西西安市南）附近，自号少陵野老。⑤永陵：明世宗朱厚熜的陵墓名，指明世宗。⑥曲糵（niè）：酒曲，指酒。⑦韩、曾：指唐宋散文八大家中的韩愈和曾巩。韩愈是唐代人，散文雄健流畅，成就极高。曾巩是北宋人，散文以简洁平易见长。流亚：同类。⑧韶：美好。这句话出自欧阳修《六一诗话》评北宋诗人梅圣俞诗的句子，原文作"譬如妖韶女，老自有余态"。⑨张元汴：徐渭老同学张天复之子，官至翰林侍读。太史：本为古代起草文书、编写史书的职官，明代的翰林院兼掌制诰、史册文翰之事，所以翰林官亦称太史。⑩周望：即陶望龄，字周望。明万历（1573—1619）年间曾任国子监祭酒。⑪石公：袁宏道自号。囹圄（língyǔ）：监狱。⑫梅客生：名国桢，湖北人，徐渭的朋友。

【译文】 徐渭，字文长，是山阴地区的生员，极负盛名。薛蕙公做浙江试官时，对他的才华很是叹服，把他看作国士。然而他命运不济，屡次应试又屡次落第。中丞胡宗宪公听说后,聘他为幕僚。文长每次参见胡公,总是身穿葛布长衫,头戴乌巾,挥洒自如,对天下事侃侃而谈,胡公听后十分赞赏。当时胡公统率着几支军队,威镇东南沿海,穿戴盔甲的诸将在他面前总是跪下说话、侧身缓步,都不敢仰视他。而文长以帐下一个生员的身份倨傲地对待胡公,议论他的人都把他比作刘真长、杜少陵一类人物。曾经恰逢胡公猎得一头白鹿,委托文长作贺表,表文上奏后,世宗皇帝很是满意。胡公由此更加器重文长,所有疏奏筹划都交给他办理。文长自负才智谋略,好出奇制胜,谈论军事往往能切中问题关键。他把世间一切事都不放在眼里,然而始终没有赶上机遇。

文长既然不得志,没被当权者任用,于是放浪形骸,肆意狂饮,纵情山水。他游历了齐、鲁、燕、赵等地,又远赴塞外大漠游览。他所见到的耸立的山脉、奔腾的海浪、飞扬的黄沙、轰鸣的震雷、滂沱的大雨、偃伏的树木、幽深的峡谷、盛大的都市及各种人物、鱼鸟等,凡是令人惊惧的景象都一一地写进诗中。在他胸中有奋发激越不可磨灭的气概,和那种英雄置身末路又无法投身的悲凉。因此他写的诗像是在发怒,又像是在狂笑,像水流在峡谷中激荡,像是种子在破土萌生,又像是寡妇在深夜里哭泣、游子在寒冷的夜晚里惊醒。虽然这些诗歌的体裁格律有时有不尽高明之处,然而却能独运匠心,自有一种王者气势,那些如同妇人一样侍奉他人的诗人自是无可企及。他的文章有远见卓识,气韵沉雄,法度森严,不会因为模拟来损害他的才气,也不会因为议论损伤格调,如同韩愈、曾巩一流的作品。文长既然长期以来不与时兴的格调吻合,对当时那些所谓诗坛的领袖人物,文长都加以斥责,因而他的名声没超出越地的范围,这真是可悲啊!

文长喜好书法,他的书法如同诗歌一样,笔意奔放,苍劲中透出一种柔媚,正如欧阳公所说的那种"妖冶的妇人到老了,仍然保持着不尽的风韵"一样。有时他把剩余的精力倾注到花鸟画上,画得高超飘逸而富于情趣。

后来,他由于猜疑而杀死了他的继室,被逮捕入狱,判为死罪。太史张元汴极力解救他,他才得以脱身出来。文长到了晚年更加愤世嫉俗,故作疯癫也更加厉害了,连显赫的人到家,他都有时拒之门外。他时常带着钱到酒店去,招呼下人仆从一起喝酒。有时他手持斧头击破自己的头,血流满面,连头骨都折断了,揉按时竟可以听到响声。有时他又用利锥扎自己的两耳,扎进一寸多深,竟然没有死。周望说:文长到了晚年,诗和文章都更加奇特了,但没有刻印本子,他的诗文集只是藏在家中。我托我在越地为官的同年替我抄录,到现在还没有送来。我见过的只有《徐文长集》《阙编》两种而已。然而,文长最终却因在当世不得志,怀着怨愤而死去。

我认为,文长先生一直都时运不济,于是得上了狂病。狂病不能制止,就身陷牢狱之中。古今文人之中,没有一个文人的牢骚困苦能比得上他。虽然如此,胡公是世上罕见的豪杰,世宗是英明的君主。在幕府中,文长得到了异常的礼待,这说明胡公是了解先生的。表章送上以后,世宗皇帝由此高兴,这说明皇帝也是了解先生的,只是他没有得到显官要职罢了。先生的诗文在文坛上崛起,一扫近世芜杂污浊的风习,百代以后,自然会有定论。就此而言,又怎么说他没有遇到时运呢?

梅客生曾经写信给我，说：“文长是我的老朋友，他的病比他本人奇异，而他本人也比他的诗还要奇异。”我认为文长是无处不奇的人。无处不奇，这就注定他一生命运无处不艰难坎坷。这真是悲哀啊！

【鉴赏】本文是袁宏道为同时代的著名文人徐渭所做的一篇有名的传记。徐渭（1521—1593），字文长，山阴（今浙江绍兴）人，在文艺上有多方面的成就，却一生坎坷，科场上屡试不中。他为人愤世嫉俗，潦倒终身。本文紧扣“数奇”写尽文长一生之悲苦，文中论其才略足可睥睨一世，其诗文足可叱咤骚坛，然而“竟以不得志于时，抱愤而卒”。古今落魄文人不可言说之悲，辗转现于袁宏道笔下，数百年来犹能感人至深。袁宏道论文，力主“性灵”，在文学主张上他与徐渭声应气求，引以为同志，文中写徐渭创作“匠心独出”，“不以模拟损才，不以议论伤格”，实际流露出了袁宏道惺惺相惜之情。

张溥（1602—1641），字天如，号西铭，太仓（今江苏苏州）人，崇祯四年（1631）进士。自幼嗜学，与同里张采齐名，号“娄东二张”，二人尝以兴复古学、致君泽民为号召，合大江南北诸文社为复社。他为明末著名的社会活动家，博学多才，长于经史，文名笼罩一时，在史学评论及时事评论的写作上都极有特色，其散文朴实精练，笔力劲健。

五人墓碑记

五人者，盖当蓼洲周公之被逮[①]，激于义而死焉者也。至于今，郡之贤士大夫请于当道，即除魏阉废祠之址以葬之[②]，且立石于其墓之门，以旌其所为。呜呼，亦盛矣哉！

夫五人之死，去今之墓而葬焉，其为时止十有一月耳。夫十有一月之中，凡富贵之子，慷慨得志之徒，其疾病而死，死而湮没不足道者，亦已众矣。况草野之无闻者欤！独五人之皦皦[③]，何也？

予犹记周公之被逮，在丁卯三月之望[④]。吾社之行为士先者，为之声义，敛赀财以送其行，哭声震动天地。缇骑按剑而前[⑤]，问：“谁为哀者？”众不能堪，抶而仆之[⑥]。是时大中丞抚吴者[⑦]，为魏之私人，周公之逮所由使也。吴之民方痛心焉，于是乘其厉声以呵，则噪而相逐，中丞匿于溷藩以免[⑧]。既而以吴民之乱请于朝，按诛五人，曰：颜佩韦、杨念如、马杰、沈扬、周文元，即今之傫然在墓者也[⑨]。

然五人之当刑也，意气扬扬，呼中丞之名而詈之[⑩]，谈笑以死。断头置城上，颜色不少变。有贤士大夫发五十金，买五人之脰而函之[⑪]，卒与尸合。故今之墓中,全乎为五人也。

嗟夫!大阉之乱,缙绅而能不易其志者[12],四海之大,有几人欤?而五人生于编伍之间[13],素不闻诗书之训,激昂大义,蹈死不顾,亦曷故哉?且矫诏纷出,钩党之捕遍于天下[14],卒以吾郡之发愤一击,不敢复有株治。大阉亦逡巡畏义[15],非常之谋,难于猝发。待圣人之出而投缳道路,不可谓非五人之力也。

由是观之,则今之高爵显位,一旦抵罪,或脱身以逃,不能容于远近,而又有剪发杜门,佯狂不知所之者。其辱人贱行,视五人之死,轻重固何如哉?是以蓼洲周公,忠义暴于朝廷,赠谥美显[16],荣于身后;而五人亦得以加其土封,列其姓名于大堤之上。凡四方之士,无有不过而拜且泣者,斯固百世之遇也!不然,令五人者保其首领,以老于户牖之下,则尽其天年,人皆得以隶使之,安能屈豪杰之流,扼腕墓道,发其志士之悲哉?故予与同社诸君子,哀斯墓之徒有其石也,而为之记,亦以明死生之大,匹夫之有重于社稷也。

贤士大夫者:冏卿因之吴公、太史文起文公、孟长姚公也[17]。

【注释】①蓼(liǎo)洲周公:周顺昌,号蓼洲,明末吴县(今属江苏)人,万历年间进士,明熹宗时任吏部郎中,为官清廉,因得罪魏忠贤宦官集团而逮捕入狱,死在狱中。崇祯时赠谥"忠介"。②当道:执掌政权的人,这里指江苏巡抚和苏州知府。除:清理。魏阉:指魏忠贤。魏忠贤在明熹宗时为秉笔太监,兼管皇帝的特务机关东厂,擅权独断,朝纲尽废,崇祯帝即位遭黜,而自缢身死。③皦皦(jiǎo):明亮的样子。④丁卯:即明熹宗天启七年(1627)。望:夏历每月十五日。⑤缇骑:本指古代侍从贵官的骑士,这里指明代专门逮捕人犯的东厂和锦衣卫特务机关的吏役。⑥抶(chì):鞭打。⑦大中丞抚吴者:以大中丞头衔出任苏州巡抚的人,这里指魏忠贤的死党毛一鹭。大中丞,官名,掌管接受公卿奏章以及荐举、弹劾官员等事务。吴,指苏州。⑧溷(hùn):厕所。藩:篱笆。⑨傫(lěi)然:堆积的样子。⑩詈(lì):骂。⑪脰(dòu):颈项,这里指头。函:匣子。⑫缙绅:指官员。或写作"荐绅"。⑬编伍:古时地方户籍管理形式,五家为一伍,十家为一什,指平民。⑭矫诏:假托皇帝名义而下达的命令。钩党:相牵连的同党。⑮逡(qūn)巡畏义:因畏惧正义而犹豫不前。⑯谥(shì):古代帝王或朝臣死后,根据死者生前的事迹给予的表示褒贬的称号。⑰冏(jiǒng)卿:太仆卿的别称,为九卿之一,掌管皇帝的车马和马政。因之吴公:吴默,字因之。太史:史官,明清两朝修史的事由翰林担任,因此,对翰林官也有称"太史"的。文起文公:文震孟,字文起。

【译文】这五个人,就是在周公蓼洲被捕时,激于义愤而最终被杀害的。到如今,吴郡的贤士大夫们,向当政者申请后,就清理魏忠贤废祠故址来埋葬他们,并且在墓门前立了石碑,用来表彰他们的事迹。唉,这也算得上是盛事了!

这五个人从就义到如今建墓埋葬,前后只有十一个月的时间。在这十一个月当中,那些富贵人家的子弟和志得意满的人,因为得病而死,死后无声无息不足称道的,也够多的了,更何况民间那些默默无闻的人呢?唯独这五个人名声彰显,这到底是为什么啊?

我还记得,周公被捕是在丁卯年三月十五日。那时我们复社中的一些敢为士争先的人,替他伸张正义,募集钱财来为他送行,当时哭声震动天地。这时禁卫差役按剑上前，喝问：“哪个敢哀怜他？”众人不堪忍受，就把他们打倒在地。当时以大中丞官衔任吴地巡抚的毛一鹭，是魏忠贤的心腹，周公被捕就是出于他的指使。吴地人民正对他切齿痛恨，于是趁吏役们厉声呵斥时，就鼓噪着追逐他们，致使中丞躲进厕所里才得以逃脱。事后，毛一鹭以吴郡人民暴乱的罪名请示朝廷，经追查杀死了五个人，他们就是：颜佩韦、杨念如、马杰、沈扬、周文元，也就是现在埋在墓里的人！

当这五个人临刑时，意气昂扬，口中喊着中丞的名字大骂，谈笑自若而死。他们被砍下的头放在城上，脸色毫无改变。一些贤明士人出资五十两银子，买下五个人的头放在匣子里，最后与尸体合在一起。所以，如今这墓中，是五个人的完整遗体。

唉！大宦官惑乱政治的时候，官员中能不改变气节的，在这样大的天下，到底有几个人呢？而这五个人出身平民，一向没有受过诗书的教育，却能见义勇为，舍生忘死，这又是什么缘故啊？况且当时假传的诏书纷纷传出，对那些受牵连的党人的逮捕，遍及全国，终于因为遭到我们吴地民众的奋起反击，才不敢继续株连治罪。魏忠贤也因为害怕百姓的义愤而有所顾忌，他那篡夺天下的阴谋才没有最终得逞。到了圣明的皇帝即位，他在路上就自缢而死，这不能不说是这五个人的功劳！

由此来看，如今那些身居高官要职的人，一旦被治罪时，有的抽身逃走，为远近所不容，又有的剪掉头发，闭门不出，故作疯癫而不知去向了。他们这种可耻的人格、卑贱的行径，比起这五个人的牺牲精神，到底谁轻谁重呢？因此，周公蓼洲，忠义显于朝廷，受到赠谥，美名远扬，死后也光荣。而这五个人也由于同样的原因，得以建造陵墓，而且他们的名字并排题写在大的碑石上。凡是来自四面八方的过往行人，没有一个不到他们墓前拜祭落泪的。这确实是百年一遇的幸运啊！不然的话，假使这五个人都保全了身躯，老死在自己家中，平平安安度过余生，在上的人都可以把他们当作奴仆来使唤，又怎么能够使英雄豪杰一流的人屈身在他们墓前，慷慨激愤，抒发志士仁人的悲壮感情呢？故而我与复社同志，为这陵墓空有石碑却没有碑文而难过，于是就给他们作了碑记，也是为了说明生与死的重大意义，说明平民百姓对国家也能够做出重大贡献。

上文所提到的贤明士人是指：太仆卿吴公因之、太史文公文起、姚公孟长。

【鉴赏】 本文是一篇有名的碑文，记叙了明末苏州人民不畏强权反抗魏忠贤阉党集团的壮举，以及在反阉斗争中献身的五位市民的英勇事迹。碑文入手即叙五人来历及五人墓由来，然后追述五人就义原委，突出其“生于编伍之间，素不闻诗书之训，激昂大义，蹈死不顾”的精神，阐发了五人在反阉斗争中的重要作用。文中还将其与富贵之子、慷慨得志之徒及高爵显位者相较，高度赞扬五人的义烈。行文序次井然，叙事明晰，议论有感而发，夹叙夹议，感情慷慨激昂。对于散文，张溥力主复古，以两汉史传为圭臬，本文可谓深得两汉班、马之真传。

图书在版编目(CIP)数据

古文观止鉴赏辞典/傅德岷等主编. —2版. —上海:
上海科学技术文献出版社, 2019
(中华诗文鉴赏丛书)
ISBN 978-7-5439-7420-3

Ⅰ.①古… Ⅱ.①傅… Ⅲ.①古典散文—散文集—中国②《古文观止》—鉴赏—词典 Ⅳ.①H194.1-61

中国版本图书馆CIP数据核字(2017)第118438号

选题组稿:张　树
责任编辑:李　莺

古文观止鉴赏辞典

傅德岷　赖云琪　主编

*

上海科学技术文献出版社出版发行
(上海市长乐路746号　邮政编码200040)
全国新华书店经销
四川省南方印务有限公司印刷

*

开本700×1000　1/16　印张29.75　字数595 000
2019年1月第2版　　2019年6月第2次印刷
ISBN 978-7-5439-7420-3
定价:68.00元
http://www.sstlp.com